소선지서 주해

철학 박사 김수홍 지음

도서
출판 언약

Exposition of The Minor Prophets

by

Rev. Soo Heung Kim, S.T.M., Ph.D.

Published by
Eonyak Publishing Company
Suwon, Korea
2022

"성경의 원어를 읽든지 혹은 우리 번역문을 읽든지,
성경을 읽는 것은 성부 하나님, 성자 예수님, 성령 하나님을 읽는 것이고,
본문을 아는 것이 하나님을 아는 것이며,
성경 본문을 붙잡는 것이 하나님을 붙잡는 것이고,
성경본문을 연구하는 것이 하나님을 연구하는 것(신학)이다".

머리말

이제는 구약 성경의 마지막 부분인 소선지서 주해를 하기에 이르렀다. 필자는 하나님께서 필자로 하여금 여기까지 이르게 해주신 것을 형언할 수 없이 감사한다. 필자가 신약 주해를 마친 다음 구약 주해를 해야 하느냐를 두고 얼마나 망설였는지 모른다. 이유는 필자가 구약 주해 창세기 주해를 쓰려는 당시 합동신학대학원대학교에서 신약 주해를 강의하고 있었기 때문이었다. 필자가 신약 주해를 강의하고 있는 형편에 구약 주해까지 쓴다는 것이 구약 교수님들께 너무 주제넘은 일같이 느껴졌다. 많은 시간 고민하다가 신약 주해의 원리를 구약 주해에 이용하면 된다는 강한 신념이 너무 극하여 구약 주해를 쓰기 시작한 것이다. 그런데 이제는 세월이 흘러 구약 주해를 마칠 시점에 도달한 것이다. 소선지서 12권을 주해 책 한권에 펴낼 생각이다.

12소선지서를 주해하면서 어려웠던 점은 두 가지였다. 하나는 12권의 소선지서 마다 서론을 집필해야 하는 어려움이 있었고 또 하나는 스가랴서의 해석이 성경 66권 중에서 가장 어렵다는 견해에 말할 수 없는 어려움을 당했다. 어떤 때는 주해하는 일을 그만 포기해야 하나 하는 어려움을 경험하기도 했다. 그러나 미완성이라는 주해를 포기할 수는 없었다. 결국 끝까지 진행하게 된 것이다.

이제 이 선지서 주해를 마치면서 놀랍게 감사를 표하지 않고는 견딜 수 없는 분들이 있다. 두 분을 잊을 수 없다. 경기도 안성 지방의 진성교회에 출석하시는 최재표 집사님이시다. 최 집사님은 연세가 고령이심에도 기쁨으로 원고를 교정해 주셨다. 그리고 지구촌 교회에 출석하시면서 국어에 능통하신 신영옥 권사님을 잊을 수 없다. 권사님은 자원하여 이 사역에 뛰어들어 끝까지 수고해 주셨다. 감사하기 이루 헤아릴 수가 없다. 또한 교정만 아니라 교열까지 비상하게 도우신 이자영 사모님(김선영 목사님의 사모)의 헌신을 잊을 수가 없다. 그는 이 교정교열에 거의 완벽하셔서 그가 교열 교정을 하신 것에 대해서는 더 이상 필자가 신경을 쓸 필요가 없는 처지였다. 그는 합동신학대학원대학교를 졸업하신 우수한 인재셨다. 또 감사하기 그지없으신 이들이 계시다. 필자가 초빙교수로 재직했던 합동신학대학원대학교의 도서관 직원들이다. 필자는 이미 은퇴를 했음에도 불구하고 자주 그곳을 찾아 책을 빌렸고 또 컴퓨터 사용법을 두고 여러 가지 질문을 했다. 합동신학 도서관에서는 내가 재직했던 곳이라는 이유로 도서 대출기간을 계속해서 연장해 주셨다. 아무튼 도서관 직원들과 합동신학대학원대학교에 대해서 심심한 감사를 드린다.

이제 이 주해서 마지막 권을 세상에 내 놓는다. 완전하지 못한 이 주해서를 내 놓으면서 소원은 크다. 은혜가 전달되었으면 더 바랄 것이 없겠다.

2022년 6월
수원 원천동 우거에서
저자 김수홍

일러두기
: 본 주해를 쓰면서 주력한 것

1. 성경을 성경으로 해석해야 한다는 원리를 따랐다. 따라서 외경이나 위경에서는 인용하지 않았다.
2. 본 주해를 집필함에 있어 문법적 해석, 역사적 해석, 정경적 해석의 원리를 따랐다. 성경을 많이 읽는 중에 문단의 양식과 구조와 배경을 파악해냈다.
3. 문맥을 살펴 주해하는 일에 심혈을 기울였다.
4. 매절마다 빼놓지 않고 주해하였다. 난해 구절도 모두 해결하느라 노력했다.
5. 매절을 주해하면서도 군더더기 글이 되지 않도록 노력했다. 군더더기 글은 오히려 성경을 더 복잡하게 만들어 놓기 때문이다.
6. 절이 바뀔 때마다 독자의 편의를 위하여 한 줄씩 떼어놓아 눈의 피로를 덜도록 했다.
7. 본 주해를 집필하는 데 취한 순서는 먼저 개요를 쓰고, 다음 한절 한절을 주해했다. 그리고 실생활을 위하여 적용을 시도했다.
8. 매절(every verse)을 주해할 때 히브리어 원어의 어순을 따르지 않고 한글 개역개정판 성경의 어순(語順)을 따랐다. 이유는 우리의 독자들을 위해야 했기 때문이다.
9. 구약 원어 히브리어는 주해에 필요한 때에만 인용했다.
10. 소위 자유주의자의 주석이나 주해 또는 강해는 개혁주의 입장에 맞는 것만 참고했다.
11. 주해의 흐름을 거스르는 말은 각주(footnote)로 처리했다.
12. 본 주해는 성경학자들과 목회자를 위하여 집필했지만 일반 성도들도 얼마든지 이해할 수 있도록 평이하게 집필했다. 특히 남북통일이 되는 날 북한 주민들도 읽고 이해할 수 있도록 가능한 쉽게 집필했다.

13. 영어 번역이 필요할 경우는 English Standard Version(ESV)을 인용했다. 그러나 때로는 RSV(1946-52년의 개정표준역)나 NIV(new international version)나 다른 번역판들(NASB 등)을 인용하기도 했다.

14. 틀린 듯이 보이는 다른 학자의 주석을 반박할 때는 "혹자는"이라고 말했고 그 학자의 이름은 기재하지 않았다. 그러나 단지 필자와 다른 견해를 제시하는 학자의 이름은 기재했다.

15. 성경 본문에서 벗어난 해석들이나 주장들을 반박할 때는 간단히 했다. 너무 많은 지면을 쓰는 것은 바람직하지 않고 독자들을 피곤하게 만들기 때문이다.

16. 성경 장절(Bible references)을 빨리 알아볼 수 있도록 매절마다 장절을 표기했다(예: 창 1:1; 출 1:1; 레 1:1; 민 1:1 등).

17. 가능한 한 성경 장절을 많이 넣어 주해 사용자들의 편의를 도모했다.

18. 필자가 주해하고 있는 성경 책명 약자는 기재하지 않았다(예: 1:1; 출 1:1; 막 1:1; 눅 1:1; 요 1:1; 롬 1:1 등). 제일 앞의 1:1은 욥기 1장 1절이란 뜻이다.

19. 신구약 성경을 지칭할 때는 '성서'라는 낱말을 사용하지 않고 줄곧 '성경'이라는 용어를 사용했다. '성서'라는 용어는 다른 경건 서적에도 붙일 수 있는 용어이므로 반드시 '성경'이라는 용어를 사용했다.

20. 목회자들의 성경공부 준비와 설교 작성을 염두에 두고 집필했다.

21. QT에도 적절하게 사용할 수 있도록 주해했다.

22. 가정 예배의 교재로 사용할 수 있도록 쉽게 집필했다.

23. 오늘날 믿음을 잃은 수많은 젊은이들이 주님 앞으로 돌아오기를 바라면서 주해를 집필하고 있다.

■ 목 차

■ 소선지서 총론

I. 소선지서

12소선지서들은 옛날부터 한 책으로 하나의 문집(文集)으로 구약 정경에 들어 있었다. 이 12소선지서들은 대선지서들이 가지고 있는 사상을 동일하게 포함하고 있다. 예를 들자면 1) 여호와께서 세상의 열국을 들어서 이스라엘을 징계하신다는 것, 2) 이스라엘 민족이 범죄 하는 경우 각국에 분산(分散) 된다는 것, 3) 세상 나라들도 범죄 하면 망한다는 것, 4) 여호와께서는 이스라엘이 죄를 자복하면 위로하신다는 것, 5) 메시아께서 오심으로 말미암아 이스라엘의 남은 백성(회개한 백성)이 구원을 받는다는 것, 6) 세계 모든 민족들 가운데서 여호와께로 돌아오는 자들이 많을 것을 소선지서들도 예언한다는 것이다(박윤선).

II. 12소선지서들의 저작 시기

12소선지서들의 예언 연대 혹은 그 저작 연대는 델리취(Delitzsch)에 의하면 대략 다음과 같다(연대순).

1) 오바댜서(주전 889-884년 어간)
2) 요엘서(주전 875-848년 어간)
3) 요나서(주전 824-783년 어간)
4) 아모스서(주전 810-783년 어간)
5) 호세아서(주전 790-725년 어간)
6) 미가서(주전 758-710년 어간)
7) 나훔서(주전 710-699년 어간)
8) 하박국서(주전 650-628년 어간),

9) 스바냐서(주전 628년-623년 어간)
10) 학개서(주전 519년 경)
11) 스가랴서(주전 519년 경)
12) 말라기서(주전 433-424년 어간).

III. 구약 예언의 성격

예언자들이 하나님 말씀을 받은 방법은 1) 예언자가 하나님의 말씀을 받으려고 힘쓴 것도 없이 전연 하나님의 선택에 의하여 뜻하지 않은 상태에서 예언자로 서게 되었다는 것이다(삼상 3:1; 렘 1:6; 암 7:14). 2) 예언자가 하나님의 말씀을 받을 때에 자기의 심리가 정상적인 상태에 있어서 그 임하는 말씀을 받은 사실을 알았다는 것이다.

IV. 구약 히브리어 정경의 내용

구약 성경은 그 정경의 유래가 히브리어 성경이다. 그러나 오늘날의 영어성경이나 한글 성경은 70인경(Septuagint, LXX)의 내용을 따라 구분도 하고 그 순서를 따랐으며 책명들을 붙였다. 그리고 신약의 바울 사도나 베드로 사도도 구약을 인용할 때 주로 70인역을 인용했고, 신약성경도 70인경의 순서를 편집하여 오늘에 이르렀다. 그러나 성령의 영감이 구약 히브리어 정경 저자들에게 임한 것이지 70인역 역자들에게 임한 것이 아니다. 70인경은 참고할 뿐이다.

V. 12소선지자들이 전하는 메시지는 무엇인가

선지자들이 전하는 메시지는 세 가지 내용이 있다.

1. 장래 일을 예언한다.

선지자들은 1) 하나님께로 돌아오고 순종하는 자들을 사랑으로 구원하신다는 것을 말한다(미 4:1-5), 2) 회개하지 않고 불순종하는 자들을 하나님께서 공의로 심판하신다는 것을 전한다(미 3:12).

2. 선지자들은 과거의 일을 해석한다. 선지자들은 초기에 하나님의 창조를 말하고(사 43:1-7), 후기로 가서는 애굽에서의 해방과 구원(암 3:1-8)을 말한다. 구약 성경 전체 내용이 이 두 가지 사상에 중점을 두고 있다.

3. 택함 받은 자들의 현재적인 책임을 말한다. (1) 과거에 의인이었더라도 현재 불의한 자들에게는 은총이 없다는 것(겔 3:20), (2) 지금까지 죄인으로 살았고 회개하지 않은 자들은 멸망밖에 없다는 것(1:28-31), (3) 과거에 죄인으로 살았더라도 현재 회개하면, 은총과 구원이 있다는 것(사 1:18-20)을 말해준다.

VI. 선지자들의 표준은 무엇인가.

1) 중생하고 헌신하는 자라는 것(왕상 19:16; 왕하 2:9),

2) 자기의 사명에 확신을 가지고 있는 자라는 것(사 50:4-9; 렘 20:9),

3) 선지자들은 항상 회개를 외쳤다는 것, 성경 가운데에는 돌아오라는 말이 1,900여회나 나타난다고 한다.

4) 선지자들은 언제나 예수 그리스도를 전했다는 것, 이사야는 주전 700년 전에 예수님의 탄생, 성장, 사역, 고난, 죽으심, 부활, 승천, 재림, 신천 신지에 대해 예언했다.

5) 선지자들은 예외 없이 박해를 당했으며 거의 다 순교 당했다는 것, 참 하나님의 말씀을 전한 예언자들은 언제나 적극적 환영을 받았고 또 한편으로는 극단적으로 박해의 벽에 부딪혔다.

6) 선지자들은 그들이 전한 메시지를 문서로 남겨, 후세에 전하는 것을 잊지 않았다는 것, 선지자들이 전한 메시지를 문서로 남겨, 후세에 전하는 것을 잊지 않았기 때문에 오늘 우리는 정경을 가지게 되었다. 신약의 정경으로 인정받은 근거는 (1) 사도성, (2) 내용, (3) 교회의 공인, (4) 성령의 영감이었다.

호세아서 주해

Exposition of Hosea

총 론

호세아 선지자는 아모스 선지자(주전 785-744년)의 뒤를 이어 북쪽 나라 이스라엘 멸망 시까지 예언활동을 했다(주전 745-722년). 그는 남쪽 나라 유다 왕국의 대 예언자 이사야와 같은 시대의 예언자였다.

아모스 선지자는 하나님의 공의를 강하게 증언했고, 호세아는 하나님의 무궁한 자비와 긍휼을 전했다. 아모스는 남쪽 나라 유다 출신의 예언자로서 북쪽 나라로 옮겨서 예언했고, 호세아는 북쪽 나라 이스라엘의 예언자로서 자기 고향 사람들에게 예언 활동을 했다.

호세아가 하나님의 자비와 긍휼을 전했다고 해서 그가 하나님의 공의를 무시했다는 말은 결코 아니다. 그의 메시지 가운데 어떻게 하나님의 사랑의 메시지를 전하는 호세아의 예언 가운데 무자비하게 보이는 하나님의 공의의 메시지가 포함될 수 있는가 의아하게 여길 정도이다. 그러니까 호세아의 하나님의 자비의 메시지 가운데도 하나님의 공의의 메시지가 강하게 등장하고 있다는 것이다.

하나님의 공의의 메시지를 강하게 외친 아모스와 하나님의 사랑과 자비를 중점적으로 전한 호세아의 메시지는 여러 면에서 대조가 되고 조화를 이룬다. 하나님의 구원의 속성들 가운데 뛰어나는 것이 하나님의 공의와 사랑이기 때문이다. 예수님의 십자가는 이 두 가지 속성이 동시에 만났다는 것이다.

1. 호세아 선지자의 인물

1) 호세아서의 이름은 호세아 선지자의 이름에서 나왔다. 구약의 모든 선지서들은 모두 다 그들 선지자들의 이름에서 나왔다.

2) 호세아의 가정생활은 한마디로 말하여 큰 슬픔과 비극을 통하여 하나님의 뜻을 깨닫게 되고, 가정 비극을 통하여 이스라엘에 대한 하나님의 사랑이 크고 충만함을 실감나게 보여주셨다.

하나님께서 호세아에게 음란한 여자와 결혼하여 음란한 자식들을 낳으라고 말씀하시니 호세아가 그 말씀에 순종하여 디블라임의 딸 고멜을 아내로 맞아서 자식들을 낳았다. 첫 아들을 낳자 하나님은 그의 이름을 "이스르엘"이라고 짓게 하셨다. 그 이름의 뜻은 "큰 비극"이라는 뜻이다. 다시 고멜이 또 임신하여 딸을 낳으니, 하나님께서 그 아기의 이름을 "로루하마"(자비가 없다. 긍휼이 없다는 뜻)라고 짓게 하셨다. 여인이 셋째 아기를 낳자 하나님은 그 이름을 "로암미"(내 백성이 아니라는 뜻)라고 짓게 하셨다.

3) 호세아 선지자가 여러 자식들을 둔 것을 두고 여러 해석이 나왔으나 그 여러 학설들은 하나의 허구에 불과했다. a) 김치(Kimchi)가 주장한 환상설(Vision Theory)은 호세아가 겪은 모든 과정은 예언을 전제한 하나의 환상에서 일어났다는 주장이다. b) 쿠르츠(Kurtz)가 주장한 상징설(Symbolical Act Theory)은 호세아 선지자의 결혼과 또 자녀를 낳은 것이 '외부적으로 나타나거나 경험할 수 없는 성질의 것이므로 하나의 상징에 불과하다'는 학설을 주장했다. c) 기분(Given)이 주장한 비유설(Parabolic Representation)은 백성들이 알 수 있도록 비유를 베풀어 백성들의 배도와 불신실에 관련시켰다는 학설이다. 그리고 d) 어거스틴(Augustine)이 주장한 풍유설(Allegorical Interpretation)은 본뜻은 뒤에 숨기고 비유하는 일만 드러내어 그 숨은 뜻을 넌지시 나타내는 표현 방식으로 비유법의 한 가지 방법이었다. 그러나 호세아서를 아무리 반복하여 읽어보아도 비유나 꿈, 환상, 풍유 등을 암시하는 근거가 없고, 어디까지나 현실적, 역사적 사실로만 언급하고 있다.

4) 호세아 선지자의 가정생활은 하나님의 명령에 의해서 이루어졌다. 호세아 선지자의 가정생활이 이루어진 것은 비유나 꿈, 환상, 풍유 등을 암시하는 근거를 찾아볼 수가 없고 순수하게 하나님의 명령에 의하여 이루

어졌다. 1:2에 여호와께서 호세아에게 말씀하실 때 여호와께서 호세아에게 이르시되 너는 가서 음란한 여자를 맞이하여 음란한 자식들을 낳으라고 명령하셔서 호세아는 음란한 여자 고멜을 맞이하여 자식들을 낳았다. 하나님의 명령하신 말씀에 다른 것을 끼어 넣을 수가 없다.

2. 호세아서는 무엇을 목적하고 기록했는가.

본서는 이스라엘의 죄와 우상숭배를 규탄하고, 그들이 하나님께로 돌아오는 것을 목적하고 있다. 본서는 하나님의 의와 사랑을 묘사하고 완벽하게 나타내고 있다.

3. 호세아서가 보여주는 그리스도

성경은 그 내용과 형식에 있어서 다양한 면모를 보이고 있으나 그 근본 주제나 목적은 모두 전 역사를 통해 진행되는 주 예수 그리스도의 구속사역을 통한 우리 죄인의 구원을 목적하신다. 그러므로 성경은 예수의 구속사역으로 인한 성도의 구원이라는 한 동일한 주제의 여러 측면과 그 전개의 역사를 보여주는 책이라 할 수 있다. 그리하여 성경연구자는 성경이 동시에 가지고 있는 통일성과 다양성 때문에 성경 각 부분을 대할 때 그것을 그 자체로서는 물론 성경 전체의 일부로서도 필히 고찰하게 되는 것이다. 또한 연구자는 성경 전체를 다양하고 생동감 있는 계시의 모음집으로서 고찰하게 되는 것이다.

4. 호세아서는 현대의 우리들에게 어떤 의미를 주는 책인가.

현대인은 실로 빠른 속도로 하나님을 떠나 패역함으로 멸망을 향해 달음질치는 과거 유다 백성들과 같이 삶의 좌표를 잃어버리고 점점 더 죄악 속으로 빠져들어 가고 있다. 이러한 때 우리는 다시 한 번 자신이 처한 영적 상태를 정확히 파악하고 멸망에서 벗어날 길은 없는가를 냉혹하게 살펴보아야 할 것이다. 도무지 희망이 보이지 않는 현실 가운데서 우리가 택해야 할 삶의 방향은 어디인가?

우리는 이 세상에서 우리의 힘으로 살지 말고 메시아의 힘을 받아서 살아야 할 것이다. 또 우리는 이 세상에서 우리의 지혜로 살지 말고 메시아의 지혜를 받아가지고 살아야 할 것이다. 오늘 우리는 메시아 왕국을 바라보면서 기쁨으로 살아가야 할 것이다. 100세 시대를 살면서 오래 살기만을 기대하면서 살 것이 아니라 예수 그리스도로부터 수많은 은총을 받아서 넉넉하게 살아가야 할 것이다. 오늘 우리는 호세아를 우리의 교과서로 삼고 힘있게 살아갈 수가 있다.

5. 호세아서가 보여주는 특징들은 어떤 것들이 있는가.

1) 호세아서는 우상숭배를 공격하는 것이 특징이었다.

2) 호세아의 예언은 체험적이었다. 호세아의 체험은 아내가 배신했다는 점에 있었고, 배신한 아내를 용납하고 그 아내를 통하여 자녀를 낳은 것이었다. 호세아는 남자로서 가장 당하기 어려운 체험을 통해 이스라엘의 우상숭배를 규탄했고, 여호와의 사랑을 선포했다.

3) 호세아서는 자주 비유를 사용했다는 것이다.

하나님을 비유하여 사자(5:14), 표범(13:7) 같다고 했고, 또한 좀(아주 작은 것을 이르는 말, 5:12) 같다고도 했으며, 때로는 늦은 비(6:3)와 이슬(14:5)같다는 묘사를 사용했다. 또 이스라엘을 묘사할 때는 완강한 암소(4:16), 어리석은 비둘기(7:11)라고도 했고, 뒤집지 않은 전병(7:8)이라 묘사하기도 했다. 또 회개를 묘사하는 일로 묵은 땅을 기경하는 일(10:12)이라고도 했다.

4) 본서는 모세 5경과 공통점이 아주 많다.

병행구로 본서 1:2과 레 20:5, 본서 1:10과 창 20:17; 32:12, 본서 2:17과 출 23:13, 본서 4:8과 레 6:17, 본서 4:10과 레 26:26, 본서 5:6과 출 10:9, 본서 5:12과 창 17:18, 본서 8:13과 신 28:68, 본서 9:4과 신 26:14, 본서 9:10과 신 32:10, 본서 11:1과 출 4:22, 본서 12:5과 출 3:15, 본서 12:9과

레 23:43 등이다. 5) 호세아서의 가장 특징 가운데 하나는 간단한 문장이라고 할 수 있다.

마디를 뚝뚝 끊는 듯 하는 말투가 계속해서 이어져 나온다. 곧 1:2-9; 1:10-2:1; 2:2-7; 2:8-13; 2:14-20; 2:21-23 등, 또 4:1-5; 4:6-10; 4:15-19 등이다(이순한).

6) 문장이 급변하는 것이 특이하다.

1:9에서 "저희는 내 백성이 아니라"고 하셨는데, 곧 이어서 "내 백성이다"(1:10-2:1)라고 하셨다. 2:13에서 "벌을 주리라"고 하셨는데, 곧바로 2:14에서 "위로하고 포도원을 주리라"고 하셨다. 또 3:5에서 "하나님을 경외하고 은총으로 나아가리라"고 하시고는 4:1에서는 "진실, 인애, 하나님 아는 지식도 없다"고 하셨다.

■ 내용 분해

I. 서론 1:1

II. 본론 1:2-14:8

- 1. 호세아 선지자의 비극적 가정 1:2-3장
  - A. 호세아 선지자의 부정한 아내와 자녀들 1:2-2:1
    - 1) 하나님의 첫 번째 명령 1:2
    - 2) 세 자녀가 출생하다 1:3-9
    - 3) 이스라엘이 회복하리라 1:10-2:1
  - B. 여호와께서 이스라엘에 대하여 예언하시다 2:2-23
    - 1) 이스라엘의 우상 숭배의 죄악을 폭로하시다 2:2-7
    - 2) 여호와께서 이스라엘을 배척하시다 2:8-13
    - 3) 여호와께서 이스라엘을 회복하시다 2:14-23

C. 고멜을 향한 여호와의 메시지 3:1-5
1) 여호와께서 둘째 명령을 내리시다 3:1
2) 호세아가 순종하다 3:2-3
3) 여호와께서 이스라엘을 회복하시다 3:4-5
2. 호세아가 예언하다 4:1-14:8
A. 여호와는 의의 하나님이시다 4:1-6:3
1) 이스라엘을 정죄 선언하다 4:1-19
a) 이스라엘의 도덕 상태 4:1-5
b) 이스라엘의 지적 상태 4:6-10
c) 이스라엘의 종교 형편 4:11-14
d) 이스라엘의 국가 상황 4:15-19
2) 지도자들의 죄 5:1-15
a) 지도자들이 죄를 짓다 5:1-4
b) 죄의 결과 5:5-7
c) 하나님께서 죄를 심판하시다 5:8-15
3) 호세아가 회개를 권면하다 6:1-3
B. 호세아가 회개를 재촉하다 6:4-10:15
1) 이스라엘은 회개를 않는다 6:4-11
2) 지도자들의 죄 7:1-8:14
a) 부도덕한 죄 7:1-7
b) 이방과 정치적으로 동맹한 죄 7:8-16
c) 종교적 타락 8:1-14
3) 이스라엘의 배신의 화 9:1-10:15
C. 여호와는 이스라엘을 구원하신다 11:1-14:8
1) 귀환을 예언하시다 11:1-11
2) 여호와께서 구원을 예언하시다 11:12-13:14

3) 여호와께서 회복을 예언하시다 13:15-14:8

a) 여호와께서 파괴를 예언하시다 13:15-16

b) 여호와께서 회개를 권면하시다 14:1-3

c) 여호와께서 회복을 약속하시다 14:4-8

III. 본서의 결론 14:9

참고도서

아가페 굿모닝 성경(개역개정 제 4판), 서울특별시: 아가페출판사, 2006.

그랜드종합주석. *호세아-말라기*, 경기도 고양시: 성서아카데미, 2004.

김수홍. *그리스도의 말씀이 연합에 미친 영향*. 수원시: 도서출판 목양, 2011.

김희보. *구약 호세아 주석*, 총신대학출판부, 1983.

더글라스 스튜어트. *호세아-요나주석*, 김병하옮김, 서울특별시: 도서출판 솔로몬, 2011.

레슬리 알렌. *호세아-말라기 주석*, 서울특별시: 한국성서유니온 선교회, 1993.

매튜 헨리. *호세아-말라기주석*, 박문재옮김, 경기도고양시: 크리스챤 다이제스트, 2009.

박윤선. *소선지서*, 성경주석, 서울: 영음사, 1962.

옥스퍼드원어성경대전. 호세아 제 1-14장, 서울시: 제자원 바이블네트, 2007.

이상근. *소예언서*, 대구광역시: 성등사, 1997.

이순한. *소예언서 강해(상)*, 서울: 한국기독교 교육연구원, 1996.

푸세이 E. B. *호세아, 요엘주석*, 역자 송동섭, 서울: 크리스찬 서적, 1995.

카일, 델리취. *호세아, 요엘, 아모스, 오바다, 요나, 미가,* 역자 홍성현, 서울: 기독교 문화사, 1992.

Calvin, John. *Calvin's Commentaries,* Edinburgh: Clark, 1847.

Baxter, J. Sidlow. *Explore the Book.* Grand Rapids: Zondervan Publishing House, 1966.

Black, Matthew & Rowley, H.H. *Peake's Commentary on the Bible*, Nashville: Thomas Nelson, 1962.

Deane, W. J. *호세아 주석*, 풀핏주석번역위원회 역, 대구시: 보문출판사, 1987.

Given, J. J. *호세아*, 풀핏성경주석, 보문출판사, 1975.

Guthrie D. & Motyer, J.A. *The New Bible Commentary*, Grand Rapids: Eerdmans, 1970.

Jamieson, R. Fausset, A. R. & Brown D. *Commentary on the Whole Bible,* Grand Rapids: Zondervan, 1976.

Lange, John Peter. *Commentary on the Whole Scripture*, Grand Rapids: Zondervan, 1876.

Maclaren, Alexander. *Expositions of Holy Scripture*, Grand Rapids: Baker Book House, 1984.

Morgan, G. Campbell. *An Exposition of the Whole Bible*, Old Tapen: Fleming H. Revell, 1959.

Myer, F. B. *Bible Commentary*, Wheaton: Tyndale, 1984.

Nicoll W. Robertson ed. *The Expositor's Bible*, Chicago: W.P. Blessing Co. n.d.

Wevers, John W. *The New Century Bible Commentary, Ezekiel*, Grand Rapids: Wm. B. Eerdmans Co, 1969.

Walvoord, John F. & Zuck Roy B. ed. *The Bible Knowledge Commentary*, Wheaton: Victor, 1985.

【 사전 】

바이블렉스 8.0

데릭 윌리엄스, *IVP 성경사전.* 이정석 외 한국기독학생회 출판부 역, 한국기독학생회 출판부(IVP), 1992,

Achtemeier, Paul J. *Harper's Bible Dictionary*, New York: A Division of Harper Collins Publishers, 1985.

Douglas, J. D. *New Bible Dictionary*, (2nd edition), Wheaton: Tyndale House Publishers, 1982.

Tenney, Merrill C. *The Zondervan Pictorial Bible Dictionary,* Grand Rapids: Regency, 1967.

Tregelles, Samuel Prideaux. *Gesenius' Hebrew and Chaldee Lexicon,* Grand Rapids: Eerdmans, 1969.

Unger, M. F. *Unger's Bible Dictionary.* Chicago: Moody, 1957.

【 지도 】

Personal Map Insert. Ft. Smith: Son Light Publishers, Inc, 1997.

호세아서 주해

호세아서는 소선지서 12서 중에 첫째 책으로 소선지서란 그 내용이 열등하다는 뜻이 아니라 다만 책의 크기가 작다는 것을 뜻하는 말이다. 소선지서는 대 선지서와 똑같이 이스라엘의 죄를 들추어내고 열방의 죄도 들추어내며 메시아가 오심으로 이스라엘의 구원이 완성되는 것을 말한다.

호세아서의 내용은 호세아의 비극적인 가정을 서론적으로 들어내고(1-3장), 뒤에 그의 예언이 전개되고 있다(4-14장).

제 1 장

I. 서론 1:1

호 1:1. 웃시야와 요담과 아하스와 히스기야가 이어 유다 왕이 된 시대 곧 요아스의 아들 여로보암이 이스라엘 왕이 된 시대에 브에리의 아들 호세아에게 임한 여호와의 말씀이라.

호세아는 자기가 여호와의 말씀을 받은 시대를 말한다. 이렇게 시대를 말하는 이유는 그가 여호와의 말씀을 받은 것이 역사적으로 사실이라는 것을 말하려는 것이다. 그가 여호와의 말씀을 받은 시대는 남쪽 나라로 말하면 "웃시야와 요담과 아하스와 히스기야가 이어 유다 왕이 된 시대"라는 것이며, 북쪽 나라로 말하자면 "요아스의 아들 여로보암이 이스라엘 왕이 된 시대"라는 것이다.

호세아가 북쪽 나라 이스라엘의 선지자였음에도 불구하고 그가 시대를 말함에 있어서 먼저 남쪽 나라 유다나라의 4왕들(웃시야,[1] 요담,[2] 아하스,[3] 히스기야[4])을 열거한 다음 북쪽 나라의 왕 여로보암[5])이 이스라엘의 왕이 된 것을 말한다. 이렇게 호세아가 남쪽 나라의 왕들을 먼저 말한 이유는 남쪽 나라가 하나님 앞에서 정통이라는 것을 인정하는 것이다(K.&D.). 남쪽 나라는 다윗의 혈통을 이은 정권이었고 또 그 자손 가운데서 메시아가 나실 것이기 때문이었다. 이스라엘이 두 나라로 분열된 것은 솔로몬의 죄 때문이었는데(왕상 11:9-13), 더욱 남북이 직접적으로 분열된 것은 반역자 여로보암 1세로 말미암은 것이었다. 그런고로 북쪽 나라 이스라엘은 악한 정권이었다.

"브에리의 아들 호세아에게 임한 여호와의 말씀이라"는 말씀은 본서의 표제이기도 하다. 호세아는 "여호수아"라는 말처럼 '여호와는 구원이시다'라는 뜻이며 60년가량(주전 790-725년) 활동한 예언자 중에서 아마도 가장 오래 활동한 인물 중의 하나이다.

II. 본론 1:2-14:8

호세아서의 본론은 둘로 나뉘어져 있다. 다시 말해 예언자 호세아의 가정생활(1:2-3:5)과 호세아의 예언(4:1-14:8)으로 나누어져 있다. 호세아의 가정생활, 곧 그의 부부 관계를 하나님과 이스라엘과의 관계에 결부시켜 말했다.

호세아의 예언 내용은 1) 의의 하나님(4:1-6:3), 2) 심판의 하나님(6:4-10:5), 3) 구원의 하나님(11:1-14:8)으로 구분되어 있다.

---

1) 웃시야(주전 798-747년간 통치, 왕하 15:1-7; 14:1; 대하 26장): 웃시야는 16세에 등극하여 52년 간이나 통치한 선한 왕이었다.

2) 요담(주전 757-742년 통치, 왕하 15:32-38): 그는 16년간을 통치했으나 그의 통치 초기 10년은 그의 아비 웃시야를 대신한 섭정기였다(대하 26:21).

3) 아하스(주전 742-727년 통치, 왕하 16장; 대하 28장): 악한 왕으로 우상 숭배를 했으며 앗수르 왕의 원조를 가지고 아람과 이스라엘의 연합군을 방어했으며, 다메섹의 우상의 단의 모형을 예루살렘으로 수입했다.

4) 히스기야(주전 727-698년 통치, 왕하 18-20장; 대하 29-32장): 남쪽 나라 유다 왕국에서 29년간 통치한, 가장 선했고, 독실한 신앙의 왕이었다. 이사야의 말씀을 들어 앗수르 왕 산헤립의 침략을 오직 신앙으로 퇴치했다.

5)요아스의 아들 여로보암(주전 788-747년 통치, 왕하 14:23-29): 이스라엘의 예후왕조 제4대왕인 여로보암 2세로 41년간이나 통치했다. 이는 유능했으며 영웅적인 왕이어서 영토를 확장시켰으나 북쪽 나라의 창설자인 여로보암 1세의 우상숭배에서 떠나지 않았다.

1. 호세아 선지자의 비극적 가정 1:2-3장

호세아의 가정생활은 하나님의 명령에 의해 꾸려졌다. 호세아의 가정생활은 1) 하나님의 명령(1:2)으로 이루어졌다, 2) 호세아는 세 자녀(1:3-9)를 두게 되었다, 3) 이스라엘의 회복(1:10-2:1)으로 되어 있다.

A. 호세아 선지자의 부정한 아내와 자녀들 1:2-2:1

1:2-2:1은 호세아의 비극적인 가정을 말하는 부분으로 먼저 그의 결혼(2절)을 말하고 다음으로 장자의 출생(3-5절), 및 다음 두 자녀의 출생(6-9절)을 말한다.

1) 하나님의 첫 번째 명령 1:2

호세아가 결혼한 것은 다른 이유에서가 아니라 여호와께서 명령하셨기 때문에 된 일이었다.

<호세아의 아내와 자식들>

호 1:2. 여호와께서 처음 호세아에게 말씀하실 때 여호와께서 호세아에게 이르시되 너는 가서 음란한 여자를 맞이하여 음란한 자식들을 낳으라 이 나라가 여호와를 떠나 크게 음란함이니라 하시니.

"여호와께서 처음 호세아에게 말씀하셨다"(When the LORD first spoke through Hosea-ESV)는 말씀은 여호와께서 호세아에게 예언자의 사명을 주실 때에 부정한 아내와 결혼하여 자녀를 낳을 것부터 먼저 말씀하셨다는 뜻이다. 여호와께서는 이 사실을 통하여 여호와와 이스라엘의 관계를 논하셨다.

"너는 가서 음란한 여자를 맞이하라"는 말을 두고 크게 두 가지의 견해로 갈린다. 1) 이것이 한 가상적인 말인지 다시 말해 비유적인 것인지 (Augustine, Jerome, Calvin, Theodoret, K.&D.), 2) 실제로 있었던 일인지 (Thomas Aquinas, Gebgard, Rosenmueller, Cheyne) 논의된다. 전절을 주장하는 학자들은 하나님의 성직자가 음녀를 취했다면 그 도덕성이 크게 문제가 되기 때문에 비유로 보는 것이다. 우리는 이 사실을 실제로 있었던 일로 보아야 할 것이다. 여호와께서 호세아에게 명령하신대로 호세아가 명령에 순종하여 음란한 여자를 아내로 취한 것으로 보아 2)번의 견해를 택해야 하는 것이다.

"이 나라가 여호와를 떠나 크게 음란함이니라"는 말은 이스라엘이 여호와를 떠나 크게 우상숭배를 하고 있다는 뜻이다. 여호와께서 호세아로 하여금 음란한 여자를 취하여 결혼을 하라고 한 것은 이스라엘이 크게 우상숭배를 했어도 여호와께서 이스라엘을 크게 사랑하신다는 뜻이었다.

2) 세 자녀가 출생하다 1:3-9

호 1:3. 이에 그가 가서 디블라임의 딸 고멜을 맞이하였더니 고멜이 임신하여 아들을 낳으매.

호세아는 여호와의 명령을 받고 "디블라임의 딸 고멜을 맞이하였다"는 것이다. 호세아는 하나님의 명령을 받고 하등의 항의나 망설임도 없이 디블라임의 딸 고멜과 결혼했다는 것이다. "디블라임"(!yIl;=b]DI)이란 말은 '말린 무화과로 만든 과자'라는 뜻이고, "고멜"(rm,G)이란 말은 '끝마친다 혹은 완성시키다'는 뜻이다. 이들의 이름들에서는 호세아의 결혼이 그 어떤 환상이라든가 아니면 비유라든가 하는 것이 들어있지 않다. 호세아는 여호와의 명령에 무조건 순종하여 고멜과 결혼하였는데 고멜이 임신하여 아들을 낳았다는 것이다.

호 1:4. 여호와께서 호세아에게 이르시되 그의 이름을 이스르엘이라 하라 조금 후에 내가 이스르엘의 피를 예후의 집에 갚으며 이스라엘 족속의 나라를 폐할 것임이니라.

여호와께서는 호세아의 결혼을 위해서만 명령하신 것이 아니라 호세아와 고멜이 결혼해서 낳은 아들의 이름까지 명령하여 지어주셨다. "아들의 이름을 이스르엘이라"고 하라는 것이었다. "이스르엘"(יִזְרְעֶאל)[6]이라고 지으라고 하신 이유는 "조금 후에 내가 이스르엘의 피를 예후의 집에 갚으며 이스라엘 족속의 나라를 폐할 것이기" 때문이라는 것이다. 이 글의 뜻은 '이제 곧 나 여호와가 예후의 집을 심판하겠다. 그가 이스르엘에서 살육한 죄를 물어서 이스라엘 왕조를 없애겠다'는 뜻이다. 이 말은 예후가 혁명을 일으켜 아합 왕가를 멸망시킨 일을 그대로 여로보암 2세의 왕가에 저주로 갚으시리라는 뜻이다. 예후(주전 849-821년 통치)는 아합 왕조를 타도하는데 큰 공을 세웠고, 그의 등극초기에는 바알을 위시하여 우상을 박멸하는데도 열심을 보였으나(왕하 10장) 그후 그 자신이 여로보암 1세의 우상숭배의 길을 떠나지 않았다(왕하 10:31). 아무튼 아합 때 하나님의 심판의 몽둥이로 사용된 예후는 그 자신이 부패했으므로 이제 하나님은 예후의 집에 심판을 내리시며 이스라엘을 폐하려 하시는 것이다. 여로보암 II세는 예후 왕조의 4대 왕이고, 그의 아들 스가랴는 왕위에 오른 지 6개월 만에 죽임을 당하고, 예후 왕조는 패망한 것이다.

호 1:5. 그 날에 내가 이스르엘 골짜기에서 이스라엘의 활을 꺾으리라 하시니라.

"그 날에 내가 이스르엘 골짜기에서 이스라엘의 활을 꺾으리라 하시니라"는 말은 '그 날에 나 여호와가 앗수르를 시켜서 이스르엘 골짜기(예후가 아합 왕가를 멸망시킨 골짜기)에서 이스라엘을 패망하게 하리라'(왕하 19장; 사 37장)는 것이다. 이 말씀과 같이 이스르엘 지방에서 앗수르 군대가 이스라엘 군대와 큰 전쟁을 했다. 이스라엘이 멸망한 것은 초대 왕 여로보암 I세 때 시작한 우상 숭배를 역대 왕들이 끝까지 버리지 못했기 때문이다.

호 1:6. 고멜이 또 임신하여 딸을 낳으매 여호와께서 호세아에게 이르시되 그의 이름을 로루하마라 하라 내가 다시는 이스라엘 족속을 긍휼히 여겨서 용서하지 않을 것임이니라.

6-9절에서는 고멜의 두 번째와 세 번째 생산을 언급한다. 호세아는 장녀

---

6) "이스르엘"이란 말은 '하나님께서 흩으심'이란 뜻이다. 이스르엘이란 말은 이스라엘(하나님의 왕자)이란 이름과 음은 비슷하면서도 뜻은 전혀 반대이다.

와 차자를 얻는다. 고멜의 두 번째 딸 이름을 "로루하마"라고 이름 지으라고 한 이유는 여호와가 다시는 이스라엘 족속을 불쌍히 여기지도 않고, 용서하지도 않겠다는 뜻이라는 것이다.

호 1:7. 그러나 내가 유다 족속을 긍휼히 여겨 그들의 하나님 여호와로 구원하겠고 활과 칼이나 전쟁이나 말과 마병으로 구원하지 아니하리라 하시니라.

본 절 초두의 "그러나"라는 말은 북쪽 나라 이스라엘(6절)과는 달리 남쪽 나라 유다의 대조를 가리키는 단어이다.

이스라엘이 망한 후에도 남 왕국 유다는 지속되었다. 그 이유는 남 왕국 유다는 전심으로 여호와를 의지했던 다윗 왕에 의해 건국되었을 뿐 아니라 역대의 신앙의 왕들이 많아 여호와 신앙을 지속했기 때문이다.

"활과 칼이나 전쟁이나 말과 마병으로 구원하지 아니하리라"는 말은 전쟁을 통하지 않고 하나님의 이적으로 구원하신다는 것이며 히스기야 왕 때 앗수르의 산헤립을 격퇴한 사실(왕하 19장; 사 37장)을 가리킨다(K.&D.).

호 1:8-9. 고멜이 로루하마를 젖뗀 후에 또 임신하여 아들을 낳으매, 여호와께서 이르시되 그의 이름을 로암미라 하라 너희는 내 백성이 아니요 나는 너희 하나님이 되지 아니할 것임이니라.

고멜이 둘째 아이의 젖을 뗀 후에 셋째 아들을 낳았을 때 "여호와께서 이르시되 그의 이름을 로암미라 하라"고 명령하신다. 여기 "로암미"란 말은 '내 백성이 아니다'는 뜻이다. 세 자녀의 이름은 모두 이스라엘에 대한 하나님의 경고의 뜻이 나타났고 드디어 여호와는 이스라엘을 심판하셨다. 하나님은 주전 721년 이스라엘로 하여금 앗수르의 포로가 되게 하셨다. 우상의 나라는 결국 비참하게 되는 것이다.

3) 이스라엘이 회복하리라 1:10-2:1

이스라엘이 우상숭배로 하나님의 외면하심을 받아 심판을 받지만 영원히 버림을 받은 것은 아니다. 결국 그들이 우상숭배로부터 떠나 회개하고 하나님께 돌아오는 날 다시 회복하여 번영할 것이라는 것이다.

<이스라엘이 회복되리라>

호 1:10. 그러나 이스라엘 자손의 수가 바닷가의 모래 같이 되어서 헤아릴 수도 없고 셀 수도 없을 것이며 전에 그들에게 이르기를 너희는 내 백성이 아니라 한 그 곳에서 그들에게 이르기를 너희는 살아 계신 하나님의 아들들이라 할 것이라.

그러나 이스라엘 자손의 수가 바닷가의 모래 같이 많아서 헤아릴 수도 없고 셀 수도 없을 것이며, 전에 그들에게 '너희는 내 백성이 아니라'고 말한 그곳에서, 그들에게 '너희는 살아 계신 하나님의 자녀라'고 말할 것이라는 내용이다. 회개한 이스라엘에게 하나님은 다시 그들을 이스라엘이라고 말할 것이라는 것이다. 회개처럼 중요한 것은 없다. 회개하면 다시 하나님의 자녀로 불림을 받는 것이다.

호 1:11. 이에 유다 자손과 이스라엘 자손이 함께 모여 한 우두머리를 세우고 그 땅에서부터 올라오리니 이스르엘의 날이 클 것임이로다.

"이에 유다 자손과 이스라엘 자손이 함께 모여 한 우두머리를 세우고 그 땅에서부터 올라올 것이라"는 말은 역사적으로 메시아께서 초림 하셨을 때 세계의 유대인들과 이방인의 차이가 없이 메시아를 믿어 신약 교회가 세워진 것을 지칭한다.

그리고 "이스르엘의 날이 클 것임이로다"라는 말은 유다와 이스라엘이 메시아를 믿으니 저주스러웠던 이스르엘의 골짜기 같았던 곳이 희망의 골짜기가 될 것이라는 뜻이다. 저주스럽던 곳에 사는 사람들도 메시아를 믿으면 희망의 곳이 된다.

제 2 장

호 2:1. 너희 형제에게는 암미라 하고 너희 자매에게는 루하마라 하라.

본 절은 이 부분의 결론으로 누구든지 메시아를 영접하여 믿으면 "너희 형제에게는 암미라 하고 너희 자매에게는 루하마"가 된다는 것이다. 여기 "암미"란 말은 '메시아의 백성'이란 뜻이고 "루하마"라는 말은 '긍휼히 여김을 받는 자'라는 말이다. 메시아를 영접하여 믿는다는 것은 형언할 길 없는 복의 길로 들어서는 것이다.

B. 여호와께서 이스라엘에 대하여 예언하시다 2:2-23

앞 장의 결론부분(1:10-2:1)과 같이 소망을 가지려면 먼저 죄가 밝혀져야 하고(2-7절) 그에 따른 징벌을 받은 후(8-13절), 용서의 소망을 선포하는 것이다(14-23절).

1) 이스라엘의 우상 숭배의 죄악을 폭로하시다 2:2-7

이스라엘이 소망의 삶을 살려면 우상숭배의 삶으로부터 돌아와야 하는 것이다.

<음란을 제거할지라>

호 2:2. 너희 어머니와 논쟁하고 논쟁하라 그는 내 아내가 아니요 나는 그의 남편이 아니라 그가 그의 얼굴에서 음란을 제하게 하고 그 유방 사이에서 음행을 제하게 하라(Plead with your mother, plead - for she is not my wife, and I am not her husband - that she put away her harlotry from her face, and her adultery from between her breasts-ESV).

여호와께서 이스라엘 백성들에게 말씀하시기를 너희는 너희 어머니가 우상숭배를 했으니 항변하고 항변하라. 이스라엘 백성들이 우상숭배를 해서 더러워졌으니 내 아내가 아니며, 나 여호와는 그의 남편이 아니기 때문이다. 이스라엘 백성들에게 자기 얼굴에서 음란을 제하게 하고 자기 유방 사이에서 음행을 제하게 하라고 하신다.

우상숭배야 말로 하나님 앞에서 제일 더러운 것임에 틀림없다. 그러므로 이스라엘 백성들이 반드시 해야 할 일은 세상사랑(돈 사랑, 물질 사랑, 명예 사랑 등)하는 것을 멈추고 여호와 앞으로 돌아오라고 하신다.

호 2:3. 그렇지 아니하면 내가 그를 벌거벗겨서 그 나던 날과 같게 할 것이요 그로 광야 같이 되게 하며 마른 땅 같이 되게 하여 목말라 죽게 할 것이며.

"그렇지 아니하면" 곧 '백성들의 얼굴에서 음란을 제하게 하고 백성들의 유방 사이에서 음행을 제하지 아니하면' 여호와께서 이스라엘 백성들을 벌거벗겨서 그들이 나던 날과 같게 할 것이요, 이스라엘 백성들로 하여금 광야 같이 되게 하며, 또 마른 땅 같이 되게 하여 목말라 죽게 할 것이라고 하신다.

백성들이 해야 할 일은 무엇보다 우상숭배의 죄로부터 철저히 회개하는 것이다. 그렇지 아니하면 비참하게 된다는 것이다.

호 2:4. 내가 그의 자녀를 긍휼히 여기지 아니하리니 이는 그들이 음란한 자식들임이니라.

백성들의 얼굴에서 음란을 제하지 아니하고 백성들의 유방 사이에서 음행을 제하지 아니하면(3절) 여호와께서 이스라엘 백성들 각자를 긍휼히 여기지 아니할 것이라고 하신다.

호 2:5. 그들의 어머니는 음행하였고 그들을 임신했던 자는 부끄러운 일을 행하였나니 이는 그가 이르기를 나는 나를 사랑하는 자들을 따르리니 그들이 내 떡과 내 물과 내 양털과 내 삼과 내 기름과 내 술들을 내게 준다 하였음이라.

본 절은 여호와께서 이스라엘의 자녀들을 불쌍히 여기지 않으실 이유를 말씀하신다. 이유는 이스라엘 백성들은 음행하였고, 그들을 임신했던 여자가 부끄러운 일을 하였으니, 이는 그 여자가 말하기를 나는 나의 사랑하는 사람들을 따라갈 것이다. 나를 사랑하는 자들은 내 음식과 양털과 삼과 기름과 술을 내게 준다고 하였기 때문이라고 하신다.

호 2:6. 그러므로 내가 가시로 그 길을 막으며 담을 쌓아 그로 그 길을 찾지 못하게 하리니.

본 절은 "그러므로"(therefore) 곧 '이스라엘 백성들이 우상숭배를 계속함으로' 여호와께서 "가시(환난이나 장애)로 그 길(우상숭배의 길)을 막으며 담을 쌓아(환난이나 장애) 그(우상숭배를 계속하는 이스라엘 백성)로 그 길을 찾지 못하게 하겠다"고 하신다.

돈 사랑, 물질 사랑, 명예 사랑, 세상사랑 하는 사람은 하나님께서 주시는 환난이나 재앙을 받으면 끊어지게 된다(5:15; 신 4:30).

호 2:7. 그가 그 사랑하는 자를 따라갈지라도 미치지 못하며 그들을 찾을지라도 만나지 못할 것이라 그제야 그가 이르기를 내가 본 남편에게로 돌아가리니 그 때의 내 형편이 지금보다 나았음이라 하리라.

여호와께서 말씀하시기를 우상숭배를 하던 사람이 달콤한 세상을 쫓아다녀 보아도, 달콤한 세상을 따라잡지 못할 것이다. 세상의 돈이나 물질을 찾아다녀도, 어디에서도 만나지 못할 것이다. 그제서야 우상을 따라다니던 그는 이제는 발길을 돌려서 나의 본남편(여호와 하나님)에게로 돌아가야지. 나의 형편이 지금보다 하나님을 섬기던 때가 더 좋았다고 말할 것이라고 한다.

2) 여호와께서 이스라엘을 배척하시다 2:8-13

여호와께서는 세상에서 우상을 숭배하는 사람들로 하여금 쓴맛을 보게 하신다. 거의 죽을 지경에 이르게 하신다.

호 2:8. 곡식과 새 포도주와 기름은 내가 그에게 준 것이요 그들이 바알을

위하여 쓴 은과 금도 내가 그에게 더하여 준 것이거늘 그가 알지 못하도다.

우상 숭배하는 사람들이야 말로 무지 무식한 사람들이다. 그들은 "곡식과 새 포도주와 기름을 여호와께서 그에게 준 것도" 의식하지 못한다. 우상 숭배자들이 바알에게 가져다가 바친 "은과 금도 나 여호와가 그에게 더하여 준 것이거늘 그가 알지 못한다"는 것이다. 세상을 사랑하는 사람들은 자기들이 똑똑한 줄 알고 세상을 부지런히 사랑하지만 실상은 세상에서 가장 무지 무식한 사람들이다. 환난을 당하고 몽땅 털리고 마는 것이다.

"바알"이란 말은 '주인' 혹은 '남편' 등의 뜻이다. 베니게, 블레셋, 에돔 등 셈족의 신으로 원래 태양신을 일컫던 말로 만물을 성장시켰던 농경의 신으로 숭앙되었다.

호 2:9. 그러므로 내가 내 곡식을 그것이 익을 계절에 도로 찾으며 내가 내 새 포도주를 그것이 맛 들 시기에 도로 찾으며 또 그들의 벌거벗은 몸을 가릴 내 양털과 내 삼을 빼앗으리라.

우상 숭배하는 사람들이 세상에서 가장 무지하고 무식하기 때문에 여호와께서 곡식이 익기 전에 곡식을 못 쓰게 만드시며, 여호와께서 새 포도주의 맛이 들기 전에 폐농하게 하신다는 것이다. 그리고 우상 숭배자들의 옷감으로 쓸 양털과 삼도 다 못쓰게 만드시겠다는 것이다.

호 2:10. 이제 내가 그 수치를 그 사랑하는 자의 눈앞에 드러내리니 그를 내 손에서 건져낼 사람이 없으리라.

이제 나 여호와가 이스라엘 백성들이 사랑하는 사람들 앞에서 그의 부끄러운 곳을 드러내어도, 내 손에서 그 여자를 건져낼 자가 아무도 없을 것이라고 하신다.

우상 숭배자들은 세상에서 가장 부끄러운 모습을 드러내고 만다는 것이다. 하나님을 배격했으니 마땅히 부끄러운 일들을 당해야 하는 것이다.

호 2:11. 내가 그의 모든 희락과 절기와 월삭과 안식일과 모든 명절을 폐하겠고.

본 절은 우상 숭배자들이 하나님을 떠나 즐거워하던 모든 희락과 절기들(유월절, 오순절, 장막절)과 월삭(매월 초 하루에 모이는 모임)과 안식일과 모든 명절들을 맞이하면서 희락을 즐겼는데 여호와께서 그 희락을 폐해 버리겠다고 하신다. 이스라엘이나 유다나 포로로 잡혀가면 모든 즐거움들은 간곳없이 사라지고 마는 것이다.

호 2:12. 그가 전에 이르기를 이것은 나를 사랑하는 자들이 내게 준 값이라 하던 그 포도나무와 무화과나무를 거칠게 하여 수풀이 되게 하며 들짐승들에게 먹게 하리라.

우상들이 전날에 자기에게 준 몸값이라고 좋아하고 자랑하던 포도나무와 무화과나무 등 농작물들을 나 여호와가 모조리 망쳐 놓을 것이다. 나 여호와가 그것들을 수풀로 만들어서, 들짐승들이 그 열매를 따먹도록 만들어 버릴 것이라고 하신다.

호 2:13. 그가 귀고리와 패물로 장식하고 그가 사랑하는 자를 따라가서 나를 잊어버리고 향을 살라 바알들을 섬긴 시일대로 내가 그에게 벌을 주리라 여호와의 말씀이니라.

여호와께서 말씀하시기를 우상 숭배자들이 "귀고리와 패물"로 심히 장식하고 우상숭배자들이 사랑하는 우상(바알들)을 따라가서 여호와를 새카맣게 잊어버리고 바알들을 섬긴 날 수 만큼이나 여호와께서 바알 숭배자들에게 벌을 주시겠다는 말씀이다.

세상은 우연이라는 것이 없다. 우상을 섬긴 만큼 벌을 받는다. 돈을 좋아한 만큼, 물질을 좋아한 만큼, 명예를 좋아한 만큼, 세상에 취해 산만큼 벌을 받는 법이다.

3) 여호와께서 이스라엘을 회복하시다 2:14-23

14-23절은 여호와께서 이스라엘을 회복하신다는 것을 말씀하신다. 이스

라엘이 여호와께 돌아와 죄를 자복하고 영접하며(14-17절), 여호와께서는 전쟁을 멈추시며(18-20절), 그들의 농산물을 풍성하게 하신다는 것이다(21-23절).

<백성을 향한 여호와의 사랑>

호 2:14. 그러므로 보라 내가 그를 타일러 거친 들로 데리고 가서 말로 위로하고.

유다와 이스라엘이 한 동안 우상을 섬겼으나 여호와께서 그들을 타일러 회개를 권유하신다는 것이다. 여호와께서 타이르시면 모두 회개하는데 이르는 것이다.

호 2:15. 거기서 비로소 그의 포도원을 그에게 주고 아골 골짜기로 소망의 문을 삼아 주리니 그가 거기서 응대하기를 어렸을 때와 애굽 땅에서 올라오던 날과 같이 하리라.

여호와께서는 우상숭배를 하던 백성들을 회개시킨 다음 포도원을 도로 그에게 주고 죽음의 골짜기로 소망이 넘치게 만들어주실 것이니 우상 숭배를 하던 백성들은 어렸을 때와 애굽 땅에서 올라오던 때와 같이 기쁨을 누리게 될 것이라는 내용이다.

호 2:16. 여호와께서 이르시되 그 날에 네가 나를 내 남편이라 일컫고 다시는 내 바알이라 일컫지 아니하리라.

여호와께서 이르시기를 우상 숭배자들이 죄를 자백하고 회개한 날에 우상 숭배했던 자들이 여호와를 내 남편이라 일컫고 다시는 바알(8절 주해 참조)을 향하여 너는 내 바알이라 일컫지 아니할 것이라는 것이다.

호 2:17. 내가 바알들의 이름을 그의 입에서 제거하여 다시는 그의 이름을 기억하여 부르는 일이 없게 하리라.

여호와께서 말씀하시기를 나 여호와가 바알들의 이름을 여호와의 백성들의 입에서 아주 제거하여 다시는 그 이름조차 기억하여 부르는 일이 없게 할 것이라고 하신다.

호 2:18. 그 날에는 내가 그들을 위하여 들짐승과 공중의 새와 땅의 곤충과 더불어 언약을 맺으며 또 이 땅에서 활과 칼을 꺾어 전쟁을 없이하고 그들로 평안히 눕게 하리라.

우상 숭배자들이 죄를 자백하고 회개한 날에는 나 여호와가 여호와의 백성을 사랑하여, 들짐승과 공중의 새와 땅의 벌레와 언약을 맺어서 여호와의 백성들을 해하지 못하도록 해놓고, 활과 칼을 꺾어버리며 땅에서 전쟁을 없애어, 여호와의 백성들이 마음 놓고 살 수 있게 하겠다고 하신다.

인생이 죄를 자백하고 회개한다는 것이 얼마나 중요한지 모른다. 딴 세상이 되니 말이다.

호 2:19. 내가 네게 장가 들어 영원히 살되 공의와 정의와 은총과 긍휼히 여김으로 네게 장가 들며.

여호와께서 말씀하시기를 나 여호와가 우상 숭배를 하던 자들이 죄를 자백하고 회개하면 회개한 백성들과 결혼하여 영원히 살 것이고, 공의와 정의와 은총과 긍휼히 여김으로 회개한 백성들과 결혼할 것이라고 하신다.

"공의"란 하나님의 속성으로 주관적 의를 말하는 것이고, "정의"는 하나님의 객관적 의로 재판이나 기타의 행동에서 행사되는 의를 말한다. 그리고 "은총"과 "긍휼"은 동의어로 인간을 향하신 하나님의 진실하신 사랑을 뜻한다.

하나님의 공의와 정의와 은총과 긍휼히 여김은 그의 아들 예수 그리스도를 통하여 여과 없이 나타나서 모두 우리의 것들이 되었다.

호 2:20. 진실함으로 네게 장가 들리니 네가 여호와를 알리라.

여호와께서 말씀하시기를 회개한 그의 백성들과 결혼하셔서 진실함을 넣어주시겠다는 것이다. 우리 인간이 진실해지는 것은 인간이 여호와를 알 때에 된다는 것이다.

여기 "여호와를 안다"는 말은 지식적으로 여호와를 안다는 말이 아니라 인격적으로 여호와를 사랑한다는 뜻이다. 우리가 여호와를 아는 것도 역시 우리가 예수 그리스도를 믿음으로 되는 것이다.

호 2:21. 여호와께서 이르시되 그 날에 내가 응답하리라 나는 하늘에 응답하고 하늘은 땅에 응답하고.

본 절부터 23절까지는 이스라엘 백성들이 회개하는 날 여호와께서 하늘에 응답하시고 하늘은 땅에 응답하셔서 우로(비와 이슬)를 충분히 주시고 햇빛을 내려주셔서 모든 음식물과 복을 충만하게 하신다는 것이다.

호 2:22. 땅은 곡식과 포도주와 기름에 응답하고 또 이것들은 이스르엘에 응답하리라.

이스라엘 백성들이 회개하는 날 여호와께서 하늘에 명령을 내리셔서 하늘은 비를 내리시고 햇빛을 주시며, 땅은 곡식과 포도주와 기름에 응답하고 곡식과 포도주와 기름은 저주의 땅이었던 이스라엘에 풍성하게 내리신다는 것이다.

사람이 일단 회개하면 땅에 이스르엘(저주의 땅) 같은 곳이 없게 된다는 것이다.

호 2:23. 내가 나를 위하여 그를 이 땅에 심고 긍휼히 여김을 받지 못하였던 자를 긍휼히 여기며 내 백성 아니었던 자에게 향하여 이르기를 너는 내 백성이라 하리니 그들은 이르기를 주는 내 하나님이시라 하리라 하시니라.

여호와께서는 여호와의 영광을 위하여 회개한 자들을 이 땅에 뿌리박게 하시고 회개한 자들을 긍휼히 여기실 것이며 여호와의 백성이 아니었던 자들을 향하여 이르시기를 너는 여호와의 백성이라 할 것이라 하신다. 그리고 그들은 말하기를 여호와는 우리를 돕고 사랑하시는 하나님이라 할 것이라고 하신다.

제 3 장

C. 고멜을 향한 여호와의 메시지 3:1-5

음란한 여자 고멜을 향하신 여호와의 메시지는 무엇인가를 보여준다. 호세아의 아내 고멜은 계속적으로 다른 남자를 쫓는 음부의 삶에 빠지고 드디어 노예로 팔리기까지 한다. 그러나 호세아는 계속적으로 그녀를 사랑하여 고멜의 빚을 갚아준다(1-3절). 부정한 여인이 구속받은 것처럼 이스라엘도 하나님의 사랑으로 구원받아 하나님의 백성으로 살게 되는 것이다(4-5절).

1) 여호와께서 둘째 명령을 내리시다 3:1

여호와께서는 계속해서 음부로 살아가는 고멜을 사랑하라고 호세아에게 명령하신다.

<호세아와 음녀가 된 여인>

호 3:1. 여호와께서 내게 이르시되 이스라엘 자손이 다른 신을 섬기고 건포도 과자를 즐길지라도 여호와가 그들을 사랑하나니 너는 또 가서 타인의 사랑을 받아 음녀가 된 그 여자를 사랑하라 하시기로.

여호와께서 나 호세아에게 이르시기를 비록 이스라엘 자손이 우상을 섬기고 또 건포도 떡인 달콤한 우상을 사랑하고 좋아할지라도 나 여호와가 그들을 사랑하고 있으니 너 호세아는 아직도 정신을 차리지 못하고 다른 남자와 사랑에 빠진 음녀가 된 고멜을 사랑하라고 명령하셨다는 것을 알고 고멜과 관계를 맺으라고 하신다.

2) 호세아가 순종하다 3:2-3

호 3:2. 내가 은 열다섯 개와 보리 한 호멜 반으로 나를 위하여 그를 사고.

호세아는 고멜을 사랑하라고 명령한 여호와께 순종하여 은(銀) 15개(15세겔)와 보리 한 호멜 반(15에바)으로 호세아 자신을 위하여 그를 사게 되었다는 것이다.

여기 호세아가 고멜을 사기 위해 지불한 값은 은(銀) 15세겔과 보리 한 호멜 반(15에바)이니 세겔로 환산하면 약 30세겔이 되며, 그것은 곧 노예를 사기 위해 지불하는 값이었다(출 21:32; 슥 11:12, 마 26:15).

본 절에 문제가 되는 것은 호세아가 위의 댓가를 누구에게 주었느냐 그리고 무슨 명목으로 주었느냐는 것이다. 여러 견해가 있다. 1) 예물로 주었다(Calvin, Lange)는 견해, 2) 고멜 자신에게 주었다(K.&D.)는 견해, 3) 고멜에게 속죄물로 바쳤다(민 5장, Given)는 견해, 4) 고멜이 노예가 되었고 그 몸값으로 지불되었다는 견해(Ewald, Wellhausen, 이상근), 5) 그녀가 다른 남자에 속해 있었으므로 그 남자에게 주었다(Cheyne, 박윤선)는 견해 등이 있다. 이 견해 들 중 5)번의 견해가 제일 합당한 견해(1절)로 알고 택해둔다. 아무튼 하나님은 호세아 사건을 통해 더러운 우상숭배를 하는 이스라엘 민족을 끔찍이 사랑한 사실을 보여주신다.

호 3:3. 그에게 이르기를 너는 많은 날 동안 나와 함께 지내고 음행하지 말며 다른 남자를 따르지 말라 나도 네게 그리하리라 하였노라(And I said to her, You must dwell as mine for many days. you shall not play the whore, or belong to another man; so will I also be to you-ESV)**.**

호세아는 고멜에게 말하기를 너 고멜은 많은 날 동안(영원히) 나와 함께 지내고 간음하지 말며 다른 남자와 함께하지 마라. 나 호세아도 네게 그렇게 할 것이라고 하였다.

호세아는 고멜을 자기 집에 데려다 놓고 너는 많은 날 동안 나와 함께 지내고 간음하지 말라고 부탁한다. 다른 남자와 함께하지 말라고 부탁한다. 나 호세아도 네게 그렇게 할 것이라고 한다.

"나도 네게 그리하리라 하겠다"고 한다. 호세아의 제언은 1) 너는 많은 날 동안(둘이 함께 살아가는 동안) 나와 함께 지내자, 2) 음행하지 말고 다른 남자를 좇지 말라, 3) 나도 너에게 그리하리라는 내용이다.

3) 여호와께서 이스라엘을 회복하시다 3:4-5

호 3:4. 이스라엘 자손들이 많은 날 동안 왕도 없고 지도자도 없고 제사도 없고 주상도 없고 에봇도 없고 드라빔도 없이 지내다가.

본 절 초두에는 이유를 말하는 접속사가 있어 본 절이 앞 절의 이유를 제공해주고 있다. 즉, 이유는 이스라엘 자손도 많은 날을 이렇게 왕도 없고 통치자도 없이, 그리고 희생제물도 돌기둥도 없이, 에봇도 드라빔도 없이 살 것이기 때문이라는 것이다.

호세아가 부정한 여인 고멜을 구해내고 그녀로 하여금 모든 간부들과 자신의 남편까지도 격리하여 많은 날 동안 근신하게 했던 것처럼 하나님은 이스라엘을 많은 날 동안 근신시킨다는 것이다. 그 근신이란 곧 그들의 포로 생활을 가리킨다. 포로 생활은 북쪽 나라 이스라엘이 먼저 시작해서 앗수르의 포로가 되었고, 남쪽 나라 유다도 바벨론의 포로가 되었다. 포로 생활을 하는 동안 그들은 왕도 없었고, 여호와 경배도 없었으며 제사장도 없이 지냈고, 또 주상(돌 또는 나무를 세워 신의 현현을 표시하는 것)도 없고 에봇(제사장이 입는 옷)도 없고 드라빔(하나님의 뜻을 알기 위해 사용했던 기구)도 없이 지낸 것이다.

호 3:5. 그 후에 이스라엘 자손이 돌아와서 그들의 하나님 여호와와 그들의 왕 다윗을 찾고 마지막 날에는 여호와를 경외하므로 여호와와 그의 은총으로 나아가리라.

그런 다음에야 이스라엘 자손이 포로 생활에서 귀환하여, 그들의 여호와 하나님을 찾으며, 그들의 왕 다윗을 찾을 것이다. 마지막 날에는 이스라엘 자손이 떨면서 주님 앞에 나아가, 주님께서 주시는 선물을 받을 것이다.

"그 후에 이스라엘 자손이 돌아와서 그들의 하나님 여호와와 그들의 왕 다윗을 찾고"란 말은 이스라엘 백성들과 유다 백성들이 4절과 같은 포로 생활(근신 생활) 후에 회개하고 여호와께로 돌아와 다윗 왕을 찾는다는 뜻이다. 여기 "다윗 왕을 찾는다"는 말은 신약 시대가 되어 메시아를 찾는다는 것을 뜻한다.

"마지막 날에는 여호와를 경외하므로 여호와와 그의 은총으로 나아가리라"는 말은 신약 시대가 되어 모든 영적 이스라엘 민족(우리 그리스도를 믿는 족속들)이 여호와께 나아가고 여호와께서 주시는 은총으로 나아갈 것이라는 뜻이다(겔 34:23; 37:24-25; 45:8-9; 렘 30:9). 오늘 우리는 예수 그리스도를 통하여 하나님의 무한한 은총으로 나아가게 될 것이다.

제 4 장

2. 호세아가 예언하다 4:1-14:8

앞선 부분에서는 호세아의 가정을 통하여 여호와께서 이스라엘 민족을 심히도 사랑하신 것을 말씀하셨으나 4:1-14:8에서는 구체적으로 호세아는 그의 예언을 선포한다. 예언의 내용은 이스라엘의 심판(4-10장)과 회복(11-14장)으로 나누어진다.

A. 여호와는 의의 하나님이시다 4:1-6:3

4:1-6:3에서는 여호와는 의(義)의 하나님이시고 사랑의 하나님이라는 것을 말씀한다. 이 개념이 신약의 십자가에서 하나님의 사랑과 공의로 나타나 우리를 구원하셨다.

1) 이스라엘을 정죄 선언하다 4:1-19

하나님은 의로우셔서 그의 백성의 죄를 간과할 수 없으시다는 것이다. 호세아는 2장에서도 하나님의 의를 말씀하셨는데 본 장에 와서는 2장의 내용보다도 더 적극적으로, 구체적으로 4중적으로 세분하여 지적하고 책망하고 있다.

a) 이스라엘의 도덕 상태 4:1-5

이스라엘의 도덕 상태는 간단히 말해 있어야 할 것은 하나도 없고 없어야 할 것만 충만하다는 것이 호세아의 메시지이다. 그러므로 하나님의 기대하심에 전적으로 어긋났다는 것이다.

<어머니를 멸하리라>

호 4:1. 이스라엘 자손들아 여호와의 말씀을 들으라 여호와께서 이 땅 주민과 논쟁하시나니 이 땅에는 진실도 없고 인애도 없고 하나님을 아는

지식도 없고.

이스라엘 자손들아! 여호와의 말씀을 들어라. 여호와께서 이 땅의 주민을 고발하신다. 이 땅에는 진실도 없고, 사랑도 없고, 하나님을 아는 지식도 없다고 고발하신다.

이스라엘에 꼭 있어야 할 것은 진실, 인애, 하나님을 아는 지식인데 그런 것들은 없다는 것이다.

호 4:2. 오직 저주와 속임과 살인과 도둑질과 간음뿐이요 포악하여 피가 피를 뒤이음이라.

이스라엘 땅에 없어야 할 것들 곧 오직 저주와 속임과 살인과 투절(도둑질)과 간음뿐이고 강포하여 피가 피를 뒤를 대는 일만 있다고 하신다.

호 4:3. 그러므로 이 땅이 슬퍼하며 거기 사는 자와 들짐승과 공중에 나는 새가 다 쇠잔할 것이요 바다의 고기도 없어지리라.

이 땅에 저주와 속임과 살인과 도둑질과 간음뿐이요 포악하여 피가 피를 뒤를 잇기 때문에(2절) 이 땅은 탄식하고, 주민은 쇠약해질 것이다. 그리고 들짐승과 하늘을 나는 새들도 다 야위고, 바다 속의 물고기들도 씨가 마를 것이다.

호 4:4. 그러나 어떤 사람이든지 다투지도 말며 책망하지도 말라 네 백성들이 제사장과 다투는 자처럼 되었음이니라.

그러나 어떤 사람들이든지 서로 다투지 말고, 서로 비난하지도 말라. 네 백성이 제사장과 다투는 자처럼 되었기 때문이다.

백성들도 범죄하고 제사장도 범죄하며 그들은 다투는 자와 같이 하는 현상이니 아무에게 특히 지적하여 책망할 수 없다는 것이다.

호 4:5. 너는 낮에 넘어지겠고 너와 함께 있는 선지자는 밤에 넘어지리라

내가 네 어머니를 멸하리라.

그래서 낮에는 네가 넘어지고, 밤에는 예언자가 너와 함께 넘어질 것이다. 여호와가 너의 어머니 이스라엘 나라를 멸하여 버리실 것이다.

"너는 낮에 넘어지겠고 너와 함께 있는 선지자는 밤에 넘어지리라"는 말을 두고 해석에 몇 가지 견해가 있다. 1) 제사장은 낮에, 선지자는 밤에 벌을 받았다는 뜻이라는 견해(Kimchi, Rosenmueller), 2) 제사장은 낮에 범죄하고, 선지자는 밤에 범죄하여 벌을 받았다는 뜻이라고 하는 견해(Marck, Simson, Harper, 이상근), 3) 제사장과 선지자가 밤낮을 가리지 않고 범죄했다는 뜻이라는 견해(K.&D.), 이상의 견해 들 중에서 문맥을 보아 3)번의 견해가 바른 것으로 보인다. 이유는 "내가 네 어머니(국가 자체)를 멸하리라"는 말이 따라오는 것을 보면 본 절은 하나님의 심판의 불가피성을 보여주고 있는 것이 보여 심판의 밤과 낮을 가릴 것이 없이 하나님께서 이 때나 저 때나 심판하신다는 것을 드러내는 문장임을 알 수 있다.

b) 이스라엘의 지적 상태 4:6-10

<여호와께서 백성과 제사장을 심판하시다>

호 4:6. 내 백성이 지식이 없으므로 망하는도다 네가 지식을 버렸으니 나도 너를 버려 내 제사장이 되지 못하게 할 것이요 네가 네 하나님의 율법을 잊었으니 나도 네 자녀들을 잊어버리리라.

여호와께서 말씀하시기를 내 백성이 나 여호와를 경험적으로 알지 못하여 망하게 되었다. 백성 중 네가 제사장이라고 하면서 내가 가르쳐 준 법을 버렸으니, 나도 너를 버려서 네가 다시는 나의 성직을 맡지 못하도록 하겠다. 네 하나님께서 가르쳐준 율법을 네가 마음에 두지 않으니, 나도 네 아들딸들(백성들)을 마음에 두지 않고 버리겠다고 하신다.

여호와를 체험적으로 알고 있다는 것이 얼마나 중요한 일인지 알 수 없다. 막연히 안다는 것은 범죄의 소지를 열어두는 것이니 망함의 시작이 되는 것이다.

호 4:7. 그들은 번성할수록 내게 범죄하니 내가 그들의 영화를 변하여 욕이 되게 하리라.

그들(하나님의 백성들)이 번성할수록 내게 더욱 죄를 짓고 있으니, 내가 그들의 영광을 부끄러움으로 바꿀 것이라고 하신다.

여호와의 백성들이 여호와를 아는 체험적 지식을 버렸으니 번성할수록 우상 숭배도 더 많아지니 범죄도 더 많아지는 것이다. 그렇게 되니 여호와께서도 그들이 누리는 영화를 변하여 욕이 되게 하신다는 것이다. 죄가 있는 곳에 영화는 없는 것이다.

호 4:8. 그들이 내 백성의 속죄제물을 먹고 그 마음을 그들의 죄악에 두는도다.

그들(제사장들)이 내 백성이 제공하는 속죄제물을 먹으면서 제사장들의 마음은 백성들이 죄를 더 많이 지어 백성들이 제물을 더 드리기를 원했다는 것이다. 제사장들은 백성들이 죄를 덜 짓는 것을 원했어야 했는데 제물을 받아먹는 재미가 있으니 백성들이 더 많은 죄를 빠지기를 원했다. 저주를 받을만한 일이다.

호 4:9. 장차는 백성이나 제사장이나 동일함이라 내가 그들의 행실대로 벌하며 그들의 행위대로 갚으리라.

그러므로 백성이나 제사장이 똑같이 죄에 빠지고 똑같이 심판을 받을 것이다. 나 여호와가 그 행실대로 벌하고, 백성들이나 제사장들이 행한 일을 따라서 갚을 것이라고 하신다.

호 4:10. 그들이 먹어도 배부르지 아니하며 음행하여도 수효가 늘지 못하니 이는 여호와를 버리고 따르지 아니하였음이니라.

백성들이나 제사장들이 아무리 먹어도 배가 부르지 않을 것이며 처첩을 많이 두어서 관계해도 자손이 늘어나지 않을 것이란 말이다. 이유는 그들이 여호와를 버리고 따르지 않았기 때문이라는 것이다.

c) 이스라엘의 종교 형편 4:11-14

<이교 예배를 책망하시다>

호 4:11. 음행과 묵은 포도주와 새 포도주가 마음을 빼앗느니라.

나의 백성들은 음행하는 일에 정신을 빼앗기고, 묵은 포도주와 새 포도주에 마음을 빼앗겼다는 것이다.

본 절부터 14절까지는 북쪽 나라 이스라엘 백성들이 음행과 음란함에 빠진 것을 묘사하고 있다. 북쪽 나라 이스라엘 백성들은 우상 숭배에 동반된 음행에 빠져 있었고, 그리고 묵은 포도주와 새 포도주에 마음이 빼앗겨 정신이 몽롱해 있었다는 것이다. 우상 숭배, 바알 숭배는 북쪽 나라 이스라엘 백성들을 극단적으로 타락하게 만들고 말았다.

호 4:12. 내 백성이 나무에게 묻고 그 막대기는 그들에게 고하나니 이는 그들이 음란한 마음에 미혹되어 하나님을 버리고 음행하였음이니라.

여호와께서 말씀하시기를 내 백성이 나무대기(나무로 만든 주상이나 드라빔)에게 묻고(나무 막대기로 점을 치는 것, K.&D.), 그 나무막대기는 이스라엘 백성에게 무엇인가를 알려 주니, 이는 음란의 영이 이스라엘 백성들을 미혹하여 그들이 하나님을 떠나 간음하였기 때문이라는 것이다.

나무대기로 만든 점치는 시설에게 묻는 것이야 말로 어리석음 중에 가장 어리석은 일이 아닐 수 없었다.

호 4:13. 그들이 산꼭대기에서 제사를 드리며 작은 산 위에서 분향하되 참나무와 버드나무와 상수리나무 아래에서 하니 이는 그 나무 그늘이 좋음이라 이러므로 너희 딸들은 음행하며 너희 며느리들은 간음을 행하는도다.

이스라엘 백성들이 산꼭대기에서 제사를 드리며 작은 산 위에서 분향하되 참나무와 버드나무와 상수리나무 아래에서 한 것은 그들이 가나안 원주민들에게 배운 것이었다(신 12:2). 저들은 산꼭대기가 하늘에 가깝다고 해서 그곳에서 제사한 것이었다. 이스라엘 백성들이 가나안 원주민들에게 선한 본을 보여주지 못했고 오히려 그들로부터 원시인의 우상 숭배 문화를 배웠던 것이다(왕상 14:23; 왕하 17:10; 사 57:5; 렘 2:20; 3:6; 겔 6:13; 20:8).

"참나무와 버드나무와 상수리나무 아래에서 우상을 숭배한 것"은 나무 그늘 아래가 우상 숭배 행위에 좋았기 때문에 나무 그늘을 택한 것이었다. 나무 그늘이 좋아보였고 또 뜨거운 햇빛을 가려 주었기 때문이었다.

"이러므로 너희 딸들은 음행하며 너희 며느리들은 간음을 행했다"는 것이다. 본문은 북쪽 나라 이스라엘에서 음행이 공공연하게 자행되고 있었음을 보여주고 있다. 율법은 음행을 엄하게 벌하도록 규정하고 있었지만(출 20:14; 레 18:6-23; 신 22:22), 북 이스라엘 사회는 전체적으로 하나님의 말씀에서 떠나 공의가 완전히 상실되고 말았다. 또한 우상 숭배와 함께 음행이 보편화 되었었다. 따라서 음행이 공공연하게 자행된다 해도 처벌할 수 없게 되었다. 실제로 북 이스라엘 사회는 종교적으로 뿐 아니라 도덕적으로도 극한 타락의 길로 가고 있었던 것이다.

호 4:14. 너희 딸들이 음행하며 너희 며느리들이 간음하여도 내가 벌하지 아니하리니 이는 남자들도 창기와 함께 나가며 음부와 함께 희생을 드림이니라 깨닫지 못하는 백성은 망하리라.

이스라엘의 남자들도 창녀들과 함께 음행을 하고, 창녀들과 함께 희생 제사를 드리는데, 너희 딸들이 음행을 한다고 벌하겠느냐? 너희 며느리들이 간음을 한다고 벌하겠느냐? 벌하지 않는다고 하신다. 원래는 엄하게 벌하도록 되어 있었으나 (출 20:14; 레 18:23; 신 22:22) 워낙 타락한 이스라엘 사회를 향해서는 벌하지 않으신다는 것이다. 오늘날 세계 곳곳에 성적 문란은 형언할 수가 없게 되었다. 그래도 하나님은 벌하지 않는다는 것이다. 그러나 결국 깨닫지 못하는 백성은 망할 수밖에 없다는 것이다.

d) 이스라엘의 국가 상황 4:15-19

여호와께서는 유다에게 이스라엘의 우상 숭배에 미혹되지 말라고 하신다.

호 4:15. 이스라엘아 너는 음행하여도 유다는 죄를 범하지 못하게 할 것이라 너희는 길갈로 가지 말며 벧아웬으로 올라가지 말며 여호와의 사심을 두고 맹세하지 말지어다.

이스라엘아! 너는 비록 이방 신을 섬겨 음행을 하여도, 유다는 죄를 짓지 못하게 하여라. 너희는 길갈로 가지 말라. 벧아웬으로 올라가지 말라. 주의 살아 계심을 걸고 맹세하지 말라 하신다.

"이스라엘아 너는 음행하여도 유다는 죄를 범하지 못하게 할 것이라"는 말은 1) 이스라엘만 음행하지 말라는 말인가, 2) 유다로 하여금 음행하지 말라는 말인가. 본 절 전체를 보면 이스라엘과 유다 전체가 음행하지 말라는 경고로 보는 것이 옳다.

"너희는 길갈로 가지 말며 벧아웬으로 올라가지 말라"는 말은 이스라엘 나라의 길갈이나 벧아웬 지방으로 우상 숭배하러 올라가지 말라는 부탁이다.

"길갈"이란 곳이 이스라엘 나라의 우상 숭배 장소이다(9:15; 12:11; 암 4:4; 5:5).

"벧아웬"은 벧엘의 별명이다. 이곳은 남쪽 나라와 북쪽 나라가 나누어질 때 북쪽 나라의 여로보암 1세가 이곳에 금송아지를 세운(왕상 12:28-29) 이후 우상 숭배의 중심지가 되었다. 우상 숭배자들이 이런 곳을 찾는 것을 금한 것이다.

"여호와의 사심을 두고 맹세하지 말지어다"라는 말은 여호와의 이름을 들어 맹세하면서 분향하지 말라는 말인데 실제로는 여호와를 멸시한 것을 가리킨다. 본문은 우상과 하나님을 혼합해서 섬기는 것을 금한 것이다.

호 4:16. 이스라엘은 완강한 암소처럼 완강하니 이제 여호와께서 어린 양을

넓은 들에서 먹임 같이 그들을 먹이시겠느냐.

이스라엘 백성들이 고집 센 암소처럼 완고하니, 이제 여호와께서 어떻게 그들을 넓은 초장의 어린 양처럼 꼴을 먹이시겠느냐고 하신다.

하나님의 말씀을 거역하는 북쪽 나라 이스라엘을 하나님께서는 더 이상 복을 내리시지도 않고 보호하시지도 않을 것이란 뜻이다.

"완강하다"는 말은 완악하다는 뜻으로 완강한 사람이야 말로 참으로 불행한 사람이 아닐 수 없다.

호 4:17. 에브라임이 우상과 연합하였으니 버려두라.

본 절의 "에브라임"이란 말은 '북쪽 나라 이스라엘'을 지칭하는 말이다. 북 이스라엘이 우상과 아주 연합해 버렸으니 그냥 버려두라는 것이다.

오늘도 어떤 개인이든지 국가든지 우상(돈, 물질, 명예, 세상)과 연합해 있으면 소망이 없는 개인, 나라가 되는 것이다.

호 4:18. 그들이 마시기를 다 하고는 이어서 음행하였으며 그들은 부끄러운 일을 좋아하느니라.

우상 숭배자들은 술잔치를 한바탕 벌인 다음에는 언제나 이어서 음행을 했다. 통치자들은 하나님을 섬기는 영광보다 우상 숭배하기를 좋아한다는 것이다.

호 4:19. 바람이 그 날개로 그를 쌌나니 그들이 그 제물로 말미암아 부끄러운 일을 당하리라.

앗수르인들이 그들의 날개로 우상 숭배자들을 포로로 휩쓸어 갈 것이다. 우상 숭배자들이 바친 희생제물이 우상 숭배자들을 수치스럽게 할 것이라는 뜻이다. 우상 숭배자들은 그 언제인가 큰 부끄러움을 당한다는 것이다. 부끄러움을 당하는 것도 하나님께서 내리시는 징계임에 틀림없다.

제 5 장

2) 지도자들의 죄 5:1-15

제사장과 왕족은 백성의 지도자들이다. 저희가 백성을 바르게 인도하지 못하고 우상 숭배와 악행으로 인도했으므로 1-4절은 그들의 죄를 다루고, 5-7절은 그들의 죄의 결과를 말하며, 8-15절은 하나님께서 그들을 심판하신다는 것을 진술한다.

a) 지도자들이 죄를 짓다 5:1-4

<우상 숭배를 경고하다>

호 5:1. 제사장들아 이를 들으라 이스라엘 족속들아 깨달으라 왕족들아 귀를 기울이라 너희에게 심판이 있나니 너희가 미스바에 대하여 올무가 되며 다볼 위에 친 그물이 됨이라.

너희 제사장들아! 이 말을 들으라! 너희 이스라엘 지도자들아! 똑똑히 들으라! 너희 왕족들아! 귀를 기울여라! 너희가 심판을 받아야 할 것이다. 너희는 미스바에 놓은 덫이고, 다볼 산 위에 펼쳐 놓은 그물이라고 하신다.

"너희가 미스바(요단강 동쪽에 위치한 길르앗 미스바, 삿 10:17; 11:11, 29, 34)에 대하여 올무가 되며 다볼(요단강 서편 납달리 지역 에스드렐론 평야 지대에 있는, 숲이 우거진 산)위에 친 그물이 되었다"는 말은 '이스라엘의 지도자들이 미스바에 쳐놓은 올무가 되며 다볼 산위에 펼쳐놓은 그물이 되었다'는 뜻이다. 이곳 두 곳은 이름난 사냥터가 되었다고 한다. 사냥꾼이 올무나 그물을 설치하여 사냥하는 모양으로 이 곳들은 우상 숭배의 장소가 되어 백성의 영혼들을 사냥했다는 것이다.

호 5:2. 패역자가 살육죄에 깊이 빠졌으매 내가 그들을 다 벌하노라.

여호와를 반역하고 있는 반역자들이 살육 죄에 깊이 빠졌으니, 나 여호와가 그들을 모두 징계할 것이라고 하신다.

여기 "살육죄"(שַׁטִים)란 '탈선'이란 뜻이다. 여호와를 반역하는 일을 일삼는 자들이 탈선했으니 여호와께서 그들을 모두 벌하신다는 것은 당연한 일이었다. 여호와의 벌도 사랑에서 나온 것이다.

호 5:3. 에브라임은 내가 알고 이스라엘은 내게 숨기지 못하나니 에브라임아 이제 네가 음행하였고 이스라엘이 더러워졌느니라.

나 여호와는 에브라임을 잘 안다. 내 앞에서는 이스라엘이 결코 숨지 못한다. 에브라임이 몸을 팔고 있고, 이스라엘이 몸을 더럽히고 있다고 하신다.

여기 "에브라임"은 북쪽 나라 '이스라엘'을 뜻한다(4:17 주해 참조). 본 절에는 "에브라임"이란 말이 두 번 나오고 "이스라엘"이란 말이 두 번 나와 동의어로 사용되었음을 알 수 있다. 에브라임 곧 이스라엘이 하나님을 떠났기에 하나님을 알지 못하나 하나님은 북쪽 나라가 어느 형편인지를 잘 알고 계시다는 것이다.

오늘날 CCTV 때문에 세상 사람들도 세상에서 훤히 드러나고 있어서 꼼짝 못하는 형편이 되었다. 오늘날 사람들의 형편은 하나님의 눈앞에서도 훤히 드러나고 있는 것이 아닌가.

호 5:4. 그들의 행위가 그들로 자기 하나님에게 돌아가지 못하게 하나니 이는 음란한 마음이 그 속에 있어 여호와를 알지 못하는 까닭이라.

그들의 온갖 행실이 그러하니, 하나님께로 되돌아가지 못한다. 이유는 음란한 생각이 그들 속에 가득 차서, 주님을 알지 못하기 때문이다.

죄는 사람을 사로잡아 하나님에게 돌아가지 못하게 한다. 죄를 많이 짓는 사람들은 하나님을 잘 믿지 못하고 헤매는 것을 볼 수 있다.

물질을 좋아하는 사람, 명예를 좋아하는 사람, 시기심이 많은 사람, 향락 좋아하는 사람이 하나님을 잘 믿는 사람을 보았는가. 절대로 그런 사람들은 없다. 죄를 자백하는 것이 최고의 상책이다.

b) 죄의 결과 5:5-7

호 5:5. 이스라엘의 교만이 그 얼굴에 드러났나니 그 죄악으로 말미암아 이스라엘과 에브라임이 넘어지고 유다도 그들과 함께 넘어지리라.

이스라엘 백성들의 교만한 마음이 그 얼굴에 훤히 드러나 있다. 이스라엘 곧 에브라임은 저의 교만 죄에 걸려 넘어질 것이다. 유다도 이스라엘 백성들과 함께 교만 때문에 넘어지게 될 것이다.

교만한 사람은 반드시 넘어진다는 것이다. 자기 스스로 넘어지는 것이 아니라 하나님에 의해서 넘어지는 것이다.

호 5:6. 그들이 양 떼와 소 떼를 끌고 여호와를 찾으러 갈지라도 만나지 못할 것은 이미 그들에게서 떠나셨음이라.

교만한 이스라엘 백성들이 양 떼와 소 떼를 몰고 주님을 찾아 제사드린다 해도, 주님께서 이미 그들에게서 떠나셨으니, 그들이 주님을 만나지 못할 것이다. 하나님은 죄를 자백하지 않는 자의 제물을 받지 않으시는 것이다 (6:6; 사 1:11; 렘 7:21). 우리가 무슨 일을 하든지 죄를 자백해야 한다.

호 5:7. 그들이 여호와께 정조를 지키지 아니하고 사생아를 낳았으니 그러므로 새 달이 그들과 그 기업을 함께 삼키리로다.

선민 이스라엘 백성들이 주님께 정조를 지키지 않아 그 결과물인 사생아를 낳았는데 그 사생아도 역시 우상숭배자들이 되었다는 것이다. 그 우상숭배자들이 지키는 새달 절기가 밭과 함께 그들을 삼킬 것이라는 뜻이다.

"새 달이 그들과 그 기업을 함께 삼킬 것이라"는 말은 "새달"(월삭)이 되어 북쪽 이스라엘 백성들이 나아와 제사하는 절기에 하나님께 제사를 드렸으나 이 제사는 하나님의 법에서 떠난 가증스러운 행위가 되어 도리어 북쪽 이스라엘 백성들과 그 기업을 함께 망하게 할 것이라는 예언이다.

문제는 아무리 제사를 드려보아도 그 근본정신이 틀렸으면 효과를 내지 못한다는 것을 알 수 있다. 세상을 사랑하는 우상 숭배자들은 그 종교 행사를 아무리 해보아도 하나님을 참으로 사랑하지 않으면 복을 받지 못하고 오히려 망할 일만 생긴다.

c) 하나님께서 죄를 심판하시다 5:8-15

<유다와 이스라엘 사이의 전쟁>

호 5:8. 너희가 기브아에서 뿔나팔을 불며 라마에서 나팔을 불며 벧아웬에서 외치기를 베냐민아 네 뒤를 좇는다 할지어다.

너희가 기브아에서 뿔 나팔을 불며, 라마에서 나팔을 불고, 벳아웬에서 외치기를 베냐민아! 네 뒤를 좇는다고 하라는 것이다.

여기 "기브아"는 '베냐민의 기브아'(삼상 13:2, 15; 14:16; 삼하 23:29)를 지칭하며 '언덕'이라는 뜻이다. 이는 예루살렘과 나부루스(세겜) 사이에 있다.

그리고 "라마"도 '높은 곳'이란 뜻이다. 이곳은 사무엘이 살던 곳이다(삿 4:5; 19:13; 삼상 15:34). 이곳은 예루살렘 북방의 벧엘쪽으로 있는 곳이다. 현재는 엘람이라 한다.

그리고 "벧아웬"은 '벧엘'을 뜻한다(4:15 주해 참조). 위의 세 곳은 모두 베냐민의 경내에 있고 모두 우상 숭배를 하던 곳들이었으나 이제는 적군의 침입에 나팔을 불어야 했다는 것이다. 그들이 섬겼던 우상이 그들을 구원하지 못하고 도리어 심판을 불러온 것이었다.

"베냐민아! 네 뒤를 좇는다 할지어다"라는 말은 파수꾼이 외쳐야 하는 소리였다. 베냐민 백성들의 뒤에서 적군이 좇아온다는 외침소리였다. 우리의 살길은 우상을 숭배하는 것이 아니라 오직 하나님만 찾는 것임을 알아야 한다.

호 5:9. 벌하는 날에 에브라임이 황폐할 것이라 내가 이스라엘 지파 중에서 반드시 있을 일을 보였노라.

에브라임(이스라엘)이 벌을 받는 날에는, 온 이스라엘 나라가 황무지가 될 것이다. 벌은 이스라엘의 모든 지파에게 이미 확정된 일이고 또 오래 지속될 일을 나 여호와가 선포한다고 하신다.

호 5:10. 유다 지도자들은 경계표를 옮기는 자 같으니 내가 나의 진노를 그들에게 물 같이 부으리라.

유다의 지도자들은 경계표를 옮기는 자(땅을 빼앗는 자들)같으니, 내가 그들에게 나의 분노를 물같이 쏟아 부을 것이라고 하신다.

본 절은 남쪽 나라 유다의 지도자들도 북쪽 나라 이스라엘의 지도자들과 마찬가지로 지계표를 옮기는 죄를 역시 범했다는 것을 말한다.

"내가 나의 진노를 그들에게 물 같이 부으리라"는 말은 하나님께서 그의 진노를 물같이 부으신다는 뜻이다. 하나님께서는 때로는 무섭게 진노를 퍼부으신다.

호 5:11. 에브라임은 사람의 명령 뒤따르기를 좋아하므로 학대를 받고 재판의 압제를 받는도다.

에브라임(북쪽 이스라엘)이 도움을 구하러 허무한 것을 뒤좇아 갔으니 (여로보암 1세의 우상 정책을 좇 일), 에브라임이 하나님의 심판을 받아, 억압을 당하고 짓밟힐 것이라는 예언이다.

호 5:12. 그러므로 내가 에브라임에게는 좀 같으며 유다 족속에게는 썩이는 것 같도다.

유다 나라나 이스라엘 나라나 범죄했으므로 여호와께서 북쪽 나라 이스라엘에게는 좀 같이 치시며, 남쪽 나라 유다 족속에게는 썩이는 것으로 서서히 징계하신다는 것이다.

이렇게 서서히 망하게 하시나 그 결과는 결정적으로 망하게 되는 것이다. 이런 심판은 오늘도 역시 진행되고 있다.

호 5:13. 에브라임이 자기의 병을 깨달으며 유다가 자기의 상처를 깨달았고 에브라임은 앗수르로 가서 야렙 왕에게 사람을 보내었으나 그가 능히 너희를 고치지 못하겠고 너희 상처를 낫게 하지 못하리라.

에브라임이 자기의 중병을 깨닫고 앗수르에 가서 도움을 청했고, 유다는 제 몸에 난 상처를 보고 그 나라의 대왕에게 특사를 보냈으나 그 대왕이 너희의 중병을 고치지 못하고, 그가 너희의 상처를 치료하지 못했다는 것이다.

본 절의 에브라임의 병이나 유다의 상처란 말은 정치적으로 아주 곤궁한 상태를 뜻한다.

그리고 "에브라임은 앗수르로 가서 야렙 왕에게 사람을 보냈다"는 말은 북쪽 나라의 이스라엘이 앗수르의 야렙 왕, 즉 전쟁을 좋아하는 앗수르의 왕들에게 조공을 바쳐 아첨하기 위해 사절을 보낸 것을 뜻한다.

"그가 능히 너희를 고치지 못하겠고 너희 상처를 낫게 하지 못하리라"는 말은 앗수르가 이스라엘을 고치지 못할 것을 말하는 것이다. 사실 북이스라엘이나 남 유다가 어려움이 있으면 죄를 자복하고 하나님께 돌아가면 쉽게 해결되었을 것이다.

호 5:14. 내가 에브라임에게는 사자 같고 유다 족속에게는 젊은 사자 같으니 바로 내가 움켜갈지라 내가 탈취하여 갈지라도 건져낼 자가 없으리라.

나 여호와가 사자처럼 에브라임(북쪽 나라 이스라엘)에게 달려들고, 젊은 사자처럼 유다 가문에 달려들어 그들을 물어다가 갈기갈기 찢을 것이니, 아무도 내 입에서 그들을 빼내어 건져 주지 못할 것이다.

죄 때문에 하나님은 북쪽 이스라엘이나 남쪽 유다를 망하게 하시지만 양쪽 모두 죄를 자백하면 하나님은 사자 이상의 힘으로 이스라엘과 유다를 치료하신다. 오늘도 죄를 자백하는 자에게는 한없는 은총을 베푸신다.

호 5:15. 그들이 그 죄를 뉘우치고 내 얼굴을 구하기까지 내가 내 곳으로 돌아가리라 그들이 고난 받을 때에 나를 간절히 구하리라.

나 여호와는 이제 내 곳으로 돌아가서 숨어 있는 듯이 있으면서 그들이 지은 죄를 다 뉘우치고, 나를 찾을 때까지 기다리겠다. 환난을 당할 때에는, 그들이 애타게 나를 찾아 나설 것이라고 본다.

제 6 장

3) 호세아가 회개를 권면하다 6:1-3

<백성들의 불성실한 회개>

호 6:1. 오라 우리가 여호와께로 돌아가자 여호와께서 우리를 찢으셨으나 도로 낫게 하실 것이요 우리를 치셨으나 싸매어 주실 것임이라.

이제 우리가 여호와께로 돌아가자. 여호와께서 우리를 찢으셨으나 다시 싸매어 주시고, 우리에게 상처를 주셨으나 다시 아물게 하실 것이다.

"오라 우리가 여호와께로 돌아가자"는 말은 호세아선지의 주제요(3:5; 14:1), 모든 선지자들의 주제이다(암4:12).

"여호와께서 우리를 찢으셨으나 도로 낫게 하실 것이요 우리를 치셨으나 싸매어 주실 것임이라"는 말은 여호와께서 우리가 범죄 했을 때 우리를 찢으셨으나 회개할 때는 곧 싸매시며 우리를 낫게 하신다는 것이다(출 15:26; 욥 2:13). 오늘 우리는 재빨리 죄를 자백하고 여호와께로 돌아가야 한다.

호 6:2. 여호와께서 이틀 후에 우리를 살리시며 셋째 날에 우리를 일으키시리니 우리가 그의 앞에서 살리라(After two days he will revive us; on the third day he will raise us up, that we may live before him-RSV, ESV)**.**

여호와께서 이틀 뒤에 우리를 다시 살려 주실 것이고, 사흘 만에 우리를 다시 일으켜 세우실 것이니, 우리가 주님 앞에서 살게 될 것이다.

본문 해석은 몇 가지로 갈린다. 1) "이틀"과 "삼일"을 아주 짧은 인내의 때를 가리키는 것으로 보는 견해(Cheyne, Cavin), 2) "하나님은 자비와 긍휼이 많으셔서 단 시일 내에 우리를 살려주신다는 히브리인의 특유의 표현 방식이다(신 32:39). 그런데도 "제 3일"을 따로 떼어서 해석한다면 하나님의 말씀이 변질될 우려가 있고 따라서 그런 해석은 과잉충성이라는 견해(이순한), 3) "만 2일이 지난 후이며, 3일째 되는 날"로 이스라엘의 관용법이라는 견해로(사 17:6; 암 4:8), 그 때 그들을 살리신다는 견해이다. 즉, 그리스도께서 십자가에서 죽으신 후 3일 만에 부활하실 것이라는 것이다(마 16:21; Theodoret, Pusey, Given교수 등, 박윤선, 이상근). 이상 3견해 중에 3)번의 견해가 가장 바른 것으로 보인다.

호 6:3. 그러므로 우리가 여호와를 알자 힘써 여호와를 알자 그의 나타나심은 새벽 빛 같이 어김없나니 비와 같이, 땅을 적시는 늦은 비와 같이 우리에게 임하시리라 하니라.

우리가 여호와를 알자. 힘써 여호와를 알자. 새벽마다 새벽빛이 오듯이 여호와께서도 그처럼 어김없이 오시고, 해마다 쏟아지는 가을비처럼 오시고, 땅을 적시는 봄비처럼 오신다.

본 절의 "힘써 여호와를 알자"는 말은 "우리가 여호와를 알자"는 말을 반복한 것인데, 좀 더 힘쓰는 일에 전심할 것을 말하는 것이다. 힘쓰는 일과 힘쓰지 않는 일의 차이는 큰 차이를 불러온다. 힘쓴다는 것은 1) 여호와의 말씀의 뜻을 알기 위해 많은 묵상을 해야 한다. 2) 심령의 정결을 위해 죄를 자백해야 한다. 3) 여호와를 소유하기 위해 많은 기도를 드려야 한다.

"그의 나타나심은 새벽 빛 같이 어김없나니 비와 같이, 땅을 적시는 늦은 비와 같이 우리에게 임하시리라"는 말은 여호와를 알기 위해 힘쓰는 자에게 나타나 주신다는 것이다. 세 가지 비유가 나오는 것을 볼 수 있다. 1) "새벽의 빛같이" 어김없이 나타나 주신다. 하나님은 반드시 나타나 주신다는 것이다. 2) "비와 같이, 땅을 적시는 늦은 비와 같이" 우리에게 임하신다는 것이다. 파종 때의 비와 결실을 위해 오는 비와 같이 여호와께서 나타나 주신다는 것이다.

B. 호세아가 회개를 재촉하다 6:4-10:15

이 부분의 내용은 1) 이스라엘은 회개를 않는다는 것(6:4-11), 2) 지도자들의 죄는 무엇인가(7:1-8:14), 3) 이스라엘의 배신이 화를 불러온다는 것(9:1-10:15)을 말한다.

1) 이스라엘은 회개를 않는다 6:4-11

호 6:4. 에브라임아 내가 네게 어떻게 하랴 유다야 내가 네게 어떻게 하랴 너희의 인애가 아침 구름이나 쉬 없어지는 이슬 같도다.

에브라임(북 이스라엘)아! 내가 네게 어떻게 해야 하느냐? 유다(남 유다)야! 내가 네게 어떻게 해야 하느냐? 너희의 인애는 아침 구름 같고, 일찍 사라지는 이슬 같구나.

이스라엘이나 유다의 하나님께 대한 사랑이 쉽게 사라지고, 동시에 하나님을 사랑하는 사랑의 힘으로 이웃을 자신같이 사랑해야 하는데 그 이웃 사랑도 쉽게 사라지니 문제가 된다는 것이다. 쉽게 사라지는 것이 마치 "아침 구름이나 쉬 없어지는 이슬 같다"는 것이다. 팔레스타인의 아침 구름은 아침 9시가 되면 간곳없이 사라지고, 아침 이슬도 해가 뜨면 쉽게 사라지는 것처럼 사랑이 쉽게 사라진다는 것이다.

호 6:5. 그러므로 내가 선지자들로 그들을 치고 내 입의 말로 그들을 죽였노니 내 심판은 빛처럼 나오느니라(Therefore I have hewn them by the prophets, I have slain them by the words of my mouth, and my judgment goes forth as the light-RSV, ESV).

그러므로 내가 선지자를 통하여 그들(이스라엘 백성들과 유다 백성들)을 부수었고 내 입의 말로써 너희를 죽였으니 내 심판이 빛처럼 나갈 것이라고 하신다. "내 심판은 빛처럼 나온다"는 말은 북쪽 나라 이스라엘이나 남쪽 나라 유다에나 여호와의 심판은 태양빛처럼 확실하게 임할 것이라는 뜻이다.

호 6:6. 나는 인애를 원하고 제사를 원하지 아니하며 번제보다 하나님을 아는 것을 원하노라.

나 여호와가 백성들에게 바라는 것은 변함없는 사랑이지, 제사가 아니다. 불살라 바치는 제사보다는 여호와의 백성들이 나 하나님을 알기를 더 바란다는 것이다.

"나는 인애를 원하고 제사를 원하지 아니한다"는 말은 구약에 관통하고 있는 말씀이고(시 40:6; 50:8-9; 51:17; 사 1:11-20; 전 5:1; 렘 7:22-23; 미 6:6-8), 예수님께서도 두 번이나 사용하신 말씀이다(마 9:13; 12:7). 이 말씀은 제사를 원하시지 않는다는 말씀이 아니고 제사보다 하나님께 대한 사랑과 이웃들에 대한 사랑을 더 원하신다는 말씀이다.

호 6:7. 그들은 아담처럼 언약을 어기고 거기에서 나를 반역하였느니라.

그런데 이 백성(이스라엘 백성들과 유다 백성들)은 아담처럼 언약을 어겼고 나 여호와를 배반하였다는 것이다.

인류의 시조 아담은 하나님의 언약을 어겼고 금단의 열매를 따먹고 에덴에서 추방되었다. 이것이 바로 아담의 죄였고 인류의 원죄였다.

호 6:8. 길르앗은 악을 행하는 자의 고을이라 피 발자국으로 가득 찼도다.

길르앗(길르앗의 대표적 성읍으로 부지중에 살인한 자를 보호하기 위해 도피성으로 지정된 길르앗 라못을 뜻한다)은 폭력배들의 성읍이 되었고, 발자국마다 핏자국이 뚜렷해지고 말았다는 것이다.

"피 발자국으로 가득 찼다"는 말은 길르앗이 도피성으로 무고한 자의 피를 흘리지 않기 위한 성읍이었으나 도리어 행악 자와 악을 모의하는 본거지가 되고 결국 피살자의 피로 편만하게 된 것이다. 이는 북 이스라엘 사회의 사회상을 여실히 보여주게 된 것이다.

호 6:9. 강도 떼가 사람을 기다림 같이 제사장의 무리가 세겜 길에서 살인하

니 그들이 사악을 행하였느니라(As robbers lie in wait for a man, so the priests band together; they murder on the way to Shechem; they commit villainy-ESV).

강도떼가 숨어서 사람을 기다리듯, 제사장 무리가 세겜으로 가는 길목에 숨었다가 사람들을 살해하니 차마 지어서는 안 될 죄를 저들이 짓고 마는 형편이 되었다는 것이다.

"세겜"도 자비를 베푸는 도피성이었다(수 20:7). 호세아가 말하는 이 시점에서는 제사장들이 강도떼처럼 살인하는 것처럼 살인하는 곳이 되고 말았다는 것이다.

여로보암이 세운 제사장들은 평민 중에서 마구 택하여 낸 자들이었으니 만큼 그들은 하나님의 말씀을 준수하는 자들이 아니었다. 그러니만큼 그들은 언제나 저렇게 강도 행위를 하는 자들이 되었다(K.&D.).

호 6:10. 내가 이스라엘 집에서 가증한 일을 보았나니 거기서 에브라임은 음행하였고 이스라엘은 더럽혀졌느니라.

나 여호와가 이스라엘 집에서 소름 끼치는 일들을 보았다. 거기에서 에브라임이 몸을 팔았고, 이스라엘이 몸을 더럽혔다.

여기 "가증한 일"이란 종교적, 도덕적인 모든 종류의 범죄를 지칭한다(렘 18:13; 23:14). 그리고 "거기서"라는 말은 '이스라엘 집에서'란 뜻이다.

"음행하였다"는 말과 "더럽혀졌다"는 말은 동의어로 사용되었다. 이 두 단어는 문자적인 간음과 영적인 간음을 동시에 가리킨다. 왜냐하면 당시 북쪽 이스라엘에서는 우상 숭배를 하던 곳에서는 성적인 음행이 동반되었기 때문이다(왕상 14:24; 왕하 23:7).

호 6:11. 또한 유다여 내가 내 백성의 사로잡힘을 돌이킬 때에 네(유다)게도 추수할 일을 정하였느니라.

또 유다야! 나 여호와가 내 백성(이스라엘)의 사로잡힘을 돌이킬 때에 네게(유다에게)도 추수 때를 정해 놓았다고 하신다.

카일과 델리취는 본 절 해석을 두고 "하나님께서 자기 백성(이스라엘 백성)을 참된 목표로 돌아오도록 하기 위해서 그들의 모든 불 경건을 근절시키려고 징계하실 때에 유다도 벌을 받을 것이라"고 해석했다. 하나님께서 그의 백성(이스라엘 백성)을 죄악에서 구출하실 때에 징계에 의하여 구출하신다는 것이었다(K.&D., McCurdy).

제 7 장

2) 지도자들의 죄 7:1-8:14

a) 부도덕한 죄 7:1-7

이스라엘의 왕과 방백들이 교묘하게 거짓으로 꾸며서 마음으로 살육과 음모를 꾸민다.

<왕궁 안의 반란>

호 7:1. 내가 이스라엘을 치료하려 할 때에 에브라임의 죄와 사마리아의 악이 드러나도다 그들은 거짓을 행하며 안으로 들어가 도둑질하고 밖으로 떼 지어 노략질하며.

나 여호와가 이스라엘을 치료하여 주고자 할 때마다, 에브라임(이스라엘)이 지은 범죄가 드러났고, 사마리아(이스라엘)가 저지른 죄악이 드러났다. 그들은 서로 속였고, 안으로 들어가서 도둑질했으며, 밖으로 나가서 떼 지어 약탈했다.

하나님이 치료하려 하실 때 먼저 치료해야 할 죄가 드러나는 것은 아주 중요한 일이었다. 우리의 죄도 바르게 고백되어야 하는 것이다. 죄를 정확하게 자백하는 일은 얼마나 중요한지 모른다.

호 7:2. 내가 모든 악을 기억하였음을 그들이 마음에 생각하지 아니하거니와 이제 그들의 행위가 그들을 에워싸고 내 얼굴 앞에 있도다.

나 여호와가 이스라엘 백성들의 모든 악을 기억하고 있음을 그들이 마음에 생각지 아니하니, 이제 그들의 행위가 그들을 에워싸고 내 얼굴 앞에 있다는 것이다.

"이제 그들의 행위가 그들을 에워싸고 내 얼굴 앞에 있다"는 말은 '이스라엘 백성들의 모든 죄악이 울타리처럼 그들을 에워싸겠지만 저들은 그런 사실을 알지 못하여 죄를 자백할 수 없는 형편에 있으나 여호와는 이를 하감하고 계시다'는 것이다.

오늘 우리 주위에는 수없는 죄가 있으나 우리는 그 사실을 알지 못하여 죄를 자백하지 않고 있다.

호 7:3. 그들이 그 악으로 왕을, 그 거짓말로 지도자들을 기쁘게 하도다.

이스라엘 백성들은 자기들의 악으로 왕을, 자기들의 거짓말로 지도자들을 기쁘게 한다는 것이다.

윗사람에게 아첨하여 윗사람의 눈을 멀게 하는 것 또한 죄이다.

호 7:4. 그들은 다 간음하는 자라 과자 만드는 자에 의해 달궈진 화덕과 같도다 그가 반죽을 뭉침으로 발효되기까지만 불 일으키기를 그칠 뿐이니라.

왕과 제사장들은 모두 영적으로 간음하는 자들이었고 또 육신적으로 간음하는 자들이었다. 그들은 과자 만드는 자에 의해 달궈진 화덕과 같이 계속해서 달궈져 있어서 계속해서 간음하는 자들이 되었다. 그들이 잠시 쉰다는 것도 빵 만드는 자가 반죽을 뭉침으로 발효되기까지만 불 일으키기를 그칠 뿐인 것처럼 계속해서 간음을 한다는 것이다.

세상 사람들은 잠시 동안 쉬는 듯 하다가 계속해서 세상을 사랑하면서 산다.

호 7:5. 우리 왕의 날에 지도자들은 술의 뜨거움으로 병이 나며 왕은 오만한 자들과 더불어 악수하는도다.

본문으로부터 7절까지는 북쪽 이스라엘이 망해가는 과정을 보여주고 있다.여기 "우리 왕의 날"이란 말은 '왕의 생일이나 왕의 대관일'을 지칭하는 말이다. 이 날은 북쪽 나라 이스라엘 사람들에게는 말할 수 없이 즐거움을 가지는 날이다. 그러나 이 중요한 날에 백성들은 술을 너무 많이 마셔서 흥청망청했다. 그리고 왕은 자기의 주위에 오만한 자들을 두고 자기를 방어했고 자기의 신변을 유지했다는 것이다.

호 7:6. 그들이 가까이 올 때에 그들의 마음은 간교하여 화덕 같으니 그들의 분노는 밤새도록 자고 아침에 피우는 불꽃같도다.

그들 오만한 자들(5절)은 화덕 같은 마음으로 음모를 꾸며 왕에게 접근하고, 그들의 분노는 밤새도록 잠자고 있다가 아침에 맹렬한 불처럼 타올라서 여로보암 II가 죽은 후 20여 년간에 6명의 왕을 연속적으로 갈아치웠다.

참으로 놀라운 전란의 시기였는데도 이스라엘 백성들은 기도하지 않았다는 것이다.

호 7:7. 그들이 다 화덕 같이 뜨거워져서 그 재판장들을 삼키며 그들의 왕들을 다 엎드러지게 하며 그들 중에는 내게 부르짖는 자가 하나도 없도다.

그들 오만한 자들이 모두 화덕처럼 뜨거워져서 자기 재판관들을 삼키며, 그들의 왕들을 다 쓰러지게 하나 그들 중에 내게 부르짖는 자가 아무도 없다.

나라가 어려울 때에는 여호와께 기도해야 했는데 여호와께 부르짖는 자가 하나도 없었다는 것이다.

b) 이방과 정치적으로 동맹한 죄 7:8-16

이스라엘은 전적으로 여호와를 구하지 않고 이방을 의지하여 평안을 누리려고 했으니 이방의 조롱거리가 된 것이다.

<이스라엘과 여러 민족>

호 7:8. 에브라임이 여러 민족 가운데에 혼합되니 그는 곧 뒤집지 않은 전병이로다.

에브라임(북쪽 나라 이스라엘)은 여호와만 의지하지 않고 여러 민족들 가운데 섞여 있으니, 이스라엘은 뒤집지 않고 구워서 한쪽만 익은 빵처럼 되었다는 것이다.

뒤집지 않고 구워서 한쪽만 익은 빵처럼 되었다는 것은 혼합 민족이 되었다는 뜻이다. 혼합주의는 여호와께서 아주 싫어하시는 것이다.

호 7:9. 이방인들이 그의 힘을 삼켰으나 알지 못하고 백발이 무성할지라도 알지 못하는도다.

주위의 외세들(앗수르, 블레셋, 애굽 등)이 이스라엘의 국력을 삼켰는데도 이스라엘은 그것을 깨닫지 못하고, 죽을 날이 얼마 남지 않은데도 이스라엘은 그것을 깨닫지 못했다는 것이다.

깨닫지 못한다는 것은 성령의 감동을 받지 못한다는 것이다.

호 7:10. 이스라엘의 교만은 그 얼굴에 드러났나니 그들이 이 모든 일을 당하여도 그들의 하나님 여호와께로 돌아오지 아니하며 구하지 아니하도다.

이스라엘의 교만이 그의 얼굴에 확연했으나, 그들이 이 모든 일을 당했어도 여호와 그들의 하나님께 돌아오지 않았으며, 여호와를 찾지 않았다는 것이다.

이스라엘은 환난을 당하여도 자신의 힘을 의지했으며 여호와께로 돌아오지 않았다는 것이다.

호 7:11. 에브라임은 어리석은 비둘기 같이 지혜가 없어서 애굽을 향하여 부르짖으며 앗수르로 가는도다.

에브라임(이스라엘 백성들)은 어리석은 비둘기같이 지각이 없어서, 이집트를 향하여 부르짖고 앗수르의 도움을 구하러 간다는 것이다(왕하 15:19; 17:3-4). 계속해서 기도하지 않는 사람들이나 국가들은 영안이 어두워서 동서남북을 분간하지 못하고 헤매기 마련이다.

호 7:12. 그들이 갈 때에 내가 나의 그물을 그 위에 쳐서 공중의 새처럼 떨어뜨리고 전에 그 회중에 들려 준 대로 그들을 징계하리라.

그들 이스라엘 사람들이 도움을 구하러 외국을 향해 갈 때에 나 여호와가 나의 그물을 그들 위에 펼쳐서 공중의 새처럼 그들을 떨어뜨리고, 그들 무리가 과거에 들었던 대로 나 여호와가 그들을 징계할 것이라고 하신다.

호 7:13. 화 있을진저 그들이 나를 떠나 그릇 갔음이니라 패망할진저 그들이 내게 범죄하였음이니라 내가 그들을 건져 주려 하나 그들이 나를 거슬러 거짓을 말하고.

이스라엘 백성들에게 화가 있을 것이니, 이유는 그들이 나 여호와를 떠나 그릇된 길로 갔기 때문이며, 이스라엘 백성들에게 멸망이 있을 것이니, 이유는 그들이 나 여호와께 반역하였기 때문이다. 내가 그들을 구원해 주려 하나 그들은 내게 대항하여 거짓을 말한다고 하신다.

호 7:14. 성심으로 나를 부르지 아니하였으며 오직 침상에서 슬피 부르짖으며 곡식과 새 포도주로 말미암아 모이며 나를 거역하는도다.

이스라엘 백성들이 침대에서 울부짖을 때에도 진심으로 내게 기도하지 않았고, 곡식과 새 포도주를 위해서는 모여 들지만 여호와께는 거역하고 있다는 것이다(레 19:28; 신 14:1).

호 7:15. 내가 그들 팔을 연습시켜 힘 있게 하였으나 그들은 내게 대하여 악을 꾀하는도다.

나 여호와가 그들 이스라엘 민족을 훈련시켜 그들의 힘을 강하게 하였으나, 이스라엘 백성들은 나 여호와에 대하여 악을 꾀하며 거역한다는 것이다. 이는 참 배은망덕이 아닐 수 없다.

호 7:16. 그들은 돌아오나 높으신 자에게로 돌아오지 아니하니 속이는 활과

같으며 그들의 지도자들은 그 혀의 거친 말로 말미암아 칼에 엎드러지리니 이것이 애굽 땅에서 조롱거리가 되리라.

이스라엘 민족이 돌아오나 높으신 분께로 돌아오는 것이 아니니, 속이는 활 같으며, 그들의 지도자들은 자기 혀의 거친 말 때문에 칼에 쓰러질 것이니, 이것이 애굽 땅에서 이스라엘을 조롱하는 조롱거리가 될 것이다.

"속이는 활과 같다"는 말은 과녁을 맞추지 못하는 화살과 같다는 뜻이다. 이스라엘민족의 과녁은 여호와임에도 불구하고 앗수르를 향하여 가고 혹은 애굽을 향해 간다는 것이다. 여호와 하나님을 신앙해야 했지만 우상숭배로 돌아섰다는 것이다.

제 8 장

c) 종교적 타락 8:1-14

1-14절의 내용은 이스라엘의 우상 숭배에 대한 심판이 임박한 사실(1-7절), 앗수르의 포로가 될 것이라는 예고(8-10절), 이스라엘의 우상 숭배에 대한 심판(11-14절)이 예고되어 있다.

1-7절. 이스라엘의 우상 숭배에 대한 심판이 임박한 사실이 진술되어 있다.

<우상 숭배를 책망하시다>

호 8:1. 나팔을 네 입에 댈지어다 원수가 독수리처럼 여호와의 집에 덮치리니 이는 그들이 내 언약을 어기며 내 율법을 범함이로다.

너는 나팔을 네 입에 대어 원수 앗수르가 독수리처럼 여호와의 집(이스라엘 땅과 이스라엘 백성)을 덮칠 것이니 전쟁을 경고하라(왕하 17:7-18)는 것이다. 이유는 이스라엘 백성들이 여호와의 언약(하나님께서 모세를 통해 주신 언약)을 어겼으며, 여호와의 율법(하나님께서 모세를 통해 주신 율법)을 범하였기 때문이라고 하신다.

여호와의 언약(율법)을 범하면 외세의 침입이 발생한다는 것이다. 나라가 망가지는 것이다.

호 8:2. 그들이 장차 내게 부르짖기를 나의 하나님이여 우리 이스라엘이 주를 아나이다 하리라.

이스라엘 백성들이 위기를 만났을 때 나 여호와에게 부르짖기를 나의 하나님이시여, 우리 이스라엘이 주를 압니다고 할 것이다.

그러나 이스라엘이 이렇게 부르짖기는 하나 진정성이 결여한 부르짖음이었다(다음 절).

호 8:3. 이스라엘이 이미 선을 버렸으니 원수가 그를 따를 것이라.

이스라엘 백성들이 진심을 버렸으니 원수가 그를 추격할 것이다.

"이스라엘이 이미 선을 버렸다"는 말은 '하나님과 그의 뜻을 따르는 정의로운 삶을 버렸다'는 뜻이다. 사람들은 하나님을 버리며 또 하나님의 뜻을 따르는 정의로운 삶을 버리면서도 하나님을 믿는 척 한다.

호 8:4. 그들이 왕들을 세웠으나 내게서 난 것이 아니며 그들이 지도자들을 세웠으나 내가 모르는 바이며 그들이 또 그 은, 금으로 자기를 위하여 우상을 만들었나니 결국은 파괴되고 말리라.

이스라엘 백성들이 왕들을 세우고 혹은 지도자들을 세웠으나 여호와께 묻지 않고 세웠다는 것이다. 그들은 자기들 마음대로 행했고, 은(銀)이나 금등으로 자기들을 위하여 우상을 만들어 숭배했다는 것이다.

"결국은 파괴되고 말리라"는 말은 그 모든 우상들은 파괴되고 말 것이고, 우상들을 섬긴 백성들도 함께 망한다는 것이다.

호 8:5. 사마리아여 네 송아지는 버려졌느니라 내 진노가 무리를 향하여 타오르나니 그들이 어느 때에야 무죄하겠느냐.

사마리아(이스라엘의 수도이니 이스라엘을 지칭하는 말이다)야! 네 송아지가 버려졌다. 나의 분노가 그들을 향해 타오르니, 어느 때까지 그들이 무죄하겠느냐?

"네 송아지는 버려졌느니라"는 말은 이스라엘이 남북으로 나누어질 때 여로보암 I세가 금송아지를 만들어 벧엘과 단에 세웠는데(왕상 12:28-29), 이 우상은 이스라엘 민족이 애굽에 있을 때 배운 것이었는데 이 우상은 하나님의 임재를 상징하는 것이었다(왕상 12:28-29).

"내 진노가 무리를 향하여 타오른다"는 말은 하나님의 진노가 매우 극심함을 뜻한다.

"그들이 어느 때에야 무죄하겠느냐"는 말은 이스라엘 민족을 향하여 여호와께서 오래 참으셨음을 뜻하는 말이다. 우리는 우리의 죄를 자백하고 무죄한 삶, 기도하는 삶을 살아야 한다.

호 8:6. 이것은 이스라엘에서 나고 장인이 만든 것이라 참 신이 아니니 사마리아의 송아지가 산산조각이 나리라.

이 우상은 이스라엘에서 났고 장인이 만든 것이라, 참 신이 아니니 사마리아의 송아지가 산산조각이 나리라고 하신다.

장인이 만든 것이 하나님이 될 수는 없는 일이다. 장인이 만든 것은 하나의 우상일 뿐이다.

호 8:7. 그들이 바람을 심고 광풍을 거둘 것이라 심은 것이 줄기가 없으며 이삭은 열매를 맺지 못할 것이요 혹시 맺을지라도 이방 사람이 삼키리라.

참으로 그들이 바람을 심고 광풍을 거둘 것이다. 곡식 줄기에 이삭이 없을 것이니, 그것이 알곡을 내지 못할 것이요, 혹시 낸다고 하더라도 다른 나라 사람이 그것을 삼킬 것이라고 하신다.

우상 숭배는 외형적으로는 참 예배와 유사하지만 그 내용은 바람 같을 뿐이다. 이스라엘은 허무한 우상 숭배를 하다가 그 결과는 하나님의 진노를 받아 앗수르 군의 침략을 받아 멸망하는 것이다.

호 8:8. 이스라엘은 이미 삼켜졌은즉 이제 여러 나라 가운데에 있는 것이 즐겨 쓰지 아니하는 그릇 같도다.

이스라엘이 이미 먹히고 만 것과 다름없으니(미래의 사실이지만 이미 된 일과 다름없으니 이렇게 표현한다), 쓸모없는 그릇처럼 여러 민족들 가운데 있다고 하신다.

"즐겨 쓰지 아니하는 그릇 같다"는 말은 이스라엘 민족이 외국 민족에게 삼켜져 있어 외국의 이곳저곳에 산재해 있으니 버려진 그릇같이 보인다는 뜻이다.

호 8:9. 그들이 홀로 떨어진 들나귀처럼 앗수르로 갔고 에브라임이 값 주고 사랑하는 자들을 얻었도다.

이스라엘 백성들이 홀로 떠도는 들나귀처럼 앗수르로 포로 되어 잡혀갔고, 에브라임(이스라엘)이 사랑하는 사람들을 값을 주고 고용하였다.

"에브라임이 값 주고 사랑하는 자들을 얻었다"는 말은 '이스라엘이 진정한 사랑이 없는 음녀를 돈 주고 샀다'는 뜻으로, 북쪽 나라 이스라엘이 그들을 전혀 도울 마음이 전혀 없는 앗수르와 애굽에 뇌물을 보내어 동맹을 맺고 또 평화 조약을 맺은 사실을 비유한 말이다(12:1).

호 8:10. 그들이 여러 나라에게 값을 주었을지라도 이제 내가 그들을 모으리니 그들은 지도자의 임금이 지워 준 짐으로 말미암아 쇠하기 시작하리라.

본 절은 북쪽 나라 이스라엘이 앗수르에 조공을 바쳐 평화 조약을 맺고 애굽에 뇌물을 주어 동맹을 맺었지만 그러한 노력이 아무 소용이 없으리라는 것을 밝힌다.

"이제 내가 그들을 모으리니"란 말은 '이제 나 여호와가 북쪽 나라 이스라엘을 심판하시기 위해서 그들을 모두 붙잡으시겠다는 뜻으로 현실적으로 징계가 시작됐음을 알리는 말이다.

"그들은 지도자의 임금이 지워 준 짐으로 말미암아 쇠하기 시작하리라"는 말은 북쪽 나라 이스라엘 백성들이 의지한 앗수르에게 계속해서 조공을 바치는 것이 이제 북쪽 나라 이스라엘이 국력을 잃어가는 근원임을 밝히고 있다. 여기서 "지도자의 임금"이란 말은 당시 왕 중의 왕인 앗수르 왕을 지칭한다. 본 절은 앗수르 왕이 부과한 조공으로 인하여 북쪽 나라 이스라엘이 쇠잔할 것이란 의미이다.

오늘 우리는 세상의 그 어떤 개인이나 나라나 세력도 의지할 것이 아니고 오직 하나님만 바라보고 살아야 한다.

호 8:11. 에브라임은 죄를 위하여 제단을 많이 만들더니 그 제단이 그에게

범죄하게 하는 것이 되었도다.

에브라임(이스라엘)이 죄를 위해 제단들을 많이 만들었기 때문에 제단들이 그를 범죄하게 하였다는 것이다.

이스라엘은 예루살렘 한곳에만 제단을 만들지 않고 여러 곳에 제단을 만들었다. 그것이 저들을 우상 숭배의 죄에 빠지게 했다는 것이다(4:8).

호 8:12. 내가 그를 위하여 내 율법을 만 가지로 기록하였으나 그들은 이상한 것으로 여기도다.

나 여호와가 이스라엘 백성들을 위하여 내 율법들을 많이 기록해 주었으나, 그들은 그것들을 자기들과는 무관한 것으로 여겼다는 것이다.

"내가 그를 위하여 내 율법들을 많이 기록해 주었다"는 말은 '여호와께서 이스라엘 민족의 복을 위하여 여호와의 율법을 주셨다'는 뜻이다. 이 율법들은 오늘 우리에게도 얼마나 복을 가져다가 주는지 모른다.

"그들은 이상한 것으로 여겼다"는 말은 '이스라엘 민족은 여호와의 율법을 자기들과 무관한 것으로 여겨 지키지 않았다'는 것이다.

율법을 지키는 것이 얼마나 큰 복을 주는지 우리는 알아야 할 것이다.

호 8:13. 그들이 내게 고기를 제물로 드리고 먹을지라도 여호와는 그것을 기뻐하지 아니하고 이제 그들의 죄악을 기억하여 그 죄를 벌하리니 그들은 애굽으로 다시 가리라.

나 여호와에게 드리는 희생 제물에 대해서는, 그들이 고기로 제사 드리고 그것을 먹으나, 여호와는 그것을 기뻐하지 않는다. 이제 그들의 죄악을 기억하여 그 죄를 벌할 것이니, 그들이 애굽으로 돌아갈 것이다.

"그들이 내게 고기를 제물로 드리고 먹을지라도"라는 말은 '이스라엘 백성들이 여호와에게 고기를 제물로 드리고 먹는 것은 고기를 먹기 위함이라'는 것이다. 그러므로 여호와는 그들의 제사를 기뻐하시지 않고 그들의 죄를 기억하셔서 심판하신다는 것이다.

호 8:14. 이스라엘은 자기를 지으신 이를 잊어버리고 왕궁들을 세웠으며 유다는 견고한 성읍을 많이 쌓았으나 내가 그 성읍들에 불을 보내어 그 성들을 삼키게 하리라.

이스라엘 백성들은 자기를 지으신 분을 잊어버리고 왕궁들을 건축했으며, 유다는 견고한 성읍들을 많이 지었으나, 나는 그들의 성읍들에 불을 보내어 그 요새들을 삼키게 할 것이라고 하신다.

"왕궁들을 세웠다"는 말은 이스라엘이 우상 숭배를 위해 왕궁들을 세웠다는 뜻이다.

"유다는 견고한 성읍을 많이 쌓았다"는 말은 '유다는 견고한 성읍을 많이 쌓아 외국 군대를 막았다'는 뜻이다. 유다의 죄는 이스라엘의 죄보다는 가볍기는 했으나 그러나 인간의 힘으로 외국 군대를 막기 보다는 여호와를 의지하는 것이 더 바람직스러운 일이다.

제 9 장

3) 이스라엘의 배신의 화 9:1-10:15

예언자들은 먼저 책망하여 회개를 촉구하고, 또 책망해도 회개하지 않고 도리어 반항하면 하나님의 심판을 선언하신다. 그러나 그래도 회개하지 않을 때 하나님의 저주를 선포한다.

1-6절. 여호와께서 저주를 선언하시다. 이 부분은 추수의 감사를 하나님께 돌리지 아니하고, 우상에게 돌리는 것을 꾸짖는 것이다.

<형벌의 날 보응의 날>

호 9:1. 이스라엘아 너는 이방 사람처럼 기뻐 뛰놀지 말라 네가 음행하여 네 하나님을 떠나고 각 타작마당에서 음행의 값을 좋아하였느니라.

이스라엘 백성들아! 너희는 이방 백성들처럼 기뻐 뛰놀지 말라. 그 이유는 너희들이 너희 하나님을 떠나 간음하면서 모든 곡식 타작마당에서 음행의 값 받기를 좋아했기 때문이다.

"너는 이방 사람처럼 기뻐 뛰놀지 말라"는 말은 이방 백성들이 농사가 잘 되었을 때 바알 신 숭배 덕이라고 생각하여 바알 신에게 절하면서 기뻐 뛰 놀았는데 이스라엘 사람들이 이방 사람들처럼 바알 신에게 절하면서 뛰어 놀아서는 안된다는 뜻이다. 농사가 잘 되든지 못되었든지 이스라엘 사람들은 하나님께 감사했어야 했다.

"네가 음행하여 네 하나님을 떠나고 각 타작마당에서 음행의 값을 좋아하였다"는 말은 '너희 이스라엘 백성들이 바알 신을 섬기면서 하나님을 떠났고, 농작물이 잘 된 것을 바알의 덕으로 생각한 것은 곧 음행의 값이었던 것이다.

호 9:2. 타작마당이나 술틀이 그들을 기르지 못할 것이며 새 포도주도 떨어질 것이요.

타작마당과 술통이 그들을 먹이지 못할 것이며, 새 포도주도 바닥날 것이라고 하신다.

타작마당에서 타작이 잘 된 것이 바알 신 덕분이라고 찬양 했으니 이제 타작마당도 잘 되지 못할 것이고, 술틀에 술이 담긴 것을 가지고 역시 바알 신 덕분이라고 했으니 이제는 술틀도 바닥나서 이스라엘 백성들이 새 포도주도 마시지 못할 것이라는 것이다. 이제는 북쪽 이스라엘 백성들이 앗수르로 포로 되어 갈 것이라(3절)는 것이다.

호 9:3. 그들은 여호와의 땅에 거주하지 못하며 에브라임은 애굽으로 다시 가고 앗수르에서 더러운 것을 먹을 것이니라.

북쪽 나라 이스라엘 백성들이 여호와의 땅(팔레스틴 땅)에 거주하지 못할 것이니, 에브라임(이스라엘)은 애굽 땅으로 포로 되어 가며 앗수르로 포로 되어 가서 부정한 음식(율법에서 부정한 음식으로 규정한 음식들)을 먹게 될 것이라는 내용이다.

여기 "애굽으로 다시 간다"는 말은 실제로 애굽으로 포로 되어 간다는 말이 아니라 애굽은 포로지의 대표로 거론된 것이다. 아무튼 우상 숭배를 하면 포로로 잡혀간다는 뜻이다.

우상(바알) 숭배의 값은 포로로 가는 것이었다. 기막힌 현실이 닥칠 것을 예언하는 것이다.

호 9:4. 그들은 여호와께 포도주를 부어 드리지 못하며 여호와께서 기뻐하시는 바도 되지 못할 것이라 그들의 제물은 애곡하는 자의 떡과 같아서 그것을 먹는 자는 더러워지나니 그들의 떡은 자기의 먹기에만 소용될 뿐이라 여호와의 집에 드릴 것이 아님이니라.

본 절은 북쪽 나라 이스라엘 백성들이 포로로 잡혀가면 여호와께 제물을 드리지 못할 것이라는 것을 진술한다. 그들이 포로로 잡혀가면 포도주를 부어 드리지 못하며, 그들의 희생 제물도 그분을 기쁘시게 하지 못할 것이다. 그들이 드리는 제물은 애도하는 자의 음식과 같아서 그것을 먹는 자마다 부정하게 될 것이다. 이유는 그들의 음식이 자기를 위한 식물이지 제물은 아니라는 것이다(레 7:20; 21:1; 민 19:14; 신 26:14; 사 66:3; 렘 16:7).

호 9:5. 너희는 명절날과 여호와의 절기의 날에 무엇을 하겠느냐.

본 절은 이스라엘 백성들이 포로로 잡혀가서 여호와의 절기를 지키지 못할 것을 언급하는 것이다. 즉, 너희는 명절날(안식일과 월삭)과 여호와의 절기(장막절)에 무엇을 하려고 하느냐고 하신다.

호 9:6. 보라 그들이 멸망을 피하여 갈지라도 애굽은 그들을 모으고 놉은 그들을 장사하리니 그들의 은은 귀한 것이나 찔레가 덮을 것이요 그들의 장막 안에는 가시덩굴이 퍼지리라.

본 절 초두에는 "보라"란 말이 등장하여 본 절을 유심히 관찰할 것을 주문한다. 즉, 이스라엘 백성들이 멸망(앗수르)을 피하여 가더라도 애굽이 그들을 모으며, 놉(멤피스)이 이스라엘의 죽은 그들을 장사 지낼 것이다. 엉겅퀴가 그들의 은(銀) 보물(이스라엘 백성들이 가나안에 남겨 놓은 보물)을 덮을 것이고, 가시덤불이 그들의 장막 안에 퍼질 것이라고 하신다.

우상 숭배자들은 외국으로 포로되어 갈 것이고 또 자기가 본국에 남겨 놓은 모든 보물이 남들이 다 가져간다는 것이다.

7-9절. 지도자의 잘 못을 지적하신다.

호 9:7. 형벌의 날이 이르렀고 보응의 날이 온 것을 이스라엘이 알지라 선지자가 어리석었고 신에 감동하는 자가 미쳤나니 이는 네 죄악이 많고 네 원한이 큼이니라.

이스라엘 백성들아! 알라. 선지자가 이스라엘의 죄악을 지적하지 않아서 앗수르가 침략하는 것을 경계하지 않았다. 그래서 이스라엘이 형벌의 날이 이르게 되었고 보응의 날이 다가오게 되었다. 거짓 선지자들이 어리석었고 영의 사람들이 미쳤으니 거짓 선지자들의 죄악이 많고 거짓 선지자들의 미움이 크기 때문이라는 것이다.

호 9:8. 에브라임은 나의 하나님과 함께 한 파수꾼이며 선지자는 모든 길에 친 새 잡는 자의 그물과 같고 그의 하나님의 전에는 원한이 있도다.

본 절은 이스라엘의 종교적 타락상을 잘 보여주고 있다. 즉, 에브라임(이스라엘)은 하나님의 말씀을 이 세상에 전해줄 파수꾼의 입장에 있었다. 그러나 이스라엘 나라가 소유한 선지자들 자체가 사람들의 영혼을 멸망에 빠뜨리는 그물과 같았고, 또 그들이 하나님의 성전 안에서 하나님을 대적하는 원한을 품기도 했다는 것이다. 그만큼 이스라엘의 종교는 부패했다.

호 9:9. 그들은 기브아의 시대와 같이 심히 부패한지라 여호와께서 그 악을 기억하시고 그 죄를 벌하시리라.

본 절은 기브아의 비루들이 레위인의 첩을 강간하여 죽게 했고, 베냐민 지파는 이런 기브아의 행악자들을 오히려 두둔한 사건을 가리킨다(10:9; 삿 19장).
이런고로 "기브아"는 패괴의 표본이 되었고, 이 때 이스라엘에도 이런 패괴상이 만연하게 되었다. 그런고로 기브아를 멸하신 하나님은 이때 이스라엘의 죄도 기억하시고 벌하신다는 것이다.

10-17절. 하나님께서 이스라엘의 옛 일에 대해 회고의 말씀을 하신다.
<이스라엘의 죄와 하나님의 심판>
호 9:10. 옛적에 내가 이스라엘을 만나기를 광야에서 포도를 만남 같이 하였으며 너희 조상들을 보기를 무화과나무에서 처음 맺힌 첫 열매를 봄 같이 하였거늘 그들이 바알브올에 가서 부끄러운 우상에게 몸을 드림으로

저희가 사랑하는 우상 같이 가증하여졌도다.

본 절은 하나님께서 이스라엘 백성을 애굽에서 인도하여 내셔서 40년간의 광야 생활에서 그들을 사랑하시며 기뻐하신 일을 회고하시는 것이다.

즉, 옛적에 나 여호와가 이스라엘을 처음 만났을 때에, 광야에서 만난 포도송이 같았다. 나 여호와가 너희 조상을 처음 보았을 때에, 제 철에 막 익은 무화과의 첫 열매를 보는 듯했다. 그러나 그들이 바알브올에 이르자, 거기에서 그 부끄러운 우상에게 몸을 바쳤고, 그들은 우상을 좋아하다가 우상처럼 추악해지고 말았다고 말씀하신다.

"무화과나무에서 처음 맺힌 첫 열매를 봄 같이 하였다"는 말은 이스라엘의 무화과 열매는 늦게 맺음으로 그 첫 열매를 만날 때는 기쁘고 반가운 일이라는 것이다(사 28:4; 미 7:1).

"그들이 바알브올에 가서 부끄러운 우상에게 몸을 드렸다"는 말은 그들이 바알 신을 숭배했다는 뜻이다. 바알 신은 또 모든 우상의 대표로 여긴 것이다(2:8주해 참조).

하나님께서는 그의 백성에게 유종의 미가 없음을 탄식하신다.

호 9:11. 에브라임의 영광이 새 같이 날아가리니 해산하는 것이나 아이 배는 것이나 임신하는 것이 없으리라.

에브라임(이스라엘)이 하나님을 떠나므로 이스라엘의 영광이 새처럼 날아갈 것이라는 뜻이다.

"해산하는 것이나 아이 배는 것이나 임신하는 것이 없으리라"는 말은 '이제 하나님을 떠남으로 이스라엘의 영광은 새가 날아가듯 날아가 버렸고 이스라엘 백성들은 잉태도 해산도 없는 열매 없는 백성이 된다'는 것이다.

호 9:12. 혹 그들이 자식을 기를지라도 내가 그 자식을 없이하여 한 사람도 남기지 아니할 것이라 내가 그들을 떠나는 때에는 그들에게 화가 미치리로다.

이스라엘 백성들이 자녀를 기르더라도, 나 여호와가 그 자녀들을 빼앗아 한 사람도 남기지 않을 것이다(4:10주해 참조). 내가 그들을 떠날 때, 그들에게 참으로 기가 막힌 화가 있을 것이라고 하신다. 과연 포로기 이후 이스라엘의 인구는 감퇴하였고, 또 음란하고 향락적인 나라에서는 인구가 줄어드는 법이다(4:10주해 참조).

호 9:13. 내가 보건대 에브라임은 아름다운 곳에 심긴 두로와 같으나 그 자식들을 살인하는 자에게로 끌어내리로다.

나 여호와가 보기에 에브라임(이스라엘)은 두로처럼 아름다운 곳에 심겨졌으나, 자기 자녀들을 살인하는 자에게로 끌어낼 것이라는 뜻이다.

"아름다운 곳에 심긴 두로와 같다"는 말은 '에브라임(이스라엘)은 입지 조건이 좋은 아름다운 초원에 세워진 두로와 같다'(Gesenius, K.&D).는 뜻이다.

"그 자식들을 살인하는 자에게로 끌어내린다"는 말은 '자기의 자식들을 전쟁에 내어보내어 죽음을 맞이하게 하는 심판을 당하게 되리라고 선포하기에 이르렀다'는 뜻이다.

호 9:14. 여호와여 그들에게 주소서 무엇을 주시려 하나이까 아이 배지 못하는 태와 젖 없는 유방을 주시옵소서.

여호와시여! 이스라엘 백성들에게 벌을 내리십시오! 주님께서는 무슨 벌을 내리시고자 하십니까? 아이 배지 못하는 태를 주시고, 젖이 나지 않는 가슴을 주십시오라(삼상 1:6)고 말한다.

호 9:15. 그들의 모든 악이 길갈에 있으므로 내가 거기에서 그들을 미워하였노라 그들의 행위가 악하므로 내 집에서 그들을 쫓아내고 다시는 사랑하지 아니하리라 그들의 지도자들은 다 반역한 자니라.

이스라엘 백성들의 모든 악이 길갈에 있으므로 나 여호와가 거기서 그들을 미워하였다. 그들의 행위가 악하므로 나 여호와가 그들을 내 집에서 쫓아내고 다시는 그들을 사랑하지 아니할 것이다. 그들의 지도자들은 모두 반역자들이라고 하신다.

"길갈"은 이스라엘 백성들이 바알을 섬겼던 곳(4:15; 12:11; 암 4:4; 5:5)으로 이스라엘 백성들이 악을 저질렀던 곳이었다. 길갈은 여리고 동편에 위치해 있으며 요단 강 서편에 있는 곳이다. 이곳은 여호수아가 가나안 땅을 정복할 때 최초로 장막을 쳤던 곳이었다(수 4:19). 이와 같은 성지가 바알 숭배의 거점이 되었으니 선지자가 분노하게 되었다.

"그들의 행위가 악하므로 내 집에서 그들을 쫓아내고 다시는 사랑하지 아니하리라"는 말은 '이스라엘 백성들의 행위가 악함으로 이스라엘 집에서 그들을 쫓아내고 다시는 사랑하지 않을 것이라'는 뜻이다.

호 9:16. 에브라임은 매를 맞아 그 뿌리가 말라 열매를 맺지 못하나니 비록 아이를 낳을지라도 내가 그 사랑하는 태의 열매를 죽이리라.

본문의 문맥상 11절과 잘 연결된다. 본 절과 17절은 이스라엘 자손이 번성하지 못할 것과 또 결국은 외국으로 유리하는 자들이 될 것을 예언한다.

에브라임(이스라엘)은 매를 맞아 뿌리가 말랐으므로 열매를 맺지 못하고, 비록 그들이 아이를 낳는다 해도 내가 그들의 태의 사랑스런 열매를 죽일 것이라고 하신다.

호 9:17. 그들이 듣지 아니하므로 내 하나님이 그들을 버리시리니 그들이 여러 나라 가운데에 떠도는 자가 되리라.

내 하나님께서 그들을 버리실 것이니, 이유는 그들이 여호와께 순종하지 않았기 때문이다. 그들은 민족들 가운데 떠돌아다니게 될 것이라고 하신다.

제 10 장

10장은 9장을 재론한 것이다. 본 장의 내용은 이스라엘의 죄를 재론하고 (1-8절), 이스라엘의 멸망을 다시 선고한다(9-15절).

<하나님의 심판에 대한 선지자의 경고>

호 10:1. 이스라엘은 열매 맺는 무성한 포도나무라 그 열매가 많을수록 제단을 많게 하며 그 땅이 번영할수록 주상을 아름답게 하도다.

이스라엘은 열매 맺는 무성한 포도나무와 같다. 이스라엘에 열매가 많을수록(물질적으로 번영할수록) 제단을 많게 했고, 그의 땅이 아름다울수록 우상들을 아름답게 치장해 왔다.

오늘 개인적으로나 국가적으로나 물질의 번영은 여호와 신앙을 약하게 하는 것임을 알고 우리가 번영할수록 더욱 여호와를 바라보아야 한다.

호 10:2. 그들이 두 마음을 품었으니 이제 벌을 받을 것이라 하나님이 그 제단을 쳐서 깨뜨리시며 그 주상을 허시리라.

이스라엘 백성들이 두 마음(하나님도 섬긴다하고 바알도 섬기고 있다)을 가졌으니(왕상 18:21; 왕하 17:32-33) 이제 그들이 벌을 받을 것이다. 하나님이 그들의 제단들을 깨뜨리시며, 그들의 우상들을 부수실 것이라고 한다.

두 마음을 품는 것은 약해진 것임을 알고 오직 하나님만 바라보고 기도해야 한다.

호 10:3. 그들이 이제 이르기를 우리가 여호와를 두려워하지 아니하므로 우리에게 왕이 없거니와 왕이 우리를 위하여 무엇을 하리요 하리로다.

이스라엘 백성들이 이제 말하기를 우리가 여호와를 두려워하지 않았으므로 우리가 포로 되어 가는 형편이 되어 왕도 없게 되었다. 그런데 지금 왕이 있더라도 우리를 위해 무엇을 하겠느냐고 할 것이다.

우리도 여호와를 두려워하지 않다가는 무슨 일이 생길지 모른다. 우리가 방황하지 않도록 여호와를 바라보아야 할 것이다.

호 10:4. 그들이 헛된 말을 내며 거짓 맹세로 언약을 세우니 그 재판이 밭이랑에 돋는 독초 같으리로다.

이스라엘 백성들은 빈 약속이나 일삼고, 거짓 맹세나 하며, 쓸모없는 언약이나 맺는다. 그러므로 밭이랑에 돋아난 독초처럼 불의가 퍼진다.

"그들이 헛된 말을 내며 거짓 맹세로 언약을 세운다"는 말은 북쪽 나라 이스라엘 백성들의 언약에 대한 진실과 성실이 없음에 대한 개탄이다. 그런데 여기서 문제가 되는 것은 누구에게 헛된 말을 내며 거짓 맹세로 언약을 세우느냐는 것이다. 대상은 개인적으로도 그렇고 국가적으로도 그렇다고 볼 수 있다. 즉, 북쪽 나라 이스라엘 백성들은 개인적 거래에서도 진실성이 없었으며, 국제적 입장에 있어서도 역시 거짓되었다는 것이다(왕하 17:4).

"그 재판이 밭이랑에 돋는 독초 같으리라"는 말은 북쪽 나라 이스라엘 백성들의 지도자들이 주장하는 공의(K.&D., Harper)가 심히 부패하여 그들의 행사가 백성들을 살리는 것이 아니라 죽이는 독한 인진과 같다(암 5:7; 6:12)는 것이다.

호 10:5. 사마리아 주민이 벧아웬의 송아지로 말미암아 두려워할 것이라 그 백성이 슬퍼하며 그것을 기뻐하던 제사장들도 슬퍼하리니 이는 그의 영광이 떠나감이며.

본 절은 북 이스라엘 백성들이 금송아지를 섬긴 죄로 인하여 두려움에 처할 것이라는 것을 말한다. 즉, 사마리아(이스라엘)의 주민이 벧아웬의 송아지들(여로보암 I세가 벧엘에 두었던 금송아지 우상들을 가리킨다)로 말미암아 두려워할 것이다. 그 백성이 그것 때문에 슬퍼하며, 또 그것과 그 영화를 즐거워한 그 우상의 제사장들도 슬퍼할 것이니, 이는 이스라엘의 영광이 떠났기 때문이다.

결국 사마리아가 앗수르 군대에 의하여 함락되고 그 거민들이 앗수르로 포로 되어 갈 때(왕하 17:6) 벧아웬(벧엘)의 금송아지도 끌려갔으며(다음 절) 그 때 사마리아인들은 두려워하고 슬퍼했던 것이다. 그 금송아지는 백성을 구원치 못했으며 자신도 구원하지 못했다. 우상은 자신도 구원치 못하며 백성도 구원치 못한다.

호 10:6. 그 송아지는 앗수르로 옮겨다가 예물로 야렙 왕에게 드리리니 에브라임은 수치를 받을 것이요 이스라엘은 자기들의 계책을 부끄러워할 것이며.

전쟁에 패배하면 수도가 함락되니 그곳 신전의 보물들은 승리자 앗수르의 왕에게 바쳐졌다(왕하 12:18; 16:8; 18:15). 이처럼 벧아웬의 금송아지도 앗수르의 야렙 왕에게 바쳐졌다(5:13 참조). 그것은 이스라엘 나라의 큰 수치가 되는 것이었다.

호 10:7. 사마리아 왕은 물 위에 있는 거품 같이 멸망할 것이며.

사마리아(이스라엘)는 멸망하게 되었다. 이스라엘 왕은 물 위로 떠내려가는 물거품과 같이 되고 만다는 것이다.

북쪽 이스라엘의 초대 왕 여로보암 I세가 금송아지를 만들 때는 나라를 만세반석 위에다가 세울 생각이었으나 오히려 그 금송아지 때문에 나라가 폭삭 망하게 된 것이다. 우상은 그 무엇 하나 성하게 두는 것이 없다. 모두를 폭삭 망하게 한다.

호 10:8. 이스라엘의 죄 곧 아웬의 산당은 파괴되어 가시와 찔레가 그 제단 위에 날 것이니 그 때에 그들이 산더러 우리를 가리라 할 것이요 작은 산더러 우리 위에 무너지라 하리라.

이스라엘의 죄였던 아웬(벧아웬의 약칭)의 산당이 파괴됨으로 가시와 엉겅퀴가 그들의 제단들 위로 자라날 것이니, 그때에 이스라엘 백성들이 산들에게 말하기를 우리를 덮으라 하고, 언덕들에게 말하기를 우리 위로 무너져라 할 것이다.

"아웬의 산당은 파괴되어 가시와 찔레가 그 제단 위에 날 것이라"는 말은 '이스라엘의 죄의 근원이었던 벧엘의 금송아지는 앗수르로 옮겨지고 그 산당은 파괴되어 그 자리에는 가시와 찔레가 무성하게 될 것이라는 내용이다.

"그 때에 이스라엘 백성들이 산더러 우리를 가리라 할 것이요 작은 산더러 우리 위에 무너지라 하리라"는 말은 화를 면하려는 탄원이고, 적의 손에 빠지지 않기를 원하는 청원이다. 이런 말들은 극심한 고통을 표현하는 말이다(눅 23:30; 계 6:16).

우리는 이런 고통이 오기 전에 우상 숭배를 철저히 자백해야 할 것이다.

<이스라엘에게 징계를 선언하시다>

호 10:9. 이스라엘아 네가 기브아 시대로부터 범죄하더니 지금까지 죄를 짓는구나 그러니 범죄한 자손들에 대한 전쟁이 어찌 기브아에서 일어나지 않겠느냐.

이스라엘 백성들아! 너희들이 기브아 시대부터 죄를 지어 거기 그대로 범죄하고 서 있었으니, 어찌 전쟁이 기브아의 불의한 자들을 덮치지 않겠느냐는 것이다.

"네가 기브아 시대로부터 범죄했다"는 말은 이스라엘 백성들이 기브아 시대로부터 기브아의 죄를 계속해서 짓더니만 지금까지도 죄를 짓고 있다는 뜻이다. "그러니 범죄한 자손들에 대한 전쟁이 어찌 기브아에서 일어나지 않겠느냐"는 말은 '기브아 전쟁 때 베냐민 족속은 거의 망했는데(삿 19-20장) 그러나 기브아인과 같은 죄에 빠졌던 이스라엘 백성들은 아직도 베냐민 족속들처럼 거의 망하지 않고 있다는 것이다(K.&D.).

호 10:10. 내가 원하는 때에 그들을 징계하리니 그들이 두 가지 죄에 걸릴 때에 만민이 모여서 그들을 치리라.

나 여호와가 원하는 때에 이스라엘 백성들을 징계할 것이니, 이스라엘 백성들이 두 가지 죄(여호와를 배반한 죄와 우상 숭배의 죄)로 결박당할 때에 민족들이 모여서 나 여호와를 대리해서 그들을 칠 것이라고 하신다.

하나님께서는 보통 징계하실 때에 어떤 사람이나 혹은 어떤 세력을 들어서 치신다.

호 10:11. 에브라임은 마치 길들인 암소 같아서 곡식 밟기를 좋아하나 내가 그의 아름다운 목에 멍에를 메우고 에브라임 위에 사람을 태우리니 유다가 밭을 갈고 야곱이 흙덩이를 깨뜨리리라.

본 절은 이스라엘 백성들이 지금까지는 평안한 생활을 했으나 앞으로는 포로가 되어 가혹한 중노동에 시달릴 것을 예언한다. 즉, 에브라임(이스라엘)은 길들인 암소 같아서 곡식 밟기를 좋아하므로, 나 여호와가 그의 아름다운 목에 멍에를 메우며 에브라임(이스라엘)으로 끌게 할 것이다. 유다는 쟁기질을 하고, 야곱(이스라엘)은 흙덩이를 깨뜨릴 것이다.

하나님을 떠나 우상 숭배를 하면 결국 중노동에 시달리는 때를 만난다는 것이다.

호 10:12. 너희가 자기를 위하여 공의를 심고 인애를 거두라 너희 묵은 땅을 기경하라 지금이 곧 여호와를 찾을 때니 마침내 여호와께서 오사 공의를 비처럼 너희에게 내리시리라.

너희 이스라엘 민족은 자기 자신들을 위해서 공의(의)를 심고 인애(긍휼 또는 사랑)를 거두라는 것이다. 의를 심으면 자연적으로 긍휼을 거두게 된다는 것이다. 의를 심고 긍휼을 거두기 위해서는 묵은 땅을 기경하라는 것이다. 우리의 마음 밭이 왜 묵은 땅이냐 하면 워낙 오랫동안 갈지 않아서 그렇게 된 것이다. 우리는 마음 밭을 갈기 위한 노력을 해야 한다. 다시 말해 우리의 마음의 죄를 하나님께 가져다가 놓고 많이 자백해야 하는 것이다. 우리는 묵은 땅을 갈기 위해서는 여호와를 찾아야 하는 것이다.

여호와를 찾고 찾으면 "마침내 여호와께서 오사 공의를 비처럼 너희에게 내리시리라"는 것이다. 여호와를 찾고 찾으면 결국 여호와께서 오셔서 의를 우리에게 비처럼 내리신다는 것이다. 의를 수없이 내려주시면 긍휼을 거두게 되는 것이다.

호 10:13. 너희는 악을 밭 갈아 죄를 거두고 거짓 열매를 먹었나니 이는 네가 네 길과 네 용사의 많음을 의뢰하였음이라.

너희 이스라엘 백성들은 밭을 갈아 악을 심어서 불의를 거두었으며 거짓의 열매를 먹었으니, 이유는 너희 이스라엘 백성들이 너희 자신들의 길을 의뢰하였고, 네 용사의 수가 많은 것을 의지하였기 때문이라고 하신다(삼하 24장).

호 10:14. 그러므로 너희 백성 중에 요란함이 일어나며 네 산성들이 다 무너지되 살만이 전쟁의 날에 벧아벨을 무너뜨린 것 같이 될 것이라 그 때에 어머니와 자식이 함께 부서졌도다.

너희 이스라엘 백성들이 너희 자신들의 길을 의지했고, 또 너희 용사의 수가 많은 것을 의지하였기 때문에, 너희 이스라엘 백성 가운데서 소요가 일어났고 너희 이스라엘의 모든 요새가 파괴될 것이니, 전쟁의 날에 살만이 벧아벨을 무너뜨린 것과 같고 그때에 어머니와 자식이 함께 부서졌다는 것이다.

"살만이 전쟁의 날에 벧아벨[7]을 무너뜨린 것 같이 될 것이라"는 말은 '앗수르 왕 살만에셀(Shalmaneser V, 주전 726-721 통치)이 주전 723-721년에 이스라엘을 포위하여 함락시킨 것 같이 될 것이라'는 내용이다.

---

7) 벧아벨: 갈릴리 바다의 서편 알벨라(Arbela)를 지칭한다.

"어머니와 자식이 함께 부서졌다"는 말은 '살만에셀이 벧아벨을 공격했을 때 잔인무도한 일이 일어날 것'을 뜻하는 말이다. 그 때에 북쪽 이스라엘 백성들이 그토록 의지했던 산성과 요새가 파괴되었고 이스라엘 백성들은 무참히 살육당할 것을 이르는 말이다.

호 10:15. 너희의 큰 악으로 말미암아 벧엘이 이같이 너희에게 행하리니 이스라엘 왕이 새벽에 정녕 망하리로다.

북쪽 나라 이스라엘에 대한 하나님의 심판의 원인이 북쪽 나라 이스라엘의 죄에 있다는 뜻이다. 즉, 벧엘아! 나 여호와가 이와 같이 너희에게 행할 것이니, 너희의 악이 크기 때문이다. 새벽에 이스라엘 왕이 완전히 멸망할 것이다.

"이스라엘 왕이 새벽에 정녕 망하리로다"라는 말은 북쪽 나라 이스라엘이 하루아침에 멸망할 것이라는 표현이다. 즉, 비록 북쪽 나라 이스라엘이 아무리 막강하다고 해도 하나님께서 심판하시면 순식간에 망하게 될 것을 예언한 것이다.

C. 여호와는 이스라엘을 구원하신다 11:1-14:8

11-14장은 이스라엘의 회복이 예언된다. 그들이 범죄로 인해 징계를 받았으나 하나님께서 그들을 다시 회복시켜주신다는 예언이다. 11-14장의 내용은 하나님의 사랑(11장), 하나님의 징벌(12-13장), 및 이스라엘의 회복(14장)으로 구성되어 있다.

제 11 장

1) 귀환을 예언하시다 11:1-11

하나님은 일찍 이스라엘을 애굽에서 불러내셨다는 것(1-4절), 이스라엘의 불신 때문에 그들을 앗수르에 붙이셨다는 것(5-7절), 그러나 하나님은 이스라엘을 버리지 않으시고 구원하신다는 것(8-11절)을 진술하시다.

1-4절. 하나님은 일찍 이스라엘을 애굽에서 불러내셨다는 것을 진술한다.

<백성을 버리지 않으시는 하나님>

호 11:1. 이스라엘이 어렸을 때에 내가 사랑하여 내 아들을 애굽에서 불러냈거늘.

여호와께서 말씀하시기를 이스라엘이 어렸을 때, 나 여호와가 사랑하여 애굽에서부터 내 아들을 불러내었다고 하신다.

"내 아들을 애굽에서 불러냈다"는 말을 두고 마태복음 저자 마태는 그리스도에 대한 예언으로 인용하고 있다(마 2:15-"애굽으로부터 내 아들을 불렀다"는 말씀). 그런고로 본 절은 메시아 예언구이며(K.&D.), 이스라엘이 메시아의 그림자로 부각된 것이다. 또 본 절에서 이스라엘을 하나님의 아들로 지칭한 것을 볼 수 있다. 본서는 호세아의 비극적 가장 이야기에서 시작하여 이스라엘을 줄곧 실정한 아내에 비해왔기 때문이다. 아마도 이스라엘에 대한 하나님의 보다 강하고, 부성적인 사랑을 표시하기 위함일 것이다. 출애굽의 사실은 구약 전체를 통하여 이스라엘의 여호와 신앙을 각성시키기 위해 인용되고 있는 것이다(이상근).

호 11:2. 선지자들이 그들을 부를수록 그들은 점점 멀리하고 바알들에게 제사하며 아로새긴 우상 앞에서 분향하였느니라.

선지자들이 이스라엘 백성들을 부르고 가르칠수록(왕하 17:13; 렘 7:25; 25:4) 이스라엘 백성들은 점점 더 멀리 가 버렸고, 바알들에게 제사했으며 우상들에게 분향하였다고 하신다.

"바알들에게 제사했다"는 말은 '이스라엘 백성들이 하나님께서 선지자들을 통하여 부르실수록 점점 더 멀어져 가서 바알에게 제사했다는 것이다(왕하 17:9-17, 41).

하나님은 지금도 우리들을 가까이 오라고 부르신다. 그런데도 우리는 하나님으로부터 더 멀어져서 세상을 사랑하고 하나님으로부터 멀어져 가고 있다.

호 11:3. 그러나 내가 에브라임에게 걸음을 가르치고 내 팔로 안았음에도 내가 그들을 고치는 줄을 그들은 알지 못하였도다.

그런데도 나 여호와가 에브라임(이스라엘)의 팔을 붙잡아 그들에게 걸음을 가르쳐 주었으나 그들은 나 여호와가 그들을 고치는 줄 알지 못하였다.

인생은 이렇게 하나님의 사랑의 행동을 이해하지 못하고 엉뚱하게 행동한다. 꼭 반대로 나아간다.

호 11:4. 내가 사람의 줄 곧 사랑의 줄로 그들을 이끌었고 그들에게 대하여 그 목에서 멍에를 벗기는 자 같이 되었으며 그들 앞에 먹을 것을 두었노라.

나 여호와가 사람의 줄, 곧 사랑의 끈(레 26:13)으로 이스라엘 백성들을 인도해주셨고, 그들을 위하여 그들의 목에서 멍에를 벗기는 자처럼 되었으며, 나 여호와가 그들 앞에 구푸려 그들을 먹여주었다고 하신다.

여호와께서는 사람을 지극히 사랑하시는 손으로 인도해주시고 격려해주신다.

5-7절. 이스라엘의 불신 때문에 그들을 앗수르에 붙이셨다는 것을 진술한다.

호 11:5. 그들은 애굽 땅으로 되돌아가지 못하겠거늘 내게 돌아 오기를

싫어하니 앗수르 사람이 그 임금이 될 것이라.

이스라엘 민족이 애굽에서 나왔으니 다시 애굽 땅으로 돌아가지는 못할 것이 확실한데 하나님께 돌아오기도 싫어하고 있으니 앗수르에 포로 되어 자기들의 왕으로 앗수르 왕을 섬기게 될 것이다(8:13; 9:3).

사람이 하나님을 섬기지 않으면 별 수 없이 다른 것에 매어 다른 것의 지배를 받는다.

호 11:6. 칼이 그들의 성읍들을 치며 빗장을 깨뜨려 없이하리니 이는 그들의 계책으로 말미암음이니라.

앗수르 군대의 칼이 그들의 성읍들을 휩쓸며 그 빗장들을 깨뜨려 삼킬 것이니, 이는 그들이 하나님을 떠나 그들 나름대로 세운 계책 때문이라는 것이다.

호 11:7. 내 백성이 끝끝내 내게서 물러가나니 비록 그들을 불러 위에 계신 이에게로 돌아오라 할지라도 일어나는 자가 하나도 없도다.

내 백성(이스라엘 백성)이 끝끝내 나 여호와를 배반하고 물러가고 있으니 비록 그들을 불러 위에 계신 분에게로 돌아오라고 호소하지만, 그 자리에서 일어나는 자가 하나도 없다는 것이다.

오늘 우리는 선지자들의 목소리나 사도들의 목소리에 귀를 기울여 순종해야 할 것이다.

8-11절. 그러나 하나님은 이스라엘을 버리지 않으시고 구원하신다는 것(8-11절)을 말씀하신다.

호 11:8. 에브라임이여 내가 어찌 너를 놓겠느냐 이스라엘이여 내가 어찌 너를 버리겠느냐 내가 어찌 너를 아드마 같이 놓겠느냐 어찌 너를 스보임 같이 두겠느냐 내 마음이 내 속에서 돌이키어 나의 긍휼이 온전히 불붙듯 하도다.

에브라임(이스라엘)이여! 나 여호와가 어찌 너를 버리겠느냐? 이스라엘이여! 나 여호와가 어찌 너를 넘겨주겠느냐? 나 여호와가 어찌 너를 아드마(소돔 고모라가 망할 때 함께 망한 도시)같이 버리며, 스보임(소돔 고모라가 망할 때 함께 망한 도시)같이 대하겠느냐?(창 14:2, 8; 신 29:23) 내 마음이 내게서 돌아서니(심판의 마음에서 구원의 마음으로 돌아섰다는 뜻이다), 나의 긍휼이 온전히 불붙듯 하는구나 라고 하신다. 하나님의 뜨거운 사랑이 발동하셨음을 보여준다.

호 11:9. 내가 나의 맹렬한 진노를 나타내지 아니하며 내가 다시는 에브라임을 멸하지 아니하리니 이는 내가 하나님이요 사람이 아님이라 네 가운데 있는 거룩한 이니 진노함으로 네게 임하지 아니하리라.

나 여호와가 나의 맹렬한 진노를 나타내지 아니할 것이며, 다시는 에브라임(이스라엘)을 파멸시키지 않을 것이니, 이유는 나 여호와가 하나님이고, 사람이 아니기 때문이다. 나 여호와는 네 가운데 있는 거룩한 자이니, 진노함으로 다가가지 아니할 것이라고 하신다.

사람은 환경에 따라 변할 수 있으나 하나님은 그의 목적을 절대로 변하시지 않으신다. 하나님의 본래의 목적은 사람을 구원하시는 것이다.

호 11:10. 그들은 사자처럼 소리를 내시는 여호와를 따를 것이라 여호와께서 소리를 내시면 자손들이 서쪽에서부터 떨며 오되.

본 절은 포로 되었던 이스라엘 백성들이 돌아오는 모습을 진술한 것이다. 다시 말해

이스라엘 백성들이 사자처럼 부르짖는 여호와의 뒤를 따르니, 여호와께서 부르짖으시면 자손들이 서쪽(지중해 연안을 지칭하는 말, 이는 이방을 가리키는 말이다)에서 떨며 올 것이다.

호 11:11. 그들은 애굽에서부터 새 같이, 앗수르에서부터 비둘기 같이 떨며

오리니 내가 그들을 그들의 집에 머물게 하리라 나 여호와의 말이니라.

여호와께서 말씀하시기를 이스라엘 백성들이 애굽에서 새같이, 앗수르 땅에서 비둘기같이 떨며 올 것이니, 나 여호와가 그들을 자기들의 집에 머물게 할 것이라고 하신다.

"새 같이, 비둘기 같이"란 말은 이스라엘 백성들이 빨리 돌아오리라는 것을 말하는 표현이다.

<하나님께로 돌아오라>

호 11:12. 에브라임은 거짓으로, 이스라엘 족속은 속임수로 나를 에워쌌고, 유다는 여전히 하나님과 거룩하고 신실한 자들에 대하여 정함이 없도다.

본 절의 내용은 다시 이스라엘의 범죄성을 논하여 그들이 거짓과 궤휼로 하나님을 대적한 것을 진술한다. 즉, 에브라임(이스라엘)은 거짓으로, 이스라엘 족속은 속임수로 나를 반역했으며, 유다는 신실하고 거룩하신 하나님을 여전히 거역했다고 말한다. 인생은 항상 거짓되다는 것이다.

2) 여호와께서 구원을 예언하시다 12:1-13:14

12-13장은 결론을 말한다. 12장은 고발, 13장은 심판을 말하는 문장이다. 12-13장의 내용은 이스라엘의 범죄 경력(12장), 13:1-8은 이스라엘이 우상 숭배한 일, 13:9-16은 하나님께서 징벌하시는 일을 진술하고 있다.

제 12 장

12장은 먼저 이스라엘의 범죄의 기원을 밝히고(1-6절), 다음으로 출애굽의 사실을 들어 그들 범죄가 깊은 것을 밝힌다(7-14절).

1-6절. 이스라엘의 범죄의 기원을 밝히다.

호 12:1. 에브라임은 바람을 먹으며 동풍을 따라가서 종일토록 거짓과 포학을 더하여 앗수르와 계약을 맺고 기름을 애굽에 보내도다.

에브라임(이스라엘)은 공허한 바람을 먹고(거짓을 의지하고 살고 있음을 말한다) 종일 동풍(이 동풍은 팔레스틴에서 가장 강한 바람이다. 이 바람이 불 때는 모든 초목이 파상된다는 것이다)을 따라서 달리고, 거짓말만 하고 폭력만을 일삼았다. 앗수르와 동맹을 맺고 애굽에는 기름을 조공으로 바쳤다는 것이다. "앗수르와 계약을 맺고 기름을 애굽에 보냈다"는 말은 '하나님을 의지하지 않고 앗수르의 도움을 얻고자 계약을 맺으며 또 애굽의 도움을 받으려고 아부한 것'을 말한다. 오늘 우리는 하나님만을 바라보아야 할 것이다.

호 12:2. 여호와께서 유다와 논쟁하시고 야곱을 그 행실대로 벌하시며 그의 행위대로 그에게 보응하시리라.

여호와께서 남쪽 나라 유다를 심판하실 것이고, 야곱(북쪽 나라 이스라엘)을 그의 행실에 따라 처벌하실 것이다. 그가 한 일들을 따라 그대로 그에게 갚으실 것이라 하신다. 여호와께서는 사람이 행한 대로 갚으신다.

호 12:3. 야곱은 모태에서 그의 형의 발뒤꿈치를 잡았고 또 힘으로는 하나님과 겨루되.

야곱이 모태에 있을 때에는 형(에서)과 싸웠으며(창 25:26), 다 성장한

다음에는 하나님과 대결하여 싸웠다는 것이다.

"야곱은 모태에서 그의 형의 발뒤꿈치를 잡았다"는 말은 야곱이 모친의 태에 있을 때 형 에서의 발뒤꿈치를 잡은 것은 야곱의 간교한 성품을 보여주는 것이라고 할 수 있다.

호세아 선지자는 7절 이하에서 이스라엘의 죄에 대해 심판을 선고하기 전에 본 절에서 야곱의 생애를 도입하여 회개를 촉구한다. 다시 말해 야곱이 간교한 자로서 하나님의 징벌을 받고 복을 받기에는 미흡한 자이나 하나님께 돌아와 변화되고 은혜를 받은 자가 되었던 것처럼 이스라엘도 불의에서 돌이켜 여호와의 복을 받으라는 권면이다.

호 12:4. 천사와 겨루어 이기고 울며 그에게 간구하였으며 하나님은 벧엘에서 그를 만나셨고 거기에서 우리에게 말씀하셨나니(He strove with the angel and prevailed, he wept and sought his favor. He met God at Bethel, and there God spoke with us-ESV)**.**

야곱이 천사와 힘을 겨루어 이겨 울면서 그분의 은혜를 구하였으니, 하나님께서 벧엘에서 그를 만나주셨고 거기서 우리에게 말씀해주셨다는 것이다.

"천사와 겨루어 이기고 울며 그에게 간구하였다"는 말은 '야곱이 천사와 겨루어 이기고 울면서 천사에게 간구했다'는 뜻이다. 다시 말해 야곱이 하나님과 씨름하던 중 하나님께서 야곱의 환도 뼈를 치심으로 야곱의 환도 뼈가 위골된 후에야 야곱이 자신을 지극히 연약한 존재로 알고 하나님의 무조건적인 은총이 아니고는 복을 받을 수 없음을 깨닫고 인본적으로 살았던 과거의 삶을 회개하며 복을 간구한 사실을 가리킨다.

"하나님은 벧엘에서 그를 만나셨고 거기에서 우리에게 말씀하셨다"는 말은 창 35:9-15의 진술을 가리킨다. 하나님은 야곱이 자신의 잘 못을 자백하며 하나님의 복을 구한 결과 벧엘에서 만나주셨고, 하나님께서 벧엘에서 야곱과 언약을 세우신 것을 가리킨다. 이상에서 보는 바와 같이 하나님께서 언약을 세운 상대방은 야곱이었으나 우리 본문은 하나님께서 오늘 우리에게 말씀하셨다고 묘사하고 있다. 그 이유는 하나님께서 야곱과 맺으신 결과가 우리 모두에게 미치기 때문이다. 즉, 하나님께서 야곱과 맺으신 언약은 그 후손과 오늘날 우리에게와 또 이후 모든 세대와 맺으신 것이다.

호 12:5. 여호와는 만군의 하나님이시라 여호와는 그를 기억하게 하는 이름이니라.

여호와는 만군의 하나님이시요, 여호와라는 이름은 그분을 기억하게 하는 이름이라는 것이다.

여호와는 하늘의 일월성신(日月星辰)을 만드신 하나님이시요, 여호와는 하늘의 일월성신을 만드신 하나님이시기 때문에 그 분을 기억하지 않을 수 없는 하나님이시라는 것이다.

오늘 우리가 만군의 여호와 하나님을 믿는 자들이니만큼 부족한 것이 없다(시 23편).

호 12:6. 그런즉 너의 하나님께로 돌아와서 인애와 정의를 지키며 항상 너의 하나님을 바랄지니라.

여호와는 하늘의 일월성신을 만드신 하나님으로 그 분을 기억하지 않을 수 없는 하나님이신즉 이스라엘 백성들은 하나님께로 돌아오라. 돌아와서 사랑과 정의를 지키며, 이스라엘의 하나님에게만 희망을 두고 살라는 것이다. 인생들은 결코 세상을 바라보고 살아서는 안 된다.

7-14절. 이 부분은 이스라엘의 범죄의 뿌리가 깊은 것을 드러낸다.

<거짓 저울을 쓰는 에브라임(이스라엘)>

호 12:7. 그는 상인이라 손에 거짓 저울을 가지고 속이기를 좋아하는도다.

이스라엘 백성들은, 거짓 저울을 손에 들고 장사하는 장사꾼이 되어서, 사람 속이기를 좋아한다는 것이다(욥 41:6; 겔 17:4).

남을 속이기를 좋아하는 사람은 결국 훗날 속임을 당하여 비참해지는 것이다.

호 12:8. 에브라임이 말하기를 나는 실로 부자라 내가 재물을 얻었는데 내가 수고한 모든 것 중에서 죄라 할 만한 불의를 내게서 찾아 낼 자 없으리라 하거니와.

에브라임(이스라엘)이 말하기를 나는 참으로 부자가 되었다. 내가 재산을 많이 모았으나, 나의 모든 수고한 것들 가운데서 죄라 할 만한 불의를 찾을 자가 없을 것이라 한다는 것이었다.

이스라엘 백성들은 자기들이 재산 모은 중에 불의라는 것을 찾을 수 없을 것이라고 장담한다. 불의로 재산을 모으고도 아무도 자기들에게서 불의를 찾을 수 없을 것이라 하니 이런 사람들은 죄를 자백할 가능성은 거의 없는 자들이다.

호 12:9. 네가 애굽 땅에 있을 때부터 나는 네 하나님 여호와니라 내가 너로 다시 장막에 거주하게 하기를 명절날에 하던 것 같게 하리라.

여호와께서 말씀하시기를 너희 이스라엘 민족을 애굽에서 이끌어 낸 것은 나 여호와 너희 하나님이었다. 여호와가 너희 이스라엘 민족을 처음 만났을 때처럼, 너희를 다시 천막에서 살게 하리라고 하신다.

"네가 애굽 땅에 있을 때부터 나는 네 하나님 여호와라"는 말은 '이스라엘 민족이 애굽 땅에 있을 때부터 나 여호와는 이스라엘 민족을 애굽 땅에서 계속해서 돌보았고 또 인도해 냈다'는 뜻이다.

"내가 너로 다시 장막에 거주하게 하기를 명절날에 하던 것 같게 하리라"는 말은 이웃의 재물을 사취하고 그 부요함으로 교만에 빠진 북쪽 나라 이스라엘인들에 대한 하나님의 심판 선언이다. 여기서 '명절일'이란 말은 이스라엘 백성들이 광야 40년 동안 장막 생활을 하는 가운데 하나님께서 그들을 지켜 보호해 주신 사실을 기념하여 초막을 짓고 1주일 동안 그 장막에 기거하여 지켰던 장막절을 가리킨다. 따라서 북쪽 나라 이스라엘 백성들로

하여금 과거 그들의 열조가 광야에서 유리 방황하던 것 같이 하시겠다는 것으로, 이는 사실상 북쪽 나라 이스라엘 백성들의 앗수르 포로 생활을 예언한 것이다. 이것은 이미 모세를 통해 예언된 것이기도 하다(민 14:26-30).

호 12:10. 내가 여러 선지자에게 말하였고 이상을 많이 보였으며 선지자들을 통하여 비유를 베풀었노라.

본 절에서 여호와께서 이스라엘에게 행하신 것을 상기시키며 그것은 선지자들을 통해 행하셨고, 특히 "이상과 비유"를 통해 행하신 것을 말씀하는 것이다. 즉,나 여호와가 선지자들에게 말했고, 또 환상을 많이 보여 주었으며, 선지자들을 통해 비유를 말하였다고 하신다.

호 12:11. 길르앗은 불의한 것이냐 과연 그러하다 그들은 거짓되도다 길갈에서는 무리가 수송아지로 제사를 드리며 그 제단은 밭이랑에 쌓인 돌무더기 같도다.

길르앗은 요단강 동편에 위치한 곳으로 요단 서편에 위치한 길갈과 더불어 북 이스라엘 나라의 우상 숭배의 중심지였다(6:8, 9참조). 길르앗이 불의한 것이냐? 과연 그들이 참으로 헛되다. 그들이 길갈에서 수소들을 제물로 바치나, 그들의 제단은 밭고랑에 쌓인 돌무더기와 같다는 것이다.

"길갈에서는 무리가 수송아지로 제사를 드리며 그 제단은 밭이랑에 쌓인 돌무더기 같다"는 말은 '길갈에서는 백성들이 소를 제물로 바쳤고 그 제단을 여러 개로 확대시켜 제사를 드렸다'는 말이다. 이러한 북 이스라엘 백성들의 행위는 일면 하나님께 대해서 온전히 충성하는 것으로 보일 수도 있다. 그러나 이는 하나님의 말씀과 율법을 무시한 행위로 자기들의 생각대로 드린 불법적인 제사 습관이었다. 여기 "그 제단은 밭이랑에 쌓인 돌무더기 같다"는 말은 '농부가 밭을 갈다가 나온 돌을 한꺼번에 버리기 위해 밭이랑 한편에 모아 놓은 쓸모없는 돌무더기를 가리키는 말이다. 이는 북 이스라엘 백성들이 하나님께 제사한다는 명목 하에 세운 단들이 아무 쓸모없는, 오히려 그 제단에서 제사를 드리는 북 이스라엘 백성들 자신들을 버림받게 할 수밖에 없는 것에 불과한 것임을 시사한다.

호 12:12. 야곱이 아람의 들로 도망하였으며 이스라엘이 아내를 얻기 위하여 사람을 섬기며 아내를 얻기 위하여 양을 쳤고.

본 절은 과거에 이스라엘 백성에게 하나님께서 베푸신 은혜를 말하고 그 은혜를 반역한 현재의 범죄상을 들추는 것이다. 즉, 야곱이 아람들로 도망하였고, 이스라엘이 거기서 아내를 얻기 위해 일했으며, 또 아내를 얻기 위해 양 떼를 쳤다는 것이다. 이스라엘의 조상인 야곱은 밧단 아람 지방인 하란으로 간 것은 우선은 결혼을 위한 것이었으나 실상은 에서의 보복을 피하여 도망한 것이었다(창 27:41-45). 그는 하란 지방에서 아내를 얻기 위하여 양치는 자가 되었다(창 29:15-20). 그때 하나님은 벧엘에서 그에게 나타나 주셨고(창 28:12-22), 20년간의 처갓집 생활에서도 복을 내려주셔서 열 두 아들과 많은 재물을 주셨다.

호 12:13. 여호와께서는 한 선지자로 이스라엘을 애굽에서 인도하여 내셨고 이스라엘이 한 선지자로 보호 받았거늘.

여호와께서는 한 선지자 모세를 통해 이스라엘을 애굽에서 인도하여 내셨고, 이스라엘이 한 선지자 모세를 통해 보호를 받았다. 하나님은 모세를 통해 수많은 일을 하셨다.

호 12:14. 에브라임이 격노하게 함이 극심하였으니 그의 주께서 그의 피로 그의 위에 머물러 있게 하시며 그의 수치를 그에게 돌리시리라.

그러나 에브라임(이스라엘)이 여호와의 은혜를 받았으나(12-13절) 여호와를 매우 격노케 하였으니, 여호와께서 그 피흘린 죄를 그에게 물으시고, 수치를 그에게 돌리실 것이라고 하신다. 즉, 저들이 포로가 될 때 피를 흘리고 수치를 당하게 되는 것이다.

제 13 장

13장의 내용은 이스라엘이 우상 숭배를 한 것을 규탄하고(1-8절), 하나님께서 징벌하신다는 것을 진술한다(9-16절).

1-8절. 이스라엘이 우상 숭배를 한 것을 규탄한다.

<바알로 말미암아 범죄한 에브라임>

호 13:1. 에브라임이 말을 하면 사람들이 떨었도다 그가 이스라엘 중에서 자기를 높이더니 바알로 말미암아 범죄하므로 망하였거늘(When Ephraim spoke, there was trembling; he was exalted in Israel, but he incurred guilt through Baal and died-ESV)**.**

에브라임(북 이스라엘 나라를 대표한 지파)이 말을 할 때 사람들이 떨었다. 그가 이스라엘 중에서 높아졌으나, 바알 때문에 죄를 지어 망하였다는 것이다.

본 절 초두의 "에브라임"은 한 지파를 지칭하는가, 아니면 이스라엘의 대명사로 사용되었는가? 이에 대한 답으로 다수의 주석가(Chaldee, Aben Ezra, Calvin, Hitzig, Marti, 박윤선, 이상근, 이순한, 그랜드종합주석, 호크마주석)는 "에브라임"을 한 지파로 보았고 이스라엘의 대명사가 아니라고 했다. 여기 문맥은 에브라임 지파로 보아야 하나, 서서히 에브라임 지파는 이스라엘의 대명사로 바뀐 것으로 볼 수 있는 것이다.

"사람들이 떨었다"는 말 중에 "사람들"이란 말은 원문에 없었으나 문맥을 위해서 넣은 것이다.

"그가 이스라엘 중에서 자기를 높였다"는 말은 '에브라임 지파가 이스라엘 중에서 자기를 높였다'는 뜻이다. 에브라임 지파가 요셉의 둘째 아들이니 맏아들 므낫세보다 미천한 자리에 있을 자였다. 그러나 그가 형보다 왕성했으니 그것은 하나님의 은혜였다. 그것은 야곱의 기도대로 된 것이다(창

48:14, 19). 남북으로 갈리기 전에도 에브라임 족속은 모든 지파 중 지도적 역할을 했고(삿 8:1-2; 12:1), 북쪽 나라 이스라엘의 지도자 여로보암 역시 에브라임 족속에 속했다(왕상 11:26; 12:20). 이렇게 에브라임 지파는 사람들을 두렵게 할 만큼 탁월한 인격의 기세를 가졌다(박윤선).

"바알로 말미암아 범죄하므로 망하였다"는 말은 '에브라임이 바알 숭배에 빠졌기에 그 지파와 이스라엘 전체가 망했다'는 것이다. 바알은 가나안의 신으로 모든 우상 숭배의 대표격이며, 이스라엘이 결정적으로 바알 숭배에 빠진 것은 아합 왕 때 왕비 이세벨로 말미암은 것이었다(왕상 16:30-32).

호 13:2. 이제도 그들은 더욱 범죄하여 그 은으로 자기를 위하여 우상을 부어 만들되 자기의 정교함을 따라 우상을 만들었으며 그것은 다 은장색이 만든 것이거늘 그들은 그것에 대하여 말하기를 제사를 드리는 자는 송아지와 입을 맞출 것이라 하도다.

지금도 이스라엘 백성들은 더욱 죄를 지어 자신을 위해 은(銀)으로 형상을 부어 만들었고 자기의 고안대로 우상을 만들었으니, 그 모두가 장인들이 만든 것이었다. 사람들이 그것들에 대해 말하기를 제사를 드리는 사람은 송아지와 입을 맞추어야 한다고 말한다.

이스라엘 민족은 사람이 만들어 놓은 우상 앞에 절을 했다는 것이다. 아주 우스운 모양새가 아닐 수 없다. 사람이 만든 것이니 사람에 비하면 아무 것도 아닌데 그것을 섬기고 있다는 것이다.

호 13:3. 이러므로 그들은 아침 구름 같으며 쉬 사라지는 이슬 같으며 타작마당에서 광풍에 날리는 쭉정이 같으며 굴뚝에서 나가는 연기 같으리라.

그러므로 이스라엘 사람들은, 사람이 만든 우상 앞에 절하는 입장임으로 이스라엘 사람들은 아침 구름, 이슬, 쭉정이, 연기 같이 쉽게 사라지는 신세라는 것이다. 우상을 섬기는 사람들은 참으로 값어치가 없는 사람들이 아닐 수 없다.

호 13:4. 그러나 애굽 땅에 있을 때부터 나는 네 하나님 여호와라 나 밖에 네가 다른 신을 알지 말 것이라 나 외에는 구원자가 없느니라.

여호와께서 말씀하시기를 나 여호와가 애굽 땅에서부터 여호와 너희의 하나님이다. 너희는 나 외에 다른 신을 알지 마라(제 1계명). 나 외에는 구원자가 없느니라고 하신다.

하나님께서 본 절과 같이 이렇게 선언하셨는데 이스라엘 민족은 우상숭배에 빠지고 말았다.

호 13:5. 내가 광야 마른 땅에서 너를 알았거늘.

나 여호와는 광야 메마른 땅에서 너 이스라엘 백성들을 알았다고 하신다. 여기 "알았다"는 말은 '사랑하셨다'는 뜻이다. 40년간 이스라엘을 인도하셨고 보호하셨다는 것이다.

호 13:6. 그들이 먹여 준 대로 배가 불렀고 배가 부르니 그들의 마음이 교만하여 이로 말미암아 나를 잊었느니라.

이스라엘 백성들이 먹고 배불렀으니, 그들이 배부를 때 그들의 마음이 교만하여져서 그들이 나 여호와를 잊어버리고 말았다는 것이다.

배가 부르고 번영하게 되면 인생은 하나님을 멀리하고 배신하게 된다.

호 13:7. 그러므로 내가 그들에게 사자 같고 길 가에서 기다리는 표범 같으니라.

배가 부르고 번영하게 되면 인생은 하나님을 멀리하고 배신하게 됨으로 나여호와는 그들에게 사자 같고, 길가에서 기다리는 표범 같다고 하신다. "사자나, 표범"이란 말은 여호와께서 앗수르 군대를 보내셔서 사자같이 보이셨고 표범같이 보이셨다는 것이다(사 11:6; 렘 5:6; 단 7:4-6).

호 13:8. 내가 새끼 잃은 곰 같이 그들을 만나 그의 염통 꺼풀을 찢고 거기서

암사자 같이 저희를 삼키리라 들짐승이 그들을 찢으리라.

나 여호와가 새끼를 빼앗긴 곰같이(삼하 17:8; 애 3:10) 이스라엘 백성들을 만나 그들의 심장을 찢을 것이고, 거기서 사자처럼 그들을 삼킬 것이며, 들짐승이 그들을 찢을 것이라고 하신다.

모두 무시무시한 말들뿐이다. 죄를 짓고 죄를 자백하지 않는 사람에게는 무시무시한 세상이 다가오는 것이다.

9-16절. 하나님께서 징벌하신다는 것을 진술한다.

호 13:9. 이스라엘아 네가 패망하였나니 이는 너를 도와주는 나를 대적함이니라.

이스라엘 백성들아! 나 여호와가 너희를 패망시키리니, 이는 너를 돕는 자, 곧 나를 대적하기 때문이라고 하신다.

우상 숭배자들, 죄를 짓고 자백하지 않는 자들에게는 패망밖에 기다리는 것이 없다.

호 13:10. 전에 네가 이르기를 내게 왕과 지도자들을 주소서 하였느니라 네 모든 성읍에서 너를 구원할 자 곧 네 왕이 이제 어디 있으며 네 재판장들이 어디 있느냐.

이스라엘 백성들이 말하기를 내게 왕과 지도자들을 주소서 하였으나, 너희의 모든 성읍에서 이스라엘 백성들을 구원할 네 왕과 네 재판관들이 이제 어디 있느냐고 물으신다.

"전에 네가 이르기를 내게 왕과 지도자들을 주소서"라고 기도한 결과 사울이 나타나 저들에게 유익을 주지 못했다. 그리고 북쪽 나라 이스라엘의 최초의 왕은 여로보암이었는데 이것은 하나님께 충성을 다했던 다윗 왕가에 대한 배은이었다.

이들은 북쪽 나라 이스라엘 백성들에게 유익을 주지 못한 사람들이었다(3:4-5; 7:3-7; 8:4, 10). 우리가 하나님만 바라보고 기도해야 바른 지도자들이 우리 앞에 세워진다.

호 13:11. 내가 분노하므로 네게 왕을 주고 진노하므로 폐하였노라.

나 여호와가 진노하므로 이스라엘 백성에게 왕(사울 왕 같은 왕)을 주셨고, 분노하므로 왕(시드기야 왕 같은 왕)을 폐하셨다고 하신다.

호 13:12. 에브라임의 불의가 봉함되었고 그 죄가 저장되었나니.

본 절부터 16절까지는 이스라엘의 멸망이 반드시 올 것을 진술하고 있다. 즉, 에브라임(이스라엘 백성들)의 허물을 기록한 문서를 모두 모아놓았고, 죄를 적어 놓은 기록을 모두 보관하고 있다고 하신다.

호 13:13. 해산하는 여인의 어려움이 그에게 임하리라 그는 지혜 없는 자식이로다 해산할 때가 되어도 그가 나오지 못하느니라.

해산의 고통이 이스라엘 백성들에게 닥쳐왔으나 그 백성들은 지혜 없는 자식이어서 때가 되었어도 태를 열고 나오려 하지 않는다고 하신다.

이스라엘이 죄를 자백해야 하는데 죄를 자백하지 않으니 결국 멸망에 이르게 되는 것이다.

호 13:14. 내가 그들을 스올의 권세에서 속량하며 사망에서 구속하리니 사망아 네 재앙이 어디 있느냐 스올아 네 멸망이 어디 있느냐 뉘우침이 내 눈 앞에서 숨으리라.

여호와께서 말씀하시기를 나 여호와가 스올의 권세에서 이스라엘 백성들을 속량하며, 사망에서 그들을 구속할 것이다. 사망아! 네 재앙이 어디 있느냐? 스올아! 네 멸망이 어디 있느냐? 긍휼함이 내 눈앞에서 감춰졌다고 하신다.

"뉘우침이 내 눈 앞에서 숨으리라"는 말은 하나님께서 앞에 하신 구원 약속들을 뉘우침 없이 반드시 실현시키시겠다(K.&D., Henderson)는 뜻이다.

3) 여호와께서 회복을 예언하시다 13:15-14:8

여호와께서 앗수르를 통하여 이스라엘을 파괴하신 다음 여기 끝맺는 장에서는 회복을 예언하신다. 이제는 은혜의 제안이 계속하여 이스라엘에 주어진다.

a) 여호와께서 파괴를 예언하시다 13:15-16

호 13:15. 그가 비록 형제 중에서 결실하나 동풍이 오리니 곧 광야에서 일어나는 여호와의 바람이라 그의 근원이 마르며 그의 샘이 마르고 그 쌓아 둔 바 모든 보배의 그릇이 약탈되리로다.

이스라엘이 형제들 사이에서 번성하더라도 동풍, 곧 광야에서 일어나는 여호와의 바람이 불어올 것이니, 그의 물 근원이 마를 것이고 그의 샘이 말라붙을 것이며, 창고의 모든 보배가 약탈될 것이다.

"그가 비록 형제 중에서 결실하나 동풍이 오리니 곧 광야에서 일어나는 여호와의 바람이라"는 말은 이스라엘이 비록 형제 중에서 잘 결실하여 국세가 왕성했으나 곧 시들어들고 포로가 될 것이란 예언이다. 여기 "동풍"이 온다는 말은 팔레스틴에 불어 닥치는 시로코 바람이 불어온다는 것이다(12:1 주해 참조). 이는 동방에서 앗수르가 공격해올 것을 예언하는 말이다.

"그의 근원이 마르며 그의 샘이 마르고 그 쌓아 둔 바 모든 보배의 그릇이 약탈될 것이라"는 말은 '이스라엘의 물 근원이 마를 것이고, 그의 샘이 말라붙을 것이며, 창고의 모든 보배가 약탈될 것이라'는 뜻이다.

호 13:16. 사마리아가 그들의 하나님을 배반하였으므로 형벌을 당하여 칼에 엎드러질 것이요 그 어린 아이는 부서뜨려지며 아이 밴 여인은 배가 갈라지리라.

본 절은 12-13장(하나님의 징벌)의 결론이다. 즉, 사마리아(이스라엘)가 자기들의 하나님께 반역하였으므로 죄 값을 치러야 할 것이니, 그들이 칼에 쓰러지며 그들의 어린아이들이 부서뜨려지고, 아이 밴 여자는 배가 갈라질 것이라는 예언이다. 이 예언은 고대의 가장 가혹한 형벌로 고대 전쟁에서 흔히 있었던 형벌이었다(10:14; 시 137:9).

제 14 장

b) 여호와께서 회개를 권면하시다 14:1-3

내용은 이스라엘의 회개를 권면하고(1-3절), 하나님께서 회복을 약속하신다(4-9절).

1-3절. 이스라엘은 하나님께로 돌아오고 다시는 우상을 섬기지도 말아서 외국의 침략을 당하지 말라는 권면이다.

<이스라엘을 향한 호세아의 호소>

호 14:1. 이스라엘아 네 하나님 여호와께로 돌아오라 네가 불의함으로 말미암아 엎드러졌느니라.

이스라엘이여! 너희는 여호와 네 하나님께 돌아와라. 이는 네가 너의 죄 때문에 넘어졌기 때문이라고 하신다. 현재 이스라엘은 하나님을 떠나 있다는 것이다. 이제는 진정으로 하나님께로 돌아오라는 것이다. 돌아오는 것은 회개하라는 뜻이다.

호 14:2. 너는 말씀을 가지고 여호와께로 돌아와서 아뢰기를 모든 불의를 제거하시고 선한 바를 받으소서 우리가 수송아지를 대신하여 입술의 열매를 주께 드리리이다.

너희 이스라엘 백성들은 말씀을 가지고 주님께로 돌아와서 이렇게 아뢰어라. 우리가 지은 모든 죄를 용서하여 주십시오. 우리를 자비롭게 받아주십시오. 수송아지를 드리는 대신에 우리가 입술을 열어 주님을 찬양하겠다는 말씀을 드리라는 것이다.

본 절의 말씀을 가지고 주님께로 돌아와서 이렇게 아뢰라는 말은 1) "우리가 지은 모든 죄를 용서하여 주십시오"라는 말을 드리라는 것이고,

또 2) "우리를 자비롭게 받아 주십시오"라는 말을 드리라는 것이며, 3) "수송아지를 드리는 대신에 우리가 입술을 열어 주님을 찬양하겠습니다"라는 말씀을 드리라는 것이다. 이런 말씀은 그 다른 어떤 제물을 드리는 것보다 더 나은 제물이 된다는 것이다.

호 14:3. 우리가 앗수르의 구원을 의지하지 아니하며 말을 타지 아니하며 다시는 우리의 손으로 만든 것을 향하여 너희는 우리의 신이라 하지 아니하오리니 이는 고아가 주로 말미암아 긍휼을 얻음이니이다 할지니라.

여호와께로 가지고 나아가야 할 말씀이 바로 3절의 말씀도 포함되는 것이다. 즉, 4) "다시는 앗수르에게 우리를 살려 달라고 호소하지 않겠습니다". 5) "군마를 의지하지도 않겠습니다". 5) "다시는 우리 손으로 만들어 놓은 우상을 우리의 신이라고 고백하지도 않겠습니다". 6) "고아를 가엾게 여기시는 분은 주님밖에 없습니다"라는 말씀을 가지고 여호와 앞에 나아가 아뢰라는 것이다.

c) 여호와께서 회복을 약속하시다 14:4-8

4-8절은 이스라엘에 대한 하나님의 응답을 진술한 것이다. 하나님은 이스라엘을 용서하신다는 것이며 환난에서 구원해 주신다는 것이다.

<여호와의 진노가 떠나다>

호 14:4. 내가 그들의 반역을 고치고 기쁘게 그들을 사랑하리니 나의 진노가 그에게서 떠났음이니라.

본 절은 1-3절에 진술된 이스라엘의 회개에 대한 하나님의 응답으로 등장한 말씀이다. 즉, 나 여호와가 그들의 반역을 고치겠고, 자원함으로 그들을 사랑할 것이니, 이는 나의 진노가 그에게서 떠났기 때문이라고 하신다.

이제 하나님의 진노의 시기는 지나간 것이다. 하나님의 징계는 일시적이었고, 또 저희의 회개를 촉구하기 위한 징계였다.

호 14:5. 내가 이스라엘에게 이슬과 같으리니 그가 백합화 같이 피겠고 레바논 백향목 같이 뿌리가 박힐 것이라.

나 여호와가 이스라엘에게 이슬과 같을 것이니, 그가 백합화 같이 피어나겠고, 레바논의 백향목 같이 자기 뿌리를 내릴 것이다.

본 절의 "이슬"은 복을 약속하는 것이다. 비가 적은 팔레스틴 지역에서 이슬은 초목과 농작물을 위해 절대적으로 필요한 것이다. 이슬은 사람들이 잠들어 있을 때 내리는 것이고, 또 매일 내리는 것이며, 하늘에 구름이 없고 맑을 때에 내려서 시들은 초목을 소생시켜 주시는 것이다(이상근).

"그가 백합화 같이 필 것이라"는 말은 '이스라엘이 위로부터 이슬을 받으면 백합화가 피어오르듯 무성하게 피어오를 것이라'는 말이다(아 2:1-2).

"레바논 백향목 같이 뿌리가 박힐 것이라"는 말은 '위로부터 이슬을 받으면 레바논의 백향목이 땅 속 깊이 뿌리를 박는 것처럼 이스라엘이 하나님의 복을 받아 하나님에게 깊이 뿌리를 박고 풍성하게 자랄 것이라'는 뜻이다. 이스라엘 백성들이 성령님의 충만을 받으면 성령님의 뜻을 따라 무럭무럭 자라날 것이다.

호 14:6. 그의 가지는 퍼지며 그의 아름다움은 감람나무와 같고 그의 향기는 레바논 백향목 같으리니.

나무가 이슬을 받으면 1) 그의 가지들이 뻗어나가며, 2) 그의 아름다움은 올리브 나무 같고, 3) 그의 향기는 레바논 백향목과 같을 것이라고 한다.

하나님을 믿는 자들도 성령님의 은혜를 받으면 나무의 가지들이 뻗어나가듯 번성하기 마련이라는 것이다. 즉, 타의 추종을 불허할 만큼 번성한다는 것이다. 그리고 나무가 이슬을 맞으면 나무의 아름다움이 올리브 나무 같듯이 하나님의 백성들이 성령의 충만을 받으면 심히 아름답게 형성되어 나간다는 것이다. 그리고 나무가 이슬을 받으면 그 향기가 레바논 백향목 같듯이 그리스도의 향기를 크게 발하게 된다는 것이다(아 4:11).

오늘 우리는 나무가 이슬을 맞듯 계속해서 성령님의 충만함을 받아 끊임없이 성장해 나가야 할 것이다.

호 14:7. 그 그늘 아래에 거주하는 자가 돌아올지라 그들은 곡식 같이 풍성할 것이며 포도나무 같이 꽃이 필 것이며 그 향기는 레바논의 포도주 같이 되리라.

여호와의 그늘 아래 거주하는 자가 돌아오고, 그들이 곡식같이 번성하며, 포도나무처럼 꽃이 피어 그 향기가 레바논의 포도주 같을 것이라고 한다.

"그 그늘 아래에 거주하는 자가 돌아올지라"는 말은 '여호와의 그늘 아래에 거주하는 자가 돌아온다'는 것이다.

"그들은 곡식 같이 풍성할 것이며 포도나무 같이 꽃이 필 것이며 그 향기는 레바논의 포도주 같이 되리라"는 말은 '여호와의 그늘 아래 거하기 위해 돌아온 자들은 첫째, 곡식같이 풍성할 것이고, 둘째, 포도나무 같이 꽃이 피어 그 향기가 레바논의 포도주 향기같이 된다'는 것이다. "그들은 곡식 같이 풍성할 것이라"는 말은 '여호와의 은혜 아래 돌아온 사람들의 풍성함은 다른 이들의 풍성함을 뛰어 넘을 것이라는 말이고, "포도나무 같이 꽃이 피어 그 향기는 레바논의 포도주 같이 되리라"는 말은 여호와의 그늘 아래에 돌아온 사람들이 만들어내는 향기는 다른 사람들이 썩은 냄새를 풍기는 때에도 비상하게 향기를 풍긴다는 것이다. 이 향기는 곧 이스라엘 백성들이 의로운 생활이 비상할 것을 드러내는 말이다.

호 14:8. 에브라임의 말이 내가 다시 우상과 무슨 상관이 있으리요 할지라 내가 그를 돌아보아 대답하기를 나는 푸른 잣나무 같으니 네가 나로 말미암아 열매를 얻으리라 하리라.

본 절은 이스라엘이 스스로 말하는 고백과 여호와의 응답으로 이루어졌다. 즉, 이스라엘은 "내가 다시 우상과 무슨 상관이 있으리요"라는 말은

'이스라엘의 고백이 내 자신이 이제는 다시 우상 숭배를 하지 않겠다'고 여호와께 고백한다는 것이다. 성도의 이런 고백이 나올 때까지 여호와께서는 얼마나 바라셨을까.

이스라엘의 자백을 들으시고 여호와께서는 '나 여호와가 이스라엘을 돌아보아 대답하시기를 나 여호와는 푸른 잣나무 같으니 너 이스라엘이 나 여호와로 말미암아 열매를 얻으리라'고 하신다. 이스라엘은 여호와로 말미암아 수많은 열매를 얻을 것이라는 이야기이다.

III. 본서의 결론 14:9

9절은 호세아서 전체의 결론이다.

<여호와의 도>

호 14:9. 누가 지혜가 있어 이런 일을 깨달으며 누가 총명이 있어 이런 일을 알겠느냐 여호와의 도는 정직하니 의인은 그 길로 다니거니와 그러나 죄인은 그 길에 걸려 넘어지리라.

"누가 지혜가 있어 이런 일을 깨달을 것인가"라는 말은 본 절이 호세아의 결론임을 드러내고 있다. 그리고 "누가 총명이 있어 이런 일을 알겠느냐"는 말도 앞문장과 동의문으로 본서의 결론임을 드러내고 있다.

누가 지혜가 있어서 이런 일을 깨달으며, 누가 총명이 있어 이런 일을 알겠느냐? 여호와의 길은 정직하니 의인들은 여호와의 길로 다니지만 죄인들은 그 자기가 가는 길에 걸려 넘어질 것이라는 이야기이다.

"죄인은 그 길에 걸려 넘어지리라"는 말은 '죄인은 끝까지 회개하지 않아서 의인의 길을 발견하지 못해서 의인들의 길로 가지 않아서 길 가다가 넘어지고 만다'는 것이다. 죄인은 의인이 가야할 길이 없어서 넘어지는 것이 아니라 의인이 가야할 길을 발견하지 못하여 넘어지고 마는 것이다.

-호세아서 주해 끝-

요엘서 주해

Exposition of Joel

■ 총 론

요엘이라는 이름: 요엘 선지자에 대해 우리가 알 수 있는 전부는 "브두엘의 아들"이라는 것밖에 없다. 그러나 "요엘"이란 그의 이름은 '여호와는 하나님이시다'라는 뜻이고, 그의 부친 "브두엘"은 '하나님의 설득자, 또는 하나님의 성실성'을 뜻하는 것으로 보아 그의 가정이 경건한 가정이었던 것으로 추론할 수 있다.

요엘의 시대: 요엘서에는 연대 기록이 없다. 그리고 왕에 대한 기록도 없고, 다만 제사장 기록이 있을 뿐이다. 그런고로 요엘이 언제 활동했느냐 하는 것에 대해 알 길이 없다.

그러나 요엘의 시대를 추측하는 두 가지 요약설을 들 수 있다. 유다 왕 요아스의 통치기간 중인 기원전 830년경으로 보는 초기 연대설(Calvin, K.&D. Lange, Young, 이상근, 그랜드종합주석, 호크마주석)과 바벨론 포로 이후의 바사 제국 시대인 기원전 400년경으로 보는 후기 연대설(Driver, Corniel, Robinson, Bewer)로 압축할 수가 있다.

초기 연대설을 주장하는 학자들은 1) 요아스 왕 초기는 그의 나이가 매우 어렸던 탓으로 제사장 여호야다를 중심으로 통치가 이루어졌음으로 정치나 외교적으로 비중이 적었던 왕에 대한 언급이 적을 수밖에 없다는 것이다. 2) 시온의 나팔 소리는 단지 예루살렘 거민들을 소집하기 위한 것이었으며 이와 함께 율법의 규례에 따라 전국에서 나팔을 불었을 것으로 추정할 수 있다는 것이다(레 25:9), 3) 본서에 헬라 족속의 이름이 나타나기는 하나 후기 연대설의 증거가 될 수 있을 만큼 강대한 민족이라기보다는 단지 두로, 시돈의 상인들과 어울리는 개별적인 노예 상인의 모습으로만 묘사되고 있다는 점이다. 4) 유사 구절들의 경우 다른 예언서들이 요엘서를 인용한 것으로 보는 편이 더욱 타당하다. 5) 두로, 시돈, 블레셋(3:4), 애굽, 에돔(3:18) 등이 이스라엘 민족의 대적으로 묘사된 것은 기원전 9세기경의 시대 상황과 일치한다는 점이다. 6) 여호사밧 왕(기원전 872-848년 동치)이 암몬과 모압 족속을 격파하고 하나님을 찬양한 장소인 '브라가 골짜기'(대하 20:20-28)를 굳이 '여호사밧 골짜기'(3:2)로 부르는 것은 요엘이 전술한 역사적 사건이 일어났던 때로부터 그리 멀지 않은 시기에 선지자로 활동했기 때문이라고 생각할 수 있는 점을 들어 본서의 저작 시기를 요아스의 통치기간으로 추론하는 것이다.

후기설은 바벨론 포로기 이후로 보는 것으로 주전 440년경, 말라기 시대 혹은 그 후로 추론하는 것이다. 이 학설의 근거는 1) 왕이 없다는 것은 포로기 이후의 사정이었고, 2) 아모스와의 공통점은 본서가 아모스서에 인용한 것으로 볼 수 있으며, 3) "여호사밧 골짜기"의 기사도 후대의 회고로 보면 되는 것이다. 그리고 4) 그 문체가 후대의 것이며, 아람어도 보이고, 5) 3:2, 6등은 포로기 이후의 기사로 유력하다는 것이다(이상근). 이와 같이 두 가지 견해와 근거들을 종합해 볼 때 본서의 연대는 전기 기록 연대설에서 주장하는 대로 기원전 830년경으로 보는 것이 타당하다고 여겨진다.

요엘서가 쓰려고 하는 글의 목적은 무엇인가.

요엘서의 목적은 메뚜기 재앙과 한발 재앙을 만나 백성들에게 회개를 촉구하는 것이다(1:1-2, 17). 다시 말해 비참한 현실에 직면하여 회개하면 하나님의 복을 받아 풍요해진다는 다짐을 하고, 거기서 더 나아가 종말적 복과 심판까지 보여주고 있다.

요엘서의 문학적 특징은 무엇인가.

1) 요엘서는 짧은 예언서이나 그 영향은 아주 큰 것으로 여겨진다. 요엘의 성령 부어주심의 예언(2:28-31)은 신약에서 베드로(행 10:45)나, 바울(롬

5:5)이 인용했고, 그의 메뚜기 예언은 요한(9:2-3)도 인용하고 있다. 요엘의 포도주를 밟는 예언(3:13)은 이사야가 따랐고(사 63:2-3), 그의 타작마당예언(2:19; 3:13)은 예레미야에서도 볼 수 있다(렘 51:33).

2) 요엘의 예언 스타일은 구약 예언서 중에서도 고급 수준인 것으로 손꼽힌다. 요엘의 순수하고 정결하며 분명한 예언이 그림과 같고, 활기에 찬 표현으로 주어지고 있다.

3) 요엘서는 자기 나라와 자기 민족에 대한 강한 애착심을 보여주었다. 요엘은 위대한 신앙가로 자기의 나라와 자기의 민족을 사랑했다. 그는 자기 민족에 대하여 간절히 회개하기를 권했고(1:2), 자기 민족을 위해 간곡히 기도했으며(2:17), 또한 자기 민족을 향하여 영원한 소망과 큰 기대를 가지고 있었다(2:28-32: 3:14-21).

4) 요엘서는 재치 있는 문학적 표현으로 정평이 나 있다. 히브리 학자들은 공통적으로 요엘서의 히브리어가 고전적 히브리어(Classical Hebrew)의 규범이라고까지 말하고 있다.

5) 요엘서는 세밀한 묘사로 빛나고 있다. 메뚜기과에 속하는 네 가지 곤충에 대한 묘사(1:4; 2:25), 메뚜기에 대한 묘사에는 놀랄 수밖에 없는 세밀한 묘사를 하고 있으며(2:4-10), 또한 메뚜기 재앙으로 말미암아 고난당하는 사람과 짐승의 절망적 묘사는 깊은 인상을 준다(1:15-20).

6) 요엘서는 비유 사용법이 능숙하다. 메뚜기 떼의 습격을 외국군의 침략 비유로 말하고(2:4-10), 인간의 어려움을 동물의 처지로 묘사했으며(1:17-20), 하나님의 심판을 추수와 포도 수확으로 묘사했다(3:12-13). 훗날 요한 사도가 그것을 계시록에 인용한 것은 흥미가 있는 일이었다(계 14:17-20).

7) 나아가서 요엘서는 재치 있는 병행 체를 자주 사용했다. 예를 들자면 한재의 심판(1:15-20), 국가에 대한 심판(2:1-11), 종교 심판(2:12-17), 국가의 회복(2:18-20), 자연계의 회복(2:21-25), 종교의 회복(2:26-27) 등에 재치 있는 병행 체를 사용했다.

요엘서에 나타나신 그리스도는 어떤 분이신가.

1) 그리스도는 최후 심판을 단행하실 분이시다. "여호와의 날"에 열국을 모아 심판하시는 장면(3:1-17)은 예수 그리스도께서 재림하신 후 시행하실 세상 끝 날의 대심판과 관련된 예언으로 볼 수 있다. 예수 그리스도께서는 성부 하나님으로부터 만국에 대한 최후 심판의 권세를 부여받으셨으며(요 5:22; 27; 계 19:11-16), 장차 세상 끝 날에 이것을 실행하실 것이다. 그리고 세상 끝 날에 당신을 대적하는 사단의 세력을 멸절시키실 것이며(3:9-15), 성도들에게는 최후의 승리를 안겨주실 것이다(3:16-21).

2) 성령께서 그리스도의 복음 전파를 하실 것이다. 요엘서에 언급된 성령 강림 예언(2:28-32)은 그리스도께서 지상에서 공생애 구속 사역을 하시는 중 그리고 부활 승천하신 이후의 성령 사역에 대한 예언이다. 즉, 예수 그리스도께서 직접 말씀하신 것처럼 성령님은 각 사람의 마음 속에 그리스도의 복음을 전파하셔서 그리스도를 주로 시인하고 구원 얻게 하시는 것이다.

현대 성도는 요엘서에서 무엇을 배워야 하는가.

1) 하나님은 요엘 당시 사람들에게 메뚜기 재앙으로 최후 심판을 경고하셨던 것처럼 오늘날에도 여러 가지 가지 증거들을 통해 경고를 주시고 계시다. 오늘 우리에게는 어떤 증거들이 주어지고 있는지 살펴보아야 할 것이다. 2) 성도가 범죄할 때 세상 사람들로부터 성도 자신이 조롱을 받음은 물론 하나님의 영광까지 가리게 되니 범죄치 않기 위해 힘써야 할 것이다. 3) 하나님의 징계를 받고 일시적으로 고난 가운데 처할지라도 결코 좌절해서는 안 될 것이다. 하나님은 근본 사랑이신지라 회개하고 그분께 나아가면 분명 징계의 손을 거두시고 회복의 은총을 주실 것이다(히 12:6). 4) 우리는 이미 성령 충만을 받은 자들이다. 성령 충만이란 분량 개념이 아니라 성령님께서 우리를 주장하신다는 개념이다. 그럼으로 우리는 항상 성령님으로 지배를 받도록 기도를 해야 할 것이다.

■ 내용 분해

요엘서 내용 분해

I. 백성들의 회개를 촉구하다 1:1-2:17

A. 회개해야할 원인(1:1-2:17)

1) 현실적 재난(1:1-14)

(1) 자연적 재난(1:1-4)

(2) 국가적 재난(1:5-7)

(3) 종교적 위기(1:8-14)

2) 예언자로서의 관찰(1:15-2:17)

(1) 한재의 심판을 보면서(1:15-20)

(2) 국가에 닥친 심판을 보면서(2:1-11)

(3) 종교에 닥친 심판을 보면서(2:12-17)

B. 회개의 결과는 어떻게 되었는가.

1) 역사적인 복이 임했다(2:18-3:21)

(1) 국가의 복이 회복되었다(2:18-20)

(2) 자연이 회복되었다(2:21-25)

(3) 종교가 회복되었다(2:26-27)

2) 예언자로서의 관찰(2:28-3:21)

(1) 종교의 표적을 보면서(2:28-32)

(a) 성령의 강림을 예언하면서(2:28-29)

(b) 자연의 징조를 보면서(2:30-31)

(c) 구원의 약속을 알면서(2:32)

(2) 국제적 심판을 보면서(3:1-17)

(a) 원수에 대한 보복을 확신하면서(3:1-8)
(b) 열국에 대한 심판을 확신하면서(3:9-13)
(c) 하나님의 백성에 대해 원통함을 풂(3:14-17)
(3) 자연의 회복을 보면서(3:18-21)

참고도서

아가페 굿모닝 성경(개역개정 제 4판), 서울특별시: 아가페출판사, 2006.

그랜드종합주석. *호세아-말라기*, 경기도 고양시: 성서아카데미, 2004.

김수홍. *그리스도의 말씀이 연합에 미친 영향*. 수원시: 도서출판 목양, 2011.

더글라스 스튜어트. *호세아-요나주석*, 김병하옮김, 서울특별시: 도서출판솔로몬, 2011.

레슬리 알렌. *호세아-말라기 주석*, 서울특별시: 한국성서유니온선교회, 1993.

매튜 헨리. *호세아-말라기주석*, 박문재옮김, 경기도고양시: 크리스챤다이제스트, 2009.

박윤선. *소선지서*, 성경주석, 서울: 영음사, 1962.

옥스퍼드원어성경대전. *요엘, 오바댜, 요나*, 제자원 바이블네트, 2007.

이상근. *소예언서*, 대구광역시: 성등사, 1997.

이순한. *소예언서 강해(상)*, 서울: 한국기독교 교육연구원, 1996.

푸세이 E. B. *호세아, 요엘주석*, 역자 송동섭, 서울: 크리스찬 서적, 1995.

카일, 델리취. *호세아, 요엘, 아모스, 오바댜, 요나, 미가*, 역자 홍성현, 서울: 기독교 문화사, 1992.

Baxter, J. Sidlow. *Explore the Book.* Grand Rapids: Zondervan Publishing House, 1966.

Black, Matthew & Rowley, H.H. *Peake's Commentary on the Bible*, Nashville: Thomas Nelson, 1962.

Calvin, John. *Calvin's Commentaries,* Edinburgh: Clark, 1847.

Clarke, Adam, *Clarke's Commentary*, London: Abingdon, 1973.

Deane, W. J. *요엘, 아모스주석*, 풀핏주석번역위원회 역, 대구시: 보문출판사, 1985.

Finberg, Charles, *The Minor Prophets*, Chicago: Moody Press, 1980.

Guthrie D. & Motyer, J.A. *The New Bible Commentary*, Grand Rapids: Eerdmans, 1970.

Jamieson, R. Fausset, A. R. & Brown D. *Commentary on the Whole Bible,* Grand Rapids: Zondervan, 1976.

Lange, John Peter. *Commentary on the Whole Scripture*, Grand Rapids: Zondervan, 1876.

Maclaren, Alexander. *Expositions of Holy Scripture*, Grand Rapids: Baker Book House, 1984.

Morgan, G. Campbell. *An Exposition of the Whole Bible*, Old Tapen: Fleming H. Revell, 1959.

Myer, F. B. *Bible Commentary*, Wheaton: Tyndale, 1984.

Nicoll W. Robertson ed. *The Expositor's Bible*, Chicago: W.P. Blessing Co. n.d.

Smart, J.D. *Joel: The Interpreter's Dictionary of the Bible*, New York: Abingdon, 1962.

Thomas J. Finley. *The Wycliffe Exegetical Commentary,* Moody Press, 1990.

Wevers, John W. *The New Century Bible Commentary,* Wm. B. Eerdmans Co, Grand Rapids, 1969.

Walvoord, John F. & Zuck Roy B. ed. *The Bible Knowledge Commentary*, Wheaton: Victor, 1985.

【 사전 】

바이블렉스 8.0

데릭 윌리엄스, *IVP 성경사전.* 이정석 외 한국기독학생회 출판부 역, 한국기독학생회 출판부(IVP), 1992,

Achtemeier, Paul J. *Harper's Bible Dictionary*, New York: A Division of Harper Collins Publishers, 1985.

Douglas, J. D. *New Bible Dictionary*, (2nd edition), Wheaton: Tyndale House Publishers, 1982.

Tenney, Merrill C. *The Zondervan Pictorial Bible Dictionary,* Grand Rapids: Regency, 1967.

Tregelles, Samuel Prideaux. *Gesenius' Hebrew and Chaldee Lexicon,* Grand Rapids: Eerdmans, 1969.

Unger, M. F. *Unger's Bible Dictionary.* Chicago: Moody, 1957.

【 지도 】

Personal Map Insert. Ft. Smith: Son Light Publishers, Inc, 1997.

요엘서 주해

요엘서는 2대별하여 회개를 촉구하는 일(1:1-2:17)과 구원의 약속(2:18-3:21)으로 나누어진다. 회개를 촉구하는 일에서는 메뚜기 참상을 보면서 회개를 촉구하고, 구원의 약속을 하는 진술에서는 회개한 이스라엘 백성들에게 풍년을 주실 것을 약속하면서 나아가 종국적인 심판과 구원을 진술한다.

제 1 장

A. 회개해야할 원인(1:1-2:17)

이 부분의 내용은 메뚜기 재앙(1:1-4), 백성들이 애곡하는 일(1:5-20), 및 회개를 촉구하는 일이 진술되어 있다(2:1-17).

1) 현실적 재난(1:1-14)

(1) 자연적 재난(1:1-4)

표제(1절)에 이어 메뚜기 재앙의 참상을 소개한다(2-4절).

욜 1:1. 브두엘의 아들 요엘에게 임한 여호와의 말씀이라.

1절은 본제의 표제로 나타난 것이다(호 1:1; 습 1:1;, 말 1:1 참조). 본절의 "브두엘"(פְּתוּאֵל)이란 말은 '하나님의 성실성', 혹은 '하나님의 신실성'이라는 뜻이고, 또 "요엘"(יוֹאֵל)이란 말은 '여호와는 하나님이시다'라는 뜻이다. 이들 부자의 가문과 시대적 배경은 알 수 없으나 이 이름의 뜻으로 보아 경건한 가문, 제사장 가문으로 여겨진다.

<농사를 망친 농부들의 애곡>

욜 1:2. 늙은 자들아 너희는 이것을 들을지어다 땅의 모든 주민들아 너희는 귀를 기울일지어다 너희의 날에나 너희 조상들의 날에 이런 일이 있었느냐.

나이 많은 사람들아! 너희는 들어라. 유다 땅에 사는 모든 사람들아! 너희는 모두 귀를 기울여라. 너희가 살고 있는 지금이나 너희 조상이 살던 지난 과거에, 이런 일(4절과 같은 현상)이 일어난 적이 있었느냐는 것이다.

요엘은 유다 땅에 살고 있는 모든 사람들에게 4절의 메뚜기 재앙을 현재에나 과거에 경험한 적이 있느냐고 묻는다. 요엘이 묻는 것은 현시대에나 과거에 이런 일이 없었다는 것을 강조하는 것이다.

욜 1:3. 너희는 이 일을 너희 자녀에게 말하고 너희 자녀는 자기 자녀에게 말하고 그 자녀는 후세에 말할 것이니라.

너희들은 이 메뚜기 재앙을 너희 자녀에게 말하고, 또 너희 자손은 그들의 자손에게, 또 그들의 자손은 그 다음 세대에 말하라고 한다.

하나님의 법을 떠남으로 받는 재앙을 후세에 전함으로(출 10:6 주해 참조) 지금부터는 하나님의 법을 떠나지 못하게 하는 것이었다.

욜 1:4. 팥중이가 남긴 것을 메뚜기가 먹고 메뚜기가 남긴 것을 느치가 먹고 느치가 남긴 것을 황충이 먹었도다.

풀무치가 남긴 것을 메뚜기가 먹고, 메뚜기가 남긴 것을 느치가 먹고, 느치가 남긴 것을 황충이 먹어 버렸다는 것이다.

본 절은 요엘 당시에 유다가 당면한 메뚜기 재앙의 참상을 진술한 것이다. "팥중이"(גָּזָם)는 '베는 자'라는 뜻이고, "메뚜기"(אַרְבֶּה)는 '떼를 짓는 자'라는 뜻이며, "느치"(אַרְבֶּה)는 '핥는 자'라는 뜻이고, "황충이"는 '삼키는 자'라는 뜻이다. 메뚜기에 대한 본 절의 네 가지 묘사는 메뚜기의 역할을 두고 묘사한 것이다. 메뚜기는 식물을 갉아먹는 성질이 있고(암 4:9), 떼를 지어 움직이는 성질이 있으며, 식물을 핥는 성질이 있고(나 3:15-16; 렘 51:14, 27), 또 삼키는 성질이 있다(신 28:38). 팔레스틴 지역에서는 10-15

년 주기로 메뚜기의 대군이 날아오는데 잠시 동안 모든 초목과 농작물을 진멸시켜 가장 무서운 재앙을 일으킨다는 것이다. 메뚜기의 내습은 당시 실제로 있었던 역사적 사실로 보인다.

우리는 자연적 재해도 우리에게 닥치지 않도록 항상 깨어 기도해야 할 것이다.

(2) 국가적 재난(1:5-7)

요엘은 메뚜기 떼의 내습을 받고 그 재앙에 대하여 해결하기 위해 백성들에게 애곡할 것을 권한다. 취하는 자들에게 애곡하라고 권하고(5-7절), 제사장들과 농부들에게 애곡하라고 권하며(8-13절), 특히 제사장들에게 애곡하라고 권하고(13-14절), 기근을 위해 여호와께 부르짖는다(15-20절).

욜 1:5. 취하는 자들아 너희는 깨어 울지어다 포도주를 마시는 자들아 너희는 울지어다 이는 단 포도주가 너희 입에서 끊어졌음이니.

술을 즐겨서 취하는 자들아! 깨어나 울어라. 포도주를 좋아하여 마시는 자들아! 모두 다 통곡하여라. 포도 농사가 망하였으니, 새 술을 만들 포도가 없구나. 정신 못 차리고 술에 취하기만 하는 사람들은 자기들이 죄를 지어 재앙이 임한 것을 생각하고 분위기를 바꾸어 울라는 것이다.

욜 1:6. 다른 한 민족이 내 땅에 올라왔음이로다 그들은 강하고 수가 많으며 그 이빨은 사자의 이빨 같고 그 어금니는 암사자의 어금니 같도다.

다른 한 메뚜기 떼가 유다 땅으로 올라왔는데, 그들은 강하고 그 수가 많으며 그들의 이빨은 사자의 이빨 같고, 암사자의 어금니 같았다는 것이다.

메뚜기 떼가 한번 내습하면 지상의 모든 초목이 삽시간에 없어진다는 것이다. 메뚜기 떼의 침입은 강력한 군대의 침입과도 같다는 것이다.

"그 이빨은 사자의 이빨 같고 그 어금니는 암사자의 어금니 같다"는 말은 그냥 강조만을 위한 묘사가 아니라 메뚜기는 한 마리 한 마리는 약하게 보이지만 떼로 몰려오니 그 위력이 사자들의 위력과 같고 그들의 어금니도 새끼를 데리고 있는 암사자의 어금니 같다는 것이다.

이 메뚜기 떼는 앞으로 앗수르 군대의 내습으로 연결되는 것을 생각하면 이들을 당한 유다 나라 백성들은 깨어 울면서 죄를 자복해야 하는 수밖에 없었다.

욜 1:7. 그들이 내 포도나무를 멸하며 내 무화과나무를 긁어 말갛게 벗겨서 버리니 그 모든 가지가 하얗게 되었도다.

메뚜기 떼가 유다 나라의 포도나무를 황폐하게 해놓았고, 무화과나무 껍질을 벗겨 놓았으니 그 가지들이 하얗게 되어버렸구나. 그 가지들이 하얗게 되었다는 것은 메뚜기 떼가 먹고 지나간 자리에 남는 것이 없이 다 황폐했다는 것을 말한다. 참으로 무서운 심판이 아닐 수 없다. 여기 포도나무나 무화과나무는 성도와 교회를 상징한다(시 80:8, 14; 아 2:13, 15; 사 5:1-7; 27:2; 호 10:1).

이렇게 당하고도 죄를 자백하지 않고 울지 않는 사람이 있다면 그런 사람들은 깨달음이 조금도 없는 사람이라고 할 수 있다.

(3) 종교적 위기(1:8-14)

요엘 선지자는 나라에 닥친 메뚜기 재앙을 하나의 자연 재앙으로만 보지 않고 백성들의 종교심이 약화되어 일어난 것으로 보았다. 오늘도 세상에는 우연이란 한 가지도 없다. 조그마한 것도 우연히 되는 일은 없다. 모두 하나님께서 우리에게 경고하시는 것으로 보아야 한다.

욜 1:8. 너희는 처녀가 어렸을 때에 약혼한 남자로 말미암아 굵은 베로 동이고 애곡함 같이 할지어다.

너희는 처녀가 젊었을 때 약혼한 남자가 죽음으로 말미암아 베옷을 입고 애곡함같이 하여라. 약혼한 처녀는 결혼한 부인과 동등으로 취급되었다(신 22:23-24). 약혼한 남자가 죽었을 때 부인이 입는 굵은 베옷은 애곡할 때 입는 옷이었다(왕상 21:27). 나라에 자연 재해가 닥쳤을 때는 젊은 과부가

지아비를 위하여 애곡하는 것처럼 애곡하라는 것이다. 이런 정도의 애곡은 이스라엘 모든 백성들에게 필요한 애통이라는 것이다.

욜 1:9. 소제와 전제가 여호와의 성전에서 끊어졌고 여호와께 수종드는 제사장은 슬퍼하도다.

자연에 재해가 일어나니 곡식으로 드리는 제사(레 2장)와 술을 부어 드리는 제사(레 23:18, 37; 민 6:15)가 여호와의 성전에서 끊어지니, 여호와를 섬기는 제사장들이 슬퍼한다는 것이다.

자연 재해는 본 절에서처럼 하나님에게 드리는 제사에게까지 영향을 끼치고 또 제사장들이 하나님으로 버림이 되는 것이니 결국 부분적 단절을 의미하는 것이다. 제사장이 슬퍼하니 종교에 위기가 찾아온 것이다.

욜 1:10. 밭이 황무하고 토지가 마르니 곡식이 떨어지며 새 포도주가 말랐고 기름이 다하였도다.

땅이 황폐했고 토지가 말랐으니 곡식이 떨어졌고 새 포도주가 말랐으며 기름이 다하였다는 것이다. 메뚜기 재앙으로 인하여(6-7절) 토지의 산물이 진멸되었음으로 하나님 앞에 바칠 것도 없어졌다는 것이다.

하나님 앞에 바칠 것이 없어졌고 또 하나님께서 제사장들에게 주시는 양식도 없어진 것은 단절을 의미하는 것이다. 국민 모두의 죄로 인하여 이런 일이 생겼으니 모두 통곡하라는 것이다.

욜 1:11. 농부들아 너희는 부끄러워할지어다 포도원을 가꾸는 자들아 곡할지어다 이는 밀과 보리 때문이라 밭의 소산이 다 없어졌음이로다.

부끄러워하라. 농부들아! 울부짖어라. 너희 포도원의 일꾼들아! 이는 밀과 보리 때문이니, 들판의 수확이 다 없어져 버렸구나.

이렇게 모든 것이 없어진 것은 우연한 일이 아니고 백성들의 죄 때문이라는 것이다. 백성들의 죄 때문에 전국의 모든 것들이 없어졌으니 죄를 자백하고 회개하라는 것이다.

욜 1:12. 포도나무가 시들었고 무화과나무가 말랐으며 석류나무와 대추나무와 사과나무와 밭의 모든 나무가 다 시들었으니 이러므로 사람의 즐거움이 말랐도다.

포도나무가 말라버렸고, 무화과나무가 시들었으며, 석류나무와 심지어 종려나무와 사과나무, 곧 들의 모든 나무들이 말랐으니, 참으로 사람들에게서 기쁨이 말라 버렸다는 것이다.

전국의 국토에 이런 일이 생겼으니 이런 일도 우연히 진행된 것이 아니고 백성들의 죄 때문에 생긴 일인고로 전국이 울어야 하는 것이다. 죄를 자백하고 회개하면 하나님께서는 곧 돌아보신다.

욜 1:13. 제사장들아 너희는 굵은 베로 동이고 슬피 울지어다 제단에 수종드는 자들아 너희는 울지어다 내 하나님께 수종드는 자들아 너희는 와서 굵은 베 옷을 입고 밤이 새도록 누울지어다 이는 소제와 전제를 너희 하나님의 성전에 드리지 못함이로다.

하나님 앞에 제사를 드리는 제사장들아! 너희는 굵은 베 옷을 입고 슬피 울어라. 제단 앞에서 섬기는 자들아! 통곡하여라. 하나님을 섬기는 제사장들아! 굵은 베 옷을 입고 성전으로 가서, 밤을 새워 통곡하여라. 너희가 날마다 아침저녁으로 하나님의 성전에 바칠 곡식제물과 부어 드릴 제물이 떨어졌구나.

모든 것이 핍절된 이런 때에는 참으로 시급하게 밤을 새워서라도 통곡해야 할 것이다. 전국이 이렇게 되기까지 통곡하지 않았으니 통곡해야 하는 것이다.

욜 1:14. 너희는 금식일을 정하고 성회를 소집하여 장로들과 이 땅의 모든 주민들을 너희 하나님 여호와의 성전으로 모으고 여호와께 부르짖을지어다.

금식 일을 정하고(욘 3:5) 성회를 소집하여(암 5:21; 사 1:13) 장로들과 이 땅의 모든 거민을 모아 여호와 너희 하나님의 성전에서 여호와께 부르짖으라는 것이다. 이것이 바로 해결책인 것이다.

금식 일을 정하고 모여서 죄를 자백하고 하나님 앞에 긍휼을 호소하는 것이 바로 해결책이다.

2) 예언자로서의 관찰(1:15-2:17)

요엘 선지자는 앞서 자연 재난과 종교의 위기(1:1-14)를 말한 다음 이제는 이들 재난과 종교의 위기를 관찰하면서 이들 배후에 하나님의 심판이 있을 것을 관찰하고 하나님의 심판을 말한다.

(1) 한재의 심판을 보면서(1:15-20)

요엘은 한재의 심판을 보면서 여호와의 역사적인 심판(하나님께서 인간 역사에 개입하시는 심판)을 선언한다(15절).

욜 1:15. 슬프다 그 날이여 여호와의 날이 가까웠나니 곧 멸망 같이 전능자에게로부터 이르리로다.

슬프다! 그 날이여. 여호와의 날이 가까이 왔으니, 전능자가 보내신 파멸의 그날이 이르리로다.

"슬프다"라는 말은 '여호와께서 이스라엘을 보다 더 강하게 심판하실 여호와의 날이 가까이 이르렀으니 슬프다'라는 뜻이다. 예언자로서 슬프지 않을 수 없다는 것이다.

"가까이 왔나니"(קָרוֹב)라는 말은 하나의 형용사로 '가까이 와서 있다'는 말로 번역되는 수밖에 없다.

"멸망 같이"(כְּשֹׁד)란 말은 '멸망으로서'란 뜻으로 여호와께서 그의 주권을 가지시고 심판하셔서 멸망으로서 임하신다는 뜻이다(사 13:6-10).

"이르리로다"(יָבוֹא)라는 말은 미완료형으로 '현재 이르고 있다'는 뜻이다(마 3:2; 4:17).

욜 1:16. 먹을 것이 우리 눈앞에 끊어지지 아니하였느냐 기쁨과 즐거움이 우리 하나님의 성전에서 끊어지지 아니하였느냐.

곡식이라고는 구경조차 할 수 없구나. 우리 하나님의 성전에는 기쁨도 즐거움도 없게 되었다는 것이다.

"먹을 것이 우리 눈앞에 끊어지지 아니하였느냐"는 말은 가정에 먹을 것이 끊어졌다는 말이다.

"기쁨과 즐거움이 우리 하나님의 성전에서 끊어지지 아니하였느냐"는 말은 '먹을 것이 끊어지니 하나님의 성전에서도 바칠 것이 없다'는 것이다. 이 두 가지 현상은 기막힌 현상이다.

욜 1:17. 씨가 흙덩이 아래에서 썩어졌고 창고가 비었고 곳간이 무너졌으니 이는 곡식이 시들었음이로다.

씨앗들이 그 흙덩이 아래서 썩어서 싹이 나지 않아서 곡식이 생기지 않아 창고들은 텅텅 비게 되었으며 창고들을 관리하지 않아 무너졌으니 참으로 곡식이 말라 버렸다는 것이다. 두루두루 비참한 현실뿐이다.

욜 1:18. 가축이 울부짖고 소 떼가 소란하니 이는 꼴이 없음이라 양 떼도 피곤하도다.

가축들은 먹을 것이 없어서 놀랍게 신음하고, 소 떼도 먹을 것이 없으니 놀랍도록 방황하고 있다. 이렇게 그들이 신음하고 방황하는 것은 그들에게 먹을 풀밭이 없기 때문이며, 또 양 떼도 먹을 것이 없어서 고통을 당하고 있다.

이런 현실을 만나서 죄를 자백하지 않는다면 사람이 아닐 것이다.

욜 1:19. 여호와여 내가 주께 부르짖으오니 불이 목장의 풀을 살랐고 불꽃이 들의 모든 나무를 살랐음이니이다.

주 여호와여! 내가 주님께 부르짖으니, 이는 불(한재)이 광야의 초원을 삼켰고, 화염이 들판의 모든 나무를 살랐기 때문이라는 것이다.

한재가 전국적으로 영향을 주어 풀이라는 풀은 모두 말라버렸고 초목도 모두 말랐다는 것이다.

욜 1:20. 들짐승도 주를 향하여 헐떡거리오니 시내가 다 말랐고 들의 풀이 불에 탔음이니이다.

또 소나 양 같은 가축들은 말할 것도 없고 들판에서 사는 들짐승들도 먹을 것이 없어서 주님께 부르짖으니, 이는 물 흐르는 계곡들이 말라버렸고, 불이 광야의 초원을 삼켜서 마실 물이 없어졌으며 먹을 것들이 다 말랐기 때문이라는 것이다.

제 2 장

(2) 국가에 닥친 심판을 보면서(2:1-11)

요엘은 다시 메뚜기 떼의 침입을 묘사하고(1-11절), 백성들에게 회개를 촉구한다(12-17절).

<여호와의 날을 경고하는 메뚜기 떼>

욜 2:1. 시온에서 나팔을 불며 나의 거룩한 산에서 경고의 소리를 질러 이 땅 주민들로 다 떨게 할지니 이는 여호와의 날이 이르게 됨이니라 이제 임박하였으니.

너희는 시온에서 나팔을 불고, 내 거룩한 시온(사 1:27) 산에서 소리를 질러 땅의 모든 거민들로 하여금 떨게 하라. 이유는 여호와의 날(암 5:18-20)이 가까이 왔으며 아주 가까이 왔기 때문이다.

욜 2:2. 곧 어둡고 캄캄한 날이요 짙은 구름이 덮인 날이라 새벽빛이 산꼭대기에 덮인 것과 같으니 이는 많고 강한 백성이 이르렀음이라 이와 같은 것이 옛날에도 없었고 이후에도 대대에 없으리로다.

본 절은 앞 절(1절)의 "여호와의 날"에 다시 설명한다. 즉, 그 여호와의 날은 어둡고 캄캄한 날, 구름과 흑암의 날일 것이다. 새벽빛이 산 위에 펼쳐지듯 많고 강한 민족들(메뚜기 떼)이 침입해올 것이다. 이런 일은 옛적에도 없었고 그 후로도 대대로 없을 것이다.

욜 2:3. 불이 그들의 앞을 사르며 불꽃이 그들의 뒤를 태우니 그들의 예전의 땅은 에덴동산 같았으나 그들의 나중의 땅은 황폐한 들 같으니 그것을 피한 자가 없도다.

불이 그들(메뚜기 떼) 앞에서 삼키며, 그들 뒤에서도 불꽃이 탈 것이다. 그들(메뚜기 떼)이 오기 전에는 그 땅이 에덴동산 같았으나, 그들(메뚜기 떼)이 지나간 뒤에는 황량한 광야 같으니 그들(메뚜기 떼)을 피한 자가 없을 것이다.

본 절은 메뚜기 떼의 피해를 안 당한 곳이 없다는 것을 말한다. "불이 그들의 앞을 사르며 불꽃이 그들의 뒤를 태웠다"는 말은 '메뚜기 떼가 내습할 때는 천지가 샛노랗게 되어 불에 타는 것 같이 보였고, 또 메뚜기를 실제로 태우기 위해 그들 앞뒤에 방화한 것을 가리킨다'고도 한다.

"붉은 포도나 푸른 무화과나무, 재색 감람 등이 순간적으로 눈앞에서 사라지고 말았다. 나무 둥치와 가지들은 저들 메뚜기들의 이빨에 의해 벗겨져서 하얗게 되었다. 순간 전에 에덴동산 같았던 것이 황막한 광야로 변한 것이다"(Stanley).

4-11절. 계속해서 메뚜기 떼의 내습을 상론하고, 그 피해상을 밝혀준다.
욜 2:4-6. 그의 모양은 말 같고 그 달리는 것은 기병 같으며, 그들이 산꼭대기에서 뛰는 소리는 병거 소리와도 같고 불꽃이 검불을 사르는 소리와도 같으며 강한 군사가 줄을 벌이고 싸우는 것 같으니 그 앞에서 백성들이 질리고, 무리의 낯빛이 하얘졌도다.

메뚜기들의 머리 모양은 말 같이 생겼고(계 9:7) 메뚜기가 달리는 것은 기병들이 달리는 소리와도 같으며(이상 4절), 메뚜기 떼가 산꼭대기에서 달리는 소리는 병거들이 달리는 소리와도 같고, 그루터기를 삼키는 불꽃 소리와도 같으며, 그들은 전쟁에서 전열을 가다듬은 강한 군대와 같이 느껴진다는 것이다(이상 5절). 그들 앞에서 민족들이 떨며 모든 얼굴들이 창백해졌다는 것이다(이상 6절).

메뚜기 떼의 진군은 강한 용사들이 적진을 향해 행진하는 것과 같고, 그 진군의 소리는 큰 소낙비의 소리와도 같으며, 큰 폭포 소리와도 같다는 것이다. 메뚜기 떼는 불가항력적이요, 무적의 군대와 같은 셈이다.

메뚜기 떼의 내습은 참으로 무서워 전쟁 군인들의 내습과도 같다는 것은 사실로 느낄 수밖에 없다.

욜 2:7. 그들이 용사 같이 달리며 무사 같이 성을 기어오르며 각기 자기의 길로 나아가되 그 줄을 이탈하지 아니하며.

메뚜기 때의 달림은 용사들 같이 돌진하고 전사들 같이 성벽을 기어오른다. 그리고 메뚜기 떼가 각기 자기 길로 행진하며 그 대열을 이탈하는 법이 없다는 것이다.

욜 2:8. 피차에 부딪치지 아니하고 각기 자기의 길로 나아가며 무기를 돌파하고 나아가나 상하지 아니하며.

메뚜기 떼는 그렇게 달려도 서로 부딪히지 않고 각기 자기의 길로 곧바로 행진하며, 병기로 돌진할 때 대열은 흩어지지 않는다는 것이다.

바람이 세게 분다 해도 메뚜기 떼의 행렬은 흔들리지 않는다는 것이다 (Smith).

"무기를 돌파하고 나아가나 상하지 아니한다"는 말은 '어떤 병기로 쳐보아도 메뚜기 떼는 상하지 아니한다'는 것이다.

욜 2:9. 성중에 뛰어 들어가며 성 위에 달리며 집에 기어오르며 도둑 같이 창으로 들어가니.

본 절은 메뚜기 떼가 성중으로 들어가는 모습을 묘사한 것이다. 즉, 메뚜기 떼는 성을 공격하고 성벽을 따라 달리며 집 안으로 기어오르며 창문을 통해 도둑같이 침투한다는 것이다.

고대의 창문은 유리가 없었음으로 그들은 쉽게 문을 뚫고 들어갔으니 도둑이 침범하는 것과 같았다는 것이다. 사람도 메뚜기들의 침범을 막을 수가 없다는 것이다.

욜 2:10. 그 앞에서 땅이 진동하며 하늘이 떨며 해와 달이 캄캄하며 별들이 빛을 거두도다.

메뚜기 떼 앞에서 땅이 진동하고 하늘이 떨며, 해와 달이 어두워지고 별들이 그 빛을 잃는다는 것이다.

본 절은 앞으로 앗수르 군대가 내습할 것을 내다보고 예언한 것이다. 이스라엘이 만일 회개하지 않으면 앗수르 군대가 침입하여 올 터이니 유다 나라는 하나님의 진노 앞에 노출될 것이라는 예언이다.

욜 2:11. 여호와께서 그의 군대 앞에서 소리를 지르시고 그의 진영은 심히 크고 그의 명령을 행하는 자는 강하니 여호와의 날이 크고 심히 두렵도다 당할 자가 누구이랴(The LORD utters his voice before his army, for his camp is exceedingly great; he that executes his word is powerful. For the day of the LORD is great and very awesome; who can endure it?-ESV**)**.

여호와께서 자신의 군대 앞에서 소리를 발하시니 여호와의 진영이 매우 크고 그분의 말씀을 실행하는 자가 강하며, 여호와의 날은 크고 매우 두려워서 누가 그것을 당할 수 있을 것인가를 말한다.

"여호와께서 그의 군대 앞에서 소리를 지르신다"는 말을 두고 해석이 갈린다. 1) '여호와께서 메뚜기 앞에서 소리를 지르신다'는 견해(K&D, 이순한), 2) '여호와께서 앗수르 군대 앞에서 소리를 지르신다'는 견해(Calvin, 박유선), 이 두 견해 중에 2)번의 견해가 문맥에 더 가깝다.

"그의 진영은 심히 크고 그의 명령을 행하는 자는 강하다"는 말도 역시 두 견해로 갈린다. 1) '메뚜기 진영은 심히 크고 그들을 호령하시는 여호와는 강하다'는 견해, 2) '앗수르 진영은 심히 크고 앗수르 군을 호령하시는 여호와는 강하시다'는 견해, 이 두 견해 중에 역시 문맥으로 보아 2)번이 바른 것으로 본다.

"그의 진영은 심히 크고 그의 명령을 행하는 자는 강하다"는 말은 문맥을 따라서 여호와께서 앗수르 군대를 주장하셔서 성민들을 치러 오게 하신 여호와는 당할 자가 없다는 뜻이다.

우리가 죄를 지어 당하는 환난을 앞에 놓고 죄를 자백하며 여호와께로 돌아갈 때 환난은 즉시 해결된다는 것을 알아야 할 것이다.

(3) 종교에 닥친 심판을 보면서(2:12-17)

요엘은 죄 때문에 닥친 환난을 보면서 회개를 촉구한다. 먼저 백성들에게 마음을 찢으라고 권하고(12-14절), 회개를 위해 큰 성회를 열라는 것이다(15-17절).

<여호와께로 돌아올지어다>

욜 2:12. 여호와의 말씀에 너희는 이제라도 금식하고 울며 애통하고 마음을 다하여 내게로 돌아오라 하셨나니.

요엘 선지자는 여호와의 말씀을 전한다. 곧 "너희는 이제라도 금식하고 울며 애통하고 마음을 다하여 내게로 돌아오라 하셨다"는 것이다(사 1:2-4, 18; 호 14:1; 암 4:6). 이제 당장 해야 할 일 세 가지를 말한다. 금식을 시작해서 울고 애통하라는 것이다. 세 가지는 똑같은 행동을 반복하는 말이다.

그리고 둘째로는 "마음을 다하여 내게로 돌아오라"는 것이다. 즉, 인격을 다하여 여호와께로 돌아오라는 것이다. 인격을 다하는 것이 아니면 여호와께서 돌아가는 것이 아니다. 인격을 다하여 여호와께로 돌아가면 무슨 환난이든지 즉시 해결된다.

욜 2:13. 너희는 옷을 찢지 말고 마음을 찢고 너희 하나님 여호와께로 돌아올지어다 그는 은혜로우시며 자비로우시며 노하기를 더디하시며 인애가 크시사 뜻을 돌이켜 재앙을 내리지 아니하시나니.

요엘 선지자는 본 절에서도 계속해서 백성들이 어떻게 해야 할 말씀을 전한다. 즉, 너희 성도들은 옷을 찢지 말고 마음을 찢고 너희는 여호와 너희 하나님께 돌아오라. 여호와께서는 은혜로우시고 긍휼히 여기시며,

노하기를 더디 하시고, 인애가 많으시며, 재앙을 인하여 안타까워하실 것이라고 하신다.

여기 "옷을 찢지 말고 마음을 찢으라"는 말씀(창 37:29; 레 13:45; 삼상 4:12; 왕상 2:27; 사 37:1; 렘 36:24)은 회개하는 형식만 취하지 말고 실제로 마음을 상해가면서 회개하라는 것이다. 하나님은 우리의 상한 마음을 원하신다는 것이다.

이렇게 마음을 상해서 여호와께로 돌아가면 여호와는 우리에게 "은혜로우시며 자비로우시며 노하기를 더디하시며 인애가 크시사 뜻을 돌이켜 재앙을 내리지 아니하신다"는 것이다. 여기 여호와의 네 가지 덕(德)(은혜로우심, 자비로우심, 노하기를 더디 하심, 인애가 크심)은 죄인들이 여호와께 돌아가서 사죄함을 받을 근거이다. "은혜로우심"은 인간들에게 값없이 복주시기를 좋아하시는 여호와의 성품이고, "자비로우심"은 인간들의 죄를 사해주시기를 좋아하는 여호와의 성품이며, "노하기를 더디 하심"은 하나님의 오래참으심의 덕이고, "인애가 크심"는 인간을 위하시는 하나님의 각양 친절한 행사들을 가리킨 성품이다.

욜 2:14. 주께서 혹시 마음과 뜻을 돌이키시고 그 뒤에 복을 내리사 너희 하나님 여호와께 소제와 전제를 드리게 하지 아니하실는지 누가 알겠느냐.

여호와께서 혹시 뜻을 돌이키시고 뒤에 복을 주셔서 여호와 하나님께 곡식 제사와 부어 드리는 제사를 드리게 하지 않겠느냐는 것이다.

여기 "드리게 하지 아니하실는지 누가 알겠느냐"는 표현은 강조체로 사용된 것으로 드리게 하신다는 강한 표현이다.

욜 2:15. 너희는 시온에서 나팔을 불어 거룩한 금식 일을 정하고 성회를 소집하라.

너희는 시온(예루살렘)에서 나팔을 불고(1:14; 2:1), 금식 일을 선포하며(14절 주해 참조) 성회를 소집하라(14절 주해 참조)고 말한다.

욜 2:16. 백성을 모아 그 모임을 거룩하게 하고 장로들을 모으며 어린이와 젖 먹는 자를 모으며 신랑을 그 방에서 나오게 하며 신부도 그 신방에서 나오게 하고.

백성을 모아 그 회중을 거룩케 하며 장로들을 소집하고, 아이들과 젖먹이들을 모아라. 신랑은 자기 신방에서, 신부는 자기 침실에서 나오게 하라는 것이다.

금식하는 날을 선포해서 백성을 모아 그 모임을 구별하라는 것이다. 전국 백성들 중에는 연장자들인 장로들도 모집하라는 것이며, 어린이와 젖 먹는 자까지도 모으며, 신랑과 신부까지도 면제시키지 말고[8] 모임에 가담시키라는 것이다. 금식 일을 정하고 회개하는 기도회에는 국민 누구든지 참여해야 했다.

욜 2:17. 여호와를 섬기는 제사장들은 낭실과 제단 사이에서 울며 이르기를 여호와여 주의 백성을 불쌍히 여기소서 주의 기업을 욕되게 하여 나라들로 그들을 관할하지 못하게 하옵소서 어찌하여 이방인으로 그들의 하나님이 어디 있느냐 말하게 하겠나이까 할지어다.

여호와를 섬기는 제사장들은 현관과 제단 사이(이곳은 제사장의 뜰이었다, 대하 8:12; 왕상 6:3; 8:64; 겔 8:16)에서 통곡하며 이르기를 여호와시여! 주님의 백성을 불쌍히 여기셔서 주님의 유업을 열방 중에서 조롱거리로 만들지 마옵소서. 어찌하여 다른 민족들이 유다 인들의 하나님이 어디 있느냐고 말하게 하겠나이까 라고 기도하라는 것이었다.

기도는 모든 계층의 사람들이 다 드려야 했지만 특히 제사장들이 주체적으로 드려야 했다. 오늘날도 기도는 목사들이 제일 주체적으로 드려야 하는 것이다.

B. 회개의 결과.

---

8) 신랑은 결혼 후 1년간 군복무나 다른 공적의무에서 면제 되었다(신 24:5).

1) 역사적인 복이 임했다(2:18-3:21)

국가의 복이 임했고(18-20절), 자연의 복이 임했으며(21-25절), 종교의 복이 임했다는 것이다(26-27절).

(1) 국가의 복이 회복되었다(2:18-20)

<이른 비와 늦은 비를 적당하게 주시다>

욜 2:18. 그 때에 여호와께서 자기의 땅을 극진히 사랑하시어 그의 백성을 불쌍히 여기실 것이라.

백성들이 여호와 앞에 죄를 자백하고 회개하니 여호와께서 자신의 땅을 위해 지극한 사랑을 보여주시고, 자신의 백성을 불쌍히 여기셨다는 것이다.

여호와께서는 성도가 회개만 하면 즉시 성도들을 사랑하신다는 것이다. 그런고로 성도들은 즉시 죄를 자복하는 일에 열심을 다해야 할 것이다.

욜 2:19. 여호와께서 그들에게 응답하여 이르시기를 내가 너희에게 곡식과 새 포도주와 기름을 주리니 너희가 이로 말미암아 흡족하리라 내가 다시는 너희가 나라들 가운데에서 욕을 당하지 않게 할 것이며.

여호와께서 자신의 백성에게 대답하시기를 보라! 내가 너희에게 곡식과 새 포도주와 기름을 줄 것이니 너희가 그것으로 만족할 것이며, 내가 다시는 너희를 열방 가운데서 조롱거리로 만들지 않을 것이라고 하신다.

백성들이 회개할 때 여호와께서 메뚜기 떼를 깨끗이 몰아내시고 새로운 풍작을 주시겠다는 약속이다. 백성들의 회개는 백성들이 힘들여 농사일을 하는 것 이상으로 중요한 것이다. 회개하면 모든 것이 잘 되니 말이다.

욜 2:20. 내가 북쪽 군대를 너희에게서 멀리 떠나게 하여 메마르고 적막한 땅으로 쫓아내리니 그 앞의 부대는 동해로, 그 뒤의 부대는 서해로 들어갈 것이라 상한 냄새가 일어나고 악취가 오르리니 이는 큰일을 행하였음이니라 하시리라.

나 여호와가 북쪽 군대(메뚜기 때)를 너희에게서 멀리 옮겨 메마르고 황폐한 땅으로 쫓아낼 것이니, 그 앞선 부대는 동쪽 바다(사해 바다)로, 뒤따르고 있는 부대는 서쪽 바다(지중해)로 들어가게 될 것이다. 악취가 일어나고 상한 냄새가 올라올 것이니, 이유는 여호와께서 큰일을 행하셨기 때문이라고 하신다.

여호와께서는 회개한 백성들을 위하여 항상 큰일을 행해주신다. 오늘도 여호와께서는 우리들을 위해 큰일을 행해주신다. 우리는 아무리 큰일을 하려해도 작은 일도 망가뜨리는데 여호와께서는 우리의 일을 아주 멋지게 행해주신다.

(2) 자연이 회복되었다(2:21-25)

욜 2:21. 땅이여 두려워하지 말고 기뻐하며 즐거워할지어다 여호와께서 큰 일을 행하셨음이로다.

땅이여! 두려워하지 말고 기뻐하며 즐거워하여라. 이는 여호와께서 큰일을 행하셨기 때문이다.

여기 "땅이여! 두려워하지 말고 기뻐하며 즐거워하라"는 말은 메뚜기 떼로 덮였던 땅이 하나님의 큰일로 말미암아 메뚜기들이 모두 쫓겨났기 때문에 즐거워하라는 것이다.

땅은 인간의 회개로 말미암아 즉시 회복되었으니 기뻐하라는 것이다. 땅만 아니라 우리 인간과 함께 존재하고 있는 모든 것들이 기뻐해야 한다는 것이다.

욜 2:22. 들짐승들아 두려워하지 말지어다 들의 풀이 싹이 나며 나무가 열매를 맺으며 무화과나무와 포도나무가 다 힘을 내는도다.

들짐승들아! 두려워하지 마라. 이는 광야의 풀들이 싹을 내며, 나무가 그 열매를 맺고, 무화과나무와 포도나무가 풍성하게 열매를 맺을 것이기 때문이다.

본 절은 들짐승들을 향하여 두려워하지 말라고 말씀한다. 이유는 자연

재해가 지나가니 들짐승들의 먹을거리가 해결되기 때문이라고 한다.

욜 2:23. 시온의 자녀들아 너희는 너희 하나님 여호와로 말미암아 기뻐하며 즐거워할지어다 그가 너희를 위하여 비를 내리시되 이른 비를 너희에게 적당하게 주시리니 이른 비와 늦은 비가 예전과 같을 것이라.

예루살렘의 거민들아(시 125:1; 히12:22; 계 14:1)! 너희 예루살렘의 거민들은 여호와 너희 하나님으로 인하여 기뻐하고 즐거워하라. 이유는 너희 하나님 여호와께서 너희에게 비를 내리시되 이른 비를 알맞게 주실 것이니, 곧 이른 비와 늦은 비를 이전과 같이 적당하게 주실 것이기 때문이다.

여기 "이른 비를 너희에게 적당하게 주시리니"라는 말에서 "이른 비"(הַמּוֹרֶה)라는 말은 두 가지 뜻을 지니고 있는데, 하나는 '이른 비'라는 뜻과 또 하나는 '교사'(teacher)라는 뜻도 있어 어느 뜻이 맞느냐 하는 논쟁이 있다. 그러나 뒤에 나오는 "이른 비"라는 말이 나오는 것을 보면 앞의 단어 "이른 비"도 역시 "이른 비"로 해석하는 것이 옳다고 보인다. 또 문맥을 살필 때 "이른 비"로 해석하는 것이 바람직한 것으로 여겨진다. 여호와께서 이른 비(파종을 위한 비)와 늦은 비(결실에 필요한 비)를 적당하게 주시니 예루살렘 거민들은 기뻐하며 즐거워하라는 것이다.

오늘 우리가 죄를 자백하고 하나님만 바라보면 하나님은 우리에게 파종을 위한 비와 결실에 필요한 비 이상을 주신다.

욜 2:24. 마당에는 밀이 가득하고 독에는 새 포도주와 기름이 넘치리로다 (The threshing floors shall be full of grain, the vats shall overflow with wine and oil-RSV, ESV).

이른 비와 늦게 주시는 비를 여호와께서 주시니 풍년이 들게 된다는 것이다. 즉, 타작마당들은 곡식으로 가득 차고, 큰 통들은 새 포도주와 기름으로 넘쳐날 것이다. "마당에는 밀이 가득하다"(대상 13:9)는 말은 '곡식을 타작하는 마당에는 풍년의 영향으로 밀이 가득하게 되었다'는 뜻이다. 이스라엘 사람들은 타작마당을 주로 높은 단단한 땅이나 혹은 바위를 이용하여 만들었다는 것이다.

"독(vats-통들)에는 새 포도주와 기름이 넘쳤다"는 말은 당시 포도즙이나 감람기름은 암석에 만들어진 압착기로 짰는데 이 압착기의 구조는 한 개의 암석에 주로 두 개의 독(통들)을 만들어, 하나는 포도나 감람을 넣고 압착하기 위하여 사용했고, 다른 한 독은 첫째 독에서 짜 내린 즙을 받는 것으로 사용했다. 독(vats-통들)에 새 포도주와 기름이 넘친 것을 보면 하나님께서 은혜를 주셔서 큰 풍년이 들었음을 알 수 있다.

욜 2:25. 내가 전에 너희에게 보낸 큰 군대 곧 메뚜기와 느치와 황충과 팥중이가 먹은 햇수대로 너희에게 갚아 주리니.

나 여호와가 너희 가운데 보냈던 나의 큰 군대, 곧 메뚜기와 느치와 황충(1:4주해 참조)과 풀무치가 먹었던 햇수만큼 너희에게 풍년으로 보상해 줄 것이라고 하신다.

본 절은 메뚜기와 느치와 황충에 의해 받은 상처를 여호와께서 보상하시고 회복해주신다는 것을 진술하신다. 하나님은 보상하시는 분이시고 회복해 주시는 분이시다.

(3) 종교가 회복되었다(2:26-27)

욜 2:26. 너희는 먹되 풍족히 먹고 너희에게 놀라운 일을 행하신 너희 하나님 여호와의 이름을 찬송할 것이라 내 백성이 영원히 수치를 당하지 아니하리로다.

너희 예루살렘 거민들과 유다 사람들은 풍족히 먹고 배부를 것이며, 너희에게 기이한 일을 행하신 여호와 너희 하나님의 이름을 찬양해야 할 것이다. 이유는 여호와를 경외하는 백성은 영원히 수치를 당하지 아니할 것이라고 하신다.

하나님께서 함께 하시는 백성들은 영영히 외국 군대로부터 수치를 당하지 않는다는 것이다.

욜 2:27. 그런즉 내가 이스라엘 가운데에 있어 너희 하나님 여호와가 되고 다른 이가 없는 줄을 너희가 알 것이라 내 백성이 영원히 수치를 당하지 아니하리로다.

그러므로 너희는 나 여호와가 이스라엘 가운데 있어서 복을 주는 것을 알게 될 것이다. 나 여호와가 너희 하나님이며, 다른 이는 없으니, 내 백성은 영원히 수치를 당하지 않을 것이라고 하신다.

이스라엘이 하나님께서 이스라엘 가운데 계신 것을 잊어서 하나님을 떠날 때에 환난을 만났고(출 17:7; 민 11:20), 환난 중에서 하나님께 돌아와 기도할 때 그들은 하나님을 알게 되었다(출 29:42; 사 12:6).

2) 예언자로서의 관찰(2:28-3:21)

(1) 종교의 표적(2:28-32)

종교의 표적은 (a) 성령의 강림(2:28-29), (b) 자연의 징조(30-31), (c) 구원의 약속(32절)으로 구성되어 있다. 이 부분은 성령의 강림을 약속한다. 이 부분은 행 2:17-21에 인용되어 오순절 때 성령님이 임하신 것을 진술한다.

<내 영을 만민에게 부어 주리니>

욜 2:28. 그 후에 내가 내 영을 만민에게 부어 주리니 너희 자녀들이 장래 일을 말할 것이며 너희 늙은이는 꿈을 꾸며 너희 젊은이는 이상을 볼 것이며.

그 후에 나 여호와가 내 영을 모든 육체(자녀들, 늙은이들, 젊은이들)에게 부어 줄 것이니, 너희 자녀들은 예언하고 늙은이들은 꿈을 꾸며, 젊은이들은 환상을 보게 될 것이다.

"그 후에"라는 말은 '끝 날들에', '말세,' 혹은 '말일'이라는 뜻이다. 말세란 그리스도의 초림부터 재림까지를 지칭한다.

여기 "너희 자녀들은 예언하고 늙은이들은 꿈을 꾸며, 젊은이들은 환상을 보게 될 것이라"는 말을 두고 연령의 계층을 따라 예언하는 계층이 있고 꿈을 꾸는 계층이 있으며, 환상을 보는 계층이 따로 있는 것은 아니다. 이유는 성령의 은사가 "모든 육에" 보편적으로 임하기 때문이다(K.&D.). 성령의 은사가 모든 이들에게 임하기 때문에 사람 구별 없이 성령의 은사를 행한다는 것이다.

욜 2:29. 그 때에 내가 또 내 영을 남종과 여종에게 부어 줄 것이며.

그날(말세, 종말)에는 나 여호와가 남종들과 여종들에게도 여호와의 영을 부어줄 것이다.

구약 시대에는 성령께서 왕, 선지자, 제사장에게 대표적으로 임했으나 그리스도의 강림 이후 성령은 종들에게도 부어졌고 만민이 그 은혜를 받게 되었다. 본문의 예언은 오순절 때 성령 강림절에 응했다(행 2:1-4, 17-21).

(b) 자연의 징조(2:30-31)

욜 2:30. 내가 이적을 하늘과 땅에 베풀리니 곧 피와 불과 연기 기둥이라.

나 여호와가 하늘과 땅에 징조들, 곧 피와 불과 연기 기둥들을 베풀 것이라고 하신다.

본 절은 28-29절의 성령 강림 약속에 이어 성도들에게 약속된 구원이 최종 성취될 그리스도의 재림 날이 임박했음을 나타내는 전조에 대해 언급하고 있다(마 24:6-8; 계 6:3, 4; 9:1-21).

"이적을 하늘과 땅에 베풀리니 곧 피와 불과 연기 기둥이라"는 말은 '이적은 다름 아니라 하늘과 땅에 여호와께서 베푸실 이적인데, 그것들은 피와 불과 연기 기둥이라'는 것이다. 여기 언급된 '피', '불', '연기기둥'은 종말에 임할 대 심판의 전조들인데, 하나님의 역사에 의한 천재지변의 결과일 수도 있고, 전쟁을 상징하는 말들일 수도 있다. 세상 끝날 최후 심판은 불신자들에게는 무서운 멸망의 심판이 될 것이나 성도들에게는 놀라운 구원의 날이 될 것이다.

욜 2:31. 여호와의 크고 두려운 날이 이르기 전에 해가 어두워지고 달이 핏빛 같이 변하려니와.

여호와의 끔찍스럽고 크나큰 날이 오기 전에 해가 어두워지고 달이 핏빛 같이 붉어질 것이라고 하신다.

"여호와의 크고 두려운 날"은 여호와의 심판의 날을 지칭한다. 1:15; 2:11 주해 참조.

"해가 어두워지고 달이 핏빛 같이 변한다"는 말은 땅위에서만 두려운 현상이 발생하는 것이 아니라 천체에도 종말에는 해와 달, 그리고 별들에게까지 핏빛 같이 변한다는 것을 말한다.

(c) 구원의 약속(2:32)

욜 2:32. 누구든지 여호와의 이름을 부르는 자는 구원을 얻으리니 이는 나 여호와의 말대로 시온 산과 예루살렘에서 피할 자가 있을 것임이요 남은 자 중에 나 여호와의 부름을 받을 자가 있을 것임이니라(And it shall come to pass that everyone who call upon the name of the LORD shall be saved; for in Mount Zion and in Jerusalem there shall be those who escape, as the LORD has said, and among the survivors shall be those whom the LORD calls-ESV)**.**

누구든지 여호와의 이름을 부르는 사람은 구원을 얻을 것이니, 이유는 시온 산과 예루살렘에서 피하여 살아남은 사람이 있을 것이라고 여호와께서 말씀하셨기 때문이고, 남은 사람들 중에 여호와의 부름을 받은 사람들이 있을 것이다.

"누구든지 여호와의 이름을 부르는 자는 구원을 얻을 것이라"고 한다. 여기 "누구든지"라는 말은 성 차별도 없이 그리고 또 노소 차별도 없이 그 어떤 차별도 없이 여호와의 이름을 부르는 자는 구원을 얻는다는 것이다. 우리 역시 마음으로 믿고 여호와의 이름을 부르며 살아야 할 것이다.

"이유는 여호와께서 말씀하신대로 시온 산과 예루살렘에서 피할 자가 있을 것이기 때문이라"는 말은 여호와의 이름을 부르는 사람이 구원 얻을 이유는 시온 산과 예루살렘에서 구원 얻을 자가 있을 것이라고 여호와께서 말씀하셨기 때문이라는 것이다. 여기 "시온 산"과 "예루살렘"이란 말은 같은 장소를 지칭하는 것으로 분명히 예루살렘에서 구원 받을 사람이 있을 것이라고 여호와께서 말씀하셨기 때문에 구원 받을 사람이 있을 것이란 뜻이다.

"남은 자 중에 나 여호와의 부름을 받을 자가 있을 것이라"는 말의 "남은 자"란 말이 앞 문장의 "피할 자"라는 말과 뜻이 같음으로 본문은 '피할 자중에 나 여호와의 부름을 받을 자가 있을 것이라'는 말의 뜻과 같다. "남은 자"의 사상은 이사야 선지자가 대표적으로 사용한 유명한 용어이다(사 7:3, 18 등). 이사야 선지자는 그의 큰 아들의 이름을 "남은 자가 돌아오리라"(스알야숩, שְׁאָר יָשׁוּב)는 이름으로 지었고, 하나님께서 유다와 예루살렘을 바벨론에게 망하게 하신 이유가 그 이름을 통하여 자격 없는 자들은 멸망하게 하시고 알곡 같은 남은 자들만 고국에 돌아올 것을 그의 아들의 이름으로 모형을 삼았다(마 3:12).

제 3 장

(2) 만국의 심판을 보면서(3:1-17)

(a) 원수에 대한 보복(3:1-8)

만국의 심판을 선언하신 일(1-3절), 베니게와 블레셋의 심판을 선언하신 일등(4-8절)을 말씀하신다.

1-3절. 여호와의 날에 여호와께서 만국을 여호사밧 골짜기에 모아서 심판하시겠다고 하신다. 심판하시는 이유는 만국이 이스라엘을 침략했기 때문이라고 하신다. 이것은 바로 종말에 여호와께서 하나님의 교회를 대항한 불신자들이 받을 심판을 예표하시는 것이다.

<여호와께서 민족들을 심판하시다>

욜 3:1. 보라. 그 날 곧 내가 유다와 예루살렘 가운데에서 사로잡힌 자를 돌아오게 할 그 때에.

여호와께서 말씀하시기를 보라! 그 날들 곧 나 여호와가 유다와 예루살렘의 사로잡힌 자를 돌아오게 하는 그 날들에(세상 끝 날들에, 2:28), 2절에 진술되어 있는바 여호와께서 만국을 여호사밧 골짜기에 모아서 그들을 심판하시겠다고 하신다.

"보라"(הִנֵּה)란 말은 1-3절이 참으로 중요한 말씀이기 때문에 유념하라는 뜻이다. 여호와께서 만국을 심판하시겠다는 것은 얼마나 중요한 말씀인가. 만국을 심판하시는 이유는 2-3절에 진술되어 있다.

욜 3:2. 내가 만국을 모아 데리고 여호사밧 골짜기에 내려가서 내 백성 곧 내 기업인 이스라엘을 위하여 거기에서 그들을 심문하리니 이는 그들이

이스라엘을 나라들 가운데에 흩어 버리고 나의 땅을 나누었음이며.

나 여호와가 모든 불신 민족을 모아 그들을 여호사밧 골짜기로 내려가게 할 것이니 거기서 나 여호와의 백성과 나 여호와의 유업인 이스라엘을 위하여 불신 제국을 심판할 것이니, 그 불신 제국이 이스라엘을 민족들 가운데로 흩어 버리고 나의 땅을 나누었기 때문이라고 하신다.

"내가 만국을 모아 데리고 여호사밧 골짜기에 내려간다"는 말은 '나 여호와가 여호와의 백성을 침략하고 괴롭힌 불신 세계인들(습 3:8)을 모아 데리고 여호사밧 골짜기로 내려간다'는 뜻이다. 여기 "여호사밧 골짜기"란 여호사밧 왕 때 유다를 침입한 열국이 하나님의 권능으로 말미암아 파멸된 곳인데(대하 20:1-30), 본 절에서의 뜻은 바로 그곳을 뜻한다고 하기 보다는 말세에서는 바로 여호사밧과 같은 그런 곳으로 여호와께서 불신 세력을 모아 심판할 것을 말한다고 볼 것이다.

"이는 그들이 이스라엘을 나라들 가운데에 흩어 버리고 나의 땅을 나누었기 때문이라"는 말은 '그 불신 제국이 이스라엘을 민족들 가운데로 흩어 버리고 여호와의 땅을 나누었기 때문이라'는 것이다. 다시 말해 열국 백성들이 하나님의 택한 백성들에게 죄를 지었기 때문이라는 것이다. 본 절에서는 열국 백성들이 하나님의 택한 백성들을 향해 두 가지 죄를 범한 것을 말한다. 하나는 열국 백성들이 하나님의 백성들을 분산시킨 죄를 범했고(2절 하반절), 또 하나는 열국 백성들이 유다 나라를 탈취한 죄(2절 하반 절) 때문이라는 것이다.

욜 3:3. 또 제비 뽑아 내 백성을 끌어가서 소년을 기생과 바꾸며 소녀를 술과 바꾸어 마셨음이니라.

여호와의 백성을 제비 뽑아, 소년은 창녀와 바꾸어 먹었고, 소녀는 자기들이 마시는 술값을 위해 지불했다는 것이다.

열국 백성들이 여호와의 백성들을 어떻게 학대할까를 놓고 제비를 뽑았는데 남자 아이들은 창녀와 바꾸어 먹도록 했고, 소녀 아이들은 술값으로 지불하기로 하고 실제로 그렇게 행동했다는 것이다. 열국 백성들은 하나님의 백성들을 학대하는 것이 얼마나 큰 죄인 줄 모르고 마구 행동한다.

요세푸스의 증언에 따르면 주후 70년 예루살렘이 로마의 디도 장군에 의해 망했을 때 97,000명의 포로들 중에 17세 이하는 아주 공개적으로 팔아넘겼고, 일부는 애굽 광산으로 보내어 노동을 시켰으며, 일부는 로마의 야외극장에서 야수와 싸우도록 공개쇼에 보내졌고, 일부의 미남미녀들은 로마의 승리의 행진을 위해 끌려갔다고 한다(De Bell, Jud, vi, 9:2-3). 오늘 우리는 여호와의 백성들을 조금이라도 학대하는 일이 없어야 한다.

욜 3:4. 두로와 시돈과 블레셋 사방아 너희가 나와 무슨 상관이 있느냐 너희가 내게 보복하겠느냐 만일 내게 보복하면 너희가 보복하는 것을 내가 신속히 너희 머리에 돌리리니.

본 절은 여호와께서 열국 백성들(두로, 시돈, 블레셋)을 나열하시고 그 열국 백성들은 감히 결코 여호와께 대들지 못한다고 하신다. 만약에 하나님께 보복하면 여호와께서 신속하게 갚아주시겠다고 하신다.

욜 3:5. 곧 너희가 내 은과 금을 빼앗고 나의 진기한 보물을 너희 신전으로 가져갔으며.

너희 열국 백성들(두로, 시돈, 블레셋)은 나 여호와의 은(銀)과 금을 취했고, 나의 귀한 보물들을 너희 신전(우상의 신전)들로 가져갔다고 하신다. 여기 세 나라는 열국 백성들을 대표하는 나라들을 말한다. 이 세 나라는 하나님의 백성들을 박해하는 전체 불신 세력들을 말한다.

"두로"는 이스라엘 국경에서 24km 북쪽이고, 시돈으로부터는 대략 40km 남쪽에 위치하는 항도이다.

"시돈"은 베니게의 오랜 수도였다. 시돈의 역사는 주전 2천년까지 올라갔고 한 때는 두로에 종속되기도 했다. 이는 베이룬 남방 48km지점에 있다(창 10:5; 수 13:6; 왕상 16:31).

"블레셋" 나라는 원래 그레데 섬으로 알려져 있으며 이들은 일찍이 팔레스틴으로 애굽에서 욥바에 이르는 해안지대에 살면서 역사적으로 이스라엘의 최대의 적이었다. 애굽의 라암세스 3세(주전 205-1,174년) 때 그들은 애굽을 침략했으나 실패해서 귀로에 지중해 연안에 정착하게 되었다.

이스라엘에 대한 이런 대표적인 적들의 보복은 그대로 하나님께 대한 공격으로 간주되어 하나님의 엄한 보복을 받는다.

욜 3:6. 또 유다 자손과 예루살렘 자손들을 헬라 족속에게 팔아서 그들의 영토에서 멀리 떠나게 하였음이니라.

여호와께서 열국을 심판하실 이유가 본 절에 소개되고 있다. 즉, 유다 자손들과 예루살렘 자손들(하나님의 백성들)을 헬라 자손들(헬라 족속들을 지칭한다)에게 팔아, 그들의 지역에서 멀리 떠나게 하였다고 하신다.

여기 헬라인들은 부강한 국민들이 아니라 베니게인들과 블레셋인들과 어울리는 상인들을 지칭하는 말이다(겔 27:13; 암 1:9).

욜 3:7-8. 보라 내가 그들을 너희가 팔아 이르게 한 곳에서 일으켜 나오게 하고 너희가 행한 것을 너희 머리에 돌려서(이상 7절), 너희 자녀를 유다 자손의 손에 팔리니 그들은 다시 먼 나라 스바 사람에게 팔리라 여호와께서 말씀하셨느니라(8절).

7절 초두에 나온 "보라"라는 말은 7-8절이 아주 중요한 말이니 주의해서 살피라는 뜻으로 사용된 것이다. 7-8절은 하나님의 백성들을 박해한 적들에게 그들이 행한 대로 보복하신다는 것을 진술한다. 즉, 여호와께서 말씀하시기를 보라! 너희 열국 백성들(하나님의 백성들을 박해한 불신자들)이 하나님의 백성들을 팔아넘긴 그곳에서 나 여호와가 하나님의 백성들을 일으키고, 너희 불신자들이 행한 것이 너희 머리에 돌아가도록 할 것이다(이상 7절).[9)]

---

9) 역사가 조세푸스(Josephus)에 의하면 이 예언은 헬라의 알렉산더 대왕에 의해 실현되었다고 한다. 알렉산더 대왕은 헬라로 팔려온 유대인들을 노예로 팔았다고 한다.

또 나 여호와가 너희 자녀들을 유다 자손들의 손에 팔 것이며, 그들을 스바 사람들, 곧 멀리 있는 민족에게 팔 것이라(8절)[10]고 하신다.

8절의 "스바사람"이란 아라비아 남부지방의 거민들로 유명한 장사꾼들이었으며 따라서 부유한 족속들이었다. 이 일은 주전 360년경 아닥사스다 왕에 의해 성취되었다는 것이다.

(b) 열국에 대한 심판(3:9-13)

9-13절은 열국 백성(하나님의 백성들을 박해한 불신자들)이 심판의 골짜기에 모일 것을 말씀하신다. 심판의 골짜기에 모이라는 말씀을 "전쟁을 준비하라"는 말로 묘사하신다.

욜 3:9. 너희는 모든 민족에게 이렇게 널리 선포할지어다 너희는 전쟁을 준비하고 용사를 격려하고 병사로 다 가까이 나아와서 올라오게 할지어다.

너희는 열국의 민족들에게 하나님의 심판을 외치며 전쟁을 선포하여라. 용사들을 격려하여 모든 병사를 집결시키고, 그들로 가까이 올라가게 하라, 선포하라 하신다.

"너희는 전쟁을 준비하고 용사를 격려하고 병사로 다 가까이 나아와서 올라오게 할지어다"라는 말은 열국의 민족들에게 전쟁을 준비하고 도전하라는 말이다. 하나님께 불복하고 대항하던 열국 백성들은 하나님을 대항하는 전쟁을 준비하라는 것이다. 이제는 심판받아 죽을 준비를 하라는 말씀이다.

욜 3:10. 너희는 보습을 쳐서 칼을 만들지어다 낫을 쳐서 창을 만들지어다 약한 자도 이르기를 나는 강하다 할지어다.

너희 열국 백성들은 보습을 쳐서 칼을 만들고 낫을 쳐서 창을 만들어라.

---

10) 8절의 말씀은 베니게인들과 블레셋인들이 유다 자손들을 헬라인들에게 팔았으나 이제 베니게인들과 블레셋인들이 유다 자손에게 팔리게 되고 유다 자손은 그들을 다시 스바인들에게 팔았으며 스바인들은 그들을 또 다시 먼 나라들에 팔았다는 것이다.

약한 사람도 말하기를 '나는 강하다'고 말하게 하라고 명령하신다.

열국 백성들은 이제 전쟁이 일어날 터이니 농기구를 부수어 무기를 만들라는 것이다. 열국 백성들은 그 동안 하나님의 백성들을 박해했고 또 하나님을 대항했으니 전쟁에 임하여 심판을 받아 죽으라는 것이다.

욜 3:11. 사면의 민족들아 너희는 속히 와서 모일지어다 여호와여 주의 용사들로 그리로 내려오게 하옵소서.

본 절은 9절의 말씀을 다른 묘사법으로 말씀한 것이다. 즉, 사방의 모든 민족들아! 신속히 와서 전쟁터에 모여라. 여호와시여! 주님의 용사들을 그곳으로 내려오게 하소서라고 요청한다.

"여호와여 주의 용사들로 그리로 내려오게 하옵소서"라는 말씀은 '여호와시여! 주님의 용사들(하늘의 천군 천사들)로 그 전쟁터로 내려오게 명령하옵소서'라고 요청하는 것이다.

하나님의 천군 천사들이 땅에 내려오시면 땅의 열국의 군사들은 아무것도 아닌 것이다. 한번 혼이 나고 죽는 것이다.

욜 3:12. 민족들은 일어나서 여호사밧 골짜기로 올라올지어다 내가 거기에 앉아서 사면의 민족들을 다 심판하리로다.

여호와께서 말씀하시기를 민족들로 하여금 분발하여 여호사밧 골짜기(슥 12:9; 14:2; 미 4:3; 말 4:1-3)로 올라오게 하여라. 이는 나 여호와가 여호사밧 골짜기에 앉아 사방 모든 민족들(여호와의 백성들을 박해한 사람들)을 심판할 것이기 때문이다.

여기 "여호사밧 골짜기"란 여호와께서 열국 백성들을 심판하실 장소를 지칭하는 말이다.

욜 3:13. 너희는 낫을 쓰라 곡식이 익었도다 와서 밟을지어다 포도주 틀이 가득히 차고 포도주 독이 넘치니 그들의 악이 큼이로다.

너희 천사들은 낫을 대어 쓰라. 곡식이 익었기 때문이다. 너희는 와서 밟아라. 포도즙 틀이 가득 차고 포도주 통이 넘치니, 그들의 악이 크다고 하신다.

불신자들의 악이 가득 차면 하나님께서 천사들을 명하사 심판하여 처치하신다는 것이다. 하나님은 악이 찰 때까지 기다리신다.

(c) 하나님의 백성에 대해 원통함을 풂(3:14-17)

14-17절은 여호와께서 실제로 심판하시는 실상을 묘사한다.

<여호와께서 백성들에게 복을 주시다>

욜 3:14. 사람이 많음이여, 심판의 골짜기에 사람이 많음이여, 심판의 골짜기에 여호와의 날이 가까움이로다.

매우 많은 무리들이 심판 받으러 심판의 골짜기에 모였으니, 그 이유는 여호와의 날이 심판의 골짜기(여호사밧 골짜기)에 가까이 왔기 때문이라고 하신다.

욜 3:15. 해와 달이 캄캄하며 별들이 그 빛을 거두도다.

본 절은 종말의 때에 천체에 변동이 있을 것을 말한다. 즉, 해와 달이 어두워지고 별들이 그 빛을 잃을 것이라는 묘사이다.

성경 전체에는 종말의 때에 이런 천체 변동이 있을 것이라고 예언이 많이 예언되어 있다(사 13:10; 겔 32:7; 마 24:29; 계 6:12-13; 8:12).

욜 3:16. 여호와께서 시온에서 부르짖고 예루살렘에서 목소리를 내시리니 하늘과 땅이 진동하리로다 그러나 여호와께서 그의 백성의 피난처, 이스라엘 자손의 산성이 되시리로다.

여호와께서 시온에서 부르짖고 예루살렘(시온과 동의어이다)에서 그 목소리를 내실 것이니 하늘과 땅이 진동할 것이다. 그러나 여호와께서는 자기 백성에게는 피난처이시고, 이스라엘 자손에게는 요새가 되실 것이다.

하나님의 백성들에게는 여호와께서 피난처가 되어 주시고 산성이 되어 주신다(시 14:6; 18:2)는 것이다.

욜 3:17. 그런즉 너희가 나는 내 성산 시온에 사는 너희 하나님 여호와인 줄 알 것이라 예루살렘이 거룩하리니 다시는 이방 사람이 그 가운데로 통행하지 못하리로다.

여호와께서 말씀하시기를 너희들, 곧 나의 자녀들은 나 여호와가 나의 거룩한 산 시온에 거하는 여호와 너희 하나님인 것을 알게 될 것이니, 예루살렘이 거룩하게 될 것이며, 이방인들이 다시는 그리로 지나가지 못할 것이다.

"예루살렘이 거룩하리니"란 말은 '하나님께서 영원히 거하시는 하늘의 참 교회에 더러운 세상 죄가 침입하지 못한다는 뜻이다. 그런고로 "예루살렘이 거룩하리니"란 말은 바로 다음 문장이 그 뜻을 밝혀준다. 즉, "다시는 이방 사람이 그 가운데로 통행하지 못하리라"고 말하고 있다. 요한 사도는 계 22:15에 "개들과 점술가들과 음행하는 자들과 살인자들과 우상 숭배자들과 및 거짓말을 좋아하며 지어내는 자는 다 성 밖에 있으리라"고 했다. 사 35:8; 52:1; 나 1:15; 슥 14:21 참조.

(3) 자연의 회복(3:18-21)

18-21절은 3장의 결론이면서 또 요엘서 전체의 결론이다. 이 부분은 심판 후에 전개될 구원받은 교회의 복된 모습을 애굽과 에돔 등 교회의 적들의 저주 받은 광경에 대조시켜 보이고 있다.

욜 3:18. 그 날에 산들이 단 포도주를 떨어뜨릴 것이며 작은 산들이 젖을 흘릴 것이며 유다 모든 시내가 물을 흘릴 것이며 여호와의 성전에서 샘이 흘러 나와서 싯딤 골짜기에 대리라.

심판 후에 따를 이상적 복의 날에 산들이 포도주를 흘릴 것이고, 작은 산들은 젖을 흘릴 것이다. 그리고 유다의 모든 계곡에 물이 흐를 것이며, 여호와의 성전에서 샘이 흘러 나와 싯딤 골짜기에 물을 공급할 것이라고 하신다.

"여호와의 성전에서 샘이 흘러 나온다"는 말은 앞 문장에 나온 모든 말들이 다분히 상징적이며 영적인 사실을 가리킨다. 다시 말해 종말의 복된 상황은 하나님께서 내리시는 신령한 은혜가 충만할 것을 가리키는 것이다(겔 47:1-2; 슥14:8: 계 22:1-2).

"싯딤 골짜기에 대리라"는 문구는 싯딤 골짜기 같이 메마른 곳에 하나님의 은혜가 임하리라는 뜻이다. 다시 말해 메마른 사람의 영에 하나님의 성령의 은혜가 넘칠 것이란 뜻이다. 이 "싯딤 골짜기"는 이스라엘 백성이 여호수아의 인도로 가나안으로 진군 할 때 마지막으로 진친 곳이다(수 2:1; 3:1). 이 골짜기는 요단 동편 12km 지점에 있다. 이 싯딤 골짜기는 아카시아 골짜기를 뜻하는 말로 이곳이 메마른 골짜기임을 알 수 있다.

욜 3:19. 그러나 애굽은 황무지가 되겠고 에돔은 황무한 들이 되리니 이는 그들이 유다 자손에게 포악을 행하여 무죄한 피를 그 땅에서 흘렸음이니라.

그러나 애굽(사 19-20장; 렘 46장; 겔 27-32장 참조)은 황무지가 되겠고, 에돔은 황량한 광야가 될 것이니, 이유는 그들이 유다 자손들에게 폭력을 행하여 자기 땅에서 무죄한 피를 흘렸기 때문이라고 하신다.

"에돔은 황무한 들이 될 것이라"는 말은 이스라엘 백성들의 적 역할을 한 에돔은 황무지가 된다는 뜻이다. 에돔은 에서의 자손으로 이스라엘 백성이 애굽을 떠나 가나안으로 진군할 때 이스라엘을 배척한 민족이었다(민 20:14-21). 그 후도 에돔 민족은 늘 이스라엘과 적대관계에 있었다.

누구든지 하나님의 백성들과 적대관계에 있게 된다는 것은 참으로 비참한 일이다.

욜 3:20. 유다는 영원히 있겠고 예루살렘은 대대로 있으리라.

유다는 영원할 것이며, 예루살렘은 대대로 있을 것이다.

여기 유다는 영원히 있을 것이고 예루살렘은 대대로 있을 것이란 말은 종국적으로 영원히 복을 누리며 있을 것이란 뜻이다.

욜 3:21. 내가 전에는 그들의 피흘림 당한 것을 갚아 주지 아니하였거니와 이제는 갚아 주리니 이는 여호와께서 시온에 거하심이니라(I will avenge their blood, and blood I have not avenged, for the LORD dwells in Zion-ESV)**.**

나 여호와가 그들의 피 흘림 당한 것을 갚아주지 않았으나, 이제는 그들의 원수를 갚아 주겠다. 이유는 나 여호와가 시온에 거하기 때문이라고 하신다.

본문의 뜻은 하나님께서 애굽이나 에돔 등 이스라엘의 적들을 이제까지 묵과하셔서 그 죄대로 완전히 보복하지 않았으나 종말 대 심판 때에는 완전히 보복하신다는 것이다.

"이는 여호와께서 시온에 거하심이니라"는 말씀은 하나님께서 이스라엘의 적들의 원수를 갚아주셔야 할 이유를 말씀하신다. 그 이유는 여호와께서 시온에 거하시기 때문이라는 것이다. 여기 예루살렘은 하늘에서 내려오는 새 예루살렘인 영원한 교회를 지칭한다. 하나님은 이 교회에 계셔서 백성들의 모든 적들을 징벌하시며, 모든 백성들에게 영원한 복을 내리신다는 것이다.

-요엘서 주해 끝-

아모스서 주해

Exposition of Amos

■ 총 론

아모스 선지자의 인물:

아모스(עָמוֹס)라는 이름의 뜻은 '무거운 짐을 짊어진 자'(Carrier) 혹은 '무거운 짐'(Heavy burden)이라는 뜻이다. 아모스는 베들레헴에서 남쪽으로 10km쯤 떨어진 곳에 위치한 드고아의 목자로서 북쪽 나라 이스라엘의 선지자로 사역했다. 그러나 그는 자기 나라 즉 남쪽 나라 유다에 대해서도 예언한 바 있다. 아모스의 활동 시기는 1:1에 진술한 바와 같으니 호세아와 같은 시대 주전 810-783년 어간 26년간이었다(K.&D.).

이스라엘에서의 아모스의 활동은 순탄할 수 없었다. 그는 왕의 제사장이었던 벧엘의 아마샤와 대결 상태에 빠지게 되었다(7:10-17). 아모스는 박해를 만나 거의 빈사 상태가 되어 이스라엘에서 추방되어 그의 고향에 돌아와 죽었을 것으로 여겨진다. 혹은 그가 드고아로 돌아온 후 그의 예언을 정리하여 본서를 기록하였다고 추측한다.

아모스가 활동하던 시대는 국운이 왕성하던 시대였으니, 남쪽 나라 유다는 웃시야 왕이 블레셋과 에돔과 암몬 등의 전쟁에서 승리해서 군비를 강화했고(대하 26장), 또 북쪽 나라 이스라엘은 여로보암이 수리아에 승전하고 국토를 본래대로 회복한 때였다(왕하 14:25-28). 따라서 그 때는 이스라엘이 교만해서 빈민을 학대하는 일이 많았다. 이때에 빈민 중 하나였던 아모스가 선지자로 세움을 받은 것은 뜻있는 일이었다(박윤선).

아모스서의 저자:

본서의 저자는 아모스이다(1:1). 특히 본서에 자주 "내가"(5:1; 7:1, 4, 7, 8; 8:1, 2; 9:1)라는 1인칭이 사용된 것은 본서의 저자가 아모스라는 것을 명확하게 해주고 있다.

아모스서의 개요:

1-2장은 서론이다. 아모스는 1-2장에서 유다와 이스라엘 주위에 있는 모든 민족들에 대하여 멸망을 선언한다. 그리고 뒤이어 유다와 이스라엘이 죄 값으로 벌을 받을 것이라 선언한다.

3-6장은 이스라엘로 하여금 회개하도록 권한다.

7-9장은 다섯 가지 이상(異象)을 말한다. 그리고 9:11-15에서는 심판과 구원에 대해 언급한다.

아모스서의 위치:

아모스서는 소선지서 12권 중 "호세아"와 "요엘" 다음으로 세 번째에 속해 있다. 아모스서는 구약 성경의 둘째 부분의 후반부의 후예언서[11]에 속해 있고, 그 넷째인 소선지서 중 셋째 책이다.

아모스서의 기록 목적:

아모스는 이스라엘의 심판에 대한 계시를 받았을 때 처음에는 두려워하여 하나님께서 이스라엘을 용서하시기를 구했다(7:2, 5). 그러나 이스라엘이 구제불능의 상태에 빠졌음을 깨닫고는 그 멸망을 예언하는 재앙의 선지자가 된 것이다. 이와 같이 본서의 목적은 바로 코앞에 닥쳐온 이스라엘의 멸망을 선포하며 그 원인이 된 그들의 죄를 지적하여 그들의 회개를 촉구하는데 있었다.

아모스의 신앙:

1) 아모스는 여호와 하나님께서 자연계를 주장하시는 것으로 철저히

---

11) 히브리어 구약성경은 24권이며, 이 24권은 율법과 예언서와 여러 문서로 3구분 된다. 이 예언서는 다시 전(前) 예언서 4권(여호수아, 사사기, 사무엘, 열왕기)과 후 예언서 4권(이사야, 예레미야, 에스겔, 소선지서)으로 나누어진다.

믿었다. 구름과 비, 가뭄과 홍수까지도 하나님께서 주관하시는 것으로 믿었다. 뿐만 아니라 지진도 하나님께서 주관하시는 것으로 믿었다(9:5).

2) 아모스는 여호와 하나님께서 인간의 제반 역사를 주관하시는 것으로 믿었다. 하나님의 천지 창조(4:13; 5:8, 9; 9:5, 6), 이스라엘의 역사 곧 야곱과 에서의 싸움(1:11), 야곱의 집(3:13), 요셉의 사정(5:15), 이스라엘의 출애굽(2:10; 3:1; 9:7), 이스라엘의 광야 생활(2:10), 가나안 점령 역사(2:9), 소돔과 고모라의 멸망(4:1), 다윗 왕의 역사(1:9; 6:5) 등 모든 것을 여호와께서 주관하시는 것으로 믿었다.

3) 아모스는 여호와께서 인간의 양심을 주관하시는 것으로 믿었다. 아모스는 여러 번 여러 민족의 죄를 지적했고(1:3-2:5), 이스라엘 백성의 극단적 유물주의 생활을 통렬히 책망하기도 했다(2:6-8). 그리고 하나님의 은총을 입고도 하나님을 배신한 죄를 규탄하기도 했다(2:9-16; 3:1-8).

아모스서의 교훈:

1) 하나님은 전 세계를 통치하신다. 하나님은 만국을 통치하시고(3:6; 9:7), 자연계를 지배하시며(4:13; 5:8, 9; 9:5, 6), 이스라엘을 전적으로 통치하신다(2:9-11; 3:2; 9:7, 11).

2) 하나님은 만국의 모든 죄를 다 벌하신다. 하나님은 수리아, 블레셋, 두로, 암몬, 에돔 등(1:3, 6, 9, 11 등)을 두루 벌하신다.

3) 하나님은 사회적 악, 곧 계급을 압박하는 죄, 상업상의 부정, 부자의 사치생활까지 다 심판하신다(2:6-8; 3:10; 5:10; 6:4; 8:4-6 등).

4) 하나님의 징벌양식은 자연계에 재앙을 내리시고(4;7, 8, 11; 7:1, 4; 8:8; 9:5), 전쟁의 방식으로 징벌하시며, 포로로 잡아가는 일 등(1:5; 2:13-16; 3:11; 6:14)으로 징벌하신다.

5) 회개 없는 제사는 무효라는 것이다(4:4-5: 5:21-24).

6) 은혜를 많이 입은 사람의 책임은 더 중하다. 은혜를 많이 입은 백성이 이스라엘이라고 했다(3:2, 9, 10, 13-15; 4:6, 7, 9, 11, 12).

아모스서의 특징:

1) 아모스는 체험적인 선지자이다. 아모스는 직업적인 선지자가 아니고, 전문적인 종교인도 아니었고, 농부요 또 목자로서 목장에서 주님의 소명을 받은 체험적인 선지자였다(7:14-15).

2) 따라서 아모스서는 소박하면서도 명백하고 철저한 문체로 쓰여 있다. 아모스서에서는 시적인 언어를 찾아볼 수 없고, 문체가 모두 직설적이며 강력한 필치로 일관한다.

3) 아모스의 신관은 "만군의 여호와"라는 말(5:13, 14, 27; 6:8, 14)을 그의 문서에 15차례나 사용한 데서 잘 나타나 있다. 아모스는 만군의 여호와라는 말을 자주 사용했는데 여호와는 만물의 지배자이시며 전능하신 하나님으로 알고 있다. 아모스는 이와 같은 신관을 가지고 있어서 이스라엘의 우상 숭배를 철저히 규탄했다.

4) 아모스는 종교의 윤리를 특히 강조했다. 아모스는 지적한 이스라엘의 죄는 우상 숭배와 더불어 윤리적 퇴폐상, 약자를 압박하는 일, 사회가 사치한 일을 참지 못했다.

5) 아모스는 세계적 안목을 가지고 있었다. 그는 앞으로 앗수르 시대가 올 것을 전망하면서 앗수르의 패권 아래 통솔될 세계정세에 큰 관심을 가졌고, 그런 때가 되면 이스라엘은 그들의 죄와 불신 때문에 앗수르의 압제를 받을 것을 인식하면서 분연히 죄를 책망했다.

6) 아모스는 율법적 지식을 충분히 가지고 있었다. 그는 모세 5경에 친숙했고 모세 5경의 내용과 사상과 언어까지 그의 예언에 반영되어 있다.

7) 아모스는 재앙을 선포하는 선지자라 불렸으나 그의 결론은 이스라엘의 회복을 외쳤다. 그는 궁극적으로 복을 받기 위해 재앙을 선포한 것이다.

현대 성도가 아모스에서 배워야 할 것들:

1) 우리가 하나님 앞에 바로 서 있는지를 확인해야 한다.

2) 우리는 항상 이웃을 향해 공의와 사랑을 실천해야 한다.

3) 우리는 항상 위엣 것을 찾는 신본주의적이고 내세 지향적인 삶의 자세를 취해야 한다.

4) 우리가 비록 예수 그리스도를 믿는다 해도 범죄하면 징계의 채찍을 맞는다는 것을 알고 성도는 항상 죄를 경계해야 하는 것이다.

5) 우리는 항상 하나님께 순종하는 삶을 살아야 한다. 비록 힘든 상황에 처하더라도 우리는 하나님의 힘을 의지하여 하나님께 순종하는 살아야 할 것이다.

내용 분해

I. 서론 1:1, 2
  1. 아모스서의 제목 1:1
  2. 아모스서의 주제 1:2
II. 본론 1:3-9:15
  A. 열국 심판 선언 1:3-2:3
    1. 다메섹 심판 선언 1:3-5
    2. 블레셋 심판 선언 1:6-8
    3. 두로 심판 선언 1:9-10
    4. 에돔 심판 선언 1:11-12
    5. 암몬 심판 선언 1:13-15
    6. 모압 심판 선언 2:1-3
  B. 유다와 이스라엘 심판 선언 2:4-16
    1. 유다 심판 선언 2:4-5
    2. 이스라엘 심판 선언 2:6-16
  C. 설교(권면) 3:1-6:14
    1. 첫째 설교-이스라엘을 위한 하나님의 권면 3:1-15
    2. 둘째 설교-징계를 받고도 회개 없는 이스라엘 4:1-13

3. 셋째 설교-이스라엘을 위한 애가 5:1-6:14

D. 앞으로 올 심판의 다섯 가지 환상 7:1-9:10

1. 메뚜기 환상 7:1-3
2. 불 환상 7:4-6
3. 다림줄 환상 7:7-9
4. 아마샤가 아모스를 벧엘에서 내쫓는 일 7:10-17
5. 여름 실과 한 광주리의 환상 8:1-14
6. 성소를 파괴하는 환상 9:1-10

E. 하나님께서 복을 주실 약속 9:11-15

1. 하나님의 성전 재건 9:11
2. 새로운 기업을 주실 것을 약속하시다 9:12-14
3. 하나님께서 영원한 보장을 하시다 9:15

참고도서

아가페 굿모닝 성경(개역개정 제 4판), 서울특별시: 아가페출판사, 2006.

그랜드종합주석. *호세아-말라기*, 경기도 고양시: 성서아카데미, 2004.

김수홍. *그리스도의 말씀이 연합에 미친 영향*. 수원시: 도서출판 목양, 2011.

더글라스 스튜어트. *호세아-요나주석*, 김병하옮김, 서울특별시: 도서출판솔로몬, 2011.

레슬리 알렌. *호세아-말라기 주석*, 서울특별시: 한국성서유니온선교회, 1993.

매튜 헨리. *호세아-말라기주석*, 박문재옮김, 경기도고양시: 크리스찬다이제스트, 2009.

박윤선. *소선지서*, 성경주석, 서울: 영음사, 1962.

옥스퍼드원어성경대전. *아모스, 나훔*, 제자원 바이블네트, 2008.

이상근. *소예언서,* 대구광역시: 성등사, 1997.

이순한. *소예언서 강해(상)*, 서울: 한국기독교 교육연구원, 1996.

퓨지, E. B. *아모스서, 오바댜서주석*, 송동섭역, 서울특별시: 크리스챤서적, 1991.

카일, 델리취. *호세아, 요엘, 아모스, 오바댜, 요나, 미가,* 역자 홍성현, 서울: 기독교 문화사, 1992.

Baxter, J. Sidlow. *Explore the Book*. Grand Rapids: Zondervan Publishing House, 1966.

Black, Matthew & Rowley, H.H. *Peake's Commentary on the Bible*, Nashville: Thomas Nelson, 1962.

Calvin, John. *Calvin's Commentaries,* Edinburgh: Clark, 1847.

Deane, W. J. *요엘, 아모스주석*, 풀핏주석번역위원회 역, 대구시: 보문출판사, 1985.

Guthrie D. & Motyer, J.A. *The New Bible Commentary*, Grand Rapids: Eerdmans, 1970.

Henderson, E. *The Twelve Minor Prophets*, Grand Rapids: Baker, 1980.

Hervey, E. Finley. *Beacon Bible Commentary*, Cansas City: Beacon Book House, 1942.

Jamieson, R. Fausset, A. R. & Brown D. *Commentary on the Whole Bible,* Grand Rapids: Zondervan, 1976.

Lange, John Peter. *Commentary on the Whole Scripture*, Grand Rapids: Zondervan, 1876.

Machline, J. *The Book of Amos: The Interpreter's Bible*, New York: Abingdon, 1956.

Maclaren, Alexander. *Expositions of Holy Scripture*, Grand Rapids: Baker Book House, 1984.

Morgan, G. Campbell. *An Exposition of the Whole Bible*, Old Tapen: Fleming H. Revell, 1959.

Motyer, J.A. *The Prophet Amos and the Day of the Lord*, Downers Grove: Inter-Varsity Press, 1975.

Myer, F. B. *Bible Commentary*, Wheaton: Tyndale, 1984.

Nicoll W. Robertson ed. *The Expositor's Bible*, Chicago: W.P. Blessing Co. n.d.

Thomas J. Finley. *The Wycliffe Exegetical Commentary,* Moody Press, 1990.

Wevers, John W. *The New Century Bible Commentary,* Grand Rapids: Wm. B. Eerdmans Co, 1969.

Walvoord, John F. & Zuck Roy B. ed. *The Bible Knowledge Commentary*, Wheaton: Victor, 1985.

【 사전 】

바이블렉스 8.0

데릭 윌리엄스, *IVP 성경사전.* 이정석 외 한국기독학생회 출판부 역, 한국기독학생회 출판부(IVP), 1992,

Achtemeier, Paul J. *Harper's Bible Dictionary*, New York: A Division of Harper Collins Publishers, 1985.

Douglas, J. D. *New Bible Dictionary*, (2nd edition), Wheaton: Tyndale House Publishers, 1982.

Tenney, Merrill C. *The Zondervan Pictorial Bible Dictionary,* Grand Rapids: Regency, 1967.

Tregelles, Samuel Prideaux. *Gesenius' Hebrew and Chaldee Lexicon,* Grand Rapids: Eerdmans, 1969.

Unger, M. F. *Unger's Bible Dictionary.* Chicago: Moody, 1957.

아모스서 주해

신학계에서는 아모스를 "재앙을 선포하는 선지자"라 한다. 아모스가 이스라엘의 멸망을 집중적으로 선포하기 때문이다. 아모스는 이스라엘의 멸망을 예언하고(1-2장), 설교하며(3-6장), 또 환상으로(7-9장) 예언하고 경고하기 때문이다(이상근). 그러나 아모스는 생각만큼 단순히 재앙의 예언만을 선포하는 것은 아니다. 그가 재앙을 말하는 이유는 이스라엘의 회복과 구원을 말하기 위해(9:11-15) 이스라엘로 하여금 회개를 촉구하기 위함이다. 우리가 아모스를 따라가면 형통하게 될 것이다.

제 1 장

I. 서론 1:1, 2

1. 아모스서의 제목 1:1

암 1:1. 유다 왕 웃시야의 시대 곧 이스라엘 왕 요아스의 아들 여로보암의 시대 지진 전 이년에 드고아 목자 중 아모스가 이스라엘에 대하여 이상으로 받은 말씀이라.

드고아의 목자 중 아모스가 전한 말인데 아모스가 이스라엘에서 일어난 일의 계시를 볼 무렵에, 유다의 왕은 웃시야[12]였고, 이스라엘[13]의 왕 요아스의 아들 여로보암[14]이었다. 그가 계시를 본 것은, 지진이 일어나기 2년

---

12) 웃시야 왕: 그는 52년간이나 장기 집권을 하면서 유다 왕국을 크게 흥왕시킨 왕이었다. 그는 숙적 블레셋을 정복하여 가드와 야브네, 아스돗 성들을 빼앗고, 아라비아인과 암몬인들도 정복하여 예루살렘의 방비를 견고하게 했다(대하 26장). 그는 열심히 지나쳐 제사장의 일까지 대행하려다가 나환자가 되어 독궁에 갇히기도 했다.

13) 여기 이스라엘이란 말은 북쪽 나라를 지칭하는 말이다.

전이었다는 것이다.

아모스가 활동하던 시대를 "유다 왕 웃시야의 시대 곧 이스라엘 왕 요아스의 아들 여로보암의 시대"라고 밝힌 이유는 아모스가 활동한 것이 역사적으로 확실함을 밝히기 위함이다. 이때는 주전 765-750년경이었다 (Harper).

"지진 전 이년"[15]이라고 밝힌 이유도 역시 아모스가 활동한 것이 역사적으로 확실함을 말하기 위함이었다. 지진이 났다는 것은 참으로 큰 사건이었는데 그 지진이 나기 전에 2년 전이라 했으니 아모스가 예언하고(1-2장) 설교하고(3-6장) 환상을 본 것(7-9장)이 확실함을 말하기 위하여 지진이라는 큰 사건을 잡아서 말한 것이다.

"드고아 목자 중 아모스"라고 밝힌 것도 아모스가 자기의 신분에 대해 숨김없이 말하려는 의도였다. 그는 다른 사람이 아니라 양을 치던 목자(가난한 서민 목자였다-Calvin, Deane)였다는 것이다. 사회적으로 말하자면 신분이 비교적 낮은 사람인데도 그는 감추지 않고 직설적으로 자신의 신분을 폭로하여 드러냈다. 아모스는 "드고아"에서 양을 치던 목자였다는 것이다.

여기 "드고아"는 유다 나라의 드고아였다(7:12). 이는 예루살렘 남쪽 20km지점, 베들레헴 남쪽으로는 10km 지점이었는데, 사해를 중심해서 말하자면 1,200m나 높은 언덕 위의 작은 성읍이었다.

"이스라엘에 대하여 이상으로 받은 말씀이라"는 말은 그가 이스라엘에 대해서 염려하고 있었는데 하나님께서 이스라엘에 대하여 이상으로 보여주신 것이다.

---

14) 여로보암 왕: 이는 여로보암 II세(주전 801-760년경 통치)로 북쪽 나라 이스라엘의 왕으로 국운을 크게 발전시킨 왕이었다. 그는 장기 집권을 하면서 많은 전쟁을 통하여 이스라엘 전성기의 북편 영토를 거의 회복했다(6:14; 왕하 14:25).

15) 팔레스틴에는 지진이 자주 일어나서(Driver, Cheyne) 본서의 지진이 어느 것인지 확인하기 어렵다. 그러나 8:8-9; 미 1:2-4; 슥 14:5의 지진도 본 절의 지진을 지칭하는 것으로 본다. 이 지진은 아모스가 재앙을 말하기 시작한 바로 그 지진으로 본다. 지진은 하나님의 위엄과 하나님의 심판을 표현하기 위하여 나타나는 것으로 본다.

2. 아모스서의 주제 1:2

암 1:2. 그가 이르되 여호와께서 시온에서부터 부르짖으시며 예루살렘에서부터 소리를 내시리니 목자의 초장이 마르고 갈멜산 꼭대기가 마르리로다.

본 절은 본서의 주제이다. 즉, 아모스가 말하기를 여호와께서 시온(예루살렘의 별명이다)에서 부르짖으시며(꾸짖으심을 뜻한다) 예루살렘에서 소리를 발하시니(꾸짖으심을 뜻한다), 목자의 초장이 슬퍼할 것이며, 갈멜산(이는 북부의 600m고지의 갈멜 산이다) 꼭대기가 마를 것이라고 한다. 이와 같은 갈멜 산이 마른다는 것은 하나님께서 심판하심으로 되는 일이다. 이제 아모스는 하나님의 심판을 말하기 시작한 것이다.

II. 본론 1:3-9:15

본론에서는 아모스는 하나님께서 열국을 심판하신다는 것을 말씀한다(1:3-2:3). 그리고 동시에 하나님께서 유다와 이스라엘을 심판하신다는 것도 말씀한다(2:4-16). 그리고 설교(권면) 세편을 말씀하고(3:1-6:14), 앞으로 올 심판을 다섯 가지 환상으로 보여준다(7:1-9:10). 그러나 아모스는 하나님께서 복을 주실 것을 말씀하는 것을 잊지 않는다(9:11-15).

A. 열국 심판 선언 1:3-2:3

아모스는 먼저 이스라엘 주위의 여러 나라들이 심판 받을 것이라고 선언한다(1:3-2:3). 그 여러 나라 중에서도 먼저 다메섹이 심판 받을 것을 선언하고(1:3-5) 다음으로 블레셋이 심판받을 것을 선언하며(1:6-8), 다음 두로가 심판받을 것을 선언하고(1:9-10), 다음 에돔이 심판받을 것을 선언하며(1:11-12), 다음으로 암몬(1:13-15), 그 다음으로 모압이 심판받을 것을 선언한다(2:1-3). 아모스는 여섯 곳의 심판을 선언하면서 심판 받는 이유가 "서너 가지 죄" 때문에 심판을 받는다고 선언한다.

1. 다메섹 심판 선언 1:3-5

<이스라엘 이웃 나라들에 내리신 벌>

암 1:3. 여호와께서 이와 같이 말씀하시되 다메섹의 서너 가지 죄로 말미암아 내가 그 벌을 돌이키지 아니하리니 이는 그들이 철 타작기로 타작하듯 길르앗을 압박하였음이라.

여호와께서 말씀하시기를 다메섹의 서너 가지 죄들로 말미암아 내가 심판을 돌이키지 않을 것이다. 이는 그들이 쇠 타작기로 길르앗을 타작하였기 때문이라고 하신다.

"여호와께서 말씀하시기를"이란 말이 여섯 곳 심판을 언급할 때마다 나타난다. 이는 모든 곳의 심판을 하나님께서 내리신다는 것을 뜻한다. 심판이 하나님의 심판이니 무서운 것이다.

"서너 가지 죄들로 말미암아"란 말은 3,4건의 죄라는 의미가 아니라(잠 30:15, 18, 21, 29 참조), 많은 수의 죄를 이름이다(Calvin, Deane, K.&D.).

"그들이 철 타작기로 타작하듯"이란 말은 다메섹인들이 타작하는 기계를 고문도구로 사용하여 길르앗을 타작했다는 것이다.

여기 "길르앗"이란 곳은 요단강 동편의 고원 지대의 나라(신 3:15; 수 22:13)를 이름이다. 다메섹(수리아의 수도)은 길르앗을 탈취할 때 무죄한 백성에게 잔학한 행동을 했다. 그러므로 다메섹이 지은 죄 때문에 하나님의 심판을 피하지 못한다는 것이다. 누구든지 죄를 지으면 하나님의 심판을 피하지 못한다.

암 1:4. 내가 하사엘의 집에 불을 보내리니 벤하닷의 궁궐들을 사르리라.

본 절은 하나님께서 다메섹을 심판하신다는 것을 진술한다. 즉, 그러므로 나 여호와가 하사엘(수리아 왕조를 창시한 창시자로 이스라엘의 영토를 침범했다. 왕하 8:29; 10:32)의 집에 불을 보내겠다. 그 불이 벤하닷(하사엘의 아들이며 벤하닷 III세이다)의 요새들을 삼킬 것이다.

여기 "그 궁궐들을 사르신다"는 말은 전쟁으로 그 요새들을 심판하신다는 뜻이다. 죄를 짓고 죄를 자복하지 않으면 하나님의 불을 맞이하게 되는 것이다.

암 1:5. 내가 다메섹의 빗장을 꺾으며 아웬 골짜기에서 그 주민들을 끊으며 벧에덴에서 규 잡은 자를 끊으리니 아람 백성이 사로잡혀 기르에 이르리라 여호와께서 말씀하셨느니라.

여호와께서 말씀하시기를 나 여호와가 다메섹의 빗장(다메섹의 성문)을 부서뜨리고, 아웬 골짜기[16](현재의 바알 벡이라는 곳)에서 주민들을 끊을 것이며, 벧에덴(에덴의 집, 환락의 집-바알 벡 동북 50km의 유시이라는 곳)에서 왕권 잡은 자를 끊어 버릴 것이다. 그리고 아람 백성은 길로 끌려갈 것이라고 하신다.

"벧에덴에서 규 잡은 자를 끊는다"는 말은 아웬 골짜기와 더불어 아람의 종교적, 정치적 중심지로서 이곳 역시 멸망 받도록 예언되었다. 결국 아람 전 지역이 멸망받기에 이른 것이다.

"아람 백성이 사로잡혀 기르에 이르리라"는 말은 아람의 전체 국토가 황폐화될 뿐 아니라 전체 백성까지도 포로로 사로잡히게 될 것을 예언하고 있는데, 이러한 예언들은 본서가 기록된 후 대략 60년이 지나서 남쪽 나라 유다의 아하스 왕의 통치 시기(주전 731-716년)에 앗수르 왕 디글랏 빌레셀이 다메섹을 정복하고 아람 왕 르신을 죽임으로써 성취되었다(왕하 16:9). 여기 "기르"(Kir)는 오늘날 그 정확한 위치는 확인 되고 있지는 않지만 본래 아람 족속의 조상들이 살았던 곳으로 알려졌다. 이 족속이 수도 다메섹을 중심으로 나라를 크게 확장했다가 앗수르의 공격에 다시 쇠퇴하여 옛 조상들이 살고 있던 기르로 쫓겨나 약소국으로 전락하는 비참한 신세가 된 것이다. 다메섹의 죄는 죄 값을 갚음 받은 것이다.

2. 블레셋 심판 선언 1:6-8

---

16) 아웬 골짜기: 우상의 골짜기 혹은 우상의 성읍이다. 우상의 성읍이니 여호와의 심판을 받아 멸절된 것이다.

블레셋이 하나님의 심판을 받아야 했던 이유는 그들이 이스라엘 백성을 사로잡아 팔아먹은 결과였다. 그들이 받은 심판은 그들이 전쟁의 화에 시달린 것이었다.

암 1:6. 여호와께서 이와 같이 말씀하시되 가사의 서너 가지 죄로 말미암아 내가 그 벌을 돌이키지 아니하리니 이는 그들이 모든 사로잡은 자를 끌어 에돔에 넘겼음이라.

여호와께서 말씀하시기를 가사의 서너 가지 죄들 때문에 내가 블레셋이 심판을 돌이키지 않을 것이니, 그들이 사로잡은 사람들을 모두 끌고가 에돔에 넘겼기 때문이라고 하신다.

"가사의 서너 가지 죄로 말미암아"란 말은 블레셋의 5대 도시 가사(Gaza), 아스돗(Ashdod), 아스글론(Ashkelon), 갓(Goth), 에글론(Ekron)의 첫째 번 도시로 블레셋을 대표하는 도시였는데 블레셋이 지은 여러 가지 죄(3절 주해 참조)로 말미암아 하나님의 심판을 피할 수 없다는 뜻이다.

"내가 그 벌을 돌이키지 아니할 것이니"란 말은 '나 여호와가 블레셋이 받아야 할 벌을 그냥 넘어가지 아니하실 것이란' 뜻이다.

"이는 그들이 모든 사로잡은 자를 끌어 에돔에 넘겼다"는 말은 '그들이 벌을 받아야 할 이유는 그들이 모든 사로잡은 이스라엘의 백성들을 에돔 땅에 넘겼기 때문'이라는 것이다. 블레셋인들은 이스라엘의 남방지방을 습격하여 전체 주민을 잡아 에돔에 넘겨버렸다(Jerome, Harper). 당시의 베니게, 블레셋 및 에돔인들은 이름난 노예상(奴隷商)들로 베니게인들은 노예들을 블레셋인들로 팔았고 블레셋인들은 그 노예들을 다시 에돔인들에게 팔아 넘겼다는 것이다(Hitzig). 최초 이스라엘 사람들은 그들대로 죄를 지어 노예로 팔린 것이었고 또 블레셋인들은 이스라엘 사람들을 노예로 판 것이 죄가 되어 하나님의 심판을 받게 된 것이다.

암 1:7. 내가 가사 성에 불을 보내리니 그 궁궐들을 사르리라.

그러므로 나 여호와가 가사(블레셋의 제일 큰 도시로 블레셋을 대표하는 도시였다)의 성벽에 불(전쟁의 화)을 보낼 것이니, 불이 그(블레셋)의 궁전들을 삼킬 것이라고 하신다. 여호와께서 이렇게 아모스로 하여금 예언하게 하셨으니 블레셋의 궁전들은 큰 전화를 만나게 된 것이었다.

암 1:8. 내가 또 아스돗에서 그 주민들과 아스글론에서 규를 잡은 자를 끊고 또 손을 돌이켜 에그론을 치리니 블레셋의 남아 있는 자가 멸망하리라 주 여호와께서 말씀하셨느니라.

또 여호와께서 말씀하시기를 나 여호와가 아스돗에서 주민과, 아스글론(가사와 아스글론의 중간 지점임)에서 왕권 잡은 자를 끊어 버리고 내가 손을 돌이켜 에그론(불모지라는 뜻)을 칠 것이니, 블레셋의 남은 자들이 멸망할 것이라고 하신다. 위에 말한 바와 같이 블레셋의 성읍들이 패망하고 성읍이나 농촌을 막론하고 멸망했다. 블레셋은 이스라엘의 숙적이었다.

3. 두로 심판 선언 1:9-10

9-10절은 두로(베니게)가 받은 심판을 진술하는 것으로 저들의 죄는 계약을 어기고 이스라엘 백성들을 노예로 잡아 판 것이었다. 한 나라의 국방은 군인들이 하는 것이 아니라 성도들이 죄를 자복함으로 되는 것이다. 군인들은 하나의 모양새만 내고 있는 것이다.

암 1:9. 여호와께서 이와 같이 말씀하시되 두로의 서너 가지 죄로 말미암아 내가 그 벌을 돌이키지 아니하리니 이는 그들이 그 형제의 계약을 기억하지 아니하고 모든 사로잡은 자를 에돔에 넘겼음이라.

여호와께서 말씀하시기를 두로의 많은 죄들 때문에 나 여호와가 심판을 돌이키지 않을 것이니, 그들(두로)이 사로잡은 사람들을 모두 에돔에 넘겼고, 형제의 계약을 기억하지 않았기 때문이라고 하신다. "두로"는 시돈과 더불어 베니게의 대표적 항도였다(욜 3:4 주해 참조).

"두로의 서너 가지 죄로 말미암아"란 말은 '두로가 저지른 많은 죄 때문에'란 뜻이다. 두로는 이스라엘 백성들을 잡아서 에돔에 포로로 팔아먹은 것이었다. “이는 그들이 그 형제의 계약을 기억하지 아니하고 모든 사로잡은 자를 에돔에 넘겼다”는 말은 ‘여호와께서 그들을 심판하실 이유는 그들이 형제(이스라엘)와 맺은 계약을 어겼기 때문이라’는 것이다. 두로와 이스라엘은 과거 솔로몬 왕과 두로 왕 히람 사이에 선린(善隣) 관계의 계약을 맺은 적이 있었다(삼하 5:11; 왕상 5:1, 7-11; 9:11-14; 대하 2:1). 이런 계약을 두로는 어기고 이스라엘 사람들을 잡아 노예로 잡아 에돔의 상인들에게 팔아넘긴 것이다.

암 1:10. 내가 두로 성에 불을 보내리니 그 궁궐들을 사르리라.

여호와께서 말씀하시기를 그러므로 내가 두로의 성벽들에 불(전란, 4절 주해 참조)을 보낼 것이니, 불이 그 궁전들을 삼킬 것이라고 하신다.

두로(베니게)는 앗수르의 사르곤과 바벨론의 압제를 받았다(사 23장; 렘 25:22; 겔 26:15-; 슥 9:2, Deane). 아모스 시대에는 두로가 앗수르의 아술나칠발(Ashurnacirpal)왕과 아다든니라리(Adadnirari III)왕에게 속국 노릇을 했다(Harper).

4. 에돔 심판 선언 1:11-12

11-12절에 진술되어 있는 에돔의 죄는 이스라엘과의 원한 관계이다. 그들이 받은 심판도 역시 전쟁으로 망한 것이다.

암 1:11. 여호와께서 이와 같이 말씀하시되 에돔의 서너 가지 죄로 말미암아 내가 그 벌을 돌이키지 아니하리니 이는 그가 칼로 그의 형제를 쫓아가며 긍휼을 버리며 항상 맹렬히 화를 내며 분을 끝없이 품었음이라.

여호와께서 말씀하시기를 에돔의 서너 가지(많은) 죄들 때문에 나 여호와가 그들을 향한 심판을 돌이키지 않을 것이니, 에돔이 칼을 들고 자기 형제(남북을 합한 이스라엘)를 추격하였고 자기가 가져야 할 긍휼을 버리고 또 그의 분노가 항상 터져 나와, 화를 끊임없이 품었기 때문이라고 하신다.

“그(에돔)가 칼로 그의 형제(남북을 합한 이스라엘)를 쫓아가며 긍휼을 버리며 항상 맹렬히 화를 내며 분을 끝없이 품었다"는 말은 '에돔이 칼을 가지고 그 형제 이스라엘을 쫓아가며 맹렬하게 화를 내면서 분을 품었다'는 것이다.

에돔 족속은 하나님의 백성 이스라엘을 미워하고 압박한 죄로 결국은 멸망을 받게 된다. 항상 하나님의 백성을 미워하는 죄는 큰 벌을 받는 법이다.

암 1:12. 내가 데만에 불을 보내리니 보스라의 궁궐들을 사르리라.

여호와께서 말씀하시기를 그러므로 나 여호와가 데만에 불(전쟁의 화)을 보낼 것이니, 불이 보스라의 궁전들을 삼킬 것이라고 하신다. 본 절의 "데만"이나 "보스라"는 에돔의 주요 도시들이다.

본 절의 예언과 같이 에돔이 멸망한 것은 바벨론의 느부갓네살로 말미암아(렘 25:9, 21; 27:3, 6) 이루어졌다. 그리고 그 후에 유다의 마카비로 말미암아 성취되었다(마카비 1서 5:3).

5. 암몬 심판 선언 1:13-15

암몬에 대한 심판으로 암몬의 죄는 이스라엘에 대한 아주 잔악한 행위였고, 그들이 받는 심판은 역시 하나님께서 보내시는 전화(전쟁의 화)로 되었다.

암 1:13. 여호와께서 이와 같이 말씀하시되 암몬 자손의 서너 가지 죄로 말미암아 내가 그 벌을 돌이키지 아니하리니 이는 그들이 자기 지경을 넓히고자 하여 길르앗의 아이 밴 여인의 배를 갈랐음이니라.

여호와께서 말씀하시기를 암몬 자손들의 서너 가지 죄들(이는 많은 죄들이라는 뜻이다) 때문에 나 여호와가 그들에 대한 심판을 돌이키지 않을 것이니, 이유는 그들이 자기들의 영토를 넓히려고 길르앗의 임신부들의 배를 갈랐기 때문이라고 하신다.

"암몬 자손의 서너 가지 죄로 말미암아"라는 말은 '롯이 수치스럽게도 자기의 딸과 관계하여 낳은 자손으로 요단강 동편에 거주하게 되었는데, 그들은 야만 민족으로 이스라엘을 침범했던 것이다(삿 11:4; 삼상 11:1).

"길르앗의 아이 밴 여인들의 배를 갈랐다"는 말은 '암몬이 요단강 동남부쪽에 침범해서 동북쪽의 길르앗을 침범하고 아이 밴 여자들의 배를 가르는 잔악행위를 했다는 것이다. 이런 행위는 수리아 왕 하사엘이 길르앗을 칠 때 암몬이 함께 침략한 것으로 본다. 왕하 8:12; 10:32(Hitzig, Harper). 잔악 행위는 반드시 심판을 받는 법이다.

암 1:14. 내가 랍바 성에 불을 놓아 그 궁궐들을 사르되 전쟁의 날에 외침과 회오리바람의 날에 폭풍으로 할 것이며.

여호와께서 말씀하시기를 그러므로 나 여호와가 랍바(이는 암몬의 수도로 얍복강 상류에 위치한 성읍이다)의 성벽들에 불(전쟁의 화를 칭하는 말)을 놓을 것이니, 전쟁의 날에 함성과 폭풍의 날에 거센 바람으로 그의 궁전들을 삼킬 것이라고 하신다.

"회오리바람의 날에 폭풍으로 할 것이라"는 말은 '전쟁 때에 고함 소리와 백성들의 떠드는 우왕좌왕하는 혼란상을 가리키'는 말이다. 랍바 성의 완전한 멸망은 바벨론 왕 느부갓네살이 애굽을 원정할 당시에 느부갓네살에 의해 되어졌다(렘 27:3, 6; 49:2, 3, Deane).

암 1:15. 그들의 왕은 그 지도자들과 함께 사로잡혀 가리라 여호와께서 말씀하셨느니라.

여호와께서 말씀하시기를 암몬 자손의 왕(Hitzig, K.&D.)은 자기 신하들과 함께 사로잡혀 갈 것이라고 하신다. 본 절은 암몬의 왕이 그 방백들과 함께 포로되어 간다는 것을 말한 것이다. 이 예언은 후에 바벨론에게 철저하게 멸망당할 것을 예언한 것으로 본다(렘 49:2).

제 2 장

6. 모압 심판 선언 2:1-3

2:1-3은 모압을 하나님께서 심판하시겠다는 내용이다. 이는 모압이 에돔 왕을 불태운 죄 때문이고, 하나님의 심판은 모압이 전쟁의 화를 입어 멸망한다는 것이다.

암 2:1. 여호와께서 이와 같이 말씀하시되 모압의 서너 가지 죄로 말미암아 내가 그 벌을 돌이키지 아니하리니 이는 그가 에돔 왕의 뼈를 불살라 재를 만들었음이라.

여호와께서 말씀하시기를 모압의 서너 가지(많은) 죄들 때문에 나 여호와가 모압에 대한 심판을 돌이키지 않을 것이다. 이는 모압이 에돔 왕의 뼈를 불살라 재로 만들었기 때문이라고 하신다.

본 절의 "모압"은 롯이 자기의 큰 딸과 관계하여 생겨진 후손들이 사해(dead sea) 동편의 고원 지대에 살고 있는 민족이다. 모압의 남쪽에는 에돔이 살고 있고, 동쪽은 아라비아 사막이고, 서쪽은 사해와 요단강과 접하고 있다. 모압은 이스라엘과 아주 가까이 관련되어 있고(삿 3:2; 삼하 8:2; 왕하 24:2; 대하 20:22), 이스라엘이 여호수아의 인도로 가나안으로 행진할 때 모압 왕 발락은 거짓 선지자 발람을 초청하여 저주했다(민 22-25장).

"그가 에돔 왕의 뼈를 불살라"라는 말은 '모압이 에돔 왕의 뼈를 불살다'는 뜻이다. 이는 무덤을 불태운 것, 또는 죽은 자 또는 그의 무덤을 파서 죽은 자를 불태워 재로 만든 행동(Jerome, Calvin, K.&D.)을 가리킨 것으로 본다. 본 절은 매우 처참한 상황을 묘사하고 있음에도 불구하고 문자적으로 이해하는 것이 지지를 받고 있다. 본문의 배경이 되는 구체적인 역사적인 사건에 대해서는 대체로 남쪽 나라 유다 나라 왕 여호사밧 시대에 남 유다를 배반한 모압을 정복하기 위해 남 유다, 북 이스라엘과 에돔 연합군이 출정하여 전쟁할 때 모압 왕 메사가 에돔 왕에게 그와 같은 잔악한 행동을 한 것으로 본다(Kimchi, Cyril, Deane).

"재로 만들었다"는 말은 '모압이 에돔 왕의 시신을 불태웠을 뿐 아니라 그 타다가 남은 뼈를 회가루로 사용한 파렴치한 행위를 서슴치 않았다. 이같은 행위는 동양적 사고방식으로는 가장 극악한 행위 중 하나였다. 당시 에돔은 이스라엘의 동맹국이었기에 에돔에 대한 이같은 잔악한 행위는 결국 이스라엘을 모독하기 위한 것이었을 것으로 본다(Deane). 아무튼 잔악한 행위는 하나님의 심판을 피할 수는 없는 일이다.

암 2:2. 내가 모압에 불을 보내리니 그리옷 궁궐들을 사르리라 모압이 요란함과 외침과 나팔 소리 중에서 죽을 것이라.

여호와께서 말씀하시기를 그러므로 나 여호와가 모압에 불(전쟁의 화)을 보낼 것이니, 불(전쟁의 화)이 그리욧의 궁전들을 삼킬 것이다. 모압이 함성과 나팔 소리 가운데 죽을 것이라고 하신다.

"그리욧"(קְרִיּוֹת)이란 말은 '케레갇'(Keregat) 또는 "코리앋"(Korriat)이라는 성읍일 것으로 본다(K.&D., Buckhardt).

"요란함과 외침과 나팔 소리 중에서 죽을 것이라"는 말은 '전쟁의 소란함으로 죽을 것이라'는 뜻이다. 전쟁의 소란함으로도 죽을 수 있는 것이다. 이 예언은 바벨론의 침략 때 성취된 것으로 본다.

암 2:3. 내가 그 중에서 재판장을 멸하며 지도자들을 그와 함께 죽이리라 여호와께서 말씀하시니라.

여호와께서 말씀하시기를 나 여호와가 그 중에서 재판장을 끊어 버리고, 그와 함께 지도자들을 모두 죽일 것이라고 하신다.

"재판장을 멸한다"는 말은 문맥으로 보아 '왕을 끊어버린다'는 뜻으로 본다. 재판장이라는 낱말 다음에 "지도자들"이란 말이 나왔기 때문이다.

지도자들이란 말 앞에는 왕이란 말이 나오는 것이 순서일 것이다.

B. 유다와 이스라엘 심판 선언 2:4-16

1:3-2:3의 열국에 대한 심판 선언을 마치고 아모스는 남쪽 나라 유다 나라(4-5절)와 북쪽 나라 이스라엘(6-16절)의 심판을 말한다.

1. 유다 심판 선언 2:4-5

4-5절은 남쪽 나라 유다가 받을 심판에 대해 선언한다. 유다의 죄는 율법을 버린 것과 우상 숭배를 한 것이다. 이 두 가지 죄는 하나님의 백성들로서는 아주 대담한 일이었다. 유다가 받을 심판은 전쟁의 화를 입은 것이었다.

<유다에 내리신 벌>

암 2:4. 여호와께서 이와 같이 말씀하시되 유다의 서너 가지 죄로 말미암아 내가 그 벌을 돌이키지 아니하리니 이는 그들이 여호와의 율법을 멸시하며 그 율례를 지키지 아니하고 그의 조상들이 따라가던 거짓 것에 미혹되었음이라.

여호와께서 말씀하시기를 유다의 서너 가지(많은) 죄들 때문에 나 여호와가 유다에 내릴 심판을 돌이키지 않을 것이니, 그들이 여호와의 율법을 멸시했고, 그분의 규례들을 지키지 않았으며, 자기 조상들이 따르던 거짓 우상들에게 미혹되었기 때문이라고 하신다.

"그들이 여호와의 율법을 멸시하며 그 율례를 지키지 아니했다"는 말은 '유다 백성들이 여호와의 율법을 멸시했으며 그 율례를 지키지 아니했다'는 것이다. 오늘날 우리가 생각해도 끔찍한 일이고 대담한 일이었다. 멸시하고 지키지 않은 것은 율법을 받은 백성으로서 생각도 못할 일이었다. 이유는 율법을 지키면 복이고 버리면 저주이니 말이다.

"그의 조상들이 따라가던 거짓 것에 미혹되었다"는 말은 '유다가 그의 조상들이 따라가던 우상 숭배에 유혹되었다'는 뜻이다. 바알 우상을 섬긴 것이며 세상 물질을 하나님보다 더 좋아했고 명예를 택하기를 더 좋아했으며 이성(異性)을 좋아했다는 것이었고 세상을 더 좋아했다는 것이다. 유다의 조상들이 우상을 섬겼다는 것은 감히 있을 수 없는 일이었다.

암 2:5. 내가 유다에 불을 보내리니 예루살렘의 궁궐들을 사르리라.

여호와께서 말씀하시기를 유다가 율법을 버리고 우상을 택해 섬겼으니 나 여호와가 유다에 불을 보낼 것이니 불이 예루살렘의 궁전들을 삼킬 것이라고 하신다. 유다에 불(전쟁의 화)을 보내신다는 이 예언은 주전 586년 바벨론의 침략으로 유다인들이 포로 되어 간 것으로 성취되었다(왕하 25:9-10; 렘 17:27; 호 8:14). 죄를 지으면 별수 없이 벌을 받을 수밖에 없는 것이다.

2. 이스라엘 심판 선언 2:6-16

6-16절의 내용은 이스라엘이 무슨 죄를 지었는가(6-8절), 여호와께서 이스라엘에 무슨 은혜를 내리셨는가(9-12절), 그리고 이스라엘이 무슨 벌을 받았는가(13-16절)로 구성되어 있다.

<이스라엘에 내리신 벌>

암 2:6. 여호와께서 이와 같이 말씀하시되 이스라엘의 서너 가지 죄로 말미암아 내가 그 벌을 돌이키지 아니하리니 이는 그들이 은을 받고 의인을 팔며 신 한 켤레를 받고 가난한 자를 팔며.

여호와께서 말씀하시기를 이스라엘의 서너 가지(많은) 죄들 때문에 나 여호와가 심판을 돌이키지 않을 것이니, 이스라엘 백성들이 의인을 은(銀)을 받고 팔며, 궁핍한 자를 신 한 켤레에 팔았다고 하신다.

이스라엘 백성들의 죄는 "은(銀)을 받고 의인(의로운 인간)을 팔아먹었으며, 신 한 켤레를 받고 가난한 자를 팔았다"는 것이다. 백성들이 너무 어처구니 없는 짓을 한 것이다.

암 2:7. 힘없는 자의 머리를 티끌 먼지 속에 발로 밟고 연약한 자의 길을 굽게 하며 아버지와 아들이 한 젊은 여인에게 다녀서 내 거룩한 이름을 더럽히며.

여호와께서 말씀하시기를 또한 이스라엘 백성들이 가난한 자들의 머리를 땅의 먼지 위에 짓밟았고, 억압받은 자들의 길을 굽게 하였으며, 아비와 아들이 같은 젊은 여자에게 드나 들어서 나 여호와의 거룩한 이름을 더럽혔다고 하신다.

"힘없는 자의 머리를 티끌 먼지 속에 발로 밟고, 연약한 자의 길을 굽게 했다"는 말은 사회적으로 약한 자를 구박했다는 것이다.

"아버지와 아들이 한 젊은 여인에게 다녀서 내 거룩한 이름을 더럽혔다"는 말은 고전 5:1에도 보이는 죄목이다. 이 죄는 패륜의 극을 보이는 죄이다. 여기 "한 젊은 여인"이란 '신전에 있어서 직업적으로 창기 역할을 하는 여자'를 가리킨다. 당시 바알 신전이나 아스다롯 신전에는 거룩한 창기들이 있어 그들의 종교의식으로 남녀의 관계가 이루어졌다는 것이다(호 4:14). 참으로 더럽기 한량없는 일을 행했다.

암 2:8. 모든 제단 옆에서 전당 잡은 옷 위에 누우며 그들의 신전에서 벌금으로 얻은 포도주를 마심이니라.

여호와께서 말씀하시기를 또한 그들이 모든 제단 옆에서 저당 잡힌 옷들 위에 누었으며, 저희 하나님의 전에서 벌금으로 받은 포도주를 마셨다고 한다.

"전당 잡은 옷 위에 누었다"는 말은 '가난한 자들에게서 전당잡은 옷을 저들의 우상의 단 옆에 펴두고 그 위에 누어서 술을 마셨다는 것이다. 참으로 지극히 잔인함을 보여주는 사례였다.

"그들의 신전에서 벌금으로 얻은 포도주를 마셨다"는 말은 '그들은 자기들의 신전 즉 벧엘과 단에서 그들이 숭배한 우상의 신이었는데 그들이 마신 술은 부당하게 취한 벌금으로 사서 마신 술'이었다.

9-12절. 이 부분은 하나님께서 그들에게 내리신 은혜를 진술한다. 다시 말해 하나님께서 그들을 출애굽 시키신 후에 40년간 광야에서 인도하시고 가나안의 아모리 족을 멸하여 그 땅을 이스라엘에게 주셨는데 이스라엘은 크게 하나님께 배은망덕한 것이다.

암 2:9. 내가 아모리 사람을 그들 앞에서 멸하였나니 그 키는 백향목 높이와 같고 강하기는 상수리나무 같으나 내가 그 위의 열매와 그 아래의 뿌리를 진멸하였느니라.

여호와께서 말씀하시기를 그러나 나 여호와가 이스라엘 백성들 앞에서 아모리 사람들(가나안 족속을 대표하는 족속)을 멸하였으니 저들의 키가 백향목 같이 높았고, 그들의 힘이 상수리나무처럼 세더라도 나 여호와가 위로는 그의 열매를, 아래로는 그의 뿌리를 진멸하였다고 하신다.

"내가 아모리 사람을 그들 앞에서 멸하였다"는 말은 '나 여호와가 이스라엘을 사랑하셔서 가나안 7족을 멸해주셨다'는 뜻이다.

"내가 그 위의 열매와 그 아래의 뿌리를 진멸하였다"는 말씀은 '나 여호와가 굉장히 높은 백향목과 강한 상수리나무 같은 가나안 7족의 열매와 뿌리를 진멸하여 주셨다'는 뜻이다. 이스라엘이 강해서 가나안 7족을 멸한 것이 아니라 하나님께서 멸해주셨다는 것이다.

암 2:10. 내가 너희를 애굽 땅에서 이끌어 내어 사십 년 동안 광야에서 인도하고 아모리 사람의 땅을 너희가 차지하게 하였고.

본 절은 여호와께서 이스라엘 민족을 위해서 행하신 일을 세 가지로 말씀하신다. 첫째는 여호와께서 이스라엘 민족을 애굽 땅에서 이끌어 내주셨다는 것이고, 둘째는 여호와께서 이스라엘 민족으로 하여금 40년간 광야 생활을 잘 지나게 하신 것이며, 셋째는 여호와께서 이스라엘 민족으로 하여금 아모리 사람의 땅(가나안 땅)을 차지하게 하셨다는 것이다. 여호와께서 이스라엘 민족에게 시종일관 사랑을 베푸신 것이다.

암 2:11. 또 너희 아들 중에서 선지자를, 너희 청년 중에서 나실인을 일으켰나니 이스라엘 자손들아 과연 그렇지 아니하냐 이는 여호와의 말씀이니라.

여호와께서 말씀하시기를 나 여호와가 너희 이스라엘 아들들 중에서 선지자(이스라엘 민족으로 하여금 바른 생활을 할 수 있도록 인도하는 사람)를 세워주었고, 너희 이스라엘 청년들 중에서 나실인(하나님께 헌신한 자-삼손, 사무엘, 레갑 자손들, 세례 요한 등)들을 세웠으니 이스라엘 자손들아! 그렇지 아니하냐고 하신다. 이런 지도자들을 세워주신 것도 하나님의 크신 사랑이었다.

암 2:12. 그러나 너희가 나실 사람으로 포도주를 마시게 하며 또 선지자에게 명령하여 예언하지 말라 하였느니라.

여호와께서 말씀하시기를 그러나 너희들은 나실인들에게 포도주를 마시게 했고, 선지자들에게 예언하지 말라고 명령하였다고 하신다.

이스라엘 민족은 하나님께서 세워주신 나실인들을 폐지시켰고, 선지자들을 압박했다는 것이다. 하나님께 반항하는 일을 감행했다는 것이다.

암 2:13. 보라 곡식 단을 가득히 실은 수레가 흙을 누름 같이 내가 너희를 누르리니.

보라! 곡식을 가득 실은 수레가 땅을 누르듯이 내가 너희를 누를 것이라고 하신다. 하나님께 반항하는 이스라엘 민족을 벌할 것이라고 하신다. 그 벌은 전쟁의 화를 입게 하신다는 것이다(Gesenius, K.&D.).

암 2:14. 빨리 달음박질하는 자도 도망할 수 없으며 강한 자도 자기 힘을 낼 수 없으며 용사도 자기 목숨을 구할 수 없으며.

여호와께서 말씀하시기를 아무리 빨리 뛰는 자도 도망가지 못할 것이고, 힘이 센 자도 자기 힘을 쓰지 못할 것이며, 용사도 자기 생명을 건지지 못하고 멸망할 것이라고 하신다.

암 2:15. 활을 가진 자도 설 수 없으며 발이 빠른 자도 피할 수 없으며 말 타는 자도 자기 목숨을 구할 수 없고.

여호와께서 말씀하시기를 활을 잘 쏘는 자도 견디지 못하고, 발이 빠른 자도 도피하지 못하며, 말을 탄자도 빨리 도망해서 자기 생명을 건지지 못할 것이라(삼하 1:2-3; 대상 12:8)고 하신다.

인간적으로 아무리 날렵한 자라도 별수 없이 당한다는 것이다.

암 2:16. 용사 가운데 그 마음이 굳센 자도 그 날에는 벌거벗고 도망하리라 여호와의 말씀이니라.

여호와께서 말씀하시기를 심지어 용사들 중에 가장 마음이 용맹한 자라도, 여호와께서 심판하시는 날에는 별수 없이 옷까지 벗어던지고 벌거벗은 몸으로 도망할 것이라고 하신다.

제 3 장

C. 설교(권면) 3:1-6:14

3-6장에서는 아모스가 죄를 지은 이스라엘 백성들에게 세 번의 설교를 한다. 3장에서는 이스라엘이 심판을 받을 것이라는 설교이고, 4장에서는 이스라엘이 무슨 죄를 지었는가를 말씀하며, 5-6장에서는 이스라엘을 위하여 애가(哀歌)를 부른다. 각 설교의 첫머리에서는 아모스가 "이 말씀을 들으라"라는 말로 설교를 시작한다.

1. 첫째 설교-이스라엘을 위한 하나님의 권면 3:1-15

3:1-15절에서 아모스는 그의 첫째 설교를 시작한다. 그는 1-2절에서 이스라엘이 여호와께 대하여 배은망덕했다는 것을 드러내고, 3-8절에서는 아모스의 사명이 바로 이스라엘에게 닥쳐오는 심판을 선포한다는 것을 밝히며, 9-15절에서는 이스라엘이 당면한 심판을 선언한다고 설교한다.

<여호와의 말씀을 받은 선지자>

암 3:1. 이스라엘 자손들아 여호와께서 너희에 대하여 이르시는 이 말씀을 들으라 애굽 땅에서 인도하여 올리신 모든 족속에 대하여 이르시기를.

이스라엘 자손들아! 여호와께서 너희를 향해 이르시는 이 말씀을 들어라! 곧 나 여호와가 애굽 땅에서 데리고 나온 모든 지파들을 향해 말한다.

여호와께서 애굽 땅에서 종살이하던 이스라엘 백성들을 데리고 나온 것은 작은 은혜가 아니라는 것을 드러내신다.

여호와께서 오늘 우리에게 베푸신 은혜도 작은 은혜가 아니다. 오늘 우리로 하여금 이 땅에서 태어나게 하셨고, 또 좋은 배우자를 주셨으며, 좋은 자녀들을 주신 것도 작은 은혜가 아니었음을 알아야 할 것이다.

암 3:2. 내가 땅의 모든 족속 가운데 너희만을 알았나니 그러므로 내가 너희 모든 죄악을 너희에게 보응하리라 하셨나니.

땅의 모든 족속 가운데 나 여호와는 오직 너희만 사랑했다. 그러므로 너희 모든 죄악으로 인하여 나 여호와가 너희를 벌할 것이라고 하셨다는 것이다.

여호와께서 오늘 우리만을 사랑하셔서 구원하셨으니 우리의 책임이 말할 수 없이 크다는 것이다. 그런데도 우리가 배은한다면 하나님은 우리를 벌할 수밖에 없는 것이다.

암 3:3. 두 사람이 뜻이 같지 않은데 어찌 동행하겠으며.

아모스 선지자의 설교 말씀은 하나님과 동행하는 중에 나온 말씀이라는 뜻이다. 하나님과 동행하지 않고야 어떻게 하나님의 말씀을 전하겠느냐는 말이다.

암 3:4. 사자가 움킨 것이 없는데 어찌 수풀에서 부르짖겠으며 젊은 사자가 잡은 것이 없는데 어찌 굴에서 소리를 내겠느냐.

사자가 먹이가 없는데 어찌 수풀에서 부르짖겠으며, 젊은 사자가 잡은 것이 없으면 굴에서 소리를 내겠느냐는 것이다.

본 절의 "움킨 것"이란 말과 "잡은 것"이란 말은 동의어로 사용되어 사자나 젊은 사자가 잡은 것이 있기에 수풀에서 부르짖으며, 굴에서 소리를 낸다는 것이다. 다시 말해 "사자의 소리와 같은 하나님의 말씀은 공연히 나온 것이 아니고 당당한 이유가 있어서 나온 것이란 뜻이다. 신구약 66권의 말씀은 온 세계를 진동하는 위대한 말씀이니 어찌 이유가 없이 임했느냐는 것이다"(박윤선).

암 3:5. 덫을 땅에 놓지 않았는데 새가 어찌 거기 치이겠으며 잡힌 것이 없는데 덫이 어찌 땅에서 튀겠느냐.

아모스는 땅에 덫을 놓지 않았는데 새가 어찌 거기 치이겠으며 아무 잡힌 것이 없는데 덫이 어찌 땅에서 튀겠느냐는 것이다.

우연이란 존재하지 않는다는 아모스의 주장이다. 이스라엘이 범죄 했기에 앗수르에게 당하게 되었다는 것이다. 우리의 성구사전에 "우연"이란 말이나 "우연히"란 말이 6-7회 등장하나 그것은 사람들 보기에 우연처럼 보여서 그렇게 진술한 것뿐이다. 모두 하나님의 섭리에 의해 된 것들이다.

암 3:6. 성읍에서 나팔이 울리는데 백성이 어찌 두려워하지 아니하겠으며 여호와의 행하심이 없는데 재앙이 어찌 성읍에 임하겠느냐.

아모스는 성읍 안에서 나팔이 울려 퍼지는데 백성들이 어찌 놀라지 않겠느냐? 여호와께서 하신 것이 아니면 재앙이 어찌 성읍에 임하겠느냐고 말한다.

재앙은 우연히 오는 법이 없으니 선지자가 나팔을 불 듯이 재앙을 예언할 때에는 백성들은 두려워하고(렘 6:1; 겔 33:3; 호 5:8) 죄를 자백해야 한다는 것이다. 오늘날 경계의 신호는 여기저기 많이 나타난다. 우리는 그런 것들을 목격할 때 죄를 자백하고 하나님께로 돌아서야 한다.

암 3:7. 주 여호와께서는 자기의 비밀을 그 종 선지자들에게 보이지 아니하시고는 결코 행하심이 없으시리라.

아모스는 말하기를 여호와께서는 자신의 비밀을 자신의 종들인 선지자들에게 나타내지 않으시고서는 결코 아무것도 행하지 않으신다는 것이다.

본 절은 3-6절의 말씀을 위한 결론이다. 하나님은 그의 비밀의 계획을 그의 종 선지자들에게 알게 하신다는 것이다. 그것이 바로 계시인 것이다. 선지자와 사도들이 말한 계시를 우리가 받았을 때에는 반드시 반응을 해야 한다.

암 3:8. 사자가 부르짖은즉 누가 두려워하지 아니하겠느냐 주 여호와께서

말씀하신즉 누가 예언하지 아니하겠느냐.

아모스는 말하기를 사자가 부르짖는데, 누가 두려워하지 않겠느냐? 주 여호와께서 명령하시는데, 누가 예언하지 않겠느냐고 말한다.

하나님께서 말씀하시는데 누가 두려워하지 않겠으며 하나님께서 말씀하시는데 누가 예언하지 않을 선지자나 사도가 있겠느냐는 것이다. 오늘날 목사들도 하나님의 계시를 깨달았다면 그냥 침묵하고 있을 수는 없는 일이다.

<사마리아에 내리신 벌>

암 3:9. 아스돗의 궁궐들과 애굽 땅의 궁궐들에 선포하여 이르기를 너희는 사마리아 산들에 모여 그 성 중에서 얼마나 큰 요란함과 학대함이 있나 보라 하라(Proclaim to the strongholds in Ashdod, and to the strongholds in the land of Egypt, and say, Assemble yourselves upon the mountains of Samaria, and see the great tumults within her, and the oppressed in her midst-ESV)**.**

너희는 아스돗(블레셋을 대표하는 도시)의 궁전들과, 애굽 땅의 궁전들을 향해 큰 소리로 외쳐 말하라. 너희는 사마리아의 산들에 모여서 그 가운데 있는 저 큰 소요와 그 속에 있는 압제들을 보라.

아모스는 이방의 블레셋 사람들과 애굽 사람들을 증인들로 불러서 이스라엘의 수도 사마리아의 산들로 오게 해서 이스라엘 안에서 일어나는 큰 소요와 그 속에서 발생하고 있는 압제들을 보라는 것이다. 참 가관이라는 것이다.

이제는 블레셋 사람들과 애굽 사람들이 이스라엘의 증인들로 나서서 이스라엘의 부끄러움을 보게 되었으니 이스라엘은 부끄럽게 된 것이다. 오늘날 교회가 세상 앞에 부끄러움을 보이는 것은 부끄럽기 한이 없는 일이다.

암 3:10. 자기 궁궐에서 포학과 겁탈을 쌓는 자들이 바른 일을 행할 줄을

모르느니라 여호와의 말씀이니라.

여호와께서 말씀하시기를 이스라엘 백성들은 자기 궁전에서 폭력과 학대를 쌓고 있고 올바른 일을 행할 줄 모른다고 하신다.

"바른 일을 행할 줄을 모른다"는 말은 이스라엘의 고관들의 본성이 비뚫어져 하나님께서 원하시는 의의 길로 나아가지 못한다는 뜻이다.

암 3:11. 그러므로 주 여호와께서 이와 같이 말씀하시되 이 땅 사면에 대적이 있어 네 힘을 쇠하게 하며 네 궁궐을 약탈하리라.

그러므로 주 여호와께서 말씀하시기를 네 대적(앗수르 군대, 왕하 17장; 18:9-12)이 이스라엘 땅을 포위하여 네게서 네 성벽을 무너뜨리고 네 궁전들을 약탈할 것이라고 하신다.

암 3:12. 여호와께서 이와 같이 말씀하시되 목자가 사자 입에서 양의 두 다리나 귀 조각을 건져냄과 같이 사마리아에서 침상 모서리에나 걸상의 방석에 앉은 이스라엘 자손도 건져냄을 입으리라.

여호와께서 말씀하시기를 마치 양을 치는 목자가 사자 입에서 두 다리나 귀한 조각을 건져내듯이, 사마리아에서 침대 모서리에서나, 긴 의자의 비단 방석에 앉아 있는 이스라엘 자손들이 건져냄을 입을 것이라고 하신다. 왕궁에서 사는 자들도 아주 극소수만 구원 받을 것이란 뜻이다.

암 3:13. 주 여호와 만군의 하나님의 말씀이니라 너희는 듣고 야곱의 족속에게 증언하라.

주 여호와께서 말씀하시기를 너희(선지자들)는 듣고, 야곱의 집(북쪽 나라 이스라엘)에 증언하라고 하신다. 이때에 이스라엘에게 특별히 문제되었던 죄는 우상 숭배와 사치의 죄악이었다. 하나님께 이 죄악들을 파괴시키기 위해서 필경 앗수를 보내실 것이라고 하셨다. 이 예언대로 주전 734년에 앗수르의 티글랏 필레셀(Tiglath-Phileser)이 길르앗과 갈릴리를 침략했고,

주전 724년에는 살만에셀(Shalmaneser)이 북쪽 나라 이스라엘을 침략했다. 그 때에 이스라엘의 수도 사마리아는 3년 동안 포위되어 있다가 필경 멸망을 당하고 말았다.

암 3:14. 내가 이스라엘의 모든 죄를 보응하는 날에 벧엘의 제단들을 벌하여 그 제단의 뿔들을 꺾어 땅에 떨어뜨리고.

참으로 나 여호와가 이스라엘의 죄악들(우상 숭배와 사치의 죄악)을 벌하는 날에, 내가 또한 벧엘의 제단들(이는 이스라엘의 모든 범죄의 근원이었다)을 벌할 것이니, 그 제단의 뿔들(이 뿔들은 예루살렘 성전의 번제 단을 본받아 만든 단의 네 귀의 뿔들을 가리킨다)이 잘려 땅에 떨어질 것이라고 하신다.

암 3:15. 겨울 궁과 여름 궁을 치리니 상아 궁들이 파괴되며 큰 궁들이 무너지리라 여호와의 말씀이니라.

여호와께서 말씀하시기를 나 여호와가 이스라엘의 겨울 집과 여름 집을 부술 것이니, 이스라엘의 상아로 장식한 집들(상아로 장식한 집들)이 무너지고, 큰 집들(여로보암 II세의 호화로운 집들-사치스런 생활의 극치)이 파괴될 것이라고 하신다.

제 4 장

2. 둘째 설교-징계를 받고도 회개하지 않는 이스라엘 4:1-13

1-13절은 부녀자들의 죄를 지적하고(1-3절), 우상 숭배의 죄를 지적했으며(4-5절), 이스라엘의 죄들을 지적하고 회개하기를 촉구한다(6-13절).

1. 부녀자들의 죄 1-3절

암 4:1. 사마리아의 산에 있는 바산의 암소들아 이 말을 들으라 너희는 힘없는 자를 학대하며 가난한 자를 압제하며 가장에게 이르기를 술을 가져다가 우리로 마시게 하라 하는도다.

너희 부녀자들은 이 말을 들어라. 사마리아 산에 있는 바산의 암소들(부녀들을 빗대는 말)아! 너희 부녀자들은 가난한 자들을 학대했고 궁핍한 자들을 압제했으며 자기 남편들에게 술을 가져와요, 우리가 좀 마셔야겠다고 말했다는 것이다. "너희는 힘없는 자를 학대하며 가난한 자를 압제하며 가장에게 이르기를 술을 가져다가 우리로 마시게 하라"는 말은 부녀자들이 남편들을 통하여 가난한 자들을 학대했고 혹은 직접적으로 가난한 자들을 학대했으며, 남편들에게 요구해서 술을 마시고 사치스런 생활을 했다는 것이다.

암 4:2. 주 여호와께서 자기의 거룩함을 두고 맹세하시되 때가 너희에게 이를지라 사람이 갈고리로 너희를 끌어가며 낚시로 너희의 남은 자들도 그리하리라.

주 여호와께서 자신의 거룩함으로 맹세하시기를 보라! 날들이 너희에게 이를 것이니, 사람이 너희를 갈고리로 끌어가고, 너희 남은 자들을 낚시로 끌어갈 것이라고 하신다.

"주 여호와께서 자기의 거룩함을 두고 맹세하셨다"는 말씀은 '주 여호와께서 자신이 거룩하신 성품을 보존하시기 위해서 맹세하셨다'는 뜻이다. 사람은 자기보다 더 큰 이를 가리켜 맹세하나 하나님은 자기보다 더 크신 이가 없음으로 자신을 가리켜 맹세하셨다는 것이다(6:8; 8:7). 하나님께서 자기의 거룩함을 두고 맹세하신 것은 반드시 지키신다는 뜻이다.

"사람이 갈고리로 너희를 끌어가며 낚시로 너희의 남은 자들도 그리할 것이라"는 말씀은 '주 하나님께서 앗수르 사람들을 시켜서 갈고리를 가지고 너희 이스라엘의 부녀들의 입술을 꿰어 끌어가셔서 벌할 것이며 또 아직 남은 자들도 끌어가셔서 벌하실 것이라'는 뜻이다. 이 말씀은 문자적으로 성취되었다는 것이다. 고대의 비석에는 이스라엘 포로들의 입을 갈고리로 꿰어 끌고 가는 모습이 그려져 있다는 것이다(Pusey, Harper). 모든 죄는 비참한 결과를 가져온다는 것을 보여준다.

암 4:3. 너희가 성 무너진 데를 통하여 각기 앞으로 바로 나가서 하르몬에 던져지리라 여호와의 말씀이니라.

여호와께서 말씀하시기를 너희는 각자 성벽 무너진 데를 통하여 곧바로 끌려 나가 하르몬으로 던져질 것이라고 하신다.

이스라엘 백성들은 갈고리로 입을 꿰인 채 성곽이 무너진 사이로 끌려 나가 행진해 가다가 하르몬이란 곳에 버림을 당한다. 저들의 사치스럽고 당당하던 모습과는 대조적인 너무나 비참한 모습이 된다는 것이다(이상근).

"하르몬에 던져진다"는 말은 이스라엘 백성이 포로 되어 가다가 내 버려진 어떤 지방 이름인데 어디인지 알 수가 없다.

2. 우상 숭배의 죄 4-5절

<돌아오지 아니하는 백성 이스라엘>

암 4:4. 너희는 벧엘에 가서 범죄하며 길갈에 가서 죄를 더하며 아침마다 너희 희생을, 삼일마다 너희 십일조를 드리며.

본문은 전체적으로 범죄하면서 제사를 드려보아라. 아무런 효과가 없을 것이라는 말이다. 즉, 너희는 벧엘에 가서 범죄하며, 길갈에 가서 범죄를 더해라. 그리고 아침마다 너희 희생 제사를 드리고, 사흘마다 너희 십일조를 드리라고 한다.

"벧엘"은 이스라엘의 성지였는데, 여로보암 I세가 이곳에 금송아지를 세운(왕상 12:28-33) 이후에는 우상 숭배의 고장으로 변모하고 말았다.

"길갈"은 요단강과 여리고의 중간 지점으로 여리고에서 5km쯤 떨어진 곳이다. 이곳은 바로 여호수아가 요단강을 기적으로 건넌 것을 기념하기 위해 요단강에서 12개의 돌을 가져다가 세운 곳이었다(수 4:19-24). 아모스의 눈에는 이 두 곳에서 종교 행사를 한 것은 그들의 죄를 더 한 것으로 보였다.

"아침마다 너희 희생을 드리라"는 말은 벧엘과 길갈에서 드린 종교 행사를 비꼰 표현이다. 아무리 이곳에서 희생을 드려보아도 죄만 더 짓는 것이란 뜻이다.

"삼일마다 너희 십일조를 드려 보아라"는 말은 열심히 삼일마다 십일조를 드려보아도 유익이 없고 죄만 더 할 뿐이라는 말이다. 먼저 죄를 거두고 종교 행사를 가져야 한다는 것을 주장하는 말이다.

암 4:5. 누룩 넣은 것을 불살라 수은제로 드리며 낙헌제를 소리내어 선포하려무나 이스라엘 자손들아 이것이 너희가 기뻐하는 바니라 주 여호와의 말씀이니라.

여호와께서 말씀하시기를 이스라엘 백성들이 죄는 걷어치우지 않은 채 누룩 넣은 빵을 감사 제물로 불살라 드리며, 자원하는 제물을 선포하고 알려 보아라. 이스라엘 자손들아! 이렇게 종교 행사를 하는 것이 너희가 좋아하는 것이니 말이다.

"누룩 넣은 것을 불살라 수은제로 드렸다"는 말은 소제의 화제에는 누룩을 넣어서는 안 되었으나 누룩을 넣은 화제를 드린 것이었다.

“낙헌제를 소리내어 선포해 보라”는 말은 이스라엘인들은 자기를 선전하기 위해서 드렸는데 이런 제사는 위법적이며 외식적인 제사를 벧엘이나 길갈에서 열심히 드린 것이다. 아모스의 눈에는 그것은 하나님께 죄를 더하는 것으로 보였다.

3. 이스라엘 백성들의 죄 지적 6-13절

하나님께서는 범죄한 이스라엘 백성들에게 재앙을 내리시면서 그들의 회개를 촉구하셨으나 그들은 하나님께로 돌아오지 않았다(6-11절). 그래도 하나님께서는 이스라엘인들을 향하여 하나님께 돌아와 하나님을 만나라고 촉구하신다.

암 4:6. 또 내가 너희 모든 성읍에서 너희 이를 깨끗하게 하며 너희의 각 처소에서 양식이 떨어지게 하였으나 너희가 내게로 돌아오지 아니하였느니라 여호와의 말씀이니라.

여호와께서 말씀하시기를 또 내가 너희 모든 성읍에서 너희 치아를 깨끗하게 하였고 너희 모든 처소에 양식이 떨어지게 하였으나 너희가 내게로 돌아오지 아니하였다고 하신다.

본 절의 “이를 깨끗하게 했다”는 말과 “양식이 떨어지게 했다”는 말은 동의절이다. 이 두 가지의 절은 여호와께서 기근의 징벌을 내리셨다는 뜻이다. 우리는 기근의 징계를 당하지 않도록 해야 하는 것이다.

“너희가 내게로 돌아오지 아니하였느니라”는 말은 기근의 징계를 당하고도 여호와께로 돌아오지 않았다는 뜻이다. 우리는 무슨 일이라도 약간만 있어도 빨리 여호와께로 돌아가야 한다.

암 4:7-8. 또 추수하기 석 달 전에 내가 너희에게 비를 멈추게 하여 어떤 성읍에는 내리고 어떤 성읍에는 내리지 않게 하였더니 땅 한 부분은 비를 얻고 한 부분은 비를 얻지 못하여 말랐으매, 두 세 성읍 사람이 어떤 성읍으로 비틀거리며 물을 마시러 가서 만족하게 마시지 못하였으나 너희가 내게

로 돌아오지 아니하였느니라 여호와의 말씀이니라.

여호와께서 말씀하시기를 또 나 여호와가 추수하기 석 달 전에 너희에게 비를 멈추게 하여, 어떤 성읍에는 비를 내리고, 어떤 성읍에는 비를 내리지 아니하여 어떤 들에는 비가 내렸고, 어떤 들에는 비가 내리지 않아 말라 버렸다(이상 7절). 이에 두세 성읍 사람이 한 성읍으로 비틀거리며, 물을 마시러 갔으나 만족하게 마시지 못하였으나 너희가 내게로 돌아오지 아니하였다(이상 8절)고 하신다.

7절의 "추수하기 석 달 전에 내가 너희에게 비를 멈추게 하였다"는 말은 '추수하기 석달 전에 나 여호와가 너희에게 결실을 위한 비를 내리지 않았다'는 뜻이다. 추수하기 전에 비가 오지 않으면 추수의 실패가 된다는 뜻이다.

"두 세 성읍 사람이 어떤 성읍으로 비틀거리며 물을 마시러 가서 만족하게 마시지 못하였다"는 말씀은 비가 오지 않은 것은 추수만을 실패하게 한 것이 아니라 음료수에까지 영향을 미친 것을 말한다. 이렇게까지 큰 타격이 있을 때에는 즉시 죄를 자복하고 여호와께로 돌아오면 해결을 받는 것이다.

8절에도 역시 "너희가 내게로 돌아오지 아니하였다"고 말씀하신다. 비를 주시지 않은 것은 여호와께로 돌아오라는 뜻임을 알 수 있다.

암 4:9. 내가 곡식을 마르게 하는 재앙과 깜부기 재앙으로 너희를 쳤으며 팥중이로 너희의 많은 동산과 포도원과 무화과나무와 감람나무를 다 먹게 하였으나 너희가 내게로 돌아오지 아니하였느니라 여호와의 말씀이니라.

여호와께서 말씀하시기를 나 여호와가 너희들을 곡식을 마르게 하는 병(잎마름병)과 깜부기로 쳤고, 메뚜기가 너희 많은 동산들과 포도원과 무화과 나무와 올리브 나무들을 갉아먹게 하였으나 너희가 내게로 돌아오지 아니하였다고 하신다.

"곡식을 마르게 하는 재앙"이란 '시로코(Sirocco)라 불리는 동풍으로 말미암아 초목들이 마르고 타는 재앙'이다. 이 시로코 재앙은 성경에 자주 나타난다(신 28:22; 왕상 8:37; 왕하 19:26; 대하 6:28; 사 27:8; 겔 17:10).

“깜부기 재앙”은 ‘보리, 밀, 옥수수 따위의 식물이 까맣게 변하는 재앙’을 이름이다(렘 30:6).

“팥중이”는 ‘메뚜기’(출 10:4; 욜 1:4)를 이르는 말로 많은 동산들이며, 포도원과 무화과나무와 감람나무들을 망친다.

“너희가 내게로 돌아오지 아니하였느니라”는 말은 본 절의 재앙의 목적을 말씀하는 것이다. 곡식을 마르게 하는 병(잎마름병)과 깜부기, 메뚜기 등의 재앙은 우연한 재앙이 아니라 여호와께서 허락하셔서 사람들이 당하는 재앙으로 알고 빨리 여호와께 죄를 자백하고 여호와를 바라보아야 한다.

암 4:10. 내가 너희 중에 전염병 보내기를 애굽에서 한 것처럼 하였으며 칼로 너희 청년들을 죽였으며 너희 말들을 노략하게 하며 너희 진영의 악취로 코를 찌르게 하였으나 너희가 내게로 돌아오지 아니하였느니라 여호와의 말씀이니라.

여호와께서 말씀하시기를 나 여호와가 애굽에서 한 것같이 너희 중에 전염병을 보내고, 너희 청년들을 칼로 죽게 하였으며, 너희 말들이 사로잡히게 하였고 너희 진영의 악취가 너희 코를 찌르게 하였으나 너희가 내게로 돌아오지 아니하였다고 하신다.

“애굽에서 한 것처럼 하였다”는 말은 여호와께서 애굽을 대항하셔서 치신 재앙을 말한다. 우리는 무슨 재앙이든지 조그마한 재앙이라도 있으면 즉시 자기의 죄를 알아서 자백하고 여호와께 치료를 구해야 한다.

전염병도 우연한 것이 아니고 여호와께서 허락하셔서 오는 질병이고, 또 전쟁도 여호와께서 허락하셔서 임하는 것인데도 이스라엘 백성들이 여호와께 돌아가지 않았다는 것이다. 우리는 어떤 전염병도 우리 주위에 있지 못하도록 급히 여호와께 돌아가야 한다.

암 4:11. 내가 너희 중의 성읍 무너뜨리기를 하나님인 내가 소돔과 고모라를

무너뜨림 같이 하였으므로 너희가 불붙는 가운데서 빼낸 나무 조각 같이 되었으나 너희가 내게로 돌아오지 아니하였느니라 여호와의 말씀이니라.

여호와께서 말씀하시기를 나 여호와가 소돔과 고모라를 무너뜨렸던 것처럼 나 여호와가 이스라엘 도시들을 지진의 재앙으로 뒤엎었으므로 너희들이 불타는 중에 꺼낸 나무 조각같이 되었으나 너희가 내게로 돌아오지 아니하였다고 하신다.

"너희가 불붙는 가운데서 빼낸 나무 조각 같이 되었다"는 말은 '사람들이 지진을 만나서 그 폐허 속에서 빠져나온 모습'을 묘사하는 것이다. 우리는 지진이 나는 것을 하나의 자연현상으로 돌리지 말고 우리로 하여금 하나님을 바라보라는 신호로 알아야 하는 것이다.

"너희가 내게로 돌아오지 아니하였다"는 말씀이 본장에 다섯 차례(6절; 8절; 9절; 10절; 11절)나 나타나 사람들의 회개를 촉구하신다. 우리는 세상만사의 모든 것들을 보면서 이들은 우연한 것들이 아니라 우리로 하여금 하나님께로 돌아오라는 신호로 알아야 한다.

암 4:12. 그러므로 이스라엘아 내가 이와 같이 네게 행하리라 내가 이것을 네게 행하리니 이스라엘아 네 하나님 만나기를 준비하라.

여호와께서 말씀하시기를 그러므로 이스라엘아! 나 여호와가 이런 재앙들을 내가 네게 행할 것이니, 이스라엘아! 너의 하나님 만나기를 예비하라고 하신다.

"내가 이와 같이 네게 행하리라"는 말씀은 앞으로 여호와께서 그 무슨 재앙인가를 주실 것이라는 말씀이다. 그런고로 대비하라고 권고하시는 말씀이다.

"네 하나님 만나기를 준비하라"는 말은 성경에 많이 사용되어(사 1:10-17; 렘 29:13-14; 호 6:1-3; 미 6:6-8) 있는 말로 성도들로 하여금 하나님을 만나면 해결된다는 것을 알리는 말씀이다.

암 4:13. 보라 산들을 지으며 바람을 창조하며 자기 뜻을 사람에게 보이며

아침을 어둡게 하며 땅의 높은 데를 밟는 이는 그의 이름이 만군의 하나님 여호와시니라.

보라! 산들을 만드신 분, 바람을 창조하신 분, 자기 뜻을 사람에게 말씀하시는 분, 새벽을 어둡게 하시는 분, 땅의 높은 곳을 밟으시는 분, 그분의 이름은 여호와 만군의 하나님이시라고 한다.

본 절 초두의 "보라"는 말씀은 본 절을 아주 유심히 관찰하라는 뜻으로 사용된 말이다.

"산들을 만드는 일, 바람을 창조하는 일, 자기 뜻을 사람에게 말씀하시는 일, 새벽을 어둡게 하시는 일, 땅의 높은 곳을 밟으시는 일"등은 하나님께서 하시는 일이라는 것이다.

"바람을 창조하는 일"은 하나님께서 하시는 일이라는 것이다. 여기 "바람을 창조한다"는 말을 '사람의 영을 창조한다'는 뜻으로도 번역할 수 있다.

"자기 뜻을 사람에게 보이시는 일"이란 말은 '여호와께서 사람의 마음에 무엇이 있나를 알려주시는 하나님'(시 139편)이란 뜻이다. "아침을 어둡게 하시는 분"이라는 말은 여호와께서 주야를 변동시키는 일을 하신다는 뜻이다.

"땅의 높은 데를 밟는 일"을 하신다는 말씀은 여호와께서 교만한 자를 낮추신다는 뜻이다. 하나님께서 못하시는 일이 무엇이 있겠는가.

"그의 이름이 만군의 하나님 여호와시라"는 말씀은 하나님은 하늘의 모든 별들을 창조하신 분이라는 뜻이다. 하나님은 형언할 길이 없이 위대하신 분이시다.

3. 셋째 설교-이스라엘을 위한 애가 5:1-6:14

5:1-6:14의 부분은 아모스의 세 번째 설교로 이스라엘의 멸망을 바라보면서 부르는 구슬픈 애가(哀歌)이다. 5:1-17의 내용은 이스라엘의 애가, 5:18-27의 내용은 종교의 지도자들에 대해 꾸짖음, 6:1-7의 내용은 정치 지도자들에 대해 꾸짖음, 6:8-14의 내용은 이스라엘의 멸망을 두고 애가를 부른 것이다.

제 5 장

1. 이스라엘의 멸망을 바라보면서 부르는 슬픈 노래 5:1-17

1-3절. 이스라엘의 멸망에 임하여 부르는 슬픈 노래

<애가>

암 5:1. 이스라엘 족속아 내가 너희에게 대하여 애가로 지은 이 말을 들으라.

이스라엘 족속들아! 내가 너희에 대하여 애가로 부르는 이 슬픈 노래를 들어 보라고 한다. 아모스가 이 애가를 부르는 목적은 이스라엘을 회개하도록 하려는 것이다.

암 5:2. 처녀 이스라엘이 엎드러졌음이여 다시 일어나지 못하리로다 자기 땅에 던지움이여 일으킬 자 없으리로다.

처녀 이스라엘이 쓰러져서 다시 일어나지 못하고, 자기 땅에 버려졌어도 일으키는 자가 없다고 애가를 부른다. "처녀 이스라엘"이란 말은 이스라엘이 약하다는 것을 묘사하기 위하여 붙인 말이다(사 23:12; 47:1; 렘 14:17).

"엎드러졌음이여 다시 일어나지 못하리로다"는 말은 이스라엘이 엎드러졌다는 말은 아주 망한 것을 뜻한다. 이렇게 애가를 부르는 이유는 회개를 위함이다.

암 5:3. 주 여호와께서 이와 같이 말씀하시되 이스라엘 중에서 천 명이 행군해 나가던 성읍에는 백 명만 남고 백 명이 행군해 나가던 성읍에는 열 명만 남으리라 하셨느니라.

주 여호와께서 이같이 말씀하시기를 이스라엘 집을 위해 천 명이 전쟁터에 나가던 성에는 백 명만 남게 되고, 백 명이 출전하던 성에는 열 명만 남게 될 것이라고 말한다. 이스라엘 군대의 숫자가 형언할 길 없이 적어든 것을 볼 수 있다.

우리의 국력이 줄어드는 것을 느끼면 국민들은 빨리 하나님에게로 돌아서야 한다.

4-17절. 구원을 받기 위하여 여호와(4-9절)와 그의 의를 구할 것(10-17절)을 강권하다.

<여호와를 찾으라>

암 5:4. 여호와께서 이스라엘 족속에게 이와 같이 말씀하시기를 너희는 나를 찾으라 그리하면 살리라.

여호와께서 이스라엘 집을 향해 이같이 말씀하시기를 너희는 나를 찾아라. 그리하면 살 것이라고 하신다.

여호와를 찾으면 살 수 있을 것이라는 말씀은 우리 귀에 얼마나 희망적인 말이냐.

암 5:5. 벧엘을 찾지 말며 길갈로 들어가지 말며 브엘세바로도 나아가지 말라 길갈은 반드시 사로잡히겠고 벧엘은 비참하게 될 것임이라 하셨나니.

여호와께서 말씀하시기를 벧엘을 찾지 말고, 길갈로도 들어가지 말 것이며, 브엘세바로도 건너가지 말라. 이는 길갈에 가면 반드시 사로잡혀 가겠고, 벧엘을 찾으면 비참하게 될 것이기 때문이라고 하신다.

"벧엘을 찾지 말며 길갈로 들어가지 말며 브엘세바로도 나아가지 말라"는 이유는 이곳들은 우상 숭배의 본거지들이었으니(4:4 주해 참조) 이곳을 찾아가면 망하게 되어 있다는 것이다. 아무튼 우상 숭배에 동참하면 반드시 망한다는 것을 알아야 한다.

암 5:6. 너희는 여호와를 찾으라 그리하면 살리라 그렇지 않으면 그가 불같이 요셉의 집에 임하여 멸하시리니 벧엘에서 그 불들을 끌 자가 없으리라.

아모스는 권하기를 너희는 여호와를 찾아라. 그리하면 살 것이다. 그렇지 않으면 그가 불같이 요셉(북쪽 나라 이스라엘을 지칭하는 말이다)의 집을 덮쳐 사를 것이나, 벧엘(우상의 본거지)을 위해 그 불을 끌 자가 없을 것이다.

암 5:7. 정의를 쓴 쑥으로 바꾸며 공의를 땅에 던지는 자들아.

아모스는 말하기를 너희 이스라엘 백성들은 공의를 쓴 쑥으로 바꾸며, 정의를 땅에 던지는 자들이다.

본 절의 "정의"라는 말과 "공의"라는 말은 동의어로 사용되어 다 같이 '바른 일'을 뜻한다.

"쓴 쑥"이란 '쓰디쓴 식물'을 뜻한다. 사회 정의를 불의(쓰디쓴 식물)로 바꾼 것은 주로 지도자들의 책임이긴 했으나 일반 백성들도 함께 불의를 행한 것이다.

암 5:8. 묘성과 삼성을 만드시며 사망의 그늘을 아침으로 바꾸시고 낮을 어두운 밤으로 바꾸시며 바닷물을 불러 지면에 쏟으시는 이를 찾으라 그의 이름은 여호와시니라.

아모스는 말하기를 묘성과 삼성을 만드신 분, 흑암을 아침으로 바꾸시는 분, 낮을 밤으로 어둡게 하시는 분, 바닷물을 불러 지면에 쏟으시는 분, 그분의 이름은 여호와이시라고 말한다.

아모스는 이스라엘 국민들에게 위대하신 창조주 하나님을 찾으라고 말한다. 그 하나님은 위대하신 일을 행하신 분이라고 소개한다. 오늘 우리도 위대하신 창조주 하나님을 매일 찾아야 할 것이다.

암 5:9. 그가 강한 자에게 갑자기 패망이 이르게 하신즉 그 패망이 산성에 미치느니라.

아모스는 말하기를 여호와께서는 강한 자(약자들을 압박하던 강한 자들)

에게 갑자기 패망을 가져오는 분이시니 패망이 요새(군사적 요충지-강자들이 있는 곳)에 임할 것이라고 말한다.

10-17절. 여호와의 의를 구하라.

암 5:10. 무리가 성문에서 책망하는 자를 미워하며 정직히 말하는 자를 싫어하는도다.

아모스는 말하기를 사회의 강자들은 성문에서 책망하는 재판장들을 미워하며, 바르게 말하는 재판장들을 싫어한다고 한다.

암 5:11. 너희가 힘없는 자를 밟고 그에게서 밀의 부당한 세를 거두었은즉 너희가 비록 다듬은 돌로 집을 건축하였으나 거기 거주하지 못할 것이요 아름다운 포도원을 가꾸었으나 그 포도주를 마시지 못하리라.

아모스는 말하기를 그러므로 너희 강자들이 가난한 자를 짓밟고, 그 가난한 자에게서 밀을 부당한 세로 취하여 다듬은 돌집을 건축했으나, 너희가 그 돌집에서 살지 못할 것이다. 너희가 아름다운 포도원을 가꾸었으나 하나님의 심판을 받아 그 포도주를 마시지 못할 것이라고 말한다.

암 5:12. 너희의 허물이 많고 죄악이 무거움을 내가 아노라 너희는 의인을 학대하며 뇌물을 받고 성문에서 가난한 자를 억울하게 하는 자로다.

아모스는 말하기를 너희 강자들의 허물이 많고 죄악이 큰 것을 아노라. 너희 강자들은 의인을 학대했으며 뇌물을 받았고(삼상 12:3) 사회의 법정에서 가난한 자들을 억울하게 하며 살아간다는 것이다. 이런 불의한 현상은 반드시 심판을 받는다고 주장한다.

암 5:13. 그러므로 이런 때에 지혜자가 잠잠하나니 이는 악한 때임이니라.

아모스는 말하기를 그러므로 이런 때에 경건한 지혜자들이 말없이 잠잠한 것은 때가 악하다고 주장한다.

본 절의 "이는 악한 때임이니라"는 말은 '시대가 험해서 악에 대해 꾸짖어보아도 효과를 얻지 못하는 때가 되었기 때문이라'는 것이다(렘 7:27; 호 4:1, 17). 요즈음은 사회의 악에 대해 꾸짖을 수 없는 시대를 만났다. 꾸짖으면 꾸짖음 받은 사람이 달게 받지 않고 오히려 반항하고 덤벼들어 사람을 해치는 시대이니 말이다.

암 5:14. 너희는 살려면 선을 구하고 악을 구하지 말지어다 만군의 하나님 여호와께서 너희의 말과 같이 너희와 함께 하시리라.

아모스는 말하기를 너희 백성들이 살기 위하여 선을 찾고, 악을 찾지 마라. 그리하면 여호와 만군의 여호와 하나님께서 너희가 말하는 대로 너희와 함께하셔서 보호해 주시고 복을 주실 것이라고 말한다.

"너희와 함께 하시리라"는 말보다 더 복된 말은 없다. 그러므로 우리는 항상 하나님의 동행을 구해야 한다.

암 5:15. 너희는 악을 미워하고 선을 사랑하며 성문에서 정의를 세울지어다 만군의 하나님 여호와께서 혹시 요셉의 남은 자를 불쌍히 여기시리라.

아모스는 말하기를 이스라엘 백성들은 악을 미워하여 멀리 버리고, 선한 일을 사랑하여 선을 좇으며, 성문(재판정)에서 불의한 재판(10절)을 하지 말고 공의의 재판을 하라고 말한다. 그렇게 하면 만군의 하나님께서 북쪽 나라 이스라엘 백성들을 불쌍히 여기신다는 것이다.

"혹시 요셉의 남은 자를 불쌍히 여기시리라"는 말씀은 '요셉의 남은 자 곧 북쪽 나라 이스라엘 백성들을 불쌍히 여기실 것이라'는 뜻이다. 여기 "요셉의 남은 자"라는 말은 '북쪽 나라 이스라엘의 남은 자'를 뜻한다. 요셉은 북국 이스라엘을 대표한 명칭이다.

암 5:16. 그러므로 주 만군의 하나님 여호와께서 이와 같이 말씀하시기를 사람이 모든 광장에서 울겠고 모든 거리에서 슬프도다 슬프도다 하겠으며

농부를 불러다가 애곡하게 하며 울음꾼을 불러다가 울게 할 것이며.

그러므로 여호와 만군의 하나님께서 이같이 말씀하시기를 모든 광장에서 사람들이 망함을 슬퍼하여 울부짖을 것이고, 모든 거리에서 슬프다, 슬프다 할 것이며, 사람들이 농사를 버린 농부들을 불러다가 애곡하게 할 것이며, 울음꾼을 불러다 울게 할 것이라고 말한다.

"울음꾼을 불러다가 울게 할 것이라"는 말은 '직업적으로 울어주는 사람들을 불러다가 슬픔을 표시하게 할 것이라'는 뜻이다. 이 예언의 말씀은 주전 721년 이스라엘이 함락될 때 실현되었다.

암 5:17. 모든 포도원에서도 울리니 이는 내가 너희 가운데로 지나갈 것임이라 여호와의 말씀이니라.

여호와께서 말씀하시기를 모든 포도원에서도 울부짖음이 일어날 것이니, 이유는 나 여호와(천사들이 하나님을 대리하여 지나간다는 것이다)가 너희 가운데로 지나가면서 멸할 것이기 때문이라고 하신다.

2. 종교 지도자들에 대하여 꾸짖음 5:18-27

18-27절. 이 부분의 내용은 하나님께서 이스라엘(욜 1:15; 습 1:4-18)과 열국들(사 13:6; 렘 46:10; 겔 30:3)에게 심판을 내리신 일(18-20절)과 제사보다 정의가 강조된다(21-27절).

암 5:18. 화 있을진저 여호와의 날을 사모하는 자여 너희가 어찌하여 여호와의 날을 사모하느냐 그 날은 어둠이요 빛이 아니라.

화가 있기를 바란다. 여호와께서 주시는 멸망의 날을 사모하는 사람들아! 왜 너희가 여호와께서 주시는 멸망의 날을 사모하느냐? 그 날은 어두움이고 빛이 아니라는 것을 알라고 하신다.

암 5:19. 마치 사람이 사자를 피하다가 곰을 만나거나 혹은 집에 들어가서 손을 벽에 대었다가 뱀에게 물림 같도다.

본 절은 18절의 여호와의 심판의 날을 비유로 설명한다. 그것은 사람이 야외에서 사자를 피하려다가 곰을 만난 것과 같다는 것이다. 곰은 힘이 세어서 사람에게는 사자보다 더 두려운 상대라는 것이다(삼상 17:34; 왕하 2:24).

"집에 들어가서 손을 벽에 대었다가 뱀에게 물림 같도다"는 말도 또한 가지의 비유로서 집안에서 몸을 벽에 의지했다가 뱀에 물린 것과 같다는 것이다. 망할 사람은 이래저래 망한다는 것이다.

암 5:20. 여호와의 날은 빛 없는 어둠이 아니며 빛남 없는 캄캄함이 아니냐.

본 절은 18절을 반복한 것이고 설명한 것이다. 즉, 여호와의 심판의 날은 빛이 없는 어두움이며, 캄캄하여 밝음이 없는 날이 아니냐고 하신다. 여호와의 심판의 날은 비참 자체라는 것이다.

암 5:21. 내가 너희 절기들을 미워하여 멸시하며 너희 성회들을 기뻐하지 아니하나니.

여호와께서 말씀하시기를 나 여호와는 너희 이스라엘 백성들의 절기들을 미워하여 거부하고, 너희 성회를 기뻐하지 않을 것이라고 하신다.

"나 여호와가 너희 절기들을 미워하여 멸시한다"는 말은 사 1:11-17과 유사하다. 저들의 제사는 여호와를 떠나 우상 숭배를 하는 것에 불과했다.

암 5:22. 너희가 내게 번제나 소제를 드릴지라도 내가 받지 아니할 것이요 너희의 살진 희생의 화목제도 내가 돌아보지 아니하리라.

여호와께서 말씀하시기를 너희가 내게 번제나 너희 곡물 제사를 드리더라도 기뻐하지 아니할 것이고, 너희 살진 짐승의 화목제도 돌아보지 않을 것이라고 하신다.

이스라엘 백성들은 번제(레 1장)나 소제(레 2장)나 또 화목제(레 3장)등을 드리고 있으면서 우상 숭배를 떠나지 않았다. 그러므로 하나님은 저들의 제사를 받지 않은 것이었다.

암 5:23. 네 노랫소리를 내 앞에서 그칠지어다 네 비파 소리도 내가 듣지 아니하리라.

여호와께서 말씀하시기를 너희 이스라엘의 가증스러운 노래를 내 앞에서 그칠지어다. 네 비파 소리도 나 여호와가 듣지 않을 것이니 그치기 바란다고 하신다. 순전한 제사가 아니면 여호와께서는 단지 시끄러운 소리로 아시는 것이다.

암 5:24. 오직 정의를 물 같이, 공의를 마르지 않는 강 같이 흐르게 할지어다.

여호와께서 말씀하시기를 너희의 공의(공법)를 물같이, 정의를 마르지 않는 강같이 많이 흐르게 하라고 하신다. 공의를 행하는 것이 여호와께 순종하는 것이고 여호와를 기쁘게 하는 것이다.

암 5:25. 이스라엘 족속아 너희가 사십 년 동안 광야에서 희생과 소제물을 내게 드렸느냐.

여호와께서 말씀하시기를 이스라엘 족속아! 너희가 광야에서 40년 동안 희생과 곡식 제사를 내게 드렸느냐고 물으신다.

물론 이스라엘 족속이 광야에서 형식적으로 희생 제사와 곡식 제사를 드리기는 했으나 우상 숭배가 그들의 중심에 있었다는 것이다. 오늘도 성도들이 세상을 사랑하면서 하나님께 예배한다고 말한다.

암 5:26. 너희가 너희 왕 식굿과 기윤과 너희 우상들과 너희가 너희를 위하여 만든 신들의 별 형상을 지고 가리라(You shall take up Sikkuth your king, and Kiyyun your star-god your images, that you made for yourselves-ESV).

여호와께서 말씀하시기를 너희는 너희 왕 식굿(장막이라는 뜻)과 너희 우상 기윤(앗수르인이 숭배하던 토성을 뜻한다), 곧 너희 자신을 위해 만든 별 형상의 신들을 짊어지고 갔다고 하신다.

"너희가 너희 왕 식굿과 기윤"이란 말은 이스라엘 백성들이 앗수르의 신으로 섬긴 몰렉의 작은 장막이나 토성의 우상을 메고 다녔다는 뜻이다.

"신들의 별 형상을 지고 가리라"는 말은 앞으로 이스라엘 백성들이 앗수르로 포로 되어 잡혀갈 때 그 우상을 메고 다닐 것이라는 뜻이다.

암 5:27. 내가 너희를 다메섹 밖으로 사로잡혀 가게 하리라 그의 이름이 만군의 하나님이라 불리우는 여호와께서 말씀하셨느니라.

만군의 하나님 여호와께서 말씀하시기를 나 여호와가 너희 이스라엘 백성들을 다메섹 저편으로 사로잡혀 가게 할 것이라고 하신다.

이 예언은 북 이스라엘이 주전 721년에 앗수르의 침략으로 성취되었다(왕하 15:29; 17:6). 우상 숭배는 나라를 망치는 법이다.

제 6 장

6장은 정치지도자들을 꾸짖는다. 정치 지도자들은 정치 지도자들답게 현실에 만족하고 사치하며 앞으로 닥치는 심판에 대해서는 무관심했다.

<이스라엘의 멸망>

암 6:1. 화 있을진저 시온에서 교만한 자와 사마리아 산에서 마음이 든든한 자 곧 백성들의 머리인 지도자들이여 이스라엘 집이 그들을 따르는도다.

화 있을 것이다. 시온에서 안일하게 살고, 사마리아 산에서 안심하며 사는 지도자들, 곧 백성들의 머리가 된 지도자들이여! 그리고 이스라엘 집들이 따르는 자들이여!

1절 초두의 "화 있을진저"란 말은 새로운 꾸짖음이 시작된다는 것을 알리는 단어이다.

"시온에서 교만한 자"란 말은 '남쪽 나라 유다 나라의 예루살렘에서 통치하고 있는 교만한 정치 지도자들'을 지칭하는 말이다. 아모스가 설교하는 주 대상은 북쪽 나라 이스라엘이었으나 그가 태어난 남쪽 나라 유다도 꾸짖음의 대상으로 하고 있다. 아모스가 남쪽 나라 유다도 상대하는 이유는 그들도 역시 하나님의 백성이기 때문이었다. 아모스는 정치지도자들이 아주 교만한 것을 아주 싫어했다.

"사마리아 산에서 마음이 든든한 자"란 말은 '이스라엘에서 마음이 든든하고 평안하다고 생각하며 지도했던 정치지도자들'을 지칭하는 말이다. 이스라엘의 일반 백성들은 이 정치지도자들의 지도를 받으며 살았다(삼하 15:4).

암 6:2. 너희는 갈레로 건너가 보고 거기에서 큰 하맛으로 가고 또 블레셋

사람의 가드로 내려가라 너희가 이 나라들보다 나으냐 그 영토가 너희 영토보다 넓으냐.

아모스는 꾸짖기를 너희 지도자들은 갈레로 건너가 보아라. 그리고 거기서 큰 하맛으로 가 보고, 또 블레셋의 가드에도 내려가 보아라. 그 도시들이 이 왕국들보다 나으냐? 그들의 영토가 너희 영토보다 넓으냐고 묻는다.

"갈레"는 고대 바벨론의 5대 도시 중 하나로 그 정확한 위치는 알 수가 없다(Deane). 창 10:10의 '갈레', 사 10:9의 '갈로', 겔 27:23의 '간네'는 모두 동일한 지명이라는 말이 있다.

"큰 하맛"은 다메섹 북쪽 오론테스 강 연안의 도시이고, 상부 수리아의 대표적 도시로서 가끔 이스라엘 영토의 북쪽 끝 경계 지역으로 성경에서 언급되고 있다(민 13:21; 수 13:5; 겔 47:20).

"가드"는 블레셋의 5대 도시 중 하나이다. 이는 골리앗의 고향이기도 하다(삼상 17:4).

"그 영토가 너희 영토보다 넓으냐"고 물은 것은 이스라엘이 갈레와 큰 하맛과 가드보다 더 능가하는 은혜를 받고도 배은망덕(背恩忘德)하면 되겠느냐는 것이다. 다시 말해 이 세 성읍들도 망했는데 이스라엘도 하나님께 배은망덕하면 망한다는 것을 강하게 말씀하는 것이다. 우리는 하나님의 은혜를 받았으면 그대로 살아야 한다.

암 6:3. 너희는 흉한 날이 멀다 하여 포악한 자리로 가까워지게 하고.

아모스는 너희 이스라엘 백성들이 환란의 날이 아직 멀다고 하면서 폭행의 자리에 자꾸 가까이 하고 있다고 꾸짖는다.

"포악한 자리로 가까워지게 한다"는 말은 '강포로 얻은 재물로 잔치를 벌인다'는 뜻이다. 우리는 죄라는 것을 아무튼 멀리 해야 하는 것이다.

암 6:4. 상아 상에 누우며 침상에서 기지개 켜며 양 떼에서 어린 양과 우리에서 송아지를 잡아서 먹고.

아모스는 당시 이스라엘의 지도층이 안일함과 사치함을 공격한다. 즉, 너희 지도자들은 상아로 만든 침대에 눕고 안락한 의자에서 얼른 일어나지 않고 기지개 켜면서 양떼 중 어린양을 잡아먹고, 우리에서 송아지를 잡아먹는다는 것이었다. 지도자들은 하나님의 심판이 가까운 줄도 모르고 회개하지 않고 안일한 삶에 빠져 있다는 것이 문제였다.

암 6:5. 비파 소리에 맞추어 노래를 지절거리며 다윗처럼 자기를 위하여 악기를 제조하며.

아모스는 이스라엘의 지도층이 전 절과 마찬가지로 환락을 즐기고 있다고 꾸짖는다. 즉, 너희는 비파에 맞추어 노래를 부르며, 다윗처럼 스스로 악기를 만들어 노래를 흥얼거리고 있다고 꾸짖는다.

"다윗처럼 자기를 위하여 악기를 제조했다"는 말은 '다윗이 악기를 만들어 노래를 부른 것은 여호와 하나님을 찬양하기 위함이었는데 이스라엘의 지도자들은 자기들의 환락을 위해서 제조했다'는 뜻이다. 우리는 환락을 위해서 무엇을 해서는 안될 것이다.

암 6:6. 대접으로 포도주를 마시며 귀한 기름을 몸에 바르면서 요셉의 환난에 대하여는 근심하지 아니하는 자로다.

아모스는 꾸짖기를 대접(큰 금 그릇)으로 포도주를 마셔가며, 최고급 기름을 몸에 바르면서도, 요셉(이스라엘, 5:15)의 파멸은 슬퍼하지 않는다고 말한다.

자기 개인적으로는 호화찬란하게 보내면서도 자기 나라가 어떻게 되는지에 대해서는 관심이 없는 것은 큰 문제가 아닐 수 없는 것이다.

암 6:7. 그러므로 그들이 이제는 사로잡히는 자 중에 앞서 사로잡히리니 기지개 켜는 자의 떠드는 소리가 그치리라.

아모스는 북쪽 이스라엘의 장래를 염려하면서 말하기를 그러므로 이제 북쪽 나라 이스라엘의 정치 지도자들이 포로 중 첫째로 사로잡혀 갈 것이니 기지개 켜는 자들의 잔치가 그칠 것이라고 말한다. 지도자들의 책임이 그만큼 큰 것이다.

암 6:8. 만군의 하나님 여호와의 말씀이니라 주 여호와가 당신을 두고 맹세하셨노라 내가 야곱의 영광을 싫어하며 그 궁궐들을 미워하므로 이 성읍과 거기에 가득한 것을 원수에게 넘기리라 하셨느니라.

만군의 하나님 여호와께서 말씀하시기를 나 주 여호와가 나 자신을 두고 맹세하기를 여호와께서는 자신보다 더 크신 분이 안 계심으로 자신을 두고 맹세하셨다. 여호와 만군의 하나님의 말씀에 나 여호와가 이스라엘의 교만을 싫어하며 그의 궁전들을 미워하므로 그 성읍(사마리아)과 그 안의 모든 것(북쪽 나라 이스라엘 시민 전체)을 다 대적에게 넘길 것이라고 하신다.

암 6:9. 한 집에 열 사람이 남는다 하여도 다 죽을 것이라.

한 집에 열 사람이 남을지라도 그들이 모두 죽게 되고 말 것이다.

본 절의 말씀은 이스라엘이 앗수르의 침략으로 3년간이나 포위되어 있을 때 전염병의 재앙이나 기근의 재앙으로 죽게 될 것을 말씀하는 것이다. 한 집에 10사람이 남아도 그들마저도 죽게 될 것이라는 말이다.

암 6:10. 죽은 사람의 친척 곧 그 시체를 불사를 자가 그 뼈를 집 밖으로 가져갈 때에 그 집 깊숙한 곳에 있는 자에게 묻기를 아직 더 있느냐 하면 대답하기를 없다 하리니 그가 또 말하기를 잠잠하라 우리가 여호와의 이름을 부르지 못할 것이라 하리라.

죽은 사람의 친척이나 그를 화장하는 자가 집에서 시체들을 밖으로 내가려고 들어 올리면서 그 집 가장 안쪽에 있는 사람에게 당신과 함께 누가 더 있습니까하면, 그 집 가장 안쪽에 있는 사람(최후로 남은 그 집의 주부일 것이다)이 아무도 없다고 대답할 것이다. 그때 그가 말하기를 잠잠하십시오.

여호와의 이름을 불러서는 안 된다고 말할 것이다.

"우리가 여호와의 이름을 부르지 못할 것이라"는 말은 이제 다 망했으니 여호와의 이름을 부를 것이 무엇이냐는 실망의 심정으로 하는 말이다. 본 절은 그토록 완고한 북쪽 나라 이스라엘의 백성들일지라도 당한 재앙이 너무나 처참했기 때문에 그 재앙이 하나님의 공의로운 심판임을 인정하지 않을 수 없게 된 것임을 뜻하는 것으로 이해할 수 있다.

암 6:11. 보라 여호와께서 명령하시므로 타격을 받아 큰 집은 갈라지고 작은 집은 터지리라.

아모스는 예언하기를 보라! 여호와께서 명령하시니, 큰 집은 훼파되고 작은 집은 갈라지게 될 것이라는 예언이다.

본 절 초두의 "보라"란 말은 본 절의 내용이 아주 중요함으로 유심히 보아야 한다는 것을 지적하는 말이다. 여호와께서 명령하시니 큰 집이나 작은 집이나 훼파될 것을 예언하는 것이니 얼마나 관심 깊게 들여다보아야 할 것인가.

본 절은 이스라엘의 지도자나 서민이나 마찬가지로 멸망 받을 것을 의미한다(박윤선).

12-14절. 결론의 메시지로 불의를 행하는 자들의 어리석음을 지적한다.

암 6:12. 말들이 어찌 바위 위에서 달리겠으며 소가 어찌 거기서 밭 갈겠느냐 그런데 너희는 정의를 쓸개로 바꾸며 공의의 열매를 쓴 쑥으로 바꾸며.

아모스는 꾸짖기를 말들이 어찌 바위 위에서 달리겠으며 사람이 어찌 바위 위에서 소들로 쟁기질하겠느냐? 그런데 너희는 공의를 독약으로, 정의의 열매를 쓴 쑥으로 바꾸었다고 꾸짖는다.

본 절은 두 가지 비유를 들어 공의를 저버린 이스라엘 민족이 계속해서 존속할 수 없음을 말하고 있다. 여기 두 가지 비유란 "말들이 바위 위에서 달리는 것"과 "소가 바위 위에서 밭가는 것"을 들고 있다. 이 두 가지 비유는 할 수 없는 것이다. 그런데 이스라엘 민족은 정의를 쓸개로 바꾸며 공의의 열매를 쓴 쑥으로 바꾸었다는 것이다. 이스라엘 민족은 정의, 공의의 열매를 쓸개, 쓴 쑥으로 바꾸어버렸다는 것이다. 공의의 열매를 쓴 쑥으로 바꾸어 버렸다는 말은 이스라엘 민족이 정의를 행하지 않고 도리어 그 대신 아주 쓴 맛이 나는 그릇된 일을 행했다는 것이다.

암 6:13. 허무한 것을 기뻐하며 이르기를 우리는 우리의 힘으로 뿔들을 취하지 아니하였느냐 하는도다(you who rejoice in Lo-debar, who say, "Have we not by our own strength captured Karnaim for ourselves?"-ESV)**.**

너희는 로다바르의 정복을 기뻐하는 자들이며, "우리가 우리 자신의 힘으로 가르나임을 정복하지 않았는가?" 라고 말하는 자들이다.

"허무한 것(לֹא דָבָר)을 기뻐했다"는 말은 북쪽 이스라엘의 여로보암 2세가 수리아 전쟁에서 승리하여 요단 지방의 성읍들을 빼앗고 기뻐했던 것을 가리킨다(왕하 14:25-28). 그리고 "뿔들"(קַרְנָיִם)이란 말은 '힘'이라는 뜻이다(신 33:17; 왕상 22:11; 시 75:5, 10; 89:17). 북쪽 이스라엘 백성들은 저들의 힘으로 전승했다고 뽐내고 기뻐했으나 저들의 나라가 이제 곧 앗수르 군에게 멸망할 터이니 그 자랑은 허무한 것이었다.

우리는 하나님을 기뻐하는 것밖에 다른 것으로 기뻐하는 것은 허무한 것임을 알아야 할 것이다.

암 6:14. 만군의 하나님 여호와의 말씀이니라 이스라엘 족속아 내가 한 나라를 일으켜 너희를 치리니 그들이 하맛 어귀에서부터 아라바 시내까지 너희를 학대하리라 하셨느니라.

만군의 하나님 여호와께서 말씀하시기를 보라! 이스라엘 족속이여! 나 여호와가 한 나라(앗수르)를 일으켜 너희를 치게 할 것이다. 앗수르 군대가 하맛 어귀에서 아라바 시내에 이르기까지 너희를 괴롭힐 것이라고 하신다.

"하맛 어귀에서 아라바 시내에 이르기까지"는 여로보암 2세 당시의 북쪽 나라 이스라엘의 국경 지대로(왕하 14:25), 북쪽 나라 이스라엘의 전체 영역이 앗수르에게 짓밟힐 것을 의미한다.

만군의 하나님 여호와께서 일으키시는 앗수르가 오죽 침략을 잘 하겠는가. 우리는 만군의 하나님 여호와를 의지하여 평안을 누리면서 살아야 할 것이다.

제 7 장

D. 앞으로 올 심판의 다섯 가지 환상 7:1-9:10

이 부분의 내용은 메뚜기 환상(7:1-3), 불 환상(7:4-6), 다림줄 환상(7:7-9), 아모스에 대한 아마샤의 박해(7:10-17), 여름 실과의 환상(8:1-14), 벧엘 신전의 파괴(9:1-10), 및 이스라엘의 회복(9:11-15)을 예언한다.

1. 메뚜기 환상 7:1-3

여기 메뚜기 환상은 메뚜기가 초원의 풀을 모두 먹어치우는 것처럼 이스라엘이 전적으로 멸망한다는 내용이다.

<첫째, 메뚜기 재앙>

암 7:1. 주 여호와께서 내게 보이신 것이 이러하니라 왕이 풀을 벤 후 풀이 다시 움돋기 시작할 때에 주께서 메뚜기를 지으시매.

주 여호와께서 이같이 내게 보여주시기를 보라! 왕이 풀을 벤 후에 새싹이 올라오기 시작할 무렵, 보라! 그분이 메뚜기 떼를 지으셨다는 것이다.

"주 여호와께서 내게 보이신 것이 이러하니라"는 구절은 마지막 환상을 제외하고는 모든 환상들의 초두에 나타나서(4, 7절; 8:1) 이 환상들이 여호와의 계시임을 확증해주고 있다.

"왕이 풀을 벤 후"란 말은 최초의 풀은 왕의 소유였다는 것을 뜻한다. 이 풀은 왕의 군마의 양식이었는데 풀을 벤 후 이를 왕의 소유로 사용했다는 것을 보여준다. 그 자리에서 난 풀이 농부와 목자들의 소유가 된다는 것이다.

이 두 번째 "풀이 다시 움돋기 시작할 때에 주님께서 메뚜기를 지으셨다"는 것이다. 그 때 여호와께서 지으신 메뚜기 떼가 풀을 먹어치운다는 것이다. 이 예언은 앗수르 군대가 침입하여 이스라엘의 전체 국토를 황폐시킬 것을 예언한 것이라고 할 수 있다.

암 7:2. 메뚜기가 땅의 풀을 다 먹은지라 내가 이르되 주 여호와여 청하건대 사하소서 야곱이 미약하오니 어떻게 서리이까 하매.

메뚜기가 땅의 식물(인간이 먹는 채소를 포함하고 있었다)을 다 먹어버렸을 때에 나 아모스가 부르짖기를 주 여호와시여! 용서하소서. 야곱이 미약한데 어떻게 더 견디겠는가고 애원했다는 것이다.

아모스는 이스라엘 나라가 다 망하게 된 것을 보고 하나님께 부르짖어 기도해서 나라를 건져낸 것이다(출 32:11-14, 31-32 참조). 나라의 위기는 항상 닥치게 마련인데 그 때마다 목사들은 주님께 목 놓아 부르짖어야 할 것이다.

암 7:3. 여호와께서 이에 대하여 뜻을 돌이키셨으므로 이것이 이루어지지 아니하리라 여호와께서 말씀하셨느니라.

여호와께서 말씀하시기를 아모스의 부르짖음을 들으시고 이스라엘의 망함을 허락하지 않으셨다는 것이다.

2. 한발 환상 7:4-6

4-6절의 환상은 한발(가뭄) 환상인데 이 환상은 첫째 환상보다 더 심각한 환상이었다. 그러나 아모스가 이 환상을 본 후 여호와께 부르짖어 놀랍게 완화되었다.

<둘째, 불>

암 7:4. 주 여호와께서 또 내게 보이신 것이 이러하니라 주 여호와께서 명령하여 불로 징벌하게 하시니 불이 큰 바다를 삼키고 육지까지 먹으려 하는지라.

주 여호와께서 내게 이같이 보여 주시기를 보라! 주 여호와께서 외쳐 불(한발)로 심판하게 하시니, 불이 큰 바다를 삼키고 육지까지(여기 바다와 육지는 다 같이 이스라엘을 지칭하는 것으로 본다) 삼키려 하였다는 것이다.

암 7:5. 이에 내가 이르되 주 여호와여 청하건대 그치소서 야곱이 미약하오니 어떻게 서리이까 하매.

한발로 나라가 망하게 되었을 때 나 아모스가 부르짖기를 주 여호와시여! 제발 그쳐주소서, 야곱이 미약한데 어떻게 견디겠습니까? 하였다고 했다. 5절의 기도는 2절의 아모스의 기도와 같다. 2절 주해를 참조하라.

암 7:6. 주 여호와께서 이에 대하여 뜻을 돌이켜 주 여호와께서 이르시되 이것도 이루지 아니하리라 하시니라.

주 여호와께서 이에 대하여 뜻을 돌이키시고 말씀하시기를 이 한발 재앙도 이뤄지지 않을 것이라고 하셨다. 본 절의 주해를 위해서 3절 주해를 참조하라.

3. 다림줄 환상 7:7-9

7-9절은 다림줄 환상으로 여호와께서 이스라엘의 행위를 조사하시며, 이스라엘을 전적으로 훼파하실 것을 보이신 것이다.

<셋째, 다림줄>

암 7:7. 또 내게 보이신 것이 이러하니라 다림줄을 가지고 쌓은 담 곁에 주께서 손에 다림줄을 잡고 서셨더니.

또 여호와께서 나 아모스에게 이같이 보여 주시기를 보라! 주께서 다림줄로 쌓은 성벽 위에 서셨는데, 그 손에 다림줄을 잡고 계셨다는 것이다.

"주께서 손에 다림줄을 잡고 서셨다"는 말은 여호와께서 다림줄(납 같은 금속을 줄에 달아서 건물의 수직을 재는 줄이다)을 손에 잡고 이스라엘을 측량하시려고 서셨다는 뜻이다. 여호와께서는 이스라엘을 똑 바로 세우셨으나 이제 이스라엘은 많이 문제가 생긴 터이라 비뚤어진 것이 많았다.

암 7:8. 여호와께서 내게 이르시되 아모스야 네가 무엇을 보느냐 내가 대답하되 다림줄이니이다 주께서 이르시되 내가 다림줄을 내 백성 이스라엘 가운데 두고 다시는 용서하지 아니하리니.

여호와께서 내게 물으시기를 아모스야! 네가 무엇을 보고 있느냐고 물으심으로, 내가 대답하기를 다림줄이니이다 하니 그때 주께서 말씀하시기를 보라! 나 여호와가 다림줄을 내 백성 이스라엘 가운데 두고 다시는 그들을 그냥 지나가지 않을 것이라고 하셨다는 것이다.

"내가 다림줄을 내 백성 이스라엘 가운데 두셨다"는 말은 '나 여호와가 물건을 측량하는 다림줄을 가지고 이스라엘 백성들을 측량하여 모자란 사람들을 심판하시겠다'는 뜻이다. 하나님은 항상 그의 택한 백성들을 측량하시는 분이시다. 하나님의 눈에 비쳐서 바른 사람이 누구일 것이냐는 것이다. 우리는 항상 그리스도의 대속을 믿고 살아야 할 것이다(막 10:45).

암 7:9. 이삭의 산당들이 황폐되며 이스라엘의 성소들이 파괴될 것이라 내가 일어나 칼로 여로보암의 집을 치리라 하시니라.

여호와께서 말씀하시기를 이삭(이스라엘과 동의어이다)의 산당들(왕상 3:2; 왕하 23:8; 사 16:12; 호 10:8)이 황폐하게 되고, 이스라엘의 성소들이 파괴될 것이며, 내가 일어나 칼로 여로보암의 집을 칠 것이라고 하신다.

이스라엘 민족은 산당들과 성소들에서 우상을 섬겼으니 온전하지 못할 것이라는 뜻이다.

"내가 일어나 칼로 여로보암의 집을 치리라 하시니라"는 말씀은 '여호와께서 일어나 전쟁의 수단으로 여로보암 2세가 다스리는 이스라엘을 치시겠다'는 뜻이다. 그러니까 본 절은 여호와께서 이스라엘을 치시겠다는 것을 말씀하시는 것이다.

4. 아마샤가 아모스를 벧엘에서 내쫓는 일 7:10-17

10-17절은 벧엘의 제사장 아마샤가 아모스를 박해한 역사적 사건을 다

룬다. 아마샤는 아모스를 반역자로 몰아붙이면서 유다 땅으로 돌아가라고 했으나 아모스는 하나님께서 세워주신 곳에서 사역을 하겠다고 대답한다.

<아모스와 아마샤의 대결>

암 7:10. 때에 벧엘의 제사장 아마샤가 이스라엘의 왕 여로보암에게 보내어 이르되 이스라엘 족속 중에 아모스가 왕을 모반하나니 그 모든 말을 이 땅이 견딜 수 없나이다.

벧엘의 대제사장이며 북쪽 나라 종교지도자였던 아마샤가 이스라엘 왕 여로보암에게 사람을 보내어 알려주기를 아모스가 이스라엘 족속 중에서 당신에게 음모를 꾀하니, 이 나라가 그의 모든 말을 감당할 수 없다고 고발한다.

벧엘의 대제사장이며 북쪽 나라 종교지도자였던 아마샤는 아모스를 나라의 반역자로 보고 왕에게 고발했다.

"그 모든 말을 이 땅이 견딜 수 없다"고 고발한 것은 아모스의 모든 말을 이 땅이 견딜 수 없다는 것이었다. 다시 말해 아모스가 이스라엘이 멸망할 것이라는 예언한대로 된다면 이스라엘이 더 이상 참을 수 없을 것이란 뜻이다.

이처럼 진정한 애국자는 거짓 애국자로부터 반역자의 누명을 뒤집어썼다. 과거 우리나라의 이순신 장군도 반역자로 누명을 쓰고 고생을 했다.

암 7:11. 아모스가 말하기를 여로보암은 칼에 죽겠고 이스라엘은 반드시 사로잡혀 그 땅에서 떠나겠다 하나이다.

아마샤가 왕께 고발한 내용에 보면 아모스가 말하기를 여로보암 왕은 칼에 죽을 것이고 이스라엘은 반드시 사로잡혀 자기 땅에서 끌려갈 것이라는 말을 했다고 고발했다.

암 7:12. 아마샤가 또 아모스에게 이르되 선견자야 너는 유다 땅으로 도망하여 가서 거기에서나 떡을 먹으며 거기에서나 예언하고.

아마샤가 왕에게만 고발한 것이 아니라 아모스에게도 말하기를 선견자야! 유다 땅으로 도망가서 거기서 빵을 먹고 거기서 예언하라고 윽박지른다.

"아마샤가 또 아모스에게 이르되"라는 말을 보면 아마샤가 왕으로부터 무슨 대답을 아직 못 들었거나 아니면 왕의 대답이 시원하지 않아보여서 (Calvin, K.&D., Driver) 직접 아모스에게 윽박지른 것으로 본다.

"유다 땅으로 도망하여 가서 거기에서나 떡을 먹으며 거기에서나 예언하라"고 독촉한다. 아마샤의 이 말은 두 가지 내용이었다. 유다 땅으로 도망하여 유다 땅에서 적당히 살면서 거기서 밥벌이나 해서 살라는 것이고, 또 한 가지 내용은 유다 땅에서 점쟁이 노릇이나 하라는 말이다. 아마샤가 아모스의 예언을 듣고 회개했더라면 구원을 받았을는지도 모를 일이었다.

암 7:13. 다시는 벧엘에서 예언하지 말라 이는 왕의 성소요 나라의 궁궐임이니라.

아마샤는 아모스를 향하여 다시는 벧엘에서 예언하지 말라. 벧엘에서 예언하지 말아야 할 이유는 이곳은 왕의 성소이며 왕의 궁전이었기 때문이라는 것이다.

"이는 왕의 성소요 나라의 궁궐이라"는 말은 이 벧엘이 종교적으로 아주 중요했던 왕이 세운 성소였기 때문이라는 것이다. 아무튼 이런 대단한 곳에서 아모스 같은 사람이 예언한 것을 아마샤는 아주 싫어했을 것이다.

암 7:14. 아모스가 아마샤에게 대답하여 이르되 나는 선지자가 아니며 선지자의 아들도 아니라 나는 목자요 뽕나무를 재배하는 자로서.

아모스는 아마샤의 윽박지름에 대하여 이렇게 대답하면서 자신의 정체를 드러낸다. 즉, 나는 직업적인 선지자도 아니고 선지자의 생도도 아니며, 나는 드고아의 목자이고, 뽕나무를 재배하는 농부라고 말해준다. 다만 자기가 이렇게 나선 것은 하나님께서 불러주셨기 때문에 나선 것이며 하나님으로부터 소명을 받았기 때문이라는 것이다.

암 7:15. 양 떼를 따를 때에 여호와께서 나를 데려다가 여호와께서 내게 이르시기를 가서 내 백성 이스라엘에게 예언하라 하셨나니.

여호와께서 나 아모스가 양 떼를 몰고 있었는데 나를 데려다가, 내게 가서 내 백성 이스라엘에게 예언하라 하셔서 나섰소.

아모스는 하나님께서 불러주시니 불가항력적으로 나선 것이었다. 오늘 목사들도 하나님의 부르심이 있어서 나선 것이다.

암 7:16. 이제 너는 여호와의 말씀을 들을지니라 네가 이르기를 이스라엘에 대하여 예언하지 말며 이삭의 집을 향하여 경고하지 말라 하므로.

아모스는 아마샤에게 말하기를 그러므로 이제 여호와의 말씀을 들으시오 당신이 말하기를 이스라엘을 꾸짖는 예언을 하지 말며, 이삭의 집(이스라엘)을 치는 설교를 하지 말라 하니 다음 절과 같은 여호와의 말씀을 들으시오 라고 말해준다.

암 7:17. 여호와께서 이와 같이 말씀하시기를 네 아내는 성읍 가운데서 창녀가 될 것이요 네 자녀들은 칼에 엎드러지며 네 땅은 측량하여 나누어질 것이며 너는 더러운 땅에서 죽을 것이요 이스라엘은 반드시 사로잡혀 그의 땅에서 떠나리라 하셨느니라.

아모스는 여호와께서 아마샤 당신에게 말씀하시는 내용을 들으시오. 네(아마샤의) 아내는 성읍에서 창기가 되고, 네 자녀들은 칼에 쓰러지고, 네 토지는 측량되어 나누어지며, 너는 부정한 나라에서 죽을 것이며, 이스라엘은 반드시 사로잡혀 자기 땅에서 끌려갈 것이라고 하신 말씀을 들으라고 말한다.

"네 아내는 성읍 가운데서 창녀가 될 것이라"는 말은 '아마샤의 아내가 정복자에게 강요되어 창기가 된다는 뜻이기도 하고(K.&D.), 혹은 생계 때문에 창녀가 될 것이라는 뜻으로 본다.

"너는 더러운 땅에서 죽을 것이요"라는 말은 '너 아마샤는 더러운 이방 땅에서 죽을 것이라'는 뜻이다. 본 절에 진술되어 있는 하나님의 벌이 혹독해 보이나 이 벌은 아마샤가 스스로 하나님에게 요청한 벌이다.

제 8 장

5. 여름 실과 한 광주리의 환상 8:1-14

1-14절은 여름 실과 한 광주리의 환상으로 이는 이스라엘의 끝이 닥쳐왔다는 것을 알리는 것이다. 내용을 보면 먼저 여름 실과 한 광주리의 환상을 보이고(1-3절), 그 환상에 따른 예언으로 압제자의 심판이 보이며(4-10절), 마지막으로 여호와의 말씀의 기근이 임하는 것(11-14절)이 선포된다.

<넷째, 여름 과일 한 광주리>

암 8:1. 주 여호와께서 내게 이와 같이 보이셨느니라 보라 여름 과일 한 광주리이니라.

주 여호와께서 나 아모스에게 이와 같이 보이셔서 보니 여름 과일 한 광주리를 보여주시느니라.

이 여름 과일은 다 익은 과일이고, 그러므로 곧 거두어들일 과일이었다. 이는 결국 이스라엘에 대한 마지막 심판을 가리키는 것이다. 이렇게 마지막 실과가 보였는데도 백성들은 정신을 차리지 못하고 지내니 다음 절(2절)과 같은 여호와의 예언이 임하는 것이다.

암 8:2. 그가 말씀하시되 아모스야 네가 무엇을 보느냐 내가 이르되 여름 과일 한 광주리니이다 하매 여호와께서 내게 이르시되 내 백성 이스라엘의 끝이 이르렀은즉 내가 다시는 그를 용서하지 아니하리니.

주 여호와께서 아모스에게 물으시기를 아모스야! 네가 무엇을 보느냐? 하시기로 이에 나 아모스가 대답하기를 여름 과일 한 광주리입니다 하니, 여호와께서 내게 말씀하셨다. 나 여호와의 백성 이스라엘 위에 종말이 임했으니, 내가 다시는 그들을 그냥 용서하지 않을 것이라고 하신다.

이스라엘은 이제 끝을 맞이하여 포로가 되는 것이다. “내가 다시는 그를 용서하지 아니하리니”란 말의 주해를 위해 7:8주해 참조.

암 8:3. 그 날에 궁전의 노래가 애곡으로 변할 것이며 곳곳에 시체가 많아서 사람이 잠잠히 그 시체들을 내어버리리라 주 여호와의 말씀이니라.

주 여호와께서 말씀하시기를 이스라엘의 끝 날에는 왕궁의 노래가 통곡으로 변할 것이다. 그리고 모든 곳에 시체가 많아 사람들이 잠잠히 내어버릴 것이라고 하신다.

이스라엘이 앗수르로 포로 되어 가는 날에는 왕궁에서 들리던 노래는 통곡으로 변할 것이고, 그리고 이스라엘 모든 곳에 시체가 너무 많아 사람들은 그 시체들을 내버릴 것이라는 것이다.

암 8:4. 가난한 자를 삼키며 땅의 힘없는 자를 망하게 하려는 자들아 이 말을 들으라.

가난한 자를 짓밟고 이 땅의 억압받는 자를 망하게 하려는 사람들아! 너희는 이 말을 들으라고 한다.

“가난한 자를 삼키며 땅의 힘없는 자를 망하게 하려는 자들”이란 말은 이스라엘 경내의 정치적 또는 종교적인 지배층들 또는 부자들을 지칭한다. 이들은 가난한 서민들을 학대하여 그 가산을 삼키는 자들이었다.

암 8:5. 너희가 이르기를 월삭이 언제 지나서 우리가 곡식을 팔며 안식일이 언제 지나서 우리가 밀을 내게 할꼬 에바를 작게 하고 세겔을 크게 하여 거짓 저울로 속이며.

너희는 말하기를 초하루가 언제나 지나서 우리가 곡식을 팔고, 안식일이 언제나 지나서 밀을 내놓을 수 있을까? 에바는 작게 하고 세겔은 크게 하며, 거짓 저울로 속이자고 말한다.

“월삭이 언제 지나서 우리가 곡식을 팔며”라는 말은 장사하여 폭리를 얻고자 하는 상인들은 월삭(매월 첫째 날-이날에는 안식일처럼 매매를 못했다)이 빨리 지나 물건을 매매하기를 원했다는 것이다.

"안식일이 언제 지나서 우리가 밀을 내게 할꼬"라는 말은 저들 악한 상인들은 하나님께 경배하는 데는 관심이 없고 오직 매매하는 일에만 관심이 있었다는 것이다.

"에바를 작게 하자"는 말은 '에바는 곡식 같은 것을 팔 때 쓰는 말로 이를 작게 하는 것은 물건을 적게 주기 위함이었다.

"세겔을 크게 하여 거짓 저울로 속이자"는 말은 세겔(이는 무게의 단위로 약 11.424g에 해당한다)을 크게 하여 물건 값으로 받는 대금을 더 많이 받기 위함이었다. 도둑의 심리에서 발동한 것이었다.

암 8:6. 은으로 힘없는 자를 사며 신 한 켤레로 가난한 자를 사며 찌꺼기 밀을 팔자 하는도다.

가난한 자를 은으로 사고, 신 한 켤레로 궁핍한 자를 사며, 밀 찌꺼기도 팔아먹자고 했다는 것이다.

"찌꺼기 밀을 팔자"는 말은 일반적으로 먹지 못하는 밀도 가난한 자들에게 비싼 가격을 받고 팔았다는 것이다. 저들이 찌꺼기 같은 밀도 가난한 자들에게 팔았다는 것도 무자비한 일이었다.

암 8:7. 여호와께서 야곱의 영광을 두고 맹세하시되 내가 그들의 모든 행위를 절대로 잊지 아니하리라 하셨나니.

여호와께서 야곱의 영예를 걸고 맹세하시기를 나 여호와가 저희의 모든 행위를 결코 잊지 아니할 것이라고 하신다.

본 절의 "야곱의 영광"이란 말은 '이스라엘이 가지고 있는 영광' 곧 하나님 자신을 뜻한다. 하나님께서는 자신보다 더 위대하신 분이 계시지 않음으로 자신을 두고 맹세하신다.

"내가 그들의 모든 행위를 절대로 잊지 아니하리라 하셨다"는 말은 '나 여호와가 이스라엘의 행위를 절대로 잊지 않고 심판하시겠다'는 뜻이다.

암 8:8. 이로 말미암아 땅이 떨지 않겠으며 그 가운데 모든 주민이 애통하지 않겠느냐 온 땅이 강의 넘침 같이 솟아오르며 애굽 강 같이 뛰놀다가 낮아지리라

하나님의 심판으로 말미암아 이스라엘 땅이 떨 것이며 그 가운데 살고 있는 모든 주민이 애통할 것이라고 하신다. 그리고 온 이스라엘의 땅이 강이 넘침 같이 솟아오를 것이며, 애굽의 나일 강 같이 뛰놀다가 낮아질 것이라고 하신다.

본 절의 이스라엘의 멸망은 앗수르 군대의 침략을 받을 때 전국토가 멸망할 것이고 온 국민이 망할 것이라는 예언이다.

암 8:9. 주 여호와의 말씀이니라 그 날에 내가 해를 대낮에 지게 하여 백주에 땅을 캄캄하게 하며.

주 여호와의 말씀하시기를 여호와의 심판 날에 나 여호와가 대낮에 태양이 지게 할 것이며, 대낮에 땅을 어둡게 할 것이라고 하신다.

이스라엘에게 갑자기 닥쳐온 환란이 있을 때에 대낮에 엄청난 어둠이 찾아오게 하신다는 것이다.

암 8:10. 너희 절기를 애통으로, 너희 모든 노래를 애곡으로 변하게 하며 모든 사람에게 굵은 베로 허리를 동이게 하며 모든 머리를 대머리가 되게 하며 독자의 죽음으로 말미암아 애통하듯 하게하며 결국은 곤고한 날과 같게 하리라.

여호와께서 말씀하시기를 이스라엘의 절기의 기쁨을 애통으로(8:3 주해 참조; 호 2:11), 이스라엘이 부르던 노래를 슬픈 노래로 변하게 할 것이며, 나 여호와가 모든 사람의 허리에 베로 띠를 두르게 할 것이고(왕상 20:31; 사 15:3; 욜 1:8, 13), 모든 사람의 머리를 대머리가 되게 할 것이며(신

14:1), 나 여호와가 모든 사람이 외아들을 잃고 통곡하듯 하게 할 것이며, 그 마지막이 쓰라린 날이 되게 할 것이라고 하신다. 모든 조목들을 읽어볼 때 비참함이 넘친다.

11-14절. 말씀의 기근이 오게 된다는 것이다.

암 8:11. 주 여호와의 말씀이니라 보라 날이 이를지라 내가 기근을 땅에 보내리니 양식이 없어 주림이 아니며 물이 없어 갈함이 아니요 여호와의 말씀을 듣지 못한 기갈이라.

주 여호와께서 말씀하시기를 보라! 그 날들이 올 것이다. 나 여호와가 기근을 땅에 보내리니, 양식이 없어 기근이 아니요, 물이 없어 기갈이 아니라 여호와의 말씀을 듣지 못한 기갈을 당할 것이라고 하신다.

육적 기갈도 큰 기갈이지만 말씀의 기갈은 더 큰 기갈이 아닐 수 없다. 우리는 오늘 끊임없이 말씀을 묵상하여 푸른 초장에서 살아야 한다.

암 8:12. 사람이 이 바다에서 저 바다까지, 북쪽에서 동쪽까지 비틀거리며 여호와의 말씀을 구하려고 돌아다녀도 얻지 못하리니.

여호와께서 말씀하시기를 사람들이 이 바다에서 저 바다로 헤매고, 북에서 동까지 돌아다니며, 여호와의 말씀을 구하려고 애쓸지라도 사람들이 여호와의 말씀을 얻지 못할 것이라고 하신다. 이야말로 무서운 기근이 아닐 수 없다.

암 8:13. 그 날에 아름다운 처녀와 젊은 남자가 다 갈하여 쓰러지리라.

여호와께서 말씀하시기를 말씀을 얻지 못하는 기근의 날에 아름다운 처녀들과 청년들이 목말라 지쳐 쓰러질 것이다. 말씀의 기근을 당하는 것이 가장 무서운 것이다.

우리는 끊임없이 말씀을 묵상하여 물댄 동산에서 사는 것같이 살아야 할 것이다.

암 8:14. 사마리아의 죄 된 우상을 두고 맹세하여 이르기를 단아 네 신들이 살아 있음을 두고 맹세하노라 하거나 브엘세바가 위하는 것이 살아 있음을 두고 맹세하노라 하는 사람은 엎드러지고 다시 일어나지 못하리라.

사마리아의 신 아쉬마(אַשְׁמַת)로 맹세하는 사람들이 단아! 너의 신의 사심과 브엘세바의 신인 데렉(דֶּרֶךְ)의 사심으로 라고 말하니, 그들은 쓰러져 다시 일어나지 못할 것이라는 것이다.

"단아 네 신들이 살아 있음을 두고 맹세하노라". 단은 이스라엘의 가장 북단이며, 요단강의 발원지에 세워진 송아지 우상을 말함이다(왕상 12:29). 이스라엘인들은 그 송아지 우상에게 경배했고, 그 송아지 우상 때문에 산다고 고백했던 것이다.

"브엘세바가 위하는 것이 살아 있음을 두고 맹세하노라". 브엘세바는 남쪽 나라 유다의 성지로 이때에는 역시 우상 숭배의 고장이었다(5:5 주해 참조).

단에서 브엘세바까지는 불과 245km의 거리였으나 이스라엘 전 국토를 대언하는 것이며, 그 전 국토에 우상 숭배로 가득 찼으니 망할 수밖에 없었던 것이다. 이렇게 우상이 가득 찼으니 말씀의 기갈을 만날 수밖에 없는 것이다.

오늘 우리가 우상 숭배(돈 사랑, 명예 사랑, 이성 사랑, 세상사랑)를 하면 영적 기갈을 당할 수밖에 없는 것이다.

제 9 장

6. 성소를 파괴하는 환상 9:1-10

1-9절의 벧엘 신전을 파괴하시는 환상은 주님께서 단 곁에 서 계시면서 벧엘 신전을 파괴하시는 환상이다. 1-9절의 내용은 모든 백성이 죽음을 당하는 것(1-4절), 단 곁에서 신전을 파괴하시는 주님은 전능하신 하나님임을 말한다(5-6절). 그러나 이스라엘은 전적으로 망하지는 않는다는 것을 진술한다(7-10절).

1-4절. 모든 백성은 죽음을 당한다.

<다섯째, 범죄한 나라를 멸하리라>

암 9:1. 내가 보니 주께서 제단 곁에 서서 이르시되 기둥머리를 쳐서 문지방이 움직이게 하며 그것으로 부서져서 무리의 머리에 떨어지게 하라 내가 그 남은 자를 칼로 죽이리니 그 중에서 한 사람도 도망하지 못하며 그 중에서 한 사람도 피하지 못하리라.

1절은 아모스가 본 환상을 말한다. 아모스가 보니 주님께서 제단(벧엘의 신전) 곁에 서셔서 천사에게 말씀하시기를 기둥머리들을 쳐서 문지방들이 흔들리게 하고, 그것이 부서져 저들의 모든 머리를 치게 하여라. 그들의 남은 자들은 나 여호와가 칼로 죽일 것이니, 그들 중 아무도 도망하지 못할 것이며, 그들 중 아무도 피하지 못할 것이라고 하신다.

"기둥머리를 쳐서 문지방이 움직이게 하라"는 명령은 주 여호와께서 천사 중 하나에게 명령하여 기둥머리(이 기둥머리는 신전을 바치고 있는 기둥머리이다)를 쳐서 문지방이 움직이게 하라는 명령으로 본다. 그래서 기둥이 꺾어져 지붕이 무너지게 하라는 것이고, 신전 안에 있는 사람들의 머리 위에 떨어져 압사를 당하게 하라는 명령이다. 그리고 그 외에 사람들은 칼로 몰살시켜 버리라는 명령이다(삿 16:28-30 참조).

암 9:2. 그들이 파고 스올로 들어갈지라도 내 손이 거기에서 붙잡아 낼 것이요 하늘로 올라갈지라도 내가 거기에서 붙잡아 내릴 것이며.

여호와께서 말씀하시기를 악인들이 스올(땅 속)로 파고 내려갈지라도 나 여호와의 손이 거기서 그들을 붙잡아 올릴 것이며, 그 악인들이 하늘로 오를지라도 나 여호와가 거기서 그들을 끌어내릴 것이라고 하신다.

죄인들은 이 세상 어디로 피하는 것 보다는 하루 빨리 회개하는 편이 100번 1,000번 나은 것이다.

암 9:3. 갈멜산 꼭대기에 숨을지라도 내가 거기에서 찾아낼 것이요 내 눈을 피하여 바다 밑에 숨을지라도 내가 거기에서 뱀을 명령하여 물게 할 것이요.

여호와께서 말씀하시기를 죄인들이 갈멜산 꼭대기에 올라가서 숨을지라도 나 여호와가 그 꼭대기에서 그들을 찾아낼 것이며, 그들이 나 여호와의 눈을 피해 바다 밑에 깊숙이 숨을지라도 나 여호와가 거기서 뱀에게 명령하여 그들을 물게 할 것이라고 하신다.

하나님의 눈에는 천지에 숨을 곳이 없는 것이다. 어디 있든지 찾아내신다고 하신다. 회개밖에는 살 길이 없다.

암 9:4. 그 원수 앞에 사로잡혀 갈지라도 내가 거기에서 칼을 명령하여 죽이게 할 것이라 내가 그들에게 주목하여 화를 내리고 복을 내리지 아니하리라 하시니라.

여호와께서 말씀하시기를 우상 숭배자들이 자기 원수들에게 사로잡혀 갈지라도 내가 칼에게 명령하여 그들을 죽일 것이며, 내가 그들을 주목하여, 재앙을 내리고 복을 내리지 않을 것이라고 하신다.

우상 숭배자들은 결국 파멸을 피할 길이 없다는 것이다.

5-6절. 신전을 파괴하시는 주님은 전능하신 하나님이시다.

암 9:5. 주 만군의 여호와는 땅을 만져 녹게 하사 거기 거주하는 자가 애통하게 하시며 그 온 땅이 강의 넘침 같이 솟아오르며 애굽 강 같이 낮아지게 하시는 이요.

만군의 주 여호와께서 땅을 만지시면 땅을 녹게 하셔서 그 모든 거민이 통곡하며, 그 온 땅이 마치 나일처럼 솟아오르다가 또 나일 강처럼 가라앉게 하신다는 것이다. 하나님의 전능하심에 우상 숭배자들은 속수무책으로 걸려든다는 것이다.

암 9:6. 그의 궁전을 하늘에 세우시며 그 궁창의 기초를 땅에 두시며 바닷물을 불러 지면에 쏟으시는 이니 그 이름은 여호와시니라.

여호와 하나님께서는 하늘에 자신의 궁전을 건축하시고, 땅 위에 창공의 기초를 놓으시며, 그리고 바닷물을 불러 땅 위에 쏟으시는 분이시니 그분의 이름은 여호와시라는 것이다.

본 절은 여호와 하나님의 전능하심을 우주의 구조에서 설명한다. "그 궁창의 기초를 땅에 두시고 계신다"는 말씀은 '궁창의 기초가 땅위에 있는 것처럼 보인다'는 것이다.

"바닷물을 불러 지면에 쏟으시는 이라"는 말씀은 '노아 홍수 때처럼 바다 물을 온 지면에 범람하게 하신다'는 묘사이다. 여호와 하나님은 온 우주를 자유롭게 지배하시는 분이라는 말이다.

7-10절. 이스라엘은 전적으로 망하지는 않는다.

암 9:7. 여호와의 말씀이니라 이스라엘 자손들아 너희는 내게 구스 족속 같지 아니하냐 내가 이스라엘을 애굽 땅에서, 블레셋 사람을 갑돌에서, 아람 사람을 기르에서 올라오게 하지 아니하였느냐.

여호와께서 말씀하시기를 이스라엘 자손들아! 너희는 내게 구스(에티오피아) 자손 같지 아니하냐? 나 여호와가 이스라엘을 애굽 땅에서, 블레셋 사람을 크레타 섬에서, 아람 사람을 기르에서 올라오게 하지 않았느냐고 하신다.

"이스라엘 자손들아! 너희는 내게 구스 족속 같지 아니하냐"는 말씀은 '이스라엘 자손들이 여호와 하나님에게 구스 족속이 애굽을 지배했던 때처럼 대단하게 보신다'는 것이다. 이스라엘 자손들이 이렇게 하나님에게 대단하게 보이는 것은 그들이 아브라함의 자손이라는 입장에서만 그런 것이 아니라 이스라엘 자손들이 현실적으로 하나님을 섬기기 때문이라는 것이다.

"내가 이스라엘을 애굽 땅에서, 블레셋 사람을 갑돌에서, 아람 사람을 기르에서 올라오게 하지 아니하였느냐"는 말씀은 '나 여호와가 이스라엘 백성들을 애굽 땅에서 올라오게 하셨고, 블레셋 사람들을 갑돌 섬에서 올라오게 하셨으며, 아람 사람들을 기르에서 불러내 주셨다는 것이다(1:5 주해 참조).

하나님은 여러 민족을 공히 돌보아주시는 분이라는 것을 말하는 것이다. 하나님은 이스라엘 민족을 애굽에서 불러내어 오늘까지 돌보아 주신 은혜로우신 분임을 말하는 것이다.

암 9:8. 보라 주 여호와의 눈이 범죄한 나라를 주목하노니 내가 그것을 지면에서 멸하리라 그러나 야곱의 집은 온전히 멸하지는 아니하리라 여호와의 말씀이니라.

여호와께서 말씀하시기를 보라! 주 여호와의 눈이 범죄한 왕국(야곱 집이라는 말과 동의어)을 주목하시니, 나 여호와가 그 왕국을 땅 위에서 멸할 것이다. 그러나 야곱 집은 완전히 멸하지는 아니할 것이라고 하신다.

본 절의 의미는 하나님께서 이스라엘 나라는 징벌하시기는 하시나 아주 멸절시키지는 아니하신다는 것이다. 그들 중에 회개하는 자들은 멸망시키지 않으신다는 뜻이 여기 내포되어 있다.

암 9:9. 보라 내가 명령하여 이스라엘 족속을 만국 중에서 체질하기를 체로 체질함 같이 하려니와 그 한 알갱이도 땅에 떨어지지 아니하리라.

본 절은 전절에서 말한바 이스라엘 중에 남은 자가 구원받을 원인을 알려준다. 즉, 여호와께서 말씀하시기를 보라! 나 여호와가 명하여 이스라엘 집을 만국 중에서 체질하기를 체로 체질함 같이 하되 그러나 그 한 알갱이도 땅에 떨어지게 아니할 것이라고 하신다.

"체질 한다"는 것은 좋은 곡식과 쭉정이를 나누는 작업이다. 이스라엘이 포로가 되어 포로지에서 곡식은 남게 하고 쭉정이는 버리신다는 것이다.

암 9:10. 내 백성 중에서 말하기를 화가 우리에게 미치지 아니하며 이르지 아니하리라 하는 모든 죄인은 칼에 죽으리라.

본 절은 회개하지 않은 자들이 철없이 하는 말이다. 즉, 여호와께서 말씀하시기를 내 백성 중에서 말하기를 재앙이 우리를 따라잡거나, 우리에게 미치지도 못할 것이라고 하는 모든 죄인들은 칼에 죽을 것이라고 하신다.

악인들은 위기가 닥쳐도 위기를 깨닫지 못하며 회개하지 않는다. 이런 자들은 전란 중에서 멸망한다.

E. 하나님께서 복을 주신다는 약속 9:11-15

이스라엘에 대한 하나님의 심판은 심판을 위한 것이 아니요 구원을 위한 것이다. 본문의 내용은 이스라엘이 포로지에서 귀환하여 옛날의 왕국을 재건할 것을 예언하면서 멀리 메시아 왕국의 건설을 내다보고 있다.

1. 하나님의 성전 재건 9:11

<이스라엘의 회복>

암 9:11. 그 날에 내가 다윗의 무너진 장막을 일으키고 그것들의 틈을 막으며 그 허물어진 것을 일으켜서 옛적과 같이 세우고.

여호와의 심판의 날에 나 여호와가 다윗의 무너진 장막을 일으키고, 그것들의 갈라진 틈들을 보수하며, 그 폐허를 일으키고, 그것을 옛날처럼 재건하리라고 하신다.

"다윗의 무너진 장막을 일으킨다"는 말은 멸망한 다윗 왕국을 재건 시켜 주신다는 뜻이다. 다윗의 장막이란 다윗 왕의 전적인 신앙으로 세워진 왕국으로 나일강에서 유브라데 강까지 넓게 자리 잡았고 내적으로는 선정을 베풀어 메시아 왕국의 예표였다. 이 예언은 다윗의 자손으로 나신 예수 그리스도의 메시아 왕국의 건설에서 실현될 것으로 보는 것이다.

2. 새로운 기업을 주실 것을 약속하시다 9:12-14

암 9:12. 그들이 에돔의 남은 자와 내 이름으로 일컫는 만국을 기업으로 얻게 하리라 이 일을 행하시는 여호와의 말씀이니라.

본 절은 메시아 시대 곧 신약 시대의 구원 행복에 만국이 참여하게 될 것을 예언한다. 에돔은 하나님의 백성 이스라엘의 숙적이었다. 그럼에도 불구하고 신약 시대에는 에돔 민족 가운데서도 하나님의 백성이 될 자들이 있을 것이라고 말한다. "남은 자"란 말은 '택함 받은 백성'이라는 뜻이다.

"내 이름으로 일컫는 만국을 기업으로 얻게 하리라"는 말씀은 '여호와의 이름으로 일컫는 만국'이라는 뜻이다.

"기업으로 얻게 하리라"는 말씀은 '소유로 얻게 되리라'는 뜻이다.

암 9:13. 여호와의 말씀이니라 보라 날이 이를지라 그 때에 파종하는 자가 곡식 추수하는 자의 뒤를 이으며 포도를 밟는 자가 씨 뿌리는 자의 뒤를 이으며 산들은 단 포도주를 흘리며 작은 산들은 녹으리라.

본 절부터 마지막 15절까지는 메시아 시대 곧 신약시대에는 땅에 영적 산물과 육적 산물이 풍부할 것을 예언한다. 즉, 여호와께서 말씀하시기를 보라! 그 날들이 올 것이다. 그때에 밭가는 자가 추수하는 자의 뒤를 따르고, 포도 밟는 자가 씨 뿌리는 자의 뒤를 따라가며, 산들이 단 포도즙을 흘려 모든 언덕들이 녹을 것이라고 하신다.

다시 말해 파종하는 자가 추수하는 자의 뒤를 따르게 된다는 것이고, 또 포도가 풍성하기 때문에 씨 뿌리는 때까지 그것이 없어지지 않는다는 것이다. 그리고 산에 심은 포도가 잘되는 고로 산에서 포도주가 흐르는 것 같으며, 그리고 작은 산들에는 목장이 잘 됨으로 젖이 많이 생산되니 이는 마치 그 작은 산들이 젖으로 녹아내리는 것과 같다는 것이다. 아무튼 농작물의 풍성을 말하는 것이다. 이와 유사한 표현들은 여러 선지자들의 예언에서도 공통적으로 언급되고 있다(겔 47:12; 호 14:5-7).

암 9:14. 내가 내 백성 이스라엘이 사로잡힌 것을 돌이키리니 그들이 황폐한 성읍을 건축하여 거주하며 포도원들을 가꾸고 그 포도주를 마시며 과원들을 만들고 그 열매를 먹으리라.

나 여호와가 사로잡힌 내 백성 이스라엘을 돌아오게 할 것이니, 그들이 황무한 성읍을 재건하여 살고, 포도원을 가꿔 그 포도주를 마시며, 과수원을 만들어 그 과일을 먹을 것이라고 하신다.

본 절의 말씀은 이스라엘 백성 중 포로 된 자 중 귀환한 자들이 황폐해진 성읍을 건축하여 거주하며, 그들이 또 포도원을 가꾸고 그 포도주를 마실 것이며 과원들을 만들어 그 열매를 따 먹을 날이 올 것이란 뜻이다(사 65:21; 호 6:11 참조).

3. 하나님께서 영원한 보장을 하시다 9:15

암 9:15. 내가 그들을 그들의 땅에 심으리니 그들이 내가 준 땅에서 다시 뽑히지 아니하리라 네 하나님 여호와의 말씀이니라.

여호와께서 말씀하시기를 나 여호와가 그들을 자기들 땅에 심을 것이니, 그들이 다시는 내가 준 땅에서 뽑히지 않을 것이라고 하신다.

포로에서 돌아온 이스라엘 백성들이 저들의 본토에 다시 심어지고 그 후에는 영원히 뽑히지 아니할 것이라는 뜻이다(삼하 7:10; 렘 24:2; 32:41; 42:10; 겔 28:26; 호 2:23). 본 절의 말씀은 멀리 메시아 왕국에 대한 예언이다. 메시아 왕국에서 모든 하나님의 백성들은 영원히 무궁한 복락을 누릴 것이다.

-아모스서 주해 끝-

오바댜서 주해

Exposition of Obadiah

■ 총 론

오바댜서의 책 길이는 어떤가.

오바댜는 구약의 예언서 중 가장 짧은 책이며 본서의 명칭은 저자의 이름을 따랐다.

오바댜(עֹבַדְיָה)라는 이름은 어떤 뜻을 가지고 있는가.

오바댜는 '여호와의 종'이라는 뜻이다. 보통 예언자의 이름을 밝힐 때는 "...의 아들..."로 표시하는 것이 히브리인의 관례이나 본서의 경우는 단순히 "오바댜의 묵시라"라고만 표기하고 있다.

북쪽 나라 이스라엘의 아합 왕 때 오바댜란 이름이 있었으나(왕상 18:3), 그가 남쪽 나라 유다 왕국 예루살렘에서 예언활동을 한 본서의 저자일 수는 없는 것이다. 그의 이름 오바댜는 이스라엘에서 흔한 이름이었다고 보는 것이다(왕상 18:3; 대상 3:21; 7:3; 8:38; 9:16, 44; 12:9; 27:19; 34:12; 대하 17:7; 34:12; 스 8:9; 느 10:5).

오바댜의 시대는 언제인가.

오바댜의 시대에 관해서는 큰 논쟁이 거듭되었으나 확실하게 단정할 근거는 잡지 못했으며 카일(Keil)은 여호람 왕 시대 곧 주전 848-841년 경의 일이라고 주장했고 영(Young)과 엉거(Unger)등도 이에 동조하고 있다.

본서의 시대를 결정할 단서는 예루살렘이 적군의 침략을 당했다는 기록뿐이다(11절). 그러나 이 침략도 완전한 파괴를 이룬 것은 아니었고, 그 후도 예루살렘성은 유지된 것으로 보이며, 더구나 성전이 아주 파괴되었다는 기록은 없다(17-18절).

오바댜서의 목적은 무엇인가.

오바댜서의 내용은 에돔의 멸망(1-14절)과 이스라엘의 구원(15-21절)을 묘사하고 있다. 이 두 부분을 통해 오바댜서의 목적이 분명히 드러나고 있다. 다시 말해 1-14절에서 에돔의 멸망이 그들의 가장 가까운 형제국인 유다의 환란 때 취한 바 비형제적 행위에 대한 하나님의 심판인 것을 드러내고 있고, 15-21절에서는 여호와의 날에 에돔을 위시하여 만국이 그들의 죄에 대해 심판을 받고, 하나님의 백성들은 구원받는 것을 선포하는 것으로 볼 수 있다.

오바댜서는 어떤 교훈을 주는 책인가.

1) 하나님께서는 교만 죄를 가장 미워하신다는 것을 드러내고 있다(3절).

2) 하나님께서는 형제간에 서로 미워하고 싸우는 죄를 미워하신다는 것을 드러내고 있다(4, 8, 9절).

3) 하나님께서는 잔인한 죄를 미워하신다(5, 9절).

4) 하나님의 심판은 언제나 윤리성을 지니고 있다(10, 15, 19-21절).

5) 하나님은 인간의 잔인하고 악한 성품을 싫어하신다(10-14절).

6) 오바댜서는 하나님의 심판의 목적을 드러내고 있다. 하나님의 만국 심판의 목적은 택한 백성을 구원함에 있으며(15, 21절), 하나님의 구원 사역에는 실패가 없으시다. 그러므로 오바댜의 예언은 그대로 이루어져 에돔은 영원히 망하고 말았다(9, 15-16절).

7) 권능은 오직 하나님께만 있다는 것을 드러낸다. 어떤 세력을 약하게 하심이나 멸하게 하심도 하나님께 있고(2, 8절), 동맹국을 배반하는 일도 하나님께 있다고 말한다(7, 8절).

오바댜서에 나타난 그리스도는 어떤 분이신가.

신구약 성경의 가장 근본적인 주제와 목적은 모두 다 함께 주 예수 그리스도의 구속 사역을 통한 우리 죄인의 구원 하나로 축약된다. 본서에 예수 그리스도와 관련된 진리를 찾아보면 다음과 같다.

1) 만국에 대한 주권을 가지신 심판 주이시라는 것이다.

에돔 족속으로 대표된 하나님을 대적하는 이 세상의 모든 악한 세력들에 대한 징벌과 여호와의 날에 시행될 만국에 대한 심판은 오직 하나님으로부터 모든 권세를 위임받으신 예수 그리스도에 의해서 시행될 것이다.

2) 자기 백성에 대한 구원자로서의 그리스도시라는 것이다.

본서의 시온 산에 올라오는 '구원자들'(21절)은 궁극적으로 죄에 사로잡혀 있던 인류를 구원하실 그리스도와 그리스도의 구속 복음을 세계만방에 전파할 신약 성도들을 가리킨다. 본서는 이 구원자들을 통하여 세계 만국이 여호와께 속하게 될 것이라고 증거한다.

오바댜서를 맞이하는 현대 성도는 어떤 자세를 가지고 살아야 하는가.

세상 끝 날에는 세계 만국이 여호와께 굴복함으로써 완전한 하나님의 나라가 도래하게 될 것이라는 사실 등이 말세 성도들로 하여금 고난 중에도 절망하지 않고 더욱 여호와 신앙을 견지하게 하는 촉진제 역할을 했다. 따라서 본서가 오늘날의 현대 성도들에게 주는바 교훈을 정리해 보면 다음과 같다.

1) 현대 성도들은 사단의 어떠한 미혹이나 위협에도 좌절하거나 타협하지 말고 성도에 대한 하나님의 구원과 사단에 대한 심판 약속은 반드시 성취될 것이라는 확신과 소망 가운데서 신앙생활에 정진해야 할 것이다.

2) 성도는 현세적이고 인본주의적인 조건을 좇아 살 것이 아니라 오직 하나님 말씀을 좇아 살아야 할 것이다.

3) 성도들은 우주의 모든 배후에는 택한 백성의 구원을 위한 구속사를 중심으로 우주 역사를 운행하시는 하나님의 주권적인 섭리가 있음을 알고 살아야 할 것이다.

4) 모든 성도들은 그리스도의 구속 복음을 세계만방에 널리 전파하는 구원자들이 되어 시급히 하나님의 나라가 완전히 도래되도록 힘써야

할 것이다.

오바댜서의 특징은 무엇인가.

1) 본서는 단순한 언어로 구사되어 있으면서도 깊은 사상을 드러내고 있다.

2) 본서는 아주 예리한 경책을 내포하고 있고, 그 경책은 여호와의 날에 대한 예언에서 절정을 이루고 있다.

3) 본서는 만국의 심판과 이스라엘의 구원이란 범주를 따르면서도 특히 에돔의 심판이 주제가 되어 있다.

■ 내용 분해

I. 서론 1a
II. 본론 1b-21
  A. 만국의 호출 1b
  B. 여호와의 계시 2-4절
  C. 에돔의 멸망 5-9절
  D. 에돔의 죄 10-14절
II. 여호와의 날 15-21절
  A. 만국의 심판 15-16절
  B. 이스라엘의 구원 17-21절

■ 참고도서

아가페 굿모닝 성경(개역개정 제 4판), 서울특별시: 아가페출판사, 2006.

그랜드종합주석. *호세아-말라기*, 경기도 고양시: 성서아카데미, 2004.

김수홍. *그리스도의 말씀이 연합에 미친 영향*. 수원시: 도서출판 목양, 2011.

김희보. *요나, 나훔, 오바댜성경주해*, 서울특별시: 총신대학출판부, 1989.

더글라스 스튜어트. *호세아-요나주석*, 김병하옮김, 서울특별시: 도서출판솔로몬, 2011.

레슬리 알렌. 호세아-말라기 주석, 서울특별시: 한국성서유니온선교회, 1993.

매튜 헨리. *호세아-말라기주석*, 박문재옮김, 경기도고양시: 크리스챤다이제스트, 2009.

박윤선. *소선지서*, 성경주석, 서울: 영음사, 1962.

옥스퍼드원어성경대전. *요엘, 오바댜, 요나주석*, 서울특별시: 제자원 바이블네트, 2007.

이상근. *소예언서*, 대구광역시: 성등사, 1997.

이순한. *소예언서 강해(상)*, 서울: 한국기독교 교육연구원, 1996.

퓨지, E. B. *아모스서, 오바댜서주석*, 송동섭역, 서울특별시: 크리스챤서적, 1991.

카일, 델리취. *호세아, 요엘, 아모스, 오바댜, 요나, 미가*, 역자 홍성현, 서울: 기독교 문화사, 1992.

Baxter, J. Sidlow. *Explore the Book*. Grand Rapids: Zondervan Publishing House, 1966.

Black, Matthew & Rowley, H.H. *Peake's Commentary on the Bible*, Nashville: Thomas Nelson, 1962.

Calvin, John. *Calvin's Commentaries,* Edinburgh: Clark, 1847.

Deane, W. J. *오바댜, 요나, 미가 주석*, 풀핏주석번역위원회 역, 대구시: 보문출판사, 1987.

Guthrie D. & Motyer, J.A. *The New Bible Commentary*, Grand Rapids:

Eerdmans, 1970.

Henderson, E. *The Twelve Minor Prophets*, Grand Rapids: Baker, 1980.

Hervey, E. Finley. *Beacon Bible Commentary*, Cansas City: Beacon Book House, 1942.
Jamieson, R. Fausset, A. R. & Brown D. *Commentary on the Whole Bible,* Grand Rapids: Zondervan, 1976.

Lange, John Peter. *Commentary on the Whole Scripture*, Grand Rapids: Zondervan, 1876.

Maclaren, Alexander. *Expositions of Holy Scripture*, Grand Rapids: Baker Book House, 1984.

Morgan, G. Campbell. *An Exposition of the Whole Bible*, Old Tapen: Fleming H. Revell, 1959.

Motyer, J.A. *The Prophet Amos and the Day of the Lord*, Downers Grove: Inter-Varsity Press, 1975.

Myer, F. B. *Bible Commentary*, Wheaton: Tyndale, 1984.

Nicoll W. Robertson ed. *The Expositor's Bible*, Chicago: W.P. Blessing Co. n.d.

Thomas J. Finley. *The Wycliffe Exegetical Commentary,* Moody Press, 1990.

Wevers, John W. *The New Century Bible Commentary, Ezekiel*, Wm. B. Eerdmans Co, Grand Rapids, 1969.

Walvoord, John F. & Zuck Roy B. ed. *The Bible Knowledge Commentary*, Wheaton: Victor, 1985.

【 사전 】

바이블렉스 8.0

데릭 윌리엄스, *IVP 성경사전.* 이정석 외 한국기독학생회 출판부 역, 한국기독학생회 출판부(IVP), 1992,

Achtemeier, Paul J. *Harper's Bible Dictionary*, New York: A Division of Harper Collins Publishers, 1985.

Douglas, J. D. *New Bible Dictionary*, (2nd edition), Wheaton: Tyndale House Publishers, 1982.

Tenney, Merrill C. *The Zondervan Pictorial Bible Dictionary,* Grand Rapids: Regency, 1967.

Tregelles, Samuel Prideaux. *Gesenius' Hebrew and Chaldee Lexicon,* Grand Rapids: Eerdmans, 1969.

Unger, M. F. *Unger's Bible Dictionary.* Chicago: Moody, 1957.

오바댜서 주해

오바댜서는 구약성경에서 가장 짧은 책이나 그 내용은 선명하고 깊다. 본서의 주제는 "에돔의 멸망"이고, 에돔의 죄는 유다에 대해 형제에게 베풀어야 할 따뜻함의 결여였다.

I. 서론 1a

옵 1:1. 오바댜의 묵시라.

본 절 상반 절의 이 말씀은 본서 전체의 표제이다. "오바댜"는 '여호와의 종'이라는 뜻이다. 보통 예언자의 이름을 밝힐 때는 "...의 아들..."로 표시하는 것이 히브리인의 관례이나 본서의 경우는 단순히 "오바댜의 묵시라"라고만 표기하고 있다. "묵시"(חֲזוֹן)란 말은 '하나님의 계시'라는 뜻이다. 하나님은 하나님의 뜻을 인간의 꿈이나 환상을 통해하신다. 오바댜의 묵시란 말은 하나님께서 그의 뜻을 오바댜를 통해서 드러내신다는 것이다.

II. 본론 1b-21

A. 만국의 호출 1b

<여호와께서 에돔을 심판하시다>

주 여호와께서 에돔에 대하여 이와 같이 말씀하시니라 우리가 여호와께로 말미암아 소식을 들었나니 곧 사자가 나라들 가운데에 보내심을 받고 이르기를 너희는 일어날지어다 우리가 일어나서 그와 싸우자 하는 것이니라 (Thus says the Lord GOD concerning Edom: We have heard a report from the LORD, and a messenger has been sent among the nations: "Rise up! let us rise against her for battle!"-ESV).

주 여호와께서 에돔에 대하여 이와 같이 말씀하시기를 우리가 여호와께로 말미암아 소식을 들었나니 곧 사자가 나라들 가운데에 보내심을 받고 이르기를 너희는 일어날지어다 우리가 일어나서 그와 싸우자 하는 것이라고 하신다.

"주 여호와께서 에돔에 대하여 이와 같이 말씀하시니라"라는 문구는 본 절의 묵시의 내용을 소개하고 있다. 그 묵시의 내용은 여호와께서 그의 천사들을 열국으로 보내시고, 열국의 군대를 집결하여 에돔을 총공격하여 에돔(이스라엘의 쌍둥이 형인 에서의 자손)을 멸하시겠다는 것이다. 에돔은 사해의 남쪽, 세일산을 중심한 산지에 거하는 족속이었다(암 1:11). 여호와께서 공격하시면 반드시 이루어지는 것이다.

B. 여호와의 계시 2-4절

옵 1:2. 보라 내가 너를 나라들 가운데에 매우 작게 하였으므로 네가 크게 멸시를 받느니라.

여호와께서 말씀하시기를 보라! 나 여호와가 너 에돔을 모든 나라 가운데 보잘것없게 만들 것이니, 네가 매우 멸시를 당할 것이라고 하신다.

본 절 초두의 "보라"란 말은 본 절의 내용이 아주 중요하니 유심히 관찰하라는 것을 주문하는 말씀이다.

에돔이 상당한 강국이었으나 여호와께서 매우 작은 나라가 되게 하겠다고 하시니 에돔이 크게 멸시를 받게 된다는 것이다(렘 49:15 참조).

옵 1:3. 너의 마음의 교만이 너를 속였도다 바위틈에 거주하며 높은 곳에 사는 자여 네가 마음에 이르기를 누가 능히 나를 땅에 끌어내리겠느냐 하니.

본 절과 4절은 에돔이 교만하다는 것을 말씀하신다. 에돔은 교만하여 스스로 속아서 바위틈에 거주하며 높은 곳에 살면서 마음에 이르기를 어느 나라가 나 에돔을 땅에 끌어내리겠냐고 했다는 것이다.

에돔은 사해 남쪽의 산악 지대에 살면서 서편은 험한 산들로 겹쌓여 있고 동쪽은 아라비아 사막이었다. 이런 조건에서 살고 있었으니 교만이 생겼으나 하나님은 저들을 끌어내리신다는 것이다.

옵 1:4. 네가 독수리처럼 높이 오르며 별 사이에 깃들일지라도 내가 거기에서 너를 끌어내리리라 여호와의 말씀이니라.

여호와께서 말씀하시기를 비록 너 에돔이 독수리처럼 하늘 높이 오르며, 네 둥지를 별들 사이에 둘지라도, 거기서 나 여호와가 너 에돔을 끌어내릴 것이라고 하신다.

에돔은 험준한 산악지대에 살고 있어서 어느 세력도 침범할 수 없었으나 여호와께서는 그들을 그 험준한 요새에서 끌어내리신다는 것이다.

C. 에돔의 멸망 5-9절

옵 1:5. 혹시 도둑이 네게 이르렀으며 강도가 밤중에 네게 이르렀을지라도 만족할 만큼 훔치면 그치지 아니하였겠느냐 혹시 포도를 따는 자가 네게 이르렀을지라도 그것을 얼마쯤 남기지 아니하였겠느냐 네가 어찌 그리 망하였는고.

여호와께서 말씀하시기를 혹시 도둑들이 너 에돔에게 이르고, 강도들이 밤중에 너 에돔에게 이른다면, 그들이 원하는 만큼만 도둑질하지 않겠느냐? 포도 따는 사람들이 네게 이른다면, 그들이 약간의 포도는 남겨 두지 않겠느냐? 그런데 너 에돔은 어찌 그렇게 망하였느냐고 하신다.

에돔의 침략군들이 에돔을 침략하여 웬만히 침략하면 그만 중지하겠지만 에돔의 침략군들은 멈추지 않고 완전히 파괴한다는 것이다. 교만은 한 세력을 망치는 것이다.

옵 1:6. 에서가 어찌 그리 수탈되었으며 그 감춘 보물이 어찌 그리 빼앗겼는고.

에서(에돔)가 어찌 그렇게 샅샅이 수탈당하고(렘 49:10주해 참조), 그의 감추어진 것들이 어찌 그렇게 빼앗겼는가?

에돔에 대한 침략은 훗날 바벨론에 의해서 시작되었고, 마카비 시대를 거쳐 로마 시대에 들어가 로마에 의해 완전 멸망당하고 말았다.

옵 1:7. 너와 약조한 모든 자들이 다 너를 쫓아 변경에 이르게 하며 너와 화목하던 자들이 너를 속여 이기며 네 먹을 것을 먹는 자들이 네 아래에 함정을 파니 네 마음에 지각이 없음이로다.

너 에돔과 동맹한 모든 자들이 너를 변두리로 몰아내었고, 너와 화목하던 사람들이 너를 속여 이기고, 너와 함께 먹던 사람들이 에돔에게는 총명이 없다 하며, 네 아래에 덫을 놓을 것이라고 하신다.

평소에 우호적인 나라들도 에돔을 속이고, 에돔을 정복하며, 평소에 에돔에게 신세를 끼치며 에돔의 양식을 먹고 살던 친한 벗들도 에돔을 해치기 위해 함정을 판다는 것이라고 하신다.

옵 1:8. 여호와의 말씀이니라 그 날에 내가 에돔에서 지혜 있는 자를 멸하며 에서의 산에서 지각 있는 자를 멸하지 아니하겠느냐.

여호와께서 말씀하시기를 여호와의 심판 날에 나 여호와가 에돔에서 지혜 있는 자를 멸할 것이며, 에서(에돔)가 사는 산에서 지각이 있는 자를 멸하실 것이라는 것이다.

에돔이 망하려니 지혜 있는 자들이 사라진다는 것이다. 지혜가 없는 개인이나 국가는 망하는 수밖에 없다.

옵 1:9. 드만아 네 용사들이 놀랄 것이라 이로 말미암아 에서의 산에 있는 사람은 다 죽임을 당하여 멸절되리라.

드만(에돔의 남부 지방)아! 네 용사들이 놀랄 것이니, 에서의 산에서 모든 사람들이 살육되어 없어질 것이라고 하신다. 에돔의 용사들이 패전하여 놀라니 에돔의 일반 거민들은 살육을 당하며 멸절된다는 것이다.

D. 에돔의 죄 10-14절

에돔이 위와 같이 완전히 멸망할 이유는 그들이 형제국 이스라엘에 대한 죄 때문이었다. 그들은 이스라엘에 대하여 심히 괴롭혔기 때문에 망한 것이다.

<에돔의 죄>

옵 1:10. 네가 네 형제 야곱에게 행한 포학으로 말미암아 부끄러움을 당하고 영원히 멸절되리라.

에돔이 그 형제 야곱에 대한 폭력 때문에 수치가 너 에돔을 덮을 것이니, 네가 영원히 멸망당할 것이라고 하신다. 에돔 인은 이스라엘의 출애굽 길에 그들의 영토를 통과하는 것도 거부한 것이었다(민 20:14-22). 그러므로 에돔은 그 죄 값으로 영원히 멸망한다. 에돔은 결국 훗날 바벨론에 의하여 멸망한다.

옵 1:11. 네가 멀리 섰던 날 곧 이방인이 그의 재물을 빼앗아 가며 외국인이 그의 성문에 들어가서 예루살렘을 얻기 위하여 제비 뽑던 날에 너도 그들 중 한 사람 같았느니라.

너 에돔이 이스라엘과 따로 서 있던 날, 곧 이방인들이 이스라엘의 군대를 사로잡던 날에, 외국인들이 예루살렘의 성문으로 들어가서 예루살렘을 두고 제비를 뽑을 때에, 에돔 또한 그들 중 하나같이 행동했다는 것이다.

에돔은 이스라엘의 형제국으로서 도무지 있을 수 없는 일을 했다는 것이다.

옵 1:12. 네가 형제의 날 곧 그 재앙의 날에 방관할 것이 아니며 유다 자손이 패망하는 날에 기뻐할 것이 아니며 그 고난의 날에 네가 입을 크게 벌릴 것이 아니며.

본 절도 역시 에돔은 이스라엘의 형제국으로서 도무지 있을 수 없는 일을 했다고 말한다. 즉, 이스라엘의 재앙의 날에 그냥 방관할 것이 아니며, 유다 자손의 멸망의 날에 기뻐하지 말았어야 하며, 이스라엘의 고통의 날에 너 에돔의 입을 크게 벌리지 말았어야 한다는 것이다.

옵 1:13. 내 백성이 환난을 당하는 날에 네가 그 성문에 들어가지 않을 것이며 환난을 당하는 날에 네가 그 고난을 방관하지 않을 것이며 환난을 당하는 날에 네가 그 재물에 손을 대지 않을 것이며.

본 절도 역시 에돔은 이스라엘의 형제국으로서 도무지 있을 수 없는 일을 했다고 말한다. 즉, 이스라엘의 재난의 날에 이스라엘의 문으로 들어가지 말았어야 했고, 또한 이스라엘의 재난의 날에 이스라엘의 고난을 방관하지 말았어야 했으며, 이스라엘 인들의 재난의 날에 그들의 재물에 손대지 말았어야 했다는 것이다.

옵 1:14. 네거리에 서서 그 도망하는 자를 막지 않을 것이며 고난의 날에 그 남은 자를 원수에게 넘기지 않을 것이니라.

본 절도 역시 에돔은 이스라엘의 형제국으로서 도무지 있을 수 없는 일을 했다고 말한다. 즉, 너 에돔은 길목에 서서 이스라엘 인들의 피난민들을 죽이지 말았어야 했고, 그 생존자들을 그들의 재앙의 날에 팔아넘기지 말았어야 했다는 것이다. 에돔은 이스라엘에게 영원히 잊을 수 없는 일을 감행했다는 것이다.

II. 여호와의 날 15-21절

15-21절은 본서의 여호와의 날을 예언한다. 15-21절은 만국의 심판(15-16절)과 이스라엘이 구원을 받는다는 것이다.

A. 만국의 심판 15-16절

<여호와께서 만국을 벌하실 날>

옵 1:15. 여호와께서 만국을 벌할 날이 가까웠나니 네가 행한 대로 너도

받을 것인즉 네가 행한 것이 네 머리로 돌아갈 것이라.

이유는 모든 열국에 대한 여호와의 벌할 날이 가까이 왔기 때문이라는 것이다. 너 에돔이 행한 대로 에돔에게 행해질 것이니, 네 행위가 네 머리로 돌아갈 것이라고 하신다.

우리가 행한 대로 받는다는 것은 끔찍한 일이고 또 변함없는 진리이다.

옵 1:16. 너희가 내 성산에서 마신 것 같이 만국 인이 항상 마시리니 곧 마시고 삼켜서 본래 없던 것 같이 되리라(For as you have drunk upon my holy mountain, all the nations round about shall drink; they shall drink, and stagger, and shall be as though they had not been-ESV)**.**

너희 에돔이 내 거룩한 산에서 마셨던 것처럼 모든 나라들이 계속 마실 것이니, 그들이 마시며 삼켜서 그들이 본래 없었던 것처럼 될 것이라고 하신다.

다시 말해 에돔이 여호와의 성산에서 행한바 망령된 죄로 인하여 심판을 받는다는 것이다. 즉, 에돔(에돔은 만국의 그림자이다)은 하나님의 진노의 잔을 마시고 삼켜서 본래 그들이 있기 이전처럼 아무것도 없는 완전 멸망의 상태가 된다는 것이다.

B. 이스라엘의 구원 17-21절

만국에게 심판이 임하는 반면 이스라엘은 구원을 받는다는 것이다.

<여호와께 속할 나라>

옵 1:17. 오직 시온 산에서 피할 자가 있으리니 그 산이 거룩할 것이요 야곱 족속은 자기 기업을 누릴 것이며.

그러나 시온 산에서 피할 자들이 있을 것이고, 거룩함이 있을 것이며, 야곱의 집이 자기의 소유를 다시 차지할 것이라고 하신다. 이 시온 산은 교회의 모체가 되는 것이다.

"야곱 족속"은 세계를 제패할 하나님의 백성을 가리킨다(K.&D.).

옵 1:18. 야곱 족속은 불이 될 것이며 요셉 족속은 불꽃이 될 것이요 에서 족속은 지푸라기가 될 것이라 그들이 그들 위에 붙어서 그들을 불사를 것인즉 에서 족속에 남은 자가 없으리니 여호와께서 말씀하셨음이라.

여호와께서 말씀하시기를 야곱(이스라엘)의 집은 불이 되고, 요셉(이스라엘)의 집은 불꽃이 되나, 에서의 집은 지푸라기가 될 것이다. 그들(이스라엘의 집들)이 에돔 족속들을 불태울 것이니, 에서의 집에 남을 자가 없을 것이라고 하신다.

본 절은 이스라엘이나 유다나 다 같이 흥왕하고 에돔 족속은 초개로서 불타 망할 것이라는 것을 말씀한다.

옵 1:19. 그들이 네겝과 에서의 산과 평지와 블레셋을 얻을 것이요 또 그들이 에브라임의 들과 사마리아의 들을 얻을 것이며 베냐민은 길르앗을 얻을 것이며.

본 절은 구원받은 이스라엘이 다윗 시대의 옛 영토를 회복한다는 것을 진술한다. 즉, 네게브(남방) 사람들은 에서의 산을 차지할 것이고, 쉐펠라(평야 지대) 사람들은 블레셋 사람들의 땅을 차지할 것이며, 그들이 에브라임과 사마리아의 들을 차지하며, 베냐민이 길르앗을 차지할 것이라고 하신다.

분열 왕국 시대의 남쪽 나라 유다는 광야 지대로서 '남방'이라 불리는 '네게브'와 평야 지대인 '쉐펠라', 그리고 '산지'등의 세 곳으로 구분되어 있었다. 이중 본구절의 '남방'에 해당하는 '네게브'는 예루살렘 멸망 후 에돔 족속의 지배하에 있었다.

"평지와 블레셋을 얻을 것이라"는 말은 '여기 평지란 지중해 연안의 비옥한 광야 지대인데 이곳은 바로 블레셋 인들의 거주지'였다. 이곳 역시 이스라엘 백성이 회복하게 될 것을 본 절은 예언하고 있다.

"에브라임의 들과 사마리아의 들"은 북쪽 나라 이스라엘의 영토를 가리키며 므깃도의 평야에 이른다. 주전 721년 북쪽 나라 이스라엘이 앗수르의 포로가 된 후 이 지대는 이방인들이 거주했으나 이제 회복된 이스라엘에 복귀된다는 것이다.

"베냐민은 길르앗을 얻을 것이라". 길르앗이란 곳은 이스라엘의 요단강 동편 영토를 지칭한다. 베냐민은 유다 나라의 지파이므로 그들이 동편 영토를 얻는 것은 이스라엘이 동서남북에 걸쳐 이스라엘의 고토가 모두 회복된다는 것을 뜻한다. 본 절은 그리스도께서 교회를 통하여 이루신 그의 왕국에 대한 것으로 볼 수 있다.

옵 1:20. 사로잡혔던 이스라엘의 많은 자손은 가나안 사람에게 속한 이 땅을 사르밧까지 얻을 것이며 예루살렘에서 사로잡혔던 자들 곧 스바랏에 있는 자들은 네겝의 성읍들을 얻을 것이니라.

사로잡혔던 이스라엘 자손은 가나안 사람에게 속한 땅을 사르밧까지 차지할 것이고, 스바랏에 있는 사로잡힌 예루살렘 사람들은 네게브 성읍들을 차지할 것이라고 하신다.

주전 721년 앗수르로 사로잡혀 갔던 북 왕국 이스라엘은 귀환하여 가나안 사람의 땅을 얻는데 사르밧(왕상 17:8-24)까지 얻게 된다는 것이다.

"예루살렘에서 사로잡혔던 자들 곧 스바랏에 있는 자들은 네겝의 성읍들을 얻을 것이라"는 말은 주전 586년 바벨론의 포로가 되어 스바랏(스팔타를 지칭한다고 함, Delitzsch 주장)까지 가서 살던 남 왕국 유다 백성은 귀환하여 남방을 얻는다는 것이다.

옵 1:21. 구원 받은 자들이 시온 산에 올라와서 에서의 산을 심판하리니 나라가 여호와께 속하리라(Saviors shall go up to Mount Zion to rule Mount Esau, and the kingdom shall be the LORD's-ESV).

구원자들이 시온 산에 올라가서 에서의 산을 심판할 것이니, 그 왕국이 여호와께 속할 것이다.

본 절의 "구원 받은 자들"(מוֹשִׁעִים)이 누구냐를 두고 견해가 갈린다.

1) '구원 받은 자'를 지칭한다는 견해(LXX, Thedonton) 2) 능동적으로 '이스라엘을 구원한 자'를 지칭한다는 견해(K&D, Bewer, Deane)로 나누어지나, 1)번의 견해가 바른 것으로 보인다. 이 낱말은 사사기에 등장하는 사사들과 같이 또는 신약의 복음 전도자들과 같이 복음을 전하여 사람들을 구원하는 복음 전도자들을 지칭한다.

"에서의 산을 심판하리니"란 말은 '세상을 심판한다'는 뜻이다. 여기 '에서'란 말은 세상 나라의 대표적 모형이라 할 수 있다. 세상을 심판한다는 말은 전쟁이나 정치로 심판한다는 뜻이 아니라, 복음을 가지고 세상 나라들을 그리스도의 나라안으로 들여놓는다는 뜻이다.

"나라(הַמְּלוּכָה)가 여호와께 속하리라"는 말은 '세상 나라가 그리스도의 복음으로 메시아의 나라로 귀속될 것을 뜻한다(창 49:10; 삼하 7:16; 슥 14:9; 계 11:15). 따라서 하나님께서 이제 그리스도의 교회를 통하여 온 세계를 다스리게 됨을 예언한 것이다.

-오바댜서 주해 끝-

요나서 주해

Exposition of Jonah

■ 총 론

요나서의 저작자는 누구인가.

본서는 의심의 여지가 없이 요나가 저술한 것으로 본다. 알델스는 다음과 같이 언급하고 있다. "요나 자신 외에 누가 그렇게 자기 자신에게 되어진 일같이 자세히 기록할 수 있을까?"라고 말하고 있다.

요나는 어떤 인물이었는가.

요나("비둘기"라는 뜻) 선지자는 왕하 14:25에 기록된 대로 "가드헤벨 아밋대의 아들 요나"이다. 그의 고향 가드헤벨은 나사렛 북방 5km 지점의 작은 마을로 제롬(Jerome) 시대에는 "디오케사리아"(Diocaesaria)라 불렸다고 한다.

요나의 시대는 어떠했는가.

요나는 아모스와 같이 여로보암 2세(주전 801-760년 통치) 시대에 활약하면서 왕을 도와 북방 수리아를 정복하여 이스라엘이 잃어버린 땅을 회복할 것을 예언했다(암 6:14). 요나가 활약한 때는 엘리사가 죽은 후이며, 여로보암 2세 치세의 초기로서 주전 824-783년경으로 추측된다. 요나는 아모스와 호세아와 동시대인이면서 그가 이 중에서는 선배인 것으로 보인다.

요나서의 문체는 어떤가.

1) 사실을 사실대로 묘사했다.

거기에는 어떤 꾸밈이나 수사학적 묘사를 첨가하지 않았다.

2) 요나서는 요나의 참회록이라고 할 수 있다.

요나는 본서 가운데 자기의 단점만을 노골적으로 표현했다. 요나는 한때 큰 잘못을 범한 것이 사실이지만 나중에 회개한 후에는 겸손하게 자신의 잘못을 회개하며 요나서를 썼다.

3) 다른 이들의 교훈을 위해 기록했다.

요나는 자기의 하나님께 대한 불순종을 기록했고 자기의 그릇된 사고방식을 자연스럽게 기록하여 다른 이들에게 교훈이 되게 했다.

본서의 신학사상은 어떤가.

1) 온 인류의 구원을 위한 중대한 예언을 제공하고 있다.

이방인들을 무시하고 그들에게는 구원이 없고 또 이방인들에게는 구원을 받을만한 기회가 주어지지 않았다고 하는 유대인들의 그릇된 사상을 본서가 통렬하게 비판하고 있다.

예수님께서는 마 12:41에서 “심판 때에 니느웨 사람들이 일어나 이 세대 사람을 정죄하리니 이는 그들이 요나의 전도를 듣고 회개하였음이어니와 요나보다 더 큰 이가 여기 있느니라”고 하셨다.

2) 예수 그리스도의 고난의 모형을 제공하고 있다.

요나가 하나님의 음성을 무시하고 도리어 스페인의 다시스로 도망한 것은 엄청난 불순종이요 죄 된 행동이었다. 그러나 그럼에도 불구하고 그가 하나님께서 예비하신 큰 물고기 뱃속에 들어가 3일 3야를 지난 후, 하나님께서 명령하셔서 그를 육지에 토하여 내게 한 사실이 예수 그리스도께서 온 인류의 죄를 짊어지고 십자가에서 죽으셨다가 3일 만에 부활하실 일의 표적이 되었다는 것은 놀라운 일이 아닐 수 없다.

요나서는 어떤 교훈을 주고 있는가.

1) 요나서는 목적을 끝까지 이루시는 하나님을 보여주고 있다.

요나서는 하나님께서는 그가 뜻하시는 바를 끝까지 이루시는 분이심을 보여주고 있다. 사람의 고집이나 방해에도 불구하고 끝까지 이루어 내시는 분임을 보여주고 있다.

2) 인류 최대의 죄는 하나님의 명령 불순종이다.

요나가 타고 있던 배에 타고 있던 사람들의 죄도 많고, 니느웨 사람들의 죄도 많았으나, 하나님의 종 요나가 불순종하자 하나님께서는 그 죄를 폭로하시고 그를 바다에 던져 물고기 뱃속에 들어가게 하셨다. 이것은 주님의 종의 불순종이 얼마나 큰 죄임을 입증해준다.

3) 회개는 온갖 문제 해결의 열쇠임을 보여주고 있다.

요나가 회개하니 요나 자신의 문제가 해결되었고(2:9), 다른 사람의 문제도 해결되었으며(1:15-16), 하나님의 뜻도 이루어졌다(3:3).

4) 진노 가운데서도 하나님은 자비를 베푸시는 하나님이심을 보여주고 있다. 요나에게(2:2)와 니느웨 성 사람들(3:19)에게도 하나님은 진노 가운데에서도 자비를 베푸셨다.

5) 요나서는 하나님 경외는 전 인격적이야 한다는 것을 보여주고 있다.

만군의 주 여호와 하나님을 경외한다는 것은 전 인격적으로 하지 않으면 안 된다는 것을 보여주고 있다. 그리스도교 신앙은 입으로 시인하는 것만이 아니라 전 인격적 결단이어야 한다.

본서의 특징은 무엇인가.

1) 본서는 내용으로 보아 예언서라기 보다는 니느웨 거민의 회개와 구원 사건을 기록한 역사서나 혹은 요나 개인의 체험담을 기록한 전기로 보아야 할 것이다. 그럼에도 불구하고 본서를 선지서로 분류하는 것은 본서 내용이 신약 시대에 이루어질 열방의 대대적인 회개와 구원 사건을 예표적으로 보여주는 예언적 성격을 띠고 있기 때문이다.

2) 본서는 나훔서와 함께 하나님께서 이스라엘의 하나님만 아닌 세계 만민의 하나님이심을 드러냄으로써 지극히 배타적이고 국수적인 선민의식으로 인해 이방인에 대해 무조건 경멸하는 태도를 가졌던 이스라엘 민족에

게 강한 도전을 던져주고 있다.

3) 본서 특유의 초자연적 이적들이 나타나 본서의 생동감과 역동성을 느끼게 해준다.

4) 이방인의 구원과 관련된 매우 깊이 있는 신학적 내용을 다루면서도 전반적으로 단순한 문체와 평이한 용어를 구사하여 내용 이해의 폭을 넓히고 있다.

5) 요나가 물고기 뱃속에서 3일 3야를 지낸 사건을 통하여 구약 성경을 통하여 구약 성경 중 예수 그리스도의 죽으심과 부활을 가장 생생하게 예표하고 있다.

■ 내용 분해

1. 요나의 소명과 그의 도피 1:1-16
    1) 요나가 도피한 일 1:1-3
    3) 요나가 고난당한 일 1:11-16
2. 요나가 구원받은 일 1:17-2:10
    1) 하나님께서 요나를 보호하시다 1:17
    2) 요나가 기도하다 2:1-9
    3) 요나가 회복되다 2:10
3. 요나가 전도하다 3:1-10
    1) 하나님의 두 번째 명령과 요나의 순종 3:1-4
    2) 니느웨 백성들이 회개하다 3:5
    3) 앗수르 왕이 조서를 내리다 3:6-9
    4) 하나님께서 용서하시다 3:10
4. 요나가 노여워한 일과 하나님께서 교육하신 일 4:1-11
    1) 요나가 노여워한 일 4:1-3

2) 하나님께서 요나에게 질문하시다 4:4
3) 하나님께서 박 넝쿨로 교훈하시다 4:5-9
4) 하나님의 교훈의 말씀 4:10-11

참고도서

아가페 굿모닝 성경(개역개정 제 4판), 서울특별시: 아가페출판사, 2006.

그랜드종합주석. *호세아-말라기*, 경기도 고양시: 성서아카데미, 2004.

김희보. *요나, 나훔, 오바댜성경주해*, 서울특별시: 총신대학출판부, 1989.

김수홍. *그리스도의 말씀이 연합에 미친 영향*. 수원시: 도서출판 언약출판사, 2021.

더글라스 스튜어트. *호세아-요나주석*, 김병하옮김, 서울특별시: 도서출판솔로몬, 2011.

레슬리 알렌. *호세아-말라기 주석*, 서울특별시: 한국성서유니온선교회, 1993.

매튜 헨리. *호세아-말라기주석*, 박문재옮김, 경기도고양시: 크리스챤다이제스트, 2009.

박윤선. *소선지서*, 성경주석, 서울: 영음사, 1962.

옥스퍼드원어성경대전. *요엘, 오바댜, 요나 주석*, 서울특별시: 제자원바이블네트, 2007.

이상근. *소예언서*, 대구광역시: 성등사, 1997.

이순한. *소예언서 강해(상)*, 서울: 한국기독교 교육연구원, 1996.

카일, 델리취. *호세아, 요엘, 아모스, 오바댜, 요나, 미가*, 역자 홍성현, 서울: 기독교 문화사, 1992.

Baxter, J. Sidlow. *Explore the Book*. Grand Rapids: Zondervan Publishing

House, 1966.

Black, Matthew & Rowley, H.H. *Peake's Commentary on the Bible*, Nashville: Thomas Nelson, 1962.

Calvin, John. *Calvin's Commentaries,* Edinburgh: Clark, 1847.

Deane, W. J. *오바댜, 요나, 미가 주석*, 풀핏주석번역위원회 역, 대구시: 보문출판사, 1987.

Guthrie D. & Motyer, J.A. *The New Bible Commentary*, Grand Rapids: Eerdmans, 1970.

Jamieson, R. Fausset, A. R. & Brown D. *Commentary on the Whole Bible,* Grand Rapids: Zondervan, 1976.

Lange, John Peter. *Commentary on the Whole Scripture*, Grand Rapids: Zondervan, 1876.

Maclaren, Alexander. *Expositions of Holy Scripture*, Grand Rapids: Baker Book House, 1984.

Morgan, G. Campbell. *An Exposition of the Whole Bible*, Old Tapen: Fleming H. Revell, 1959.

Myer, F. B. *Bible Commentary*, Wheaton: Tyndale, 1984.

Nicoll W. Robertson ed. *The Expositor's Bible*, Chicago: W.P. Blessing Co. n.d.

Wevers, John W. *The New Century Bible Commentary*, Wm. B. Eerdmans Co, Grand Rapids, 1969.

Walvoord, John F. & Zuck Roy B. ed. *The Bible Knowledge Commentary*, Wheaton: Victor, 1985.

【 사전 】

바이블렉스 8.0

데릭 윌리엄스, *IVP 성경사전*. 이정석 외 한국기독학생회 출판부 역, 한국기독학생회 출판부(IVP), 1992,

Achtemeier, Paul J. *Harper's Bible Dictionary*, New York: A Division of Harper Collins Publishers, 1985.

Douglas, J. D. *New Bible Dictionary*, (2nd edition), Wheaton: Tyndale House Publishers, 1982.

Tenney, Merrill C. *The Zondervan Pictorial Bible Dictionary,* Grand Rapids: Regency, 1967.

Tregelles, Samuel Prideaux. *Gesenius' Hebrew and Chaldee Lexicon,* Grand Rapids: Eerdmans, 1969.

Unger, M. F. *Unger's Bible Dictionary*. Chicago: Moody, 1957.

요나서 주해

본서의 내용은 1장은 요나의 불순종, 2장은 요나의 기도, 3장은 요나의 전도, 4장은 요나의 교훈으로 구분된다.

제 1 장

3. 요나의 소명과 그의 도피 1:1-16

1) 요나가 도피한 일 1:1-3

<요나가 여호와를 피하여 달아나다>

욘 1:1. 여호와의 말씀이 아밋대의 아들 요나에게 임하니라 이르시되.

여호와의 말씀이 아밋대의 아들 요나에게 임하셨다는 것이다. 본 절의 표제는 다른 예언과는 다르다. 가령 "이사야가 본 이상이라"(사 1:1), "예레미야의 말이라"(렘 1:1)와 같은 표제가 생략된 느낌을 주는 것이다. 이유는 본서가 예언서가 아니라 전기(傳記)라는 것을 보이는 이유라 할 것이다. 그러나 본서는 요나의 전기인 동시에 그 자신이 저자인 것이 분명하다(이상근).

요나의 아버지 "아밋대"(אֲמִתַּי)란 이름은 '하나님의 진리'라는 뜻이고, "요나"(יוֹנָה)라는 이름은 '비둘기'라는 뜻이다(왕하 14:25).

분명히 본 절은 요나가 다른 예언자들과 마찬가지로 정식으로 하나님의 소명을 받아 선지자로서의 사명을 받은 것을 입증하고 있다. 그러므로 요나는 역사적 인물이다. 더구나 그의 아버지의 이름까지 밝혀 그의 족보를 전한 것은 이 사실을 뒷받침한다.

욘 1:2. 너는 일어나 저 큰 성읍 니느웨로 가서 그것을 향하여 외치라 그

악독이 내 앞에 상달되었음이니라 하시니라.

여호와께서 말씀하시기를 너 요나는 일어나 저 큰 성읍 니느웨로 가서 그 성읍을 쳐서 외쳐라. 이유는 그 성의 거민들의 악행이 나 여호와 앞에까지 올라왔기 때문이라고 하신다.

"니느웨"는 앗수르 수도로서 큰 성읍이었다. 앗수르는 최초의 대제국이라 불렸으며 영웅 니므롯에 의해 건설되었다(창 10:9-12).

"그 악독"이란 말은 '니느웨가 피를 흘리는 죄(궤휼, 강포, 늑탈죄)를 계속해서 짓고 있었다'는 것이며 남을 해치는 죄가 여호와 앞에 상달했다는 것이다.

욘 1:3. 그러나 요나가 여호와의 얼굴을 피하려고 일어나 다시스로 도망하려 하여 욥바로 내려갔더니 마침 다시스로 가는 배를 만난지라 여호와의 얼굴을 피하여 그들과 함께 다시스로 가려고 배삯을 주고 배에 올랐더라.

그러나 요나가 여호와의 얼굴을 피하여 다시스로 도망하려고 일어나 욥바로 내려갔더니, 다시스로 가려는 배를 만났다. 여호와의 얼굴을 피하여 그들과 함께 다시스로 가려고 뱃삯을 내고 그 배에 올랐다는 것이다.

"여호와의 얼굴을 피하려고 일어났다"는 말은 '여호와의 사명을 피하려고 일어났다'는 뜻이다(박윤선).

"다시스로 도망하려 하여 욥바로 내려갔다"는 말은 '스페인 남부의 다시스로 도망하려 하여 욥바(예루살렘 서남쪽 50km 지점의 항구)로 내려갔다'는 뜻이다. 당시 다시스로 왕래하는 배는 아주 큰 배로서 욥바에 들어오는 일이 드물었음으로 요나가 마침 떠나려는 배를 만난 것은 아주 큰 행운으로 생각했을 것이다.

죄를 짓는 일도 착착 잘 진행되는 일이 있다. 이렇게 잘 진행되게 하시는 일은 하나님은 우리로 하여금 어떻게 처신하는지 보시려는 것이다.

욘 1:4. 여호와께서 큰 바람을 바다 위에 내리시매 바다 가운데에 큰 폭풍이 일어나 배가 거의 깨지게 된지라.

여호와께서 바다 위에 강한 바람을 보내시니, 그 바다 가운데서 큰 폭풍이 일어나 배가 부서지게 되었다는 것이다.

"여호와께서 큰 바람을 바다 위에 내리신" 것은 요나의 진노를 막으시려는 하나님의 의도였다. 여호와께서 사람의 잘 못된 진노를 막으시는 것은 사람이 감당할 수 없는 정도로 막으신다. 사람은 여호와를 따라가는 수밖에 없는 것이다.

"바다 가운데에 큰 폭풍이 일어나 배가 거의 깨지게 되었다"는 말은 '사람이 죽지 않을 정도로 막으신 것'을 말한다.

욘 1:5. 사공들이 두려워하여 각각 자기의 신을 부르고 또 배를 가볍게 하려고 그 가운데 물건들을 바다에 던지니라 그러나 요나는 배 밑층에 내려가서 누워 깊이 잠이 든지라.

선원들은 두려워서 각자 자기의 신들에게 부르짖었고, 배를 가볍게 하려고 배 안의 짐들을 바다에 내던졌다. 그러나 요나는 배 밑창에 내려가 누워 깊은 잠에 빠져 있었다는 것이다.

여호와께서 요나의 길을 막으시는 시간에 배안의 사람들은 세 가지 일을 하고 있었다. 하나는 선원들이 각각 자기가 믿는 신(우상 신)의 이름을 불렀고, 또 한 가지 일은 "배를 가볍게 하려고 그 가운데 물건들을 바다에 던졌다"는 것이고, 요나는 "배 밑층에 내려가서 누워 깊이 잠이 들었다"는 것이다. 그가 배 밑층에서 잠 든 것은 여호와께서 맡긴 사명을 피하는 제일 좋은 방법이었다.

욘 1:6. 선장이 그에게 가서 이르되 자는 자여 어찌함이냐 일어나서 네 하나님께 구하라 혹시 하나님이 우리를 생각하사 망하지 아니하게 하시리라 하니라.

본 절은 다시스로 가는 배의 선장이 행한 일을 말하고 있다. 즉, 선장이 요나에게 다가가서 말하기를 당신은 어찌 잠을 자고 있소? 일어나서 당신의 신에게 부르짖으시오. 만약 그 신이 우리를 생각해 준다면 우리는 죽지 않을 수도 있노라고 말했다.

선장은 요나에게 "네 하나님께 구하라"고 요청한 것은 다른 사람들은 풍랑을 만나서 자기들의 신들을 불러보았는데도 풍랑이 잔잔하지 않으니 마지막으로 요나에게 요청한 것으로 보인다. 요나는 선장의 요청을 받고 하나님께 기도할 수는 없었다. 그가 현재 죄를 짓고 있는 중이었으니 무슨 기도가 나왔겠는가. 그래서 요나의 입에서는 9-10절과 같은 말이 나온 것이다.

욘 1:7. 그들이 서로 이르되, 자 우리가 제비를 뽑아 이 재앙이 누구로 말미암아 우리에게 임하였나 알아보자 하고 곧 제비를 뽑으니 제비가 요나에게 뽑힌지라.

배를 타고 다시스로 가는 사람들이 서로 말하기를 자! 우리가 제비를 뽑아서 누구 때문에 이런 재앙이 우리에게 닥쳤는지 알아보자 하고 제비를 뽑았는데, 그 제비가 요나에게 뽑혔다는 것이다.

구약 시대에 제비를 뽑은 것은 하나님의 뜻을 알아보는 방법이었다. 이방 사람들도 제비를 뽑아 죄의 책임이 누구에게 있는지 알아본 것으로 보인다(삼상 10:20; 14:41; 잠 16:33; 행 1:26).

욘 1:8. 무리가 그에게 이르되 청하건대 이 재앙이 누구 때문에 우리에게 임하였는가 말하라 네 생업이 무엇이며 네가 어디서 왔으며 네 나라가 어디며 어느 민족에 속하였느냐 하니.

선원들은 요나에게 자세하게 묻는다. 즉, 누구 때문에 우리가 이 재앙을 당하게 되었는지 말해 보시오. 당신의 직업은 무엇이며(요나의 신분을 묻는 말이었다), 당신은 어디에서 왔소? 당신의 나라는 어디이며, 당신은 어느 민족 사람이오라고 물었다.

모든 사람들이 다 말했고 이제는 요나가 말할 차례이니 요나에게 자세히 물은 것이다. 요나는 전도자로서 참으로 창피하게 되었다.

욘 1:9. 그가 대답하되 나는 히브리 사람이요 바다와 육지를 지으신 하늘의 하나님 여호와를 경외하는 자로라 하고.

요나는 이제 자세하게 대답하지 않을 수 없게 되어 대답한다. 요나가 그들에게 대답하기를 나는 히브리 사람입니다. 나는 바다와 육지를 만드신 여호와 하늘의 하나님을 경외하는 사람입니다 하고 대답해주었다.

요나가 히브리 사람으로 "바다와 육지를 지으신 하늘의 하나님 여호와를 경외하는 자"라고 대답할 때 얼마나 부끄럽고 창피했겠는가. 우리는 이 사회에서 죄를 짓지 말아야 할 것이다.

욘 1:10. 자기가 여호와의 얼굴을 피함인 줄을 그들에게 말하였으므로 무리가 알고 심히 두려워하여 이르되 네가 어찌하여 그렇게 행하였느냐 하니라.

요나는 자기가 여호와의 얼굴을 피해 도망하는 중임을 그들에게 말하였으므로 그들이 그 사실을 알고 심히 두려워하며 요나에게 말하기를 당신이 어찌 이런 일을 하였느냐고 책망했다.

"요나는 자기가 여호와의 얼굴을 피해 도망하는 중임을 그들에게 말했을 때" 얼마나 부끄럽고 창피했겠는가. 우리는 여호와의 얼굴을 피해 도망해서는 안 될 것이다. 하나님께서 주신 사명을 잘 감당하는 사람들이 되어야 할 것이다.

"무리가 알고 심히 두려워하여 이르되 네가 어찌하여 그렇게 행하였느냐"고 책망했을 때 요나는 세상 불신자들인 그들만큼도 못한 인간으로 드러나게 되었다. 선지자가 세상 불신자보다 못한 사람으로 드러났다는 것은 있을 수 없는 일이었다.

3) 요나가 고난당한 일 1:11-16

욘 1:11. 바다가 점점 흉용한지라 무리가 그에게 이르되 우리가 너를 어떻게 하여야 바다가 우리를 위하여 잔잔하겠느냐 하니.

바다가 점점 더 사나워지자 그들이 요나에게 말하기를 우리가 당신을 어떻게 하여야 바다가 우리 앞에서 잔잔해지겠느냐고 물은 것이다.

바다가 점점 더 사나워진 것은 하나님께서 요나에게 빨리 어떤 처신을 하라는 요청이었다.

욘 1:12. 그가 대답하되 나를 들어 바다에 던지라 그리하면 바다가 너희를 위하여 잔잔하리라 너희가 이 큰 폭풍을 만난 것이 나 때문인 줄을 내가 아노라 하니라.

요나가 그 선원들에게 대답하기를 여러분들이 나를 들어 바다에 던지십시오. 그러면 바다가 잔잔해질 것입니다. 여러분이 이 큰 폭풍을 만난 것이 나 때문인 줄 내가 안다고 대답했다.

요나는 "자기가 히브리 사람이요 바다와 육지를 지으신 하늘의 하나님 여호와를 경외하는 자"라고 고백한 사람으로 양심은 밝은 사람이니 자기가 여호와의 사명을 피하여 도망하기 때문에 바다가 이렇게 흉용하다는 사실을 알고 선원들 앞에 양심적으로 고백한 것이다.

오늘 우리는 우리의 죄를 솔직히 고백하는 사람들이 되어야 할 것이다.

욘 1:13. 그러나 그 사람들이 힘써 노를 저어 배를 육지로 돌리고자 하다가 바다가 그들을 향하여 점점 더 흉용하므로 능히 못한지라.

그 사람들(선원들)이 노를 저어 육지로 돌아가려고 하였으나 그렇게 할 수가 없었으니, 이유는 바다가 점점 더 사나워지고 있었기 때문이었다.

"그러나 그 사람들이 힘써 노를 저어" 배를 육지로 돌리고자 한 것은 차마 요나를 바다에 던진다는 것은 요나의 생명을 생각하지 않는 것으로 여긴 것이었다. "바다가 그들을 향하여 점점 더 흉용하므로 능히 못했다"는 말은 바다가 그들을 향하여 점점 더 흉용하므로 배를 육지에 대지 못했다는 뜻이다. 사람들의 노력은 하나님의 파도를 감당하지 못한 것이다.

욘 1:14. 무리가 여호와께 부르짖어 이르되 여호와여 구하고 구하오니 이 사람의 생명 때문에 우리를 멸망시키지 마옵소서 무죄한 피를 우리에게 돌리지 마옵소서 주 여호와께서는 주의 뜻대로 행하심이니이다 하고 (Therefore they called to the LORD, "O LORD, let us not perish for this man's life, and lay not on us innocent blood, for you, O LORD, have done as it pleased you-ESV).

그들(선원들)은 여호와께 부르짖어 말하기를 여호와시여! 간구하오니 이 사람의 생명 때문에 우리를 멸망시키지 마소서. 무죄한 피를 우리에게 돌리지 마소서. 여호와께서는 주님의 기뻐하시는 대로 행하시기 때문입니다고 부르짖었다.

"무리가 여호와께 부르짖어" 기도했다는 말이 성립될 것인가?. 여호와를 알지 못하는 이방의 선원들이 여호와께 부르짖을 수 있는 것일까? 그들은 요나의 말 나는 "바다와 육지를 지으신 하늘의 하나님 여호와를 경외하는 자"라는 말(9절)을 들을 때 성령의 감동으로 여호와께 대한 믿음이 생긴 것으로 보인다. 요나는 니느웨에 가기 전 여기 배안의 선원들에게 전도자의 역할을 감당한 것으로 보인다.

선원들이 드린 기도 "이 사람의 생명 때문에 우리를 멸망시키지 마옵소서"라는 기도와 "무죄한 피를 우리에게 돌리지 마옵소서"라는 기도는 같은 내용의 기도이다. 여기 선원들의 "무죄한 피를 우리에게 돌리지 마옵소서"라는 기도는 '요나가 선원들에게는 잘못한 일이 없었으니 요나의 죽음은 의로운 사람의 죽음이라는 것이다. 이제 그들이 요나를 바다에 빠뜨려 죽이면 무죄한 사람을 죽이는 셈이 된다는 것이다. 다시 말해 요나 한 사람의 생명을 바다에서 죽인 것 때문에 하나님께서 우리 선원들을 멸망시키지는 마시라는 기도이다.

"주 여호와께서는 주의 뜻대로 행하심이니이다"라는 말은 '그들이 요나를 바다에 빠뜨려 죽이는 것은 여호와께서 꼭 그렇게 하도록 작정하신 것'이기 때문이라는 뜻이다.

욘 1:15. 요나를 들어 바다에 던지매 바다가 뛰노는 것이 곧 그친지라.

선원들은 여호와께 기도한 다음 요나를 들어서 바다에 던지자, 성난 바다가 잔잔해졌다는 것이다. 여기 바다의 동정은 여호와의 동작을 그대로 표현한 것이다.

욘 1:16. 그 사람들이 여호와를 크게 두려워하여 여호와께 제물을 드리고

서원을 하였더라.

그 사람들은 여호와를 매우 두려워하게 되어 여호와께 희생 제물을 드리고 또 서원하였다는 것이다.

"그 사람들이 여호와를 크게 두려워했다"는 것은 '그 선원들이 바다의 즉각적인 응답을 보고 여호와께서 바다와 육지의 주님이 되신 것을 보고 하나님을 두려워했다는 것이다.

"여호와께 제물을 드리고 서원을 하였더라"는 말은 그들이 여호와께 제물을 드리고 또 서원을 했다는 뜻이다. 그들의 서원은 그들이 목적지에 도착하면 다시 제사를 드리겠다는 서원으로 보인다(K.&D.).

4. 요나가 구원받은 일 1:17-2:10

1) 하나님께서 요나를 보호하시다 1:17

<요나의 기도>

욘 1:17. 여호와께서 이미 큰 물고기를 예비하사 요나를 삼키게 하셨으므로 요나가 밤낮 삼 일을 물고기 뱃속에 있으니라.

여호와께서는 큰 물고기를 준비하셨다가 요나를 삼키게 하셨으므로, 요나는 밤낮 3일 동안 물고기 뱃속에 있었다.

성경의 다른 이적들처럼 이 이적도 문자적으로 이적으로 보아야 할 것이다. 그리스도께서 이 사실을 인용한 것도 이 기사의 역사적인 근거라 할 것이다.

본 절의 "큰 물고기"가 무슨 고기냐를 두고 의견이 갈린다. 아마도 큰 상어나 해구라고 여겨진다(K.&D.). 이유는 지중해에는 길이 25척이나 되는 백상어가 있어 사람이든 말이든 통째로 삼킨다는 것이다.

"밤낮 삼 일을 물고기 뱃속에 있으니라"는 말은 밤과 낮 합하여 24시간쯤 물고기 뱃속에 있었던 것으로 보이는 것이다.

제 2 장

2) 요나가 기도하다 2:1-9

요나는 물고기 뱃속에서 하나님께 감사의 기도를 드렸다.

욘 2:1. 요나가 물고기 뱃속에서 그의 하나님 여호와께 기도하여.

요나가 물고기 뱃속에서 여호와께 다음절 이하처럼 감사기도를 드렸다. 그는 하나님께서 풍랑에서 건져주신 것을 감사했고 또 물고기 뱃속에서도 구원 받을 것을 알고 감사 기도를 드린 것이다. 하나님은 우리가 어디서든지 감사하기를 원하신다.

욘 2:2. 이르되 내가 받는 고난으로 말미암아 여호와께 불러 아뢰었더니 주께서 내게 대답하셨고 내가 스올의 뱃속에서 부르짖었더니 주께서 내 음성을 들으셨나이다.

내가 아뢰기를 내가 나의 고난 중에 여호와께 부르짖었더니, 내게 응답하셨고, 내가 스올(물고기 뱃속)의 깊은 곳에서 외쳤더니, 주께서 나의 목소리를 들으셨나이다 고 했다. 스올은 죽은 자가 가는 곳을 가리킨다.

요나는 물고기 뱃속에서 감사의 기도를 드리면서 물고기 뱃속에서 구원 받을 것을 확신하고 있다.

욘 2:3. 주께서 나를 깊음 속 바다 가운데에 던지셨으므로 큰물이 나를 둘렀고 주의 파도와 큰 물결이 다 내 위에 넘쳤나이다.

주님께서 바다 속 한가운데로 나를 던지셨으므로 큰물이 나를 둘러쌌고, 주님의 모든 파도와 주님의 모든 물결이 내 위를 덮쳤다고 아뢴다.

요나는 큰 물고기 뱃속에 있으면서 구원 받을 줄 믿고 감사 기도를 드린다.

욘 2:4. 내가 말하기를 내가 주의 목전에서 쫓겨났을지라도 다시 주의 성전을 바라보겠다 하였나이다.

내(요나)가 말하기를 내가 주님 앞에서 쫓겨나서 물고기 뱃속에 있을지라도 주님의 성전을 다시 바라보겠다고 했다는 것이다(시 31:22; 욥 13:15).

욘 2:5. 물이 나를 영혼까지 둘렀사오며 깊음이 나를 에워싸고 바다풀이 내 머리를 감쌌나이다.

5-7절까지는 요나가 선원들에 의해서 바다에 던져졌을 때의 위험한 상황을 묘사한다. 바다물이 나를 영혼까지 에워쌌고, 바다의 깊음이 나를 둘러쌌었으며, 바다풀(海草)이 내 머리를 휘감았었다고 말한다.

욘 2:6. 내가 산의 뿌리까지 내려갔사오며 땅이 그 빗장으로 나를 오래도록 막았사오나 나의 하나님 여호와여 주께서 내 생명을 구덩이에서 건지셨나이다.

나 요나가 산들의 뿌리까지 내려갔으며, 땅은 그 빗장들로 나 요나를 영영 가두었지만 여호와 나의 하나님께서 내 생명을 그 구덩이에서 건지셨다고 감사한다.

본 절의 "내가 산의 뿌리까지 내려갔사오며"라는 말은 바로 전절의 "바다풀이 내 머리를 감쌌나이다"라는 말과 동의절이다. 요나는 바다의 아주 밑창까지 내려가서 죽음의 1보 직전에 놓였던 상황을 묘사하는 말이다(시 30:3 참조).

"땅이 그 빗장으로 나를 오래도록 막았었다"는 말은 '요나 자신이 스스로의 힘으로는 도무지 헤어 나올 수 없는 절망적인 형편에 이르렀음'을 나타내는 말이다. "내 생명을 구덩이에서 건지셨다"는 말은 요나 스스로는 어찌할 수 없는 상황에서 여호와께서 구원해 주신 것을 뜻하는 말이다.

욘 2:7. 내 영혼이 내 속에서 피곤할 때에 내가 여호와를 생각하였더니 내 기도가 주께 이르렀사오며 주의 성전에 미쳤나이다.

본 절은 요나가 낙심 상태에 있다가 힘을 얻은 것을 가리키는 말이다(시 142:3; 143:4). 즉, 내 영혼이 힘없이 꺼져 갈 때에, 내가 주님을 기억하였더니, 나의 기도가 주님께 이르렀으며, 주님 계신 곳에까지 이르렀다고 감사한다.

우리는 아무리 힘든 때에도 자신의 힘을 빨리 포기하고 주님 앞에 빠른 속도로 자신을 내 맡겨야 할 것이다. 그러면 엄청난 복에 이르는 것이다.

욘 2:8. 거짓되고 헛된 것을 숭상하는 모든 자는 자기에게 베푸신 은혜를 버렸사오나.

헛되고 공허한 것을 섬기는 우상 숭배자들(신 32:21; 시 31:6)은 하나님께서 자신들에게 베푸신 인애를 버린 자들이라는 뜻이다.

"자기에게 베푸신 은혜를 버렸다"는 말은 '하나님 자신을 잊어버렸다'는 뜻이다. 이 땅에 사는 우상 숭배자들은 모두 하나님을 잊어버린 자들이다.

욘 2:9. 나는 감사하는 목소리로 주께 제사를 드리며 나의 서원을 주께 갚겠나이다 구원은 여호와께 속하였나이다 하니라.

나는 감사의 목소리로 주께 감사로 제사를 드리며, 내가 서원한 것을 갚겠나이다. 구원은 여호와께 있다고 감사한다.

요나는 자기가 바다의 물고기 뱃속에서 서원한 것을 앞으로 육지에 가서 제사를 드리기로 서원을 한 것이다. "그러나 요나의 감사와 서원은 선원들의 그것과는 같지 않았다. 요나는 구원은 오직 여호와께 있는 것을 확신했기 때문이다"(이상근).

3) 요나가 회복되다 2:10

욘 2:10. 여호와께서 그 물고기에게 말씀하시매 요나를 육지에 토하니라.

여호와께서 그 물고기에게 명령하시니 그 물고기가 요나를 육지에 토해 내었다고 말한다.

"여호와께서 그 물고기에게 말씀하셨다"는 것을 요나는 알아차렸다. 여호와께서는 모든 피조물들에게 말씀하시는 분이시다. 모든 피조물들은 여호와의 명령에 순종한다.

"요나를 육지에 토해냈다"는 말은 '예수 그리스도의 부활의 그림자'이다 (마 12:40).

제 3 장

3. 요나가 전도하다 3:1-10

요나는 두 번째로 하나님의 명령을 따라 니느웨로 가서 전도했다(1-4절). 그리고 니느웨 백성들은 요나의 전도를 듣고 회개했다(5-10절).

1) 하나님의 두 번째 명령과 요나의 순종 3:1-4

요나는 하나님의 두 번째 명령을 다시 받고 니느웨로 가서 하룻길을 행하며 전도했다.

<니느웨 백성의 회개>

욘 3:1. 여호와의 말씀이 두 번째로 요나에게 임하니라 이르시되.

여호와의 말씀이 두 번째로 바다에서 혼이 난 요나에게 임하여 다음 절처럼 여호와께서 말씀하셨다는 것이다.

요나가 첫 번째 명령을 받고 니느웨로 왔던 것보다 바다에서 혼이 나고 왔음으로 니느웨 백성들에게는 더욱 크게 성령의 은혜가 있었을 것이다.

우리 한국 민족이 1950년 6월 25일 북한군의 남침으로 혼이 났고, 국토가 황폐화 되었기에 그 후 복음이 더욱 힘 있게 퍼진 것으로 보인다. 1960년대에서는 우리 한국의 국세가 아주 약해서 세계에서 끝번에 속해 있었는데 2,021년에는 세계 10위권의 강국이 된 것이다. 이렇게 발전한 것은 6.25의 폐허가 큰 역할을 한 것으로 보아야 할 것이다.

욘 3:2. 일어나 저 큰 성읍 니느웨로 가서 내가 네게 명한 바를 그들에게 선포하라 하신지라.

본 절은 요나에게 임한 여호와의 명령이다. 즉, 여호와께서 명령하시기를 "너 요나는 일어나 저 큰 성읍 니느웨(1:2주해 참조)로 가서 나 여호와가 너 요나에게 명한 바를 그들에게 외쳐라"고 명령하셨다.

욘 3:3. 요나가 여호와의 말씀대로 일어나서 니느웨로 가니라 니느웨는 사흘 동안 걸을 만큼 하나님 앞에 큰 성읍이더라.

요나는 2절의 여호와의 명령을 받고 여호와의 말씀대로 일어나 니느웨로 갔다. 니느웨는 3일이나 걸어야 하는 매우 큰 성읍이었다는 것이다.

욘 3:4. 요나가 그 성읍에 들어가서 하루 동안 다니며 외쳐 이르되 사십 일이 지나면 니느웨가 무너지리라 하였더니.

요나가 니느웨 도시 안으로 들어가서 하룻길을 가기 시작하면서 외치기를 이제 40 일이 지나면 니느웨가 무너질 것이라는 말을 전했다는 것이다.

"하루 동안 다녔다"는 말과 전절의 "사흘 동안"이란 말과의 조화는 니느웨 성의 직경은 하룻길이면 되고 둘레는 3일 길을 걸어야 하는 것으로 보면 될 것이다.

요나가 전한 내용은 아주 간단한 내용이었다. "이제 40 일이 지나면 니느웨가 무너질 것이라"는 말이었다. 전도의 내용은 항상 단순하다.

2) 니느웨 백성들이 회개하다 3:5

욘 3:5. 니느웨 사람들이 하나님을 믿고 금식을 선포하고 높고 낮은 자를 막론하고 굵은 베 옷을 입은지라.

니느웨 사람들이 요나의 외침을 듣고 하나님을 믿게 되었고, 금식을 선포했으며, 또 그들 중 높은 사람들로부터 낮은 사람들에게 이르기까지 굵은 베옷을 입었다는 것이다.

"금식을 선포하고 높고 낮은 자를 막론하고 굵은 베 옷을 입은"것은 회개하는 자가 취하는 모습이었다(창 37:34; 왕상 21:27).

3) 앗수르 왕이 조서를 내리다 3:6-9

욘 3:6. 그 일이 니느웨 왕에게 들리매 왕이 보좌에서 일어나 왕복을 벗고 굵은 베 옷을 입고 재 위에 앉으니라.

그 일(백성들이 요나의 외침을 듣고 회개했다는 것)이 니느웨 왕에게 전해지자 왕이 그의 왕좌에서 일어나 그의 왕복을 벗고, 굵은 베옷을 걸치고 재위에 앉았다는 것이다.

니느웨 왕은 아주 현명한 왕이었다. 첫째, 백성들의 뜻을 따랐다는 점이 현명한 것이었다. 둘째, 왕의 입장을 생각하지 않고 회개한 점에서 아주 현명한 왕이었다.

"왕이 보좌에서 일어나 왕복을 벗고 굵은 베 옷을 입었다"는 것은 '왕이 그가 입는 옷을 벗고 굵은 베옷을 입었다'는 것이다. 왕이 이런 자세를 취한 것은 회개하는 표시였다.

욘 3:7. 왕과 그의 대신들이 조서를 내려 니느웨에 선포하여 이르되 사람이나 짐승이나 소 떼나 양 떼나 아무것도 입에 대지 말지니 곧 먹지도 말 것이요 물도 마시지 말 것이며.

왕이 니느웨에 공포하여 말하기를 왕과 대신들이 칙령을 따라 명령한다. 사람이든 가축이든 소 떼든 양 떼든 아무 것도 입에 대서는 안 되니, 먹지도 말고 물도 마시지 않게 하여라.

왕이 직접 조서(명령)를 내려 반포함으로써 니느웨의 회개운동은 공식화 되었음을 보여준다. 고대 사회에 있어 왕의 조서를 발표함은 전국적으로 하달되었으며 절대적인 시행이 보장되었다(에 8:7-17; 단 3:29; 6:12). 왕이 조서를 대신들과 함께 내린 것은 고대의 앗수르나 바벨론 제국의 일반적인 조서 반포 규정에 왕이 단독으로 조서를 반포할 수 없으며 대신들과 더불어 되어 있었기 때문이다(단 6:17). 이렇게 하는 것을 보면 본서의 역사성을 증명하는 것이 된다.

그리고 "짐승이나 소 떼나 양 떼나 아무것도 입에 대지 말라"고 금식을 선포한 것은 결코 짐승들이 무슨 도덕적인 죄를 지었다는 것을 말함이 아니라 다만 그것들이 사람들에게 종속된 것들인 만큼 사람들의 큰 회개 운동에 형식적으로라도 종속시키기 위함이다. 특별히 니느웨의 경우에 있어서는 그 짐승들도 사람들과 함께 멸망당할 처지였으니 만큼(4:11), 그것들도 하나님을 향한 애걸(哀乞)의 표를 나타내도록 한 것이었다(박윤선).

욘 3:8. 사람이든지 짐승이든지 다 굵은 베 옷을 입을 것이요 힘써 하나님께 부르짖을 것이며 각기 악한 길과 손으로 행한 강포에서 떠날 것이라.

사람이든 가축이든 모두 굵은 베옷을 걸치고 하나님께 힘써 부르짖으며, 각기 자기의 악한 길과 자기의 손으로 행한 폭력에서 떠날 것이라고 명령을 내렸다. "사람이든지 짐승이든지 다 굵은 베 옷을 입을 것이라"는 말은 사람이든 짐승이든지 굵은 베를 입는다는 것은 금식하고 재에 앉는 것과 동일한 회개의 표시이다. 그런데 앗수르 왕은 짐승에게도 굵은 베를 입게 했는데 이는 짐승들조차도 회개해야 할 정도로 전 국민이 다 함께 회개하지 않으면 안 된다는 것을 나타내는 것이다(호 4:3; 욜 1:20).

"힘써 하나님께 부르짖을 것이라"는 말은 니느웨 왕이 오직 하나님의 자비를 구하는 것만이 멸망을 모면할 수 있는 유일한 길이라는 것을 인식하였음을 나타내는 말이다.

"악한 길과 손으로 행한 강포에서 떠날 것이라"는 말은 니느웨에서 일어났던 회개 운동이 영적, 도덕적 변화를 수반한 참된 회개에까지 이르렀음을 보여준다. 앗수르 왕의 조서에 이러한 점이 반영되어 있는 것은 그들의 회개가 하나님의 용서를 받기에 충분한 것이었음을 알게 해준다.

욘 3:9. 하나님이 뜻을 돌이키시고 그 진노를 그치사 우리가 멸망하지 않게 하시리라 그렇지 않을 줄을 누가 알겠느냐 한지라.

본 절의 주해를 위해 욜 2:14주해를 참조하라. 하나님께서 뜻을 돌이키시고 그분의 맹렬한 진노에서 돌아서시면 우리가 멸망치 않을 줄 누가 알겠느냐고 말한다. 구원은 전적으로 하나님께 있음을 확신하면서 자기들의 죄가 사함 받을지는 의문으로 둔다. 이와 같은 겸손한 회개는 반드시 용서하심을 받는다.

4) 하나님께서 용서하시다 3:10

욘 3:10. 하나님이 그들이 행한 것 곧 그 악한 길에서 돌이켜 떠난 것을 보시고 하나님이 뜻을 돌이키사 그들에게 내리리라고 말씀하신 재앙을 내리지 아니하시니라.

하나님께서 니느웨 백성들이 행한 일들, 곧 그들이 악한 길들로부터 돌이키는 것을 보시고, 하나님께서 용서하셔서 그들에게 내리겠다고 말씀하신 재앙을 내리지 아니하셨다는 것이다.

오늘 우리에게 겸손한 자세와 중심에서 하는 기도는 절대적으로 필요하다.

제 4 장

4. 요나가 노여워한 일과 하나님께서 교육하신 일 4:1-11

요나는 니느웨가 회개하여 멸망하지 않은 것을 요나가 노여워한 것(1-3절)과 하나님께서 니느웨 사람들을 아끼신 것을 요나에게 교훈하신 것이다(4-10절).

1) 요나가 노여워한 일 4:1-3

<하나님의 자비와 요나의 분노>

욘 4:1. 요나가 매우 싫어하고 성내며.

요나는 니느웨가 회개한 것이 바로 자기가 미리 예측했던 대로여서 아주 싫어하여 성(화)을 냈다는 것이다.

요나는 기뻐할 일을 가지고 매우 싫어했고 성을 냈다는 것이다. 요나는 하나님을 대리하여 니느웨 백성이 망하지 않기를 위해서 전도한 결과 하나님의 용서를 받은 결과를 보고 싫어해서 심히 화를 냈다는 것이다. 요나의 마음은 니느웨가 아주 큰 벌을 받아 망했더라면 좋았을 것이라고 여긴 것이었다. 오늘 우리는 우리의 전도를 받아 회개한 자들이 잘 된 것을 보고 하나님께 천만번 감사해야 할 것이다(창 18:22-33 주해 참조).

욘 4:2. 여호와께 기도하여 이르되 여호와여 내가 고국에 있을 때에 이러하겠다고 말씀하지 아니하였나이까 그러므로 내가 빨리 다시스로 도망하였사오니 주께서는 은혜로우시며 자비로우시며 노하기를 더디하시며 인애가 크시사 뜻을 돌이켜 재앙을 내리지 아니하시는 하나님이신 줄을 내가 알았음이니이다.

요나가 니느웨 성이 망하지 않는 것을 보고 여호와께 기도하여 아뢰기를 오 여호와시여! 제가 고국에 있을 때에 이렇게 될 것이라고 말씀드리지 않았습니까? 그래서 제가 전에 다시스로 도망하려고 서둘러 갔던 것입니다. 이는 주께서는 은혜로우시고, 긍휼히 여기시며, 노하기를 더디하시고, 인애가 많으시며, 재앙을 인하여 안타까워하시는 하나님이신 줄 제가 알았기 때문이라고 기도를 한 것이었다.

요나는 고국에 있을 때에 하나님께서 자기를 향하여 니느웨로 가서 회개하도록 외치라는 명령을 받았을 때 하나님께서 니느웨를 멸망시키지 않으실 것이라고 이미 다 결과를 알고 다시스로 도망했다는 것이다.

요나는 자기의 전도를 듣고 니느웨 주민들이 회개하여 하나님의 용서를 받은 것을 감사하지 않고 하나님께서 용서하신 것을 보고 화가 나서 신경질을 핀 것이다. 참으로 희안한 전도자였다.

욘 4:3. 여호와여 원하건대 이제 내 생명을 거두어 가소서 사는 것보다 죽는 것이 내게 나음이니이다 하니.

요나는 이 결과를 놓고 여호와께 기도하기를 여호와시여! 이제 간구하건대 내 생명을 가져가소서. 내가 사는 것보다 죽는 것이 차라리 더 낫겠습니다라고 했다.

요나는 니느웨의 전 국민이 구원 받는 것이 아주 싫어서 죽기를 구한 것이다(출 32:32; 왕상 19:4 참조).

2) 하나님께서 요나에게 질문하시다 4:4

욘 4:4. 여호와께서 이르시되 네가 성내는 것이 옳으냐 하시니라.

본 절은 요나의 전도를 듣고 니느웨가 망하지 않은 결과를 보고 성내는 것을 여호와께서 보시고 질문하신다. 그 질문의 내용은 "네가 성내는 것이 정당하냐"고 질문하셨다. 여호와께서는 요나를 설득하시기 위해 조용히 질문을 시작하신 것이다.

요나는 자기의 원수 나라 앗수르의 대 도시 니느웨가 망하지 않고 무사한 것을 보고 분노했다.

3) 하나님께서 박 넝쿨로 교훈하시다 4:5-9

욘 4:5. 요나가 성읍에서 나가서 그 성읍 동쪽에 앉아 거기서 자기를 위하여 초막을 짓고 그 성읍에 무슨 일이 일어나는가를 보려고 그 그늘 아래에 앉았더라.

요나가 그 성읍에서 나가서 그 성읍 동쪽(요나는 성 서편으로 들어와서 하룻길을 가면서 40일이 지나면 성이 망하리라고 외쳤다)에 머물렀다. 그는 거기에다 자기를 위하여 초막(나무대기 같은 것으로 얼기설기 지은 초막이었을 것이다)을 짓고, 그 그늘에 앉아서 그 성읍이 어떻게 되는지 관망하려고 하였다.

이렇게 요나가 니느웨가 혹시 어떻게 되지나 않을까 관망하고 있던 때는 40일이 끝나기 이전 날짜였을 것이다.

욘 4:6. 하나님 여호와께서 박넝쿨을 예비하사 요나를 가리게 하셨으니 이는 그의 머리를 위하여 그늘이 지게하며 그의 괴로움을 면하게 하려 하심이었더라 요나가 박 넝쿨로 말미암아 크게 기뻐하였더니.

여호와 하나님께서 요나를 교육하시기 위해서 박넝쿨을 준비하셨다. 잎이 넓어서 태양의 뜨거운 빛을 가릴 수 있는 한 박넝쿨을 준비하여 요나 위로 자라게 하셔서 요나에게 비추어지는 뜨거운 햇빛을 막아주게 하려는 것이었다. 이는 머리 위에 그늘이 덮이도록 만드셔서 그가 괴로움을 당하지 않게 하려 하신 하나님의 사랑의 배려였다. 요나는 이 박넝쿨 때문에 매우 기쁘게 생각하게 되었다는 것이다.

욘 4:7. 하나님이 벌레를 예비하사 이튿날 새벽에 그 박넝쿨을 갉아먹게 하시매 시드니라.

그러나 이튿날 새벽에 하나님께서는 벌레를 준비하여 그 벌레가 박 넝쿨을 갉아먹게 하셨으니 박넝쿨이 통째로 시들어 버리고 말았다.

여호와께서는 요나를 교육하시기 위해서 박 넝쿨을 준비도 하셨고 요나가 기뻐하는 것을 보고 이제는 벌레를 준비하셔서 박 넝쿨을 갉아먹게 하신 것이다. 하나님께서 사람에게 지시는 수는 없으시다.

욘 4:8. 해가 뜰 때에 하나님이 뜨거운 동풍을 예비하셨고 해는 요나의 머리에 쪼이매 요나가 혼미하여 스스로 죽기를 구하여 이르되 사는 것보다 죽는 것이 내게 나으니이다 하니라.

해가 떠오를 때에 하나님께서 뜨거운 동풍(중동 지방에 불어 닥치는 시로코 열풍)을 준비하셨고, 해가 요나의 머리 위에 내리쬐자 요나는 너무 뜨거워 기진하여 간절히 하나님께 죽기를 청하여 말하기를 나 요나에게는 사는 것보다 죽는 편이 낫겠습니다고 기도했다.

하나님은 박넝쿨, 벌레, 동풍들을 준비하셔서 요나를 꼼짝 못하게 하시면서 교육하신 것이다. 하나님은 사람들을 꼼짝 못하게 하신다.

욘 4:9. 하나님이 요나에게 이르시되 네가 이 박넝쿨로 말미암아 성내는 것이 어찌 옳으냐 하시니 그가 대답하되 내가 성내어 죽기까지 할지라도 옳으니이다 하니라.

그러자 하나님께서 요나에게 말씀하시기를 네가 박넝쿨 때문에 화내는 것이 정당하냐고 물으시니 요나가 대답하기를 제가 죽기까지 할지라도 당연합니다 라고 대답했다. 요나는 심히 화를 내면서 항변한다. 이주 당연하다는 것이었다.

4) 하나님의 교훈의 말씀 4:10-11

욘 4:10. 여호와께서 이르시되 네가 수고도 아니하였고 재배도 아니하였고 하룻밤에 났다가 하룻밤에 말라 버린 이 박넝쿨을 아꼈거든.

여호와께서 말씀하시기를 너 요나는 박넝쿨을 위해 수고도 아니했고 키우지도 않았으며, 하룻밤에 났다가 밤새 말라 죽은 이 박넝쿨을 아꼈다면 좌우를 분별하지 못하는 어린 아이가 12여 만 명이 있고 또 가축도 많이 있어서 그들을 아끼는 것은 당연하지 않느냐고 말씀하신다.

욘 4:11. 하물며 이 큰 성읍 니느웨에는 좌우를 분변하지 못하는 자가 십이만여 명이요 가축도 많이 있나니 내가 어찌 아끼지 아니하겠느냐 하시니라.

여호와께서 말씀하시기를 하물며 이 큰 성읍 니느웨에는 좌우를 가릴 줄 모르는 철부지 12만여 명의 아이들과 수많은 가축들이 있으니 나 여호와가 이 큰 성읍 니느웨를 아끼는 것은 당연하지 않겠느냐고 말씀해 주신다.

요나가 하룻밤에 났다가 하룻밤에 시들어버린 박넝쿨을 아꼈다면 하나님께서 니느웨 성을 아끼는 것은 아주 당연하다는 하나님의 결론이다. 우리가 하나님의 결론을 어떻게 뒤집을 수가 있겠는가.

-요나서 주해 끝-

미가서 주해

Exposition of Micah

■ 총 론

본서의 저자는 누구인가?

본서의 저자는 본서 자체의 내증에 따라 "미가"로 인정되어 왔다. 또 본서 1:1과 3:12를 예레미야가 인용함으로(렘 26:18) 분명히 본서의 저자가 미가임을 입증하는 것이 되었다. 그리고 유대교의 전통적인 가르침 역시 본서의 저자를 미가로 인정하는 데에 일치하고 있다. 본서 1:1의 내증에 따르면 미가는 예루살렘에서 서남쪽으로 40km 지점에 위치한 모레셋 출신이다. 그리고 미가의 부모나 조상에 대한 언급이 전혀 없는 것을 볼 때 그가 비천한 가정에서 출생했다는 것을 짐작할 수가 있다.

본서의 기록 연대는 언제인가?

본서의 기록 연대에 대해서는 다음과 같이 추측할 수가 있다. 본서는 미가가 남쪽 나라 유다의 요담 왕(기원전 747-731년 통치), 아하스 왕(기원전 731-716년 통치), 히스기야 왕(기원전 715-687년 통치) 등 세 왕의 통치 기간 동안 선지자로서 활동한 것으로 볼 때 미가의 활동 기간은 최대 대략 60여 년 간으로 볼 수 있다. 그러나 일반적으로 요담 왕 통치 말기 기원전 735년부터 히스기야 왕 통치 말기인 기원전 690년까지의 약 45년간을 그의 주 활동 기간으로 추정한다. 이런 점들을 고려할 때 본서의 기록 연대는 미가 선지자의 활동 후반기인 기원전 700년경으로 추정할 수 있을 것이다.

본서의 기록 목적은 무엇인가?

미가의 예언은 아모스, 호세아 및 이사야 등이 이미 예언해 놓은 것을 종합한 예언이라고 말할 수 있다. 미가서의 주목적은 영적 및 도덕적인 각성을 일으키는데 있었다고 할 수 있다. 미가는 불의에 대하여 절대 비타협적인 열정으로 규탄했다.

본서에서 그리스도가 나타나는가?

미가서의 근본 주제는 주 예수 그리스도의 구속 사역을 통한 죄인의 구원이다. 성경은 예수 그리스도의 구원 사역이라는 하나의 동일한 주제의 여러 측면과 역사를 보여주는 책이다. 우리는 성경 66권 모두에서 예수 그리스도의 구속 사역에 대하여 가르치고 있는 진리를 발견하고자 노력한다.

본서는 소선지서 12권의 책들에서 예수 그리스도와 그의 사역에 대해 가장 직접적이면서도 풍부한 예언을 주고 있는 책이다. 즉, 본서는 택한 백성들의 궁극적인 구원의 소망인 메시아 왕국을 도래케 하실 예수 그리스도의 베들레헴 탄생 예언(5:2; 마 2:1-6)과 그리스도의 수난(5:3) 및 재림 이후에 행하실 그리스도의 최후 심판(5:8-15)에 대해 예언하고 있다. 그리고 택한 백성에게 궁극적인 구원과 승리 및 영원한 평강을 주실 그리스도는 곧 택한 백성의 목자(2:12), 왕(2:13)이 되심을 증거하고 있다. 그리고 그리스도는 태초부터 계셨던 자(5:2)로서 구속 언약의 최종 성취자(7:20)가 되실 것도 증거하고 있다(그랜드종합주석).

본서의 특징은 무엇인가?

1) 본서에는 질문 형식의 표현이 자주 등장한다(1:5; 2:7; 3:1; 4:9; 6:3, 6 등). 그리고 미가의 질문들은 특별한 대답을 요구하고 있는 것이 아니라 질문을 받은 자가 스스로 죄악을 깨닫게 하기 위한 의도로 주어진 것들이다.

2) 본서의 문체는 아주 단편적이다.

3) 본서의 문체는 갑자기 변하는 문체를 사용하고 있다. 예를 들면 2:1-11은 거의 절망적 묘사로 시작했으나 2:12-13에서는 갑자기 구원의 은총을 전한다. 이렇게 갑자기 변하는 것은 미가 자신에게 갑자기 하나님의

은혜가 밀려왔기 때문이었다.

4) 능숙한 비유를 자주 사용했다.

이는 권태감을 극복하고 이해에 도움을 주는데 큰 도움이 된다(마 13장 등).

5) 미가는 이스라엘의 멸망을 예언했고, 멀리 유다의 멸망까지 예언했다.

6) 명령법을 자주 사용했다.

미가서의 본문이 바뀔 때마다 명령이 등장했다. (1) "백성들아! 너희는 들을지어다. 땅과 거기 있는 모든 것들아! 너희는 자세히 들을지어다"(1:2). (2) "야곱의 두령들과 이스라엘 족속의 치리자들아! 청컨대 들으라"(3:9). (3) "너희는 여호와의 말씀을 들을지어다"(6:1).

내용 분해

I. 서론 1:1

II. 사마리아와 예루살렘의 심판 1:2-2 장

- A. 심판의 예언 1장
  - 1. 심판의 예언 1:1-7
  - 2. 선지자의 애통 1:8-16
- B. 사회의 죄 2장
  - 1. 사회의 죄 2:1-5
  - 2. 멸망을 예고하다 2:6-11
  - 3. 회복을 약속하다 2:12-13

III. 메시아 왕국을 약속하다 3-5장

- A. 지도층의 죄 3장
  - 1. 정치 지도자들의 죄 3:1-4
  - 2. 종교 지도자들의 죄 3:5-8

3. 심판을 예고하다 3:9-12

B. 메시아 왕국 4장

1. 메시아 왕국의 영광 4:1-5
2. 이스라엘이 회복되리라 4:6-10
3. 이스라엘이 승리하리라 4:11-13

C. 메시아가 통치하실 것이다 5장

1. 메시아가 탄생하실 것이다 5:1-4
2. 메시아가 통치하실 것이다 5:5-9
3. 메시아가 정화작업을 하실 것이다 5:10-15

IV. 여호와의 꾸지람과 복 6-7장

A. 여호와의 꾸지람 6장

1. 여호와께서 쟁변하시다 6:1-5
2. 회개한데 대한 응답 6:6-8
3. 여호와께서 심판하시다 6:9-16

B. 회개와 복 7장

1. 이스라엘의 회개 7:1-13
2. 이스라엘의 회복 7:14-20

■ 참고도서

아가페 굿모닝 성경(개역개정 제 4판), 서울특별시: 아가페출판사, 2006.

그랜드종합주석. *호세아-말라기*, 경기도 고양시: 성서아카데미, 2004.

김수홍. *그리스도의 말씀이 연합에 미친 영향*. 수원시: 도서출판 목양, 2011.

랄프 스미드. *미가-말라기*, 채천석, 채훈 옮김, W. B. C. 2001.

레슬리 알렌. *호세아-말라기 주석*, 서울특별시: 한국성서유니온선교회, 1993.

매튜 헨리. *호세아-말라기주석*, 박문재옮김, 경기도고양시: 크리스챤다이제스트, 2009.

박윤선. *소선지서*, 성경주석, 서울: 영음사, 1962.

옥스퍼드원어성경대전. 미가, 하박국, 제자원 바이블네트, 2008.

이상근. *소예언서*, 대구광역시: 성등사, 1997.

이순한. *소예언서 강해(상)*, 서울: 한국기독교 교육연구원, 1996.

퓨지, E. B. *요나, 미가주석*, 송동섭역, 서울특별시: 크리스챤서적, 1992.

카일, 델리취. *호세아, 요엘, 아모스, 오바댜, 요나, 미가*, 역자 홍성현, 서울: 기독교 문화사, 1992.

Baxter, J. Sidlow. *Explore the Book*. Grand Rapids: Zondervan Publishing House, 1966.

Black, Matthew & Rowley, H.H. *Peake's Commentary on the Bible*, Nashville: Thomas Nelson, 1962.

Calvin, John. *Calvin's Commentaries,* Edinburgh: Clark, 1847.

Deane, W. J. *오바댜, 요나, 미가 주석*, 풀핏주석번역위원회 역, 대구시: 보문출판사, 1987.

Guthrie D. & Motyer, J.A. *The New Bible Commentary*, Grand Rapids: Eerdmans, 1970.

Jamieson, R. Fausset, A. R. & Brown D. *Commentary on the Whole Bible,* Grand Rapids: Zondervan, 1976.

Lange, John Peter. *Commentary on the Whole Scripture*, Grand Rapids: Zondervan, 1876.

Maclaren, Alexander. *Expositions of Holy Scripture*, Grand Rapids: Baker Book House, 1984.

Morgan, G. Campbell. *An Exposition of the Whole Bible*, Old Tapen:

Fleming H. Revell, 1959.

Myer, F. B. *Bible Commentary*, Wheaton: Tyndale, 1984.

Nicoll W. Robertson ed. *The Expositor's Bible*, Chicago: W.P. Blessing Co. n.d.

Wevers, John W. *The New Century Bible Commentary,* Wm. B. Eerdmans Co, Grand Rapids, 1969.

Walvoord, John F. & Zuck Roy B. ed. *The Bible Knowledge Commentary*, Wheaton: Victor, 1985.

【 사전 】

바이블렉스 8.0

데릭 윌리엄스, *IVP 성경사전.* 이정석 외 한국기독학생회 출판부 역, 한국기독학생회 출판부(IVP), 1992,

Achtemeier, Paul J. *Harper's Bible Dictionary*, New York: A Division of Harper Collins Publishers, 1985.

Douglas, J. D. *New Bible Dictionary*, (2nd edition), Wheaton: Tyndale House Publishers, 1982.

Tenney, Merrill C. *The Zondervan Pictorial Bible Dictionary,* Grand Rapids: Regency, 1967.

Tregelles, Samuel Prideaux. *Gesenius' Hebrew and Chaldee Lexicon,* Grand Rapids: Eerdmans, 1969.

Unger, M. F. *Unger's Bible Dictionary.* Chicago: Moody, 1957.

【 지도 】

Personal Map Insert. Ft. Smith: Son Light Publishers, Inc, 1997.

미가서 주해

본서는 3 구분으로 구성되어 있으며 그 3 구분은 첫째 예언(1:2-2:13, 사마리아와 예루살렘에 심판이 임할 것이라는 내용), 둘째 예언(3:1-5:15, 메시아 왕국의 약속), 셋째 예언(6:1-7:20, 꾸짖음과 복)으로 구성되어 있다. 이 3가지 예언 내용은 선지자들이 하나님으로부터 받은 예언의 사명을 감당하는데 있어 1) 현재의 죄를 책망했고, 2) 하나님의 정죄를 받아야 함을 경고했으며, 또 3) 하나님의 구원의 약속을 밝혀 주었다. 세 설교는 모두 "들을지어다"라는 말로 시작한다.

제 1 장

I. 서론 1:1

미 1:1. 유다의 왕들 요담과 아하스와 히스기야 시대에 모레셋 사람 미가에게 임한 여호와의 말씀 곧 사마리아와 예루살렘에 관한 묵시라.

유다의 왕들인 요담 왕과 아하스 왕과 히스기야 왕의 시대에 모레셋 사람 미가에게 임한 여호와의 말씀, 곧 그가 사마리아와 예루살렘에 관하여 본 것이다. "유다의 왕들인 요담 왕과 아하스 왕과 히스기야 왕의 시대에 미가에게 임한 여호와의 말씀"이란 말은 본서 전체의 표제이며 선지자 미가의 활동시기를 알려준다. 이 시기는 주전 757년부터 698년까지로 대략 60년이나 되지만 미가의 전성기는 히스기야 왕의 시대이다(렘 26:17-19).

"모레셋 사람 미가에게 임한 여호와의 말씀"이란 말은 예루살렘 서남쪽 40km지점의 작은 촌락이다. "미가"(מִיכָה)라는 말은 '여호와와 같은 분이 누구냐'라는 의미이다. "여호와의 말씀"이란 말은 초두에 나타나 강조되고 있다. 이 말은 모든 선지서의 표제가 된다.

"묵시"란 말은 이것은 구약 성경의 전례를 따른 것이다. 이 말은 신비경에서 선견자로서 본다는 뜻이다.

II. 사마리아와 예루살렘의 심판 1:2-2 장

A. 심판의 예언 1:2-2장

1. 심판의 예언 1:2-7

<야곱의 허물, 이스라엘의 죄>

미 1:2. 백성들아 너희는 다 들을지어다 땅과 거기에 있는 모든 것들아 자세히 들을지어다 주 여호와께서 너희에게 대하여 증언하시되 곧 주께서 성전에서 그리하실 것이니라.

모든 백성들아! 들어라. 땅과 거기에 충만한 것들아! 귀를 기울여라. 주 여호와께서 너희에 대하여 증인이 되시되, 주께서 그의 거룩한 전에서부터 그렇게 되실 것이다.

"백성들아 너희는 다 들을지어다"라는 말은 세계의 모든 백성들을 상대해서 하는 말이다. 여기 "들을지어다"라는 말은 미가의 세 부분 설교 초두에 나오는 문구이다(3:1; 6:1).

"땅과 거기에 있는 모든 것들아"라는 말은 바로 앞에 나온 "모든 백성들아"라는 말을 강조하는 말이다.

"주께서 성전에서 그리하실 것이라"는 말은 하나님은 그가 좌정해 계시는 성전에서 세계 만민을 거역하는 자가 멸망한다는 것을 증거하신다는 것이다.

미 1:3. 여호와께서 그의 처소에서 나오시고 강림하사 땅의 높은 곳을 밟으실 것이라.

보라(הִנֵּה)! 여호와께서 그의 처소에서 나오시고, 내려오셔서 땅의 산당들을 밟으실 것이라고 하신다. 본 절 초두의 원전에 "보라"는 말은 본 절이 아주 중요하니 주의 깊게 관찰하라고 쓴 말이다.

"여호와께서 그의 처소에서 나오시고 강림하셨다"는 말은 '여호와께서 그의 처소인 하늘 성전에서 나오시고 내려오셨다'는 것을 말한다. 나오시고 내려오셨다는 말은 인간들을 심판하시기 위에 하늘에서 나오시고 땅 위에 강림하셨다는 뜻이다. "땅의 높은 곳을 밟으실 것이라"는 말은 '땅위의 높은 곳을 밟으실 것이라'는 뜻이다. "땅의 높은 곳을 밟으실 것이라"는 말에 하나님에게 땅의 높은 곳이 있는 것은 아니고 하나님께서 땅에 임하셨다는 것을 말하는 것이다.

미 1:4. 그 아래에서 산들이 녹고 골짜기들이 갈라지기를 불 앞의 밀초 같고 비탈로 쏟아지는 물 같을 것이니.

땅위에 강림하신 여호와 아래서 산들이 녹고, 골짜기들이 갈라지며, 불 앞의 밀랍처럼, 비탈에 쏟아져 내리는 물처럼 될 것이라는 것이다.

"산들이 녹고 골짜기들이 갈라지기를 불 앞의 밀초 같고 비탈로 쏟아지는 물 같을 것이라"는 말은 '여호와께서 심판하시기 위해 땅위에 오시는 경우 지진이 나기도 하고 혹은 화산이 폭발하여 산들이 맥없이 부서지고 용암이 흐르는 것을 진술한 것'이다. 세상은 여호와의 위력 앞에서 맥없이 무너진다는 것이다.

미 1:5. 이는 다 야곱의 허물로 말미암음이요 이스라엘 족속의 죄로 말미암음이라 야곱의 허물이 무엇이냐 사마리아가 아니냐 유다의 산당이 무엇이냐 예루살렘이 아니냐.

이 모든 일이 이렇게 무섭게 일어나는 것은 야곱의 죄 때문이며, 이스라엘 집의 범죄 때문이다. 야곱의 죄가 무엇이냐? 사마리아가 아니더냐? 유다의 산당이 무엇이냐? 예루살렘이 아니더냐는 것이다.

"야곱의 허물로 말미암음이요 이스라엘 족속의 죄로 말미암음이라"는 말은 '무서운 심판이 임하는 것은 야곱 곧 이스라엘 백성들이 범죄 했기 때문이라'는 뜻이다. 심판이 임하는 것은 우연이 되는 것이 아니라 반드시 죄 때문에 임하는 것이다.

그리고 "야곱의 허물이 무엇이냐 사마리아가 아니냐"는 말은 '이스라엘의 죄는 수도인 사마리아에서 지어서 전국에 퍼진 것이라'는 뜻이다. 구약시대의 모든 죄는 수도의 종교 지도자들과 정치 지도자들이 지어서 전국으로 퍼진 것이라는 뜻이다.

그리고 "유다의 산당이 무엇이냐 예루살렘이 아니냐"는 말은 '유다의 죄가 바로 예루살렘에서 시작되어 유다 나라 전체에 퍼진 것이라는 뜻이다. 종교 지도자들과 정치지도자들이 죄를 짓기 시작해서 전국으로 퍼져 나간 것이라는 말이다. 이러므로 오늘 목사들의 죄와 장로들의 죄는 말할 수 없이 크게 영향을 끼치는 것을 알 수 있다.

미 1:6. 이러므로 내가 사마리아를 들의 무더기 같게 하고 포도 심을 동산 같게 하며 또 그 돌들을 골짜기에 쏟아 내리고 그 기초를 드러내며.

이스라엘의 수도 사마리아가 망할 것을 예언하신다. 수도 사마리아가 죄를 지어 전국이 망하게 되었음으로 여호와께서 사마리아를 들의 무더기 같게 하시고 포도 심을 밭 같게 하시며 또 집들이 무너진 돌들을 골짜기에 쏟아져 골짜기를 차게 하시고 그 집들의 기초를 드러내시겠다고 하신다. 완전히 폭 망하게 하시는 것이다.

미 1:7. 그 새긴 우상들은 다 부서지고 그 음행의 값은 다 불살라지며 내가 그 목상들을 다 깨뜨리리니 그가 기생의 값으로 모았은즉 그것이 기생의 값으로 돌아가리라.

본 절은 이스라엘의 수도 사마리아가 외국의 군대에 의해서 함락될 때 거기에 있던 우상들도 다 파멸된다는 것을 말한다. 즉, 여호와께서 말씀하시기를 새겨서 만든 우상들을 모두 박살내고, 몸을 팔아서 모은 재물을 모두 불에 태울 것이며, 우상을 모두 부수어서 쓰레기 더미로 만들겠다. 몸을 팔아서 화대로 긁어모았으니, 이제 모든 것이 다시 창녀의 몸값으로 나갈 것이라고 하신다.

"그가 기생의 값으로 모았은즉 그것이 기생의 값으로 돌아가리라"는 말은 우상 숭배를 영적인 간음죄로 본 묘사이다. 우상에게 바친 헌물은 기생에게 준 화대에 비한다(호 2:5, 8, 12; 9:1; 사 23:17). 이처럼 이스라엘에서 우상에게 바친 금은보화들은 우상 숭배의 본 고장인 앗수르로 운반되어 거기서 또 우상에게 사용될 것이라는 뜻이다(단 1:2; 5:3; 스 1:7).

2. 선지자의 애통 1:8-16

미가 선지자는 이제는 백성 편에 서서 심판의 예언을 받는 고통을 애통한다.

<상처가 유다와 예루살렘에도 미치다>

미 1:8. 이러므로 내가 애통하며 애곡하고 벌거벗은 몸으로 행하며 들개 같이 애곡하고 타조 같이 애통하리니.

본 절 초두의 "이러므로"(for this)라는 말은 '북쪽 나라 이스라엘이 비참하게 망할 것임으로'라는 뜻이다.

북쪽 나라 이스라엘이 망할 것을 보면서 미가 선지자는 애통하며 애곡하고 벌거벗은 몸으로 애통하면서 다닌다는 것이다. 참으로 비참한 현실이 나타날 것을 예상한다.

그리고 "들개 같이 애곡하고 타조 같이 애통한다"는 말은 '산천을 방황하면서 소리를 길게 끌면서 우는 들개 같고, 사막을 달리면서 슬픈 소리로 우는 타조 같다'는 것이다.

미 1:9. 이는 그 상처는 고칠 수 없고 그것이 유다까지도 이르고 내 백성의 성문 곧 예루살렘에도 미쳤음이니라.

본 절은 윗절(8절)에서 미가 선지자가 애통하는 이유를 말하고 있다.

그 이유는 북쪽 나라 이스라엘이 전쟁의 화로 인한 상처는 고칠 수 없는 정도가 되어 버렸고 그 상처가 남쪽 나라 유다에까지 이를 것이고 예루살렘 성에도 미칠 것이기 때문이라는 것이다.

"그것이 유다까지도 이르고 내 백성의 성문 곧 예루살렘에도 미쳤다"는 말은 미가 선지자가 앗수르 군대가 이스라엘을 침략한 후 그 군대가 유다에게도 미칠 것을 내다본 것이다. 이는 주전 701년 앗수르의 산헤립이 예루살렘을 포위한 사실을 가리키는 것이 분명한 것으로 보인다(왕하 18:17-19:37, Nowack, Marti, Smith).

미 1:10. 가드에 알리지 말며 도무지 울지 말지어다 내가 베들레아브라에서 티끌에 굴렀도다(Tell it not in Gath, weep not at all; in Beth-le-aphrah roll yourselves in the dust-RSV, ESV)**.**

가드에 알리지 말며 절대로 통곡하지 말라. 베들레아브라에서 티끌에 뒹굴어라.

"가드에 알리지 말며 도무지 울지 말지어다"라는 말은 유다가 하나님의 심판을 받은 사실을 블레셋의 대표도시 가드에 알리지 말라는 말이다. 거기에 알리면 유다의 숙적 블레셋 백성들이 심히 기뻐할 것이기 때문이라는 것이다. 그리고 미가 선지자는 유다가 상처를 입은 사실 때문에 도무지 울지 말라고 말한다. 울음소리가 외부에 들리면 외부의 적들이 기뻐할 것이기 때문에 울지 말라는 것이다.

"내가 베들레아브라에서 티끌에 굴렀도다"(in Beth-le-aphrah roll yourselves in the dust)는 말은 '너희는 베들레아브라에서 티끌에 뒹굴라'는 뜻이다. "베들레아브라"라는 도시는 벧엘 근처의 도시(수 18:22)로서 '티끌의 집에서'라는 뜻으로 다른 나라에는 절대로 유다 나라가 하나님의 심판을 받은 것을 알리지 말고 "베들레아브라"에서는 티끌에 뒹글라는 것이다.

미 1:11. 사빌 주민아 너는 벗은 몸에 수치를 무릅쓰고 나갈지어다 사아난

주민은 나오지 못하고 벧에셀이 애곡하여 너희에게 의지할 곳이 없게 하리라.

본 절에는 세 성읍이 거론되고 모두 그 성읍에 역행하는 현상이 벌어질 것을 예언하는 듯하다. 즉, 너희 사빌 주민아! 수치스런 벌거숭이로 지나가거라. 사아난 주민은 나오지 못하고, 벧에셀이 슬피 울며 너희에게서 그 설 자리를 빼앗아 갈 것이다.

"사빌"은 아스돗 동남쪽 8km지점에 위치하고 있으며 '아름다운 성읍'이라는 뜻이다. 벗은 몸으로 포로로 끌려가는 수치를 당할 것이 예언되었다.

"사아난"은 '진군의 거리'라는 뜻으로 군사 도시로 알려지고 있다. 이 성읍은 예루살렘 북쪽에 위치한 수 15:37의 "스난"과 동일한 곳이다. 이 도시는 앗수르 군대가 침입할 때는 군사 도시 특유의 박진감 넘치는 모습은 전혀 없이 목숨 부지를 위해 침묵 자중할 것임을 뜻한다.

"벧에셀이 애곡하여 너희에게 의지할 곳이 없게 하리라". "벧에셀"은 예루살렘 부근 감람산 동편에 위치한 곳으로 슥 14:5의 "아셀"과 동일한 곳이다. 이 성읍의 이름의 뜻은 '정류하는 집'이라는 뜻인데 앗수르의 침입으로 쉴 곳을 완전히 잃어버릴 것이라고 예언되어 있다.

미 1:12. 마롯 주민이 근심 중에 복을 바라니 이는 재앙이 여호와께로 말미암아 예루살렘 성문에 임함이니라.

나 여호와가 예루살렘 성문에까지 재앙을 내렸으므로, 마롯에 사는 사람들은 고통을 받으면서 거기에서 벗어나기를 기다린다는 것이다.

"마롯"의 위치는 예루살렘 부근으로 추측된다(Smith, Deane). 마롯이란 이름의 뜻은 '쓰다'는 뜻으로 마롯 주민들은 쓰디쓴 고난 중에 복을 바랐으나 앗수르 군대가 예루살렘 성문까지 쳐들어옴으로 저들 역시 쓴 고난 중에 거하게 되었다.

미 1:13. 라기스 주민아 너는 준마에 병거를 메울지어다 라기스는 딸 시온의

죄의 근본이니 이는 이스라엘의 허물이 네게서 보였음이니라(Harness the steeds to the chariots, inhabitants of Lachish; it was the beginning of sin to the daughter of Zion, for in you were found the transgressions of Israel-ESV). 라기스 주민들아! 너희는 군마에 병거를 메어라. 라기스는 시온의 딸에게 죄의 시작이니 이는 이스라엘의 반역이 네게서 발견되었기 때문이다.

"라기스"라는 성읍은 가사의 동북 27km지점에 있는 성읍으로 애굽 국경에 가까운 요새였다. 주전 701년 앗수르의 산헤립이 예루살렘을 포위했을 때 이곳을 먼저 점령했고 군대의 대 본영으로 삼았던 곳이다(왕하 18:14; 사 36:2). 본 절의 내용은 라기스의 거민들이 적국의 공격을 받아 준마에 병거를 메어 빨리 도망할 준비를 하라는 것이다.

"딸 시온"이란 말은 약한 예루살렘을 지칭하는 말이다.

"라기스는 딸 시온의 죄의 근본이니 이는 이스라엘의 허물이 네게서 보였다"는 말은 '라기스가 우상 종교를 받아들이는데 제일 먼저 시작이었다'는 뜻이다. 북쪽 나라 이스라엘의 여로보암이 여호와를 섬긴다는 명목을 가지고 우상 종교의 의식을 본 따서 각처에 산당을 세운 일이 있었는데, 남쪽 나라 유다도 그것을 본받았다. 그것을 본받는 것이 라기스에서 시작되었다는 것이다. "라기스"는 죄를 본받는데 있어 제일 앞장섰다.

미 1:14. 이러므로 너는 가드모레셋에 작별하는 예물을 줄지어다 악십의 집들이 이스라엘 왕들을 속이리라.

그러므로 너는 가드모레셋에 작별의 선물을 주어라. 악십의 집들이 이스라엘의 왕들을 속일 것이다.

"가드모레셋"은 미가 선지자의 고향이다(1절 주해 참조).

"너희는 가드모레셋에 작별하는 예물을 주라"는 말은 남쪽 나라 유다의 영토였던 가드 모레셋을 라기스 거민의 범죄(13절)로 말미암아 앗수르에게 빼앗기게 되었으니 가드 모레셋이 앗수르로 시집가는 형식으로 해서 작별하는 예물을 주라는 것이다. 죄를 지으면 좋은 것들을 모두 빼앗기는 법이다.

그리고 "악십의 집들이 이스라엘 왕들을 속이리라". "악십"이라는 땅은 그일라와 마레사 사이에 있는데(수 15:44) 아하스 왕 이후에 블레셋의 영토가 되었다. 그런데 본 절의 "이스라엘 왕들"이라는 말은 '유다 왕들'을 뜻하는데 왕들이 그 땅을 회복하려 했으나 실패했다. 그런고로 그 땅은 유다의 왕들을 속인 셈이다. 죄를 지으면 결국 속고 살게 된다는 것이다.

미 1:15. 마레사 주민아 내가 장차 너를 소유할 자로 네게 이르게 하리니 이스라엘의 영광이 아둘람까지 이를 것이라.

마레사 주민들아! 나 여호와가 장차 너 마레사를 얻을 자(침입할 자, 즉 앗수르로 하여금)로 네게 임하게 하리니, 이스라엘(유다를 지칭하는 말)의 영광(귀족들)이 아둘람까지 이를(피난할) 것이라는 것이다.

"마레사"는 베이트 지브린(Beit Jibrin)의 동남쪽 2km지점에 있다. 하나님은 이 도시에 앗수르를 보내어 소유하게 하신다는 것이다. 죄는 모든 것을 빼앗기게 한다는 것을 알 수 있다.

"이스라엘의 영광이 아둘람까지 이를 것이라"는 말은 '유다의 귀족들이 아들람으로 피난할 것이라'는 뜻이다. 죄는 사람들을 비참하게 하여 피난길에 오르게 한다는 것이다.

미 1:16. 너는 네 기뻐하는 자식으로 인하여 네 머리털을 깎아 대머리 같게 할지어다 네 머리가 크게 벗어지게 하기를 독수리 같게 할지어다 이는 그들이 사로잡혀 너를 떠났음이라.

너는 네 기뻐하는 자식으로 인하여 네 머리털을 깎아 대머리 같게 할지어다. 네 머리로 크게 무너지게 하기를 독수리 같게 할지어다 이는 그들이 사로잡혀 너를 떠났음이니라.

"너는 네 기뻐하는 자식으로 인하여 네 머리털을 깎아 대머리 같게 할지어다"라는 말은 '유다 나라는 네 기뻐하는 자식이 외국 군대에 의하여 잡혀갈 것을 인하여 슬퍼하라고 말씀하신다. 이스라엘 백성들은 슬픔을 표시할 때 머리의 뒷부분을 깎아 대머리가 되게 했다(레 19:27; 신 14:1; 사 3:24).

"네 머리가 크게 벗어지게 하기를 독수리 같게 할지어다"라는 말은 바로 앞문장과 동일한 뜻이다. 여기 "독수리 같게 하라"는 말은 '머리 앞부분과 뒷부분에 머리털이 없게 하라'는 뜻이다.

"이는 그들이 사로잡혀 너를 떠났음이라"는 말은 '유다 백성들이 바벨론으로 포로되어 갈 것'을 뜻하는 말이다. 죄는 백성들을 포로로 만드는 것이다.

제 2 장

B. 사회의 죄 2장

앞장은 선지자가 이스라엘에 대한 하나님의 심판을 선언하신 일, 본장은 심판의 원인이 죄임을 밝힌다. 본장의 내용은 선지자가 사회의 죄를 꾸짖은 일(1-5절), 부유층이 반항한 일(6-7절), 선지자가 그들의 멸망을 선고한 일(8-11절), 및 회복의 약속을 말한 일(12-13절)을 진술한다.

1. 사회의 죄 2:1-5

부유층이 가난한 서민들의 재물을 착취한 죄를 책망했고, 그 결과 부유층들이 재앙을 받을 것을 말한다.

<멸망할 자들>

미 2:1. 그들이 침상에서 죄를 꾀하며 악을 꾸미고 날이 밝으면 그 손에 힘이 있으므로 그것을 행하는 자는 화 있을진저.

화가 있기를 바란다. 자기의 잠자리에서 사악한 일을 궁리하고 악을 꾀하는 자들아! 새 아침이 밝으면 그것을 실행에 옮기니, 이는 그들의 손에 권력이 있기 때문이라는 것이다. 부유층 사람들은 밤에 악한 간계를 꾸미고 아침이 되면 그 악한 간계를 실행에 옮긴다는 것이다(시 36:4).

그들이 부유하다는 것이 참으로 불행한 것이다. 우리는 하나님을 바라보며 매일 필요한 것을 받아 사는 사람들이 되어야 한다.

미 2:2. 밭들을 탐하여 빼앗고 집들을 탐하여 차지하니 그들이 남자와 그의 집과 사람과 그의 산업을 강탈하도다.

부유층 사람들은 가난한 자들에게서 밭들을 탐내어 빼앗고, 집들도 제

것으로 만드니, 그들은 장정과 그의 집과 사람과 그의 유업도 강탈한다(왕상 21:1-16 참조).

부유층 사람들이 되었다는 것 자체가 참으로 불행한 것이다. 그들이 불행한 이유는 온갖 나쁜 짓을 할 수 있기 때문이다.

미 2:3. 그러므로 여호와의 말씀에 내가 이 족속에게 재앙을 계획하나니 너희의 목이 이에서 벗어나지 못할 것이요 또한 교만하게 다니지 못할 것이라 이는 재앙의 때임이라 하셨느니라.

그러므로(부유층 사람들이 범죄함으로) 여호와께서 이같이 말씀하시기를 보라! 나 여호와가 이 부유층들에게 내릴 재앙을 계획하니, 너희의 목이 거기서 벗어나지 못할 것이며, 또한 거만하게 걷지도 못할 것이니, 이는 재앙의 때이기 때문이라고 하신다.

부유층 사람들이 범죄하면 여호와께서 재앙을 계획하신다는 것이다. 오늘 우리는 죄를 자복해서 여호와께서 모든 좋은 복을 내리시도록 계획하시게 해야 한다.

미 2:4. 그 때에 너희를 조롱하는 시를 지으며 슬픈 노래를 불러 이르기를 우리가 온전히 망하게 되었도다 그가 내 백성의 산업을 옮겨 내게서 떠나게 하시며 우리 밭을 나누어 패역자에게 주시는도다 하리니.

문장 초두의 "그 때에"란 말은 3절에서 표현된 하나님께서 계획하시는 '재앙의 때'를 가리킨다. 이 날은 죄인이 망하고 그들의 모든 교만이 꺾이는 심판의 날이다.

그 때가 되면 사람들(외국인들)이 너희(이스라엘 백성들)를 두고서 이러한 풍자시(諷刺詩)를 지어서 읊을 것이다. 슬픔에 사무친 슬픈 노래를 지어서 부를 것이다. 우리는 빈 털털이가 되었다. 여호와께서 내 백성의 유산의 몫을 나누시고, 나에게서 빼앗은 땅을 반역자들의 몫으로 할당해 주셨다고 말할 것이다.

이 노래는 외국인이 부른 노래로 이스라엘인들의 멸망을 슬퍼하는 노래였다. 아무튼 이스라엘은 패망하여 그들의 산업을 떠나게 되고 그들의 산업은 그들의 원수인 앗수르의 패역자들이 차지하게 된 것이다. 누구든지 죄를 지으면 세상의 조롱을 당하는 법이다.

미 2:5. 그러므로 여호와의 회중에서 분깃에 줄을 댈 자가 너희 중에 하나도 없으리라.

그러므로 주님의 총회에서 줄을 띄워 땅을 나누고 제비 뽑아 분배할 때에 너희(이스라엘의 부유층 사람들)의 몫은 없을 것이다.

본 절의 "너희 중"이라는 말은 1,2절에 거론된 이스라엘의 포악한 부유층 사람들을 지칭하는 말이다.

위에 지적된 악독한 지도층 사람들은 가나안 땅을 기업으로 차지하지 못할 것이다.

2. 멸망을 예고하다 2:6-11

6-7절의 사람들은 미가의 심판의 예언에 대해 반발할 것이고, 8-11절은 그럼에도 불구하고 미가는 그들의 멸망을 선고한다는 것이다.

미 2:6. 그들이 말하기를 너희는 예언하지 말라 이것은 예언할 것이 아니거늘 욕하는 말을 그치지 아니한다 하는도다.

그들(이스라엘의 포악한 지도자들)이 말하기를 너희는 예언하지 말라. 이것은 예언할 것이 아닌데 욕하는 말을 그치지 않는다고 할 것이다.

이스라엘의 포악한 지도자들은 그들을 정죄한 미가의 예언이 듣기 싫어 금지시킨 것이다. 구약의 아모스도 이사야도 신약 시대의 사도들도 미가와 같은 대접을 받았다. 복음 전도자들은 언제나 사람들로부터 좋은 대접을 받지 못한다.

미 2:7. 너희 야곱의 족속아 어찌 이르기를 여호와의 영이 성급하시다 하겠

느냐 그의 행위가 이러하시다 하겠느냐 나의 말이 정직하게 행하는 자에게 유익하지 아니하냐.

본 절은 앞 절의 압제자의 발언을 미가 선지자가 반박하는 말이다. 미가 선지자는 말하기를 야곱의 족속들아! 너희가 어찌하여 여호와의 영이 조급(성급)하시다고 말하느냐? 어찌하여 그분의 행위가 이와 같다고 하겠느냐? 나 여호와의 말이 정직하게 행하는 자에게 유익하지 않겠느냐고 말씀하신다.

그러나 하나님은 실상 노하기를 아주 더디 하시는 분이시다(출 34:6). 그 동안 여호와께서는 이스라엘에게 수 없이 많은 선지자들을 보내셔서 회개하라고 촉구하셨으나 그들은 종래 회개하지 않으므로 이제는 여호와께서 심판하시는 것이다.

미 2:8. 근래에 내 백성이 원수 같이 일어나서 전쟁을 피하여 평안히 지나가는 자들의 의복에서 겉옷을 벗기며.

본 절 이하의 말씀은 여호와께서 친히 정죄하시는 말씀이다. 즉, 요즈음 나 여호와의 백성이 원수처럼 일어나서, 평화롭게 사는 백성을 덮치고 마음 놓고 지나가는 백성(피난민)을 전쟁 포로인 양 옷을 벗겼다고 책망하신다.

어떤 민족이든지 망할 때쯤에는 마음이 극도로 악하여져서 자기의 동포를 원수같이 여긴다. 그들은 아주 무자비하게 변한다(박윤선).

미 2:9. 내 백성의 부녀들을 그들의 즐거운 집에서 쫓아내고 그들의 어린 자녀에게서 나의 영광을 영원히 빼앗는도다.

본 절은 이스라엘의 악독한 지도자들이 과부와 아비 없는 고아들을 박해한 죄를 지적한다. 즉, 이스라엘의 악독한 지도자들이 나 여호와의 백성의 부녀들(과부들)을 그들의 즐거운 집(남편과의 사랑의 추억이 깃든 집)에서 쫓아냈고, 그 과부들의 자녀들에게서 나의 영광을 영원히 빼앗아 버렸다고 하신다.

원래 과부와 고아들은 특별히 보호해야 하는 대상이었는데(사 10:2) 대적한 것은 곧 여호와를 대적한 것이다.

"그들(과부들)의 어린 자녀에게서 나의 영광을 영원히 빼앗는다"는 말은 '아비 없는 과부의 어린 자녀들에게서 하나님의 특별하신 보호를 즐길 수 있는 모든 특권을 빼앗는다'는 뜻이다. 구체적으로는 악한 지도자들이 과부들을 강제로 팔았거나 아니면 고아들을 강제로 팔았으므로 그들은 영영 여호와의 백성으로서의 영광스러운 생활을 누리지 못하게 되는 것이다.

미 2:10. 이것은 너희가 쉴 곳이 아니니 일어나 떠날지어다 이는 그것이 이미 더러워졌음이니라 그런즉 반드시 멸하리니 그 멸망이 크리라.

이 가나안 땅은 너희(이스라엘의 악독한 지도자들)의 안식처가 아니니, 너희는 일어나 떠나거라. 이 가나안 땅이 더러워졌으므로 너희를 멸망시킬 것이며, 그 멸망이 심각할 것이다.

가나안 땅은 하나님께서 이스라엘에게 기업으로 주셨으나(신 12:9-10; 수 1:13) 악한 지도자들이 백성들을 박해하여 범죄함으로 이제는 그들에게 더 이상 그들의 기업의 땅이 되지 못하고 쫓겨나게 되었다. 그들은 이제 앗수르로 포로되어 갈 것이다. 누구든지 범죄하면 모든 특권을 빼앗길 수밖에 없는 것이다.

미 2:11. 사람이 만일 허망하게 행하며 거짓말로 이르기를 내가 포도주와 독주에 대하여 네게 예언하리라 할 것 같으면 그 사람이 이 백성의 선지자가 되리로다(If a man should go about and utter wind and lies, saying, "I will preach to you of wine and strong drink", he would be the preacher for this people!-RSV, ESV).

본 절은 거짓 선지자들의 행태를 폭로한다. 즉, 거짓말쟁이나 사기꾼이 와서 너희에게 포도주와 독한 술(이 세상의 복리와 평안을 상징한다)이 철철 넘칠 것이라고 예언하면, 그 사람이야말로 이 백성의 예언자가 될 것이다!

거짓 선지자는 죄인들에게 이 세상 평안을 말해주며 걱정할 것 없다고 한다. 거짓 선지자는 사람들의 죄악을 걱정해 주지는 않고 도리어 사람들에게 아첨한다. 진리를 순종하지 않는 자들은 이런 거짓된 자를 환영한다(박윤선).

3. 회복을 약속하다 2:12-13

12-13절은 회복과 구원을 약속한다. 이 부분은 미가의 예언으로 이스라엘의 회복을 예언하는 것이다.

미 2:12. 야곱아 내가 반드시 너희 무리를 다 모으며 내가 반드시 이스라엘의 남은 자를 모으고 그들을 한 처소에 두기를 보스라의 양 떼 같이 하며 초장의 양 떼 같이 하리니 사람들이 크게 떠들 것이며.

야곱아(이 칭호는 개인 이름이 아니고 남북 이스라엘 전체를 지칭한다)! 나 여호와가 너희 모두를 반드시 모을 것이니, 나 여호와가 이스라엘의 남은 자를 반드시 모을 것이다. 나 여호와가 그들을 보스라의 양 떼같이 그 초장 가운데 있는 양 무리같이 함께 둘 것이니, 사람들이 많아 몹시 시끄러울 것이다.

"내가 반드시 너희 무리를 다 모은다"(이 문장은 "내가 반드시 이스라엘의 남은 자를 모은다"는 말과 동의절이다)는 말은 '하나님께서 남북 전체 이스라엘 백성들을 포로지에서 남은 자들을 반드시 모으신다'는 뜻이다. 포로지(바벨론이나 앗수르)에서 많은 수가 죽지만 남은 자들이 있을 것인데 그들이 가나안으로 돌아와 나라를 재건하고 번영을 누릴 것이다. 이 구원의 궁극적 성취는 메시아 왕국이 실현되는 것을 말한다.

"그들을 한 처소에 두기를 보스라의 양 떼 같이 한다"는 말은 '여호와께서 남은 자들을 가나안에 귀환하게 하셔서 한 곳에서 살게 하신다'는 뜻이다. 여기 "보스라의 양 떼 같이 한다"는 말은 '에돔의 도시의 양떼같이 모여서 살게 한다'는 뜻이다.

"사람들이 크게 떠들 것이다"라는 말은 '귀환한 이스라엘 백성들이 번성하고 기뻐서 행복한 함성을 지를 것이라'는 뜻이다.

미 2:13. 길을 여는 자가 그들 앞에 올라가고 그들은 길을 열어 성문에 이르러서는 그리로 나갈 것이며 그들의 왕이 앞서 가며 여호와께서는 선두로 가시리라 하시니라.

본 절은 바벨론 포로에서 귀환한 백성들을 묘사한 것으로 한 지도자의 인도 아래 귀환한 자들이 일제히 행진하여 옥에서 탈출하는 모양이다. 즉, 길을 여는 자(여호와 자신)가 그들 앞서 올라가고 그들(양무리들)은 헤치고 문에서 뛰쳐나갈 것이니, 그들의 왕께서 그들 앞서 가실 것이며, 여호와께서 그들의 선두에 서실 것이다. 본 절은 궁극적으로 장차 메시아 왕국으로 모든 선민들이 집결될 것을 예언하는 것이다(사 40:1-; 42:7; 52:12).

본 절의 "길을 여는 자가 그들 앞에 올라가고"라는 문장과 "그들의 왕이 앞서 가며 여호와께서는 선두로 가시리라"는 문장은 동의절이다. 또 "그들의 왕이 앞서 가며"라는 문장과 "여호와께서는 선두로 가시리라"는 문장도 동의절이다.

본 절의 말씀을 바벨론 포로에서 돌아온 후 대제사장 여호수아와 유다 총독 스룹바벨이 제 2 성전을 건축하고 민족 부흥을 꾀하리라는 뜻으로 볼 수도 있는데, 나아가서 오순절 이후에 그리스도 교회가 전 세계를 향하여 힘찬 부흥과 발전을 거듭할 것을 예언한 것으로 본다.

제 3 장

III. 메시아 왕국을 약속하다 3-5장

3장은 지도층의 죄가 지탄되는 것을 진술한 일, 4장은 메시아 왕국을 약속하고, 5장은 메시아의 통치를 약속한다.

A. 지도층의 죄 3장

3장의 내용은 정치 지도자들의 죄(1-4절), 종교 지도자들의 죄(5-8절), 및 심판을 진술한다(9-12절).

1. 정치 지도자들의 죄 3:1-4

정치 지도자들의 죄와 그들이 받을 벌을 말한다. 정치 지도자들은 공의를 떠나 악을 행했으며 백성들을 착취했음으로 여호와께서는 그들을 떠나신다.

<미가가 이스라엘 통치자들을 고발하다>

미 3:1. 내가 또 이르노니 야곱의 우두머리들과 이스라엘 족속의 통치자들아 들으라 정의를 아는 것이 너희의 본분이 아니냐.

본 절부터는 미가의 두 번째 설교가 진술된다. 미가는 설교하기를 내가 또 말한다. 들어라!(설교의 시작은 "들으라"는 말로 시작한다) 너희 야곱의 우두머리들과 이스라엘 집의 통치자들아, 너희가 공의를 알아야 할 것이 아니냐?

본 절의 "너희 야곱의 우두머리들"이라는 말과 "이스라엘 집의 통치자들아"라는 말은 동의절로 이들은 왕족들과 귀족들이었다.

"정의를 아는 것이 너희의 본분이 아니냐"는 말은 '정의를 따라 행해야 한다'는 뜻이다. 정치지도자들 뿐 아니라 백성들 누구라도 다 공의를 따라 행동해야 하는 것이다.

미 3:2. 너희가 선을 미워하고 악을 기뻐하여 내 백성의 가죽을 벗기고 그 뼈에서 살을 뜯어.

본 절과 다음 절(3절)은 식인종의 모습이 연출된다. 너희 정치 지도자들은 선을 미워하고 악을 좋아하며 내 백성에게서 산채로 가죽을 벗기고 그들의 뼈에서 살을 뜯어낸다는 것이다. 정치 지도자들은 가혹하게 백성을 착취하여 자신들의 배를 불린 것이다. 이것이 정치 지도자들의 죄가 아니고 무엇이겠는가?

미 3:3. 그들의 살을 먹으며 그 가죽을 벗기며 그 뼈를 꺾어 다지기를 냄비와 솥 가운데에 담을 고기처럼 하는도다.

너희 정치 지도자들은 백성들의 살을 먹고 그들에게서 가죽을 벗기며 그들의 뼈들을 부수고 잘게 다지기를 마치 냄비와 솥 안에 있는 고기 다루듯 하는구나. 식인종의 이런 모습은 겔 34:2-4에서도 볼 수 있다.

미 3:4. 그 때에 그들이 여호와께 부르짖을지라도 응답하지 아니하시고 그들의 행위가 악했던 만큼 그들 앞에 얼굴을 가리시리라.

본 절 초두의 "그 때에"란 말은 '여호와께서 정치 지도자들을 심판하실 때에'란 뜻이다. 이스라엘의 정치 지도자들이 2-3절에서 보여주는 것처럼 잔인하게 행동하면서도 그들이 여호와께 자비를 주시라고 부르짖는다는 것이다. 그러나 여호와께서는 응답하지 아니하신다. 정치 지도자들의 행위가 악했으니만큼 여호와께서는 그들 앞에 얼굴을 가리신다.

2. 종교 지도자들의 죄 3:5-8

미가는 이제 종교 지도자들을 공격한다. 이 거짓 예언자들은 아주 깜깜한 밤을 만난다.

미 3:5. 내 백성을 유혹하는 선지자들은 이에 물것이 있으면 평강을 외치나 그 입에 무엇을 채워 주지 아니하는 자에게는 전쟁을 준비하는도다 이런

선지자에 대하여 여호와께서 이르시되.

내 백성을 잘못 인도하는 선지자들에 대하여 여호와께서 이같이 말씀하신다. 그들 거짓 선지자들에게 백성들이 입에 씹을 것을 넣어주면(물질을 가져다가 주면) 평안을 외치나(평안할지어다라고 외쳐준다), 그들의 입에 먹을 것을 넣어 주지 않는 자에게는 전쟁을 선포한다(적대행위를 했다)는 것이다.

미 3:6. 그러므로 너희가 밤을 만나리니 이상을 보지 못할 것이요 어둠을 만나리니 점치지 못하리라 하셨나니 이 선지자 위에는 해가 져서 낮이 캄캄할 것이라.

그러므로(물질 중심으로 행동했으니) 계시가 없는 밤이 오리니, 너희가 환상을 보지 못할 것이며 어두움이 오리니 너희가 점도 치지 못할 것이다. 선지자들에게서 해가 질 것이니, 그들에게 낮이 캄캄하게 될 것이다.

"밤을 만나리니 이상을 보지 못할 것이요"라는 말과 "어둠을 만나리니 점치지 못하리라 하셨다"는 말은 동의절이다. 오늘 목사들도 물질 중심해서 사역하면 깜깜한 밤을 만나게 마련이다. 바로 해야 심령이 밝아져서 일을 바로 할 수 있는 것이다.

"이 선지자 위에는 해가 져서 낮이 캄캄할 것이라"는 말은 '이런 거짓 선지자들에게는 계시가 오지 않고 계시가 깨달아지지 않는다'는 것이다. 그런 꼴을 만난 거짓 선지자들은 많은 죄를 자백하며 성령을 구할 때 심령이 밝아지고 계시가 밝히 드러나는 것이다.

미 3:7. 선견자가 부끄러워하며 술객이 수치를 당하여 다 입술을 가릴 것은 하나님이 응답하지 아니하심이거니와.

선견자들이 부끄러움을 당할 것이며, 점치는 자들이 수치를 당할 것이다. 그들 모두가 입술을 가릴 것이니 이는 하나님의 응답이 없기 때문이다.

"선견자가 부끄러워한다"는 말과 "술객이 수치를 당하여 다 입술을 가린다"는 말은 동의절이다. 거짓 선지자들이 물질 중심으로 사역을 하니 깜깜한 밤을 만난다는 것이다. 여기 "다 입술을 가린다"는 말은 애통하다는 뜻이고 또 수치를 당하고 있다는 표시이다.

종교 지도자들이 물질 중심해서 사역하면 하나님께서 계시를 밝히 깨닫게 해주시지 않으신다.

미 3:8. 오직 나는 여호와의 영으로 말미암아 능력과 정의와 용기로 충만해져서 야곱의 허물과 이스라엘의 죄를 그들에게 보이리라.

그러나 진실로 나(미가 자신)는 여호와의 영에 의해 능력과 공의와 권능으로 충만하여 야곱에게 그의 죄악을, 이스라엘에게 그의 죄를 알릴 것이다.

"나는 여호와의 영으로 말미암아 능력과 정의와 용기로 충만해진다"는 말은 '미가 자신이 여호와의 성령으로 말미암아 능력을 받아 정의로와지고 용기로 충만해져서 사역을 잘 할 수 있게 되었다'는 뜻이다. 미가는 여호와의 성령의 능력을 받아 "야곱의 허물과 이스라엘의 죄를 그들에게 보일 수 있게 되었다"는 것이다. 본문장의 "야곱의 허물"이라는 말과 "이스라엘의 죄"란 말은 동의어이다. 종교 지도자들은 백성들의 상태를 확실히 볼 수 있어야 한다.

3. 심판을 예고하다 3:9-12

이 부분은 정치 지도자들과 종교 지도자들의 죄를 지적한 후 그들에 대한 심판을 선언한다. 그들의 죄 때문에 예루살렘이 멸망한다는 것이다.

미 3:9. 야곱 족속의 우두머리들과 이스라엘 족속의 통치자들 곧 정의를 미워하고 정직한 것을 굽게 하는 자들아 원하노니 이 말을 들을지어다.

미가 선지자는 자! 이 말을 들어라! 너희 야곱 집의 우두머리들과 이스라엘 집의 통치자들아! 너희는 정의를 멸시하고 올바른 것을 모두 왜곡하고 있다는 것이다. 그러니 미가의 다음의 설교를 들으라는 것이다.

"야곱 족속의 우두머리들"이라는 말과 "이스라엘 족속의 통치자들"이란 말은 동의절이다. 다시 말해 "야곱"이란 말과 "이스라엘"이란 말은 동의어이다.

우두머리들과 통치자들은 모두 "정의를 미워하고 정직한 것을 굽게 하는 자들"이라는 것이다. 그들은 정의를 싫어하고 정직한 것을 굽게 만드는 자들이라는 것이다.

"이 말을 들을지어다"라는 말은 미가의 다음 설교를 들으라는 것이다.

미 3:10. 시온을 피로, 예루살렘을 죄악으로 건축하는도다.

너희 정치지도자들은 시온을 피를 흘리게 하고, 그 피 값으로 예루살렘을 세우고 있다고 책망한다.

미 3:11. 그들의 우두머리들은 뇌물을 위하여 재판하며 그들의 제사장은 삯을 위하여 교훈하며 그들의 선지자는 돈을 위하여 점을 치면서도 여호와를 의뢰하여 이르기를 여호와께서 우리 중에 계시지 아니하냐 재앙이 우리에게 임하지 아니하리라 하는도다.

그 우두머리들(정치지도자들)은 뇌물을 바라고 재판하며 그 제사장들은 삯 때문에 가르치고 그 선지자들은 돈 때문에 점을 친다. 그러면서도 그들은 여호와를 의뢰하며 말하기를 여호와께서 우리 가운데 계시지 않느냐? 재앙이 우리에게 임하지 않을 것이라고 큰 소리 친다.

세 종류의 지도자들은 아주 악질적으로 사역했다. 첫째 정치 지도자들은 뇌물을 얻을까 바라고 재판을 했고, 제사장들은 삯을 받기 위해 가르쳤으며, 거짓 선지자들은 돈을 받고 사역했다는 것이다. 그러면서도 그 세 종류의 우두머리들은 여호와를 의뢰하면서 말하기를 여호와께서 우리 가운데 계시니 재앙이 우리에게 임하지 않을 것이라고 헛소리를 한 것이다. 세 종류의 지도자들은 하나같이 썩고 부패했다.

미 3:12. 이러므로 너희로 말미암아 시온은 갈아엎은 밭이 되고 예루살렘은

무더기가 되고 성전의 산은 수풀의 높은 곳이 되리라 하시더라.

세 종류의 두목들의 죄 때문에 시온은 갈아엎은 들판이 될 것이고, 예루살렘은 폐허더미가 될 것이며, 성전의 산은 잡목이 우거진 곳이 될 것이다. 이 예언은 주전 586년에 바벨론에 의해 멸망당할 것을 예언한 것이다.

사실은 우두머리들 때문에 나라가 잘 되어야 하고 사회가 평안하고 복이 넘쳐야 했는데 우두머리들 때문에 나라가 망한다는 것은 안타까운 일이 아닐 수 없다.

제 4 장

B. 메시아 왕국 4장

세 종류의 우두머리들의 죄 때문에 나라가 망했으나(3장) 이제 4장에 와서는 미래에의 약속이 주어진다. 4장의 내용은 메시아 왕국의 영광이 도래할 일(1-5절), 이스라엘이 회복할 일(6-10절), 이스라엘의 승리가 온다는 것이다(11-13절).

1. 메시아 왕국의 영광 4:1-5

<여호와께서 이루실 평화>

미 4:1. 끝 날에 이르러는 여호와의 전의 산이 산들의 꼭대기에 굳게 서며 작은 산들 위에 뛰어나고 민족들이 그리로 몰려갈 것이라.

마지막 날이 되면 여호와의 전의 산이 산들 꼭대기에 설 것이고, 언덕들 위에 높아지게 되며, 백성들이 그리로 몰려들 것이다.

"끝 날"이란 말은 예수 그리스도의 초림부터 시작하는 시대를 말한다(히 1:1, 2).

"여호와의 전의 산이 산들의 꼭대기에 굳게 서며 작은 산들 위에 뛰어난다"는 말씀은 '신약 시대의 기독교회가 모든 종교의 두각을 이룰 것이라'는 뜻이다. 또 이 기독교회는 예수 그리스도를 믿는 신약 시대의 성도들 전체를 가리킨다. 여기 "굳게 서며"라는 뜻은 신약 시대에 세워질 교회의 견고성을 말하는 것이다. 그리고 "작은 산들 위에 뛰어난다"함은 이 세상의 모든 나라들과 그들의 우상 종교들 위에 기독교회가 우뚝 설 것이라는 뜻이다.

"민족들이 그리로 몰려갈 것이라"는 말씀은 '세계 민족들이 기독교회로 몰려들 것'이라는 뜻이다.

미 4:2. 곧 많은 이방 사람들이 가며 이르기를 오라 우리가 여호와의 산에 올라가서 야곱의 하나님의 전에 이르자 그가 그의 도를 가지고 우리에게 가르치실 것이니라 우리가 그의 길로 행하리라 하리니 이는 율법이 시온에서부터 나올 것이요 여호와의 말씀이 예루살렘에서부터 나올 것임이라.

본 절은 앞 절(1절)의 "그리로 몰려갈 것이라"를 설명해주는 문장이다. 즉, 많은 민족들이 기독교회로 가며 말하기를 가자! 우리가 여호와의 산(기독교회)과 야곱의 하나님의 전(기독교회)으로 올라가자. 주께서 우리에게 주님의 길(그리스도의 교훈, 요 14:5)을 가르치실 것이니, 우리는 그 길(그리스도의 교훈)을 걸어갈 것이다. 이는 율법(구원의 복음)이 시온(교회)에서, 여호와의 말씀(구원의 복음)이 예루살렘(교회)에서 나올 것이기 때문이라고 말할 것이다.

"여호와의 산에 올라가자"는 말과 "야곱의 하나님의 전에 이르자"는 말은 동의절로 '신약 시대의 교회로 올라가자'는 뜻이다.

"시온"이란 말과 "예루살렘"이란 말도 동의어로 '메시아 시대(신약 시대)의 교회'를 지칭하는 말이다.

미 4:3. 그가 많은 민족들 사이의 일을 심판하시며 먼 곳 강한 이방 사람을 판결하시리니 무리가 그 칼을 쳐서 보습을 만들고 창을 쳐서 낫을 만들 것이며 이 나라와 저 나라가 다시는 칼을 들고 서로 치지 아니하며 다시는 전쟁을 연습하지 아니하고.

주님께서 많은 백성들 사이에서 판결해주시고 멀리 있는 강한 민족들 사이에서 판결하실 것이다. 그때에 그들이 칼(전쟁의 무기였던 칼)을 쳐서 보습(농기구)을 만들고 창(전쟁의 무기였던 창)을 쳐서 낫(농기구)을 만들 것이니, 다시는 나라가 나라를 대항하여 칼을 들지 않을 것이며, 전쟁을 배우지 않을 것이다.

"그가 많은 민족들 사이의 일을 심판하신다"는 문장과 "먼 곳 강한 이방 사람을 판결하실 것이다"는 문장도 동의절이다. 여기 "심판하신다"는 말과 "판결하신다"는 말은 '어려운 문제들을 해결해주신다'는 뜻이다. 주님께서 우리의 어려운 문제들을 해결해주시는 방법은 우리에게 믿음을 주시고 기도를 하게 해주셔서 주님께서 친히 해결해주시는 것이다. 주님께서 해결 못하시는 것은 전혀 없는 것이다.

미 4:4. 각 사람이 자기 포도나무 아래와 자기 무화과나무 아래에 앉을 것이라 그들을 두렵게 할 자가 없으리니 이는 만군의 여호와의 입이 이같이 말씀하셨음이라.

본 절은 앞 절(3절)의 "주님께서 많은 민족들 사이의 일을 해결해주신" 결과를 말하는 것이다. 즉, 그들은 각각 자기 포도나무와 자기 무화과나무 아래 앉을 것이며, 아무도 그들을 두렵게 하지 아니할 것이니, 이는 만군의 여호와의 입이 그것을 말씀하셨기 때문이라는 것이다.

"자기 포도나무 아래"라는 말과 "자기 무화과나무 아래에 앉을 것이라"는 말은 동의절이다. "포도나무"와 "무화과나무"는 나무 종류는 다르지만 그 아래에 앉는다는 말은 모든 문제가 해결되어 평화롭게 지내게 된다는 뜻이다. 구원문제부터 의식주 등 모든 문제를 하나님께서 해결해주시니 평안을 누리게 된다는 것이다. "그들을 두렵게 할 자가 없을 것이라"는 말은 주님께서 모든 문제를 해결해주시는 결과로 오는 것이다. 주님께서 보호해주시고 해결해주시니 무엇을 두려워할 것인가.

"이는 만군의 여호와의 입이 이같이 말씀하셨음이라"는 말씀은 이렇게 주님의 백성들이 평안히 살고 두려움이 없이 살게 된 것은 여호와께서 친히 약속하신 것이니 틀림없다는 뜻이다.

미 4:5. 만민이 각각 자기의 신의 이름을 의지하여 행하되 오직 우리는 우리 하나님 여호와의 이름을 의지하여 영원히 행하리로다 하시더라.

참으로 모든 백성이 각각 자기 신들의 이름을 부르면서 행할 것이나 우리 기독교 신자는 여호와 우리 하나님의 이름으로 영원히 행할 것이라고 한다.

미가 선지자는 당시의 입장에서 볼 때 미래 메시아 시대에는 세계 만민이 기독교회로 들어와 복을 누리고 살 것으로 확신되지만 당시의 입장에서는 아직도 이방 세계의 우상 숭배가 있으니 구약 성도들은 여호와의 이름을 불러 기도하면서 영원히 복되게 살자고 권한다.

2. 이스라엘이 회복되리라 4:6-10

이 부분은 포로 민들이 귀환하여 다시 강한 나라가 된다는 것이고(6-8절), 그들 각자가 포로지에서 어려움을 겪었으나 이제는 영육이 모두 온전함을 받는다는 것이다(9-10절).

<이스라엘이 포로에서 돌아오리라>

미 4:6. 여호와께서 말씀하시되 그 날에는 내가 저는 자를 모으며 쫓겨난 자와 내가 환난 받게 한 자를 모아.

여호와의 말씀하시기를 그날에 나 여호와가 발을 저는 자를 모을 것이고 또 쫓겨난 사람 즉 내가 환난 받게 한 자를 모아 다음 절과 같이 온전하게 만들어 줄 것이라고 하신다.

여기 "그날에"란 말은 '메시아의 날에'란 뜻이다.

포로들이 귀환하는 날에는 여호와께서 "저는 자를 모으며 쫓겨난 자와 내가 환난 받게 한 자"를 모아 다음 절 말씀과 같이 온전히 치료하여 주시고 친히 다스려 주신다고 하신다. 포로들은 하나님의 징계로 포로지로 잡혀가서 많은 고난 중에 병을 얻었으나 이제 귀환하면 여호와께서 고쳐주신다는 것이다.

미 4:7. 발을 저는 자는 남은 백성이 되게 하며 멀리 쫓겨났던 자들이 강한 나라가 되게 하고 나 여호와가 시온 산에서 이제부터 영원까지 그들을 다스

리리라 하셨나니.

발을 저는 자들로 남은 자(구원받은 온전한 자)가 되게 하며, 또 쫓겨났던 사람(약한 자들)으로 강한 민족이 되게 하고, 여호와가 이제부터 영원까지 시온 산에서 그들을 다스릴 것이라고 하신다.

"이제부터 영원까지 그들을 다스리리라 하셨다"는 말씀은 '여호와께서 친히 왕이 되셔서 다스려주신다'는 것이다.

미 4:8. 너 양 떼의 망대요 딸 시온의 산이여 이전 권능 곧 딸 예루살렘의 나라가 네게로 돌아오리라(And you, O tower of the flock, hill of the daughter of Zion, to you shall it come, the former dominion shall come, kingship of the daughter of Jerusalem-ESV).

너 양 떼의 망대요! 딸 시온의 산이여! 네게 이전의 통치권이 회복되어 왕권이 딸 예루살렘에게로 돌아오리라는 것이다.

본 절의 "양 떼"란 단어와 "딸 시온"이란 단어는 동의어로 교회를 뜻한다. 그리고 "망대"란 말과 "산"이란 말도 동의어로 사용되어 '다윗의 망대'[17]란 뜻이다(창 35:21; 아 4:4; 사 32:14).

"이전 권능 곧 딸 예루살렘의 나라가 네게로 돌아오리라"는 말은 '이전의 통치권, 곧 예루살렘 딸에게 대한 통치권은 다윗이나 솔로몬의 전성시대에 속했던 이스라엘 나라를 가리키는데, 이 말도 역시 일종의 비유로서, 장차 메시아로 말미암아 이루어질 영적 국가 또는 영광의 나라가 다윗이나 솔로몬 왕국 이상으로 영화로울 것인데 이 나라가 딸 예루살렘에게로 돌아올 것이라'는 뜻이다.

미 4:9. 이제 네가 어찌하여 부르짖느냐 너희 중에 왕이 없어졌고 네 모사가 죽었으므로 네가 해산하는 여인처럼 고통함이냐.

---

17) "다윗의 망대"란 다윗이 백성들의 동향을 살피고, 적의 침투를 감시하고, 경계하며, 무기 저장 등의 군사적인 목적을 위해 왕궁 내에 세운 탑이다(느 3:25).

본 절은 이스라엘이 장차 바벨론에 포로될 고난이 무용한 것이 아니고 해산하는 여인의 고통처럼 소망이 있는 것임을 말한다. 즉, 이제 네가 어찌하여 소리치느냐? 네게 왕이 없어졌느냐? 네 조언자가 죽었느냐? 어찌하여 너는 해산하는 여인같이 진통하느냐?

"이제 네가 어찌하여 부르짖느냐"는 말은 하나님께서 남은 자를 끝까지 지키실 것이라는 약속에도 불구하고 그 사실을 믿지 못하고 고통 중에 탄식하는 자들에 대한 책망을 위한 질문이다. 다시 말해 6-8절에 진술된 이스라엘의 회복은 분명한 사실임으로 비록 하나님의 자녀들이 당하는 고난이 중하다고 할지라도 요동하지 말라는 것이다.

"너희 중에 왕이 없어졌다"는 말과 "네 모사가 죽었다"는 말은 동의절로 '유다 나라의 마지막 왕 시드기야가 바벨론의 포로로 끌려갈 것을 암시하는' 말이다(렘 52:9; 겔 12:13). 이 말은 유다 나라가 극심한 불안을 가지게 된 이유이다. 이스라엘 사람들에게 있어서는 왕이 없어졌다는 것은 다윗에게 하신 약속이 상실된 것으로 여겨졌을 것이며 이는 실제로 이스라엘에게 있어서는 더할 수 없는 비극이었다.

"네가 해산하는 여인처럼 고통함이냐"는 말은 하나님의 자녀들이 당할 고통의 정도가 매우 극심할 것을 보여준다. 그러나 이는 해산하는 여인이 고통 끝에 아이를 낳고 기쁨을 누리듯 이스라엘의 고통 역시 정해진 기간이 지나면 포로 생활에서의 회복이라는 열매를 얻을 소망 있는 고통이 될 것임을 보여준다.

미 4:10. 딸 시온이여 해산하는 여인처럼 힘들여 낳을지어다 이제 네가 성읍에서 나가서 들에 거주하며 또 바벨론까지 이르러 거기서 구원을 얻으리니 여호와께서 거기서 너를 네 원수들의 손에서 속량하여 내시리라.

시온의 딸아! 해산하는 여인같이(불가피한 고통이다) 몸부림치며 신음하니, 이제 너는 성읍을 떠나서 들판에 거주할 것이며, 너는 바벨론까지 갈 것이나 거기서 너는 구출 받을 것이니, 여호와께서 거기서 너를 네 원수들의 손에서 구속하여 주실 것이다.

"딸 시온이여 해산하는 여인처럼 힘들여 낳을지어다"라는 말은 '범죄한 이스라엘은 바벨론 포로 생활은 불가피한 고통이니 신음하면서 아이를 낳으라'는 것이다. 그러나 그들은 바벨론 포로 생활을 끝내고 귀환할 터이니 바벨론으로 끌려갈 때에 참고 신음하면서 가서 살다가 귀환하라는 것이다. 구속해 주시는 것은 여호와께서 하실 일이다.

3. 이스라엘이 승리하리라 4:11-13

이스라엘의 승리는 여호와의 손에 있다.

미 4:11. 이제 많은 이방 사람들이 모여서 너를 치며 이르기를 시온이 더럽게 되며 그것을 우리 눈으로 바라보기를 원하노라 하거니와.

그러나 이제 많은 이방 민족들(앗수르, 에돔, 암몬, 모압, 블레셋 등)이 이스라엘(유다 민족을 모두 이스라엘 민족이라고 해도 말이 되는 것이다) 민족을 대적하려고 모여서 말하기를 시온(예루살렘의 별칭)이 더러워지며, 우리의 눈으로 그것을 보게 될 것이라고 말할 것이지만, 다음 절에 보면 여호와께서 이스라엘을 구원하여 주실 것이라고 하신다.

미 4:12. 그들이 여호와의 뜻을 알지 못하며 그의 계획을 깨닫지 못한 것이라 여호와께서 곡식 단을 타작마당에 모음 같이 그들을 모으셨나니.

이방 민족들은 여호와의 생각을 알지 못하며 그분의 계획을 깨닫지도 못하니, 이는 여호와께서 그들을 타작마당의 곡식 단 같이 모을 것이기 때문이다.

"그들이 여호와의 뜻을 알지 못하며 그의 계획을 깨닫지 못한 것이라"는 말은 '이방 민족들이 여호와께서 이스라엘을 어떻게 구원하실는지 전혀 알지도 못하며 전혀 깨닫지도 못해서 엉뚱한 소리를 했다'는 것이다.

"여호와께서 곡식 단을 타작마당에 모음 같이 그들을 모으셨다"는 말은 '이스라엘의 적들이 시온을 치기 위해 타작마당에 모음같이 모았으나 실제로는 여호와께서 그들을 치기 위해 모아놓으신 것이라'는 것이다(왕하 13:7; 사 21:10; 41:15; 렘 51:33).

예루살렘을 치기 위해 산헤립의 군대가 예루살렘을 포위했으나 그들은 여호와께서 보낸 천사에 의해서 하루아침에 몰살당하고 말았다. 앗수르의 군대가 모였으나 그것은 여호와께서 그들을 치시려고 모은 것이었다(왕하 19:35).

미 4:13. 딸 시온이여 일어나서 칠지어다 내가 네 뿔을 무쇠 같게 하며 네 굽을 놋 같게 하리니 네가 여러 백성을 쳐서 깨뜨릴 것이라 내가 그들의 탈취 물을 구별하여 여호와께 드리며 그들의 재물을 온 땅의 주께 돌리리라 하시더라.

시온의 딸(예루살렘의 별칭)아! 너는 일어나서 외적을 타작해 버려라. 이는 내가 네 뿔(힘 즉, 군비)을 철로 만들고 네 굽을 놋으로 만들어 많은 백성들을 쳐부술 것이다. 이스라엘이 거둔 전리품을 여호와께 구별하여 바치며 그들의 재물을 온 땅의 주님께 드릴 것이라고 하신다.

"내가 그들의 탈취 물을 구별하여 여호와께 드리며 그들의 재물을 온 땅의 주께 돌리리라"는 말은 '그들의 전리품을 여호와께 드려 감사의 예배를 드리라'는 것이다. 아무튼 교회는 최후 승리를 할 것은 분명한 사실이다.

제 5 장

C. 메시아가 통치하실 것이다 5장

1. 메시아가 탄생하실 것이다 5:1-4

미 5:1. 딸 군대여 너는 떼를 모을지어다 그들이 우리를 에워쌌으니 막대기로 이스라엘 재판자의 뺨을 치리로다(Now muster your troops, O daughter of troops; siege is laid against us; with a rod they strike the judge of Israel on the cheek.-ESV).

본 절은 메시아 탄생에 앞서 이스라엘이 열방으로부터 고난 받을 것을 예언한다. 즉, 군대의 도성아! 군대를 모아라! 우리가 포위되었다! 침략군들이 몽둥이로 이스라엘의 통치자의 뺨을 칠 것이다.

"딸 군대여!"라는 말은 연약한 이스라엘 군중을 가리키는 뜻이다. 다시 말해 이 단어는 '딸 같은 군중'이라는 뜻으로 보는 것이 더 나을 것이다.

"너는 떼를 모을지어다"라는 말은 '예루살렘을 적으로부터 보호하기 위해 군대를 조직하라'는 뜻이다. 즉, '군대를 편성하라'는 뜻이다.

"막대기"란 단어는 '하나님께서 이스라엘의 죄악을 심판하기 위해 잠시 하나님께서 도구로 사용하셨던 바벨론'을 의미한다.

"막대기로 이스라엘 재판자의 뺨을 치리로다"라는 말은 '평소 온갖 불의와 악행을 서슴지 않았던 이스라엘의 지도자들이 위에 언급한 환난의 날에 당할 멸시와 수치를 당할 것이라'는 표현이다. 지도자들이 모욕을 당했다는 것은 이스라엘이 이미 적들에게 함락당한 상태였음을 뜻한다.

<베들레헴에서 다스릴 자가 나오리라>

미 5:2. 베들레헴 에브라다야 너는 유다 족속 중에 작을지라도 이스라엘을

다스릴 자가 네게서 내게로 나올 것이라 그의 근본은 상고에, 영원에 있느니라.

그러나 너(וְאַתָּה) 베들레헴 에브라다야, 네가 유다 족속들 가운데서 작을지라도 나를 위해 이스라엘을 다스릴 자가 네게서 나올 것이다. 그의 근원은 태고적 영원부터이다.

본 절 초두의 "그러나"(ו, but)라는 말은 앞 절의 비참한 상황으로부터 본 절의 메시아 탄생을 예언하기 위해 필요한 "그러나"이다. 유다가 바벨론으로부터 침략을 당하지만(1절) "그러나" 메시아께서 유다의 작은 마을에서 탄생하신다는 기쁜 소식을 전하는 것이다.

"베들레헴 에브라다야!"란 말은 고대의 명칭인 "에브라다"와 후대의 명칭인 "베들레헴"이 결합된 명칭일 것으로 전해지고 있다(룻 1:2; 4:11; 삼상 17:12). 이렇게 두 명칭을 합해서 쓰는 이유는 스불론 땅에 있는 베들레헴(수 19:15, 16)과 구별하기 위함일 것이다. "베들레헴"이라는 이름은 '떡집'이라는 뜻을 지니고 있고, "에브라다"라는 이름은 '풍성한 열매'라는 뜻을 지니고 있다. 그러나 이 마을은 1,000명의 인구도 되지 않는 지극히 작은 촌락이었다고 한다(Smith). 장차 오실 메시아 예수 그리스도는 하나님의 보내심을 받은 분으로 영향력 있는 가문이나 특정 지역의 후광을 빌리지 않으신 하나님의 절대주권을 입으신 자이시다(빌 2:6-8). "너는 유다 족속 중에 작을지라도 이스라엘을 다스릴 자가 네게서 내게로 나올 것이라"는 말은 '베들레헴 에브라다는 유다 족속 중에서 비록 작은 고을일지라도 이스라엘을 다스리실 메시아가 이스라엘에 태어나실 것이라'는 뜻이다.

"그의 근본은 상고에, 영원에 있느니라"이라는 말은 '메시아의 근본은 만세전이시고, 영원 전부터'의 뜻으로 메시아의 활동이 만세 전부터, 영원 전부터였다는 뜻이다. 메시아는 태초에 계신 말씀이시다(요 1:1).

미 5:3. 그러므로 여인이 해산하기까지 그들을 붙여 두시겠고 그 후에는

그의 형제 가운데에 남은 자가 이스라엘 자손에게로 돌아오리니.

그러므로 임신한 여자가 해산하기까지는 그들을 그냥 버려둘 것이나 그 후에 그의 형제들의 남은 자가 이스라엘 자손들에게로 돌아올 것이다.

"여인이 해산하기까지 그들을 붙여 두시겠고 그 후에는 그의 형제 가운데에 남은 자가 이스라엘 자손에게로 돌아온다"는 말은 위와 같이 베들레헴에서 메시아께서 나시기까지 이스라엘 백성은 포로 생활에 붙인바 되어 바벨론에서 고난을 겪을 것이고 포로 귀환 후 이스라엘의 남은 자들이 돌아오게 되고 메시아께서 통치하신다는 것이다.

미 5:4. 그가 여호와의 능력과 그의 하나님 여호와의 이름의 위엄을 의지하고 서서 목축하니 그들이 거주할 것이라 이제 그가 창대하여 땅 끝까지 미치리라.

메시아께서 여호와의 능력과 여호와 하나님 이름의 위엄을 가지고 서서 양떼들에게 꼴을 먹이실 것이다(겔 34:23; 요 10:11). 그리하여 백성들이 평안히 거할 것이니, 이제 메시아의 위대함이 땅 끝까지 이를 것이므로(시 2:8; 말 1:11), 백성들은 안전하게 살아갈 수 있을 것이다.

2. 메시아가 통치하실 것이다 5:5-9

메시아는 평화를 가지고 통치하시고(5-6절), 메시아의 통치를 받는 남은 자들은 남을 구원하는 사명을 감당한다(7-9절).

미 5:5. 이 사람은 평강이 될 것이라 앗수르 사람이 우리 땅에 들어와서 우리 궁들을 밟을 때에는 우리가 일곱 목자와 여덟 군왕을 일으켜 그를 치리니.

그리고 메시아는 백성들에게 평화를 가져다 줄 것이다. 앗수르 군대가 우리 땅을 침략하여, 우리의 방어망을 뚫고 들어올 때에, 우리는 일곱(완전수) 목자와 여덟 (완전 숫자 이상) 장군들을 보내서 침략자들과 싸우게 할 것이라고 한다.

"앗수르 사람이 우리 땅에 들어와서 우리 궁들을 밟을 때에는 우리가 일곱 목자와 여덟 군왕을 일으켜 그를 치실 것이라"는 말은 '앗수르 군대가 우리 땅을 침범할 때는 메시아께서 일곱 목자와 여덟 군왕이 되셔서 쳐주실 것이라'는 뜻이다(왕하 19:35-37 참조).

미 5:6. 그들이 칼로 앗수르 땅을 황폐하게 하며 니므롯 땅 어귀를 황폐하게 하리라 앗수르 사람이 우리 땅에 들어와서 우리 지경을 밟을 때에는 그가 우리를 그에게서 건져내리라.

그들(일곱 목자와 여덟 군왕)이 칼로 앗수르 땅을 황무하게 할 것이며, 니므롯의 땅(앗수르와 바벨론 땅을 이름이다. 창 10:8-11)을 그 입구에서 다스릴 것이니, 앗수르 사람이 우리 땅에 쳐들어와서 우리의 영토를 짓밟을 때에 메시아께서 우리를 앗수르에게서 구해내실 것이라는 뜻이다.

"그가 우리를 그에게서 건져내리라"는 말은 '메시아께서 우리를 앗수르에서 건져내실 것이라'는 뜻이다. 이는 장차 교회가 메시아를 통해 이방 민족으로부터 많은 사람들을 구원해 낼 것을 뜻하는 것으로 볼 수 있다.

미 5:7. 야곱의 남은 자는 많은 백성 가운데 있으리니 그들은 여호와께로부터 내리는 이슬 같고 풀 위에 내리는 단비 같아서 사람을 기다리지 아니하며 인생을 기다리지 아니할 것이며.

야곱의 남은 자들이 많은 백성들 가운데 있을 것이니, 그들은 여호와께로부터 내리는 이슬과 같고 풀잎 위에 내리는 소나기 같아서 사람을 바라보지 아니하며 인생을 기다리지 아니할 것이라는 말이다.

"야곱의 남은 자는 많은 백성 가운데 있을 것이라"는 말은 '이스라엘인들 의 구원받을 선민들은 포로 민들 가운데 돌아온 사람들을 지칭하며 궁극적으로는 말세에 구원 받을 모든 성도들을 지칭한다.

"그들은 여호와께로부터 내리는 이슬 같고 풀 위에 내리는 단비 같다"는 말은 '구원받은 자들은 여호와께로부터 내리는 이슬과 같고 또 풀 위에 내리는 단비 같아서 다른 사람들을 살리는 사명 자들이 되어야 한다'는 것이다.

그들은 "사람을 기다리지 아니하며 인생을 기다리지 아니할 것이라"는 말은 '구원 받은 사람들은 하나님으로부터 흡족한 은혜를 받아서 사람을 기다리지 않고 오히려 사람들에게 은혜를 전달하는 통로가 될 것이라'는 뜻이다.

미 5:8. 야곱의 남은 자는 여러 나라 가운데와 많은 백성 가운데에 있으리니 그들은 수풀의 짐승들 중의 사자 같고 양 떼 중의 젊은 사자 같아서 만일 그가 지나간즉 밟고 찢으리니 능히 구원할 자가 없을 것이라.

본 절은 복음으로 세상을 정복해나가는 교회의 강한 능력을 비유한 것이다. 즉, 이스라엘의 구원받은 자들은 많은 이방 백성들 가운데 있을 것이다. 그들은 숲 속의 짐승들 가운데 있는 사자 같고, 양 떼 가운데 있는 젊은 사자 같아서, 지나가며 밟고 찢을 것이니, 건져낼 자가 없을 것이다.

교회의 힘은 젊은 사자와 같아서 나약한 세상을 이기고도 남음이 있다는 것이다.

미 5:9. 네 손이 네 대적들 위에 들려서 네 모든 원수를 진멸하기를 바라노라 하시더라.

본 절은 미가 선지자의 기도이다. 즉, 구원 받은 자들의 손이 이방의 대적들 위에 들려져서 네 모든 원수들을 진멸하기를 바란다는 것이다(출 14:8; 민 33:3; 신 32:27; 사 26:11 참조). 하나님의 손은 아주 강하여 세상 모든 민족들 위에 들려서 모든 민족들을 진멸하신다는 것이다.

3. 메시아가 정화작업을 하실 것이다 5:10-15

메시아께서는 종말에 나타나셔서 세계의 모든 전쟁 기구들을 멸하시고, 우상도 말끔히 멸하시며, 그의 백성에게 오직 여호와만을 의지할 것을 가르치신다.

<심판>

미 5:10. 여호와께서 이르시되 그 날에 이르러는 내가 네 군마를 네 가운데에서 멸절하며 네 병거를 부수며.

여호와의 말씀하시기를 그 날(종말)이 오면(4:1, 6참조) 나 여호와가 이방의 말들을 이방 가운데서 멸절시킬 것이고, 이방의 병거들을 파괴할 것이라고 하신다.

미 5:11. 네 땅의 성읍들을 멸하며 네 모든 견고한 성을 무너뜨릴 것이며.

나 여호와가 이방 땅의 성읍들을 멸망시킬 것이고 이방 땅의 모든 요새들을 무너뜨릴 것이라고 하신다.

하나님께서는 이방 땅의 중무장된 성읍들을 멸하신다고 하신다.

미 5:12. 내가 또 복술을 네 손에서 끊으리니 네게 다시는 점쟁이가 없게 될 것이며.

나 여호와가 이방 땅의 손에서 무당들을 끊을 것이니, 다시는 이방 땅에게 길흉을 말하는 자들이 없을 것이라고 하신다.

하나님은 이방 땅의 이런 우상 숭배의 앞잡이들을 없애신다는 것이다.

미 5:13. 내가 네가 새긴 우상과 주상을 너희 가운데에서 멸절하리니 네가 네 손으로 만든 것을 다시는 섬기지 아니하리라.

나 여호와가 이방 땅의 새긴 우상들과 이방 땅의 기둥 우상들을 이방 가운데서 파괴할 것이니, 이방인들 다시는 네 손으로 만든 것에 절하지 아니할 것이라고 하신다.

"주상"이란 '기둥 우상'이란 뜻으로 원래는 예배의 장소나 경계선을 알려주는 표지판이었으나 그것이 타락하여 신격화되고 일종의 우상으로 승격화한 것이다(신 16:22; 27:15).

메시아 왕국에서는 사람의 손으로 만든 이 모든 우상들이 진멸되고 우상에게 경배하지 않을 것이다.

미 5:14. 내가 또 네 아세라 목상을 너희 가운데에서 빼버리고 네 성읍들을 멸할 것이며.

나 여호와가 이방 땅의 아세라 목상들을 너희 이방 땅 가운데서 뽑아버릴 것이고, 그것을 섬긴 이방 땅의 성읍들을 파괴할 것이라고 하신다.

"아세라 목상"이란 '땅 위에 꼿꼿하게 세운 장대목상'을 뜻한다(출 34:13; 삿 6:25). 이스라엘 사람들도 아세라 목상들을 세워 섬겼다(왕하 23:6; 사 17:8). 하나님께서는 아세라 우상과 또 그 우상들을 섬긴 성읍들을 함께 멸하신다는 것이다.

미 5:15. 내가 또 진노와 분노로 순종하지 아니한 나라에 갚으리라 하셨느니라.

나 여호와가 분노와 진노로 순종하지 않는 민족들에게 보복할 것이라고 하신다.

"진노와 분노"란 말은 여호와의 심판을 뜻한다. 여호와께서는 불순종한 나라 사람들을 여호와의 심판으로 갚으실 것이라고 하신다.

하나님은 앞으로 돈을 우상화하고 명예를 우상화하며 이성을 우상화하고 세상의 것을 우상화한 사람들을 모조리 멸하실 것이다. 일찍부터 죄를 자백해야 할 것이다.

IV. 여호와의 꾸지람과 복 6-7장

6-7장은 미가 선지자의 세 번째 설교로 6장은 여호와께서 꾸지람을 한 것을 진술한 것이고, 7장은 회복의 길을 말한 것이다.

제 6 장

A. 여호와의 꾸지람 6장

미가 선지자는 6장에서 여호와의 꾸지람을 말씀하면서, 먼저 여호와께서 이스라엘의 죄에 대하여 쟁론을 제기하시는 것을 진술하고(1-5절), 거기에 답하는 길은 회개인 것을 말한(6-8절) 후 회개하지 않는 자에게 여호와께서는 심판하신다(9-16절)고 진술한 것이다.

1. 여호와께서 쟁론하시다 6:1-5

이스라엘 백성들이 하나님의 은혜를 잊어버리고 배은망덕한 죄에 대하여 쟁론하신다.

<여호와께서 이스라엘과 변론하시다>

미 6:1. 너희는 여호와의 말씀을 들을지어다 너는 일어나서 산을 향하여 변론하여 작은 산들이 네 목소리를 듣게 하라 하셨나니.

너희 이스라엘 백성들은 여호와께서 하시는 말씀을 잘 들어라. 너희 이스라엘 백성들은 일어나 산들 앞에서 고발하고 산들로 하여금 네 목소리를 듣게 하여라.

"너희는 여호와의 말씀을 들을지어다"라고 말한 것은 설교를 새로 시작한다는 것을 뜻한다. 미가는 설교를 시작할 때마다 "들을지어다"라는 말로 시작한다. "산을 향하여 변론하는".

여기 "산"은 불변과 진실의 상징으로서 하나님과 이스라엘 백성들과의 쟁론의 증거자로 제시되고 있다. 즉, 하나님은 원고이시고 이스라엘은 피고의 입장이며 산은 증인이 되는 셈이다. 이처럼 산을 증인으로 내세우는 것은 산(山)은 수많은 세월동안 이스라엘 백성들이 죄를 짓는 것을 지켜보았을 뿐 아니라 그런 이스라엘에 대하여 하나님께서 어떠한 인내와 긍휼로 돌보아 오셨는가를 목격하였기 때문이다.

미 6:2. 너희 산들과 땅의 견고한 지대들아 너희는 여호와의 변론을 들으라 여호와께서 자기 백성과 변론하시며 이스라엘과 변론하실 것이라.

산들과 땅의 견고한 지대들아, 너희는 여호와께서 고발하시는 말씀을 들어라. 여호와께서 자기 백성을 고발하시며 이스라엘과 더불어 논쟁하실 것이기 때문이다.

여기 감각이 없는 산들이 증인으로 세워진다. 감각이 없는 산은 감각이 있으면서도 하나님의 은혜를 깨닫지 못하는 이스라엘을 정죄하는데 증인으로 부름 받은 것이다.

미 6:3. 이르시기를 내 백성아 내가 무엇을 네게 행하였으며 무슨 일로 너를 괴롭게 하였느냐 너는 내게 증언하라.

내 이스라엘 백성들아, 나 여호와가 네게 무엇을 행하였으며, 나 여호와가 너를 무엇으로 괴롭게 하였느냐? 너는 내게 대답해 보라고 말한다.

미 6:4. 내가 너를 애굽 땅에서 인도해 내어 종노릇 하는 집에서 속량하였고 모세와 아론과 미리암을 네 앞에 보냈느니라.

나 여호와가 너희를 애굽 땅에서 올라오게 하여 너희를 종살이하던 집에서 구속하여 내었고, 너희 앞서 내가 모세와 아론과 미리암을 보내어 인도해 내었다. "모세와 아론과 미리암을 네 앞에 보냈다"는 말은 여호와께서 모세를 선지자로 보내주셨고(민 12:8), 아론을 대제사장으로 보내주셨으며(민 14:5), 그의 누이 미리암은 여선지자로 여성들의 지도자로 보내주셨다는 것이다(출 15:20).

미 6:5. 내 백성아 너는 모압 왕 발락이 꾀한 것과 브올의 아들 발람이

그에게 대답한 것을 기억하며 싯딤에서부터 길갈까지의 일을 기억하라 그리하면 나 여호와가 공의롭게 행한 일을 알리라 하실 것이니라.

내 백성들아! 모압 왕 발락이 모의한 일과, 브올의 아들 발람이 그에게 대답하였던 일과, 싯딤에서 길갈에 이르기까지의 일을 기억하라. 그리하면 너희가 너희를 위하여 여호와께서 행하신 의로움을 알게 될 것이라는 것이다.

"모압 왕 발락이 꾀한 것과 브올의 아들 발람이 그에게 대답한 것을 기억하라"는 말은 '모압 왕 발락이 이스라엘을 저주하기 위해 발람을 고용해 왔으나 하나님의 간섭으로 오히려 복을 선언한 것'을 뜻한다(민 22-24장). 이스라엘 백성들은 하나님께서 이스라엘에게 복을 내리신 것을 기억해야 한다는 것이다.

"싯딤에서부터 길갈까지의 일을 기억하라"는 말은 '하나님께서 이스라엘에게 끝까지 복을 내리신 것을 기억하라는 말씀이다. 여기 "싯딤"이라는 곳은 요단강 동편의 성읍으로 이스라엘이 출애굽하여 광야를 지나 가나안으로 들어오기 전에 요단강 동편에 있던 마지막 종착지였고, "길갈"은 이스라엘 백성들이 여호수아의 인도로 요단강을 건넌 다음 첫 번째 성읍이었다. 하나님께서는 이스라엘 민족으로 하여금 요단강을 기적으로 건너게 해주셨다(수 3:1-4:20). 이스라엘 백성들은 싯딤에서부터 길갈까지 하나님께서 도우신 일을 기억해서 배은망덕해서는 안 된다는 것이다. 오늘 우리의 한 생애는 하나님의 도우심으로 지나온 것을 기억해야 할 것이다.

2. 하나님께서 기뻐하시는 참 회개는 어떤 것인가 6:6-8

6-7절은 이스라엘 백성들이 하나님께서 어떤 회개를 기뻐하시는 줄을 알지 못하고 그저 좋은 제물을 드려야 하는 것으로 알아 형식주의적인 예배 행위로 하나님을 기쁘시게 하려한 것을 말한다. 그리고 8절은 미가 선지자의 설교 내용으로 공의와 인자를 행하는 것만이 참 회개에 이른다는 것을 말한다.

<여호와께서 구하시는 것>

미 6:6. 내가 무엇을 가지고 여호와 앞에 나아가며 높으신 하나님께 경배할까 내가 번제물로 일 년 된 송아지를 가지고 그 앞에 나아갈까.

이스라엘 백성들(유다 백성들도 이스라엘 백성들 중에 포함되는 것이다)이 무엇을 가지고 여호와 앞에 나아가 높으신 하나님께 경배할까? 내가 번제물들, 곧 일 년 된 송아지들을 가지고 그분 앞에 나아갈까?

이스라엘 백성들은 하나님께 어떤 제물을 드려야 할지를 놓고 고심하고 있다.

미 6:7. 여호와께서 천천의 숫양이나 만만의 강물 같은 기름을 기뻐하실까 내 허물을 위하여 내 맏아들을, 내 영혼의 죄로 말미암아 내 몸의 열매를 드릴까.

여호와께서 수천 마리의 숫양이나(왕상 8:63; 대하 30:24 참조) 수만의 강물 같은 기름을 기뻐하실까(레 2:1-2)? 내 허물을 위하여 내 맏아들을, 내 영혼의 죄악 때문에 내 몸의 열매를 드릴까(왕하 16:3; 렘 7:31; 시 51:16-17; 사 1:10-17 참조)라고 고심하고 있는 것이다. 이런 고심에 대해 미가 선지자는 8절에서 바른 길을 보여주고 있다.

오늘 우리는 형식적인 것에 치중할 것이 아니라 바른 길을 찾아 가야 할 것이다.

미 6:8. 사람아 주께서 선한 것이 무엇임을 네게 보이셨나니 여호와께서 네게 구하시는 것은 오직 정의를 행하며 인자를 사랑하며 겸손하게 네 하나님과 함께 행하는 것이 아니냐.

사람아! 주께서 무엇이 좋은 것인지 네게 보여 주셨다. 여호와께서 네게 구하시는 것은 오직 공의를 행하며(암 5:24) 인애를 사랑하며(호 6:6; 8:13) 겸손히 네 하나님과 함께 걷는 것이 아니냐고 미가 선지자가 대답한다.

"사람아"라는 말은 '이스라엘 백성들아'라고 부르는 말이다.

"정의를 행한다"는 말은 '올바른 삶의 도를 행하는 것'을 뜻한다. 그리고 "인자를 행한다"는 말은 '사람들에게 베푸는 모든 친절과 자비행위'를 뜻한다.

"겸손하게 네 하나님과 함께 행하는 것이 아니냐"는 말은 '하나님 앞에서 자기 자신의 정체를 알고 그에 합당하게 사는 것이 아니냐'는 말이다.

3. 여호와께서 심판하시다 6:9-16

9-12절은 여호와께서 그들을 엄히 꾸짖으시는 것을 진술하고, 13-16절은 여호와께서 심판을 선고하신다는 것을 진술한다.

미 6:9. 여호와께서 성읍을 향하여 외쳐 부르시나니 지혜는 주의 이름을 경외함이니라 너희는 매가 예비되었나니 그것을 정하신 이가 누구인지 들을지니라.

여호와의 음성이 예루살렘 성읍을 향하여 외치신다. 완전한 지혜는 주님의 이름을 경외하는 것이다. 너희는 매와 그것을 정하신 여호와께 순종하여라.

"여호와께서 성읍을 향하여 외쳐 부르신다"는 말씀은 '여호와께서 예루살렘(이스라엘 전체의 성읍을 대표하는 이름이다)을 향하여 외쳐 부르신다'는 뜻이다. "지혜는 주의 이름을 경외함이라"는 말은 '완전한 지혜는 여호와의 이름(하나님 자신)을 경외하는 것이라'(잠 1:7)는 뜻이다.

"너희는 매가 예비되었나니 그것을 정하신 이가 누구인지 들을지니라"(Hear of the rod and of him who appointed it-ESV)는 말은 '이스라엘을 향하신 하나님의 심판하시는 뜻을 깨닫고 회개하라'는 뜻이다.

미 6:10. 악인의 집에 아직도 불의한 재물이 있느냐 축소시킨 가증한 에바가 있느냐.

악인의 집에 아직도 불의한 재물들이 있느냐? 저주받을 축소시킨 에바가 있느냐?

악인의 불의한 재물에 관한 책망을 의문문 형식으로 내린 것이다. 불의한 재물이란 축소시킨 에바와 부정한 저울이었다. 여기 "에바"는 용량을 재는 말(斗)의 단위이다. 에바를 적게 하여 부당한 이익을 얻는 것은 성경에서 금하고 있는 것이다(레 19:35; 신 25:14, 16; 암 8:5).

미 6:11. 내가 만일 부정한 저울을 썼거나 주머니에 거짓 저울추를 두었으면 깨끗하겠느냐.

내가 만일 불의한 저울들과 속이는 저울추들의 주머니를 가지고 사용한다면 나를 깨끗하다고 하겠느냐?

부정한 저울추를 사용하는 사람은 작은 저울추를 주머니에 넣고 다니다가 적당한 때에 이것을 사용하여 물건을 보다 무겁게 보이게 해서 수익을 얻는다는 것이다. 이런 부정한 저울 사용도 여호와께서 금하신 것이었다(레 19:36; 잠 16:11). 우리 성도들은 무슨 거짓된 일을 해서는 안 될 것이다. 거짓된 일을 하면 여호와께서 반드시 벌을 내리신다는 것을 알아야 할 것이다.

미 6:12. 그 부자들은 강포가 가득하였고 그 주민들은 거짓을 말하니 그 혀가 입에서 거짓되도다.

성읍의 부자들은 폭력으로 가득 찼고, 그 성읍의 주민들은 거짓을 말하며, 그들의 입은 그들의 혀로 속이는 말만 한다는 것이다.

폭력을 사용해서 부자가 되는 사람들, 거짓말을 해서 거짓되게 살아가는 사람들은 모두 비참하게 된다는 것을 알아야 한다.

미 6:13. 그러므로 나도 너를 쳐서 병들게 하였으며 네 죄로 말미암아 너를 황폐하게 하였나니.

그러므로 나 여호와가 너희 거짓된 삶을 살아가는 자들을 쳐서 상하게 하고 너희 죄악들로 말미암아 너희를 황폐케 할 것이라고 하신다.

신을 섬겼고, 그의 아들 아합 때는 바알신교가 북쪽 나라 이스라엘의 국교가 되었으므로 그것이 남쪽 나라 유다 왕국에까지 영향을 주었으며(왕상 21:1-19), 이런 우상 숭배가 이스라엘이 앗수르에게 멸망하게 된 원인이 되었다.

"너희가 내 백성의 수욕을 담당하리라"는 말은 하나님께서 죄악의 행습에서 벗어나지 못한 이스라엘 백성들을 이방 민족의 수치거리로 만드실 것이라고 선언하신다. 죄악의 행습은 언제나 다가오는 것은 수욕밖에 없는 것이다.

제 7 장

B. 회개와 복 7장

미가는 이 마지막 7장에서 회개하면 회복된다고 말한다. 본 장의 내용은 이스라엘이 회개하면(1-13절), 회복된다(14-20절)는 내용이다.

1. 이스라엘의 회개 7:1-13

이스라엘은 하나님의 심판에 직면하고 애통하며 회개했고(1-6절), 하나님을 신앙한다(7-13절).

<이스라엘의 부패>

미 7:1. 재앙이로다 나여 나는 여름 과일을 딴 후와 포도를 거둔 후 같아서 먹을 포도송이가 없으며 내 마음에 사모하는 처음 익은 무화과가 없도다.

슬프다 나여! 나는 여름 실과를 거두어들이고 포도를 거둔 후와 같아서 먹을 만한 포도송이도 없으며, 내가 갈망하던 처음 익은 무화과도 없구나.

죄를 지은 나 이스라엘에게는 남은 것이 없다는 것이다. 먹을 식료품이 없어졌고 다른 것들도 모두 없어졌다는 것이다. 이제 이스라엘 민족에게는 참으로 달콤한 무화과가 그리워지게 된 것이다(사 28:4; 렘 24:2).

미 7:2. 경건한 자가 세상에서 끊어졌고 정직한 자가 사람들 가운데 없도다 무리가 다 피를 흘리려고 매복하며 각기 그물로 형제를 잡으려 하고.

경건한 자가 땅에서 사라졌고, 사람들 가운데 정직한 자가 없다. 그들은 모두 피를 흘리려고 매복하며, 각기 그물로 그의 형제를 잡으려 하고 있다는 것이다. 쓸만한 사람은 모두 없어져버렸고 남을 해치는 악인들만 들끓는 세상이 되었다는 것이다(시 12:1-2; 14:2-3; 사 57:1).

미 7:3. 두 손으로 악을 부지런히 행하는도다 그 지도자와 재판관은 뇌물을 구하며 권세자는 자기 마음의 욕심을 말하며 그들이 서로 결합하니.

두 손으로 부지런히 악을 행하니 지휘관과 재판관은 뇌물을 요구하며 권력자는 자기 마음의 욕심을 말하며, 그들(지도자, 재판관, 권세자)이 서로 결탁하여 악을 행하고 있다.

"두 손으로 악을 부지런히 행한다"는 말은 '한 손이라도 놀릴 여유 없이 부지런히 온 마음을 다하여 악을 행한다'는 뜻이다.

"그들이 서로 결합한다"는 말은 '지도자와 재판관이 뇌물을 주고받으면서 서로 긴밀한 관계를 형성하여 악을 행하고 있음'을 뜻한다.

미 7:4. 그들의 가장 선한 자라도 가시 같고 가장 정직한 자라도 찔레 울타리보다 더하도다 그들의 파수꾼들의 날 곧 그들 가운데에 형벌의 날이 임하였으니 이제는 그들이 요란하리로다.

악인들 중 가장 선한 자라도 가시 같이 남을 해하고, 가장 정직한 자라도 가시 울타리보다 더 남을 찌른다. 이제 너희의 파수꾼의 날이 다가왔다. 하나님께서 너희를 심판하실 날이 다가왔다. 이제 그들이 혼란에 빠질 때가 되었다.

"그들의 가장 선한 자라도 가시 같고 가장 정직한 자라도 찔레 울타리보다 더하도다"는 말은 '이스라엘 사회에서 그래도 도덕적 수준이 낫다고 하는 사람이 다른 이들을 가시처럼 무자비하게 찌른다'는 뜻이다. 다시 말해 이스라엘 사회에 한 사람도 선한 사람과 정직한 자가 없다는 것이다.

"그들의 파수꾼들의 날 곧 그들 가운데에 형벌의 날이 임하였다"는 말은 '이스라엘 사회의 파수꾼 역할을 하는 통치자들과 선지자들이 오히려 죄악을 일삼음으로써 이스라엘 사회를 파멸로 이끌고 갔으니 그들이 이제는 벌 받을 날이 다가왔다'는 뜻이다.

"이제는 그들이 요란하리로다"는 말은 '이스라엘의 통치자들이 당혹해

할 날이 왔다'는 뜻이다. 이는 우리나라의 대통령 지내신 분들이 잔혹한 최후를 맞이하는 것과 비슷한 현상이다.

미 7:5. 너희는 이웃을 믿지 말며 친구를 의지하지 말며, 네 품에 누운 여인에게라도 네 입의 문을 지킬지어다.

너희는 이스라엘 사회에서 이웃을 믿지 말고 친구도 신뢰하지 말라. 심지어는 네 품에 누워 있는 여자에게도 네 입 조심하라.

사회가 극도로 타락하고 악해졌을 때는 아주 가까운 이웃도 친구도 아내도 믿을 수가 없다는 것이다.

미 7:6. 아들이 아버지를 멸시하며 딸이 어머니를 대적하며 며느리가 시어머니를 대적하리니 사람의 원수가 곧 자기의 집안사람이리로다.

세상이 악해지면 아들이 아비를 멸시하고 딸이 어미에게 맞서며, 며느리가 자기의 시어미에게 대항하니, 사람의 원수들은 멀리 가서 찾을 것도 없이 바로 자기 집안사람들일 것이다.

세상이 악해졌다는 말은 곧 세상 민심이 악해졌다는 뜻이다. 참으로 살벌한 세상인 것이다.

<구원하시는 하나님>

미 7:7. 오직 나는 여호와를 우러러보며 나를 구원하시는 하나님을 바라보나니 나의 하나님이 나에게 귀를 기울이시리로다.

세상이 악할수록 나(미가는 진실한 자들을 대표하여 본 절의 신앙을 발표하고 있다)는 여호와를 계속 바라보며 나를 구원하시는 하나님을 기다릴 것이다. 이렇게 하나님을 바라보고 있노라면 나의 하나님께서 나의 기도를 들으실 것이다.

미 7:8. 나의 대적이여 나로 말미암아 기뻐하지 말지어다 나는 엎드러질지라

도 일어날 것이요 어두운 데에 앉을지라도 여호와께서 나의 빛이 되실 것임 이로다.

나의 원수(바벨론과 앗수르)여! 나로 말미암아 기뻐하지 마라. 나는 넘어져도 일어날 것이며 어둠 속에 앉아 있을지라도 여호와께서 내게 빛이 되실 것이다.

"나로 말미암아 기뻐하지 말라"는 말은 '내가 지금은 죄값으로 고난이 닥쳐와서 고난을 받고 있지만 이제는 하나님을 신뢰하여 다시 일어날 것임으로 나로 말미암아 기뻐하지 말라'는 뜻이다.

"어두운 데에 앉을지라도 여호와께서 나의 빛이 되실 것임이로다"라는 말은 '이스라엘은 현재 어두운 데에 앉아 있을지라도 하나님을 의지하여 곧 일어날 것이니 나의 현재의 형편을 보고 기뻐하지 말라'는 것이다.

미 7:9. 내가 여호와께 범죄하였으니 그의 진노를 당하려니와 마침내 주께서 나를 위하여 논쟁하시고 심판하시며 주께서 나를 인도하사 광명에 이르게 하시리니 내가 그의 공의를 보리로다.

내(이스라엘을 대표하는 대명사이다)가 주께 죄를 지었으니, 이제 나는 주님의 분노가 가라앉기까지 참고 있을 뿐이다. 그분이 나를 빛으로 인도하실 것이니, 내가 그분이 옳게 행하심을 볼 것이다.

"내가 그의 공의를 보리로다"라는 말은 '이스라엘이 하나님께서 공의롭게 심판하시는 것을 볼 것이라'는 뜻이다.

미 7:10. 나의 대적이 이것을 보고 부끄러워하리니 그는 전에 내게 말하기를 네 하나님 여호와가 어디 있느냐 하던 자라 그가 거리의 진흙 같이 밟히리니 그것을 내가 보리로다.

본 절은 이스라엘을 괴롭히던 대적이 결국 하나님의 심판을 받아 부끄러움을 당하게 될 것을 예언하고 있다. 즉, 그 때에 내 원수(앗수르와 바벨론)가 장차 하나님께서 자기들을 멸하고 이스라엘을 보고 부끄러워할 것이니,

원수(앗수르와 바벨론)는 말하기를 네 하나님 여호와가 어디 있느냐? 라고 하던 자이다. 이제 이스라엘의 원수가 거리의 진흙처럼 밟히게 될 것이니, 이스라엘이 그 원수의 패망을 볼 것이다.

미 7:11. 네 성벽을 건축하는 날 곧 그 날에는 지경이 넓혀질 것이라(A day for the building of your walls! In that day the boundary shall be far extended.-RSV, ESV).

이스라엘(유다 나라도 모두 이스라엘이라고 표현해도 된다)이 바벨론에서 귀환하여 성벽을 다시 쌓아야 할 때가 올 것이다. 곧 이스라엘의 지경을 넓혀야 할 때가 올 것이다.

본 절의 일차적인 뜻은 유다가 바벨론에서 귀환하여 예루살렘 성벽을 쌓는 날에 유다의 지경이 넓혀질 것이라는 예언이다. 그러나 궁극적으로는 신약 시대의 교회가 복음전파로 인하여 교회가 확장될 것을 예언하는 것이다.

미 7:12. 그 날에는 앗수르에서 애굽 성읍들에까지, 애굽에서 강까지, 이 바다에서 저 바다까지, 이 산에서 저 산까지의 사람들이 네게로 돌아올 것이나.

이스라엘 백성(유다 백성)이 바벨론에서 귀환하여 성벽을 건축하는 날에는 이스라엘 백성이 사방으로부터 이스라엘 지경으로 되돌아올 것이다. 앗수르로부터, 애굽의 여러 성읍으로부터, 심지어 애굽으부터 유프라테스 강에 이르기까지 이 바다에서 저 바다까지 이 산에서 저 산까지 이스라엘 백성이 이스라엘로 되돌아올 것이다.

본 절의 예언은 메시아 왕국에서 교회가 확장될 것을 예언하는 것이기도 하다.

미 7:13. 그 땅은 그 주민의 행위의 열매로 말미암아 황폐하리로다.

그러나 그 땅(이방인들의 땅)은 그곳 주민들(이방인들)의 행위의 열매로 말미암아 황폐해질 것이라는 내용이다.

본 절은 메시아 왕국이 확장되는 날 많은 이방인들이 교회로 들어오고 난후 그들이 떠나온 땅은 그곳 주민들의 죄악으로 말미암아 황폐해질 것이라는 예언으로 보아야 할 것이다(렘 25:9; 49:13; 습 2:13).

2. 이스라엘의 회복 7:14-20

이 부분은 미가 선지자의 세 번째 설교(6:1-7:20)의 결론이다. 14-17절은 미가 선지자의 이스라엘의 회복을 위한 기도이고, 18-20절은 미가 선지자의 감사와 찬양을 진술한 것이다.

<기도와 찬양>

미 7:14. 원하건대 주는 주의 지팡이로 주의 백성 곧 갈멜 속 삼림에 홀로 거주하는 주의 기업의 양 떼를 먹이시되 그들을 옛날 같이 바산과 길르앗에서 먹이시옵소서.

주님은 주님의 지팡이로 포로 생활을 하던 주님의 백성을 인도하시는 목자가 되어 주십시오. 이 백성은 주님께서 선택하신 주님의 소유입니다. 이 백성은 비록 멀리 떨어진 황무지에 살아도, 그 주변에는 기름진 초장이 있습니다. 옛날처럼 주님의 백성을 바산과 길르앗에서 먹여 주십시오.

"갈멜 속 삼림에 홀로 거주하는 주의 기업의 양 떼를 먹이시라"는 미가 선지자의 기도는 '가나안의 북쪽 지대와 요단강 동서에 산재해 있는 비옥한 초원에서 포로 이전 시대처럼 이스라엘을 목양하여 주시라'는 것이다.

"바산과 길르앗에서 먹이시옵소서"라는 기도는 '요단강 동편에 있는 비옥한 목장지대에서 목양하여 주소서'라는 기도이다.

미 7:15. 이르시되 네가 애굽 땅에서 나오던 날과 같이 내가 그들에게 이적을 보이리라 하셨느니라.

이스라엘이 애굽 땅에서 나오던 날들처럼 여호와께서 이스라엘 백성들에게 기적들을 보여 줄 것이라고 하셨다는 것이다.

미가 선지자는 앞 절(14절)에서 하나님께 간구했는데 금방 본 절에서 하나님께서 응답하신 것으로 말씀한다. 본 절의 말씀은 이스라엘 민족(유다 민족)이 바벨론에서 귀환한 후에 될 일도 말하지만, 특별히 메시아께서 오셔서 구원이 전 세계로 확장될 것을 예언하는 것이다.

미 7:16. 이르되 여러 나라가 보고 자기의 세력을 부끄러워하여 손으로 그 입을 막을 것이요 귀는 막힐 것이며.

민족들이 보고 자기들의 모든 세력을 부끄러워할 것이니, 그들은 손으로 입을 막을 것이고, 그들의 귀는 막힐 것이라고 미가 선지자는 예언한다.

세계 열방들이 메시아의 구원하시는 행위를 보고 자기들이 그 동안 자랑하던 세력을 아주 부끄러워하여 자기들의 손으로 입을 막을 것이고, 하나님의 지극히 크신 이적에 귀를 막을 것이라는 예언이다.

미 7:17. 그들이 뱀처럼 티끌을 핥으며 땅에 기는 벌레처럼 떨며 그 좁은 구멍에서 나와서 두려워하며 우리 하나님 여호와께로 돌아와서 주로 말미암아 두려워하리이다.

이방민족들이 뱀처럼 티끌을 핥을 것이고, 땅에 기는 벌레들처럼 떨며 그들의 좁은 구멍에서 떨면서 나와 여호와 우리 하나님께로 두려워하며 돌아오고 주로 말미암아 두려워할 것이라고 미가 선지자는 예언한다. 이는 이방인들이 맥을 추지 못하고 여호와 앞에서 떨 것이라는 예언이다.

미 7:18. 주와 같은 신이 어디 있으리이까 주께서는 죄악과 그 기업에 남은 자의 허물을 사유하시며 인애를 기뻐하시므로 진노를 오래 품지 아니하시나이다.

미가 선지자가 찬양하기를 주님과 같은 신이 어디 계시겠습니까. 주님께서는 죄악을 용서하시고, 주님의 유업에 남은 자들의 죄악을 용서하시며(출

34:7; 민 14:18), 주님께서는 인애 베푸시기를 기뻐하시므로 주님의 분을 영원히 품지 아니하십니다(시 86:5; 99:8; 103:3; 130:4)라고 찬양한다(출 15:11 참조).

미 7:19. 다시 우리를 불쌍히 여기셔서 우리의 죄악을 발로 밟으시고 우리의 모든 죄를 깊은 바다에 던지시리이다.

주님께서 다시 우리를 불쌍히 여기셔서 우리의 죄악들을 발로 밟아 없애 주시고, 그 모든 죄를 바다 깊은 곳에 던지실 것입니다 라고 찬양한다.

메시아께서는 우리의 죄를 없애시기 위해 십자가에서 대속의 죽음을 죽으셨다.

미 7:20. 주께서 옛적에 우리 조상들에게 맹세하신 대로 야곱에게 성실을 베푸시며 아브라함에게 인애를 더하시리이다.

주님께서 야곱에게 성실(창 28:13-14)을, 아브라함에게 인애를 베푸실 것이니(창 22:17-18), 옛적 우리 조상들에게 맹세하신 대로입니다 라고 미가 선지자는 찬양한다.

주님께서는 오늘 우리에게도 상상할 수 없는 은총을 베풀고 계신다. 일일이 셀 수가 없다.

-미가서 주해 끝-

나훔서 주해

Exposition of Nahum

■ 총 론

나훔서의 성경안에서의 위치는 어디인가.

나훔서는 히브리어 원전에서 소선지서의 일곱 번째에 있다. 그리고 모든 역본들에서도 역시 소선지서의 일곱 번째에 있다.

나훔서의 저자는 누구인가.

나훔서의 저자는 나훔이다. "나훔"(נַחוּם)이란 말은 '위로'라는 뜻이다. 그는 엘고스 사람이다. 나훔의 고향 엘고스는 갈릴리 지방의 작은 촌락이라는 설이 유력하다(Jerome, K.&D.).

나훔서의 내용은 무엇을 담고 있는가.

나훔서는 니느웨가 심판 받을 것을 예언하고 있다. 나훔서는 앗수르의 억압에서 고난 받던 이스라엘을 위로하는 책이다.

나훔서는 1장에서는 니느웨에 대한 하나님의 심판을 선언하고, 2장은 앗수르의 수도 니느웨가 심판 받는 것을 자세하게 예언하며, 3장은 니느웨가 심판 받는 원인이 니느웨의 죄라고 말한다. 앗수르는 나훔의 예언처럼 주전 612년에 신 바벨론에 의해 멸망하고 말았다.

나훔서는 언제 기록되었는가.

본서가 기록된 연대는 앗수르가 전성기에 이르러(1:12; 2:8), 자기들이 정복하고 있는 나라들을 학대하고(1:9, 11; 3:1, 4), 유다 나라를 강압할 때였다(1:12; 왕하 18:13). 주전 722년과 주전 661년 사이에 기록되었다고 볼 수 있다.

나훔서가 쓰인 배경은 어떤가.

나훔서의 본문을 살펴보면 앗수르가 나훔이 보고 있는 현장에서 무섭게 무너지고 있는 배경에서 쓰였다(2:1, 8; 3:7, 19). 나훔서는 나훔이 보고 있는 현재에서 전쟁이 발발하고 싸우고 치는 가운데 많은 사상자가 생기고 일반 평민들이 떨고 있는 모습을 현실감 있게 표현한 것이다.

나훔서는 제 삼자가 세밀하게 관찰하는 기분이 전체 문서에 가득 차 있다. 예를 들면 1) 강물을 막아 놓았다가 그것을 터뜨려 물이 덥치는 것같이 적군이 침략해 온다는 것(2:6), 2) 적군이 왕궁에 들어가 왕후를 벌거벗겨 잡아가고 있는데 궁녀들이 통곡하고 있다는 표현(2:6-7), 3) 일반 백성들이 피난하고 있는 광경(2:8), 4) 그리고 적군들이 침입하여 마구 보물을 약탈하는 모습(2:9) 등을 생동감 있게 묘사한 것이다.

이때에 앗수르에게 압박당하던 민족들이 기뻐하고 즐거워하는 광경을 전했는데, 특히 유다 민족이 기뻐했다(1:13). 유다 민족뿐 아니라 온갖 다른 민족들이 앗수르의 멸망을 기뻐한다고 했다(3:6-7, 이순한).

나훔서는 무엇을 교훈하고 있는가.

1) 구원은 만물을 창조하시고 섭리하시는 창조주 하나님만이 하실 수 있으시다는 것(1:4-6).

2) 하나님은 끝까지 회개하지 않는 자를 용서하시지 않는다는 것(1:3).

3) 하나님은 당신의 영광을 결코 빼앗기시지 않으신다는 것(1:2).

4) 죄인들이 사자 같다 하더라도 삽시간에 망한다는 것(2:11-13).

5) 하나님께서 반드시 심판하셔야 하는 이유는 인간의 교만을 방지하기 위해, 그리고 택한 백성의 위로를 위해서라는 것.

6) 죄인에 대한 하나님의 보응은 행한 대로 집행하신다는 것이다(3:5, 6).

나훔서의 특징은 무엇인가.

1) 나훔서는 예언 일색의 책이다. 이 책 안에는 다른 것이 끼어있지

않다는 것이다.

2) 나훔서의 문장은 생기가 넘친다. 나훔서는 모든 예언서 중에서도 가장 감동적인 책이다(3:1-4).

3) 동일한 대상의 예언서인 요나서와는 전혀 다른 주제의 메시지를 전하고 있다. 요나서가 회개를 선포한 예언인데 비해 나훔서는 하나님의 심판을 선포하고 있다.

4) 문체 면으로 보면 시적으로 이루어져 있으나 내용을 보면 참혹하고 무서운 광경을 품고 있다.

현대 성도는 나훔서에서 무엇을 배울 것인가.

1) 죄악이 관영한 이 시대를 살아가는 성도들로 하여금 불의한 자들의 부당한 박해에 직면했을 때 낙담하기보다는 의로우신 하나님을 바라보면서 소망을 가지도록 해야 할 것이다.

2) 이 세상의 모든 것에는 끝이 있고 그 끝에는 하나님의 최후 심판이 있음을 알아야 할 것이다.

3) 성도들은 죄악으로 얻은 것이 있다면 그것을 과감하게 버려야 할 것이다.

■ 내용 분해

I. 서론 1:1

II. 본론 1:2-3:19

- A. 하나님께서 심판을 계시하시다 1:2-8
  - 1) 원수에 대해 하나님의 심판을 계시하시다 1:2
  - 2) 폭풍우를 통하여 계시하시다 1:3
  - 3) 한재를 통하여 계시하시다 1:4

4) 지진을 통하여 계시하시다 1:5-6

5) 성도들을 위해 계시하시다 1:7

6) 불신자들에게 징벌을 계시하시다 1:8

B. 니느웨에 대한 심판선언이 이스라엘에게는 위로이다 1:9-15

1) 여호와의 절대 주권 1:9

2) 앗수르의 멸망선언 1:10-12

3) 유다가 해방되다 1:13

4) 여호와께서 기뻐하시는 두 가지 뜻 1:14-15

(1) 앗수르의 완전 멸망 1:14

(2) 유다가 여호와를 경배하다 1:15

C. 니느웨 성에 대한 여호와의 심판 내용 2:1-3:19

1) 니느웨 성에 대한 공략 2:1-7

2) 니느웨 성이 당하는 공포 2:8-10

3) 사자 굴의 비유 2:11-13

4) 니느웨성이 함락되다 3:1-3

5) 창녀의 비유 3:4-7

6) 노아몬의 전례 3:8-10

7) 니느웨성이 멸망하다 3:11-19

■ 참고도서

아가페 굿모닝 성경(개역개정 제 4판), 서울특별시: 아가페출판사, 2006.

그랜드종합주석. *호세아-말라기*, 경기도 고양시: 성서아카데미, 2004.

김수홍. *그리스도의 말씀이 연합에 미친 영향*: 수원시: 도서출판 목양, 2011.

김희보. *요나, 나훔, 오바댜성경주해*, 서울특별시: 총신대학출판부, 1989.

랄프 스미드. *미가-말라기*, 채천석, 채훈 옮김, W. B. C. 2001.

옥스퍼드원어성경대전. *아모스, 나훔,* 제자원 바이블네트, 2008.

Deane, W. J. *나훔, 하박국, 스바냐, 학개 주석*, 풀핏주석번역위원회 역, 대구시: 보문출판사, 1986.

레슬리 알렌. *호세아-말라기 주석*, 서울특별시: 한국성서유니온선교회, 1993.

매튜 헨리. *호세아-말라기주석,* 박문재옮김, 경기도고양시: 크리스챤다이제스트, 2009.

박윤선. *소선지서*, 성경주석, 서울: 영음사, 1962.

이상근. *소예언서,* 대구광역시: 성등사, 1997.

이순한. *소예언서강해(하)*, 서울: 생명의 말씀사, 1997.

Baxter, J. Sidlow. *Explore the Book*. Grand Rapids: Zondervan Publishing House, 1966.

Black, Matthew & Rowley, H.H. *Peake's Commentary on the Bible*, Nashville: Thomas Nelson, 1962.

Calvin, John. *Calvin's Commentaries,* Edinburgh: Clark, 1847.

Guthrie D. & Motyer, J.A. *The New Bible Commentary*, Grand Rapids: Eerdmans, 1970.

Henderson, E. *The Twelve Minor Prophets*, Grand Rapids: Baker, 1980.

Jamieson, R. Fausset, A. R. & Brown D. *Commentary on the Whole Bible,* Grand Rapids: Zondervan, 1976.

Keil, C.F. & Delitzsch, F. *Commentary on The Book of Nahum, Habakkuk, Zephaniah, Haggai, Zechariah, Malachi*, Grand Rapids: Eerdmans, 1982.

Lange, John Peter. *Commentary on the Whole Scripture*, Grand Rapids: Zondervan, 1876.

Lrelli, Conrad Von. *The Twelve Minor Prophets*, Minneapolis: Klock, 1977.

Maclaren, Alexander. *Expositions of Holy Scripture*, Grand Rapids: Baker Book House, 1984.

Morgan, G. Campbell. *An Exposition of the Whole Bible*, Old Tapen:

Fleming H. Revell, 1959.

Myer, F. B. *Bible Commentary*, Wheaton: Tyndale, 1984.

Nicoll W. Robertson ed. *The Expositor's Bible*, Chicago: W.P. Blessing Co. n.d.

Wevers, John W. *The New Century Bible Commentary,* Wm. B. Eerdmans Co, Grand Rapids, 1969.

Walvoord, John F. & Zuck Roy B. ed. *The Bible Knowledge Commentary*, Wheaton: Victor, 1985.

【 사전 】

바이블렉스 8.0

데릭 윌리엄스, *IVP 성경사전.* 이정석 외 한국기독학생회 출판부 역, 한국기독학생회 출판부(IVP), 1992,

Achtemeier, Paul J. *Harper's Bible Dictionary*, New York: A Division of Harper Collins Publishers, 1985.

Douglas, J. D. *New Bible Dictionary*, (2nd edition), Wheaton: Tyndale House Publishers, 1982.

Tenney, Merrill C. *The Zondervan Pictorial Bible Dictionary,* Grand Rapids: Regency, 1967.

Tregelles, Samuel Prideaux. *Gesenius' Hebrew and Chaldee Lexicon,* Grand Rapids: Eerdmans, 1969.

Unger, M. F. *Unger's Bible Dictionary.* Chicago: Moody, 1957.

나훔서 주해

나훔서는 니느웨의 심판을 일관되게 진술한다. 1장은 심판의 선언, 2장은 심판의 내용, 3장은 심판의 원인으로서의 죄에 대해 진술한다.

제 1 장

I. 서론 1:1

나 1:1. 니느웨에 대한 경고 곧 엘고스 사람 나훔의 묵시의 글이라.

본문은 엘고스 사람 나훔이 니느웨가 형벌을 받을 것을 내다보고 쓴 계시록이다.

니느웨 성은 앗수르 왕국의 수도였다. 그 성은 티그리스 강(Tigris River) 동쪽 언덕에 자리 잡고 있었고, 그 성의 창건자는 니므롯이라고 전한다(창 10:8-10). 이 니느웨는 북쪽 나라 이스라엘을 멸망시킨 당사국이자 남쪽 나라 유다의 적대국인 앗수르 제국의 수도로서 앗수르 제국 전체를 상징한다. 이 도시는 본서가 기록되기 대략 100년 전 요나의 전도를 받고 국가적으로 회개를 했으나(욘 3:1-10) 나훔서가 기록된 당시에는 타락했고 사치했으며 교만한 도시로 변해 있었다.

본 절의 "경고"란 말은 '무겁고 위협적인 예언'이란 뜻이다(사 13:1; 합 1:1).

"엘고스 사람 나훔의 묵시의 글이라"는 말은 '니느웨에 대한 심판을 말한 것으로 이 심판을 통해 이스라엘 백성을 위로하려는 것'이었다.

II. 본론 1:2-3:19

A. 하나님께서 심판을 계시하시다 1:2-8

2-8절은 니느웨를 심판하시는 여호와의 위엄을 말한다. 즉, 하나님의 공의를 선포하는 것이다. 나훔은 앗수르를 멸망시키는 하나님의 공의를 드러낸다.

1) 원수에 대해 하나님의 심판을 계시하시다 1:2

<니느웨에 대한 여호와의 진노>

나 1:2. 여호와는 질투하시며 보복하시는 하나님이시니라 여호와는 보복하시며 진노하시되 자기를 거스르는 자에게 여호와는 보복하시며 자기를 대적하는 자에게 진노를 품으시며.

본 절부터 8절까지는 니느웨를 심판하시는 여호와의 엄위하신 모습을 드러내고 있다. 즉, 여호와는 질투하시며 보복하시는 하나님이시며, 여호와는 보복하시는 진노의 주님이시다. 여호와는 자기 대적들에게 보복하시며, 자기 원수들에게 분노를 품으시는 분이시다.

"질투하신다"(קַנּוֹא)는 말은 '시기하신다', '열심을 갖는다'는 뜻이다. 하나님의 자기 백성들을 사랑하시는 열심은 백성들을 대적하는 자들에게 질투로 나타나신다(출 20:5; 34:6; 신 4:24). 과거 니느웨는 그 범죄로 인해 여호와의 심판의 대상이었으나 요나의 전도를 듣고 거국적인 회개 운동을 벌여 심판을 면하게 되었다(욘 3:10). 그 후 100년[18]이 지난 나훔 선지자 당시는 니느웨는 또 다시 범죄하여 하나님의 택한 백성들을 박해하는 죄를 저질렀다(사 52:4). 그리하여 니느웨는 하나님의 심판을 받기에 이른 것이다.

"진노하신다"(חֵמָה)는 말은 '불타는 듯한 분노'를 뜻한다. 그리고 "품으신다"(נוֹטֵר)는 말은 '간직하신다', '품으신다'는 뜻이다. 그러므로 본 구절의 뜻은 여호와께서 니느웨의 악행을 그냥 간직하고 계셨으나 이제는 진노

18) 오늘 우리도 회개했던 초심을 버리고 세월을 지날 때 교만해지고 부패해지며 타락하기 쉽다는 것을 알고 항상 하나님 앞에서 떠는 마음으로 죄를 자백하는 마음으로 살아야 할 것이다. 그래서 오히려 신앙이 더욱 상승하는 삶을 살아야 할 것이다.

하셔서 니느웨를 철저하게 심판하실 것을 철저하게 드러내신다.

2) 폭풍우를 통하여 하나님의 심판을 계시하시다 1:3

나 1:3. 여호와는 노하기를 더디 하시며 권능이 크시며 벌 받을 자를 결코 내버려두지 아니하시느니라 여호와의 길은 회오리바람과 광풍에 있고 구름은 그의 발의 티끌이로다.

여호와께서는 노하기를 더디 하시며 능력이 크시나, 여호와께서는 결코 형벌을 면해 주지는 아니하신다. 회오리바람과 폭풍은 여호와께서 다니시는 길이요, 구름은 그의 발밑에서 이는 먼지에 불과하다.

여호와의 권능은 그 심판하시는 권능으로 나타난다. 여호와께서는 앗수르의 죄를 오래 동안 참고 계셨으나 이제는 그 심판의 권능을 나타낸다는 것이다.

"여호와의 길은 회오리바람과 광풍에 있다"는 말은 여호와께서 매우 큰 권능을 소유하고 계시다는 뜻으로 본 구절은 회개하지 않은 죄인들을 향한 여호와의 심판이 얼마나 심각하고 철저하게 진행될지를

"구름은 그의 발의 티끌이라"는 말은 니느웨 성이 맥없이 망할 것을 보여주는 묘사이다.

그러나 "구름은 그의 발의 티끌이라"는 말을 두고 해석이 갈린다. 1) 인간들이 쉽게 접근할 수 없는 지극히 높은 곳에 하나님께서 계시며 또한 그 분의 권능은 감히 인간들이 상상할 수도 없을 만큼 크시다는 견해(박윤선, 이상근, 그랜드종합주석, 호크마주석). 2) 이 말은 "구름"이라는 은유로 표현된 니느웨 성이 얼마나 무기력하게 망할 것을 증언한다는 견해(이순한), 이 두 견해 중에 2)번의 견해가 더 합당한 것으로 보인다. 니느웨가 하나님 앞에서 그러하다는 것이다.

3) 한재를 통하여 계시하시다 1:4

나 1:4. 그는 바다를 꾸짖어 그것을 말리시며 모든 강을 말리시나니 바산과 갈멜이 쇠하며 레바논의 꽃이 시드는도다.

여호와께서 바다(홍해)를 꾸짖어 그것을 말리시며(출 14:21-22; 시 106:9), 모든 강들(요단강)도 메마르게 하시니(수 3장; 시 107:33), 바산(요단강 동편에 있는 유명한 목축지, 암 4:1; 미 7:4 주해 참조)과 갈멜(포도원으로 유명하다. 암 1:2 주해 참조)이 시들고, 레바논의 꽃봉오리도 시들게 하신다는 것이다.

위의 장소들(바산, 갈멜, 레바논)은 팔레스틴 땅에서 가장 비옥한 땅들이다(사 33:9; 35:2). 그러나 이런 곳들도 여호와의 기운이 한번 임하시면 한순간에 말라버린다. 인간의 영화라는 것도 한 순간에 쇠하고 마는 것이다.

4) 지진을 통하여 계시하시다 1:5-6

나 1:5. 그로 말미암아 산들이 진동하며 작은 산들이 녹고 그 앞에서는 땅 곧 세계와 그 가운데에 있는 모든 것들이 솟아오르는도다.

산들이 여호와의 권능으로 말미암아 진동하고, 언덕들이 녹아내리며, 땅이 그분 앞에서 솟아오르니, 세상과 그 모든 거민들도 그러한 것이다.

여호와께서 지진을 일으키시고 화산을 폭발하실 때 산들이 진동하고 언덕들이 녹아내리는 것을 볼 수 있다(미 1:4 주해 참조; 암 4:13; 8:8).

"그 앞에서는 땅 곧 세계와 그 가운데에 있는 모든 것들이 솟아오르는도다"는 말은 여호와 앞에서는 세계와 그 가운데에 있는 모든 것들이 지진으로 솟아오르고 용암이 흘러내리는 것을 목격할 수 있는 것이다.

나 1:6. 누가 능히 그의 분노 앞에 서며 누가 능히 그의 진노를 감당하랴 그의 진노가 불처럼 쏟아지니 그로 말미암아 바위들이 깨지는도다.

여호와의 저주 앞에 누가 서겠으며, 그분의 맹렬한 분노에 누가 맞설 수 있을 것인가? 그분의 진노가 불처럼 쏟아지면 바위들이 그로 말미암아 부서지고 만다는 것이다. 아무도 여호와의 진노 앞에 맞설 수 없는 것이다(시 76:7; 욜 2:11; 말 3:2; 계 6:17).

"그의 진노가 불처럼 쏟아지니 그로 말미암아 바위들이 깨지는도다"는 말은 '여호와께서 일으키시는 불 앞에서는 감당할 사람이 없고 지진으로 말미암아 바위들이 산산이 조각난다'는 것이다. 우리는 여호와의 권능을 믿고 땅속에 있는 불을 붙잡아주시기를 기도해야 할 것이다. 우리는 언제나 땅 속에서 훨훨 타는 불을 붙들어주시기를 기도해야 하는 것이다.

5) 성도들을 위해 계시하시다 1:7

나 1:7. 여호와는 선하시며 환난 날에 산성이시라 그는 자기에게 피하는 자들을 아시느니라.

여호와는 선하셔서 환난 날에 피할 우리의 산성이시니, 자기에게 피하는 자들을 보호하신다는 것이다. 여호와께서는 홀로 선하신 분으로 우리에게 선을 행하시며 여호와를 의뢰하는 자가 환난을 당할 때 피난처이시고 산성이 되신다는 것이다. 우리가 하나님을 의뢰할 때 하나님은 우리를 철저히 보호해주신다.

6) 불신자들에게 징벌을 통해 계시하신다 1:8

나 1:8. 그가 범람하는 물로 그 곳을 진멸하시고 자기 대적들을 흑암으로 쫓아내시리라.

여호와께서는 범람하는 물(노아 홍수 때의 물, 창 7:22)로 원수들을 멸망시키시고, 흑암으로 쫓아내실 것이라고 하신다. 니느웨는 홍수처럼 밀어닥친 군대에 의해 함락될 것이라는 주장이다(Deane, Rosenmueller, Hitzig).

B. 니느웨에 대한 심판선언이 이스라엘에게는 위로이다 1:9-15

1) 여호와의 절대 주권 1:9

나 1:9. 너희는 여호와께 대하여 무엇을 꾀하느냐 그가 온전히 멸하시리니 재난이 다시 일어나지 아니하리라.

너희 앗수르 나라가 여호와를 대하여 무엇을 꾀하려 하느냐? 여호와께서 온전히 멸망시키실 것이니, 환난이 다시 일어나지 않을 것이다.

여호와께서는 니느웨를 완전히 멸하실 것이니 앗수르가 다시 재난을 이스라엘에게 일으키지는 못할 것이다.

2) 앗수르의 멸망선언 1:10-12

나 1:10. 가시덤불 같이 엉크러졌고 술을 마신 것 같이 취한 그들은 마른 지푸라기 같이 모두 탈 것이거늘.

히브리어 원문 본 절 초두에는 "왜냐하면"(כִּי)이란 낱말이 있어 본 절이 앞 절의 이유가 됨을 말한다. 즉, 앗수르가 가시덤불(거짓이나 저주 상징)처럼 엉크러졌고, 백성들은 술 마신 자들처럼(교만하게 행동하여 하나님께서 주시는 진노의 잔을 마셨다는 것을 뜻한다) 취하여 마른 지푸라기(완전히 말라버린 쭉정이)처럼 모두 타게 될 것이기 때문이다. 이제 앗수르는 하나님의 심판을 잠시도 견뎌내지도 못하고 완전히 멸망하게 될 것이라는 뜻이다.

나 1:11. 여호와께 악을 꾀하는 한 사람이 너희 중에서 나와서 사악한 것을 권하는도다.

여호와를 거슬러 악을 꾀하는 한 사람(산헤립)이 너희 니느웨 중에서 나와서 불량한 것을 권하는도다.

산헤립(또는 그가 보낸 랍사게, 왕하 19장)이 예루살렘을 포위하고 여호와를 비방하는 온갖 악담을 한 것이다. 그러나 그들은 하루 밤 사이에 모두 송장이 되고 말았다.

나 1:12. 여호와께서 이같이 말씀하시기를 그들이 비록 강하고 많을지라도 반드시 멸절을 당하리니 그가 없어지리라 내가 전에는 너를 괴롭혔으나 다시는 너를 괴롭히지 아니할 것이라.

여호와께서 이같이 말씀하시기를 앗수르가 안전하고 수가 많을지라도 그들은 잘려서 반드시 사라질 것이다. 나 앗수르가 너 유다를 과거에는 괴롭혔으나 다시는 너 유다를 괴롭히지 아니할 것이다.

하나님의 심판 앞에서는 그 강하던 앗수르도 망해서 더 이상 유다를 괴롭히지 않을 것이라는 내용이다.

3) 유다가 해방되다 1:13

나 1:13. 이제 네게 지운 그의 멍에를 내가 깨뜨리고 네 결박을 끊으리라.

이제 나 여호와가 이스라엘에게서 앗수르의 멍에를 부수고, 나 여호와가 이스라엘에게 지웠던 앗수르의 굴레를 벗겨줄 것이라고 하신다.

4) 여호와께서 기뻐하시는 뜻 1:14-15

여호와께서 앗수르를 완전 망하게 하셔서 유다가 여호와를 자유롭게 경배하게 된다는 것을 진술한다.

(1) 앗수르의 완전 멸망 1:14

나 1:14. 나 여호와가 네게 대하여 명령하였나니 네 이름이 다시는 전파되지 않을 것이라 내가 네 신들의 집에서 새긴 우상과 부은 우상을 멸절하며 네 무덤을 준비하리니 이는 네가 쓸모없게 되었음이라.

여호와께서 너 앗수르에게 명령하시기를 네 이름으로는 더 이상 후손이 없을 것이다. 너 앗수르의 신들의 전에서 새긴 우상들과 부어 만든 우상들을 나 여호와가 찍어 버려서 네가 쓸모없어질 것이니, 내가 네 무덤을 준비할 것이라고 하신다. 본 절은 여호와께서 앗수르의 존재 자체를 없애버리실 것이라고 하시는 예언이다.

(2) 유다가 여호와를 경배하다 1:15

나 1:15. 볼지어다. 아름다운 소식을 알리고 화평을 전하는 자의 발이 산 위에 있도다 유다야 네 절기를 지키고 네 서원을 갚을지어다 악인이 진멸되었으니 그가 다시는 네 가운데로 통행하지 아니하리로다 하시니라.

보라! 산들 위에서 아름다운 좋은 소식(앗수르가 아주 망했다는 소식)을 전하며 평화를 선포하는 자의 발이여! 유다야 네 절기를 지키고 네 서원을 이행하여라. 불량한 자(앗수르)가 다시는 네 가운데로 지나가지 않을 것이니, 이는 그가 완전히 파괴되었기 때문이라(사 52:7; 롬 10:15)고 하신다.

제 2 장

C. 니느웨 성에 대한 여호와의 심판 내용 2:1-3:19

1) 니느웨 성에 대한 공략 2:1-7

하나님의 심판으로 니느웨 성이 공략당하여 몰락한다는 것을 진술한다.

<니느웨의 멸망>

나 2:1. 파괴하는 자가 너를 치러 올라왔나니 너는 산성을 지키며 길을 파수하며 네 허리를 견고히 묶고 네 힘을 크게 굳게 할지어다.

본 절부터 니느웨의 멸망에 대한 나훔 선지자의 구체적인 예언이 시작된다. 즉, 뿔뿔이 흩어버리는 자가 올라와 너 니느웨를 대적하니, 너 니느웨는 요새를 지키고 길을 파수하며, 허리를 강하게 하고 힘을 매우 강하게 하라고 여호와께서 비꼬신다.

본 절의 "파괴하는 자"란 말은 나보폴라살(Nabopolassar 주전 625-605 통치)이 이끄는 바벨론 군과 시악사레스 2세(Cyaxares II. 주전 625-585 통치)가 이끄는 메대의 연합군을 지칭하는데 이들에 의해 니느웨는 완전히 파괴되고 백성들은 뿔뿔이 흩어지고 말았다.

"너는 산성을 지키라"는 말은 '너 니느웨는 요새를 굳게 지키라'는 말이다. 그러나 이 말은 니느웨를 격려하는 말이 아니라 조소하는 말이다. 다시 말해 아무리 지켜보아도 소용이 없다는 뜻이다.

나 2:2. 여호와께서 야곱의 영광을 회복하시되 이스라엘의 영광 같게 하시나니 이는 약탈자들이 약탈하였고 또 그들의 포도나무 가지를 없이 하였음이라(For the LORD is restoring the majesty of Jacob as the majesty of

Israel, for plunderers have plundered them and ruined their branches-ESV).

이유는 여호와께서 이스라엘의 영광을 회복시키신 것처럼 야곱의 영광을 회복시키실 것이니(본 절의 이스라엘이란 말이나 야곱이란 말은 동의어로 사용되었다), 약탈자들이 그들을 약탈하였고 그들의 포도나무 가지들을 없앴기 때문이라고 하신다.

"여호와께서 야곱의 영광을 회복하시되 이스라엘의 영광 같게 하신다"는 말은 '앗수르의 침략으로 빼앗겼던 이스라엘의 영광을 여호와께서 다시 회복하신다'는 뜻이다.

"이는 약탈자들이 약탈하였고 또 그들의 포도나무 가지를 없이 하였기 때문이라"는 말은 '이유는 앗수르가 이스라엘을 약탈해버렸고 또 이스라엘 백성들을 잔인하게 약탈했기 때문이었다'는 뜻이다. 그래서 하나님은 앗수르를 심판하고자 하시는 것이다.

앗수르는 자기들이 하나님의 쓰임을 받는 도구로 사용되는 줄도 모르고 이스라엘을 마구 대한 것이었다.

나 2:3. 그의 용사들의 방패는 붉고 그의 무사들의 옷도 붉으며 그 항오를 벌이는 날에 병거의 쇠가 번쩍이고 노송나무 창이 요동하는도다.

본 절은 니느웨 성이 함락 될 때의 광경을 묘사한 것이다. 즉, 메대와 바벨론의 연합 군대가 붉은 방패를 들고, 자주색 군복을 입었으며, 병거가 대열을 지어 올 때에 그 철갑이 불꽃처럼 번쩍이고, 노송나무 창이 물결친다.

"그 항오를 벌이는 날에 병거의 쇠가 번쩍이고 노송나무 창이 요동한다"는 말은 '메대와 바벨론 연합군이 전쟁을 하기 위해 전열을 가다듬고 공격대열로 정렬 했을 때의 위엄을 보여준다'는 것이다.

나 2:4. 그 병거는 미친 듯이 거리를 달리며 대로에서 이리저리 빨리 달리니 그 모양이 횃불 같고 빠르기가 번개 같도다.

바벨론 군대의 병거는 길거리에서 질주하며, 광장에서 이리저리 돌진하니, 그 모습이 횃불 같고, 번개 같다는 것이다.

본 절의 내용은 니느웨 백성들이 보기에는 메대와 바벨론 연합군의 병거들이 굉장히 사나운 기세로 돌진해 올 것이기 때문에 마치 미쳐서 날뛰는 듯이 달리는 것을 염두에 둔 것이다.

"그 모양이 횃불 같고 빠르기가 번개 같다"는 말은 병사의 갑옷과 병거가 태양빛을 받아 번쩍거리는 모양을 표현한 것이다. 이러한 메대와 바벨론 군의 위세는 니느웨 사람들을 공포에 떨도록 만들기에 충분했다.

나 2:5. 그가 그의 존귀한 자들을 생각해 내니 그들이 엎드러질 듯이 달려서 급히 성에 이르러 막을 것을 준비하도다.

그(앗수르 왕)가 지휘관들을 생각하니, 그들이 넘어지며 달려서 방어벽이 놓여 진 성벽에 급히 이르렀다.

앗수르 왕이 자신의 정예 부대장들을 생각해내어 그들이 엎드러질 듯이 급히 달려와 방위에 힘쓴다는 것이다.

나 2:6. 강들의 수문이 열리고 왕궁이 소멸되며.

"강들의 수문들이 열렸다"는 말은 '니느웨 성이 티그리스 강에 의하여 일부 방위되어 있었는데 바벨론 군의 침입으로 인해 강의 수문이 열렸다'는 뜻이다. 하나님께서 바벨론 군대를 사용하셔서 니느웨 성의 수문이 열리게 하신 것이다. 니느웨 사람들이 죄를 지으니 방위벽이 없어진 것이다.

그리고 "왕궁이 소멸되었다"는 말은 '니느웨 성의 왕궁도 바벨론 군에 의하여 파괴되었다'는 것이다. 여기 니느웨의 왕궁에서 살던 주민들이 바벨론의 침략을 받아 모두 사라지고 말았다는 뜻이다. 개인들이 범죄하고 나라가 범죄하니 왕궁이 사라지는 것이다.

나 2:7. 정한 대로 왕후가 벌거벗은 몸으로 끌려가니 그 모든 시녀들이 가슴을 치며 비둘기 같이 슬피 우는도다.

이는 정해진 것이니 그 왕후는 포로가 되어 끌려가며, 그 시녀들은 가슴을 치며 비둘기처럼 슬피 울고 있었다는 것이다.

"정한 대로"란 말은 왕후가 포로의 몸으로 나체로 끌려가는 것이 전쟁에서 벌어지는 상황이라는 것이다. 나훔 선지자는 성령으로 인하여 앗수르가 이처럼 비참하게 될 것을 내다 본 것이다.

2) 니느웨 성이 당하는 공포 2:8-10

니느웨는 함락되고 방위군과 거민들은 도망하며 성은 바벨론 군대에 의하여 약탈당하여 황폐하여 진다.

나 2:8. 니느웨는 예로부터 물이 모인 못 같더니 이제 모두 도망하니 서라 서라 하나 돌아보는 자가 없도다.

니느웨는 예로부터 물이 모인 연못 같이 많은 사람이 모여 살았으나 이제 그들이 도망치게 되었으니, 멈춰라, 멈춰라! 하여도 뒤돌아보는 자가 없고 도망치고 말았다는 것이다. 죄를 지으면 성이 비참하게 헐렁해질 수밖에 없는 것이다.

나 2:9. 은을 노략하라 금을 노략하라 그 저축한 것이 무한하고 아름다운 기구가 풍부함이니라.

너희는 은(銀)을 노략하고 금을 노략하라. 보물과 모든 값진 물건들이 무한히 많다.

바벨론 군의 지휘관이 니느웨를 점령하고 본 절처럼 명령하여 모두 약탈하도록 한 것이다. 니느웨에는 그간 역대의 왕들이 외국을 침략하여 빼앗아 온 보물이 무한이 쌓여 있었다. 이제 니느웨가 바벨론 군대에 의하여 함락되어 모든 보물들은 바벨론으로 옮겨진 것이었다.

나 2:10. 니느웨가 공허하였고 황폐하였도다 주민이 낙담하여 그 무릎이 서로 부딪히며 모든 허리가 아프게 되며 모든 낯이 빛을 잃도다.

니느웨 성은 텅 비게 되었고 비어 황폐하게 되었다. 니느웨 거민들의 마음이 녹고 양 무릎은 부딪치며, 모든 허리가 떨리며 모든 낯이 창백하게 된다.

바벨론 군대의 약탈을 당하고 니느웨 거민들은 허탈하기가 말할 수 없이 심각하게 된 것이다. 모든 거민들의 허리가 떨렸고 모든 얼굴들이 창백하게 변하고 만 것이다.

3) 사자 굴의 비유 2:11-13

나 2:11. 이제 사자의 굴이 어디냐 젊은 사자가 먹을 곳이 어디냐 전에는 수사자 암사자가 그 새끼 사자와 함께 거기서 다니되 그것들을 두렵게 할 자가 없었으며.

본 절은 과거 앗수르가 거만했고 포악했던 것을 사자에 비해 진술한 것이다. 나훔 선지자는 앗수르의 멸망을 기적이라고 본 것이다. 앗수르의 멸망은 하나님의 심판에 의한 것이라는 것이다. 즉, 사자들의 굴이 어디 있느냐? 새끼 사자들을 먹이던 그곳, 수사자, 암사자, 어린 사자가 다녀도, 아무 위협이 없던 그곳이 어디 있느냐고 한다.

"전에는 수사자 암사자가 그 새끼 사자와 함께 거기서 다니되 그것들을 두렵게 할 자가 없었다"는 말은 '전에는 앗수르의 왕과 왕후와 왕자들이 사자가 두려워함이 없고 잔인하여 약탈을 일삼은 것같이 그러했다'는 것이다. 미가 선지자가 앗수르의 죄를 지적한 것이다.

나 2:12. 수사자가 그 새끼를 위하여 먹이를 충분히 찢고 그의 암사자들을 위하여 움켜 사냥한 것으로 그 굴을 채웠고 찢은 것으로 그 구멍을 채웠었도다.

수사자가 자기의 새끼 사자들을 위해 먹이를 충분히 찢으며, 자기 암사자들을 위해 먹이를 목 졸라 자기 굴을 채우고, 찢은 고기로 자기 거처를 채웠듯이 앗수르의 왕들과 왕족들은 다른 나라들을 침략해서 빼앗아 온 것을 은밀한 곳에 감추었다는 것이다. 이것이 앗수르의 죄가 되었다는 것이다.

나 2:13. 만군의 여호와의 말씀에 내가 네 대적이 되어 네 병거들을 불살라 연기가 되게 하고 네 젊은 사자들을 칼로 멸할 것이며 내가 또 네 노략한 것을 땅에서 끊으리니 네 파견자의 목소리가 다시는 들리지 아니하리라 하셨느니라.

만군의 여호와께서 말씀하시기를 보라! 내가 너 앗수르를 대적할 것이니, 내가 그 성의 병거들을 불살라 연기로 만들고, 여호와의 칼은 앗수르의 어린 사자들을 삼킬 것이다. 나 여호와가 땅에서 앗수르의 먹이를 끊을 것이니, 더 이상 네 사신들의 보고가 들리지 않을 것이라고 하신다.

"내가 네 대적이 되신다"는 말씀은 '여호와께서 앗수르의 대적이 되어 여러 가지를 파괴하신다'는 뜻이다. 죄를 지으면 여호와의 원수가 된다는 것이다. 무서운 일이다.

"네 파견자의 목소리가 다시는 들리지 아니하리라"는 말은 '앗수르 왕의 파견을 받고 다른 나라를 위협하는 일 같은 것은 다시는 있지 않을 것이라'는 뜻이다. 그러니까 앗수르는 완전히 망하여 더 이상 역사상에 존재하지 않을 것이란 뜻이다. 이 예언은 문자적으로 성취되어 주전 606년에 앗수르가 멸망한 후 주후 1820년 그 폐허가 처음으로 발견될 때까지 완전히 인간 역사에서 잊혀진 존재로 있었다는 것이다(이상근).

제 3 장

3장의 내용은 니느웨가 지은 죄와 받을 벌(1-7절), 노아몬의 전철(8-13절), 니느웨가 심판을 받을 일(14-19절)로 구성되어 있다.

4) 니느웨성이 함락되다 3:1-3

나 3:1. 화 있을진저 피의 성이여 그 안에는 거짓이 가득하고 포악이 가득하며 탈취가 떠나지 아니하는도다.

"화 있을진저 피의 성이여!"라는 말은 '순전히 피 덩어리 성에게 화가 있기를 선언하는 말'이다.

니느웨 성을 피의 성(겔 24:6, 9; 합 2:12)이라고 하는 이유는 니느웨 성안에는 거짓이 가득했고, 또 포악이 가득했으며 또 남의 나라를 침략하여 탈취해서 가져다가 쌓아놓았으니 피의 성이라고 하는 것이었다. 나쁜 짓만 골라 한 성읍이었다. 이런 성읍이 화를 면한다는 것이 오히려 기적인 것이다.

나 3:2. 휙휙 하는 채찍 소리, 윙윙 하는 병거 바퀴 소리, 뛰는 말, 달리는 병거(The crack of the whip, and rumble of the wheel, galloping horse and bounding chariot!-ESV),

본 절과 다음 절은 니느웨 성을 습격해 들어온 바벨론 군의 진격하는 모습을 묘사한 것이다. 즉, 찢어지는 듯 귀를 울리는 말채찍 소리, 요란하게 울려 귀를 찢을 듯 하는 병거 바퀴 소리, 말이 달려오고 병거가 구른다.

병거를 모는 병사가 말을 재촉하기 위해 말을 치는 채찍소리, 윙윙 하는 소리를 내면서 달리는 병거 바퀴 소리, 따라서 말은 뛰고 병거는 달린다는 것이다. 이 모든 요란함은 니느웨를 향해 진격하는 바벨론 군대의 용맹스러운 모습을 묘사한 것이다.

나 3:3. 충돌하는 기병, 번쩍이는 칼, 번개 같은 창, 죽임 당한 자의 떼, 주검의 큰 무더기, 무수한 시체여 사람이 그 시체에 걸려 넘어지니 (Horsemen charging, flashing sword and glittering spear, hosts of slain, heaps of corpses, dead bodies without end -- they stumble over the bodies!-RSV, ESV).

기병대가 습격하여 오면서 칼에 불이 난다. 창은 번개처럼 번쩍여 떼죽음을 일으켜 높게 쌓인 시체 더미, 셀 수도 없는 시체. 사람이 시체 더미에 걸려서 넘어진다. 앗수르 군대는 바벨론 군대의 습격을 받아 시체만 양산하는 꼴이 되어 바벨론 군대의 밟힘만 당하는 형편이 된 것이다.

5) 창녀의 비유 3:4-7

나 3:4. 이는 마술에 능숙한 미모의 음녀가 많은 음행을 함이라 그가 그의 음행으로 여러 나라를 미혹하고 그의 마술로 여러 족속을 미혹하느니라 (And all for the countless harlotries of the prostitute, graceful and of deadly charms, who betrays nations with her whorings, and peoples with her charms-ESV).

전절(2-3절)과 같이 니느웨가 멸망하게 된 것은 니느웨가 창녀가 되어서 음행을 일삼았고, 마술을 써서 사람을 홀린 탓이다. 음행으로 뭇 나라를 홀렸고, 마술로 뭇 민족을 꾀었기 때문이다.

니느웨는 이웃 나라들을 돕는 척 하다가 실상은 속여 먹는 일을 늘 힘쓰는 자였다는 것이다. "하나님은 하나님에게 대하여 기생처럼 행동하는 우상 숭배자들을 미워하실 뿐 아니라 사람에게 대하여 진실 되게 행하지 않는 기생 같은 자도 미워하신다"(박윤선).

나 3:5. 보라 내가 네게 말하노니 만군의 여호와의 말씀에 네 치마를 걷어

올려 네 얼굴에 이르게 하고 네 벌거벗은 것을 나라들에게 보이며 네 부끄러운 곳을 뭇 민족에게 보일 것이요.

보라! 나 여호와가 너 앗수르를 대적할 것이라고 만군의 여호와께서 말씀하신다. 나 여호와가 네 치마를 얼굴까지 들어 올려 열방에 네 벌거벗음을 보이고 왕국들에게 네 수치를 보일 것이라고 하신다.

여호와께서는 앗수르가 치마로 가리듯이 가리고 행하는 모든 술책을 탄로나게 하시겠다고 하신다. 이 예언의 말씀은 앗수르가 바벨론에게 정복당할 때에 실현된다는 것이다. 신자들의 숨은 죄악도 하나님의 심판대 앞에서는 모두 들어난다.

나 3:6. 내가 또 가증하고 더러운 것들을 네 위에 던져 능욕하여 너를 구경거리가 되게 하리니.

나 여호와가 또 혐오스러운 것들을 너 앗수르에게 던지고 너 앗수르를 능욕하여 구경거리가 되게 할 것이라고 하신다.

여호와께서 앗수르를 추하게 만드실 것이라는 예언이다. 여호와께서 그렇게 하시면 그렇게 되는 것이다.

나 3:7. 그 때에 너를 보는 자가 다 네게서 도망하며 이르기를 니느웨가 황폐하였도다 누가 그것을 위하여 애곡하며 내가 어디서 너를 위로할 자를 구하리요 하리라.

여호와께서 앗수르를 부끄럽게 하실 때에 너 앗수르를 보는 모든 자는 네게서 뒷걸음을 치면서 말하기를 니느웨가 황폐케 되었으니 누가 그것을 위해 애도할 것인가? 할 것이니, 내가 어디서 너를 위로할 자들을 찾을 것인가라고 하신다.

하나님께서 버리신 자를 누가 위로할 것인가. 아무도 위로할 자가 없다는 것이다.

6) 노아몬의 전례 3:8-10

나 3:8. 네가 어찌 노아몬보다 낫겠느냐 그는 강들 사이에 있으므로 물이 둘렸으니 바다가 성루가 되었고 바다가 방어벽이 되었으며.

네(앗수르)가 어찌 노아몬보다 낫겠느냐? 그(노아몬)는 나일 강 곁에 자리 잡아 그 주위에 물이 있으니, 바다가 성루가 되었고, 바다가 방어벽이 되었다는 것이다.

노아몬[19]이 니느웨 이상으로 자연 방어가 잘 된 곳이었는데도 망했는데 니느웨가 어찌 망하지 않겠느냐는 논리이다. 테에베는 나일강 사이에 위치하여 물이 둘렸고, 바다가 그 성루가 되어 보호해 주었는데도 멸망했는데 니느웨인들 망하지 않겠느냐는 것이다. 어디든지 죄가 있으면 망하는 것은 아주 정해진 이치인 것이다.

나 3:9. 구스와 애굽은 그의 힘이 강하여 끝이 없었고 붓과 루빔이 그를 돕는 자가 되었으나.

노아몬 곧 테에베가 공격을 당할 때에 동맹을 맺고 원조를 보낸 나라들이 있었는데 구스와 애굽이 바로 그들이었다. 즉, 구스(에티오피아)와 애굽은 강하고 끝이 없었고, 붓과 루빔(리비아) 사람들이 그(테에베)를 도와주었으나 결국 테에베가 포로가 되어 사로잡혀 갔다(다음절)는 것이다.

---

19) 노아몬: 나일강 상류 지방의 테에베(Thebes)를 지칭한다는 견해가 가장 유력하다(K.&D., Dathe, Michaelis, Rosenmueller, Hitzig). 테에베라는 도시는 나일강 입구에서 남쪽으로 720km 지점에 있는 곳으로 강 좌우편에 펼쳐져 주전 2100년경 대도시를 형성했다. 애굽의 중왕조시대(제 11왕조에서 제 17왕조까지)의 제 13왕조 이후 약 300년간 나일강 하류지방은 동방에서 침입한 셈파인 힉소스(Hyksos)족에게 통치되고 함족은 상류지방으로 추방되어 테에베에 도읍했다. 그리고 제 18왕조 이하(주전 1850-1205년) 테에베는 정성기가 되고 칼낙의 신전도 이때에 건립했으나 그 후 함족은 힉소스를 추방하고 하류를 회복하여 멤피스(Memphys)로 천도함에 따라 테에베는 쇠약해졌다. 테에베는 고래로 유명한 도시로 로마의 문헌에는 "세계의 중심도시, 유일의 도시"로 기록되어 있다. 테에베는 나일강을 중심으로 동서부로 나누어지고, 남북 4km, 동서 8km, 주위 35km의 대도시에 스핑크스와 오베리스크, 그리고 건물들과 거상들이 가득하여 도시는 장관을 이룩했다. 주전 30년경 로마군에 의해 전멸 당했으나 아직도 고적지로서 세계의 으뜸으로 꼽힌다는 것이다. 고대에서 "동에는 니느웨, 서에는 테에베"로 불린 강대한 군비를 갖춘 수도였으나 주전 663년 앗수르의 앗슐바니발(Ashurbanipal, 주전 668-627년 통치)군에게 함락되었다(이상근).

나 3:10. 그가 포로가 되어 사로잡혀 갔고 그의 어린 아이들은 길 모퉁이 모퉁이에 메어침을 당하여 부서졌으며 그의 존귀한 자들은 제비 뽑혀 나뉘었고 그의 모든 권세자들은 사슬에 결박되었나니.

그러나 1) 노아몬 성의 어른들이 싸우다가 포로가 되어 사로잡혀 갔고, 2) 그 아이들은 모든 길 모퉁이에서 메어침을 당하며, 3) 그 존귀한 자들(왕족들과 지도자들)은 제비 뽑혀 나뉘었고, 모든 위인들은 사슬에 묶여 끌려갔다는 것이다. 이렇게 노아몬(테에베)이 망했으니 니느웨가 망하지 않겠느냐는 나훔의 논리이다.

7) 니느웨성이 멸망하다 3:11-19

나 3:11. 너도 술에 취하여 숨으리라 너도 원수들 때문에 피난처를 찾으리라.

너 니느웨도 하나님의 심판을 위한 포도주에 취해 피난처에 숨을 것이며, 너도 원수를 피해 피난처를 찾을 것이라는 내용이다.

나 3:12. 네 모든 산성은 무화과나무의 처음 익은 열매가 흔들기만 하면 먹는 자의 입에 떨어짐과 같으리라.

본 절은 니느웨의 산성을 무화과나무의 처음 익은 열매에 비한다. 즉, 네 모든 요새는 처음 익은 열매를 맺은 무화과나무 같아서 바벨론 군대의 공격에 쉽게 떨어져(사 28:4; 렘 24:2) 적군의 입에 들어간다는 것이다. 니느웨가 바벨론의 공격을 받아 쉽게 멸망한다.

나 3:13. 네 가운데 장정들은 여인 같고 네 땅의 성문들은 네 원수 앞에 넓게 열리고 빗장들은 불에 타도다.

보라! 너 니느웨의 장정들은 여인 같이 약해질 것이고, 네 땅의 성문들은 너의 원수들에게 활짝 열릴 것이니, 불이 네 빗장들을 태울 것이라고 한다.

죄를 지으면 사람들은 약해지고 맥없이 행동하게 되는 것이다.

나 3:14. 너는 물을 길어 에워싸일 것을 대비하며 너의 산성들을 견고하게 하며 진흙에 들어가서 흙을 밟아 벽돌 가마를 수리하라.

본 절은 니느웨가 어떤 인간적인 노력을 해 보아도 하나님의 심판을 막을 수 없다는 것을 말한다. 즉, 이제 니느웨가 바벨론 군대에 의해서 에워싸일 것이니, 물(음료수)이나 길어 두려무나. 너의 요새를 탄탄하게 해 두어야 할 것이니, 수렁 속으로 들어가서 진흙을 짓밟고, 벽돌을 찍어 내라고 조롱한다.

"진흙에 들어가서 흙을 밟아 벽돌 가마를 수리하라"는 말은 성벽을 수리하여 방위를 튼튼히 하기 위해서는 진흙을 밟아 벽돌을 만들라는 것이다.

나 3:15. 거기서 불이 너를 삼키며 칼이 너를 베기를 느치가 먹는 것 같이 하리라 네가 느치 같이 스스로 많게 할지어다 네가 메뚜기 같이 스스로 많게 할지어다.

니느웨 성 방어를 위해 동분서주하는 바로 그곳에서 불이 나와 너를 삼키고, 칼이 너를 베어 버리되, 바벨론 군대가 너 니느웨를 느치같이 너를 먹을 것이다. 그런고로 니느웨도 느치같이 스스로 많게 하며, 메뚜기같이 스스로 많게 하라고 선지자는 조롱한다.

사실은 그렇게 니느웨가 군사를 많게 해도 역시 망하는 것은 망하는 것이다. 인간적인 노력을 하는 것보다 회개하는 것이 최선이다.

나 3:16. 네가 네 상인을 하늘의 별보다 많게 하였으나 느치가 날개를 펴서 날아감과 같고.

너 니느웨는 네 상인들을 하늘의 별들보다 더 많게 하였으나, 느치가 갉아먹고 날아감 같이 바벨론 군대의 습격에 모두 다 날아갈 것이라는 이야기이다.

"네가 네 상인을 하늘의 별보다 많게 하였다"는 말은 '니느웨가 상업도시였으니 사방에서 수많은 상인들이 모여들었다'는 뜻이다.

나 3:17. 네 방백은 메뚜기 같고 너의 장수들은 큰 메뚜기 떼가 추운 날에는 울타리에 깃들였다가 해가 뜨면 날아감과 같으니 그 있는 곳을 알 수 없도다.

니느웨의 통치자들은 메뚜기 떼같이 많고, 니느웨의 고급 장교들은 큰 메뚜기 떼와 같이 많은데, 그들은 추운 날 돌담에 진 쳐 있다가 해가 뜨면 날아가 버려서 아무도 그들이 어디에 가 있는지 그 위치를 알지 못한다. 이와 같이 니느웨의 지도자들이 바벨론 군대의 습격을 받을 때 간데없이 사라지고 만다는 것이다.

나 3:18. 앗수르 왕이여 네 목자가 자고 네 귀족은 누워 쉬며 네 백성은 산들에 흩어지나 그들을 모을 사람이 없도다.

앗수르 왕이여! 네 정치적 지도자들은 잠들고, 네 귀족들은 누어 쉬며, 네 백성이 산들에 흩어지나 모을 자가 없다.

본 절의 "잠들고, 누어 쉬며, 흩어진다"는 말은 모두 '죽는다'는 뜻이다(시 76:6; 사 14:18). 바벨론 군대의 침략에 앗수르의 지도자들은 모두 죽는다는 것을 말한다.

나 3:19. 네 상처는 고칠 수 없고 네 부상은 중하도다 네 소식을 듣는 자가 다 너를 보고 손뼉을 치나니 이는 그들이 항상 네게 행패를 당하였음이 아니더냐 하시니라.

니느웨가 바벨론 군대의 침략으로 받은 상처는 고칠 수가 없으니, 니느웨가 받은 부상이 심하다. 니느웨가 당한 소식을 듣는 자마다 너를 향해 손뼉을 칠 것이니, 계속되는 네 악행을 받지 않고 지나간 자가 있었느냐?

너무 많은 악행을 행했으니 니느웨의 소식을 듣는 자들마다 모두 좋아한다는 것이다.

-나훔서 주해 끝-

하박국서 주해

Exposition of Habakuk

■ 총 론

하박국서의 명칭은 어떻게 해서 생겼는가.

하박국서는 소선지서 가운데 8번째의 책으로 그 명칭은 히브리어 원전의 제목 '하박국'(חֲבַקּוּק)에서 나왔다. 이 명칭은 '껴안는 자', '포옹하는 자', '매어달리는 자'라는 의미이다. 이 이름의 뜻은 본서의 내용과도 잘 부합하는 이름으로 본다. 하박국 선지자는 그의 이름에 걸맞게 신앙의 문제를 가지고 하나님께 매달리는 모습을 연상하게 한다. 대부분의 학자들은 본서의 명칭이 다른 선지자들과 마찬가지로 저자의 이름을 그대로 나타낸 것이라고 말한다.

하박국서의 저자는 누구인가.

하박국서의 저자는 하박국이다. 이 저자의 이름의 뜻은 포옹한다는 뜻이니 그는 요시야 시대의 예언자이다.

하박국서는 언제 저작되었는가.

본서의 저작 연대에 대하여는 추측하는 수밖에 없다. 1:6-10의 갈대아의 남 유다 침입 예언으로 미루어 추측할 수 있다. 본서에 등장하는 '갈대아'는 소위 '신 바벨론'(Neo-Babylonian)이라고 불리는 세력을 지칭한다. 신 바벨론이 흥왕하기 시작한 시기는 주전 625-605의 나보폴라살(Nabopolasar)이 통치하던 때이다. 이는 남쪽 나라 유다의 요시아왕(주전 640-609년)의 통치 기간과 맞물린다. 그러나 요시아 왕 때까지는 아직 앗수르의 힘이 비교적 강했던 시기였었다. 그 후 주전 612년에 앗수르의 수도 니느웨가 바벨론 군의 침략으로 함락된 다음 근동의 정세는 바벨론의 세력권 안으로 들어가게 되었다. 그리하여 앗수르가 국가적으로 바벨론에 의해 완전히 멸망한 해인 주전 605년에는 남쪽 나라 유다도 바벨론의 1차 침략을 받게 되는데 1:6의 갈대아의 남쪽 나라 유다 침입 언급은 이를 염두에 둔 표현임이 확실하다. 그런고로 본서의 기록연대는 갈대아 곧 바벨론이 앗수르의 수도 니느웨를 정복하고 근동의 패권을 장악한 주전 612년부터 남쪽 나라 유다에 대한 바벨론의 제 1차 침입이 있었던 주전 605년 사이일 것으로 추측할 수 있을 것이다(그랜드종합주석).

하박국서의 교훈은 무엇인가.

1) 하박국서는 이 세상에서 가장 큰 문제는 죄라는 것을 강조한다(1:2-4; 1:13; 2:6-9).

2) 죄 문제에 대해서 사람이 하나님께 질문하면 하나님께서 대답해주신다는 것을 교훈한다(1:2의 질문과 1:5의 하나님의 답변; 1:13의 질문과 2:2의 하나님의 답변).

3) 지상의 선과 악을 두고 여호와께서는 반드시 선과 의가 승리하도록 섭리하신다는 것이다(1:5; 2:13, 16; 3:3).

4) 여호와께서는 불의한 나라나 민족을 심판의 도구로 이용하신다는 것이다(2:5, 6, 8).

5) 불의와 죄는 반드시 망하도록 섭리하신다(1:10-11; 2:6, 16, 17).

6) 여호와의 의(義)는 바로 현재가 아니라 미래에 나타난다(2:3). 의는 반드시 미래에 나타난다는 것이다(2:14; 3:18).

7) 인간이 할 일은 여호와의 의를 믿고 순종할 따름이다(2:3, 4, 이순한).

하박국서에 나타난 그리스도.

2:4의 "의인은 그의 믿음으로 말미암아 살리라"는 말씀은 하나님의 은혜와 예수 그리스도의 대속 사역으로 인해 우리에게 온전히 보장된 것이니 결코 그리스도와 분리해서 생각할 수는 없다. 하박국이 회상하고 있는바 하나님께서 출애굽 한 이스라엘을 환난 중에 보호해 주시고 구원해 주신

역사(3:3-15)는 장차 예수 그리스도께서 재림하실 때 성도들이 이 세상으로부터 완전한 구원을 받게 된다는 것을 예표해 준다. 이처럼 그리스도는 '거룩하신 자'(1:12), '믿음에 의하여 의롭다 하시는 자'(2:4), '물이 바다를 덮음같이 여호와의 영광을 인정함'으로써 세상을 충만케 하시는 자(2:14) 등으로 언급되고 있다.

하박국서의 특징은 무엇인가.

1) 일반 선지자들은 그들이 받은바 계시를 선포했는데 그러나 하박국은 자신이 회의하는 문제를 여호와께 제시하고 그 회답을 받아 전했다.

2) 하박국이 여호와께 제기한 두 가지 질문은 모든 진지한 성도들이 한번쯤은 품을 수 있는 문제로 그가 받은 회답은 신앙생활의 현장에 아주 밝은 빛을 주는 말씀이다.

3) 본서는 기독교 구원론의 큰 틀을 보여주고 있다. 2:4의 "의인은 그의 믿음으로 말미암아 살리라"는 말씀은 신약성경에 세 번이나 인용되어(롬 1:17; 갈 3:11; 히 10:38) 바울을 통해 기독교의 구원론이 정립되게 했다. 그리고 교회가 타락할 무렵 루터는 본 구절을 교회개혁의 원동력이 되게 한 것이다.

현대 성도는 하박국서에서 무엇을 배울 수 있는가.

하박국서는 현대 성도들에게 신앙에 관한 물음을 하나님께 가져가도록 권면한다. 하나님은 만군의 여호와로서 하늘의 해와 달과 무수한 별들을 지으신 전능하신 분이시니 해결 못하실 것이 도무지 없으시다. 이 세상의 모든 일은 하나님으로부터 온 것이니(롬 11:36) 따라서 성도들은 자기가 해결할 수 없는 모든 문제들을 모두 하나님께 가지고 나가면 되는 것이다. 인간적으로 보면 아주 작은 일이라도 자기가 해결할 수 없는 일이 있을 때 그것을 가지고 고민하지 말고 여호와께 가지고 나가면 얼마든지 해결할 수 있다(사 58:9; 롬 12:2).

내용 분해

I. 서론 1:1

II. 본론 1:2-3:17

  A. 유다의 정치적 형편 1:2-11

    1) 하박국의 질문 1:2-4

    2) 하나님의 응답 1:5-11

  B. 유다의 도덕적 형편 1:12-2:20

    1) 선지자가 질문하다 1:12-17

    2) 선지자가 기대하다 2:1-3

    3) 선지자가 각성하다 2:4-20

  C. 하나님께서 계시하시다 3:1-19a

    1) 선지자가 기도하다 3:1-2

    2) 구원의 계시 3:3-15

    3) 선지자의 결심하다 3:16-19a

III. 결론 3:19b

참고도서

아가페 굿모닝 성경(개역개정 제 4판), 서울특별시: 아가페출판사, 2006.

그랜드종합주석. *호세아-말라기*, 경기도 고양시: 성서아카데미, 2004.

김수홍. *그리스도의 말씀이 연합에 미친 영향*. 수원시: 도서출판 목양, 2011.

김희보. *하박국, 스바냐주해*, 서울특별시: 총신대학출판부, 1987.

랄프 스미드. *미가-말라기*, 채천석, 채훈 옮김, W. B. C. 2001.

옥스퍼드원어성경대전. *미가, 하박국주석*, 서울특별시: 제자원바이블네트. 2007.

Deane, W. J. *나훔, 하박국, 스바냐, 학개 주석*, 풀핏주석번역위원회 역,

대구시: 보문출판사, 1986.

레슬리 알렌. *호세아-말라기 주석*, 서울특별시: 한국성서유니온선교회, 1993.

매튜 헨리. *호세아-말라기주석*, 박문재옮김, 경기도고양시: 크리스챤다이제스트, 2009.

박윤선. *소선지서*, 성경주석, 서울: 영음사, 1962.

이상근. *소예언서*, 대구광역시: 성등사, 1997.

이순한. *소예언서강해(하)*, 서울: 생명의 말씀사, 1997.

Baxter, J. Sidlow. *Explore the Book*. Grand Rapids: Zondervan Publishing House, 1966.

Black, Matthew & Rowley, H.H. *Peake's Commentary on the Bible*, Nashville: Thomas Nelson, 1962.

Calvin, John. *Calvin's Commentaries,* Edinburgh: Clark, 1847.

Guthrie D. & Motyer, J.A. *The New Bible Commentary*, Grand Rapids: Eerdmans, 1970.

Henderson, E. *The Twelve Minor Prophets*, Grand Rapids: Baker, 1980.

Jamieson, R. Fausset, A. R. & Brown D. *Commentary on the Whole Bible,* Grand Rapids: Zondervan, 1976.

Keil, C.F. & Delitzsch, F. *Commentary on The Book of Nahum, Habakkuk, Zephaniah, Haggai, Zechariah, Malachi*, Grand Rapids: Eerdmans, 1982.

Lange, John Peter. *Commentary on the Whole Scripture*, Grand Rapids: Zondervan, 1876.

Lrelli, Conrad Von. *The Twelve Minor Prophets*, Minneapolis: Klock, 1977.

Maclaren, Alexander. *Expositions of Holy Scripture*, Grand Rapids: Baker Book House, 1984.

Morgan, G. Campbell. *An Exposition of the Whole Bible*, Old Tapen: Fleming H. Revell, 1959.

Myer, F. B. *Bible Commentary*, Wheaton: Tyndale, 1984.

Nicoll W. Robertson ed. *The Expositor's Bible*, Chicago: W.P. Blessing Co. n.d.

Wevers, John W. *The New Century Bible Commentary*, Wm. B. Eerdmans Co, Grand Rapids, 1969.

Walvoord, John F. & Zuck Roy B. ed. *The Bible Knowledge Commentary*, Wheaton: Victor, 1985.

【 사전 】

바이블렉스 8.0

데릭 윌리엄스, *IVP 성경사전.* 이정석 외 한국기독학생회 출판부 역, 한국기독학생회 출판부(IVP), 1992,

Achtemeier, Paul J. *Harper's Bible Dictionary*, New York: A Division of Harper Collins Publishers, 1985.

Douglas, J. D. *New Bible Dictionary*, (2nd edition), Wheaton: Tyndale House Publishers, 1982.

Tenney, Merrill C. *The Zondervan Pictorial Bible Dictionary,* Grand Rapids: Regency, 1967.

Tregelles, Samuel Prideaux. *Gesenius' Hebrew and Chaldee Lexicon,* Grand Rapids: Eerdmans, 1969.

Unger, M. F. *Unger's Bible Dictionary.* Chicago: Moody, 1957.

하박국서 주해

하박국서는 유다 나라의 어두운 형편을 두고 선지자와 하나님 사이의 대화를 기록한 것이다. 유다 나라의 이런 문제를 두고 선지자가 하나님께 기도하여 하나님께서 영원하신 뜻을 선포하신 내용이다.

제 1 장

I. 서론 1:1

합 1:1. 선지자 하박국이 묵시로 받은 경고라.

2절 이하의 말씀은 선지자 하박국이 여호와의 계시로 받은 말씀이다.

"선지자"(נָבִיא)란 말은 '예고하다', '공고하다'란 말의 명사이다. 다시 말해 선지자는 하나님의 계시를 보고 이 계시를 예언하는 자였다(삿 22:7; 왕상 22:7; 사 13:2). 선지자의 사명은 2중적이었다. 하나는 하나님의 계시를 받아 이 계시를 백성들에게 선포하는 것이었고(출 4:15; 사 2:1; 렘 1:4), 또 다른 하나는 백성의 문제를 하나님께 가지고 나가 기도를 드리는 것이었다(렘 7:16; 11:14).

"하박국"(חֲבַקּוּק)이란 이름은 '포옹하다', '껴안는다'란 뜻이다. 하박국은 동족을 끝까지 사랑하고 구원을 간구하여 확신을 얻게 된 입장에서의 선지자인고로 하박국이란 이름이 적당했던 것으로 보인다.

"묵시로 받은"(חָזָה)이란 말은 '환상이나 신비 가운데서 계시를 받는 일'에 사용되는 용어였다.

"경고"(הַמַּשָּׂא)라는 말은 한글로 번역할 때는 나훔서에서는 '중한 경고'

라는 말로 번역했다. 본서에서는 유다와 예루살렘이 거의 멸망당하기 직전 사회적 혼란이 극심하여 '중대한 경고'를 선포하게 하셨다는 뜻에서 경고라고 번역했다.

II. 본론 1:2-3:17

A. 유다의 정치적 형편 1:2-11

택한 백성이면서 정통적 이스라엘인 유다와 예루살렘에 폭력이 난무하고 이방인의 세계에서나 볼 수 있는 악행이 온 나라와 예루살렘 성을 뒤덮어 하박국이 보기에도 민망할 정도였다는 것이다. 하박국은 여호와께서 갈대아인들을 통하여 유다와 예루살렘을 치시리라고 사료되어 이 본문을 진술하고 있다.

1) 하박국의 질문 1:2-4

하박국은 서론에 이어 첫 번째로 문제를 제기한다(2-4절). 그것은 땅위에 강포와 간악이 횡행하고 악인이 의인을 치는데 왜 여호와께서 침묵하고 계시나이까라는 질문을 올린다.

<하박국의 호소>

합 1:2. 여호와여 내가 부르짖어도 주께서 듣지 아니하시니 어느 때까지리이까 내가 강포로 말미암아 외쳐도 주께서 구원하지 아니하시나이다.

여호와시여! 나 하박국이 주님께 부르짖어도 듣지 아니하시고, 폭력이 난무한다고 주님께 외쳐도 언제까지 구원해 주지 않으시겠습니까? "내가 부르짖어도 주께서 듣지 아니하시니 어느 때까지리이까"라는 호소와 "내가 강포로 말미암아 외쳐도 주께서 구원하지 아니하시나이다"라는 호소는 똑같은 호소로 말을 강조한 것이다. 하박국은 이스라엘에 강포(겁탈, 강포)한 일들이 없기를 기원한 것이다. 이렇게 여호와께서 오래 동안 우리의 기도에 오래 동안 침묵하시는 이유는 오래 기도를 계속하게 하시기 위함이다. 이런 경험은 어느 참 성도에게든지 있다.

합 1:3. 어찌하여 내게 죄악을 보게 하시며 패역을 눈으로 보게 하시나이까 겁탈과 강포가 내 앞에 있고 변론과 분쟁이 일어났나이다(Why do you make me see iniquity and why do you idly look at wrong? Destruction and violence are before me; strife and contention arise-ESV).

어찌하여 나로 하여금 사악을 보게 하시며, 불의를 목격하게 하십니까? 파괴와 폭력이 내 앞에 있고 소송과 분쟁이 계속되고 있으니 말입니다.

"죄악"(אָוֶן)은 '헛되고 악한 것'(iniquity)이란 뜻, "패역"(עָמָל)은 '남을 괴롭히는 것', "겁탈"(שֹׁד)은 '사회 질서를 어지럽히는 행동', "강포"(חָמָס)는 '폭력을 가지고 사회의 공법을 파괴하는 것'을 지칭하고, "변론"과 "분쟁"은 지도자들이 자기들의 악행을 정당화하려고 떠들며 논쟁을 일삼는 것을 뜻한다. 하박국은 이런 행동들이 자기 눈에 띄니 여호와께서 해결해 주시라는 것이다. 오늘 우리도 우리가 해결할 수 없는 것을 여호와께 내어 맡겨야 하는 것이다.

합 1:4. 이러므로 율법이 해이하고 정의가 전혀 시행되지 못하오니 이는 악인이 의인을 에워쌌으므로 정의가 굽게 행하여짐이니이다.

그러므로 율법이 무력해지고 정의가 전혀 시행되지 못하니 이는 악인이 의인을 에워싸고 있으므로 정의가 왜곡되고 있기 때문이라는 것이다.

"이러므로"란 말은 '앞 절(3절)의 행태의 영향 때문에 본 절과 같은 현상이 생겼다는 것'을 말한다.

"율법이 해이하다"는 말은 '율법이 무감각하게 된다'는 뜻이다. 다시 말해 사람들의 율법 감각이 점점 약해지고 있다는 것을 말한다. 오늘날 이 세상 사람들은 구원의 진리가 점점 무디어져서 예수님을 믿지 않는 사람들도 모두 천국에 간다는 생각에 빠져 있다. 무디어지고 말았다. 심지어 자기 집에서 기르고 있던 반려견도 죽으면 천국에 간다고 믿는 것이다.

"정의가 전혀 시행되지 못한다"는 말은 '바른 판단이 전혀 나오지 못한다'는 뜻이다. 오늘날 바른 판단은 전혀 기대하지 못하는 세상이 되었다.

2) 하나님의 응답 1:5-11

5-11절은 하박국의 질문(2-4절)에 대한 여호와의 응답으로 여호와께서는 바벨론 사람들을 일으켜 유다의 악인들을 징벌하실 것이라고 하신다.

<여호와의 응답>

합 1:5. 여호와께서 이르시되 너희는 여러 나라를 보고 또 보고 놀라고 또 놀랄지어다 너희의 생전에 내가 한 가지 일을 행할 것이라 누가 너희에게 말할지라도 너희가 믿지 아니하리라(Look among the nations, and see; wonder and be astounded. For I am doing a work in your days that you would not believe if told-ESV).

여호와께서 말씀하시기를(이 말씀은 원문에 없다) 너희는 민족들을 보고 또 주목하여라. 너희는 놀라고 또 놀라게 될 것이다. 너희 생전에 내가 정녕 그 일을 행할 것이니 너희가 들어도 믿지 않을 것이라고 하신다.

"너희는 여러 나라를 보고 또 보고 놀라고 또 놀랄지어다"란 말씀은 '한 나라가 아니라 여러 나라를 보고 또 보고 놀라고 또 놀랄 것이라'는 말은 두 번씩 말하여 강조하고 있다.

"너희의 생전에 내가 한 가지 일을 행할 것이라"는 말은 하박국의 기도의 응답으로 여호와께서 주시는 말씀인데 "한 가지 일"이란 '갈대아인'(바벨론 군대)을 일으켜 유다 사회를 척결하시겠다는 말씀이다. 이 일이야 말로 유다인들이 믿을 수 없는 일이라고 하신다.

합 1:6. 보라 내가 사납고 성급한 백성 곧 땅이 넓은 곳으로 다니며 자기의 소유가 아닌 거처들을 점령하는 갈대아 사람을 일으켰나니.

본 절부터 10절까지는 갈대아 군대의 용맹성을 묘사하고 있다. 그리고 본 절 초두에는 "보라"란 말을 넣어 본 절을 아주 유의해서 읽어야 한다는 것을 말씀한다. 즉, 이제 내가 갈대아 사람을 일으킬 것이니 그들은 사납고 급한 백성이며 넓은 땅을 돌아다니면서 자기 것이 아닌 거처를 차지하는 자들이라 한다.

"사납고 성급한 백성"이란 말과 "땅이 넓은 곳으로 다니며 자기의 소유가 아닌 거처들을 점령하는 갈대아 사람"이란 말은 동의어로 사용되었다. 갈대아 사람들은 아무리 먼 곳이라도 사양치 않고 가서 점령하는 군대라는 뜻이다. 하나님은 이런 군대를 쓰신다는 것이다.

합 1:7. 그들은 두렵고 무서우며 당당함과 위엄이 자기들에게서 나오며.

갈대아 군사들은 세상 사람들이 보아도 심히 두렵고 무서운 군대라는 것이며 또 당당함과 위엄이 자기들에게서 발휘하는 교만한 군대라는 것이다.

바벨론의 왕 느부갓네살이 심히 교만하다가(단 4:30) 크게 낮아진 경우가 있었다. 우리는 교만은 패망의 앞잡이인줄 알고 살아야 할 것이다.

합 1:8. 그들의 군마는 표범보다 빠르고 저녁 이리보다 사나우며 그들의 마병은 먼 곳에서부터 빨리 달려오는 마병이라 마치 먹이를 움키려 하는 독수리의 날음과 같으니라.

본 절은 갈대아(바벨론) 군대의 용맹성을 심히 드러내고 있다. 즉, 갈대아 군대의 말들은 표범(빠른 동물)보다 빠르며 밤의 늑대(밤에 사냥하는 동물)보다 사납고, 그 기마병들은 마치 먹이를 덮치는 독수리(독수리처럼 날쌘 날짐승은 없다)처럼 날쌔게 날아온다는 것이다(렘 4:13). 이렇게 무서운 나라가 등장하는 것은 죄를 지은 이에게 위협을 위해 쓰인 것이다.

합 1:9. 그들은 다 강포를 행하러 오는데 앞을 향하여 나아가며 사람을 사로잡아 모으기를 모래 같이 많이 할 것이요(They all come for violence, all their faces forward. They gather captives like sand-ESV)**.**

갈대아(바벨론) 군사들은 닥치는 대로 폭력을 휘두르며, 앞으로 나아가 포로를 모래처럼 많이 모을 것이다.

"그들은 다 강포를 행하러 온다"는 말은 '갈대아 군사들이 모두 강포를 행하기 위해서 온다는 말은 유다 사회에 만연되어 있는 '강포'를 심판하기 위해서 하나님께서 그들을 심판의 도구로 사용하신다는 것'을 시사한다.

"앞을 향하여 나아가며"라는 말은 '갈대아(바벨론) 군사들이 대군을 이끌고 침공해 온다'는 뜻이다.

"사람을 사로잡아 모으기를 모래 같이 많이 할 것이라"는 말은 '사람을 포로로 잡아 모으기를 바다의 모래처럼 많이 할 것이라'는 뜻이다.

합 1:10. 왕들을 멸시하며 방백을 조소하며 모든 견고한 성들을 비웃고 흉벽을 쌓아 그것을 점령할 것이라.

갈대아(바벨론) 군대가 유다 나라를 침략하여 유다 왕들을 멸시하고 통치자를 비웃으며 모든 요새도 우습게 여기고 흙을 쌓아 올려 유다 나라의 성들을 점령할 것이라고 한다.

"왕들을 멸시하며"라는 말은 '갈대아(바벨론)의 대왕 느부갓네살이 유다 왕들을 멸시한 것'을 말한다. 느부갓네살이 유다 나라의 왕 중에 여호야김 왕(왕하 24:1, 3; 대하 36:6; 렘 22:19)이나, 여호야긴 왕(왕하 24:12, 15)에게 대한 태도를 보아도 알 수 있는 것이다.

"방백을 조소했다"는 말은 '바벨론의 느부갓네살이 유다 왕들의 방백들을 멸시했다'는 뜻이다.

"모든 견고한 성들을 비웃고 흉벽을 쌓아 그것을 점령할 것이라"는 말은 '바벨론의 느부갓네살이 유다를 침입해서 유다의 모든 견고한 성들을 비웃고 흉벽을 쌓아서 유다 나라의 성벽들을 점령할 것이라'는 뜻이다.

합 1:11. 그들은 자기들의 힘을 자기들의 신으로 삼는 자들이라 이에 바람 같이 급히 몰아 지나치게 행하여 범죄하리라.

바벨론의 왕들이 유다 나라를 침략하여 유다 나라 안에서 교만하게 행동할 때에 그들은 바람처럼 휩쓸고 지나가겠으나 자기들의 힘을 신으로 삼았으므로 죄책을 당할 것이라는 말이다.

"이에 바람 같이 급히 몰아간다"는 말은 '바벨론 군대의 무서운 공격을 묘사한' 말이다.

"지나치게 행하여 범죄하리라"는 말은 '승리에 도취된 바벨론이 자기들 자신들이 하나님의 쓰임을 받는 줄을 모르고 자기들의 힘에 도취되어 자기들이 마치 신이나 된 것처럼 범죄 한다는 것이다. 사람들은 자신들이 무엇이나 된 것처럼 하는 것이 문제이다.

B. 유다의 도덕적 형편 1:12-2:20

1) 선지자가 질문하다 1:12-17

하박국 선지자는 하나님의 응답을 받고 두 번째로 문제를 제기한다. 하박국 선지자는 유다 민족이 비록 범죄하므로 징계를 받는다 해도 무엇 때문에 악한 자들을 통해 징계를 하시나이까라는 제기이다.

<하박국이 다시 호소하다>

합 1:12. 선지자가 이르되 여호와 나의 하나님, 나의 거룩한 이시여 주께서는 만세 전부터 계시지 아니하시니이까 우리가 사망에 이르지 아니하리이다 여호와여 주께서 심판하기 위하여 그들을 두셨나이다 반석이시여 주께서 경계하기 위하여 그들을 세우셨나이다.

여호와시여! 주님께서는 영원 전부터 계시지 아니하셨습니까? 나의 하나님, 나의 거룩한 분이시여! 우리는 죽지 아니할 것입니다. 여호와시여! 주님께서 심판하기 위하여 그들을 두셨습니다. 반석이시여! 주님께서 바로잡기 위하여 그들을 세우셨습니다.

"주께서는 만세 전부터 계시지 아니하시니이까"란 말은 '주님께서는 영원 전부터 계시지 않으셨습니까'라는 내용이다. 주님께서는 영원 자존하신 분이시다. 그런고로 "우리가 사망에 이르지 아니한다"는 논리이다. 다시 말해 하나님께서 영원하신 분으로서 이스라엘과 영원한 언약을 세우셔서 이스라엘을 살려주신다는 것이다.

"여호와여 주께서 심판하기 위하여 그들을 두셨나이다 반석이시여 주께서 경계하기 위하여 그들을 세우셨다"는 말씀은 '여호와께서 갈대아(바벨론) 군대를 유다 나라로 파견하신 것은 유다 나라의 악한 자들을 벌하시기 위해 하신 일이라'는 것이다.

합 1:13. 주께서는 눈이 정결하시므로 악을 차마 보지 못하시며 패역을 차마 보지 못하시거늘 어찌하여 거짓된 자들을 방관하시며 악인이 자기보다 의로운 사람을 삼키는데도 잠잠하시나이까(You who are of purer eyes than to see evil and cannot look at wrong, why do you idly look at traitors, and remain silent when the wicked swallows up the man more righteous than he?-ESV).

주님께서는 눈이 정결하셔서(맑으셔서) 악을 그냥 놔두고 보실 수 없으시며, 불의를 보고만 계시지 못하시는데, 어찌하여 배역한 자들(바벨론 군대)을 그냥 보고만 계시며, 악한 자(바벨론 군대)가 자기보다 의로운 자(유다 나라 사람들)를 삼켜도 잠잠하고 계시다는 말입니까 라고 하박국은 여호와께 항의한다.

합 1:14. 주께서 어찌하여 사람을 바다의 고기 같게 하시며 다스리는 자 없는 벌레 같게 하시나이까.

본 절과 다음 절(15절)은 여호와께서 유다 백성으로 하여금 바벨론 군대에게 학대받는 모습을 보고 하박국이 여호와께 하소연하는 말이다. 즉, 주님께서는 사람(유다 나라 사람들)으로 하여금 바다의 물고기(바다물고기는 다스리는 자가 없는 어족이다)와 다스리는 자가 없는 벌레(곤충)처럼 취급받게 하시는 것입니까 라고 항의한다.

하박국은 유다 사람들이 바벨론 군대 앞에서 한낱 파리 목숨처럼 보여서 이런 항의를 한 것이다. 그러나 하박국은 유다 백성들에게 한 줄기의 소망이 있을 것으로 알고 여호와께 항의한 것이다.

합 1:15. 그가 낚시로 모두 낚으며 그물로 잡으며 투망으로 모으고 그리고는 기뻐하고 즐거워하여.

바벨론 군대가 낚시로 모든 유다 백성을 낚아 올려서 포로로 잡으며 그물로 사람을 포로로 묶어서 잡아 올리며 투망으로 모아 놓고 너무 기뻐하고 즐거워한다고 보고를 드린다.

합 1:16. 그물에 제사하며 투망 앞에 분향하오니 이는 그것을 힘입어 소득이 풍부하고 먹을 것이 풍성하게 됨이니이다.

본 절은 바벨론 군대가 유다 나라 사람들을 포로로 잡아가게 된 것을 아주 기뻐하는 것을 비유적으로 묘사하는 말이다. 즉, 바벨론 군대는 그물에 제사하며 투망에 분향하니 이는 그것들(그물과 투망) 때문에 소득이 풍부하고 먹을 것이 풍성하게 되기 때문이라고 여호와께 보고 드린다.

합 1:17. 그가 그물을 떨고는 계속하여 여러 나라를 무자비하게 멸망시키는 것이 옳으니이까.

본 절은 바벨론 군대가 유다 민족을 사로잡아 간 후 또 다른 나라 사람들을 공격하여 잡아간다는 것을 하박국이 여호와께 보고하는 것이다. 즉, 바벨론 군대가 마치 어부가 그물에 걸린 고기를 털어내고는 또 그물을 내리는 모양으로 계속해서 다른 나라들을 공격하여 포로로 잡아간다는 것이다. 하박국은 바벨론 군대가 여러 나라를 살육하고 포로로 잡아가도 옳은 일인가고 여호와께 항의하는 것이다.

사람의 욕심에는 끝이 없어 한 평생 욕심만 부리다가 죽어간다. 사람은 욕심만 버려도 큰 성공이다.

제 2 장

하박국의 두 번째 질문에 대한 여호와의 응답이 있고(1-4절), 여호와의 응답에 따라 바벨론이 결국 멸망할 것을 예언한다(5-20절).

2) 여호와께서 응답하시다 2:1-4

하박국의 질문에 여호와께서 응답하시면서 동시에 여호와께서 응답하신 것을 판에 분명하게 새길 것을 명령하신다. 예언의 성취가 확실하기 때문이다.

<여호와의 응답>

합 2:1. 내가 내 파수하는 곳에 서며 성루에 서리라 그가 내게 무엇이라 말씀하실는지 기다리고 바라보며 나의 질문에 대하여 어떻게 대답하실는지 보리라 하였더니.

나 하박국이 파수하는 곳(파수대)에 서고 망대 위에 서서 여호와께서 나에게 무엇이라고 말씀하실는지, 내가 항의하는 것에 대하여 어떻게 대답하실는지 기다려 보겠다고 한다.

하박국 선지자는 자기가 하나님께 질문한 것(1:12-17)에 대하여 무엇이라고 대답하실는지 기다린다는 것이다. 오늘 우리는 우리의 기도에 대하여 여호와께서 어떻게 응답하실는지 기다리는 심령의 태도를 가져야 할 것이다.

합 2:2. 여호와께서 내게 대답하여 이르시되 너는 이 묵시를 기록하여 판에 명백히 새기되 달려가면서도 읽을 수 있게 하라.

여호와께서 내게 대답하여 말씀하시기를 너 하바국은 이 묵시(침략자

바벨론의 멸망)를 기록하여 판에 똑똑히 새겨서 달려가는 자도 그것을 읽을 수 있게 하여라.

“이 묵시를 기록하여 판에 명백히 새기되 달려가면서도 읽을 수 있게 하라”는 말은 ‘바벨론이 망한다는 것을 알리는 묵시를 판(진흙으로 만든 판)에 기록하여 명백하게 새기되 사람이 달려가면서도 읽을 수 있게 분명하게 하라’는 것이다. 이렇게 분명하게 만들라는 이유는 바벨론의 멸망이 확실하기 때문이다.

합 2:3. 이 묵시는 정한 때가 있나니 그 종말이 속히 이르겠고 결코 거짓되지 아니하리라 비록 더딜지라도 기다리라 지체되지 않고 반드시 응하리라.

이 바벨론이 망한다는 묵시는 정해진 때가 있으며 종말에 관해 말한다. 이는 결코 거짓이 아니니, 비록 더딜지라도 너는 그것을 기다리라. 그 날은 반드시 올 것이며 지체되지 아니할 것이라고 하신다.

“이 묵시는 정한 때가 있다”는 말 앞에는 이유접속사(כִּי “왜냐하면”)가 있어 본 절이 앞 절의 이유를 제공하고 있다. 즉, 하나님의 계시는 그것이 성취되는 정한 때가 있는데 아직 ‘그 때’가 이르지 않았기 때문에 하나님의 계시를 듣는 유다의 남은 자들이 낙심치 않고 기다리며 인내할 수 있도록 하기 위해서는 언제든지 읽고 위로와 소망을 얻을 수 있는 ‘기록된 말씀’이 있어야 된다는 것이다. 오늘날 우리 성도들에게는 종말의 때가 이르기까지 성도들이 위로와 소망을 지닐 수 있도록 하나님의 계시의 말씀이 주어져 있다.

“그 종말이 속히 이르겠다”는 말씀은 ‘하나님의 묵시가 그 성취를 위해 정해진 때를 향하여 급히 달려가고 있음을 나타내고 있다고 하겠다.

“결코 거짓되지 아니하리라”는 말씀은 ‘인간의 생각으로는 하나님의 약속이 도무지 이루어지지 않을 것처럼 느껴진다 하더라도 때가 되면 하나님의 뜻이 반드시 성취되리라는 확신과 소망을 지니고 인내하는 자세로 기다리라는 것이다(약 5:7).

합 2:4. 보라 그의 마음은 교만하며 그 속에서 정직하지 못하나 의인은 그의 믿음으로 말미암아 살리라(Behold! his soul is puffed up; it is not upright within him, but the righteous shall live by his faith-ESV).

보라! 바벨론을 대표하는 지도자들의 마음은 교만하며, 그의 속 영혼은 바르지 못해서 멸망하나 의인은 그의 믿음으로 살 것이다.

"의인은 그의 믿음으로 말미암아 살리라"는 말씀은 '믿음을 가진 사람은 그가 가지고 있는 하나님을 믿는 믿음으로 살아가야 한다'는 것이다.

3) 바벨론에게 화가 임할 것이다 2:5-20

5-20절은 바벨론에게 다섯 가지 화(禍)가 임할 것을 선언한다. 탐욕의 화(5-8절), 불의한 이를 취한 자가 받는 화(9-11절), 피 흘림의 화(12-14절), 협박을 한 화(15-17절), 우상 숭배를 한 화(18-20절)를 당할 것이라고 한다.

5-8절. 바벨론이 탐욕의 화를 당할 것이다 2:5-8.

합 2:5. 그는 술을 즐기며 거짓되고 교만하여 가만히 있지 아니하고 스올처럼 자기의 욕심을 넓히며 또 그는 사망 같아서 족한 줄을 모르고 자기에게로 여러 나라를 모으며 여러 백성을 모으나니.

본 절은 바벨론의 탐욕을 술취한 자에 비한다. 즉, 바벨론이 술을 즐기면서 통제하지를 못한다(15절 참조)는 말은 탐욕을 통제하지 못한다는 뜻이다. 욕심을 끝없이 낸다는 뜻이다. 그리고 바벨론은 교만하여 다른 나라들을 배신해서 가만히 있지 않고 계속해서 욕심을 스올처럼 한없이 부린다는 것이다. 또 바벨론은 죽음처럼 만족할 줄(죽음은 만족할 줄 모른다) 모르고 모든 민족을 침략하고 모든 백성을 자기 나라 안으로 끌어들인다는 것이다.

이렇게 탐욕을 끝없이 부리는 나라는 망하게 되어 있다. 개인도 마찬가지 욕심(필요 이상 가지려는 마음)을 부리면 결국 저주를 받는다.

합 2:6. 그 무리가 다 속담으로 그를 평론하며 조롱하는 시로 그를 풍자하지

않겠느냐 곧 이르기를 화 있을진저 자기 소유 아닌 것을 모으는 자여 언제까지 이르겠느냐 볼모 잡은 것으로 무겁게 짐 진 자여.

그러나 그 무리 즉, 바벨론에 의해서 침략당한 사람들이 모두 바벨론에 대하여 속담을 지으며 풍자를 사용하여 조롱하지 않겠느냐? 만국 사람들이 말하기를 화가 있을 것이다. 자기 소유 아닌 것을 많이 모으는 사람아(바벨론 사람들아)! 저당물로 치부하는 사람아! 언제까지 그런 짓을 하겠느냐고 조롱할 것이다.

합 2:7. 너를 억누를 자들이 갑자기 일어나지 않겠느냐 너를 괴롭힐 자들이 깨어나지 않겠느냐 네가 그들에게 노략을 당하지 않겠느냐.

바벨론의 채무자들이 갑자기 일어나지 않겠느냐? 바벨론의 채무자들이 깨어나 너를 떨게 하지 않겠느냐? 네가 그들에게 약탈당하지 않겠느냐고 할 것이다.

합 2:8. 네가 여러 나라를 노략하였으므로 그 모든 민족의 남은 자가 너를 노략하리니 이는 네가 사람의 피를 흘렸음이요 또 땅과 성읍과 그 안의 모든 주민에게 강포를 행하였음이니라.

바벨론이 여러 나라에 행한 대로 보복을 당할 것이라는 내용이다. 즉, 참으로 바벨론이 많은 민족(메대 파사 등)을 약탈하였으므로 그 모든 백성 중 살아남은 자가 너를 약탈할 것이다. 이는 바벨론이 사람의 피를 흘렸고, 땅과 성읍과 그 안의 모든 주민에게 폭력을 행하였기 때문이다.

바벨론이 일찍이 엘람과 메대를 침략했으니(사 21:2; 33:4) 이제는 그들의 노략을 당한 것이다.

9-11절. 불의한 이를 취한 자가 받는 화를 말한다.

합 2:9. 재앙을 피하기 위하여 높은 데 깃들이려 하며 자기 집을 위하여 부당한 이익을 취하는 자에게 화 있을진저.

재앙의 손에서 벗어나려고 높은 데에 둥지를 틀며, 자기 집을 위하여 부당한 이득을 취하는 사람들에게 화가 있을 것이다.

고대의 정복자들은 자기들의 침략전이 성공하면 아주 높은 지대에 자기들의 궁전이나 신전 등을 화려하게 건축하여 그들의 위세들을 과시한 것이 상례였다(Josephus).

합 2:10. 네가 많은 민족을 멸한 것이 네 집에 욕을 부르며 네 영혼에게 죄를 범하게 하는 것이 되었도다.

바벨론이 많은 백성들을 파멸시킨 것이 바벨론의 집에 수치를 불러오고, 바벨론 인들의 영혼에게 죄를 범하게 하는 일이 되었다는 것이다.

"침략주의 국가가 사람들이 보기에는 아주 권세가 당당하고 영광스러워 보이나 하나님이 보시기에는 아주 수치스러운 나라요 유달리 범죄한 나라이다"(박윤선).

합 2:11. 담에서 돌이 부르짖고 집에서 들보가 응답하리라.

참으로 담에서 돌이 부르짖고, 목재에서 들보가 응답할 것이다.

바벨론이 다른 나라에서 착취해 온 건축 재료를 가지고 집을 지어놓고 기뻐하나 실상은 그 건축 재료들이 바벨론이 착취한 죄악을 소리쳐 말하는 꼴이라는 것이다.

12-14절. 피 흘림의 화가 있을 것이다.

합 2:12. 피로 성읍을 건설하며 불의로 성을 건축하는 자에게 화 있을진저.

피로 성을 건설하며, 불의로 성읍을 세우는 사람들에게 화가 있을 것이다.

바벨론은 다른 나라들을 침략해서 물자를 가져와 자기네들의 도시를 건설했으며 불의한 재물을 빼앗아 도시를 건축했으니 화가 있어야 한다는 것이었다. 그런 바벨론에게 천벌이 내려야 한다는 것이다.

합 2:13. 민족들이 불탈 것으로 수고하는 것과 나라들이 헛된 일로 피곤하게 되는 것이 만군의 여호와께로 말미암음이 아니냐.

보라! 백성들이 불탈 것을 위해 수고하고 나라들이 헛된 일로 스스로 피곤케 하는 것이 만군의 여호와께로 말미암음이 아니냐?

"보라"라는 말이 문장 초두에 나타나 본 절을 아주 주의 깊게 관찰하라는 것이다.

"백성들이 불탈 것을 위해 수고하고 나라들이 헛된 일로 스스로 피곤케 하는 것이 만군의 여호와께로 말미암음이 아니냐?"는 말은 '바벨론이 불탈 것으로 건축하고 또 나라들이 헛된 일로 스스로 피곤하게 하는 일이 하나님의 섭리로 되는 일이라'는 것이다.

공연히 피곤하게 행하는 일들은 모두 하나님의 섭리에서 되는 일이라는 것이다.

합 2:14. 이는 물이 바다를 덮음 같이 여호와의 영광을 인정하는 것이 세상에 가득함이니라.

본 절 초두에는 이유를 말하는 접속사(yK)가 있어 본 절이 앞 절의 이유를 제공한다. 즉, 바벨론 멸망의 이유는 여호와의 영광을 아는 것이 땅에 가득하게 되기 위해서라는 것이다.

많은 민족들을 압제하던 세계적 강국 바벨론이 하나님의 간섭으로 말미암아 망하게 되면 많은 사람들이 하나님의 위력을 깨닫게 되니 여호와의 영광을 인정하는 것이 세상에 가득하게 된다는 것이다. 특별히 바벨론이 이스라엘의 원수로서 망하게 될 때에 이스라엘 민족은 전체적으로 여호와의 위엄을 느끼게 될 것이다.

15-17절. 협박을 행한 일 때문에 화를 당할 것이다.

합 2:15. 이웃에게 술을 마시게 하되 자기의 분노를 더하여 그에게 취하게 하고 그 하체를 드러내려 하는 자에게 화 있을진저.

자기 이웃에게 술을 먹이되 아주 술 부대를 들이대어 만취하게 하고 그들의 하체를 보려고 하는 사람에게 화가 있을 것이다.

겉으로는 이웃에게 술을 마시게 하고 호의를 베푸는 듯이 보이나 속으로는 자신의 분노를 가지고 이웃을 취하게 하고 이웃의 하체를 드러내려 한다는 것이다. 종말의 바벨론 같은 적 기독 국가도 열국으로 진노의 포도주를 마시게 한다고 했다(계 14:18; 17:2; 18:3). 그런 자는 결국은 망하고 마는 것이다.

합 2:16. 네게 영광이 아니요 수치가 가득한즉 너도 마시고 너의 할례 받지 아니한 것을 드러내라 여호와의 오른손의 잔이 네게로 돌아올 것이라 더러운 욕이 네 영광을 가리리라.

본 절은 바벨론에게 하나님의 보복이 임하는 것을 상징적인 묘사로 선포한다. 즉, 바벨론이 영광보다 수치로 배부를 것이며, 바벨론이 마시고 너의 할례 받지 않은 것(이방인인 사실)을 드러내게 될 것이다. 여호와의 오른손의 잔(보복)이 네게로 돌아올 것이니 치욕이 네 영광을 가릴 것이라고 한다.

바벨론이 이웃에게 술을 마시게 하고 그 추태를 드러냈은즉 이제는 바벨론 자신이 하나님의 심판의 술을 마시게 될 것이라는 뜻이다.

합 2:17. 이는 네가 레바논에 강포를 행한 것과 짐승을 죽인 것 곧 사람의 피를 흘리며 땅과 성읍과 그 안의 모든 주민에게 강포를 행한 것이 네게로 돌아오리라.

본 절의 해석에는 "레바논"을 어떻게 해석하느냐에 달려 있다고 보는 것이다. 여기 "레바논"을 1) 문자적으로 해석하는 편(Deane, 이상근)과 2) 비유적으로 해석하는 편(Lange, 박윤선, 이순한)으로 갈린다. 2)번의 해석이 더 바른 것으로 본다. 여기 "레바논"은 유다와 예루살렘으로 보아야 할 것이다. 즉, 네(바벨론)가 레바논(유다와 예루살렘)에서 행한 포악이 너(바벨론)를 덮을 것이며, 네(바벨론)가 짐승들을 살육하던 그 공포가 너를 덮칠 것이니, 이는 네가 사람들을 학살하면서 땅과 성읍과 거기에 사는 주민들에게 폭력을 행하였기 때문이다.

바벨론은 행한 대로 보응을 받는다는 것이다. 오늘 우리가 세상에서 다른 이들에게 어떻게 행했느냐는 것은 아주 중요한 일이다.

18-20절. 우상 숭배를 한 화(18-20절)를 당할 것이라고 한다.

합 2:18. 새긴 우상은 그 새겨 만든 자에게 무엇이 유익하겠느냐 부어 만든 우상은 거짓 스승이라 만든 자가 이 말하지 못하는 우상을 의지하니 무엇이 유익하겠느냐.

우상이 그것을 새겨 만든 자에게 무슨 유익이 있겠느냐? 부어 만든 우상은 거짓 스승이니, 이는 우상을 만든 자가 말 못하는 그것을 의지하기 때문이다.

우상이 그 우상을 만든 자에게 무슨 유익이 있겠느냐고 선지자는 책망한다. 바벨론이 만든 우상이 바벨론에게 무슨 유익을 줄 것이냐고 선지자는 책망한다(사 44:9, 10; 렘 2:11; 슥 10:2). 부어 만든 우상은 거짓 스승이라는 것이다. 우상은 생명도 없고 생각도 없는 존재로서 거짓만 말하는 것밖에 다른 것은 아무 것도 없다. 우상에게 무엇을 도와달라고 하는 일은 하나님을 모욕하는 죄악이다.

합 2:19. 나무에게 깨라 하며 말하지 못하는 돌에게 일어나라 하는 자에게 화 있을진저 그것이 교훈을 베풀겠느냐 보라 이는 금과 은으로 입힌 것인즉 그 속에는 생기가 도무지 없느니라.

나무에게 깨어나라 하며 말 못하는 돌에게 일어나라 하는 사람들에게 화 있을 것이다. 나무나 돌이 너를 가르칠 수 있겠느냐? 보라!, 그 우상은 금과 은으로 입힌 것이므로 그 속에 생기가 전혀 없느니라.

우상에게 무슨 명령을 하는 사람에게는 화가 있을 것이라는 말이다. 하나님께 무엇을 부탁하는 것, 기도하는 일은 할 수 있으나 우상에게 무슨 명령을 한들 아무런 유익을 거두지 못하니 화만 우리에게 도달한다는 것이다.

나무나 돌이 우리들에게 그 무슨 유익한 것을 가르칠 수가 없다는 것이다. 그 우상들이 우리에게 아무 것도 가르칠 수 없는 것은 그들이 우리에게 가르칠만한 생명이 없다는 것이다. "산 사람이 생명 없는 우상에게 도와달라고 부탁하는 것은 어리석은 일 중에도 가장 어리석은 일이다"(박윤선). 우상에게 무엇을 도와달라고 하는 것은 도리어 우리에게 화를 가져오는 것이다.

합 2:20. 오직 여호와는 그 성전에 계시니 온 땅은 그 앞에서 잠잠할지니라 하시니라.

그러나 여호와는 그의 거룩한 하늘 성전에 계시니 온 땅은 그 앞에서 잠잠하여라.

선지자가 본 절에서 이런 말을 하는 것은 바벨론과 같은 강국도 장차 하나님의 심판으로 멸망할 것을 기억시키려는 것이다. 이렇게 위엄스러운 하나님이시니 만큼 바벨론을 위시하여 온 천하는 그 하나님 앞에서 두려운 생각을 가지고 잠잠해야 될 것이다.

제 3 장

C. 하나님께서 계시하시다 3:1-19a

1-19a의 내용은 선지자가 기도한 일(1-2절), 구원의 계시(3-15절), 선지자의 결심(16-19a)으로 구성되어 있다.

1) 선지자가 기도하다 3:1-2

<하박국의 기도>

합 3:1. 시기오놋에 맞춘 선지자 하박국의 기도라(A prayer of Habakkuk the prophet, according to Shigionoth-RSV, ESV)**.**

본 절은 3장의 제목이다. "시기오놋"(tשִׁגְיֹנוֹ)이란 말은 '격정적인 노래' 또는 '열광적인 노래'라고 할 수 있다. 선지자 하박국이 바벨론의 멸망과 이스라엘의 구원이란 두 사실을 동시에 볼 때 격한 감정에 사로잡혔을 것으로 여겨진다.

"선지자 하박국의 기도라"는 말은 '3장이 선지자 하박국의 기도'라는 뜻이다. 그러나 3장은 선지자 하박국이 드린 기도라기보다는 하나님의 섭리를 깨달은 선지자의 찬양이라고 보는 것이 더 나을 것 같다. 이유는 3장 전체를 통 털어 보면 기도의 형식을 갖춘 곳은 단 2절뿐이며 그 나머지는 모두 찬미와 감사로 이루어져 있기 때문이다.

"선지자 하박국"이란 주해를 위해서는 1:1 주해를 참조하라.

합 3:2. 여호와여 내가 주께 대한 소문을 듣고 놀랐나이다 여호와여 주는 주의 일을 이 수년 내에 부흥하게 하옵소서 이 수년 내에 나타내시옵소서

진노 중에라도 긍휼을 잊지 마옵소서(O LORD, I have heard the report of you, and your work, O LORD, do I fear. In the midst of the years revive it; in the midst of the years make it known; in wrath remember mercy-ESV).

여호와여! 나 하박국이 주님께서 무엇을 하시려는지 그 소문을 들었습니다. 여호와여! 주님께서 하신 일을 경외합니다(your work, O LORD, do I fear.). 주님께서 수년 내에 주님의 일을 소생시켜 주소서. 이 수 년 내에 알게 하여 주소서. 진노 중에라도 긍휼을 잊지 마소서.

하박국 선지자는 본 절에서 1) 여호와께서 무엇을 하실 것인지 들었다는 것, 2) 여호와께서 하신 일을 듣고 주님을 경외한다는 것, 3) 여호와께서 짧은 시간 내에 하시려는 일을 해주시라는 것, 4) 진노 중에라도 주님께서 하신 일을 긍휼히 여겨서 이루어 주시라는 것을 기도하고 있다.

여기 "주께 대한 소문"이라는 말은 다름 아니라 1) 주님께서 바벨론 심판을 하실 일과 2) 주님께서 유다의 구원을 이룰 것이라는 것이다.

"주는 주의 일을 이 수년 내에 부흥하게 하옵소서"라는 말은 '주님께서 하신(이렇게 과거 동사로 쓴 것은 앞으로 하실 일이지만 벌써 이룬 것이나 다름이 없으니 과거 동사로 진술한 것이다) 일을 짧은 시간 내에 처리해 주소서'라는 뜻이다.

2) 구원의 계시 3:3-15

합 3:3. 하나님이 데만에서부터 오시며 거룩한 자가 바란 산에서부터 오시는도다 (셀라) 그의 영광이 하늘을 덮었고 그의 찬송이 세계에 가득하도다.

본 절부터는 장차 오실 하나님의 위엄에 대하여 말한다. 선지자는 장차 오실 하나님을 묘사하는 일을 과거 이스라엘의 출애굽 이후 하나님 계시에 대한 체험과 관련된 언사들을 사용한다(박윤선). 즉, 하나님께서 데만에서부터 오시고, 거룩하신 분께서 바란 산에서 오신다. (셀라). 하늘은 그의 영광으로 뒤덮이고, 땅에는 찬양 소리가 가득하다는 것이다.

"하나님이 데만에서부터 오시며"라는 말과 "거룩한 자가 바란 산에서부터 오시는도다"라는 말은 동의절이다. 여기 "데만"은 에돔의 한 지방의 이름으로 본 절에서는 에돔을 가리키는 지명으로 사용되었다. "바란 산"은 결국 앞 구절에 언급된 '데만'과 더불어 하나님의 강림을 회상케 하는 말이다.

"셀라"(סֶלָה)란 말은 '들어올리다', '높이다'라는 뜻을 가진 단어로서 음악부호로 사용되었다(3:9, 13). 이 말은 시편에 자주 사용되었다(시 3:2; 4:4; 7:5; 20:3; 24:6, 10; 32:5, 7). 그런고로 이 단어가 나타나면 소리를 높여서 말한 것으로 보인다.

"그의 영광이 하늘을 덮었고 그의 찬송이 세계에 가득하도다"라는 말은 '하나님께서 시내 산에 나타나셨을 때 그 위엄이 하늘과 땅에 충만한 것을 가리키고, 이는 장차 메시아께서 오실 때에 그 위엄이 세계에 충만할 것을 예언하는 것'이다.

합 3:4. 그의 광명이 햇빛 같고 광선이 그의 손에서 나오니 그의 권능이 그 속에 감추어졌도다.

본 절은 하나님의 임재의 영광을 햇빛에 비한다(욥 31:26; 37:21; 시 19:1-6; 사 18:4). 즉, 하나님의 광채가 햇빛 같고 두 줄기 광선이 그분의 손에서 나오니 거기에 그 능력이 감추어져 있다고 한다는 것이다.

햇빛은 온 우주 공간을 비치고 숨김이 없이 나타난다. 태양의 위력은 과학적으로 볼수록 더욱 놀라운 것이다. 하나님의 영광은 참으로 놀랍다.

합 3:5. 역병이 그 앞에서 행하며 불덩이가 그의 발밑에서 나오는도다.

본 절은 하나님의 임재의 목적을 밝힌다. 즉, 하나님 앞에서 전염병이 앞장서고 불이 그 발에서 나온다는 것이다.

하나님은 세상을 전염병으로 심판하시고, 심판을 온역과 불덩이로 하신다는 것이다. "역병이 그 앞에서 행한다"는 말과 "불덩이가 그의 발밑에서 나오는도다"는 말은 동의절로 하나님께서 전염병으로 심판하신다는 것을 강조한다.

하나님은 애굽에서 온역으로 심판하셨고(출 9:15), 가나안에서 하셨으며(출 23:27; 삼상 5:9, 11), 또 이스라엘 백성에게도 하셨다(민 11:33; 14:37; 레 26:25). 하나님은 이와 같이 그의 원수에게 나타나신다.

여기 또 하나님은 불덩이로 악인을 심판하신다는 것이다.

합 3:6. 그가 서신즉 땅이 진동하며 그가 보신즉 여러 나라가 전율하며 영원한 산이 무너지며 무궁한 작은 산이 엎드러지나니 그의 행하심이 예로부터 그러하시도다.

하나님께서 서시니 땅이 진동하고, 하나님께서 보시니 민족들이 떤다는 것이다. 그리고 영원한 산들이 부서지고 무궁한 언덕들이 무너지니, 그분의 행하심은 예로부터 그러하시다는 것이다.

하나님의 심판이 임할 때 세상은 지진이 난 것처럼 진동하고, 그 앞에서 두려워 떤다는 것이다(창 49:26; 나 1:5).

합 3:7. 내가 본즉 구산의 장막이 환난을 당하고 미디안 땅의 휘장이 흔들리는도다.

본 절은 선지자 하박국이 환상을 보았다는 것을 말한다. 즉, 내(하박국)가 보니, 구산의 장막들(유목민들의 거주지)이 환난을 당하고, 미디안 땅의 휘장들(유목민들의 거주지)이 흔들린다고 말한다.

본 절에는 두 지역 이름이 등장하고 있다. 1) "구산"이란 지역에 대해서는 두 견해가 나와 있다. 한 견해는 이 낱말이 메소보다미아 왕 구산 리사다임을 지칭한다고 하고(삿 3:8, 10, Calvin, 박윤선, 호크마주석), 또 한 견해는 일반적으로 '구스' 즉, 에디오피아(대상 1:8, 9; 사 11:11)로 이해한다(Gesenius, K&D). 이 두 견해 중 2)번의 견해가 더 바른 것으로 보인다. 그 이유는 칠십인역(LXX)과 벌게이트역(Vulgate)은 아예 이 단어를 '에디오피아'라고 번역했다는 것이다.

그리고 "미디안"이란 지역은 홍해의 동편 아카바 만을 지칭한다. 두 지방(구스와 미디안)은 모두 바란 산(3절)에 가까워 시내 산에 나타나신 하나님의 임재를 듣고 두려워한다는 것이다. 구스의 주거지들과 미디안의 주거지들이 하박국이 보기에 흔들린다는 것은 하나님의 능력이 심히 크다는 것을 말하는 것이다.

합 3:8. 여호와여 주께서 말을 타시며 구원의 병거를 모시오니 강들을 분히 여기심이니이까 강들을 노여워하심이니이까 바다를 향하여 성내심이니이까.

본 절부터 15절까지는 어조가 갑자기 변하여 여호와를 개선장군으로 묘사한다(삿 5:12; 시 78:19 참조). 즉, 주님께서 주님의 말들과 구원의 병거들을 타고 오시니, 여호와시여! 강을 보고 분히 여기시는 것입니까? 강들을 노여워하시는 것입니까? 바다를 향하여 진노하시는 것인지요?

본 절에 여호와께서 이스라엘 백성들을 구원하시기 위하여 홍해도 가르시고 요단강도 가르신 것을 두고 하박국은 하나님의 구원의 능력을 힘 있게 지적한다. 선지자는 미래에도 그럴 것이라는 것을 강조하기 위해서 지금 말하는 것이다.

합 3:9. 주께서 활을 꺼내시고 화살을 바로 쏘셨나이다 (셀라) 주께서 강들로 땅을 쪼개셨나이다.

하박국은 본 절에서도 여호와를 개선장군으로 묘사한다. 주님께서 정녕 활을 꺼내시고, 화살 일곱 개를 쏘라고 명하셨습니다. 셀라 주께서 강들로 땅을 쪼개셨습니다.

"주께서 활을 꺼내시고 화살을 바로 쏘셨나이다"라는 말은 '주님께서 이스라엘의 원수들을 징계하신다는 것을 강조하기 위하여 여호와께서 과거에 싸우신 것'을 말씀하시는 것이다.

"셀라"의 주해를 위해서는 본 장 3절 주해를 참조하라.

"주께서 강들로 땅을 쪼개셨나이다"라는 말은 모세가 지팡이로 바위를 쳐서 물이 하수와 같이 흘러나오게 되었던 사실을 가리킨다. 하박국은 지금도 여호와께서 이런 일을 하실 수 있다고 말씀하는 것이다.

합 3:10. 산들이 주를 보고 흔들리며 창수가 넘치고 바다가 소리를 지르며 손을 높이 들었나이다.

본 절은 폭풍우가 일어나서 뇌성벽력이 있을 때의 광경을 말한다. 이 모든 일은 주님의 위력으로 되는 일들이다. 즉, 산들이 주님을 보고 요동하며, 폭우가 쏟아지고, 깊은 물이 소리를 지르며 손을 높이 들었다는 것이다.

"바다가 손을 높이 들었다"는 묘사는 '바다가 순종했다'는 뜻이다. 지금도 이런 일이 일어날 수 있다는 것을 하박국이 말하는 것이다.

합 3:11. 날아가는 주의 화살의 빛과 번쩍이는 주의 창의 광채로 말미암아 해와 달이 그 처소에 멈추었나이다.

본 절은 여호수아가 가나안을 점령할 때 하나님께서 싸워주신 일을 회고하면서 하나님은 하박국 당시에도 얼마든지 유다를 위해서 싸워주실 것을 기대한 것이다. 즉, 날아가는 주님의 화살의 번쩍임과 번쩍이는 주님의 창의 광채로 인하여 해와 달이 그 거처에서 멈췄다(수 10:12-13; 시 18:14; 77:17-18)고 말한다. 인류의 종말에 천체에 큰 변동이 일어날 것이다(마 24:29; 벧후 3:12).

합 3:12. 주께서 노를 발하사 땅을 두르셨으며 분을 내사 여러 나라를 밟으셨나이다.

주님께서 크게 노하셔서 땅을 주름 잡으셨으며, 진노하시면서 나라들을 짓밟으셨다(삿 5:4; 시 68:8)고 말한다. 이처럼 주님께서는 땅위에 진노의 심판을 행하실 것이라는 것이다.

합 3:13. 주께서 주의 백성을 구원하시려고, 기름 부음 받은 자를 구원하시려고 나오사 악인의 집의 머리를 치시며 그 기초를 바닥까지 드러내셨나이다 (셀라).

주님께서 주님의 백성을 구원하시려고, 주님의 기름부음을 받은 자를 구원하시려고 나오셔서 악인의 집 머리를 부수시고, 악인을 발바닥에서 목까지 벗기셨습니다. 셀라.

"주께서 주의 백성을 구원하신다"는 말씀과 "기름 부음 받은 자를 구원하신다"는 말씀은 동의절이다. 여기 기름부음 받은 자가 누구냐를 두고 3가지 견해가 나왔다. 1) 이스라엘의 왕이라는 견해(Hitzig, Taylor, 박윤선), 2) 그리스도라는 견해(Calvin, K.&D. 이상근), 3) 주님의 백성이라는 견해(Kuenen, Ward) 등이다. 이 견해들 중에 3)번의 견해를 택한다. 이유는 이 단어가 주의 백성이라는 말과 동격이기 때문이다.

"악인의 집의 머리를 치시며 그 기초를 바닥까지 드러내셨다"는 말은 '악인을 완전히 치신다'는 뜻이다. "셀라"의 주해를 위해 3절 주해를 참조하라.

합 3:14. 그들이 회오리바람처럼 이르러 나를 흩으려 하며 가만히 가난한 자 삼키기를 즐거워하나 오직 주께서 그들의 전사의 머리를 그들의 창으로 찌르셨나이다.

본 절은 유다를 침략한 바벨론 군대의 위력을 보여준다. 한편 선지자 하박국은 유다와 자신을 동일시하고 있다. 즉, 그들(바벨론 군대)이 나(이스라엘 민족을 가리킨 대명사)를 흩으려고 폭풍처럼 밀어닥치고 숨어서 가난한 자(이스라엘)를 삼키는 자들처럼 기뻐하나 주님께서는 그들의 병사들의 머리를 그분의 화살로 꿰뚫으셨다고 말한다.

"가만히 가난한 자 삼키기를 즐거워한다"는 말은 '바벨론 군대가 가만히 가난한 자 유다를 삼키기를 즐거워한다'는 뜻이다.

"오직 주께서 그들의 전사의 머리를 그들의 창으로 찌르셨다"는 말은 '오직 주님께서는 원수 바벨론 군대가 자기들끼리 서로 치고 받고 해서 멸망하게 하셨다'는 뜻이다(삿 7:22; 삼상 14:20; 대하 20:23, 24 참조). 이런 일은 하나님께서 종종 사용하시는 징계 방법이다.

오늘 우리가 자신을 방어하기 위하여 여호와께 기도하노라면 우리의 원수들은 자기들끼리 치고받아서 물러가는 것을 목격할 수 있는 일이다.

합 3:15. 주께서 말을 타시고 바다 곧 큰물의 파도를 밟으셨나이다.

선지자 하박국은 또 다시 이스라엘이 주님의 은혜로 홍해를 육지같이 건넌 사실을 배경하여 앞으로의 일을 예언한다. 즉, 주님께서 말들을 타시고 바다의 큰 물결을 밟으셨다고 말한다. 이런 일은 과거 일만 아니라 앞으로도 얼마든지 일어날 수 있는 일이라는 것을 선지자는 말한다.

3) 선지자가 결심하다 3:16-19a

합 3:16. 내가 들었으므로 내 창자가 흔들렸고 그 목소리로 말미암아 내 입술이 떨렸도다 무리가 우리를 치러 올라오는 환난 날을 내가 기다리므로 썩이는 것이 내 뼈에 들어왔으며 내 몸은 내 처소에서 떨리는도다.

본 절은 하나님으로부터 바벨론에 의해 유다 백성들이 당하게 될 약탈과 살육(1:5-11)에 대해 전해들은 하박국 선지자가 엄청난 마음의 고통을 느꼈다는 사실을 보여준다. 즉, 나 하박국이 이스라엘의 원수들이 심판 받을 소식을 듣고는 나(하박국)의 배가 뒤틀리고 그 소리에 내 입술이 떨렸다고 말한다(시 119:120; 사 16:11 참조). 내 뼛속이 썩어 들어가고 내 밑에서 다리가 떨렸다는 것이다. 그러나 나는 우리를 침략하러 올라오는 백성에게 임할 환난 날을 조용히 기다리겠다고 말한다.

"그 목소리로 말미암아 내 입술이 떨렸다"는 말은 '그 목소리는 심판을 선포하시는 하나님의 음성(2절), 즉 바벨론에 의해 큰 환난이 닥칠 것이라는 말씀을 의미하는데, 그것을 들은 하박국 선지자는 슬픔과 놀람으로 말미암아 입술이 떨려서 아무 말도 할 수 없는 상태가 되고 말았다'는 뜻이다.

"무리가 우리를 치러 올라오는 환난 날을 내가 기다렸다"는 말은 '하박국 선지자는 유다 백성들에게 임할 하나님의 징계로 인하여 엄청난 두려움을 느끼고 크게 슬퍼하였지만, 동시에 그는 하나님의 징계가 유다 백성들에게 가져다가 줄 하나님 백성으로서의 회복과 영원한 구원을 바라보면서 어떠한 환난과 고통이 온다하더라도 참고 기다리어 믿음의 승리를 거두겠다는 확고한 신앙 고백을 하고 있는 것'이다(18절).

"썩이는 것이 내 뼈에 들어왔다"는 말은 '실제로 하박국 선지자의 뼈가 썩어 들어갔다는 의미가 아니라 유다에 임할 환난의 소식을 듣고 극도의 두려움과 고통에 사로 잡혔다는 상징적인 표현이다(잠 12:4).

"내 몸은 내 처소에서 떨린다"는 말은 '하박국 선지자가 유다가 당할 환난 소식을 듣고 극도의 두려움과 놀람으로 인하여 몸을 제대로 가눌 수 없었다'는 뜻으로 풀이할 수 있다.

합 3:17. 비록 무화과나무가 무성하지 못하며 포도나무에 열매가 없으며 감람나무에 소출이 없으며 밭에 먹을 것이 없으며 우리에 양이 없으며 외양간에 소가 없을지라도.

본 절은 현실의 환난을 넘어서 미래에 다가오는 여호와의 구원을 바라보면서 선지자는 고난 중에서 기뻐하겠다는 것이다. 즉, 비록 무화과나무가 싹을 내지 못하고 포도나무에 열매가 없으며 올리브 나무에 소출이 없고 밭은 양식을 내지 못하며 우리에 양이 없어지고, 외양간에 소가 없을지라도 (신 20:19; 사 9:100 37:24; 렘 6:6) 선지자는 여호와의 구원으로 말미암아 (18절) 기뻐하겠다는 것이다.

합 3:18. 나는 여호와로 말미암아 즐거워하며 나의 구원의 하나님으로 말미암아 기뻐하리로다.

현실의 빈곤 중에서 선지자는 여호와의 구원을 바라보면서 기뻐한다는 것이다. 즉, 나는 여호와를 즐거워하며 나의 구원의 하나님을 기뻐한다고 말한다.

시편기자들에게는 이와 같은 초연한 기쁨이 언제나 있었다(시 5:7; 13:6; 17:14-15; 31:19 등).

이런 기쁨은 신앙인들이 가지는 놀라운 기쁨인 것이다. 오늘도 신앙인들은 빈곤 중에도 이런 기쁨을 가질 수 있어야 하는 것이다.

합 3:19a. 주 여호와는 나의 힘이시라 나의 발을 사슴과 같게 하사 나를 나의 높은 곳으로 다니게 하시리로다.

주 여호와는 나(하박국)의 힘이시니 나(하박국)의 발을 사슴의 발과 같게 하셔서 나를 높은 곳들로 다니게 하신다고 고백한다. 이 시편은 이스라엘이 회복하여 다시 가나안 땅을 지배하여 산다는 것이다(이상근).

"주 여호와는 나의 힘이시라"는 말은 '여호와는 그 어떤 점에서도 결코 성도가 부족함이 없도록 풍성한 은혜와 복 가운데로 인도하신다(시 23:1-6).

"나의 발을 사슴과 같게 하사 나를 나의 높은 곳으로 다니게 하시리로다" 라는 말은 '유다 백성들이 하나님의 도우심으로 바벨론의 압제에서 벗어나 승리자의 영광을 가지고 하나님의 복을 마음껏 누리게 될 것'을 말한다. 이 시편의 결구는 삼하 22:34의 직접 인용이라고 할 수 있다.

III. 결론 3:19b

합 3:19b. 이 노래는 지휘하는 사람을 위하여 내 수금에 맞춘 것이니라(To the choirmaster: with stringed instruments-RSV, ESV)**.**

이 노래는 지휘자를 따라[20] 나(하박국)의 현악기(수금)에 맞춘 기도송이

---

20) 성경 역사를 보면 다윗이 4,000명의 레위인(대상 23:5)을 임명하여 그 4,000명을 24개의 반으로 나누어 조직해서(대상 25:1-31) 성막에서 하나님께 대한 찬양을 담당하게 했는데 각반에는 반장격인 지휘자들이 있어서 책임을 지고 봉사하게 했다(대상 16:5). 그러므로 아직 성전이 건축되기 전인 다윗 시대에 그가 하나님의 법궤를 되찾아 성막에 안치하고 그 성막에서 대대적으로 악기들과 레위인을 동원하여 영광스럽게 예배를 드린 것을 알 수 있다.

라는 것이다.

본문의 "지휘하는 사람을 위하여"라는 말은 '지휘하는 사람을 따라'라는 뜻이다(4장; 6장; 54장; 55장; 67장; 76장 등). 이 구절을 보면 하박국 선지자의 예언 내용 자체는 성전에서 예배드릴 때 예배용으로 사용되었음이 분명하다.

"내(하박국의) 수금에 맞춘 것이니라"는 말은 '나(하박국)의 현악기들에 맞춘 것'이라는 뜻으로 하박국이 성전에서 봉사하던 레위 지파 출신의 찬양대원이었을 것으로 추정된다.

시편은 우리에게 참 하나님을 믿으며 그를 섬기는 이들에게 '찬양과 기도가 항상 충만했음'을 여러 모로 실증해주고 있으며 하박국서도 그와 마찬가지라고 할 수 있다.

-하박국서 주해 끝-

스바냐서 주해

Exposition of Zephaniah

■ 총 론

스바냐서의 위치는 어디인가.

스바냐서는 소선지서 중 아홉 번째에 있고, 하박국서와 학개서 중간에 위치하고 있다.

스바냐서의 저자는 누구인가.

스바냐서의 저자는 스바냐이다. 이 이름의 뜻은 '여호와께서 숨겨주시는 자'라는 뜻이다. 스바냐의 4대조는 히스기야 왕으로 믿어진다(Aven Ezra, Hitzig, Wellhausen, Nowack, Marti, 박윤선, 이상근, 이순한). 이 긍정설에 대한 반대설도 유력하다(DeWette, Cornill, Keil, Deane). 반대설자들은 스바냐는 히스기야의 현손이요 아마랴의 증손이요 그다랴의 손자요 구시의 아들이었다는 것이지(1:1) 히스기야가 왕은 아니라는 주장이다. 그러나 이 두 학설 중에서 히스기야가 왕이었다는 주장은 바른 것으로 보인다.

스바냐서는 언제 기록되었는가.

스바냐서는 스바냐가 유다 나라 요시야 왕 시대(주전 641-610년 통치)에 활동했으며, 요시야 왕의 종교개혁(왕하 22장) 이전의 유다 나라의 정신 상태를 상세하게 전해주는 책으로 평가되는 것으로 보아 요시야 왕의 종교개혁이 시작되기 이전인 주전 630년경에 기록된 것으로 보인다.

스바냐서는 무엇을 담고 있는가.

스바냐서는 악인의 심판(1:2-3:8)과 의인의 구원을 담고 있다(3:9-20). 스바냐서의 심판 편에서는 먼저 유다의 심판이 있고(1장), 그 후 이방인의 심판이 있으며(2장), 그 후 예루살렘의 심판을 말한다(3:1-8). 의인 구원 편에서는 먼저 이방인의 구원이 언급되고(3:9-10), 그 후 이스라엘의 구원이 뒤따르고 있다(3:11-20).

스바냐가 활동하던 때의 유다 나라의 역사적 배경은 어떠했는가.

1) 심한 우상숭배가 자행되었다.

"나 여호와가 유다와 예루살렘의 모든 주민들 위에 손을 펴서 남아 있는 바알을 그 곳에서 멸절하며 그마림(우상 종교의 제사장 이름)이란 이름과 및 그 제사장들을 아울러 멸절하겠다"(1:4)고 하신 것을 보아도 유다 나라에서 하나님 보시기에 심한 우상숭배가 자행되고 있다는 것을 알 수 있다.

뿐만 아니라 "또 지붕에서 하늘의 뭇 별에게 경배하는 자들과 경배하며 여호와께 맹세하면서 말감(암몬으로부터 수입한 신이었다)을 가리켜 맹세하는 자들"(1:5)이 있었던 것을 보면 우상이 아주 창궐했던 것을 알 수 있다.

2) 심한 부도덕의 시대였음을 알 수 있다.

스바냐 선지자는 당시 사회의 부도덕에 대하여 "포악과 거짓을 자기 주인의 집에 채운 자들을 내(여호와)가 벌하리라"(1:9)고 말씀했고, "유다 사회의 방백들은 부르짖는 사자요 그의 재판장들은 이튿날까지 남겨 두는 것이 없는 저녁 이리요. 그의 선지자들은 경솔하고 간사한 사람들이요 그의 제사장들은 성소를 더럽히고 율법을 범하였도다"고 진술하고 있다(3:3, 4).

3) 하나님의 백성이라는 사람들이 무신론자와 차별이 없는 세상이 되었다. 그들은 "여호와는 복도 내리지 않으시고 화도 내리지 아니하시리라"고 말한다(1:12). 하나님의 택하신 백성이 무신론자나 마찬가지로 되고 말았다(2:1-3).

스바냐서의 특징들에는 어떤 것들이 있는가.

1) 다른 선지서와 달리 선지서의 족보가 조상 4대조까지 기록되고 있다는 점이다(1:1).

2) 본서의 주제는 요엘서와 마찬가지로 "주의 날"이란 말이 7회 나타난다. 여기서 "주의 날"이란 말은 가깝게는 바벨론 군대의 침입으로 유다가 심판을 받는 것을 말하며, 멀리는 주의 날이 예표 하는 종말적 대 환난을 지칭한다.

3) 이방 나라들 보다는 남쪽 나라 유다에 대한 경고와 격려를 주로 말하고 있다.

4) 이스라엘뿐 아니라 이방인 가운데서도 '남은 자'(Remnant)가 있을 것을 말하고 있다(2:3, 11; 3:9-12).

5) 유다의 죄를 말하면서 특히 그 도덕성에 중점을 두고 있다. 스바냐는 바알 경배에 따르는 죄, 약자 구박, 부정한 이득 등을 배격했고, 성실과 정의, 그리고 결백과 겸손의 미덕으로 심판에 대비할 것을 가르쳤다.

현대 성도는 스바냐에서 무엇을 배워야 하는가.

1) 스바냐 선지자가 남쪽 나라 유다 백성들에게 죄를 신랄하게 지적했던 것처럼 오늘 우리도 여호와의 큰 심판 날을 앞두고 죄를 신랄하게 지적해야 할 것이다. 오늘날 예수님을 믿는 것을 심히 경멸하는 시대에 예수님의 복음을 힘차게 전해야 할 것이다.

2) 오늘날 성도들은 세상 사람들로부터 심한 경멸을 당해도 굳건히 신앙을 보전하며 굳건히 의인의 길을 걸어가야 할 것이다.

3) 스바냐는 고통 가운데 있는 자들에게 하나님께서 함께 하시며 그들을 기뻐하시고 사랑하신다는 것을 가르쳐준 것처럼 오늘 우리도 어려운 가운데서도 하나님의 힘을 가지고 서로 위로하며 인내함으로 그리스도의 한 지체로서의 의무를 다해야 할 것이다.

내용 분해

I. 서론 1:1
II. 본론 1:2-3:20
  A. 유다가 받을 심판 1:2-18
    1. 우상숭배의 죄 1:2-6
    2. 여호와의 날에 임할 심판 1:7-13
    3. 여호와의 날이 가까워지고 있다 1:14-18
  B. 열방이 받을 심판 2:1-15
    1. 서론 2:1-3
    2. 블레셋에게 임할 심판 2:4-7
    3. 모압과 암몬이 받을 심판 2:8-11
    4. 구스가 받을 심판 2:12
    5. 앗수르가 받을 심판 2:13-15
  C. 예루살렘이 받을 심판 3:1-8
  D. 구원 3:9-20
    1. 이방인이 받을 구원 3:9-10
    2. 이스라엘에게 임할 구원 3:11-20
      ㄱ. 이스라엘에게 임할 구원 3:11-13
      ㄴ. 이스라엘에게 임할 환희 3:14-20

참고도서

아가페 굿모닝 성경(개역개정 제 4판), 서울특별시: 아가페출판사, 2006.

그랜드종합주석. *호세아-말라기*, 경기도 고양시: 성서아카데미, 2004.

김수홍. *그리스도의 말씀이 연합에 미친 영향*. 수원시: 도서출판 목양, 2011.

김희보. *하박국, 스바냐주해*, 서울특별시: 총신대학출판부, 1987.

옥스퍼드원어성경대전. *스바냐, 학개, 말라기*, 제자원 바이블네트, 2008.

Deane, W. J. *나훔, 하박국, 스바냐, 학개 주석*, 풀핏주석번역위원회 역, 대구시: 보문출판사, 1986.

랄프 스미드. *미가-말라기*, 채천석, 채훈 옮김, W. B. C. 2001.

레슬리 알렌. *호세아-말라기 주석*, 서울특별시: 한국성서유니온선교회, 1993.

매튜 헨리. *호세아-말라기주석*, 박문재옮김, 경기도고양시: 크리스찬다이제스트, 2009.

박윤선. *소선지서*, 성경주석, 서울: 영음사, 1962.

이상근. *소예언서*, 대구광역시: 성등사, 1997.

이순한. *소예언서강해(하)*, 서울: 생명의 말씀사, 1997.

Baxter, J. Sidlow. *Explore the Book*. Grand Rapids: Zondervan Publishing House, 1966.

Black, Matthew & Rowley, H.H. *Peake's Commentary on the Bible*, Nashville: Thomas Nelson, 1962.

Calvin, John. *Calvin's Commentaries,* Edinburgh: Clark, 1847.

Guthrie D. & Motyer, J.A. *The New Bible Commentary*, Grand Rapids: Eerdmans, 1970.

Henderson, E. *The Twelve Minor Prophets*, Grand Rapids: Baker, 1980.

Jamieson, R. Fausset, A. R. & Brown D. *Commentary on the Whole Bible,* Grand Rapids: Zondervan, 1976.

Keil, C.F. & Delitzsch, F. *Commentary on The Book of Nahum, Habakkuk, Zephaniah, Haggai, Zechariah, Malachi*, Grand Rapids: Eerdmans, 1982.

Lange, John Peter. *Commentary on the Whole Scripture*, Grand Rapids: Zondervan, 1876.

Lrelli, Conrad Von. *The Twelve Minor Prophets*, Minneapolis: Klock, 1977. Maclaren, Alexander. *Expositions of Holy Scripture*, Grand Rapids: Baker Book House, 1984.

Morgan, G. Campbell. *An Exposition of the Whole Bible*, Old Tapen: Fleming H. Revell, 1959.

Myer, F. B. *Bible Commentary*, Wheaton: Tyndale, 1984.

Nicoll W. Robertson ed. *The Expositor's Bible*, Chicago: W.P. Blessing Co. n.d.

Wevers, John W. *The New Century Bible Commentary*, Wm. B. Eerdmans Co, Grand Rapids, 1969.

Walvoord, John F. & Zuck Roy B. ed. *The Bible Knowledge Commentary*, Wheaton: Victor, 1985.

【 사전 】

바이블렉스 8.0

데릭 윌리엄스, *IVP 성경사전.* 이정석 외 한국기독학생회 출판부 역, 한국기독학생회 출판부(IVP), 1992,

Achtemeier, Paul J. *Harper's Bible Dictionary*, New York: A Division of Harper Collins Publishers, 1985.

Douglas, J. D. *New Bible Dictionary*, (2nd edition), Wheaton: Tyndale House Publishers, 1982.

Tenney, Merrill C. *The Zondervan Pictorial Bible Dictionary,* Grand Rapids: Regency, 1967.

Tregelles, Samuel Prideaux. *Gesenius' Hebrew and Chaldee Lexicon,* Grand Rapids: Eerdmans, 1969.

Unger, M. F. *Unger's Bible Dictionary.* Chicago: Moody, 1957.

스바냐서 주해

스바냐서의 주제는 "여호와의 날"이다. 여호와의 날에는 여호와께서 심판주로 나타나셔서 악인을 심판하시고(1:1-3:8), 의인을 구원하신다(3:9-20)는 것이다.

제 1 장

I. 서론 1:1

습 1:1. 아몬의 아들 유다 왕 요시야의 시대에 스바냐에게 임한 여호와의 말씀이라 스바냐는 히스기야의 현손이요 아마랴의 증손이요 그다랴의 손자요 구시의 아들이었더라(The word of the LORD that came to Zephaniah the son of Cushi, son of Gedaliah, son of Amariah, son of Hezekiah, in the days of Josiah the son of Amon, king of Judah-ESV**).**

아몬의 아들 유다 왕 요시야의 시대에 히스기야의 현손이며, 아마랴의 증손이고 그다랴(그달리야)의 손자며, 구시의 아들인 스바냐에게 임한 여호와의 말씀[21])이다.

본 절에서는 3가지를 말씀한다. 1) "아몬[22])의 아들 유다 왕 요시야[23])의 시대"(주전 641-610년 통치) 즉, 요시야 왕의 종교 개혁이 시작되기 이전인

---

21) 여호와의 말씀이라는 말이 히브리 원문 초두에 나타나 강조적이다.

22) 요시야의 아버지 왕 아몬은 불과 2년간 짧게 통치했으나 므낫세의 악행을 그대로 계승했다가 암살 당하고 말았다(왕하 21:19-26).

23) 요시야 왕은 8세의 어린 나이에 왕으로 즉위했고 그의 통치 18년, 그의 나이 26세 때 여호와의 전에서 율법 책을 발견하여 비로소 그의 나라가 하나님 앞에서 크게 범죄 한 것을 깨닫고 큰 종교 개혁을 단행하여 모든 우상 숭배를 척결하고 유월절을 준행했다(왕하 22장-23장).

주전 630년경에 여호와의 말씀이 임했다는 것을 말씀한다.

2) 여호와의 말씀이 "구시의 아들 스바냐"에게 임했다는 것이다.

3) 스바냐의 정체를 말씀한다. 스바냐는 "히스기야의 현손이요 아마랴의 증손이요 그다랴의 손자요 구시의 아들이었다"는 것이다. 다시 말해 스바냐의 4대조는 히스기야 왕으로 믿어진다(Aven Ezra, Hitzig, Wellhausen, Nowack, Marti, 박윤선, 이상근, 이순한). 본 절에서 특이한 것은 저자 스바냐가 4대조까지 족보를 말하는 것이 특이하다[24].

II. 본론 1:2-3:20

스바냐의 본론은 세 가지로 구분된다. 1) 여호와의 심판의 성격(1:2-18), 2) 여호와의 심판의 대상(2:1-3:8), 3) 의인의 구원(3:9-20)으로 구분된다.

A. 유다가 받을 심판 1:2-18

율법을 받고도 범죄한 유다 나라에 먼저 심판이 임한다는 것이다. 이 부분의 내용은 우상 숭배의 죄(2-6절), 여호와의 날의 심판(7-13절), 여호와의 날이 가깝다는 것(14-18절)이다.

1. 우상숭배의 죄 1:2-6

먼저 심판의 선언을 하고(2-3절), 다음으로 개별적으로 유다의 심판을 말한다(4-6절).

<여호와의 날>

습 1:2. 여호와께서 이르시되 내가 땅 위에서 모든 것을 진멸하리라.

여호와께서 말씀하시기를 나 여호와가 지면에서 모든 것을 완전히 쓸어버릴 것이라고 하신다.

모든 범죄한 세상을 심판하신다는 것이다. 유다와 이스라엘 및 주위 나라 의 불의한 자들을 심판하신다는 것이다(창 7:21-23 참조). 오늘도 모든

---

24) 이와 같은 특이한 가족 소개는 아마도 저자의 고조부 히스기야가 이스라엘의 남북 분단 후 남 왕국에서 가장 선한 왕이었던 것을 드러내고자 한 것으로 보인다(Aben Ezra, Hitzig, Wellhausen 등).

세상의 불의한 자들이 심판 대상에 있다.

습 1:3. 내가 사람과 짐승을 진멸하고 공중의 새와 바다의 고기와 거치게 하는 것과 악인들을 아울러 진멸할 것이라 내가 사람을 땅 위에서 멸절하리라 나 여호와의 말이니라.

여호와께서 말씀하시기를 나 여호와가 사람과 짐승을 쓸어버리고, 하늘의 새와 바다의 고기들과 또 방해물들과 악인들(종교적으로 도덕적으로 남에게 거치는 존재들)을 함께 쓸어버리고 지면에서 사람을 쓸어버릴 것이라고 하신다. 이와 같은 전체적인 심판은 성경에 여러 번 밝혀져 있다(사 2:12-21; 렘 4:25; 겔 38:19-20, 호 4:3 등).

4-6절. 개별적으로 유다의 심판을 말한다.

습 1:4. 내가 유다와 예루살렘의 모든 주민들 위에 손을 펴서 남아 있는 바알을 그 곳에서 멸절하며 그마림이란 이름과 및 그 제사장들을 아울러 멸절하며.

여호와께서 말씀하시기를 나 여호와가 유다와 예루살렘(유다의 수도)의 모든 주민들 위에 내 손을 펴서(하나님께서 큰 심판을 행하실 때 사용되는 말이다), 그곳에서 바알의 남은 것(농사의 신들)들과 그마림(바알 종교의 제사장을 이름이다)이라는 이름과 그 제사장들을 함께 끊어 버릴 것이라고 하신다.

습 1:5. 또 지붕에서 하늘의 뭇 별에게 경배하는 자들과 경배하며 여호와께 맹세하면서 말감을 가리켜 맹세하는 자들과.

또한 여호와께서 말씀하시기를 지붕 위에서 하늘의 별들(이 별들은 땅위의 모든 사건을 일으키고 지배하는 자연의 힘이라고 믿었다)에게 경배하는 자들과 여호와께 경배하고 맹세하면서 말감(암몬으로부터 수입한 신이었다)에게도 맹세하는 자들에게 심판이 임하게 하신다고 하신다.

본 절에서 스바냐 선지자가 특별히 지적한 것은 저들이 여호와와 이방의 우상을 동시에 섬기는 혼합 상태에 빠진 것이었다.

습 1:6. 여호와를 배반하고 따르지 아니한 자들과 여호와를 찾지도 아니하며 구하지도 아니한 자들을 멸절하리라.

본 절은 두 가지 종류의 사람들이 심판 받을 것을 말한다. 1) 여호와를 따르는데서 돌아선 자들, 2) 여호와를 찾지도 않고 그분께 구하지도 않는 자들을 끊어 버릴 것이라고 하신다.

2. 여호와의 날에 임할 심판 1:7-13

습 1:7. 주 여호와 앞에서 잠잠할지어다 이는 여호와의 날이 가까웠으므로 여호와께서 희생을 준비하고 그가 청할 자들을 구별하셨음이니라.

주 여호와 앞에서 잠잠하고(두려워하고) 있어라. 이유는 여호와의 날(여호와의 심판의 날)이 다가왔으니, 여호와께서 희생 제물(유다의 방백들, 왕자들, 일반 백성들)을 잡아 놓으신 다음 또 제물 먹을 사람들(유다 백성들을 심판하시기 위해 택하신 갈대아 군대)을 부르셔서 성결하게 해놓으셨다는 것이다.

습 1:8. 여호와의 희생의 날에 내가 방백들과 왕자들과 이방인의 옷을 입은 자들을 벌할 것이며.

여호와의 희생 제사(심판)의 날에 나 여호와가 유다의 고관들과 왕자들과 이방의 옷을 입은 모든 자들(이방 민족의 풍습에 물들어 그들의 의상을 입고 다니는 것을 은연중에 자랑으로 내세우는 자들)을 벌할 것이라고 하신다.

습 1:9. 그 날에 문턱을 뛰어넘어서 포악과 거짓을 자기 주인의 집에 채운 자들을 내가 벌하리라.

여호와께서 말씀하시기를 남의 집의 문지방을 뛰어넘어 폭력과 속임수로 자기 주인의 집을 채운 자들을 나 여호와가 심판의 날에 모두 벌할 것이라고 하신다.

남의 집의 문턱을 넘어 도둑질을 한 사람들은 모두 벌을 받는다는 것이다.

습 1:10. 나 여호와가 말하노라 그 날에 어문에서는 부르짖는 소리가, 제이 구역에서는 울음소리가, 작은 산들에서는 무너지는 소리가 일어나리라.

여호와께서 말씀하시기를 여호와의 심판의 날에 어문(魚問-물고기의 문-예루살렘 북편에 위치한 다메섹 문의 별명이다. 이 문은 요단강과 갈릴리 호수의 물고기를 이 문을 통해 운반했기 때문으로 이 별명이 생겼다)에서는 부르짖는 소리가, 둘째 구역(구 시가지의 북편, 구 시가지보다 낮은 지역에 므낫세가 건축한 성벽에 에워싸인 지대이다)에서는 울부짖는 소리가, 작은 산들(예루살렘 성내의 언덕들을 말한다)에서는 무너지는 소리가 크게 있을 것이라고 하신다.

하여튼 본 절에 "어문"과 "제 2구역"과 "작은 산들"이 언급되고 있는 까닭은 하나님의 심판 도구로 사용된 바벨론 군대가 예루살렘을 공격할 때에 맨 먼저 북쪽을 함락시켰기 때문이다(왕하 25:4).

습 1:11. 막데스 주민들아 너희는 슬피 울어라 가나안 백성이 다 패망하고 은을 거래하는 자들이 끊어졌음이라.

막데스 주민들아(막데스 주민들이란 낮은 땅에 사는 사람들을 지칭한다. 이는 예루살렘의 상업 지대에 사는 상인들을 가리킨다)! 너희는 울부짖어라(그들이 울부짖어야 하는 이유는 전쟁을 맞이해서 상업이 망했기 때문이다). 가나안 백성(장사하는 백성)이 다 망했고 은(銀)을 거래하는 자들이 모두 끊어졌기 때문이라고 하신다.

습 1:12. 그 때에 내가 예루살렘에서 찌꺼기 같이 가라앉아서 마음속에

스스로 이르기를 여호와께서는 복도 내리지 아니하시며 화도 내리지 아니하시리라 하는 자를 등불로 두루 찾아 벌하리니.

여호와께서 심판하실 때에 나 여호와가 등불을 들고 예루살렘을 뒤져서 가라앉은 찌꺼기 같은 자들을 벌할 것이니, 그들은 무릇 자기 마음속으로 말하기를 여호와는 복도 내리지 아니하시고, 재앙도 내리지 아니하신다고 한다는 것이다.

여호와는 복도 내리지 아니하시고, 재앙도 내리지 아니하신다고 하는 자들은 하나님께서 살아계셔서 역사하시는 분임을 거역하는 자들이다. 하나님은 이런 자들을 아주 싫어하신다.

습 1:13. 그들의 재물이 노략되며 그들의 집이 황폐할 것이라 그들이 집을 건축하나 거기에 살지 못하며 포도원을 가꾸나 그 포도주를 마시지 못하리라.

그들은 심판의 날에 그들 자신들의 재물을 침략군에 의해 약탈당하며 집이 황폐하게 되고, 그들이 집을 지어도 거기에 살지 못하고, 포도원을 가꾸어도 자기 포도주를 마시지 못할 것이라(신 28:30; 사 65:21; 암 5:11; 미 6:15)고 하신다.

3. 여호와의 날이 가까워지고 있다 1:14-18

습 1:14. 여호와의 큰 날이 가깝도다 가깝고도 빠르도다 여호와의 날의 소리로다 용사가 거기서 심히 슬피 우는도다.

본 절부터 18절까지는 유대 민족이 여호와께서 사용하시는 바벨론 군대의 침략을 받아 큰 전화를 입을 것을 묘사한다. 즉, 여호와의 큰 심판의 날이 심히 가깝도다 가깝고도 매우 빠르도다. 여호와의 날의 소리가 비통하니, 용사가 거기서 부르짖을 것이다.

"용사가 거기서 심히 슬피 운다"는 말은 '전쟁터에서 유다의 병사들이 패배당하고 상처를 받아 고통 중에 심히 애통한다'는 것이다.

습 1:15. 그날은 분노의 날이요 환난과 고통의 날이요 황폐와 패망의 날이요 캄캄하고 어두운 날이요 구름과 흑암의 날이요.

여호와의 심판의 날은 주님께서 분노하시는 날이다. 그날 유다 사람들은 환난과 고통을 겪는 날이고, 무너지고 부서지는 날이며, 캄캄하고 어두운 날이고, 먹구름과 어둠이 뒤덮이는 날이다.

참으로 두려운 날이니 그 날이 되기 전에 각종 죄를 자백하고 회개해야 할 것이다. 회개하면 밝음이 찾아오고 복이 임한다.

습 1:16. 나팔을 불어 경고하며 견고한 성읍들을 치며 높은 망대를 치는 날이로다(a day of trumpet blast and battle cry against the fortified cities and against the lofty battlements-ESV)**.**

여호와의 심판의 날은 유대인 측에서 적국의 접근과 전투가 일어남을 알리기 위해 나팔을 불어 알리는 날이고, 전쟁의 함성을 울리는 날이며, 또 예루살렘의 견고한 성읍들이 무너지는 날이고, 높이 솟은 망대들이 무너지는 날이다.

습 1:17. 내가 사람들에게 고난을 내려 맹인 같이 행하게 하리니 이는 그들이 나 여호와께 범죄하였음이라 또 그들의 피는 쏟아져서 티끌 같이 되며 그들의 살은 분토 같이 될지라.

여호와께서 말씀하시기를 나 여호와가 사람들에게 고난을 주어서 맹인 같이 비틀걸음을 걷게 할 것이니 그 이유는 그들이 나 여호와께 범죄 하였기 때문이다. 또 그들의 피는 땅에 물처럼 쏟아져서 티끌 같이 될 것이며 그들의 살은 땅에 쏟아진 분토 같이 될 것이다.

사람은 이처럼 되기 전에 미리 죄를 자백하고 회개했어야 되는 것이다.

습 1:18. 그들의 은과 금이 여호와의 분노의 날에 능히 그들을 건지지 못할 것이며 이 온 땅이 여호와의 질투의 불에 삼켜지리니 이는 여호와가 이

땅 모든 주민을 멸절하되 놀랍게 멸절할 것임이라.

여호와께서 유다를 심판하시는 날에는 그들의 은(銀)이나 금(재물)이 그들을 구하지 못할 것이고(사 13:17) 이 온 땅이 여호와의 질투의 불에 삼켜질 것이니(3:8; 나 1:2), 이유는 여호와께서 이 땅의 모든 거민들을 갑자기 진멸하실 것이기 때문이라고(사 10:23; 나 1:8) 하신다.

사람들은 돈이면 모든 것을 해결할 것으로 알았다가 여호와의 심판의 날에는 돈도 재물도 아무런 유익을 주지 못한다는 것이다. 돈을 우상으로 알고 살았던 사람들은 일찍이 돈의 무용성을 알고 하나님만 섬기면서 살아야 할 것이다.

제 2 장

B. 열방이 받을 심판 2:1-15

2장은 여호와께서 열방을 심판하신다는 것으로 먼저는 서론(1-3절)을 말씀하시고, 뒤이어 블레셋 심판(4-7절), 다음으로 모압과 암몬 심판(8-11절), 그 다음으로 구스 심판(12절), 마지막으로 앗수르 심판(13-15절)을 선언하신다.

1. 서론 2:1-3

서론에서는 하나님의 심판이 이르기 전 모든 이들이 자신을 반성할 것을 권고하시고(1-2절), 다음으로 의인들은 더욱 죄를 자백하는 삶을 살아서 하나님의 심판을 면해야 한다고 권고하신다(3절).

<공의와 겸손을 구하라>

습 2:1. 수치를 모르는 백성아 모일지어다 모일지어다.

수치를 모르는 민족아! 모여라. 함께 모여라고 권하신다.

"수치를 모르는 민족"(הַגּוֹי לֹא נִכְסָף)이란 말은 여호와를 믿지도 않으면서 동시에 덕도 없는 민족을 지칭한다(3절 참조).

"모일지어다 모일지어다"라는 말은 '하나님을 버리고 뿔뿔이 흩어졌던 자들이 한 자리에서 죄를 회개하고 다 함께 하나님의 용서와 자비를 구하기 위해 모이라'는 뜻이다. 본 절에서는 이 말이 중복해서 사용됨으로써 그 뜻이 더욱 강조되었다.

습 2:2. 명령이 시행되어 날이 겨 같이 지나가기 전, 여호와의 진노가 너희에게 내리기 전, 여호와의 분노의 날이 너희에게 이르기 전에 그리할지어다.

본 절은 언제 모여서 회개해야 할지 그 때를 말하고 있다. 즉, 정해진 때가 이르기 전에, 세월이 겨처럼 날아가기 전에, 주님의 격렬한 분노가 너희에게 이르기 전에, 주님께서 진노하시는 날이 너희에게 이르기 전에 함께 모여 회개하라고 권한다.

본 절에 나타난 ..."전"이란 말은 히브리 원문에는 없는 말이지만 개역 개정판 성경에는 뜻을 보하기 위해서 넣었는데 무난한 일로 보인다.

모여서 회개하는 일은 아주 시급하게 해야 한다는 것이다. 이미 하나님의 심판이 온 다음에 모여 회개한다고 하면 이미 늦은 것이다. 우리는 할 수 있는 한 시급히 모여서 회개해야 할 것이다.

습 2:3. 여호와의 규례를 지키는 세상의 모든 겸손한 자들아 너희는 여호와를 찾으며 공의와 겸손을 구하라 너희가 혹시 여호와의 분노의 날에 숨김을 얻으리라.

본 절은 1,2절과는 구별되게 여호와를 신앙하는 사람들에게 권고하는 말씀이다. 즉, 여호와의 법도를 지키는 세상의 모든 겸손한 자들아! 너희는 여호와를 찾으며, 공의와 겸손을 찾아라. 혹시 너희가 여호와의 분노의 날에 숨을 수 있을 것이라고 한다.

"여호와의 규례(법도)를 지키는 사람들"이란 이미 여호와를 신앙하는 자들을 이름이다. 그리고 "겸손한 자들"이란 말은 신앙인의 자세를 갖춘 사람들을 지칭하는 말이다.

"너희는 여호와를 찾으며, 공의와 겸손을 찾아라"는 말은 여호와를 신앙하는 자들이 또 힘써 여호와를 찾으며 의로운 일과 겸손함을 더욱 힘쓰라는 권고이다.

"너희가 혹시 여호와의 분노의 날에 숨김을 얻으리라"는 말은 '여호와를 믿고 겸손을 힘쓰는 자들은 여호와의 심판에 이르지 않는다'는 것이다. 여기 "혹시"란 말은 구원을 의심해야 한다는 말이 아니라 하나님의 주권을 존중하는 의미에서 혹시라는 말을 쓴 것이다(박윤선).

2. 블레셋에게 임할 심판 2:4-7

스바냐는 유다의 서쪽 편의 블레셋에게 여호와의 심판이 있을 것을 말하고, 동쪽으로 모압과 암몬, 남방으로 구스, 그리고 북방의 앗수르에 심판이 이를 것을 말한다.

<이스라엘 이웃 나라들이 받을 벌>

습 2:4. 가사는 버림을 당하며 아스글론은 폐허가 되며 아스돗은 대낮에 쫓겨나며 에그론은 뽑히리라.

가사가 버림받을 것이고, 아스글론이 황폐하게 되며, 아스돗은 대낮에 쫓겨나고, 에그론은 뽑혀버릴 것이라고 한다.

블레셋의 5대 도시 "가사", "아스글론", "아스돗", "에그론", "갓"은 블레셋을 대표하는 도시들이다.

본 절에 등장하는 4대 도시들은 "버림을 당하며", "폐허가 되며", "대낮에 쫓겨나며", "뽑히리라"는 것이다. 이들이 죄가 없는데도 이렇게 비참하게 되는 것은 아니고 블레셋은 이스라엘의 최대의 숙적으로 블레셋은 벌을 받게 되어 있고, 또 그들 나름대로 죄를 짓고 있어 여호와의 심판을 받는 것이다.

습 2:5. 해변 주민 그렛 족속에게 화 있을진저 블레셋 사람의 땅 가나안아 여호와의 말씀이 너희를 치나니 내가 너를 멸하여 주민이 없게 하리라.

해변 주민들인 그렛 민족에게 화가 있을 것이다. 블레셋 사람들의 땅 가나안아! 여호와의 말씀이 너희를 대적하니 나 여호와가 너 블레셋을 멸하여 주민이 없게 할 것이다.

블레셋 사람들의 거처는 두 곳이었다. 한 군데는 해변의 그레데 섬이고 또 한 군데는 일부가 가나안 땅 서편으로 이주했기에 가나안 서편의 땅이었다. 지중해 연안의 가나안 땅에 블레셋 족속이 살았던 고로 팔레스틴 땅이라는 이름이 붙여졌다. 이 두 곳이 망하게 되었다는 것이다.

습 2:6. 해변은 풀밭이 되어 목자의 움막과 양 떼의 우리가 거기에 있을

것이며.

지중해 해변은 초장, 곧 목자들의 목초지와 양 떼의 우리가 될 것이라고 한다. 블레셋이 망하고 그들의 땅은 이스라엘의 초장이 된다는 것이다. 블레셋인들이 살던 땅이 대체로 평원으로 목장이 되기에 적당한 땅이었다.

습 2:7. 그 지경은 유다 족속의 남은 자에게로 돌아갈지라 그들이 거기에서 양 떼를 먹이고 저녁에는 아스글론 집들에 누우리니 이는 그들의 하나님 여호와가 그들을 보살피사 그들이 사로잡힘을 돌이킬 것임이라.

지중해 바닷가 지역은 유다 족속의 남은 자들(바벨론 포로에서 돌아온 자들을 지칭한다)에게 돌아가게 될 것이다. 그들이 그 위에 양떼를 먹일 것이며, 저녁에는 아스글론의 집들에 누우리니, 이는 여호와 그들의 하나님께서 유다 족속들을 돌아보시고 사로잡혀 있는 곳에서 그들을 돌려보내 주실 것이기 때문이라는 것이다.

3. 모압과 암몬이 받을 심판 2:8-11

유다 동쪽 지방의 모압과 암몬도 여호와의 심판을 받는다는 것이다. 모압은 사해 동편에 위치하고 있었으며, 암몬은 모압의 북편에 위치하고 있었다. 이 두 나라는 이스라엘과는 대체로 좋은 관계였으나 이스라엘을 조롱했다.

습 2:8. 내가 모압의 비방과 암몬 자손이 조롱하는 말을 들었나니 그들이 내 백성을 비방하고 자기들의 경계에 대하여 교만하였느니라.

나 여호와가 모압이 유다를 조롱하는 것과 암몬 자손이 유다를 비방하는 말을 들었으니, 그들이 내 백성을 조롱하고 그 경계를 침범하며 스스로를 높였다는 것이다.

유다가 바벨론에 의해 포로가 되었을 때 주위 나라들은 유다를 비방하고 후욕했다. 그 때 모압과 암몬도 예외 없이 유다를 비방하고 후욕했다. 여호와께서 모압과 암몬 자손이 유다 자손을 비방하는 말을 들으시고 심판을 선언하신 것이다. 그리고 모압과 암몬 자손은 유다가 약한 틈을 타서 유다의 경계를 침범했던 것이다(사 16:6; 렘 48:29). 이와 같은 교만이 그들의 죄가 되어 여호와의 심판을 받게 된 것이었다.

습 2:9. 그러므로 만군의 여호와 이스라엘의 하나님이 말하노라 내가 나의 삶을 두고 맹세하노니 장차 모압은 소돔 같으며 암몬 자손은 고모라 같을 것이라 찔레가 나며 소금 구덩이가 되어 영원히 황폐하리니 내 백성의 남은 자들이 그들을 노략하며 나의 남은 백성이 그것을 기업으로 얻을 것이라.

만군의 여호와 이스라엘 하나님이 말씀하시기를 그러므로 나 여호와가 내 삶을 두고 맹세[25]하는데, 참으로 모압은 소돔처럼 되고, 암몬 자손은 고모라처럼 되어, 찔레가 나며 소금 구덩이와 영원한 황무지가 될 것이니(여호와의 심판으로 아주 황량한 땅이 된다는 것이다), 여호와의 백성 중 남은 자가 그들을 약탈하며 나 여호와의 민족의 생존자가 모압과 암몬 땅을 소유하게 될 것이라고 하신다.

습 2:10. 그들이 이런 일을 당할 것은 그들이 만군의 여호와의 백성에 대하여 교만하여졌음이라.

모압과 암몬이 아주 망하게 될 이유는 그들이 교만하여 만군의 여호와의 백성을 조롱하고 스스로를 높였기 때문이라고 하신다.

습 2:11. 여호와가 그들에게 두렵게 되어서 세상의 모든 신을 쇠약하게 하리니 이방의 모든 해변 사람들이 각각 자기 처소에서 여호와께 경배하리라(The LORD will be awesome against them; for he will famish all the gods of the earth, and to him shall bow down, each in its place, all the lands of the nations-ESV)**.**

---

25) 여호와께서 자신의 삶을 두고 맹세하시는 이유는 여호와보다 더 큰 존재가 계시지 않으므로 자신의 삶을 두고 맹세하시는 것이다(신 32:40; 사 49:10; 히 6:13).

본 절은 여호와께서 모압과 암몬을 심판하심으로 나타난 3가지 결과를 보여주고 있다. 1) 여호와께서 모압과 암몬 사람들에게 두려운 존재로 비치셨다는 것이고, 2) 이방인들이 섬기던 우상 신들이 아주 아무것도 아닌 것으로 비추어지게 되었다는 것, 3) 세상 모든 나라 사람들이 그들의 처소에서 여호와를 경배하게 되리라는 것이다. 이 예언은 오순절에 성령님께서 강림하심으로 그대로 이루어졌다.

4. 구스가 받을 심판 8:12

습 2:12. 구스 사람들아 너희도 내 칼에 죽임을 당하리라.

구스[26](에티오피아) 사람들아! 너희 역시 나 여호와의 칼에 죽임을 당할 것이라고 하신다. 구스가 유다에 대하여 악행을 했다는 것은 나타나지 않는다. 그러므로 그들에 대한 심판은 단순히 "내 칼(전쟁의 칼)에 죽임을 당하리라"는 것이다.

과연 구스(에디오피아)는 바사 왕 캄비세스(Cambyses, 주전 529-521년 통치)가 애굽을 정복했을 때 압력을 받았고 그 후 현대에 이르기까지 수없이 외국의 침략을 받았으나 아직도 독립을 유지하고 있다(이상근).

5. 앗수르가 받을 심판 8:13-15

앗수르는 이스라엘의 최대의 적국으로 앗수르는 여호와의 심판의 대상이었다.

습 2:13. 여호와가 북쪽을 향하여 손을 펴서 앗수르를 멸하며 니느웨를 황폐하게 하여 사막 같이 메마르게 하리니.

여호와께서 북쪽으로 자신의 손을 펴서 앗수르(아시리아)를 멸하며, 앗수르의 수도 니느웨(니느웨는 티그리스 강 왼편 언덕에 위치해 있었다)를 황폐하게 하여 광야처럼 메마르게 하실 것이라고 하신다.

니느웨의 멸망은 곧 앗수르의 멸망으로 "사막 같이 메마르게 할 것이라"

---

26) 구스는 애굽의 남방 나일 강의 제 1폭포 남쪽을 지칭한다.

는 말씀은 '니느웨를 철저하게 패망하게 하여 황무지가 된다'는 뜻이다.

습 2:14. 각종 짐승이 그 가운데에 떼로 누울 것이며 당아와 고슴도치가 그 기둥 꼭대기에 깃들이고 그것들이 창에서 울 것이며 문턱이 적막하리니 백향목으로 지은 것이 벗겨졌음이라.

본 절은 니느웨가 패망했을 때의 모습을 묘사한 것이다. 즉, 온갖 종류의 짐승들이 떼를 지어 그 집들 가운데 누울 것이고, 올빼미와 고슴도치가 그 기둥머리에 유숙할 것이며, 새들이 창문에서 노래할 것이고, 백향목으로 지은 집들이 벗겨져 문지방이 황폐할 것이라고 한다.

앗수르 나라는 본 절의 예언대로 인류 역사상에서 아주 없어지고 말았다. 앗수르의 멸망 원인은 다음 절(15절)에 진술되어 있는 대로 대단한 교만이 그 원인이었다. 누구든지 마음이 교만하면 철저하게 망한다는 것을 보여준다.

습 2:15. 이는 기쁜 성이라 염려 없이 거주하며 마음속에 이르기를 오직 나만 있고 나 외에는 다른 이가 없다 하더니 어찌 이와 같이 황폐하여 들짐승이 엎드릴 곳이 되었는고 지나가는 자마다 비웃으며 손을 흔들리로다.

본 절은 니느웨가 아주 비참하게 망하게 된 마음의 죄를 지적한다. 즉, 본래는 한껏 으스대던 성읍이었고, 안전하게 살 수 있다던 성읍이어서, 세상에는 나밖에 없다(사 47:8) 하면서 속으로 뽐내던 성이었다. 그러나 어찌하여 이처럼 황폐하게 되었느냐? 들짐승이나 깃드는 곳이 되었느냐? 지나가는 사람마다 비웃으며 손가락질을 할 것이라고 예언한다.

"어찌 이와 같이 황폐하여 들짐승이 엎드릴 곳이 되었는고"라는 말은 '아무리 생각해도 니느웨가 왜 망했는지 참으로 이상하다'는 표현이었다. 이 도시는 주전 612년에 바벨론에 의해 갑자기 패망해서 들짐승의 거처가 되고 말았으니 세상 사람들은 의아할 수밖에 없는 일이었다.

"지나가는 자마다 비웃으며 손을 흔들리로다"는 말은 '니느웨를 지나는 자들마다 비웃으며 분노하는 표정들(욥 27:23; 렘 19:8; 미 6:16)일 것이라'는 뜻이다.

제 3 장

C. 예루살렘이 받을 심판 3:1-8

선지자는 열방에 심판이 임할 것을 선언한(2장) 후 이제 다시 유다의 수도 예루살렘의 몇 가지 죄악을 책망한다. 1-8절의 내용은 예루살렘의 방백과 재판장과 선지자들의 죄를 말하고 심판을 선언한다.

<예루살렘이 받을 형벌과 보호>

습 3:1. 패역하고 더러운 곳, 포학한 그 성읍이 화 있을진저(Woe to her that is rebellious and defiled, the oppressing city!-ESV).

예루살렘 주민들은 하나님을 향하여는 반역했고(신 1:26, 43) 자체적으로는 심히 탐욕이 심하여 더러웠으며(사 1:21; 59:3) 약한 이웃을 압박하는 사람들이라(사 1:23; 렘 7:6) 화가 있을 수밖에 없게 되었다는 것이다.

습 3:2. 그가 명령을 듣지 아니하며 교훈을 받지 아니하며 여호와를 의뢰하지 아니하며 자기 하나님에게 가까이 나아가지 아니하였도다.

예루살렘 주민들은 선지자를 통하여 주시는 하나님의 음성을 듣지 않았고, 그 훈계를 받아들이지 않았으며(렘 2:30; 5:3; 7:23; 슥 7:8-12), 여호와를 신뢰하지 않았고, 자기 하나님께 가까이 나아가지도 아니하였다는 것이다(렘 7:28 참조). 그들은 세상적으로 살고 있었을 뿐이었다.

습 3:3. 그 가운데 방백들은 부르짖는 사자요 그의 재판장들은 이튿날까지 남겨 두는 것이 없는 저녁 이리요.

유다의 정치 지도자들의 죄악과 재판장들의 죄악을 진술한다. 즉, 유다의 고관들은 울부짖는 사자들이고, 그 재판관들은 아침까지 뼈도 남기지 않는 저녁 늑대들이라고 한다.

정치지도자들은 백성을 보호하지 않았고 양들을 잡아먹는 사자들이라는 것이고, 재판장들은 이리 떼가 밤에 사냥하여 남김없이 먹어치우는 것처럼 백성들을 약탈했다는 것이다(겔 22:27; 미 3:2, 3; 합 1:8).

습 3:4. 그의 선지자들은 경솔하고 간사한 사람들이요 그의 제사장들은 성소를 더럽히고 율법을 범하였도다.

유다의 거짓 선지자들은 사람 됨됨이가 가볍고 거짓되었으며, 제사장들은 성소를 정결하게 유지하지 않고 율법을 범하는 사람들이었다.

습 3:5. 그 가운데에 계시는 여호와는 의로우사 불의를 행하지 아니하시고 아침마다 빠짐없이 자기의 공의를 비추시거늘 불의한 자는 수치를 알지 못하는도다.

유다를 돌보시는 여호와는 의로우셔서 불의를 결코 행치 않으시고, 아침마다 그의 공의를 밝히 드러내시는데(신 27:4) 불의를 행하는 유다의 지도자들은 불의를 행하고도 수치를 알지 못한다는 것이다.

습 3:6. 내가 여러 나라를 끊어 버렸으므로 그들의 망대가 파괴되었고 내가 그들의 거리를 비게 하여 지나는 자가 없게 하였으므로 그들의 모든 성읍이 황폐하며 사람이 없으며 거주할 자가 없게 되었느니라.

여호와께서 말씀하시기를 나 여호와가 뭇 나라들을 끊어 버려 그들의 흉벽이 황폐하게 되었고, 내가 그들의 거리를 황량하게 하여 지나다니는 자가 없게 하였으므로, 그들의 성읍에 주민이 한 사람도 없게 되었다고 하신다.

본 절과 같은 여호와의 심판을 본 자들은 유대인이나 이방인이나 다같이 회개하고 하나님의 교훈을 받아야 할 것이거늘 실제로 그렇지 않다는 것이다.

습 3:7. 내가 이르기를 너는 오직 나를 경외하고 교훈을 받으라 그리하면 내가 형벌을 내리기로 정하기는 하였지만 너의 거처가 끊어지지 아니하리라 하였으나 그들이 부지런히 그들의 모든 행위를 더럽게 하였느니라.

나 여호와가 말하기를 너 예루살렘 거민들은 다만 나 여호와를 경외하고 훈계를 받아들여라. 내가 예루살렘 거민들에게 벌을 내리기로 했지만 그 거처는 끊어지지 않을 것이라 하였으나 그들은 부지런히 그들의 모든 행위를 더럽게 하여 나 여호와를 경외하지도 않았고 교훈을 받지도 않았다고 하신다.

습 3:8. 나 여호와가 말하노라 그러므로 내가 일어나 벌할 날까지 너희는 나를 기다리라 내가 뜻을 정하고 나의 분노와 모든 진노를 쏟으려고 여러 나라를 소집하며 왕국들을 모으리라 온 땅이 나의 질투의 불에 소멸되리라.

여호와께서 말씀하시기를 그러므로 내가 노획물(the prey)을 잡으려고 일어서는 그 날까지 너희는 나를 기다리라. 이유는 나의 격분, 나의 맹렬한 분노를 쏟으려고 열방을 모으며 왕국들을 소집하기로 결정하였으니, 온 땅이 내 질투의 불에 삼켜질 것이라고 하신다.

"너희는 나를 기다리라"는 말을 두고 두 가지 해석이 있다. 1) 악인에 대한 권면으로 "심판을 기다리라"는 해석(Calvin, Hitzig), 2) 의인에 대한 권면으로 '구원을 기다리라'는 해석(Henderson, Driver, Lange), 이 두 해석이 해석으로는 가능하나 문맥으로 보아 2)번의 해석이 바른 것으로 본다. 카일(Keil)과 딘(W.J. Deane)이 강조한 대로 "나를 기다리라"는 말이 문맥에서 부정적 표현이 아니라, 구원의 입장, 복음의 입장에서만 쓰이는 용어라면 긍정적, 적극적 해석이 정당하다고 해야 할 것이다. 심판을 받아 멸망당하는 것을 위하여 "너희는 여호와를 기다리라"고 말하는 것은 사실상 성경에서는 찾아볼 수 없는 표현이다.

D. 구원 3:9-20

9-20절은 본서의 구원 편으로 택한 백성의 구원을 말씀한다.

1. 택한 백성이 받을 구원 3:9-10

습 3:9. 그 때에 내가 여러 백성의 입술을 깨끗하게 하여 그들이 다 여호와의 이름을 부르며 한 가지로 나를 섬기게 하리니(For at that time I will change the speech of the peoples to a pure speech, that all of them may call on the name of the LORD and serve him with one accord-ESV)**.**

그때에(심판 이후의 때라는 뜻이다) 나 여호와가 택한 백성들(!yMi[-ESV, NASB, NIV, NEB, JB는 peoples, KJV는 people로 번역했다. 결코 이방인으로 번역하지 않았다)의 입술을 깨끗하게 만들 것이니, 그들이 모두 여호와의 이름을 부르며, 어깨를 나란히 하여 나를 섬길 것이라고 하신다.

"내가 여러 백성의 입술을 깨끗하게 하겠다"는 말은 '여호와께서 택한 백성들에게 성령을 주셔서 입술(=심령)을 거듭나게 하겠다'는 뜻이다.

"그들이 다 여호와의 이름을 부를 것이라"는 말은 '택한 백성들이 다 여호와의 이름을 부를 것이라'는 뜻이다.

"한 가지로 나를 섬기게 하리니"란 말은 '텍한 백성들이 동일하게 나 여호와를 섬기게 하겠다'는 뜻이다. 본 절의 말씀은 성령강림절에 실제로 이루어져 분파가 없이 하나님의 이름을 불렀고 하나님을 섬겼다. 그리고 예수님 재림 시에도 분파가 없이 하나님을 섬길 것이다.

습 3:10. 내게 구하는 백성들 곧 내가 흩은 자의 딸이 구스 강 건너편에서부터 예물을 가지고 와서 내게 바칠지라(From beyond the rivers of Cush my worshipers, the daughter of my dispersed ones, shall bring my offering-ESV)**.**

구스(에티오피아) 강 건너편에서 나를 경배하는 자들, 곧 나 여호와가 흩은 자들의 딸이 내게 예물을 가져와서 내게 바칠 것이라고 하신다.

"내게 구하는 백성들"이라는 말과 "내가 흩은 자의 딸"이라는 말은 동의어로 쓰였다. 즉, 여호와를 예배하는 백성이라는 말과 여호와께서 흩은 자의 딸(딸이라는 말은 백성이라는 뜻이다)이라는 말이 동의절이라는 뜻이다. 여기 "딸"이라는 말은 백성이라는 뜻이다.

본 절의 "강"(Rivers)이란 말이 복수로 되어 있는 것을 보면 구스의 "강"이 여러 지류들로 되어 있음을 가리킨다. 구스는 가장 남쪽 끝에 위치해 있음으로 최남단의 나라로 간주되었음으로 최남단에 흩어진 백성들이 예물을 가지고 예루살렘에 모여 여호와께 경배한다는 것이다.

2. 이스라엘에게 임할 구원 3:11-20

11-20절의 내용은 이스라엘의 구원(11-13절)과 이스라엘에게 임할 환희가 진술되어 있다.

ㄱ. 이스라엘에게 임할 구원 3:11-13

습 3:11. 그 날에 네가 내게 범죄한 모든 행위로 말미암아 수치를 당하지 아니할 것은 그 때에 내가 네 가운데서 교만하여 자랑하는 자들을 제거하여 네가 나의 성산에서 다시는 교만하지 않게 할 것임이라.

본 절은 유다 민족이 많은 환난과 징계의 심판을 통과하고 결국에는 정결하게 되어 교만하지 않고 주님을 신앙하게 될 것이라고 예언한다. 즉, 여호와께서 일어나셔서 악인들을 심판하시는 날(8절)에 너 유다가 나를 거역한 네 모든 행동으로 말미암아 부끄러움을 당하지 아니할 것은 그 심판 때 나 여호와가 네 가운데서 교만하며 자랑하던 모든 자를 제거하므로 네가 다시는 나의 거룩한 산에서 교만하지 않게 할 것이기 때문이라고 하신다.

습 3:12. 내가 곤고하고 가난한 백성을 네 가운데에 남겨 두리니 그들이 여호와의 이름을 의탁하여 보호를 받을지라.

나 여호와가 너 유다 가운데 가난하고 천한 백성을 남겨 둘 것이니, 그들이 여호와의 이름을 피난처로 삼아 보호를 받을 것이라고 하신다.

오늘 우리는 가난하고 천한 백성으로 자처하는 것이 복된 것임을 알아야 할 것이다.

습 3:13. 이스라엘의 남은 자는 악을 행하지 아니하며 거짓을 말하지 아니하며 입에 거짓된 혀가 없으며 먹고 누울지라도 그들을 두렵게 할 자가 없으리라.

이스라엘(유다도 이스라엘이라고 불러도 된다)의 남은 자는 불의를 행하지 않고, 거짓을 말하지 않으며, 그들의 입에 속이는 혀가 발견되지 않을 것이다. 그들이 먹으며 누워도 놀라게 할 자가 없을 것이라고 하신다.

세상에서 하나님을 경외하는 사람들의 입에는 거짓이 없어야 하는 것이다.

ㄴ. 이스라엘에게 임할 환희 3:14-20

<기뻐하며 부를 노래>

습 3:14. 시온의 딸아 노래할지어다 이스라엘아 기쁘게 부를지어다 예루살렘 딸아 전심으로 기뻐하며 즐거워할지어다.

시온(예루살렘의 별칭)의 딸(백성에 대한 애칭이다)아! 크게 노래하라. 이스라엘아! 소리쳐 부르라. 예루살렘의 딸아! 마음껏 기뻐하며 즐거워하라고 권고한다.

습 3:15. 여호와가 네 형벌을 제거하였고 네 원수를 쫓아냈으며 이스라엘 왕 여호와가 네 가운데 계시니 네가 다시는 화를 당할까 두려워하지 아니할 것이라.

여호와를 섬기는 자들(시온의 자녀들)이 기뻐할 이유를 말한다. 즉, 여호와께서 네게 대한 형벌들을 제거해주셨고, 또 네 원수를 쫓아내주셨으며, 이스라엘의 왕 여호와께서 믿는 자 가운데 계시니, 믿는 자가 다시는 악한 것을 두려워하지 않게 되어 있기 때문이라는 것이다.

습 3:16. 그 날에 사람이 예루살렘에 이르기를 두려워하지 말라 시온아 네 손을 늘어뜨리지 말라.

그날에 사람이 예루살렘에게 말하기를 두려워하지 마라, 시온아! 네 손을 늘어뜨리지 마라 고 권한다."두려워하지 마라"는 말과, "네 손을 늘어뜨리지 마라"는 말은 동의절이다. 손을 늘어뜨리는 일은 맥을 못 추는 일을 가리킨다.

우리 성도들은 절대로 놀라워하거나 실망의 표시를 하지 말아야 할 것이다.

습 3:17. 너의 하나님 여호와가 너의 가운데에 계시니 그는 구원을 베푸시는 전능자이시라 그가 너로 말미암아 기쁨을 이기지 못하시며 너를 잠잠히 사랑하시며 너로 말미암아 즐거이 부르며 기뻐하시리라 하리라.

여호와 너의 하나님께서 시온의 백성들 가운데 계시니, 그분은 구원을 베푸시는 용사이시며, 너 때문에 기뻐서 즐거워하시고, 너를 잠잠히 사랑하시며, 너 때문에 큰 노래로 기뻐하실 것이라고 하신다.

하나님은 그가 사랑하시는 백성들 때문에 즐거워하시고, 백성들 때문에 큰 노래로 기뻐하신다고 말씀하신다. 하나님은 오늘 우리들 때문에 심히 기뻐하셔야 할 것이다.

습 3:18. 내가 절기로 말미암아 근심하는 자들을 모으리니 그들은 네게 속한 자라 그들에게 지워진 짐이 치욕이 되었느니라(I will gather those of you who mourn for the festival, so that you will no longer suffer reproach-ESV).

나 여호와가 절기 때문에 괴로워하는 자들을 모을 것이니 그들은 네게서 나온 자들이며, 수치가 그에게 짐이 되었다고 하신다.

"내가 절기로 말미암아 근심하는 자들을 모으리니"라는 말은 '나 여호와가 이스라엘의 명절들 곧 유월절, 장막절, 오순절 등에 참여할 수 없어서 근심하는 자들을 모아주실 것'이라고 하신다. 이들은 죄로 말미암아 바벨론을 비롯하여 세계에 흩어진 이스라엘 사람들(유다 사람들도 이스라엘이라고 부른다)이 명절을 당하여 예루살렘성에 모여 절기를 지켜서 큰 은혜를 받고 위로를 받기를 원하나 할 수 없어 근심을 했는데 여호와께서 모아주신다는 것이니 얼마나 기쁨이 충만했을까.

"그들은 네게 속한 자라"는 말은 '이방에 포로로 잡혀 와서 포로 생활을 하는 자들은 예루살렘에 속한 자들'이라는 뜻이다. '그들은 이제 예루살렘에 돌아갈 사람들이라'는 뜻이다. 이방에 있어서 유대인의 절기를 지키고 싶어서 소원하는 자들이야 말로 참 예루살렘에 돌아가 절기를 지킬 사람들이라는 것이다.

"그들에게 지워진 짐이 치욕이 되었느니라"는 말은 이스라엘의 절기를 지키고 싶어서 애타는 사람들은 예루살렘이 당한 불행한 짐을 치욕으로 느낀다는 것이다. 오늘날 하나님의 교회가 당하는 불상사가 우리의 치욕으로 느끼고 주님께 회복을 기원해야 할 것이다.

습 3:19. 그 때에 내가 너를 괴롭게 하는 자를 다 벌하고 저는 자를 구원하며 쫓겨난 자를 모으며 온 세상에서 수욕 받는 자에게 칭찬과 명성을 얻게 하리라.

보라! 그때에 내가 너를 괴롭히는 자들을 모두 벌하고, 저는 자를 구원하며 쫓겨난 자를 모으고 저들의 수치를 온 땅에서 칭찬과 명성으로 바꾸어 놓을 것이라고 하신다.

본 절 초두의 "보라"(הִנְנִי)란 말은 본 절을 아주 유의해서 보라고 간청하는 말이다.

"그 때에 내가 너를 괴롭게 하는 자를 다 벌하겠다"는 말은 '여호와의 날에 나 여호와가 너 이스라엘(유다를 이스라엘이라고 할 수 있다)을 괴롭게 하는 적들을 다 벌하시겠다'는 뜻이다.

"저는 자를 구원하며 쫓겨난 자를 모으며 온 세상에서 수욕 받는 자에게 칭찬과 명성을 얻게 하리라"는 말은 '이스라엘이 포로가 되어 상처를 받아

절고 쫓겨난 자들을 여호와께서 모으시며 온 세상에서 수욕을 받은 자들로 하여금 귀환하여 칭찬과 명성을 얻게 하신다'는 뜻이다. 이렇게 이스라엘은 완전히 회복을 받아 영광스러운 자리로 올라가게 하신다는 것이다. 여호와께서 영광스럽게 하시면 안 될 것이 없는 것이다.

습 3:20. 내가 그 때에 너희를 이끌고 그 때에 너희를 모을지라 내가 너희 목전에서 너희의 사로잡힘을 돌이킬 때에 너희에게 천하 만민 가운데서 명성과 칭찬을 얻게 하리라 여호와의 말이니라.

본 절은 전 절(19절)의 반복이다. 아주 크게 영광스럽게 해주시겠다는 것이다. 즉, 여호와께서 말씀하시기를 여호와의 날에 나 여호와가 너희를 포로지에서 모을 것이고, 나 여호와가 너희 눈앞에서 사로잡혔던 너희를 돌아오게 할 때, 땅의 모든 백성들 중에서 너희가 명성과 칭찬을 얻게 할 것이라고 하신다.

스바냐의 이 예언의 결구는 이스라엘의 회복을 말하는 동시에 메시아 시대의 도래를 함께 취급하고 있는 것이다(W. J. Deane).

-스바냐 주해 끝-

학개서 주해

Exposition of Haggai

■ 총 론

학개서의 명칭은 무엇인가.

학개서의 한글 개역 개정판의 명칭 "학개"라는 명칭은 히브리 원전 명칭 '하가이'(חַגַּי)를 번역한 것이다. '하가이'는 '축제의'라는 뜻이다. 따라서 '하가이'는 '여호와의 축제'라는 의미를 지닌 '하기야'의 줄임형일 것으로 추정된다.

학개서의 저자는 누구인가.

본서의 저자는 본서의 내증(1:1; 2:1, 10, 20)에 의하여 '학개'임이 분명하고 외증으로서 에스라서의 언급(스 5:1; 6:14)에 의하여 '학개'임이 확실하다.

학개서의 기록연대는 언제인가.

학개는 바벨론 포로기(주전 586-538년) 이후에 살았으며 성전 재건 사업을 독려한 최초의 선지자였던 것으로 보인다. 대부분의 학자들은 2:3에 근거하여 학개가 주전 586년에 파괴된 제 1성전 곧 솔로몬 성전을 보았을 것으로 추정한다. 만일 그가 제 1성전을 보았다면 그는 매우 늙었을 때 예언활동을 시작했음이 틀림없다. 왜냐하면 그가 본서의 예언을 선포한 때는 주전 520년이 분명하기 때문이다.

본서의 기록 연대를 본서에 나타나는 네 편의 설교의 서두(1:2; 2:1, 10, 20)에 언급된바 대로 바사(Persia)의 다리오 왕(Darius, Hystaspes, 주전 522-486년 통치)의 즉위 제 2년째인 주전 520년 9-12월 사이일 것으로 추정한다.

학개서에 나타나신 그리스도는 어떤 분이신가.

1) 학개서의 성전은 예수 그리스도의 모형이시다.

하나님의 임재의 상징적 처소로서의 성전은 제 2위의 하나님이신 성자 예수님께서 이 땅에 임마누엘(하나님이 우리와 함께 계시다는 뜻) 하나님으로 오시고 또 당신이 가신 후에도 재림 때까지는 성령님을 성도의 영속에 내주시키심으로 그리고 재림 후에는 근본적으로 천국에서 성도들과 함께 계심으로 성도들 가운데 임재 해 계실 것을 예표한다(계 21:22). 따라서 성전의 본질은 예수 그리스도이시며 오직 하나님께서 계실 때에만 의미가 있는 것이다. 그러한 의미에서 학개서에서 제 2성전에 대한 하나님의 임재의 약속은 그리스도의 강림에 대한 예언이며 백성들을 위한 무한한 복의 약속이다.

2) 학개서의 성전은 만국의 보배이신 예수 그리스도를 예표한다.

하나님께서는 하늘과 땅의 모든 나라들을 진동시키겠다는 약속과 함께 '만국의 보배'가 성전에 이를 것을 말씀하신다.

3) 성전은 스룹바벨의 영광을 취하실 그리스도를 예표한다.

학개는 스룹바벨에게 하나님 나라의 완성과 세상에 대한 심판을 보여주고 하나님께서 그를 하나님의 종으로서 귀히 쓰실 것을 예표하고 있다. 이는 1차적으로는 스룹바벨에 대한 복의 약속이지만 궁극적으로는 예수 그리스도께서 종의 신분으로 이 땅에 오셔서 구원 사역을 성취하시기 위해 십자가에서 죽으시고 부활하사 영광의 보좌에 앉으실 것을 예언한 것으로, 스룹바벨을 자신의 인(印)으로 삼으시는 하나님의 모습은 그리스도를 통해서만이 하나님의 자녀가 되는 구원의 보증이 있을 것을 보여주고 계신 것이다(그랜드종합주석).

학개서의 문체는 어떠한가.

예언자 학개와 스가랴는 불과 두 달 차이밖에 안 되는 동시대 예언자들이었고, 이들 가운데 학개는 나이가 많은 노인 예언자이고 스가랴는 젊은 예언자로 되어 있다. 그러므로 스가랴가 그의 예언을 기록함에 있어서 전반부 환상으로, 후반부는 예언을 기록하되 많은 내용을 담고 있는 반면에, 학개는 대 선배의 입장에서 주로 성전 건축에만 중점을 두고 전했기 때문에 차이가 많이 나는 것으로 보인다.

1) 학개 선지자는 특징없는 평범한 표현으로 전하고 있다.

단순하고 평범한 표현을 쓰며 자주 반복하기 때문에 주석가들은 학개서를 칭하여 따분하고 특징없는 문체를 사용한다고 평가한다.

2) 웅변적 표현을 사용했다.

(1) 문장을 반복하여 강조하는 편이었다(1:6, 10-11; 2:7-9).

(2) 청중의 마음을 흥분시켰다(1:14).

(3) 위로하고 격려했다(2:3, 4).

(4) 원수에 대해 보복하는 선언을 잊지 않았다(2:21-22).

(5) 여호와 하나님께서 절대적으로 보장하신다고 전했다(2:6-9, 19, 21-23).

3) 공식적으로 표현했다.

학개 선지자는 그의 대상을 분명히 했으며(1:1), 자신은 하나님께서 쓰시는 사용자에 불과하다고 했다.

학개서는 무엇을 가르치고 있는가.

1) 하나님의 집이 일반 성도들의 집보다 나아야 한다는 교훈이었다(1:4, 9, 11; 2:3, 15).

2) 믿는 성도들에게 어려움이 임할 때 그 원인을 규명해야 한다고 말한다(1:5, 7; 2:15, 19).

3) 교회가 잘 되어야 개인과 가정과 사업이 잘 된다고 말한다(2:4-9; 2:20-22).

4) 하나님의 언약은 영원불변이라는 것을 가르친다(2:5, 9, 19).

학개서의 특징들로는 어떤 것들을 들을 수 있는가.

1) 백성들을 격려하고 각성시키기 위해 전체적으로 매우 강한 어조를 사용하고 있다.

2) 회상이나 추억에 관련된 문장이 반복적으로 사용되고 있다는 점이다 (1:5, 7, 2:15, 18).

3) 스룹바벨에게 주시는 하나님의 특별한 예언을 담고 있다는 점이다.

4) 학개 선지자의 책망을 들은 백성들의 반응이 즉각적으로 나타나고 있다는 점이다(1:14).

5) 포로기 이전 선지자들과는 달리 우상 숭배에 대한 책망이 나타나지 않는다는 점이다. 6) 학개 선지자는 오직 성전 건축과 관련된 메시지만 전한다는 점이다.

■ 내용 분해

I. 제 2성전 공사를 독려하다 1:1-15
- 1) 제목 1:1
- 2) 성전 건축 태만을 책망하다 1:2-6
- 3) 성전 건축에 대하여 여호와께서 권고하시다 1:7-11
- 4) 백성들이 적극적으로 일어나다 1:12-15

II. 제 2성전을 위한 여호와의 약속 2:1-9
- 1) 제목 2:1
- 2) 제 1성전과 제 2성전의 차이 2:2-3
- 3) 여호와께서 지도자들을 격려하시다 2:4
- 4) 제 2성전에 대하여 큰 영광으로 약속하시다 2:5-9

III. 여호와께서 성전건축에 복을 약속하시다 2:10-19
- 1) 제목 2:10
- 2) 순종과 정결을 위해 권면하시다 2:11-19

IV. 열방에 대한 심판과 유다의 승리 2:20-23

참고도서

아가페 굿모닝 성경(개역개정 제 4판), 서울특별시: 아가페출판사, 2006.

그랜드종합주석. *호세아-말라기*, 경기도 고양시: 성서아카데미, 2004.

김수홍. *그리스도의 말씀이 연합에 미친 영향*. 수원시: 도서출판 목양, 2011.

옥스퍼드원어성경대전. *스바냐, 학개, 스가랴, 말라기*, 제자원 바이블네트, 2008.

Deane, W. J. *나훔, 하박국, 스바냐, 학개 주석*, 풀핏주석번역위원회 역, 대구시: 보문출판사, 1986.

랄프 스미드. *미가-말라기*, 채천석, 채훈 옮김, W. B. C. 2001.

레슬리 알렌. *호세아-말라기 주석*, 서울특별시: 한국성서유니온선교회, 1993.

매튜 헨리. *호세아-말라기주석*, 박문재옮김, 경기도고양시: 크리스챤다이제스트, 2009.

박윤선. *소선지서*, 성경주석, 서울: 영음사, 1962.

이상근. *소예언서*, 대구광역시: 성등사, 1997.

이순한. *소예언서강해(하)*, 서울: 생명의 말씀사, 1997.

Baxter, J. Sidlow. *Explore the Book*. Grand Rapids: Zondervan Publishing House, 1966.

Black, Matthew & Rowley, H.H. *Peake's Commentary on the Bible*, Nashville: Thomas Nelson, 1962.

Calvin, John. *Calvin's Commentaries,* Edinburgh: Clark, 1847.

Guthrie D. & Motyer, J.A. *The New Bible Commentary*, Grand Rapids: Eerdmans, 1970.

Henderson, E. *The Twelve Minor Prophets*, Grand Rapids: Baker, 1980.

Jamieson, R. Fausset, A. R. & Brown D. *Commentary on the Whole Bible,* Grand Rapids: Zondervan, 1976.

Keil, C.F. & Delitzsch, F. *Commentary on The Book of Nahum, Habakkuk, Zephaniah, Haggai, Zechariah, Malachi*, Grand Rapids: Eerdmans, 1982.

Lange, John Peter. *Commentary on the Whole Scripture*, Grand Rapids: Zondervan, 1876.

Lrelli, Conrad Von. *The Twelve Minor Prophets*, Minneapolis: Klock, 1977.

Maclaren, Alexander. *Expositions of Holy Scripture*, Grand Rapids: Baker Book House, 1984.

Morgan, G. Campbell. *An Exposition of the Whole Bible*, Old Tapen: Fleming H. Revell, 1959.

Myer, F. B. *Bible Commentary*, Wheaton: Tyndale, 1984.

Nicoll W. Robertson ed. *The Expositor's Bible*, Chicago: W.P. Blessing Co. n.d.

Wevers, John W. *The New Century Bible Commentary*, Wm. B. Eerdmans Co, Grand Rapids, 1969.

Walvoord, John F. & Zuck Roy B. ed. *The Bible Knowledge Commentary*, Wheaton: Victor, 1985.

【 사전 】

바이블렉스 8.0

데릭 윌리엄스, *IVP 성경사전*. 이정석 외 한국기독학생회 출판부 역, 한국기독학생회 출판부(IVP), 1992,

Achtemeier, Paul J. *Harper's Bible Dictionary*, New York: A Division of Harper Collins Publishers, 1985.

Douglas, J. D. *New Bible Dictionary*, (2nd edition), Wheaton: Tyndale House Publishers, 1982.

Tenney, Merrill C. *The Zondervan Pictorial Bible Dictionary,* Grand Rapids: Regency, 1967.

Tregelles, Samuel Prideaux. *Gesenius' Hebrew and Chaldee Lexicon,* Grand Rapids: Eerdmans, 1969.

Unger, M. F. *Unger's Bible Dictionary.* Chicago: Moody, 1957.

학개서 주해

학개서는 전체가 네 편의 예언(설교)으로 구성되어 있는데, 그 예언을 한 시기까지 밝혀져 있다. 다시 말해 본서의 예언은 다리오 왕 2년 6월 1일에 시작하여 그 해 9월 24일까지 4개월간의 기간에 쓰여진 것이다. 네 개의 예언은 성전 건축을 격려하는 예언(1장)과 둘째 성전이 보다 더 영광되다는 것(2:1-9), 여호와께서 성전건축에 복을 약속하신 일(2:10-19), 열방이 멸망하고 유다가 승리할 것이라는 약속이 진술되어 있다(2:20-23).

제 1 장

I. 제 2성전 공사를 독려하다 1:1-15(다리오 2년 6월 1일에 주어짐)

1) 제목(1절)이 주어졌고, 2) 성전 건축 태만을 책망했으며(2-6절), 3) 성전 건축에 대하여 여호와께서 권고하셨고(7-11절), 4) 백성들이 적극적으로 일어난 일(12-15절)이 진술되어 있다.

1) 제목 1:1

<성전을 건축하라는 여호와의 말씀>

학 1:1. 다리오 왕 제 이년 여섯째 달 곧 그 달 초하루에 여호와의 말씀이 선지자 학개로 말미암아 스알디엘의 아들 유다 총독 스룹바벨과 여호사닥의 아들 대제사장 여호수아에게 임하니라 이르시되.

다리우스 왕 2년 6월 1일에 여호와의 말씀이 선지자 학개[27]를 통하여 스알디엘의 아들인 유다 총독 스룹바벨과 여호사닥의 아들인 대제사장 여호

27) 학개: 이스라엘의 선지자 학개를 지칭한다(학 1:1).

수아에게 임하여 말씀하셨다.

학개 선지자가 여호와의 말씀을 받아서 두 지도자 즉, "스알디엘[28]의 아들인 유다 총독 스룹바벨[29]과 여호사닥[30]의 아들인 대제사장 여호수아에게" 전달한 때가 "다리오 왕 제 이년 여섯째 달 곧 그 달 초하루에" 되었다는 것을 말한 것은 역사적인 사실임을 말하는 것이었다. 다시 말해 여호와의 말씀은 모두 역사상에 임한 말씀이라는 것이다. 한 가지도 허공에 떠 있는 것이 아니라는 것을 보여준다.

2) 성전 건축 태만을 책망하다 1:2-6

2-6절은 성전 건축을 태만히 한 백성에 대한 질책을 말하고 있으며, 현재의 환난은 그런 태만에 대한 징계인 것을 지적한다.

학 1:2. 만군의 여호와가 이같이 말하여 이르노라 이 백성이 말하기를 여호와의 전을 건축할 시기가 이르지 아니하였다 하느니라.

만군의 여호와(하늘의 해와 달과 무수한 별들을 만드신 하나님이라는

---

28) 스알디엘: 스알디엘은 유다 왕 여호야긴(또는 여고냐)의 장자(대상 3:17)이다. 그는 바벨론 포로에서 풀려나 1차로 귀환한 이스라엘 자손의 지도자이자 바사 왕 다리오 1세 치하의 유다 땅의 총독인 스룹바벨의 아버지이다(스 3:2; 느 12:1). 스알디엘은 신약성경에서 3회 나오며, 마태복음과 누가복음의 예수님의 족보에서 예수님의 한 조상으로 나타난다(마 1:12; 눅 3:27).

29) 스룹바벨: 스룹바벨은 여호야긴 왕의 손자로(대상 3:16-19) 주전 597년에 느부갓네살 왕에 의해 포로로 잡혀갔다(왕하 24:11-16). 그는 유다 왕위의 계승자이다. 스룹바벨은 자주 '스알디엘의 아들'(살라디엘, 스 3:2, 스 3:8, 느 12:1, 마 1:12 등)로 불리나 대상 3:17에서는 스알디엘의 형제인 브다야의 아들로 일컬어진다. 스알디엘은 자식없이 죽었을 가능성이 크다. 스알디엘의 조카인 스룹바벨이 그의 법적 상속자로 간주되었으며, 따라서 그의 아들로 일컬어졌거나(출 2:10), 아니면 브다야가 스알디엘의 미망인과 결혼하여 그의 수혼 의무를 이행하였던 것 같다. 이 경우 첫 번 째 아이는 죽은 자의 아들로 간주된다(신 25:5-10). 스룹바벨은 주전 약 537년경 고레스의 허락 하에 바벨론 포로에서 귀환한 유대인들의 시민 지도자(파하트[통치자]로 불렸다, 학 1:14, 학 2:2, 학 2:21)로서 최초의 귀환하는 포로 대열을 인도하였다. 성전의 재건은 주전 536년경 시작되었으나(스 3:8-13), 이 일은 기초가 완성된 직후에 중단되었다(스 4:24). 16년 후(주전 520년, 다리오 왕 2년, 학 1:1, 슥 1:1), 학개와 스가랴가 설교하기 시작하여 성전 재건의 재 개시를 촉구하였다. 스룹바벨은 대제사장 예수아와 함께 이에 응하였다(스 5:1-2; 학 1:12). 이 역사는 주전 515년 초엽에 완공되었다. 스룹바벨은 재건을 주도하는 이외에도 제사장과 레위인의 반차(스 6:18)와 그들의 유지를 위한 필수품의 공급을 부활시켰다(느 12:47).

30) 여호사닥: 구약성경에서 예호사닥은 요사닥으로도 표기되었다. 그는 스룹바벨과 함께 귀환한 대제사장 여호수아의 아버지이다(대상 6:14-15; 학 1:1; 학 1:12; 학 1:14; 학 2:2; 학 2:4; 슥 6:11; 스 5:2; 스 3:2).

뜻)가 이와 같이 말씀하시기를 이 백성이 말하기를 때가 아직 오지 않았다. 여호와의 전을 지을 때가 되지 않았다고 한다.

"여호와의 전을 건축할 시기가 이르지 아니하였다"는 백성들의 말은 성립되지 않는 말이었다. 여호와의 성전이 파괴된 것은 주전 586년(남쪽 나라 유다가 망한 해)이었고 포로기 70년을 계산하면 예루살렘 성전을 건축할 시기는 벌써 되고도 남은 것이다. 핑계를 댈 수 없는 시기였다.

학 1:3-4. 여호와의 말씀이 선지자 학개에게 임하여 이르시되, 이 성전이 황폐하였거늘 너희가 이때에 판벽한 집에 거주하는 것이 옳으냐.

여호와께서 말씀이 학개 선지자에게 임하여 이르시기를(이상 3절) 이 전이 이렇게 황폐한데 지금이 너희가 벽을 장식한 집에서 살고 있을 때냐고 책망하신다. 유다 백성들은 성전을 건축할 때가 아직 이르지 않았다고 했었는데(2절), 이제 자기들은 벽을 장식한 집[31)]에서 살고 있으면서 성전을 건축하는 것을 게을리 하는 것이 옳으냐고 학개가 책망한 것이다. 유다 백성들은 포로 생활에서 귀환하여 성전 기초를 놓고 지금 16년이 지났는데 아직 미적거리고 있는 것은 말도 되지 않는 것이었다.

학 1:5. 그러므로 이제 만군의 여호와가 이같이 말하노니 너희는 너희의 행위를 살필지니라.

그러므로 이제 만군의 여호와께서 유다 백성들에 이와 같이 말씀하시기를 너희가 지나온 길을 돌이켜 보라고 권고하신다.

"너희는 너희의 행위를 살피라"는 말씀은 '너희가 지나온 날에 핑계하고 또 핑계한 결과로 받은 재앙(6절)을 살피라'는 뜻이다. 마땅히 해야 할 일을 미루고 살면 반드시 재앙이 따른다는 것이다.

---

31) 판벽한 집: 백향목 판자나 아로 새긴 판자로 만든 집이다. 백성들은 좀 나은 집에서 거주하면서도 성전 건축을 게을리 하는 것은 도무지 말도 안되는 것이었다.

학 1:6. 너희가 많이 뿌릴지라도 수확이 적으며 먹을지라도 배부르지 못하며 마실지라도 흡족하지 못하며 입어도 따뜻하지 못하며 일꾼이 삯을 받아도 그것을 구멍 뚫어진 전대에 넣음이 되느니라.

본 절은 행위의 결과인 재앙을 말한다. 즉, 너희가 많이 뿌렸어도 거두어 들이는 것이 적고, 먹어도 배부르지 않았으며, 마셔도 만족함이 없었고, 입어도 따뜻하지 않았으며, 품삯을 받아도 구멍 난 주머니에 넣은 꼴이 되었다는 것이다.

여기는 다섯 가지 재앙이 쓰여 있지만 사실 더 많은 재앙을 받았을 수도 있었을 것이다. 마땅히 해야 할 일들을 소홀히 하면 수많은 재앙을 받는 것은 당연한 결과이다.

3) 성전 건축에 대하여 여호와께서 권고하시다 1:7-11

학 1:7. 만군의 여호와가 말하노니 너희는 자기의 행위를 살필지니라.

본 절은 5절의 반복이다. 5절 주해를 참조하라. 즉, 만군의 여호와께서 이와 같이 말씀하시기를 너희가 지나온 길을 돌이켜 보라고 하신다.

학 1:8. 너희는 산에 올라가서 나무를 가져다가 성전을 건축하라 그리하면 내가 그것으로 말미암아 기뻐하고 또 영광을 얻으리라 여호와가 말하였느니라(Go up to the hills and bring wood and build the house, that I may take pleasure in it and that I may be glorified, says the LORD-ESV)**.**

여호와께서 말씀하시기를 너희 유다 백성들은 산에 올라가서 나무를 베어다가 성전을 건축하여라. 그리하면 내가 그로 인하여 기뻐하고 영광을 얻을 것이라고 하신다.

백성들이 성전 건축하는 것을 보시고 여호와께서 기뻐하실 것이라고 하신다.

학 1:9. 너희가 많은 것을 바랐으나 도리어 적었고 너희가 그것을 집으로

가져갔으나 내가 불어 버렸느니라 나 만군의 여호와가 말하노라 이것이 무슨 까닭이냐 내 집은 황폐하였으되 너희는 각각 자기의 집을 짓기 위하여 빨랐음이라.

여호와께서 말씀하시기를 너희 백성들이 많이 거두기를 바랐으나 많이 거두지 못했고, 너희가 집으로 거두어 들였으나 내가 그것을 흩어 버렸다. 나 여호와가 왜 그렇게 했겠느냐? 나의 집은 이렇게 무너져 있는데, 너희는 저마다 사사롭게 제집 일에만 바빴기 때문이라고 하신다. 하나님의 일을 먼저 돌아보는 것이 중요한 것이다.

학 1:10. 그러므로 너희로 말미암아 하늘은 이슬을 그쳤고 땅은 산물을 그쳤으며.

그러므로 너희 죄 때문에 하늘은 이슬 내리기를 그쳤고, 땅은 소출 내기를 그쳤다.

하늘에서 이슬 내리기를 그치면 농사는 폐농되어 땅도 산물을 그치고 폐농이 되는 것이다(신 28:23; 호 14:5).

학 1:11. 내가 이 땅과 산과 곡물과 새 포도주와 기름과 땅의 모든 소산과 사람과 가축과 손으로 수고하는 모든 일에 한재를 들게 하였느니라.

나 여호와가 땅 위에 이슬까지 멈추어 가뭄을 들게 하였다. 산 위에도, 곡물과 새 포도주와 기름 위에도, 밭에서 나는 모든 것 위에도, 사람과 짐승 위에도, 너희가 애써서 기르는 온갖 것 위에도 가뭄이 들게 해서 폐농이 되게 한 것이라고 하신다.

4) 백성들이 적극적으로 일어나다 1:12-15

유다 백성들은 학개 선지자의 질책과 격려를 즉시 받아들여 죄를 자백하고 순종하여 성전 건축을 다시 시작하게 되었다는 것이다.

<성전 건축을 격려하다>

학 1:12. 스알디엘의 아들 스룹바벨과 여호사닥의 아들 대제사장 여호수아와 남은 모든 백성이 그들의 하나님 여호와의 목소리와 선지자 학개의 말을 들었으니 이는 그들의 하나님 여호와께서 그를 보내셨음이라 백성이 다 여호와를 경외하매.

스알디엘의 아들 스룹바벨과 여호사닥의 아들 대제사장 여호수아(두 지도자에 대해 1절 주해 참조)와 남아 있는 모든 백성들(포로에서 귀환한 사람들이었는데 그 숫자는 적었다)이 여호와 그들의 하나님의 목소리와 선지자 학개의 말을 복종하였으니, 이유는 여호와 그들의 하나님께서 학개 선지자를 보내셨기 때문이었다. 백성들이 이 때 여호와를 두려워하였다.

학 1:13. 그 때에 여호와의 사자 학개가 여호와의 위임을 받아 백성에게 말하여 이르되 여호와가 말하노니 내가 너희와 함께 하노라 하니라.

여호와께서 보내신 사자 학개는 여호와의 명령을 받아 백성에게 말하였다. 여호와께서 말씀하시기를 여호와가 말한다. 내가 너희와 함께한다.

여호와께서 함께 하시는 것 이상의 복은 없다. 모든 복은 여호와께서 함께 하시는 데 포함되어 있다. 오늘 우리는 여호와께서 함께 하시기를 기도해야 할 것이다.

학 1:14. 여호와께서 스알디엘의 아들 유다 총독 스룹바벨의 마음과 여호사닥의 아들 대제사장 여호수아의 마음과 남은 모든 백성의 마음을 감동시키시매 그들이 와서 만군의 여호와 그들의 하나님의 전 공사를 하였으니.

여호와께서 스알디엘의 아들 유다 총독 스룹바벨의 마음과 여호사닥의 아들 대제사장 여호수아의 마음과 남아 있는 모든 백성의 마음을 감동시키시니, 그들이 즉시 와서 만군의 여호와 그들의 하나님의 전을 건축하였다는 것이다.

여호와께서 보내신 사자 학개가 여호와의 명령을 받아 백성에게 말했을 때(13절) 두 지도자와 백성들의 마음이 감동되어 즉시 성전 건축을 다시 시작한 것이다. 이 성전 건축은 16년이나 중단되었던 것이었는데 하나님께서 학개를 사자로 보내시니 즉시 새로운 일이 시작된 것이다.

학 1:15. 그 때는 다리오 왕 제 이년 여섯째 달 이십사일이었더라.

성전 건축을 다시 시작한 때는 다리우스(다리오) 왕 2년 6월 24일이었다. 학개가 설교를 시작한 날(1:1)로부터 불과 23일 후에 두 지도자와 백성들은 즉시 응답한 것이다. 하나님께서 쓰시는 사자의 위력은 대단한 힘을 발휘한 것이었다.

제 2 장

II. 제 2성전을 위한 여호와의 약속 2:1-9(2년 7월 21일)

제 2성전이 제 1성전에 비할 때 초라하고 보잘 것 없으나 그럼에도 불구하고 1-9절은 여호와께서 옛날 이스라엘이 애굽에서 나올 때 언약하신 말씀과 그 후 계속해서 쉬지 않으시고 임재하여 계시는 성령님의 사역을 근거로 과거보다 더 큰 영광을 주실 것이라고 약속하신다. 본 절에서 말씀해 주시는 것을 보면 인간의 생각과 하나님의 생각에는 차이가 크다는 것을 알 수 있다.

1) 제목 2:1

학 2:1. 일곱째 달 곧 그 달 이십일일에 여호와의 말씀이 선지자 학개에게 임하니라 이르시되.

그 해 7째 달 그 달 21일에, 학개 선지자가 주님의 말씀을 받아서 전하여 말씀했다는 것이다.

7월 21일은 성전 공사가 시작된 지 한 달이 거의 되었을 때였다. 그리고 7월 15일부터 한 주간 동안 계속되는 초막절의 마지막 날(레 23:33-36)이기도 했다.

2) 제 1성전과 제 2성전의 차이 2:2-3

학 2:2. 너는 스알디엘의 아들 유다 총독 스룹바벨과 여호사닥의 아들 대제사장 여호수아와 남은 백성에게 말하여 이르라.

여호와께서 말씀하시기를 너 학개는 스알디엘의 아들 스룹바벨 유다 총독과 여호사닥의 아들 여호수아 대제사장과 남아 있는 백성에게 전하라고 하신다. 1:1, 12, 14주해 참조.

학 2:3. 너희 가운데에 남아 있는 자 중에서 이 성전의 이전 영광을 본 자가 누구냐 이제 이것이 너희에게 어떻게 보이느냐 이것이 너희 눈에 보잘 것없지 아니하냐.

여호와께서 말씀하시기를 너희 남아 있는 사람들 중에 누가 이전의 처음 성전[32]의 영광(66년 전 성전의 영광)을 보았느냐? 이제 이 성전이 너희에게 어떻게 보이느냐? 너희 눈에 이것이 아무것도 아닌 것처럼 보이지 않느냐고 말씀하신다.

3) 여호와께서 지도자들을 격려하시다 2:4

학 2:4. 그러나 여호와가 이르노라 스룹바벨아 스스로 굳세게 할지어다 여호사닥의 아들 대제사장 여호수아야 스스로 굳세게 할지어다 여호와의 말이니라 이 땅 모든 백성아 스스로 굳세게 하여 일할지어다 내가 너희와 함께 하노라 만군의 여호와의 말이니라.

본 절은 세 부분(스룹바벨아! 여호사닥의 아들인 대제사장 여호수아야! 유다 땅의 모든 백성아!)에게 똑같이 "이제 힘을 내라고 권고하며" 또 그렇게 말씀하시는 것이 "여호와의 말이라고 격려"하신다.

오늘도 하나님은 우리들에게 여호와의 사명을 잘 감당하라고 격려하신다. 그렇게 말씀하시는 것이 여호와라는 것을 들려주신다.

4) 제 2성전에 대하여 큰 영광으로 약속하시다 2:5-9

학 2:5. 너희가 애굽에서 나올 때에 내가 너희와 언약한 말과 나의 영이 계속하여 너희 가운데에 머물러 있나니 너희는 두려워하지 말지어다.

본 절은 이스라엘(유다도 똑같이 이스라엘이라고 불러도 된다)이 출애

---

32) 이전의 처음 성전은 학개가 말하는 때부터 66년 전이었다. 솔로몬의 성전이 파괴된 것은 주전 586년이었으므로 이때부터 66년 전이었다. 그런고로 그 옛날의 영광스러웠던 성전의 모습을 본 소수의 노인들이 있었던 것이다. 그 노인들은 이전의 정초식 때에 이전 성전을 생각하면서 통곡했던 것이다(스 3:12). 그러므로 지금 재건되고 있는 성전의 모습이 그들의 눈에 차지 않았을 것이다.

굽 할 때에 언약하신 말씀과 여호와의 영이 계속해서 이스라엘인들의 머리 위에 머물러 계시니 성전 건축에 힘을 내고 두려워하지 말라고 부탁하신다.

여호와의 언약과 여호와의 영은 항상 함께 하시는 것이다. 언약의 말씀이 계신 곳에 영이 항상 함께 하시는 것이다.

학 2:6. 만군의 여호와가 이같이 말하노라 조금 있으면 내가 하늘과 땅과 바다와 육지를 진동시킬 것이요.

만군의 여호와가 이와 같이 말씀하시기를 잠시 후에 다시 한 번 나 여호와가 하늘과 땅과 바다와 육지를 뒤흔들어 놓을 것이라고 하신다.

"조금 있으면"(עוֹד אַחַת מְעַט הִיא)이란 말은 '잠시 후에 다시 한 번'이란 뜻이다. 여호와께서 십계명을 주시기 위해 시내 산에 강림하셨을 때 산(山) 전체를 진동시키셨는데(출 19:16; 시 68:7), 이제 조금 있으면 다시 한 번 천지만물과 만국을 진동시키신다는 것이다(사 13:13; 욜 3:15; 마 24:16; 히 12:26). 혹자는 칼빈이 주장한바 메시아의 강림을 뜻한다고 보는 것은 지나친 해석이고 말도 안 되는 주장이라고 했으나 본 절의 주장과 같은 사건이 없어 종말에 와서 모든 성도들이 기업으로 차지할 메시아 왕국[33]은 현세의 모든 것을 진동한다는 것이다.

학 2:7. 또한 모든 나라를 진동시킬 것이며 모든 나라의 보배가 이르리니 내가 이 성전에 영광이 충만하게 하리라 만군의 여호와의 말이니라.

만군의 여호와께서 말씀하시기를 또 내가 모든 민족을 뒤흔들어 놓을 것이다. 그리하면 모든 민족의 보화가 모여들 것이니, 내가 이 성전을 영광으

33) 대부분의 학자들은 예수 그리스도의 강림으로 말미암아 이루어질 인류 구원의 성취가 본 절과 다음 절에서 예언되어 있다고 이해한다. 그렇다면 학개 선지자의 메시지와 예수님의 탄생 사이에는 대략 520년에 가까운 세월이 자리 잡고 있음에도 불구하고 '잠시 후'라는 표현이 사용된 까닭은 하나님 보시기에는 천년이 하루와 같기 때문이라고 할 수 있다(벧후 3:8).

로 채울 것이라고 하신다.

"모든 나라를 진동시킬 것이라"는 말씀은 '여호와께서 보내시는 예수 그리스도께서 선포하시는 복음의 능력으로 세상의 모든 민족이 회개하는 구원의 역사가 이루어지게 될 것임을 예언하는 내용이다(슥 1:15; 눅 21:25).

"모든 나라의 보배가 이르리니 내가 이 성전에 영광이 충만하게 하리라"는 말씀은 '모든 나라 백성들이 사모하는 메시아가 오시므로 하나님의 성전에 영광이 충만히 나타난다는 것이다.

학 2:8. 은도 내 것이요 금도 내 것이니라 만군의 여호와의 말이니라.

만군의 여호와께서 말씀하시기를 은(銀)도 내 것이고 금도 내 것이라고 하신다. 본 절의 말씀은 만군의 여호와께서는 영 육간 모든 점에서 풍부하시다는 것을 말씀하시는 것이다. 그러므로 지금 건축하는 스룹바벨 성전이 외모로 보기에 초라하다 해서 낙심할 것은 없다는 것을 말씀하시는 것이다.

학 2:9. 이 성전의 나중 영광이 이전 영광보다 크리라 만군의 여호와의 말이니라 내가 이곳에 평강을 주리라 만군의 여호와의 말이니라.

만군의 여호와께서 말씀하시기를 처음에 지은 솔로몬 전의 영광보다 지금 짓고 있는 나중 성전의 영광이 더 클 것이다. 내가 이곳에 평강을 주겠다고 하신다.

여호와께서 말씀하시기를 여호와께는 모자란 것이 없으시니(8절) 솔로몬이 지어 놓은 성전의 영광보다 지금 짓고 있는 성전의 영광을 더 크게 하신다는 것이며, 더욱이 평강을 넘치게 주신다는 것이다. 오늘 말세의 교회의 영광은 구약 시대의 교회의 영광보다 훨씬 더 큰 것이고 평강도 월등이 큰 것이다.

III. 여호와께서 성전건축에 복을 약속하시다 2:10-19

10-19절의 예언은 세 번 째 예언으로 여호와께 순종하며 정결할 것을 권한다.

1) 제목 2:10

학 2:10. 다리오 왕 제 이년 아홉째 달 이십사일에 여호와의 말씀이 선지자 학개에게 임하니라 이르시되.

다리오 왕 2년 9월 24일에 여호와의 말씀이 선지자 학개에게 임하여 다음 절 이하와 같이 말씀하셨다는 것이다.

첫 번째 예언은 다리오 왕 2년 6월 1일에 임했고, 두 번째 예언은 7월 21일이었으며, 세 번째 예언은 9월 24일에 임했다는 것이다. 이 세 번 째 예언은 두 번째 예언이 있은 후 2개월 3일만이었다. 첫 예언이 이른 때부터 3개월 24일이 지났을 때, 다시 말해 대략 4개월이 지났을 때에 본 예언이 임한 것이다. 믿음이 없는 자라면 자신과 자기 가정의 생계를 위해 마음을 쓸 때였는데도 불구하고 백성들은 일사분란하게 성전 공사에 열중하고 있었던 것으로 보인다. 이 본문 내용을 보아 백성들이 생계 문제에 대한 내용이 전혀 없음을 보아, 하나님만 믿고 성전 건축에만 마음을 쓰고 있었음을 알 수 있다.

2) 순종과 정결을 위해 권면하시다 2:11-19(2년 9월 24일)

11-19절은 성전이 건축되고 제물이 바쳐지면 모든 것이 끝나는 것이 아니라 제물을 바치는 백성들이 부정하면 그 제사는 드려지지 못하는 것이다. 그러므로 여기 세 번째 예언은 백성들이 여호와께 순종하며 정결해야 할 것을 권하고 있다.

학 2:11. 만군의 여호와가 말하노니 너는 제사장에게 율법에 대하여 물어 이르기를.

여호와께서 학개 선지자에게 말씀하시기를 너 학개 선지자는 제사장들에게 율법에 대하여 질문해 보라고 권하신다. 여호와의 이 질문을 받고 학개 선지자는 다음 절 이하와 같이 제사장들에게 율법에 대하여 질문을 한 것이었다. 즉, 제물을 바칠 때에 정결한지 그 여부를 알아보는 질문이었다.

학 2:12. 사람이 옷자락에 거룩한 고기를 쌌는데 그 옷자락이 만일 떡에나 국에나 포도주에나 기름에나 다른 음식물에 닿았으면 그것이 성물이 되겠느냐 하라 학개가 물으매 제사장들이 대답하여 이르되 아니니라 하는지라.

어떤 사람이 거룩한 고기를 자기 옷자락에 싸서 가지고 갔는데, 그 거룩한 고기를 싼 옷자락이 빵이나 국이나 포도주나 기름이나 다른 음식물들에 닿는다면 그것들이 거룩해지겠느냐고 학개가 물어보니 제사장들이 '아니라'고 대답했다는 것이다.

학 2:13. 학개가 이르되 시체를 만져서 부정하여진 자가 만일 그것들 가운데 하나를 만지면 그것이 부정하겠느냐 하니 제사장들이 대답하여 이르되 부정하리라 하더라.

첫 번째 질문을 물어본 다음 본 절에서는 학개 선지자가 두 번째 질문을 한다. 즉, 시체를 만져서 부정하게 된 사람이 그 음식물들(12절) 가운데 하나를 만지면 그 음식물 가운데 하나가 부정하겠느냐고 물으니 제사장들의 답이 '부정하리라'고 대답하더라는 것이다.

학 2:14. 이에 학개가 대답하여 이르되 여호와의 말씀에 내 앞에서 이 백성이 그러하고 이 나라가 그러하고 그들의 손의 모든 일도 그러하고 그들이 거기에서 드리는 것도 부정하니라.

학개 선지자가 13절, 14절 질문을 끝내고 제사장들의 정당한 답을 얻고 난 후 학개 선지자는 이제 본 절에 돌아와 이 백성들 자체가 부정하니 이제 그들의 나라도, 행하는 모든 일도, 성전에서 드리는 모든 제물도 모두 부정하다고 결론 지었다. 그러므로 학개 선지자는 이제 백성들이 해야 할 일은 하나님을 가까이 하고, 하나님의 뜻에 복종함으로 정결한 마음을 가지고 성전 건축을 계속해야 한다는 것이었다.

학 2:15. 이제 원하건대 너희는 오늘부터 이전 곧 여호와의 전에 돌이 돌 위에 놓이지 아니하였던 때를 기억하라.

본 절부터 17절까지 학개 선지자는 이스라엘 백성이 부패했을 때에는 흉년이 들었다고 회상한다. 즉, 이제 너희 이스라엘 백성들은 오늘부터 여호와의 성전에서 돌 위에 돌이 놓이기 이전(부패했을 때)에 있었던 일을 돌이켜 보아라. 그 때에 그들은 농사가 잘 되지 않아 거둔 것이 없었고, 먹을 것도 없었으며, 입을 것도 부족했고, 돈이 남는 것이 없었다는 것이다. 사람이 부패하면 잘 되는 일이 없다는 것이다.

학 2:16. 그 때에는 이십 고르 곡식 더미에 이른즉 십 고르뿐이었고 포도즙 틀에 오십 고르를 길으러 이른즉 이십 고르뿐이었었느니라(how did you fare? When one came to a heap of twenty measures, there were but ten; when one came to the wine vat to draw fifty measures, there were but twenty-ESV)**.**

그때에는 많은 것을 기대했으나 도리어 적었다는 것이었다. 즉, 곡식 스무(20) 더미를 기대하였으나 열(10) 더미뿐이었고, 포도즙 틀에 쉰(50) 그릇을 기대하였으나 스무(20) 그릇뿐이었다는 것이다.

"포도즙 틀"은 포도즙을 받기 위해 움푹하게 파놓은 포도즙(주) 통을 의미한다.

성전 건축을 하지 않을 때에는 소득이 너무 적었다는 것이다.

학 2:17. 만군의 여호와가 말하노라 내가 너희 손으로 지은 모든 일에 곡식을 마르게 하는 재앙과 깜부기 재앙과 우박으로 쳤으나 너희가 내게로 돌이키

지 아니하였느니라.

여호와께서 말씀하시기를 나 여호와가 너희가 애써 손으로 지은 모든 일에 곡식을 마르게 하는 재앙과 깜부기 재앙과 우박으로 쳤으나 너희 이스라엘인들이 나 여호와에게로 돌아오지 아니했느니라고 하신다.

하나님께서 이스라엘 백성들이 행하는 모든 일에 치셨으나 그들이 여호와에게로 돌아오지 않았다는 것이다. 참으로 어리석은 짓이었다.

학 2:18. 너희는 오늘 이전을 기억하라 아홉째 달 이십사일 곧 여호와의 성전 지대를 쌓던 날부터 기억하여 보라(Consider from this day onward, from the twenty-fourth day of the ninth month. Since the day that the foundation of the LORD's temple was laid, consider-RSV, ESV).

여호와께서 말씀하시기를 너희 이스라엘인들은 너희는 부디 오늘, 아홉째 달 이십사일로부터 주의 성전 기초를 놓던 날까지 지나온 날들을 마음속으로 곰곰이 돌이켜 보아라고 하신다.

즉, 9월 24일 현재에서부터 성전 지대가 놓이던 때의 전후를 살펴보라는 의미이다(Lange). "그 중단된 기간에 된 일을 회상하라는 뜻이다. 그 중단된 기간에 된 일은 역시 흉년이었다. 이 흉년의 형편에 대하여는 19절이 말하고 있다"(박윤선).

학 2:19. 곡식 종자가 아직도 창고에 있느냐 포도나무, 무화과나무, 석류나무, 감람나무에 열매가 맺지 못하였느니라 그러나 오늘부터는 내가 너희에게 복을 주리라.

여호와께서 말씀하시기를 곳간에 아직도 씨앗이 남아 있느냐? 이제까지는 포도나무, 무화과나무, 석류나무, 올리브 나무에 열매가 없었으나 오늘부터는 나 여호와가 복을 주겠다고 하신다.

여호와께서 "곡식 종자가 아직도 창고에 있느냐"고 질문하신 것은 이전 상태를 질문하신 것이다. 흉년이 들어 양식이 부족한 상태이니 곡식 종자가 남아 있지를 못하고 포도나 무화과, 석류나 감람나무들이 모두 열매를 맺지 못한 비참한 흉년이었다.

"오늘부터는 내가 너희에게 복을 주리라"는 말은 여호와께서 이후 상태를 약속하시는 것이다. 성전의 지대가 완성되고 건축 공사가 진행되는 오늘부터는 하나님께서 이스라엘에게 복을 내리셔서 곡식 종자가 넉넉하고 모든 유실수들이 열매를 맺어 양식을 풍족하게 하실 것이다.

IV. 열방에 대한 심판과 유다의 승리 2:20-23(2년 9월 24일)

20-23절의 네 번째 예언은 세 번째 예언과 같은 날인 2년 9월 24일에 주어졌다. 그러나 내용은 완전히 대조적이다. 세 번째 예언은 현재의 성전 재건에 집착했으나 네 번째의 예언은 현실을 초월해서 종말적인 열방의 대심판과 메시아 왕국을 가리키고 그 왕국의 왕에게 초점을 두고 있다(이상근).

학 2:20. 그 달 이십사일에 여호와의 말씀이 다시 학개에게 임하니라 이르시되

여호와의 말씀이 그 달 이십사일에 두 번째로 다음 절 이하처럼 학개에게 임하여 말씀하셨다.

학 2:21. 너는 유다 총독 스룹바벨에게 말하여 이르라 내가 하늘과 땅을 진동시킬 것이요.

너 학개는 유다 총독 스룹바벨에게 말하기를 나 여호와가 하늘과 땅을 뒤흔들겠다(6절의 반복이다)고 하여라. 하나님은 종말을 맞이해서 만물과 열방을 심판하셔서 현 질서를 없이 하시고 새 질서를 수립하신다는 것이다.

학 2:22. 여러 왕국들의 보좌를 엎을 것이요 여러 나라의 세력을 멸할 것이요

그 병거들과 그 탄자를 엎드러뜨리리니 말과 그 탄자가 각각 그의 동료의 칼에 엎드러지리라.

나 여호와가 왕국들의 보좌를 뒤집어엎겠고, 내가 각 민족들이 세운 왕국의 권력을 멸망시키며(눅 1:52), 내가 병거들과 병거에 탄 사람들을 뒤집어엎을 것이니(시 20:7; 슥 10:5), 말들과 말을 탄 사람들이 각각 동료의 칼에 쓰러지게 될 것이라고 하신다. 하나님께서 하시면 멸망은 순간에 하신다.

학 2:23. 만군의 여호와가 말하노라 스알디엘의 아들 내 종 스룹바벨아 여호와가 말하노라 그 날에 내가 너를 세우고 너를 인장으로 삼으리니 이는 내가 너를 택하였음이니라 만군의 여호와의 말이니라 하니라.

본 절에는 "만군의 여호와(해와 달과 별들을 지으신 하나님이라는 말)"라는 말이 두 번 나오고, 또 "여호와가 말하노라"라는 말이 한번 등장하여 본 절이 심히 중요함을 강조하고 있다.

본 절은 "스알디엘의 아들 스룹바벨"에 대하여 진술하고 있다. 여호와께서는 스룹바벨을 "내종"이라고 말씀하신다. 다시 말해 스룹바벨이 '하나님의 종'이라는 것이다. "내 종"이라는 말은 하나님의 일꾼으로 세움 받은 사람에게 붙여지는 명예스러운 호칭이다(창 26:24; 출 32:13; 민 14:24; 수 1:7; 왕상 11:13). 독일의 자유주의 신학자 벨하우젠(Welhausen)은 여호와의 종이라는 말을 아주 가볍게 여겨 말을 했다. 이사야 66장중에서 53장에 "종"이라는 말이 가장 많이 기록된 것을 보고 가장 무가치한 장(章)이라고 말을 해서 후세인들을 아주 놀라게 하고 있다.

본 절의 "그 날"이란 말은 '하나님께서 열방의 모든 권세들을 깨뜨리시게 될 심판의 날'을 뜻한다. 다시 말하면 여기 그 날이란 말은 '그 후에 계속할 메시아 왕국이 시작하는 날'이다.

"내가 너를 세운다"는 말은 '하나님께서 스룹바벨을 하나님의 선택과 소유를 나타내기 위해 세웠다'는 표현이다(출 6:7).

"너를 인장으로 삼으리니"라는 말은 '여호와께서 스룹바벨을 자신의 인장 반지로 삼으시겠다는 말은 그에게 변치 않는 사랑과 신임을 베푸신다'는 뜻이다(아 8:6). 이제 하나님께서는 스룹바벨을 취하여 자신의 인장 반지로 삼으심으로써 다윗 왕가의 정통성을 회복시켜 주신다는 것이다. 물론 이와 같은 은총과 복은 스룹바벨 개인을 위한 것이라기보다, 스룹바벨이 예표하는바 스룹바벨의 후손으로서 다윗의 위(位)를 갖고 이 세상에 왕으로 임하시게 될 예수 그리스도를 위한 것이었다(그랜드종합주석).

-학개서 주해 끝-

스가랴서 주해

Exposition of Zecharia

■ 총 론

본서는 구약 성경 중에서 가장 메시아적이며 가장 종말론적인 책이다. 회화체 산문과 시적 표현이 많으며 환상적 예언 및 상징적 표현이 많음으로 인하여 난해한 책으로 알려져 있다. 특별히 메시아에 대한 풍부한 예언과 종말론적 사건에 대한 다양한 정보등으로 인하여 소선지서 중에서 독특한 위치를 점하고 있다고 할 수 있다.

본서의 제목은 무엇인가.

본서의 제목은 본서의 중심인물이자 저자의 이름인 '스가랴'를 따른 것이다. '스가랴'라는 말은 '여호와를 기억함'이란 뜻으로서 성전 건축을 중단한 당시의 백성들에게 가장 시급한 과제였다는 점에서 본서의 내용과 잘 부합된다.

스가랴서의 저자는 누구인가.

본서의 저자는 베레갸의 아들이고 레위인을 이끄는 제사장 잇도의 손자이며(느 12:4), 학개와 동시대인인 스가랴이다(스 6:14). 이는 하나님의 말씀이 직접 스가랴 선지자에게 임했으며(1:1, 7; 4:8; 6:9: 7:8; 8:18), 스가랴 자신을 1인칭인 '내가'로 칭한 점에서 확인된다(1:8, 9, 14, 18; 2:1).

본서의 기록 연대는 언제인가.

본서에는 본서를 언제 기록했다는 명확한 언급이 없다. 그러나 대부분의 학자들은 확실하게 병기되어 있는 스가랴의 활동시기가 본서의 저작연대라고 말한다. 그렇다면 스가랴가 처음 말씀을 선포한 때가 다리오 왕 2년

8월(1:1, 주전 520년),이고 마지막 선포한 시기가 다리오 왕 4년 9월(7:1, 주전 518년)이므로 본서의 기록 연대는 대략 주전 520-518년으로 추정할 수 있을 것이다.

본서의 기록목적은 무엇인가.

스가랴는 유다 백성들로 하여금 예루살렘 성전을 성공적으로 재건하여(4:8-10) 영적 부흥을 도모하게끔 본서를 기록했다. 이런 격려는 학개의 저작 동기와 거의 유사한 것이다. 당시 거의 5명이나 되는 포로들이 바벨론으로부터 예루살렘과 인근 성읍으로 귀환했다. 그들은 곧바로 번제 단을 만들었고(스 3:1-7), 바벨론 포로 생활 70년 동안 중단했던 예배를 다시 드리게 되었다. 그들은 귀환한 지 2년 2월에 성전의 기초를 놓았다(스 3:8-13). 그러나 얼마 가지 못해 여러 가지 방해를 받게 되었고(스 4:1-6; 학 1:6-11), 성전 건축이 중단되었다(스 4:24). 이런 상황에서 스가랴는 본서를 기록하여 백성들을 고무시켜 성전재건을 완수토록 했다(호크마 주석).

본서는 그리스도를 어떻게 드러내고 있는가.

각 성경은 내용과 형식은 서로 다르나 그 근본 주제나 목적은 모두 다 '우리 주 예수 그리스도의 구속 사역을 통한 죄인의 구원'이라는 한 가지로 축약된다. 스가랴서는 메시아께서 오시기 전 기록된 구약 성경 가운데 하나이나 이사야서와 더불어 가장 다양하고 선명한 메시아 예언을 드러내고 있다. 다시 말해 본서는 그리스도의 초림과 재림 및 그의 인격과 그가 이루실 메시아 왕국에 대해 많은 정보를 제공함으로써 모든 세대의 성도들에게 궁극적으로 그리스도의 재림과 함께 있을 천국의 도래에 대한 확증을 주고 있는 것이다. 이제 본서에 나타난 그리스도 상을 정리해 보면 다음과 같다.

1) 본서는 수난 받으시는 그리스도를 보여주고 있다.

본서는 그리스도의 초림에 대한 예언이 풍부하게 나타나고 있다. 그리스도께서 십자가를 지시기 위해 나귀를 타시고 예루살렘에 입성하실 것이 9:9에 예언되어 있으며 이는 마 21:4, 5; 요 12:14-16에서 그대로 인용되었다. 그리고 또 은(銀) 30에 팔려 가실 것이라는 예언(11:12, 13)이 제자였던 가룟 유다의 배반으로 그대로 이루어졌다(마 26:15). 그리고 그리스도께서 찔림을 당할 것이라는 예언(12:10)도 그대로 이루어져 요 19:37에 인용되어 있다.

2) 본서는 그리스도께서 겸손한 인격임을 예언하고 있다.

본서 가운데서 그리스도께서는 여호와께서 명령하시는 일만을 수행하시는 "종"(3:8), 보잘것없는 "순"으로 묘사되었으며, 만왕의 왕이시지만 겸손하게 나귀를 타시고 예루살렘에 입성하시는 온유와 화평의 사람으로(9:9), 채찍에 맞고 거절당하고 배신당하여 죽게 되는 목자로 묘사되어 있다(13:7).

3) 본서는 하나님을 대적하는 악한 열방에게는 멸망의 심판을 내리실 공의의 심판주로 자주 언급되고 있다(9:11-17; 14:12-15). 다시 말해 초림으로 세계 만민에게 구속의 복음을 주시고, 재림 때에는 어차피 그 죄 값대로 죽을 전 인류 중에서 그의 구속의 복음을 믿고 순종으로 하나님께 나아오는 택한 백성들에게는 그 믿음에 대한 선물로 영복을 주실 것이나 끝내 그의 복음을 거부하고 하나님을 대적하는 불신자들에게는 영벌의 심판을 주신다는 것이다.

본서의 특징은 무엇인가.

1) 메시아에 대한 예언이 많아 이사야서와 같다는 점(초림에 대한 예언으로, 3:8; 9:9; 11:11-13; 12:10; 13:1, 6등, 재림에 대한 예언으로, 6:12; 14:1-21).

2) "천사"의 언급이 많다는 점(20회에 달한다).

3) "만군의 여호와"라는 표현이 많다는 점(본서에 47회, 학개서에 10회).

4) 문체가 다양하다는 점(환상, 시, 산문, 균형 잡힌 병행 구, 불균형한 강의법, 강의적 표현법등이 있다).

5) 본서는 12소선지서 중에서 가장 길고, 가장 불분명한 책이라는 점.

6) 성전 재건을 격려하는 점이 특이하고 또 종말의 예언이 강한 점 등을 들 수 있다.

내용 분해

I. 스가랴 앞에 8가지 환상이 나타나다 1:1-6:15

1. 회개를 권면하다 1:1-6
2. 8가지 환상 1:7-6:8
    1) 4가지 말들과 그 기사들 1:7-17
    2) 4뿔과 4기술자 1:18-21
    3) 척량 줄을 잡은 자 2:1-13
    4) 대 제사장 여호수아 3:1-10
    5) 순금등대와 두 감람나무 4:1-14
    6) 날아가는 두루마리 5:1-4
    7) 에바 안의 여인 5:5-11
    8) 네 병거의 환상 6:1-8
    9) 여호수아의 면류관 6:9-15

II. 금식 문제에 대한 문답 7:1-8:23

1. 금식에 대해 질문하다 7:1-3
2. 예언자의 답변 7:4-14
3. 순종과 복 8:1-17
4. 금식과 희락 8:18-23

III. 메시아 왕국을 예언하다 9:1-14:21

1. 열방의 멸망 9:1-8
2. 메시아의 초림 9:9-10

3. 선민이 번영하다 9:11-17
4. 선민이 회복하다 10:1-7
5. 선민이 집합하다 10:8-12
6. 성지에 암운이 깃들다 11:1-3
7. 선한 목자를 배척해서 벌을 받다 11:4-14
8. 우매한 목자가 멸망 받다 11:15-17
9. 예루살렘이 구원 받다 12:1-14
    ㄱ. 적군이 멸망하다 12:1-9
    ㄴ. 예루살렘이 회개하다 12:10-14
10. 예루살렘이 정화되다 13:1-9
    ㄱ. 예루살렘이 정화되다 13:1-6
    ㄴ. 예루살렘이 연단 받다 13:7-9
11. 메시아 왕국의 영광 14:1-21
    ㄱ. 여호와께서 임하셔서 예루살렘을 구원하시다 14:1-5
    ㄴ. 하늘과 땅에 이적이 일어나다 14:6-8
    ㄷ. 지형에 변화가 일어나다 14:9-11
    ㄹ. 적들의 멸망을 예언하다 14:12-15
    ㅁ. 모든 백성이 여호와 경배에 동참하다 14:16-21

■ 참고도서

아가페 굿모닝 성경(개역개정 제 4판), 서울특별시: 아가페출판사, 2006.

그랜드종합주석. *호세아-말라기*, 경기도 고양시: 성서아카데미, 2004.

김수홍. *그리스도의 말씀이 연합에 미친 영향*. 수원시: 도서출판 목양, 2011.

김희보. *스가랴주해(상)*, 서울특별시: 총신대학 출판부, 1985.

김희보. *스가랴주해(하),* 서울특별시: 총신대학 출판부, 1985.

랄프 스미드. *미가-말라기*, 채천석, 채훈 옮김, W. B. C. 2001.

루돌프, H. C. *스가랴서주석*, 서울특별시: 크리스챤서적, 1994.

메리데스 G. 클라인. *스가랴주석*, 조은혜옮김, 서울특별시: 기독교문서선교회, 2013.

옥스퍼드원어성경대전. *스가랴 제 1-14장주석*, 서울특별시:제자원바이블네트, 2008.

Deane, W. J. *스가랴, 말라기 주석*, 풀핏주석번역위원회 역, 대구시: 보문출판사,

옥스퍼드원어성경대전. *스바냐, 학개, 스가랴, 말라기*, 제자원 바이블네트, 2008.

레슬리 알렌. *호세아-말라기 주석*, 서울특별시: 한국성서유니온선교회, 1993.

매튜 헨리. *호세아-말라기주석*, 박문재옮김, 경기도고양시: 크리스챤다이제스트, 2009.

박윤선. *소선지서*, 성경주석, 서울: 영음사, 1962.

이상근. *소예언서,* 대구광역시: 성등사, 1997.

이순한. *소예언서강해(하)*, 서울: 생명의 말씀사, 1997.

Baxter, J. Sidlow. *Explore the Book*. Grand Rapids: Zondervan Publishing House, 1966.

Black, Matthew & Rowley, H.H. *Peake's Commentary on the Bible*, Nashville: Thomas Nelson, 1962.

Calvin, John. *Calvin's Commentaries,* Edinburgh: Clark, 1847.

Guthrie D. & Motyer, J.A. *The New Bible Commentary*, Grand Rapids: Eerdmans, 1970.

Henderson, E. *The Twelve Minor Prophets*, Grand Rapids: Baker, 1980.

Jamieson, R. Fausset, A. R. & Brown D. *Commentary on the Whole Bible,* Grand Rapids: Zondervan, 1976.

Keil, C.F. & Delitzsch, F. *Commentary on The Book of Nahum, Habakkuk, Zephaniah, Haggai, Zechariah, Malachi*, Grand Rapids: Eerdmans, 1982.

Lange, John Peter. *Commentary on the Whole Scripture*, Grand Rapids: Zondervan, 1876.

Lrelli, Conrad Von. *The Twelve Minor Prophets*, Minneapolis: Klock, 1977.

Maclaren, Alexander. *Expositions of Holy Scripture*, Grand Rapids: Baker Book House, 1984.

Morgan, G. Campbell. *An Exposition of the Whole Bible*, Old Tapen: Fleming H. Revell, 1959.

Myer, F. B. *Bible Commentary*, Wheaton: Tyndale, 1984.

Nicoll W. Robertson ed. *The Expositor's Bible*, Chicago: W.P. Blessing Co. n.d.

Wevers, John W. *The New Century Bible Commentary*, Wm. B. Eerdmans Co, Grand Rapids, 1969.

Walvoord, John F. & Zuck Roy B. ed. *The Bible Knowledge Commentary*, Wheaton: Victor, 1985.

【 사전 】

바이블렉스 8.0

데릭 윌리엄스, *IVP 성경사전*. 이정석 외 한국기독학생회 출판부 역, 한국기독학생회 출판부(IVP), 1992,

Achtemeier, Paul J. *Harper's Bible Dictionary*, New York: A Division of Harper Collins Publishers, 1985.

Douglas, J. D. *New Bible Dictionary*, (2nd edition), Wheaton: Tyndale House Publishers, 1982.

Tenney, Merrill C. *The Zondervan Pictorial Bible Dictionary,* Grand Rapids: Regency, 1967.

Tregelles, Samuel Prideaux. *Gesenius' Hebrew and Chaldee Lexicon,* Grand Rapids: Eerdmans, 1969.

Unger, M. F. *Unger's Bible Dictionary.* Chicago: Moody, 1957.

스가랴서 주해

스가랴는 학개와 동시대의 선지자로서 두선지자 모두 중단되었던 예루살렘 성전 재건 사업을 격려하는 목적으로 예언했다. 그는 다리오 2년에 학개보다 두 달 늦게 예언의 사역을 시작했다(스 5:1; 6:14; 학 1:15; 슥 1:1 비교). 본서의 내용은 환상 편(1-8장)과 예언 편(9-14장)으로 구분된다.

I. 스가랴 앞에 8가지 환상이 나타나다 1:1-6:15

먼저 서론으로서 권면이 있고(1:1-6), 다음으로 8환상이 나온다(1:7-6:15).

제 1 장

1. 회개를 권면하다 1:1-6

<악한 길에서 돌아오라고 명령하시다>

슥 1:1. 다리오 왕 제 이년 여덟째 달에 여호와의 말씀이 잇도의 손자 베레갸의 아들 선지자 스가랴에게 임하니라 이르시되.

다리오[34] 왕 2년 8월에 여호와의 말씀이 잇도의 손자[35]이며 베레갸[36]의

34) 다리오는 아하수에로의 아들이며 벨사살을 계승하여 왕이었다(단 9:2; 5:30; 5:31). 다리오는 바사 왕 고레스에 의해 바벨론을 통치하도록 임명 받아 왕이 되었으나 짧은 기간 동안(1년가량)만 통치했다(단 9:1). 그는 전국을 120개의 행정 구역으로 나누어 다스렸다(단 6:1). 신하들의 간계에 의해 왕 외에 다른 신을 섬기지 못하도록 금령을 제정하고(단 6:7-9) 이 금령을 어긴 다니엘을 사자 굴에 던지도록 명한 왕이 바로 이 메대 사람 다리오이다(단 6:6). 그러나 그는 사자 굴에서 살아나온 다니엘을 보고서 다니엘을 참소하던 자들을 사자 굴에 던져 넣고 하나님과 그 나라에 관한 조서를 내렸다(단 6:24-28).

35) 에스라는 그를 잇도의 아들이라고 했는데(스 5:1; 6:14) 그것은 손자를 아들이라고 말하는 히브리 풍속 때문이었다.

아들인 선지자 스가랴에게 임하셨다.

여기 "다리오 왕 2년 8월"이라고 때를 명기한 것은 스가랴 선지자가 여호와의 말씀을 받은 것이 역사적인 사건이라는 것을 드러내는 말이다.

슥 1:2. 여호와가 너희의 조상들에게 심히 진노하였느니라.

여호와께서 유다의 조상들에게 심히 노하셨다는 것이다.

여호와께서 유다의 조상들에게 심히 진노하셨다는 말씀은 그들이 범죄함으로 진노하셔서 포로민이 되게 하신 것을 말한다. 범죄하면 그 결과 비참함이 따른다.

슥 1:3. 그러므로 너는 그들에게 말하기를 만군의 여호와께서 이처럼 이르시되 너희는 내게로 돌아오라 만군의 여호와의 말이니라 그리하면 내가 너희에게로 돌아가리라 만군의 여호와의 말이니라.

그러므로 너 스가랴는 유다 백성들에게 말하여라. 만군의 여호와께서 이와 같이 말씀하시기를 너희는 내게로 돌아오라. 그러면 나 여호와가 너희에게 돌아가겠다고 하신다.

모든 환난의 원인은 백성들이 여호와를 떠난데 있는 것이다. 그런고로 백성들은 여호와께로 돌아가야 하는 것이다. 다시 말해 여호와를 향하여 회전해야(U-turn) 하는 것이다. 그러면 여호와께서 회전한 백성들을 기쁨으로 맞아주시는 것이다.

슥 1:4. 너희 조상들을 본받지 말라 옛적 선지자들이 그들에게 외쳐 이르되 만군의 여호와께서 이같이 말씀하시기를 너희가 악한 길, 악한 행위를 떠나서 돌아오라 하셨으나 그들이 듣지 아니하고 내게 귀를 기울이지 아니하였

---

36) 베레갸: 베레갸는 잇도의 아들이자 선지자 스가랴의 아버지이다. 그의 아들 선지자 스가랴는 여호수아와 스룹바벨이 바벨론 포로기 이후에 성전을 중수하는 일을 다른 어떤 선지자보다도 더 많이 지지한 예언자였다.

느니라 여호와의 말이니라.

너희 유다 백성들은 너희 조상들처럼 되지 마라. 이전 선지자들(아모스, 호세아, 요엘 등)이 유다의 조상들에게 외치기를 만군의 여호와께서 말씀하시기를 너희는 너희의 악한 길들과 너희의 악한 행동을 버리고 돌아오라고 하셨으나 그들이 듣지 않았고, 내 말을 듣지 않았다고 하신다.

오늘 우리는 여호와의 말씀을 듣자마자 즉시 순종해야 하는 것이다. 조금도 머뭇거려서는 안 될 것이다.

슥 1:5. 너희 조상들이 어디 있느냐 또 선지자들이 영원히 살겠느냐.

너희의 조상들이 어디 있느냐? 또 그 선지자들이 영원히 살겠느냐?

조상들이나 선지자들이 지금 어디 있느냐고 질문하신다. 선지자들도 영원히 살지 못하고 타계하게 되니 선지자들이 살아서 여호와의 뜻을 전달할 때 즉시 지체 하지 말고 순종해야 하는 것이다. 뒤로 미루면 심판밖에 돌아오는 것이 없다.

슥 1:6. 내가 나의 종 선지자들에게 명령한 내 말과 내 법도들이 어찌 너희 조상들에게 임하지 아니하였느냐 그러므로 그들이 돌이켜 이르기를 만군의 여호와께서 우리 길대로, 우리 행위대로 우리에게 행하시려고 뜻하신 것을 우리에게 행하셨도다 하였느니라.

나 여호와가 나의 종 선지자들에게 명령한 나의 말과 나의 규례들(렘 39:16; 애 2:17)이 너희 조상들에게 임하지 않았느냐? 유다의 조상들은 바벨론 포로에서 돌아와서 말하기를 만군의 여호와께서 우리의 길과 행동한 것에 따라서 우리에게 작정하신 대로 우리에게 하셨다(단 9:15; 스 9:6)고 하였다.

유다의 조상들은 때 늦은 후회를 한 것이었다. 여호와께서 유다의 조상들에게 명령하신 말씀과 법도들을 즉시 지체하지 말고(5절) 순종해야 함에도 불구하고 미루다가 바벨론 포로가 되어 70년을 포로로 살다가 돌아와서야

뒤늦게 만군의 여호와께서 자기들이 행한 대로 보응하셨다는 것을 알게 된 것이다. 오늘 우리는 하나님의 말씀을 받으면 즉시 순종해야 할 것이다.

2. 8가지 환상 1:7-6:8

1:7-6:8은 스가랴에게 8가지 환상이 보여진 것을 진술한다. 그 8가지 환상이란 1) 4가지 말들과 그 기사들(1:7-17), 2) 4뿔과 4기술자(1:18-21), 3) 척량 줄을 잡은 자(2:1-13), 4) 대 제사장 여호수아(3:1-10), 5) 순금등대와 두 감람나무(4:1-14), 6) 날아가는 두루마리(5:1-4), 7) 에바 안의 여인(5:5-11), 8) 네 병거의 환상(6:1-8) 등이다.

1) 4가지 말들과 그 기사들 1:7-17

1:7-17절에 진술된 첫째 환상은 4가지 말들과 네 기사의 출현을 진술한 것으로 예루살렘 백성들에게 조금만 힘내어 성전 건축 공사에 종사하면 좋은 일이 올 것이라는 위로와 격려를 주는 환상이다.

<화석류나무 사이에 선 자>

슥 1:7. 다리오 왕 제 이년 열한째 달 곧 스밧월 이십사일에 잇도의 손자 베레갸의 아들 선지자 스가랴에게 여호와의 말씀이 임하니라.

다리오 왕 2년 11월(스가랴가 예언을 시작한 때부터 3개월이 지난 때) 곧 스밧(Sebat, 11월의 바벨론 명)[37] 월 24일에 여호와의 말씀이 잇도의 손자이며 베레갸의 아들인 선지자 스가랴(1절 주해 참조)에게 임하셨다는 것이다.

슥 1:8. 내가 밤에 보니 한 사람이 붉은 말을 타고 골짜기 속 화석류나무 사이에 섰고 그 뒤에는 붉은 말과 자줏빛 말과 백마가 있기로(I saw in the night, and behold, a man riding upon a red horse! He was standing

37) 현재의 1-2월에 해당한다.

among the myrtle trees in the glen; and behind him were red, sorrel, and white horses-RSV, ESV).

나 스가랴가 밤에 보니 보라! 붉은 말을 탄 한 사람을 보았는데 그는 골짜기에 있는 화석류 나무들 사이에 서 있었으며, 그 사람 뒤에는 붉은 말들과 자주색 말들과 흰 말들이 서 있었다.

"내가 밤에 보니"란 말은 실제로 밤에 본 계시일 것이다. 그리고 "밤"이란 말에 정관사(the)(הַלַּיְלָה)가 붙어 있다. 따라서 이 밤은 7절에서 말하는 '다리오 왕 2년 11월 24일 밤을 가리킬 것이다. 바로 이 밤에 스가랴는 본 절 이하에서부터 6:8까지에 등장하는 8개의 환상을 본 것이다.

"내가 밤에 보니"란 말 다음에 "보라"(הִנֵּה)란 말이 히브리 원전에 있는데 이는 본 절의 말씀을 유의해서 관찰하라는 뜻이다.

"한 사람이 붉은 말을 타고 골짜기 속 화석류나무 사이에 섰고"란 말은 '여호와의 천사(11, 12절) 즉, 구약 시대에 나타나신 그리스도께서 전쟁하는 붉은 말[38]을 타고 작은 골짜기(in the glen) 안의 화석류 나무들[39] 사이에(among the myrtle trees) 서 있었다'는 뜻이다.

"그 뒤에는 붉은 말과 자줏빛 말과 백마가 있었다"는 말은 '구약 시대에 나타나신 그리스도의 뒤에는 전쟁을 상징하는 붉은 말들, 죽음을 상징하는 자주 빛 말들, 승리를 상징하는 백마들(Lange, Deane)이 서 있었다고 보는 것이다. 이 말들 위에는 천사들이 타고 있었던 것으로 보이는데 이 말들은 그리스도께서 거느리신 천사들의 무리로 보인다.

슥 1:9. 내가 말하되 내 주여 이들이 무엇이니이까 하니 내게 말하는 천사가 내게 이르되 이들이 무엇인지 내가 네게 보이리라 하니.

---

38) 구약 시대에 종종 나타나시는 그리스도께서 홍마를 타신 것은 그가 하나님의 백성들을 괴롭히는 원수들에 대해 진노하시며 심판을 행하심으로써 자기 백성을 구원할 분(14-17절)이심을 상징하는 것으로 볼 수 있다.

39) 이 나무는 골짜기에 나는 상록수로서 하얀 꽃은 피우고 열매는 처음에 하얀 빛을 띄다가 익으면 검은 곤색으로 변하며 향료와 지혈제로 쓰인다고 한다.

내(스가랴)가 묻기를 내 주여! 이 말들이 무엇입니까 라고 물으니 내게 말하는 천사가 내게 대답하기를 이것들이 무엇인지 내가 네게 보여 주겠다고 했다는 것이다.

본 절의 천사가 무슨 새로운 환상을 보여준다는 것이 아니라 이미 스가랴가 받은 환상의 내용을 풀이해 준다는 뜻이다.

슥 1:10. 화석류나무 사이에 선 자가 대답하여 이르되 이는 여호와께서 땅에 두루 다니라고 보내신 자들이니라.

'여호와의 천사(11, 12절) 즉, 구약 시대에 나타나신 그리스도께서 전쟁하는 붉은 말을 타고 작은 골짜기(in the glen) 안의 화석류 나무들 사이에(among the myrtle trees) 서 있었는데 그가 대답하여 이르기를 이것들은 여호와께서 땅을 두루 다니라고 보내신 말들이라고 하신다.

이 말들을 탄 천사들은 세상의 사정을 살피게 하나님께서 보내신 자들이다. 오늘 우리는 하나님의 보호를 받으며 또 천사들의 보호를 받는 자들이다.

슥 1:11. 그들이 화석류나무 사이에 선 여호와의 천사에게 말하되 우리가 땅에 두루 다녀 보니 온 땅이 평안하고 조용하더이다 하더라.

본 절은 세말들 위에 탄 천사들이 저들을 보낸 여호와의 천사(성육신하시기 전의 그리스도)에게 온 땅(유다 땅을 제외한 열방을 지칭한다)을 두루 다녀본 결과를 보고하는 내용이다. 즉, 그들이 화석류나무들 사이에 서 있는 여호와의 천사(성육신하시기 전의 그리스도)에게 대답하기를 우리들이 땅을 두루 다녀 보니, 보십시오, 온 땅이 안정되고 조용했다고 보고한다.

"온 땅이 평안하고 조용했다"는 말은 유다 백성을 제외하고는 모두 평안하고 조용했다는 뜻이다. 유다 백성은 일부가 바벨론에서 귀환했고 일부는 아직 바벨론에서 귀환하지 않았으니 양편이 다 어려움은 있었는데, 바사제국은 다리오 왕 등극 초기에 있던 내란이 진정되어 평안했고, 다리오 왕의 통치 안에 있었던 제국 안에도 평안하고 안정된 상태에 있었다. 그러나 그 평안은 일시적이었고 얼마되지 않아 하나님은 열방을 심판하시고 이스라엘에게 안정을 주실 것이다(15-17절).

슥 1:12. 여호와의 천사가 대답하여 이르되 만군의 여호와여 여호와께서 언제까지 예루살렘과 유다 성읍들을 불쌍히 여기지 아니하시려 하나이까 이를 노하신 지 칠십 년이 되었나이다 하매.

본 절은 여호와의 천사가 여호와 하나님께 유다를 위해 중보의 기도를 드리는 대목이다. 즉, 여호와의 천사가 대답하여 말씀하시기를 만군의 여호와시여! 주께서 어느 때까지 예루살렘과 유다의 성읍들을 불쌍히 여기지 아니하시겠습니까? 주 여호와께서 진노하신 지가 70년이 되었다고 말씀드린다.

여호와의 천사이신 그리스도는 언제나 이렇게 중보 기도를 드려 중보자의 역할을 하신다. 이렇게 중보 기도를 드려 하나님의 예정은 성취되는 것이다.

슥 1:13.여호와께서 내게 말하는 천사에게 선한 말씀, 위로하는 말씀으로 대답하시더라.

구약 시대에 활동하시는 그리스도께서 여호와께 중보의 기도를 드리시니(12절) 여호와께서 내게 말하는 천사에게 좋은 말씀, 곧 위로하는 말씀으로 대답하여 유다 백성들에게 위로의 말씀을 전하신다(14절).

슥 1:14. 내게 말하는 천사가 내게 이르되 너는 외쳐 이르기를 만군의 여호와의 말씀에 내가 예루살렘을 위하며 시온을 위하여 크게 질투하며.

나 스가랴에게 말씀하시는 천사가 내게 말씀하시기를 너 스가랴는 외쳐라! 만군의 여호와께서 이렇게 말씀하시기를 여호와께서 예루살렘과 시온을 위하여 큰 질투로 질투하고 계신다.

질투하시는 이유는 열방이 유다를 괴롭히고도 평온하게 지내었기 때문이라는 것이었다(11, 15절).

슥 1:15. 안일한 여러 나라들 때문에 심히 진노하나니 나는 조금 노하였거늘 그들은 힘을 내어 고난을 더하였음이라.

본 절은 하나님의 심부름을 한답시고 유다 민족들에게 너무 심하게 고난을 퍼 붓고도 안일하게 사는 갈대아 민족들에게 크게 분노하나니, 그 이유는 나 여호와가 조금 분노했으나 갈대아 군인들은 내 백성 유다에게 고난을 크게 더했기 때문이라고 하신다.

슥 1:16. 그러므로 여호와가 이처럼 말하노라 내가 불쌍히 여기므로 예루살렘에 돌아왔은즉 내 집이 그 가운데에 건축되리니 예루살렘 위에 먹줄이 쳐지리라 만군의 여호와의 말이니라.

본 절 초두의 "그러므로"란 말은 '15절에 진술된 대로 갈대아군이 이스라엘에게 너무 지나치게 고난을 더했기 때문에'란 뜻이다. 갈대아 군인들은 유다 백성들을 너무 심하게 다루었으므로 여호와께서 유다 백성들을 돌보시겠다는 것이다. 즉, 여호와께서 말씀하시기를 나 여호와가 유다 민족을 불쌍히 여기셔서 예루살렘을 돌보셔 왔은즉 여호와의 성전이 예루살렘에 건축되게 할 것이라고 하신다.

"예루살렘 위에 먹줄이 쳐지리라"는 말씀은 '예루살렘을 재건하기 위해 먹줄을 치시겠다'는 뜻이다.

슥 1:17. 그가 다시 외쳐 이르기를 만군의 여호와의 말씀에 나의 성읍들이 넘치도록 다시 풍부할 것이라 여호와가 다시 시온을 위로하며 다시 예루살렘을 택하리라 하라 하니라.

여호와께서 말씀하시기를 너 스가랴는 다시 외쳐라. 나의 유다의 성읍들이 다시 좋은 것으로 넘칠 것이다. 여호와가 다시 시온을 위로하고, 예루살렘을 다시 택하여 복을 주실 것이라고 하신다.

갈대아(바벨론) 군대가 유다 나라를 너무 심하게 파괴했으므로 여호와께서 유다 나라를 불쌍히 여기셔서 성전도 건축해주시고 유다 나라를 번성케 하시겠다는 것이다.

2) 4뿔과 4기술자 1:18-21

18-21절에 진술된 환상은 4개의 뿔의 환상으로 이는 유다를 흩어버린 세상 세력을 지칭한다. 이 4개의 뿔의 환상은 세상의 권세가 멸망할 것을 보여주는 환상이다.

<네 뿔과 대장장이 네 명>

슥 1:18. 내가 눈을 들어 본즉 네 개의 뿔이 보이기로.

나 스가랴가 눈을 들어 본즉 세상의 네 세력을 상징하는 4개의 뿔(유다 나라의 사방에 존재하는 원수들)을 보았다.

성도들의 주위에는 항상 이처럼 성도들을 괴롭히는 원수들이 있음을 알아야 한다.

슥 1:19. 이에 내게 말하는 천사에게 묻되 이들이 무엇이니이까 하니 내게 대답하되 이들은 유다와 이스라엘과 예루살렘을 흩뜨린 뿔이니라.

나 스가랴는 나에게 말하는 천사에게 묻기를 이 네 개의 뿔들이 무엇인가 하고 물으니 천사가 나에게 대답했다. 이것들은 유다와 이스라엘과 예루살렘을 흩어 버린 뿔들(앗수르, 바벨론, 애굽, 메대 바사, 헬라, 로마 등)이라고 대답했다.

성도의 원수들은 시대마다 변하여 항상 성도의 주위에서 성도들을 괴롭히고 성도들을 압박하고 멸망시키려 애쓴다.

슥 1:20. 그 때에 여호와께서 대장장이 네 명을 내게 보이시기로(Then the LORD showed me four craftmen-ESV).

그 때에 주님께서 나에게 대장장이 네 명(four craftmen, 네 명의 기술공들)을 보여 주셨다.

여기 "대장장이 네 명"(네 명의 기술공들)은 '하나님의 택한 백성을 대적하는 사방의 모든 원수들을 멸하시기 위하여(21절) 하나님께서 준비하신 심판의 도구들'(천사들)을 지칭한다.

하나님은 우리를 대적하는 사방의 원수들을 멸하시기 위해 항상 천사들을 사용하신다는 것을 알면 얼마나 안심되는 일인지 모른다.

슥 1:21. 내가 말하되 그들이 무엇하러 왔나이까 하니 대답하여 이르시되 그 뿔들이 유다를 흩뜨려서 사람들이 능히 머리를 들지 못하게 하니 이 대장장이들이 와서 그것들을 두렵게 하고 이전의 뿔들을 들어 유다 땅을 흩뜨린 여러 나라의 뿔들을 떨어뜨리려 하느니라 하시더라.

나 스가랴가 여호와께 여쭙기를 이 사람들은 무슨 일을 하려고 온 사람들입니까 하니 주님께서 나에게 대답하셨다. 이 뿔 넷은 유다 사람을 뿔뿔이 흩어지게 하여, 유다 사람이 감히 머리도 쳐들지 못하게 만든 나라들이다. 그러나 대장장이 넷(천사들)은, 곧 유다 땅을 뿔로 들이받아 백성을 흩어 버린 이방 나라들을 떨게 하고, 그 이방 나라들의 뿔을 꺾으려고 온 존재들이라고 대답하신다.

제 2 장

3) 척량 줄을 잡은 자 2:1-13

1-3절은 회복된 예루살렘의 영광을 보인다. 이 부분의 내용은 예루살렘이 회복된 영광을 보이고(1-3절), 예루살렘을 회복시키시는 하나님의 열심(6-9절), 회복된 예루살렘이 가지는 기쁨(10-13절)을 보여준다.

<척량줄을 잡은 사람>

슥 2:1. 내가 또 눈을 들어 본즉 한 사람이 측량줄을 그의 손에 잡았기로.

스가랴 선지자가 눈을 들어 보았더니 한 사람이 자기 손에 측량줄을 잡고 있는 것이 보였다.

여기 "한 사람"이 누구인가가 문제이다. 1) 한 '천사'라는 견해(Deane), 2) '해석하는 천사'라는 견해(Rosenmueller, Mauer), 3) '여호와의 천사' 곧 메시아라고 보는 견해(Jerome, Hengsternberg, Keil, Prowne, 박윤선, 이상근, 이순한, 그랜드종합주석) 등이 있다. 문맥으로 보아 3)번의 견해가 바른 것으로 본다.

"한 사람이 측량줄을 그의 손에 잡고 있다"는 말은 '앞으로 회복될 예루살렘 성터를 측량하기 위하여 메시아께서 측량줄을 잡고 있다'는 뜻이다. 이 계시는 앞으로 바벨론에서 돌아올 많은 사람이 거주할 수 있는 예루살렘을 보여주고 나아가 앞으로 메시아 시대를 보여주려는데 있다(Calvin, 박윤선, 그랜드종합주석).

슥 2:2. 네가 어디로 가느냐 물은즉 그가 내게 대답하되 예루살렘을 측량하여 그 너비와 길이를 보고자 하노라 하고 말할 때에.

본 절은 스가랴 선지자와 메시아(1절)의 대화이다. 즉, 스가랴 선지자가 메시아(1절)에게 당신이 어디로 가느냐고 물은즉 메시아께서 나 스가랴에게 대답하되 예루살렘을 측량하여 그 너비와 길이가 얼마나 되는지 알아보려고 한다고 하였다. 스가랴 선지자는 성도의 모범을 보여 "네가 어디로 가느냐"고 물었다. 오늘 우리도 성경을 보고 모르면 하나님께 여쭈어야 할 것이고 아니면 목사나 전도사에게 물어서 알아야 할 것이다. 게으른 병에 걸려있는 성도가 되어서는 안 될 것이다.

"예루살렘을 측량하여 그 너비와 길이를 보고자 하노라"는 말은 당대의 예루살렘 성을 넓히고자 한다는 말로만 받을 것이 아니라 장차 메시아 왕국이 어떻게 될 것이냐를 알아보는 것이다. 오늘 우리는 이 메시아 왕국이 어느 정도 되는지 알아보아야 할 것이다. 지금은 기독교 인구가 19억이라고 한다.

슥 2:3. 내게 말하는 천사가 나가고 다른 천사가 나와서 그를 맞으며.

보라! 그 때에 나 스가랴에게 말하던 천사가 나가자 다른 천사가 그를 맞으려고 나왔다는 것이다.

본 절 초두의 "보라"(הִנֵּה)라는 단어는 본 절을 아주 유의해서 관찰할 것을 주문하는 단어이다. 다시 말해 본 절은 아주 중요한 내용을 포함하고 있다는 것을 말한다.

"내게 말하는 천사가 나가고 다른 천사가 나와서 그를 맞았다"는 말씀은 '나 스가랴에게 하나님의 계시를 해석해주던 천사(1:9)가 스가랴에게서 떠나 다른 방면으로 나갔다는 것이다. 그 천사가 다른 방면으로 간 이유는 앞에 나타난 측량사건을 좀 더 자세하게 탐지하여 스가랴에게 설명해주려는 것이었다. 그 천사가 이런 목적을 가지고 다른 방면으로 나갔을 때에 다른 천사[40]가 그를 영접하고 측량 사건에 대하여 좀 더 자세한 설명을 제공하기

40) 스가랴에게 친절하게 답해주었던 그 천사가 떠나려고 했을 때 다른 천사가 나타나 그를 맞이해 주었다. 그리고 그 다른 천사는 스가갸에게 4-13절에 언급되고 있는 메시지의 뜻을 알려준다. 칼빈(John Calvin)은 여기 "다른 천사"란 말을 두고 교회를 위한 천사들의 맹렬한 활동을 주시하고 있다. 그는 말하기를 "천사들이 저렇게 교회의 평안을 확보하기 위해 합작한다.

원했다. 여기 '다른 천사'란 지금까지의 계시 전달자와는 또 다른 제 3의 천사이다. 제 3의 천사가 이처럼 황급히 동료 천사를 맞이한 이유는 환상의 의미를 그에게 풀이해주면서 그것을 스가랴에게 전해주라는 여호와의 명령을 전달해주기 위해서였다(4절). 천사들이 이처럼 서로 협력하여 일하는 광경은 성도를 구원하시기 위해서 역사하시는 하나님의 열심 있으신 사역을 깨닫게 해준다.

그리고 본 절 마지막의 '그'는 계시 전달의 임무를 맡은 천사였다.

슥 2:4. 이르되 너는 달려가서 그 소년에게 말하여 이르기를 예루살렘은 그 가운데 사람과 가축이 많으므로 성곽 없는 성읍이 될 것이라 하라.

본 절은 앞 절(3절)의 "다른 천사"가 계시를 해석해주는 천사에게 말을 건네는 것을 진술한 것이다. 즉, 너(계시 전달자)는 저 청년(스가랴)에게 달려가 예루살렘은 그 안에 사람과 가축이 많아져 성벽 없는 도시가 될 것이라고 일러주라고 말했다.

"너(계시 전달자)는 달려가라"고 말한 이유는 전할 계시의 내용이 기쁜 내용이기 때문에 달려가서 전하라는 것이었다. 그 내용은 회복된 예루살렘에 사람과 가축이 많아져 넓은 들과 광활한 곳이 된다는 것이었다.

슥 2:5. 여호와의 말씀에 내가 불로 둘러싼 성곽이 되며 그 가운데에서 영광이 되리라.

본 절은 여호와 자신께서 이스라엘(유다 나라도 이스라엘이다)의 성곽이 되어주시니 다른 성곽이 필요가 없다는 것을 말씀하신다. 즉, 여호와께서 말씀하시기를 나 여호와는 그 성 사면의 불 성벽이 되어 줄 것이고, 그 성 안에서 영광이 되어 줄 것이라고 하신다. 이스라엘이 광야를 행진할 때 그 백성들에게 불기둥이 되어주신 하나님(출 13:22)은 회복한 이스라엘

이것을 보면 성도들이 얼마나 하나님께 귀중한 존재임을 알 수 있다"고 했다.

(유다 나라)의 예루살렘 성을 위해 불 성곽이 되어주신다는 것이다. 오늘 우리 하나님은 성도 개인들을 위해 불성곽이 되어 주신다.

"그 가운데에서 영광이 되리라"는 말씀은 '하나님께서 예루살렘 성안에서 영광이 되어 주신다'는 것이다. 하나님은 오늘도 교회 안에 계시면서 모든 복을 주시고 보호해 주신다.

6-9절. 하나님은 예루살렘을 회복시키시는 열심을 보이신다.

슥 2:6. 오호라 너희는 북방 땅에서 도피할지어다 여호와의 말씀이니라 이는 내가 너희를 하늘 사방에 바람 같이 흩어지게 하였음이니라 여호와의 말씀이니라.

여호와께서 말씀하시기를 너희는 한시 빨리 북쪽 땅(바벨론)에서 도망쳐 나오너라! 나 여호와가 너희(유다 민족)를 하늘 사방으로 부는 바람처럼 흩어지게 하였지만 이제는 어서 바벨론에서 나오라고 하신다.

우리는 언제든지 하나님의 명령에 빨리 순종해야 한다. 게으름 병에 걸린 채 있어서는 안 된다.

슥 2:7. 바벨론 성에 거주하는 시온아 이제 너는 피할지니라.

본 절은 앞 절을 반복한 것이다. 앞 절 주해를 참조하라.

슥 2:8. 만군의 여호와께서 이같이 말씀하시되 영광을 위하여 나를 너희를 노략한 여러 나라로 보내셨나니 너희를 범하는 자는 그의 눈동자를 범하는 것이라.

만군의 여호와께서 이와 같이 말씀하시기를 그 영광을 나타내시기 시작한 후에 여호와께서 너희를 약탈한 민족들(바벨론, 메대 바사 민족)에게로 나 메시아를 보내시며 말씀하시기를 너희를 치는 자는 곧 그의 눈동자를 치는 자라(시 17:8)고 하셨다고 하신다.

"영광을 위하여"(אַחַר כָּבוֹד - after his glory)란 말은 '하나님께서 그의

영광을 나타내시기 시작한 후에', 혹은 '하나님께서 그의 영광을 위하여'라고 해석할 수 있다.

"너희를 범하는 자는 그의 눈동자를 범하는 것이라"는 말씀은 '하나님의 백성들을 해치는 자는 하나님의 눈동자를 찌르는 것이라'는 뜻이다.

슥 2:9. 내가 손을 그들 위에 움직인즉 그들이 자기를 섬기던 자들에게 노략거리가 되리라 하셨나니 너희가 만군의 여호와께서 나를 보내신 줄 알리라.

보라! 나 여호와가 그들(바벨론 및 메대 바사) 위에 나의 손을 흔들면 그들(바벨론 및 메대 바사)은 자기 종들(유다 민족)에게 약탈거리가 될 것이고, 그때에 너희(유다 민족)는 만군의 여호와께서 나를 보내신 줄 알게 될 것이라고 하신다.

하나님께서 역사하시면 쉽게 주종관계가 바뀐다는 것이다. 다시 말해 바벨론이 유다 민족에게 종노릇하게 될 것이라는 말이다.

10-13절.

슥 2:10. 여호와의 말씀에 시온의 딸아 노래하고 기뻐하라 이는 내가 와서 네 가운데에 머물 것임이라.

여호와께서 말씀하시기를 시온의 딸아(예루살렘 주민들에 대한 애칭)! 크게 외치고 기뻐하여라(8:3; 9:9; 사 12:6). 보라! 내가 와서 너희 가운데 거할 것이라고 하신다.

유다 민족은 바벨론에서 귀환했으니 기뻐하라는 것이다. 그리고 훗날 신약 시대의 교회는 하나님께서 임재하시니 기뻐해야 하는 것이다(요 1:14).

슥 2:11. 그 날에 많은 나라가 여호와께 속하여 내 백성이 될 것이요 나는 네 가운데에 머물리라 네가 만군의 여호와께서 나를 네게 보내신 줄 알리라.

그 날에(신약 시대가 되어) 많은 이방 민족이 여호와께 연합되어 그분의 백성이 될 것이고(8:20-23; 사 2:1-4; 미 4:1-4), 여호와께서 너희 가운데 거하실 것이며(10절 참조), 그때에 너는 만군의 여호와께서 나를 네게 보내셨음을 알게 될 것이라(9절 주해 참조)고 하신다.

슥 2:12. 여호와께서 장차 유다를 거룩한 땅에서 자기 소유를 삼으시고 다시 예루살렘을 택하시리니.

본 절은 여호와께서 유다를 기업으로 취하시고 예루살렘을 다시 선택하실 것을 밝히고 있다. 즉, 여호와께서 장차 그 거룩한 땅에서 유다를 그의 소유로 삼으시고[41], 예루살렘을 다시 가장 사랑하는 성으로 택하실 것이라(1:17 주해 참조)는 내용이다.

슥 2:13. 모든 육체가 여호와 앞에서 잠잠할 것은 여호와께서 그의 거룩한 처소에서 일어나심이니라 하라 하더라.

모든 혈육 있는 육체(하나님 백성들을 대적하는 인간들)는 여호와 앞에서 잠잠하여라(합 2:20; 습 1:7). 그 이유는 여호와께서 그 거룩한 거처(하늘)에서 심판하시기 위해 일어나시기 때문이라는 것이다.

하나님께서 어떤 때는 조용히 계시는 듯이 보이지만 또 어떤 때는 심판하시기 위해서 일어나신다는 것이다.

41) 이 말씀은 메시아께서 유다 땅을 중심으로 천국 운동을 전개하실 것을 가리킨다.

제 3 장

4) 대 제사장 여호수아 3:1-10

1-10절은 스가랴 앞에 4번째 환상이 등장한다. 이 환상의 내용은 여호와 앞에 대제사장 여호수아가 사단의 참소를 당하고 있는 환상인데, 여호와께서는 사단을 물리쳐 주시고 여호수아를 정결케 해주신다.

<여호와의 천사 앞에 선 여호수아>

슥 3:1. 대제사장 여호수아는 여호와의 천사 앞에 섰고 사탄은 그의 오른쪽에 서서 그를 대적하는 것을 여호와께서 내게 보이시니라.

여호와께서 그의 천사 앞에 서 있는 대제사장 여호수아를 나 스가랴에게 보여 주셨는데 사단은 그의 오른편에 서서 여호수아를 대적하는 환상이었다.

"대제사장 여호수아"는 바벨론 포로에서 귀환한 대제사장(스 2:2; 3:2; 학 1:1 참조)으로 바벨론에서 별세한 그의 아버지 여호사닥을 계승해서 대제사장이 되었다. 그는 귀환 후에 총독 스룹바벨과 협력해서 유다(이스라엘이라고 불러도 된다)를 재건했다.

"대제사장 여호수아는 여호와의 천사 앞에 섰다"는 말은 '대제사장 여호수아는 유다의 대표자로서 여호와의 사자, 곧 메시아 앞에 서 있었다'는 것이다. 여호수아가 메시아 앞에 서 있었던 이유는 판단을 받기 위함이었다(민 35:12; 신 19:17; 수 20:6). 이때에 여호와의 사자 곧 메시아는 심판주인 동시에 겸하여 하나님 백성의 대표인 여호수아의 변호자도 되신다. 택한 백성의 구주이신 메시아께서 심판하는 권세를 가지셨으니 택함 받은 백성들은 그 심판에 있어서 보호를 받는다.

"사탄은 그의 오른쪽에 서서 그를 대적하는 것을 여호와께서 내게 보이셨다"는 말은 '사탄은 대적자로서 여호수아의 오른 편에 서서 여호수아를 대적하는 것을 여호와 하나님께서 스가랴에게 보여주셨다'는 뜻이다.

이때에 하나님의 백성 이스라엘이 사탄의 방해로 인하여 성전 재건을 중지했다. 그러나 하나님은 그 백성의 허물과 죄를 용서하시고 그 시작한 성전 재건의 과업을 완수시키실 것이다. 하나님은 이 사실을 보여주시려고 스가랴에게 이 계시를 보여주셨다(박윤선).

슥 3:2. 여호와께서 사탄에게 이르시되 사탄아 여호와께서 너를 책망하노라 예루살렘을 택한 여호와께서 너를 책망하노라 이는 불에서 꺼낸 그슬린 나무가 아니냐 하실 때에.

여호와께서 사탄에게 말씀하시기를 사탄아! 여호와가 너를 책망한다. 예루살렘을 선택한 여호와가 너를 책망한다. 이 예루살렘은 불에서 꺼낸 그슬린 나무토막이 아니냐고 하셨다.

본 절 초두의 "여호와"란 말은 '앞 절의 여호와의 천사 곧 그리스도'이시다(Calvin).

본 절 안에는 "사탄아 여호와께서 너를 책망하노라"는 구절이 두 번이나 나온다. 이는 메시아께서 사탄의 방해를 분명히 물리치고야 마신다는 것을 강조하는 것이다.

"예루살렘을 택한 여호와께서 너를 책망하노라"는 말씀은 '여호와께서 예루살렘을 택하셨기 때문에 구원하신다는 것이고 사탄을 책망하신다'는 것이다. 결코 예루살렘이 의로워서 구원하신다는 것은 아니다. 택하셨기 때문에 의롭게 만들어 구원하신다는 뜻이다.

"이는 불에서 꺼낸 그슬린 나무가 아니냐"는 말씀은 '예루살렘은 불속에서 꺼낸 그슬린 나무'라는 것이다. 다시 말해 유다 나라 백성들은 바벨론에서 가까스로 구원 받아 나왔다는 것이다. 이렇게 겨우 구원 받아 나온 유다 백성들이 사탄의 공작에 의해서 버림받아야 할 일은 아니라는 것이다.

슥 3:3. 여호수아가 더러운 옷을 입고 천사 앞에 서 있는지라.

여호수아가 더러운 옷을 입은 채 그 천사(메시아) 앞에 서 있었다는 것이다.

여호수아, 다시 말해 유다 백성들이 더러운 옷을 입었기 때문에 메시아로부터 버림을 당하는 것이 아니라 메시아의 씻어주심을 받기 위해 천사(메시아)앞에 그냥 서 있었다는 것이다.

오늘 우리는 더럽다고 해서 버림을 당하는 존재가 아니라 메시아의 대속을 입는 존재이다.

슥 3:4. 여호와께서 자기 앞에 선자들에게 명령하사 그 더러운 옷을 벗기라 하시고 또 여호수아에게 이르시되 내가 네 죄악을 제거하여 버렸으니 네게 아름다운 옷을 입히리라 하시기로.

여호와(문맥상 이는 메시아를 지칭하는 말이다)께서 자기 앞에 서 있는 자들(일반 천사들)에게 대답하여 말씀하시기를 그(여호수아)가 입고 있는 더러운 옷을 벗겨라 하시고, 여호수아(유다 백성을 대표하는 사람)에게 말씀하시기를 보라! 나 메시아가 너(유다 백성들)의 죄를 제거하여 버렸으니 이제 너(유다 백성들)에게 예복을 입혀 주겠노라고 하신다.

슥 3:5. 내가 말하되 정결한 관을 그의 머리에 씌우소서 하매 곧 정결한 관을 그 머리에 씌우며 옷을 입히고 여호와의 천사는 곁에 섰더라.

그때에 나 스가랴가 말씀드리기를 그(여호수아)의 머리에 정결한 관을 씌우게 하소서(스가랴의 기원) 라고 하니, 그 천사들이 그(여호수아)의 머리에 정결한 관을 씌우고 옷을 입혔으며 여호와의 천사(메시아)는 곁에 서 있었다.

"내가 말하되 정결한 관을 그의 머리에 씌우소서라고 기원하매"란 말은 '스가랴가 기원하기를 여호수아의 머리에 정결한 관을 씌워주소서'라고 했다는 것인데 이것은 오늘 우리 성도들도 하나님께 더욱 정결을 위해 기도해야 하는 것을 보여주는 말이다.

"정결한 관을 그 머리에 씌우며 옷을 입혔다"는 말은 '일반 천사들이 정결한 관을 여호수아의 머리에 씌우며 더러운 옷을 벗기고 정결한 옷을 입혔다'는 것이다. 오늘 우리 역시 우리가 정결하기를 원하여 기도하면 하나님께서 우리를 정결하게 해주신다는 것이다.

"여호와의 천사는 곁에 섰더라"는 말은 메시아께서 이때까지 여호수아의 보호자로 있다가 이제부터는 아주 그의 보호자로 활동하신다는 뜻이다.

슥 3:6. 여호와의 천사가 여호수아에게 증언하여 이르되.

여호와의 천사가 처음으로 여호수아에게 다음 절처럼 증언한다.

증언의 내용은 여호와의 율례를 수행하면 대제사장의 직무를 수행할 수 있다는 것이다. 오늘 우리도 여호와의 율례를 준행하면 우리의 직무를 잘 수행할 수 있는 힘을 얻게 된다.

슥 3:7. 만군의 여호와의 말씀에 네가 만일 내 도를 행하며 내 규례를 지키면 네가 내 집을 다스릴 것이요 내 뜰을 지킬 것이며 내가 또 너로 여기 섰는 자들 가운데에 왕래하게 하리라.

만군의 여호와께서 이와 같이 말씀하시기를 너 여호수아가 나 여호와의 길을 걸으며(왕상 3:14) 나의 명령을 지키면(말 3:14) 너 여호수아가 나 여호와의 집을 다스릴 것이요, 나의 뜰을 지킬 것이며, 여기 서 있는 자들 사이에서 네가 통행할 수 있게 하겠다고 하신다.

"여기 섰는 자들 가운데에 왕래하게 하리라"는 말씀은 '성도들 가운데 왕래하며 사역할 자격이 된다'(Calvin)는 뜻이다.

슥 3:8. 대제사장 여호수아야 너와 네 앞에 앉은 네 동료들은 내 말을 들을 것이니라 이들은 예표의 사람들이라 내가 내 종 싹을 나게 하리라(Hear now, O Joshua the high priest, you and your friends who sit before you, for they are men who are a sign: behold, I will bring my servant the Branch-ESV).

대제사장 여호수아야! 내 말을 잘 들어라! 너(여호수아)와 네 앞에 앉아 있는 동료들(일반 제사장들)은 나 여호와의 말을 함께 잘 들어라(순종하라는 뜻이다). 너희 일반 제사장들은 모두 앞으로 나타날 일의 예표(신약 시대의 왕 같은 제사장들이 될 성도들의 모형)가 되는 사람들이다. 나 여호와가 이제 새싹(메시아, 사 53:1-3; 53:11-12)이라고 부르는 나의 종(메시아)을 보내겠다고 하신다. 이 메시아는 결국에는 만왕의 왕의 자리에 오르실 것이라는 것이다.

슥 3:9. 만군의 여호와가 말하노라 내가 너 여호수아 앞에 세운 돌을 보라 한 돌에 일곱 눈이 있느니라 내가 거기에 새길 것을 새기며 이 땅의 죄악을 하루에 제거하리라(For behold, upon the stone which I have set before Joshua, on a single stone with seven eyes, I will engrave its inscription, declares the LORD of hosts, and I will remove the iniquity of this land in a single day-ESV).

앞 절(8절)의 "내 종, 순"이 고난의 메시아를 상징한다면, 본 절의 "돌"은 성전과 관계된 심판의 메시아(시 118:22; 사 28:16; 벧전 2:7)라 했고, 또 동시에 "하루 동안에 세계의 죄를 제거하리라" 했으니 앞선 "내 종, 순"의 메시지를 다시 한 번 더 재확인하고 그 고난의 궁극적 목적을 확증하는 구원의 돌이 되심을 선언하신 것이다. 즉, 만군의 여호와께서 말씀하시기를 나 여호와가 너 여호수아 앞에 돌 한 개를 놓는다. 그 돌은 일곱 눈을 가진 돌이다. 나 여호와는 그 돌에 내가 이 땅의 죄를 하루 만에 없애겠다는 글을 새긴다고 하신다.

"그 돌은 일곱 눈을 가진 돌이라"는 말은 '메시아께서 아주 밝은 통찰력을 가지신 분'이라는 것을 말한다. 7은 만수여서 메시아께서 아주 밝은 눈을 가지신 전지하신 분이라는 것을 말하는 것이다. 메시아는 아주 전지하신 분으로 교회를 건축하시는 분이시다.

"내가 거기에 새길 것을 새기며 이 땅의 죄악을 하루에 제거하리라"는 말씀은 '나 여호와는 그 돌에 내가 이 땅의 죄를 하루 만에 없애겠다는 글을 새기신다'는 것이다. 메시아께서는 십자가에서 하루 만에 죄를 완전히 대속하신다는 뜻이다.

슥 3:10. 만군의 여호와가 말하노라 그 날에 너희가 각각 포도나무와 무화과나무 아래로 서로 초대하리라 하셨느니라.

만군의 여호와가 말씀하시기를 그 날이 오면 너희 속죄를 받은 사람들은 서로 이웃을 포도나무와 무화과나무 아래로 초대하여 잔치를 벌일 것이라고 하신다. 위로 하나님과의 교통이 열린 사람들은 옆으로 사람과의 교통을 가지게 마련이다.

제 4 장

5) 순금등대와 두 감람나무 4:1-14

1-14절은 순금 등대 환상을 보인다. 이 부분의 내용은 순금등대 환상(1-3절), 순금 등대의 뜻(4-10절), 및 두 감람나무의 뜻(11-14절)이 진술되어 있다.

1-3절. 순금 등대.

<순금 등잔대와 두 감람나무>

슥 4:1. 내게 말하던 천사가 다시 와서 나를 깨우니 마치 자는 사람이 잠에서 깨어난 것 같더라.

나 스가랴에게 말하던 천사(해석해주던 천사, 1:9참조)가 다시 나에게 와서 나를 깨우니, 나는 마치 잠에서 깨어난 사람 같았다는 것이다.

슥 4:2. 그가 내게 묻되 네가 무엇을 보느냐 내가 대답하되 내가 보니 순금 등잔대가 있는데 그 위에는 기름 그릇이 있고 또 그 기름 그릇 위에 일곱 등잔이 있으며 그 기름 그릇 위에 있는 등잔을 위해서 일곱 관이 있고.

그(1절의 천사)가 내(스가랴)게 묻기를 너(스가랴)는 무엇을 보느냐고 하기에 내가 대답했다. 보십시오. 제가 순금으로 만든 등잔대를 보고 있습니다. 그 꼭대기에는 주발(a bowl - 사발, 공기)이 있고, 그 등잔대에는 일곱 개의 등잔이 있는데 등잔대 꼭대기에 있는 각 등잔들로 연결되는 일곱 관이 있는 순금 등잔대를 보고 있다고 말한다.

스가랴 선지자가 환상 중에 본 '등대'는 이전의 등대(모세의 성막의 등대와 솔로몬 성전에 있던 등대)와 달리 꼭대기에 기름을 담는 주발(기름을 저장하기 위한 그릇)이 있고 또한 불타는 심지를 담는 일곱 등잔이 있으며,

그것들은 각기 기름이 흘러내리는 일곱 개의 관(管)에 의해 서로 연결되어 있는 구조를 이루고 있다. 대부분의 주석가들은 본문의 '순금 등대'가 하나님의 교회를 상징하는 모형이라는 점에 대해서는 아무런 이의를 제기하지 않는다(Calvin, Wycliffe, Keil, Lange, Moore, Deane).

여기서 등대가 순금으로 되어 있는 것을 말한 이유는 금이 순수하고 변치 않는 성질을 지니고 있는 것처럼 하나님의 교회 역시 순전하며 영원불변해야 함을 의미한다(그랜드종합주석).

슥 4:3. 그 등잔대 곁에 두 감람나무가 있는데 하나는 그 기름 그릇 오른쪽에 있고 하나는 그 왼쪽에 있나이다 하고.

스가랴가 본 것은 등잔대 곁에는 감람나무(올리브 나무) 두 그루(이것들은 기름을 공급하기 위한 시설)가 서 있는데, 하나는 주발(사발) 오른쪽에 있고, 다른 하나는 주발 왼쪽에 있다고 보고한다.

살아 있는 감람나무 열매에서 나는 기름이 끊임없이 등대에 공급되었으니 순금 등대는 계속해서 불을 밝힐 수가 있었다(11, 12절).

여기서 기름은 성령을 상징하는바 우리는 본문을 통해서 하나님의 성령의 은총이 아니고서는 교회가 어두운 세상에 빛을 발휘하는 역할을 감당할 수 없음을 깨닫게 된다.

슥 4:4. 내게 말하는 천사에게 물어 이르되 내 주여 이것들이 무엇이니이까 하니.

스가랴는 자기에게 말해주는 천사에게 물어 이르기를 내 주(천사를 부르는 말)여 이것들이 무엇이니이까 하고 물었다.

스가랴 선지자는 천사 앞에서 자기의 무식을 폭로한다. 오늘 우리도 우리의 무지를 하나님께 알려야 할 것이다. 그러면 하나님께서 우리의 기도를 들으시고 해답을 주신다.

슥 4:5. 내게 말하는 천사가 대답하여 이르되 네가 이것들이 무엇인지 알지 못하느냐 하므로 내가 대답하되 내 주여 내가 알지 못하나이다 하니.

나 스가랴에게 말하는 천사(해석해주던 천사, 1:9참조)가 내게 대답했다. 너(스가랴)는 그것들이 무엇인지 알지 못하느냐고 물었을 때 나 스가랴가 대답하기를 나의 주님, 저는 알지 못한다고 대답했다.

4, 5절의 문답은 12-13절에서도 다시 반복된다. 우리는 알지 못한다고 많이 말씀드려야 한다.

슥 4:6. 그가 내게 대답하여 이르되 여호와께서 스룹바벨에게 하신 말씀이 이러하니라 만군의 여호와께서 말씀하시되 이는 힘으로 되지 아니하며 능력으로 되지 아니하고 오직 나의 영으로 되느니라.

나 스가랴에게 해석해주던 천사(1:9)가 나 스가랴에게 대답하여 말하였다. 본 절의 말씀은 여호와께서 스룹바벨에게 하신 말씀으로 모든 것은 힘으로 되지 아니하고 권력으로도 되지 아니하며, 오직 나의 영으로만 된다는 것이다.

"이는 힘으로 되지 아니하며 능력으로 되지 아니하고 오직 나의 영으로 된다"는 것은 '모든 것은 힘으로 되지 아니하고 권력으로도 되지 아니하며, 오직 나의 영으로만 된다'는 것이다. 다시 말해 교회의 일은 부력(富力)이나 금력, 병력(兵力)이나 세상의 세력 같은 것으로 되지 않고 오직 성령님의 역사로 되는 것을 밝혀 스룹바벨을 격려한 것이다. "만군의 여호와"라는 말의 주해를 위해서는 1:3주해를 참조하라.

슥 4:7. 큰 산아 네가 무엇이냐 네가 스룹바벨 앞에서 평지가 되리라 그가 머릿돌을 내놓을 때에 무리가 외치기를 은총, 은총이 그에게 있을지어다 하리라 하셨고.

큰 산아! 네가 무엇이냐? 네가 스룹바벨 앞에서 평지가 될 것이다. 스룹바벨이 머릿돌을 내어 놓을 때에 사람들이 은총, 은총이 그 돌에 있다고 외칠 것이다. 아무리 큰 어려운 문제들이라도 하나님의 성령님의 역사 앞에서는 문제없이 해결될 것이다. 스룹바벨이 성전의 머릿돌(시 118:22)을 놓을 때에 무리가 외치기를 은총이 스룹바벨에게 있어서 순순히 해결될 것이라는 것이다. 오늘 우리도 성령님의 역사를 기원하니 우리 앞의 모든 큰일도 쉽게 해결될 것이다.

슥 4:8. 여호와의 말씀이 또 내게 임하여 이르시되.

그때 여호와의 말씀이 또 내게 임하신다. 본 절과 같은 말씀은 가끔 나타나 아주 강조적이다(1:1; 2:6).

슥 4:9. 스룹바벨의 손이 이 성전의 기초를 놓았은즉 그의 손이 또한 그 일을 마치리라 하셨나니 만군의 여호와께서 나를 너희에게 보내신 줄을 네가 알리라 하셨느니라.

스룹바벨의 두 손이 이 제 2성전의 기초를 놓았으니, 그의 두 손이 그 성전의 일을 마치게 될 것이다. 그때에 비로소 만군의 여호와께서 나 천사를 스가랴에게 보내셨음을 알게 될 것이라고 하신다.

하나님은 시작하신 일을 반드시 마치신다. 하나님은 오늘도 시작하신 일을 반드시 마치신다.

"만군의 여호와께서 나를 너희에게 보내신 줄을 네가 알리라 하셨느니라"는 말씀은 '만군의 여호와께서 천사를 너 스가랴에게 보내신 줄을 스가랴가 알게 될 것이라'는 뜻이다.

슥 4:10. 작은 일의 날이라고 멸시하는 자가 누구냐 사람들이 스룹바벨의 손에 다림줄이 있음을 보고 기뻐하리라 이 일곱은 온 세상에 두루 다니는 여호와의 눈이라 하니라(For whoever has despised the day of small things shall rejoice, and shall see the plumb line in the hand of Zerubabel. These seven are the eyes of the LORD, which range through the whole earth-ESV).

시작이 별것 아니라고 비웃는 자가 누구냐? 스룹바벨이 돌로 된 측량추를 손에 잡으면 사람들은 그것을 보고 기뻐할 것이다. 이 일곱 눈은 온 세상을 두루 살피는 나 여호와의 눈이라고 하신다.

"작은 일의 날이라고 멸시하는 자가 누구냐"는 말씀은 '스룹바벨이 성전 건축을 시작하고 진행하던 당시 원수들의 방해로 인하여 아주 보잘 것이 없어 보여서 사마리아인들은 이를 멸시했고, 유다 인들도 멸시하는 자가 많았는데 하나님께서는 그를 보고 멸시하지 말라 고 하신다'는 것이다.

"사람들이 스룹바벨의 손에 다림줄이 있음을 보고 기뻐하리라"는 말씀은 '사람들이 건축물의 수평 혹은 수직 상태를 알아보는 도구인 다림줄이 스룹바벨의 손에 있어 성전 재건 공사가 진행 중이라는 것을 보고 기뻐할 것이라'는 뜻이다.

"이 일곱은 온 세상에 두루 다니는 여호와의 눈이라"는 말씀은 '온 세계를 감찰하시는 일곱 눈이 되시는 성령님은 전지전능하심을 상징하는 분으로 성전 공사를 반드시 완수하실 것이고 그 때에 멸시하던 자의 입은 완전히 봉해질 것이라'는 뜻이다.

슥 4:11. 내가 그에게 물어 이르되 등잔대 좌우의 두 감람나무는 무슨 뜻이니이까 하고.

나 스가랴는 천사(스가랴에게 계시를 말해주던 천사, 1:9)에게 물었다. 등잔대의 오른쪽과 왼쪽에 있는 이 두 감람나무(올리브 나무)는 무엇인가고 물었다.

스가랴 선지자는 지금까지의 환상을 통해 순금등대의 뜻은 알게 되었으나 그 좌우의 두 감람나무는 무엇인지 몰라 천사에게 물은 것이다. 우리가 모르는 것이 있으면 지체 없이 물어야 한다.

슥 4:12. 다시 그에게 물어 이르되 금 기름을 흘리는 두 금관 옆에 있는

이 감람나무 두 가지는 무슨 뜻이니이까 하니(And a second time I said to him, What are these two branches of the olive trees, which are beside the two golden pipes from which the oil is poured out?-ESV)**.**

나 스가랴가 다시 그 천사에게 물기를 금빛 기름이 흘러 내리는 두 금관(대롱) 옆에 있는 이 감람나무(올리브 나무) 두 가지는 무슨 뜻 인가고 물었다.

"금 기름"(זָהָב)은 단순히 '금'이라는 뜻이다. "금 기름"이라고 표현한 이유는 감람나무에서 등대를 향해 흘러내리는 기름의 색깔이 황금색이었기 때문이었을 것이다.

"두 금관"은 등대의 좌우에 있는 두 감람나무와 등대 꼭대기의 주발을 연결해 주는 '두 개의 관'을 말한다(3절). 바로 이 2개의 관을 통해 공급되는 감람유에 의해 순금 등대는 끊임없이 불을 밝힐 수 있었다.

"감람나무 두 가지"는 3, 11절의 '두 감람나무'를 뜻하는 말인데 본절은 이를 '감람나무 두 가지'로 표현하고 있다. 여기 '가지'(branch)에 해당하는 히브리어(שִׁבֳּלֵי)는 '곡식의 이삭'을 가리키기도 한다. 아마도 기름을 생산하는 감람 열매들이 그 가지들에 주렁주렁 달려 있음을 강조하려는 뜻에서 이러한 표현을 사용했을 것으로 보인다.

슥 4:13. 그가 내게 대답하여 이르되 네가 이것이 무엇인지 알지 못하느냐 하는지라 내가 대답하되 내 주여 알지 못하나이다 하니.

천사는 나 스가랴에게 대답하여 말하기를 너 스가랴는 이것들이 무엇인지 알지 못하느냐고 하므로 내가 말하기를 나의 주님 저 스가랴는 알지 못한다고 대답했다.

천사는 선지자의 질문(11, 12절)에 곧장 바른 대답을 해주지 않고 "네가 이것이 무엇인지 알지 못하느냐" 하면서 그의 무식을 더욱 솔직하게 말하게 했다. 바로 이것이 하나님께서 사람에게 계시의 진리를 가르쳐 주시는 방법이다. 하나님은 간절히 알고자 하는 자에게 진리를 가르쳐 주신다.

슥 4:14. 이르되 이는 기름 부음 받은 자 둘이니 온 세상의 주 앞에 서 있는 자니라 하더라.

천사가 말해주기를 이들은 기름 부음을 받은 두 사람(대제사장 여호수아와 총독 스룹바벨, 레 21:10; 삼상 10:1)이니 온 땅의 주님 앞에 서있는 자들(이 두 사람은 하나님과 함께 있으면서 성령님의 은혜를 받아 하나님의 교회에 공급하는 자들)이라고 했다.

이와 같은 은혜를 받은 후에 정치적이며 종교적인 지도를 감당할 수 있는 것이다. 정치적인 지도자도 성령의 은혜를 받아야 잘 감당할 수 있는 것이다.

제 5 장

6) 날아가는 두루마리 5:1-4

1-4절은 여섯째 환상을 진술한 것으로 날아가는 두루마리 환상이다. 이 두루마리 환상은 도적질하는 자(십계명의 제 5-10계명에 대한 죄를 짓는 자)와 거짓 맹세하는 자(십계명의 1-4계명에 대해 나타난 죄를 짓는 자)를 멸한다는 저주의 환상이다.

<날아가는 두루마리>

슥 5:1. 내가 다시 눈을 들어 본즉 날아가는 두루마리가 있더라.

나 스가랴가 다시 눈을 들어 본즉 날아가는 두루마리가 있더라는 것이다.

"내가 다시 눈을 들어 보았다"는 말은 '나 스가랴 선지자가 1:7-4:14까지의 환상을 보았고 이제 다시 눈을 들어 다음 환상(여섯 번째 환상)을 보게 되었다'는 뜻이다.

"날아가는 두루마리가 있더라"는 말은 스가랴 선지자가 본 두루마리는 가죽 두루마리에 기록된 하나님의 율법 책이었는데 특별히 저주의 내용(신 27:11-26; 28:15-68)을 담고 있다. 그리고 그 두루마리는 완전히 펼쳐진 채로 날아가고 있는 두루마리였다. 이처럼 두루마리가 활짝 펼쳐져서 날아가고 있었다는 것은 거기에 기록된 저주가 아주 속히 이루어질 것을 의미한다(Deane).

슥 5:2. 그가 내게 묻되 네가 무엇을 보느냐 하기로 내가 대답하되 날아가는 두루마리를 보나이다 그 길이가 이십 규빗이요 너비가 십 규빗이니이다.

천사가 나 스가랴에게 묻기를 네가 무엇을 보느냐고 하기에 나 스가랴가 대답하기를 날아가는 두루마리를 보고 있나이다. 그 길이가 20규빗이요 넓이가 10규빗이라 고 대답했다.

"그 길이가 20 규빗이요 너비가 10 규빗이니이다"라는 말은 두루마리의 크기를 말하는 것으로, 한 규빗은 한자 반(1/2m)이니까, 길이 20규빗은 50cm X 20 = 10m이고, 넓이 10규빗은 50cm X 10 = 5m이다. 그러므로 두루마리 전체의 길이는 10m, 넓이 5m의 거대한 것이었다. 이 크기는 성전의 성소의 크기와 같아서(출 26:1; 왕상 6:3) 무서운 생각마저 들어 이 두루마리가 저주하고 있는 대상들은 성전의 성소에서 끊어진다는 것을 의미하는 것이기도 한다(K.&D., 박윤선, 이상근). 사람이 성소에서 끊어진다는 것은 메시아에게서 끊어진다는 말과 같은 것이다.

슥 5:3. 그가 내게 이르되 이는 온 땅 위에 내리는 저주라 도둑질하는 자는 그 이쪽 글대로 끊어지고 맹세하는 자는 그 저쪽 글대로 끊어지리라 하니.

그 천사는 나 스가랴에게 이렇게 말하기를 이 날아다니는 두루마리에 쓰인 글들은 온 땅 위에 내릴 저주이다. 두루마리의 한 쪽에는 도둑질하는 자가 모두 땅 위에서 말끔히 없어진다고 씌어 있고, 두루마리의 다른 쪽에는 거짓으로 맹세하는 자가 모두 땅 위에서 말끔히 없어진다고 씌어 있다고 말해주었다.

이 두루마리에 기록된 두 가지 죄는 귀환민의 대표적인 죄였다. 그들은 바벨론 포로 생활에서 살아남기 위해 도둑질을 했고, 함부로 거짓 맹세하는 악습에 빠졌다. 또 이 두 죄는 십계명의 요약이라고 지적된다(Calvin, Deane, 박윤선, 이상근). 곧, "도둑질"은 이웃을 해롭게 하는 것이니 십계명의 둘째 부분(제 5-10계명)을 어긴 죄악을 대표하는 것이고, "맹세"는 그들이 하나님의 이름을 가리켜 망령되이 일컫는 것으로서 하나님을 반역하는 죄이니 십계명의 첫째 부분(제 1-4계명)을 어긴 것이다(Calvin).

슥 5:4. 만군의 여호와께서 이르시되 내가 이것을 보냈나니 도둑의 집에도 들어가며 내 이름을 가리켜 망령되이 맹세하는 자의 집에도 들어가서 그의

집에 머무르며 그 집을 나무와 돌과 아울러 사르리라 하셨느니라 하니라.

만군의 여호와의 말씀하시기를 나 여호와가 그 저주의 두루마리를 내보낸 것이니 저주가 도둑의 집에도 들어가고, 내 이름으로 거짓 맹세하는 자의 집에도 들어가서 그 집안에 머물며 그 집을 그 집의 재목들과 돌과 함께 파괴해 버릴 것이라고 하신다.

오늘도 도둑질하는 자와 거짓 맹세하는 자는 무서운 형벌을 면치 못하는 것은 마찬가지이다. 오늘 수 없는 사람들이 거짓을 자행하고 있는데 언젠가는 형벌을 받을 것을 각오하고 있어야 한다.

7) 에바 안의 여인 5:5-11

5-11절은 일곱째 환상을 보여준 것으로 에바 안에 앉은 여인이다. 에바는 이스라엘 사람들이 사용하는, 곡식을 두는 큰 그릇임으로 이 환상은 영리적 상업주의의 죄를 규탄하는 것이다.

<에바 속의 여인>

슥 5:5. 내게 말하던 천사가 나아와서 내게 이르되 너는 눈을 들어 나오는 이것이 무엇인가 보라 하기로.

나 스가랴에게 말하던 천사가 나아와(1:9) 나에게 말하기를 너 스가랴의 눈을 들어 가까이 나오고 있는 이것이 무엇인지 보라고 했다.

슥 5:6. 내가 묻되 이것이 무엇이니이까 하니 그가 이르되 나오는 이것이 에바이니라 하시고 또 이르되 온 땅에서 그들의 모양이 이러하니라.

나 스가랴가 천사에게 묻기를 그것이 무엇인가고 물으니, 그 천사가 말하기를 나오는 이것은 에바(곡식을 넣는 그릇 혹은 곡식을 넣는 뒤주)이니라 하고 또 말하기를 이것은 온 땅에 있는 그들의 모양이라고 말해주었다.

"온 땅에서 그들의 모양이 이러하니라"는 말의 해석을 두고 두 견해가 있다. 1) 그 말(斗) 속에 한 여인이 앉은 정도로(7절)서 꽉 차지는 않았으니 아직은 죄악이 말에 가득하지 않은 모양이라는 의미라는 것'으로 보는 견해.

2) 본 절은 이스라엘은 물론 온 세상이 에바가 상징하는 것처럼 악으로 가득 차 있음을 시사하는 것으로 보는 견해가 있다(Lange). 이 두 견해 중에 2)번째 견해가 바른 견해로 본다. 이유는 본 절이 무엇이든지 강조하는 것을 보면 2)번의 견해가 합당한 것으로 보는 것이다.

슥 5:7. 이 에바 가운데에는 한 여인이 앉았느니라 하니 그 때에 둥근 납 한 조각이 들리더라(And behold the leaden cover was lifted, and there was a woman sitting in the basket!-ESV)**.**

그 에바(뒤주)에는 납으로 된 뚜껑이 덮여 있었다. 내가 보니, 뚜껑이 들리고, 그 뒤주 안에 여인이 앉아 있는 것이 보였다.

본 절은 에바(뒤주) 위의 둥근 뚜껑이 열리면서 그 속에 앉아있는 한 여인이 스가랴 선지자의 눈에 보였다는 의미이다. 이 에바 속의 여인은 다음 절에서 언급하듯이 이스라엘의 백성 가운데 관영한 죄악을 상징한다.

슥 5:8. 그가 이르되 이는 악이라 하고 그 여인을 에바 속으로 던져 넣고 납 조각을 에바 아귀 위에 던져 덮더라.

그 천사가 말하기를 이 여자는 죄악이다 하고 그 여자를 에바 속으로 던져 넣고 납 조각을 에바 아귀 위로 덮었다.

이 여인은 이스라엘의 죄를 상징하고 그 죄 중에서도 특히 우상숭배의 죄를 상징하는 것이라고 보인다(사 1:21; 렘 2:20; 44:20; 겔 23:1; 호 2:5; 말 2:11).

슥 5:9. 내가 또 눈을 들어 본즉 두 여인이 나오는데 학의 날개 같은 날개가 있고 그 날개에 바람이 있더라 그들이 그 에바를 천지 사이에 들었기로(Then I lifted my eyes and saw, and behold, two women coming forward! The wind was in their wings; they had wings like the wings of a stork, and they lifted up the basket between earth and heaven-ESV)**.**

나 스가랴가 눈을 들어 보니 보라! 두 여자가 날아오고 있었다. 그들은 학의 날개 같은 날개를 가졌고, 그들의 날개에서 바람이 일어났으며, 그들이 그 에바를 땅과 하늘 사이로 들어 올렸다는 것이다.

본 절은 아주 중요한 내용을 전한다는 뜻으로 "보라!"라는 간투사(הִנֵּה)가 있는데 두 여인이 나오는 환상 이전에 놓여 있다.

본 절은 네 가지 중요한 것들을 말하고 있다. 첫째, "두 여인이 나오고 있었다"는 것이다. 두 여인이 에바 속에서 나왔다는 뜻이 아니라 스가랴가 보고 있는 환상 가운데 새로운 두 여인이 나타났다는 뜻이다. 이 두 여인이 무엇을 가리키느냐를 두고 견해가 갈린다. 1) 장차 유대인들을 온 세상에 흩어버릴 헬라와 로마를 가리킨다는 견해(Scott, Marcius), 2) 북쪽 나라 이스라엘 사람들과 남쪽 나라 유다 나라 사람들을 포로로 잡아간 앗수르와 바벨론을 가리킨다는 견해(Calvin, Henderson)가 있다. 이 두 견해 중 2)번의 견해를 택해둔다.

둘째, "학의 날개 같은 날개가 있다"는 말이 무엇을 뜻하는지 문제이다. 이 학(황새)은 모세의 율법에서 부정한 조류로 여겨지고 있지만(레 11:19; 신 14:18), 본문에 이 학(황새)의 날개가 언급된 것은 학의 힘찬 날개 짓 때문이다. 다시 말해 이 두 여인은 죄악을 상징하는 에바와 그 속의 한 여인을 멀리 그리고 완전히 다른 곳으로 옮기는 역할을 수행하는 자들이었으니 학의 날개처럼 생긴 날개를 가지고 있는 것으로 비유적으로 묘사된 것이다(Lange).

셋째, "그 날개에 바람이 있더라"는 말은 마치 학이 바람을 타고 재빠르게 날아가듯이 '두 여인' 역시 재빠르게 에바와 그 속의 한 여인을 다른 곳으로 옮길 것이라는 의미이다.

넷째, "그들이 그 에바를 천지 사이에 들었다"는 말은 '그들이 그 공중으로 에바를 들어 올렸다'는 뜻이다. "들다"에 해당하는 히브리어 "나사"라는 말은 물체를 이동시키기 위해 물체를 위로 끌어올리는 동작을 의미한다.

슥 5:10. 내가 내게 말하는 천사에게 묻되 그들이 에바를 어디로 옮겨 가나이까 하니.

나 스가랴는 내게 계시를 해석해주는 천사에게 묻기를 저 여자들이 에바를 어디로 가져가는 것인가 고 물었다.

오늘 우리는 스가랴처럼 우리가 모르는 문제를 수시로 물어야 한다.

슥 5:11. 그가 내게 이르되 그들이 시날 땅으로 가서 그것을 위하여 집을 지으려 함이니라 준공되면 그것이 제 처소에 머물게 되리라 하더라.

천사가 스가랴 선지자에게 이르되 그들이 시날 땅[42](사 11:11; 단 1:2, 바벨론 땅)으로 가서 거기에다가 그 뒤주를 둘 신전을 지을 것이다. 신전이 완성되면 그 뒤주는 제자리에 놓일 것이라고 말해준다.

"그것을 위하여"란 말은 '그녀를 위하여'란 말이다. 물론 여기서 '그녀를 위하여'란 말은 에바 속의 여인을 지칭한다.

"집을 지으려 함이니라"는 말은 '죄악의 세력들이 심판 받고 감금당하는 곳을 지으려 한다'는 뜻이다. 하나님께서는 악의 세력들을 징벌하기 위한 처소 곧 유황불 못을 준비하신다는 뜻이다.

"준공되면 그것이 제 처소에 머물게 되리라"는 말은 '하나님을 믿지 않는 자들의 최후는 모두 영벌이라'는 것을 뜻하는 말이다.

하나님께서 시날 땅으로 에바와 그 속의 여인을 옮기신다는 것은 죄악의 세력을 그대로 두지 않고 분명히 심판하실 것이라는 의미이다.

---

42) 시날 땅: 노아의 홍수 사건 후에 세상 사람들이 하나님께 반역을 일으켜 바벨탑을 쌓은 곳이다(창 11:2-9). 이 시날 땅이란 하나님의 뜻을 거슬러 저지르는 온갖 죄악이 관영한 곳을 상징적으로 의미하기 위해 쓰였다.

제 6 장

8) 말들이 끄는 네 병거의 환상 6:1-8

1-8절은 마지막 환상인 8째 환상이 등장하는 것으로 세상에 하나님의 심판을 준행할 4세력을 가리킨다.

<네 병거>

슥 6:1. 내가 또 눈을 들어 본즉 "보라!" 네 병거가 두 산 사이에서 나오는데 그 산은 구리 산이더라.

나 스가랴가 다시 눈을 들어 보니 두 산 사이에서 네 대의 병거가 나오고 있었는데, 그 산들은 놋 산이었다는 것이다.

"눈을 들어 본즉"이란 말의 주해를 위해서 5:1의 주해를 참조하라.

"보라!"(הִנֵּה)라는 간투사가 히브리어의 "네 병거"란 말 앞에 나와 본 절의 내용이 아주 중요한 절임을 강조하고 있다.

"네 병거"는 전쟁에 사용하는 병거들이니 이를 다니엘의 계시를 따라(2장, 7장), 바벨론, 바사, 헬라, 로마의 4세력을 가리키는 것으로 보나(Deane), 한 시대에 멸망했던 세상 나라가 하나님의 최종적 심판의 도구일 수는 없다는 측면에서 이 견해는 거부되어야 할 것이다. 따라서 여기 병거가 넷임은 온 세상에 두루 하나님의 심판이 임할 것임을 나타내 준다.

"두 산 사이에서 나오는데 그 산은 구리 산이라"는 말은 '네 병거가 부동의 두 구리(銅) 산 사이에서 나왔다'는 뜻이다. 여기 산이란 말에 관사가 있음으로 잘 알려진 산을 지칭하는 것으로 아마도 시온산과 감람산을 지칭하는 것으로 보아 시온산과 감람산 사이에서 나온 것으로 본다. 따라서 네 병거가 나온 골짜기의 양쪽에 있는 산들이 놋으로 이루어져 있다는 것은 하나님의 심판이 너무나 강력하고 준엄하여 그 누구도 피할 수 없음을 나타내 준다. 오늘 우리는 하나님의 심판을 피할 수 없음을 알아야 할 것이다. 그러나 우리의 심판은 예수 그리스도께서 십자가에서 대신 받으셨다. 얼마나 감사한지 모를 일이다. 그는 대속의 죽음을 죽으셨다(막 10:45).

슥 6:2-3. 첫째 병거는 붉은 말들이, 둘째 병거는 검은 말들이, 셋째 병거는 흰 말들이, 넷째 병거는 어룽지고 건장한 말들이 메었는지라.

여기 2-3절은 네 병거들(1절)을 끄는 말들의 색과 방향을 진술하고 있다. 즉, 네 병거 중 첫째 병거는 붉은 말들(전쟁과 피 흘림 상징)이 끌고 있고, 둘째 병거는 검은 말들(슬픔과 죽음 상징)이 끌고 있으며, 셋째 병거는 흰 말들(승리와 기쁨 상징)이 끌고 있고, 넷째 병거는 얼룩말들(기근과 질병 상징)이 끌고 있었다. 말들은 모두 건장(힘이 세고 또 늠름함 상징)하였다는 것이다.

이처럼 하나님은 자연 현상인 기근과 질병, 피 흘림과 전쟁을 사용하셔서 범죄한 자들을 엄중히 심판하신다.

슥 6:4-5. 내가 내게 말하는 천사에게 물어 이르되 내 주여 이것들이 무엇이니이까 하니, 천사가 대답하여 이르되 이는 하늘의 네 바람인데 온 세상의 주 앞에 서 있다가 나가는 것이라 하더라.

나 스가랴가 나에게 말하는 천사에게, 그것이 무엇들이냐고 물었다. 그 천사가 나에게 대답하기를 그것들은 하늘의 네 영이다. 온 세상을 다스리시는 주님을 뵌 후 지금 떠나는 중이라고 대답했다.

스가랴 선지자가 환상을 본 후에 그 뜻을 알지 못하여 천사에게 물은 것을 보면 오늘 우리도 참으로 겸허하게 모르는 것을 주님께 물어야 할 것이다.

"하늘의 네바람"이란 말은 '네 영'(the Spirit)이란 뜻이다. "하늘의 네바람"이란 1절에서는 "네 병거"로도 표현되어 있는데 본 절에서는 "네바람"

으로 진술되고 있다. 이는 온 세상에 하나님의 심판을 집행할 천사들을 지칭한다.

"온 세상의 주 앞에 서 있다가 나가는 것이라"는 말은 '천사들은 온 우주의 만물 창조주 하나님의 명령을 받고 이제 나가는 중이라'는 뜻이다. 천사들은 하나님의 명령대로만 행동한다. 우리 역시 하나님의 명령을 따라 살아야 한다.

슥 6:6. 검은 말은 북쪽 땅으로 나가고 흰 말은 그 뒤를 따르고 어룽진 말은 남쪽 땅으로 나가고.

검은 말들이 끄는 병거는 북쪽 땅(바벨론 쪽, Deane, Moore)으로 떠나갔고, 흰 말들이 끄는 병거는 그 뒤를 따랐으며, 얼룩말들이 끄는 병거는 남쪽 땅(애굽, Deane, Lange, Moore)으로 떠나갔다는 것이다.

본 절에서 주목되는 것은 4병거 중에서 첫째인 붉은 말이 끄는 병거의 방향이 빠져 있다는 것이다. 4기사의 환상(1:7-17)에서 검은 말이 없는 것처럼 본 절의 4병거의 환상에서는 붉은 말이 빠진 것이다. 그 회답으로는 1) 빠진 방향은 동쪽인데 그곳 방향 심판은 이미 지났기 때문이라는 견해다(Pusey). 2) 7절의 붉은 말을 가리킴(Lange) 등이 있다. 그러나 만족한 답들은 아닌 것으로 보인다.

슥 6:7. 건장한 말은 나가서 땅에 두루 다니고자 하니 그가 이르되 너희는 여기서 나가서 땅에 두루 다니라 하매 곧 땅에 두루 다니더라(When the strong horses came out, they were impatient to go and patrol the earth. And he said, "Go, patrol the earth." So they patrolled the earth.-ESV)**.**

그 건장한 말들이 나가서 땅을 두루 돌아다니고자 하니 그 천사가 말하기를 떠나서 땅을 두루 돌아다녀라 하니 병거들은 땅을 두루 돌아다녔다.

본 절의 "그 건장한 말들"의 해석을 두고 견해가 갈린다. 1) 네 개의 병거에 매인 말들 전체라는 견해(일본의 혹기), 2) 6절에 빠진 첫째의 붉은 말이라는 견해(Lange), 3) 6절의 넷째 병거로 보는 어룽진 말이라는 견해(Mitchell, Deane, 박윤선, 이상근) 등이다. 3절에 비춰 3)번이 바른 것으로 본다. 그는 천사의 명령을 받아 나가서 땅에 두루 다니고 있다. 땅을 두루 다님은 온 땅을 정복하는 기세를 펴는 것을 상징한다.

슥 6:8. 그가 내게 외쳐 말하여 이르되 (보라) 북쪽으로 나간 자들이 북쪽에서 내 영을 쉬게 하였느니라 하더라.

그가 나 스가랴에게 소리쳐 말하기를 보라! 북쪽 땅으로 나간 말들이 북쪽 땅에서 나의 영혼을 쉬게 하였느니라 고 했다.

문장 초두에 "그가 내게 외쳤다"는 말은 '여호와의 사자, 곧 메시아께서 외치셨다'는 뜻이다.

"보라!"(הִנֵּה)라는 말이 히브리 원문에 있다. 본 절의 내용이 아주 중요하니 잘 관찰하라고 주문하는 말이다.

"북쪽으로 나간 자들"은 6절에 의하면 둘째 병거를 끄는 검은 말들이었다. "북쪽에서 내 영을 쉬게 하였다"는 말은 '북쪽 나라 바벨론에서 메시아의 심판하시고자 하는 마음을 시원하게 했다'는 뜻이다. 아마도 고레스 왕이 바벨론을 멸망시킨 사실을 가리킬 것이다.

8개의 환상의 주지는 이스라엘의 원수들은 멸망하고 이스라엘은 회복되어 정화된다는 것이다. 이런 환상을 통하여 스가랴는 이스라엘의 백성들을 격려하여 성전을 재건하게 한 것이다.

9) 여호수아의 면류관 6:9-15

9-15절은 이스라엘의 원수들이 멸절 당하고 이스라엘이 회복되었음으로 여호와께서 스가랴 선지자에게 명령하여 대제사장 여호수아에게 면류관을 만들어 씌울 것을 명하신 것이다.

<면류관을 여호수아의 머리에 씌우다>

슥 6:9. 여호와의 말씀이 내게 임하여 이르시되.

본 절은 환상이 끝나고 그 결과로 여호와께서 스가랴 선지자에게 명령하시는 것을 진술한다.

슥 6:10. 사로잡힌 자 가운데 바벨론에서부터 돌아온 헬대와 도비야와 여다야가 스바냐의 아들 요시아의 집에 들어갔나니 너는 이 날에 그 집에 들어가서 그들에게서 받되(Take from the exiles Heldai, Tobijah, and Jedaiah, who have arrived from Babylon; and go the same day to the house of Josiah, the son of Zephaniah-RSV, ESV).

너 스가랴는 사로잡혔다가 돌아온 자들 중 헬대[43]와 도비야[44]와 여다야[45]에게서 예물을 받아라. 너는 그 날 스바냐의 아들 요시아[46]의 집으로 가거라. 그들이 바벨론에서 돌아와 그곳(요시아의 집)에 있느니라고 하셨다.

위의 세 사람은 바벨론에서 돌아온 사람들로서 본국 유다에서 성전 재건이 진행된다는 소식을 듣고 성전 재건에 필요한 금과 은을 모아서 예루살렘으로 보내곤 했다. 하나님께서 왜 스가랴 선지자를 특별히 세 사람에게 보내어 그들의 금품을 취하여 면류관을 만들도록 하셨을까? 아마도 그들은 바벨론에서 귀환한 유다인들 중 많은 사람에게 영향을 끼칠 수 있는 높은 사람들로서 하나님의 예루살렘 재건 약속을 불신앙하였기 때문에 하나님은 그들을 고쳐서 신앙으로 많은 유다인들을 바로 인도하도록 하시려고 그들에게 스가랴를 보내어 이 일을 하게 하신 것이다(Calvin).

"이 날에"란 말은 하나님의 말씀이 스가랴 선지자에게 주어진 당일을

---

43) 헬대: "헬대"라는 이름은 '참는 자'라는 뜻으로(K.&D.), 바벨론에서 귀환한 자이다. 헬대는 금을 모아 여호수아의 면류관을 만든 세 사람 중 한 사람이다.

44) 도비야: '주님은 좋으시다'는 뜻으로 흔한 이름이다. 바벨론에서 귀환한 자로 도비야는 금을 모아 여호수아의 면류관을 만든 세 사람 중 한 사람이다.

45) 여야다: '하나님이 돌아보신다'는 뜻이다. 바벨론에서 귀환한 자로 여야다 금을 모아 여호수아의 면류관을 만든 세 사람 중 한 사람이다.

46) 요시아: '하나님이 지지하시는 자'라는 뜻이다. 이는 바벨론 포로가 된 부제사장 스바냐의 아들이다. 요시아는 예루살렘으로 귀환하여 성전 재건을 위한 재정 책임자로 일하고 있었던 것으로 보인다.

가리키는 말이다. 스가랴 선지자는 하나님께서 말씀하신 날에 그 말씀을 즉각적으로 이행했다. 하나님께 순종함이 그 무엇보다 귀하다.

슥 6:11. 은과 금을 받아 면류관을 만들어 여호사닥의 아들 대제사장 여호수아의 머리에 씌우고.

여호와께서 명령하시기를 너 스가랴는 은과 금을 받아서 왕관을 만들고 그것을 여호사닥의 아들 대제사장 여호수아의 머리에 씌우라고 하신다.

본 절의 "면류관"(עֲטָרוֹת)이란 말이 히브리 원문에서 복수라는 점이 문제이다. "면류관"이란 말이 복수인 점을 두고 해석에 견해가 갈린다. 1) 원문에 여호수아란 이름 대신에 "스룹바벨"을 삽입해야 한다는 견해(Ewald, Hitzig, Bunsen, 이상근), 2) 두 사람 이상이 관을 제조했기 때문이라는 견해(Lange), 3) 욥 31:36의 경우와 마찬가지로 이 면류관이 매우 고귀한 것임을 강조하기 위해서 복수 명사를 사용했다는 견해(Deane), 4) 여호수아가 예표하는 메시아의 직분이 왕이요, 또 대제사장이기 때문이라는 견해(13절 해석 참조, 박윤선). 그러나 실제로는 여호수아 자신은 대제사장일 뿐이고 왕은 아니었다. 이 견해들 중 3)번이나 4)번의 견해를 택해둔다.

슥 6:12. (그에게) 말하여 이르기를 만군의 여호와께서 이같이 말씀하시되 보라 싹이라 이름하는 사람이 자기 곳에서 돋아나서 여호와의 전을 건축하리라(and say to him, Thus says the LORD of hosts, Behold, the man whose name is the Branch: for he shall branch out in his place, and he shall build the temple of the LORD-ESV).

그에게 말하여라. 만군의 여호와께서 이렇게 말씀하시기를 보라! 새싹이라 불리는 사람이 자기 땅에서 돋아나서 여호와의 성전을 건축할 것이라고 하신다. "(그에게) 말하여 이르라"는 말은 '여호와께서 스가랴 선지자를 향하여 대제사장 여호수아에게 말하라'는 뜻이다.

"만군의 여호와"란 말의 주해를 위해서 3:8주해를 참조하라.

"보라!"(הִנֵּה)라는 말은 본 절의 내용이 아주 중요하니 잘 관찰하라고 주문하는 말이다.

"싹이라 이름하는 사람"은 넷째 환상이 나올 때 나왔는데(3:8), 여기 다시 나왔다. 이는 메시아를 지칭한다. 이 "싹"(Branch)은 존재가 미미하기 때문에 눈에 잘 띠지 않으며 따라서 이사야는 이 순을 메시아와 결부시켰고(사 53:2), 스가랴 선지자는 1) 제 2성전 건축과 연관지었으며, 2) 미래에 임할 메시아 왕국, 곧 메시아의 교회에 대한 예언과 결부시켰다(이순한).

"자기 곳에서 돋아나서"(וּמִתַּחְתָּיו יִצְמָח)란 말은 '그의 밑바닥에서 돋아 나서'란 뜻이다. 이 말은 메시아께서 가장 낮은 처지에서 나타나실 것을 보여준다. 메시아는 예루살렘 왕궁이 아니라 베들레헴 말구유에서 태어나시고 나사렛 동네에서 성장하시고, 갈릴리에서 복음을 전하신 후 나중에는 십자가에서 비참한 최후를 고하셨다. 그러므로 자기 곳이란 말은 '그의 가장 낮고 천한 곳에서'를 뜻한다. 우리가 그를 만나려면 가장 낮은 곳까지 내려가야 한다.

슥 6:13. 그가 여호와의 전을 건축하고 영광도 얻고 그 자리에 앉아서 다스릴 것이요 또 제사장이 자기 자리에 있으리니 이 둘 사이에 평화의 의논이 있으리라 하셨다 하고.

본 절은 앞 절을 반복하여 강조한다. 즉, 메시아가 여호와의 성전을 건축하고 영광도 얻고 그의 왕좌에 앉아서 다스릴 것이며, 그의 왕좌에 제사장이 있을 것이니, 그 둘 사이에 평화를 의논할 것이라고 하신다.

"그가 여호와의 전을 건축하고 영광도 얻는다"는 말씀은 '메시아께서 신약 시대의 신령한 성전, 곧 교회 설립의 사실'을 역설한다.

"그 자리에 앉아서 다스릴 것이라"는 말씀은 '예수님께서 그 보좌에 앉아서 교회를 통치하실 것이라'는 말이다.

"제사장이 자기 자리에 있으리라"는 말은 '예수님께서 자기 보좌에서 제사장이 되실 것이라'는 뜻이다. 예수님께서 한 몸에 두 개의 직분을 겸하신다는 뜻이다.

"이 둘 사이에 평화의 의논이 있으리라"는 말씀은 '예수님은 홀로 두 직을 수행하실 것이라'는 뜻이다. 다시 말해 왕직과 제사장직을 동시에 수행하실 것이라는 뜻이다.

슥 6:14. 그 면류관은 헬렘과 도비야와 여다야와 스바냐의 아들 헨을 기념하기 위하여 여호와의 전 안에 두라 하시니라.

그 왕관은 헬렘(10절에서는 헬대였다)과 도비야와 여다야와 스바냐의 아들 헨(10절에서는 요시야였다)을 기념하기 위하여 여호와의 성전에 두라고 하신다. 히브리 사람들은 이름이 하나 이상 둘이 되는 수가 있다.

네 사람을 "기념하기 위하여"라는 말은 네 사람이 만든 면류관은 네 사람의 신앙과 헌신을 '기념하기 위하여 여호와의 성전 안에 두어 후대인을 격려하고 여호와께 영광을 돌리게 했다'는 뜻이다. 기념한다는 것은 후대인들에게 아주 유익한 것이다.

슥 6:15. 먼 데 사람들이 와서 여호와의 전을 건축하리니 만군의 여호와께서 나를 너희에게 보내신 줄을 너희가 알리라 너희가 만일 너희의 하나님 여호와의 말씀을 들을진대 이같이 되리라.

먼 곳에 사는 사람들이 와서 여호와의 교회를 이룩할 것이니, 그때에 너희 먼데 사람들은 만군의 여호와께서 나 메시아를 너희들에게 보내셨음을 알게 될 것이다(Deane). 너희가 여호와 너희 하나님의 말씀을 진심으로 순종하면 이 일이 이루어질 것이라고 하신다.

"먼 데 사람들"이란 말은 '그리스도의 초림 이후 성령 강림절에 예수 그리스도를 믿음으로 하나님 나라의 백성들이 될 이방인들'을 지칭한다(엡 2:12, 13, 17).

"여호와의 전을 건축하리니"란 말은 '모든 이방인들이 교회의 성원이 된다'는 뜻이다. 12절 주해를 참조하라. 그리스도께서 초림하셔서 그 기초를 놓은 교회는 복음이 예루살렘과 온 유대와 사마리아와 땅 끝까지 전파됨으로 오늘날에는 실로 많은 이방들이 참여하여 그 몸이 되었는데 장차 예수 그리스도께서 재림하시면 그 교회는 온전하게 완성될 것이다.

"만군의 여호와께서 나를 너희에게 보내신 줄을 너희가 알리라"는 말씀은 '만군의 여호와께서 나 메시아를 이방인들에게 보내신 줄 알게 될 것이라'는 뜻이다.

"너희가 만일 너희의 하나님 여호와의 말씀을 들을진대 이같이 되리라"는 말씀은 '만약에 이 메시지를 들은 유다의 남은 자들이 여호와의 말씀을 잘 청종하면 이 말씀대로 실현될 것이며, 그 때에는 여호와께서 그의 예언자를 보내셔서 예언하게 하신 것을 모두 다 알게 되리라'고 하셨다(2:9 주해 참조).

II. 금식 문제에 대한 문답 7:1-8:23

이 부분의 내용은 1) 금식에 대한 질문(7:1-3), 2) 예언자의 답변(7:4-14), 3) 순종과 복(8:1-17), 4) 금식과 희락(8:18-23)으로 구성되어 있다.

제 7 장

1. 금식에 대해 질문하다 7:1-3

<여호와께서는 금식보다 청종을 원하신다>

슥 7:1. 다리오 왕 제 4년 9째 달 곧 기슬래월 4일에 여호와의 말씀이 스가랴에게 임하니라.

다리오(바사의 다리우스) 왕 4년 9월(기슬르 월-유다 나라의 9월-현재의 11월에서 12월) 4일에 여호와의 말씀이 스가랴에게 임하셨다는 것이다.

바사의 다리우스 4년 9월 4일은 스가랴 선지자가 예언을 받기 시작한 후 대략 2년이 지난 주전 518년이었다. 이렇게 스가랴 선지자가 하나님의 말씀을 받은 날짜를 기록한 것은 역사적 사건이라는 것을 드러낸 것이다. 이때는 성전재건 공사가 한창인 때였던 것으로 백성들은 아직도 슬픔을 표시하는 금식을 계속할 것이냐는 의문이 생긴 것이다.

슥 7:2. 그 때에 벧엘 사람이 사레셀과 레겜멜렉과 그의 부하들을 보내어 여호와께 은혜를 구하고(Now the people of Bethel had sent Sharezer and Regem-melech and their men to entreat the favor of the LORD-RSV, ESV)**.**

벧엘 사람들이 사레셀과 레겜멜렉에게 부하들을 딸려서 주님께 은혜를 간구했다는 것이다.

"벧엘 사람이 사레셀과 레겜멜렉과 그의 부하들을 보내어"라는 말은 '바벨론 포로에서 풀려난 이스라엘 백성들 가운데 벧엘에 정착한 사람들의 숫자가 223명이었는데(스 2:28; 느 7:32), 이들이 대표(사레셀과 레겜 멜렉과 그의 부하들)를 예루살렘으로 파견하여 자신들의 당면 문제였던 금식 문제를 질문했다'는 뜻이다.

"여호와께 은혜를 구했다"는 말은 '여호와께서 얼굴을 돌려 은총을 주실 것을 구하는 기도를 드렸다'는 것을 의미하는 히브리어의 관용적인 표현이다 (Deane). 오늘 우리도 문제가 있을 때마다 여호와께 은혜를 구해야 한다.

슥 7:3. 만군의 여호와의 전에 있는 제사장들과 선지자들에게 물어 이르되 내가 여러 해 동안 행한 대로 오월 중에 울며 근신하리이까 하매.

만군의 여호와의 성전에 있는 제사장들과 선지자들에게 묻기를 우리가 여러 해 동안 지켜왔던 것처럼 오월에 울며 절제해야 하는가 고 물은 것이다.

"제사장들과 선지자들"은 '대제사장 여호수아를 위시하여 많은 제사장들과 성전 재건 당시의 학개와 스가랴 같은 선지자들'을 지칭한다.

"여러 해 동안"이란 말은 '70년간의 바벨론 포로 생활 기간(1:2)은 물론 그 후 팔레스틴으로 귀환해서 경과된 기간 전부'를 지칭하는 말이다.

"오월 중에 울며 근신하리이까"라는 질문은 '다섯 달째(성전이 느부갓네살의 19년 5월 7에 함락되었으니)[47]에 성전이 훼파된 사건을 기념하여 바벨론에서 애통하며 금식한대로 해야 하느냐'는 질문이었다.

2. 예언자의 답변 7:4-14

슥 7:4. 만군의 여호와의 말씀이 내게 임하여 이르시되.

이때(질문이 있었을 때)에 만군의 여호와의 말씀이 나 스가랴에게 임하셨다는 것이다. "만군의 여호와"란 말의 주해를 위해서 1:3의 주해를 참조하라.

슥 7:5. 온 땅의 백성과 제사장들에게 이르라 너희가 칠십 년 동안 다섯째 달과 일곱째 달에 금식하고 애통하였거니와 그 금식이 나를 위하여, 나를 위하여 한 것이냐.

---

47) 유대인들은 4월에는 포로가 된 일을 기념했고, 5월에는 예루살렘 성전과 성이 불탄 것을 기념했으며, 7월에는 예루살렘 사람들이 살육당한 것을 기념했고, 10월에는 예루살렘이 포위당한 것을 기념하면서 금식했다(8:19). 유대인들은 금식할 때 함께 울었다(삿 20:26, 느 1:4; 욜 2:1).

너 스가랴는 이 땅의 모든 백성과 제사장들에게 말하기를 너희(유다인들)가 70년 동안 5월(예루살렘 성전과 성이 불탄 것을 기념하여 금식했음)과 7월(예루살렘 사람들이 살육당한 것을 기념하여 금식했음)에 금식하고 애통하기는 하였으나, 그것이 진정 나(하나님)를 위하고 나(하나님)를 위하여 금식한 것이냐고 대답하신다.

"온 땅의 백성과 제사장들에게 이르라"는 말은 '너 스가랴는 온 땅의 백성과 제사장들에게 전해주라'는 뜻이다.

"너희가 칠십 년 동안"이란 말은 유다인들이 포로 되어 가서 있었던 70년 동안을 정확하게 말하는 것은 아니고 성전이 파괴되어 금식을 시작한 때로부터 다리오 왕 4년까지의 기간을 가리키는 말이다.

"그 금식이 나를 위하여, 나를 위하여 한 것이냐"는 말씀은 '유다인들이 금식한 것은 진정으로 자신들의 죄를 자복하고 하나님께 영광을 돌리기 위함이 아니었고 포로가 된 자신들의 신세가 비참해서 금식한 것이었다'는 것이다.

슥 7:6. 너희가 먹고 마실 때에 그것은 너희를 위하여 먹고 너희를 위하여 마시는 것이 아니냐.

너희 유다인들이 먹고 마실 때에도 너희 자신을 위하여 먹고 너희 자신을 위하여 마신 것이 아니냐고 말씀하신다.

유다인들의 금식은 자신들의 공덕을 쌓는 금식이었다. 성도는 금식을 하든지 먹고 마시든지 다 하나님의 영광을 위하여 해야 할 것이다.

슥 7:7. 예루살렘과 사면 성읍에 백성이 평온히 거주하며 남방과 평원에 사람이 거주할 때에 여호와가 옛 선지자들을 통하여 외친 말씀이 있지 않으냐 하시니라.

예루살렘과 주위의 성읍에 백성이 거주하며 번성하였고, 남쪽(네게브)과 평원(쉐펠라)에도 사람이 거주할 때에 여호와께서 이전 선지자들을 통하여 외치신 말씀들이 아니냐고 하셨다.

유다인들이 하나님의 말씀을 순종하고 살 때 예루살렘과 그 사면의 성읍 등 팔레스틴의 남쪽 지방이나 팔레스틴의 평원 지방에 백성들이 번영하며 평안하게 살았다. 현재 유다인들도 그 때처럼 여호와의 말씀을 순종했더라면 바벨론 포로로 가지 않았을 것이다.

8-14절. 과거에 여호와께 불순종하여 이방에 포로가 되었다는 것을 진술한다.

<사로잡혀 가는 까닭>

슥 7:8. 여호와의 말씀이 스가랴에게 임하여 이르시되.

여호와의 말씀이 아래와 같이 스가랴(스가랴는 자신을 3인칭으로 묘사한다)에게 임하셨다.

슥 7:9. 만군의 여호와가 이같이 말하여 이르시기를 너희는 진실한 재판을 행하며 서로 인애와 긍휼을 베풀며.

만군의 여호와께서 이렇게 말씀하시기를 너희는 진실하게 재판을 하며, 서로에게 인애와 긍휼을 베풀라고 하신다. 본 절은 사람에게 잘 하라고 하신다(출 23:6; 신 24:14; 사 1:17; 렘 7:5-7; 겔 18:8; 암 6:24).

슥 7:10. 과부와 고아와 나그네와 궁핍한 자를 압제하지 말며 서로 해하려고 마음에 도모하지 말라 하였으나.

만군의 여호와께서 이렇게 말씀하시기를 너희는 과부와 고아와 나그네와 가난한 자를 억압하지 말고, 마음에 다른 사람을 해칠 생각을 하지 말라고 하셨다는 것이다.

그러나 그들이 듣기를 거절하고 완고하게 등을 돌리며, 듣지 않으려고 귀를 막았다는 것이다.

본 절은 유다인들이 바벨론으로 포로가 되기 전 적극적으로 하나님께 불순종한 자세를 가리킨다(사 6:10; 렘 5:23; 호 4:16).

슥 7:12. 그 마음을 금강석 같게 하여 율법과 만군의 여호와가 그의 영으로 옛 선지자들을 통하여 전한 말을 듣지 아니하므로 큰 진노가 만군의 여호와께로부터 나왔도다.

유다인들의 마음은 금강석처럼 굳어져 만군의 여호와께서 그분의 영으로 이전 선지자들을 통하여 전하신 율법과 말씀들을 듣지 않았으므로 만군의 여호와께서 크게 진노하셨다는 것이다.

유다 백성들은 하나님께서 선지자들을 통하여 주신 말씀에 금강석처럼 굳은 마음을 가지고 거역했고 그러므로 하나님의 큰 진노를 받아 바벨론 포로가 된 것이다.

슥 7:13. 내가 불러도 그들이 듣지 아니한 것처럼 그들이 불러도 내가 듣지 아니하리라 만군의 여호와가 말하였느니라.

만군의 여호와께서 말씀하시기를 나 여호와가 불러도 유다인들이 듣지 않았듯이 그들이 불러도 나 여호와가 결코 듣지 않을 것이라고 하신다.

오늘 우리가 선지자들이 우리를 부르신 말씀, 곧 성경 말씀을 듣지 않으면 우리의 앞날은 비참하게 되는 것을 알아야 한다.

슥 7:14. 내가 그들을 바람으로 불어 알지 못하던 여러 나라에 흩었느니라 그 후에 이 땅이 황폐하여 오고 가는 사람이 없었나니 이는 그들이 아름다운 땅을 황폐하게 하였음이니라 하시니라.

나 여호와가 유다인들을 그들이 알지 못하는 모든 나라 가운데 폭풍으로 흩었으므로 유다인들이 떠난 뒤에 팔레스틴 땅은 황폐하게 되어 오고 가는 사람이 없게 되었으니 아름다운 땅을 그들이 황폐한 땅으로 만들었다고 하신다.

우리가 하나님을 버리면 하나님께서 우리를 버리셔서 우리는 비참하게 되는 것이다.

제 8 장

3. 순종과 복 8:1-17

여호와께서 예루살렘 성읍이 회복되어 복된 성읍이 될 것을 약속하신다.

<예루살렘 회복에 대한 약속>

슥 8:1. 만군의 여호와의 말씀이 임하여 이르시되.

본 절은 순종하면 복을 받을 것이라고 만군의 여호와께서 말씀하시는 것을 진술한다.

슥 8:2. 만군의 여호와가 이같이 말하노라 내가 시온을 위하여 크게 질투하며 그를 위하여 크게 분노함으로 질투하노라.

만군의 여호와께서 이렇게 말씀하시기를 나 여호와가 시온(예루살렘의 별명)을 위하여 크게 질투(극한 사랑)하며 크게 진노함(원수를 멸하심)으로 시온을 위하여 질투한다. "만군의 여호와"란 말의 주해를 위해 1:3주해를 참조하라.

슥 8:3. 여호와가 이같이 말하노라 내가 시온에 돌아와 예루살렘 가운데에 거하리니 예루살렘은 진리의 성읍이라 일컫겠고 만군의 여호와의 산은 성산이라 일컫게 되리라.

여호와께서 이렇게 말씀하시기를 나 여호와가 시온으로 돌아와 예루살렘 가운데에 거할 것이니 예루살렘은 진리의 도성이라 일컬어지고, 만군의 여호와의 산은 거룩한 산이라 불릴 것이라고 하신다.

여호와께서 시온에 돌아와 예루살렘 가운데에 거하시니 두 가지 복이 임했다는 것이다. 첫째, 예루살렘은 진리의 성읍(진실한 성읍)이라 일컬음을 받는다는 것이고, 둘째, 예루살렘은 거룩한 산이라고 일컫게 된다는 것이다.

개인이나 단체나 여호와를 모셔야 거룩함을 얻는다는 것이다.

슥 8:4. 만군의 여호와가 이같이 말하노라 예루살렘 길거리에 늙은 남자들과 늙은 여자들이 다시 앉을 것이라 다 나이가 많으므로 저마다 손에 지팡이를 잡을 것이요.

만군의 여호와께서 이렇게 말씀하시기를 예루살렘의 모든 거리들에는 다시 남녀 노인들이 앉을 것이니 그들은 나이가 많으므로 자기들 손에 지팡이를 잡을 것이라고 하신다. 여호와를 모신 사람들은 장수한다는 것(2:4 주해 참조)을 말씀한다. 장수는 여호와를 모신 결과이다(창 15:15; 출 20:12; 신 4:4). 메시아를 모시면 장수한다는 것을 알아야 할 것이다(사 65:20).

슥 8:5. 그 성읍 거리에 소년과 소녀들이 가득하여 거기에서 뛰놀리라.

그 성읍의 거리에는 소년 소녀들이 가득할 것이고 그들은 그 거리들에서 뛰놀 것이라고 하신다.

여호와를 모신 성읍의 거리에는 소년 소녀들이 많게 되며 또 그들은 거리에서 위험이 없이 뛰놀 것이라는 것이다. 다산(多産)과 평안한 성장은 아주 중요한 것이다.

슥 8:6. 만군의 여호와가 이같이 말하노라 이 일이 그 날에 남은 백성의 눈에는 기이하려니와 내 눈에야 어찌 기이하겠느냐 만군의 여호와의 말이니라.

만군의 여호와께서 이렇게 말씀하시기를 이 일(예루살렘이 진리의 성읍이 되는 일, 거민들이 장수하는 일, 거민들의 가정에 아이들이 많이 생산되는 일)이 그 날(성전 재건이 완성되는 날, 메시아께서 오셔서 각자 메시아를 모시는 날)에 이 백성의 남은 자들(바벨론 포로에서 돌아온 자들, 그리스도께서 오신 후 그리스도를 모신 자들)의 눈에는 놀라울 것이나, 그것이 어찌 여호와의 눈에 놀라운 일이겠느냐고 반문하신다.

이런 놀라운 복이 그리스도의 사람들에게 이루어지는 일은 하나님께는 이상한 일도 아니고 불가능한 일도 아니라는 것이다.

슥 8:7. 만군의 여호와가 이같이 말하노라 보라, 내가 내 백성을 해가 뜨는 땅과 해가 지는 땅에서부터 구원하여 내고.

만군의 여호와께서 이와 같이 말씀하시기를 보라! 나 여호와가 내 백성을 동쪽 땅과 해 지는 땅에서 구원해 내겠다고 하신다.

"보라!"는 말은 본 절의 내용이 아주 중요하다는 것을 말씀하시는 것이다.

"해가 뜨는 땅과 해가 지는 땅에서부터"라는 말은 '동서사방에서'라는 뜻이다. 여호와께서 동서사방에서 구원하여 내실 것이라고 하신다.

슥 8:8. 인도하여다가 예루살렘 가운데에 거주하게 하리니 그들은 내 백성이 되고 나는 진리와 공의로 그들의 하나님이 되리라.

만군의 여호와께서 이와 같이 말씀하시기를 동서사방에서 구원하여 내시고 인도하여 예루살렘 가운데 거주하게 할 것이니 그들은 내 백성이 되고 나는 진리와 공의로 그들의 하나님이 되리라고 하신다.

"나는 진리와 공의로 그들의 하나님이 되리라"는 말은 '나 여호와가 진실하게 그리고 의롭게 백성들을 다스리실 것'이란 뜻이다.

슥 8:9. 만군의 여호와가 이같이 말하노라 만군의 여호와의 집 곧 성전을 건축하려고 그 지대를 쌓던 날에 있었던 선지자들의 입의 말을 이 날에 듣는 너희는 손을 견고히 할지어다.

만군의 여호와께서 이렇게 말씀하시기를 너희 유다인들이 만군의 여호와의 집, 곧 성전을 지으려고 그 기초를 쌓던 날에 예언자들의 입으로 전해진 이 말씀들을 또 들었으니 너희 손을 강하게 하여 성전을 지으라고 하신다.

"성전을 건축하려고 그 지대를 쌓던 날에 있었던 선지자들의 입의 말을 이 날에 듣는 너희는 손을 견고히 할지어다"라는 말씀은 '유다인들이 지난날 예루살렘 성전 지대를 쌓던 날에 탁월한 선지자 학개와 스가랴를 통하여 격려의 말씀을 들었는데, 이제 다시 이들의 예언의 말씀을 듣는 백성들은 손을 견고히 하고 담대하게 일어나 성전 건축에 매진해야 할 것이라는 뜻이다(학 2:15-19).

슥 8:10. 이 날 전에는 사람도 삯을 얻지 못하였고 짐승도 삯을 받지 못하였으며 사람이 원수로 말미암아 평안히 출입하지 못하였으나 내가 모든 사람을 서로 풀어 주게 하였느니라(For before those days there was no wage for man or any wage for beast, neither was there any safety from the foe for him who went out or came in, for I set every man against his neighbor-ESV).

본 절 초두에는 히브리 원전에 이유를 말하는 접속사(yKi%-왜냐하면)가 있어 성전 건축에 힘쓸 이유를 본 절이 제공한다. 즉, 그 날들이 있기 전에는(성전 재건 공사를 다시 시작하기 이전에는) 유다인들에게는 아무리 수고해도 풍작을 거둘 수가 없었고 따라서 짐승을 위한 삯도 없었으며(학 1:6, 11; 2:17-18) 대적하는 사람 때문에 출입하는 사람에게 평안함이 없었다. 왜 그런가 하면 나 여호와가 모든 사람이 서로 이웃을 치게 하였기 때문이라고 하신다.

그러나 성전 건축을 시작한 후에는 유다인들은 많은 추수를 얻게 될 것이고 또 복을 받을 것이라고 하신다.

슥 8:11. 만군의 여호와의 말씀이니라 이제는 내가 이 남은 백성을 대하기를 옛날과 같이 아니할 것인즉.

만군의 여호와께서 말씀하시기를 그러나 이제(성전 재건이 시작된 '이제'를 말한다) 이 백성의 남은 자들에게는 나 여호와가 이전같이 대하지는 아니할 것이라고 하신다. 다시 말해 성전 재건이 시작된 이제는 돌아온 백성들(12절, 학 1:12)에 대해 하나님께서는 이전처럼 소득도 없는 상태에 두시지는 않으실 것이라고 하신다.

슥 8:12. 곧 평강의 씨앗을 얻을 것이라 포도나무가 열매를 맺으며 땅이

산물을 내며 하늘은 이슬을 내리리니 내가 이 남은 백성으로 이 모든 것을 누리게 하리라.

만군의 여호와께서 말씀하시기를 성전 재건을 시작한 이후에는 평화의 씨앗을 얻을 것이고, 포도나무가 열매를 맺고, 땅은 소출을 내며, 하늘은 이슬을 내릴 것이다. 이 백성의 남아 있는 자들에게 나 여호와가 이 모든 것을 소유하게 할 것이라고 하신다.

학 1:10, 11에 언급된 것과 같은 성전 재건 중단으로 인해 저주가 임했는데 다시 평안과 복이 임할 것이라는 약속이다. 따라서 본 절은 모든 성도들이 하나님으로부터 얻게 될 복에 대한 약속을 진술한 것이다.

슥 8:13. 유다 족속아, 이스라엘 족속아, 너희가 이방인 가운데에서 저주가 되었었으나 이제는 내가 너희를 구원하여 너희가 복이 되게 하리니 두려워하지 말지니라 손을 견고히 할지니라.

유다의 집(남 왕국 유다족속들)과 이스라엘(북 왕국 이스라엘 족속들)의 집이여! 전에는 너희가 민족들 가운데에서 저주가 되었으나 이제는 나 여호와가 너희를 구원할 것이며, 너희는 복을 받게 될 것이다. 두려워하지 말고 손을 강하게 하여라. 여기 손을 강하게 하라는 명령은 성전 재건에 최선을 다해야 할 것을 명령하는 말씀이다.

슥 8:14. 만군의 여호와가 이같이 말하노라 너희 조상들이 나를 격노하게 하였을 때에 내가 그들에게 재앙을 내리기로 뜻하고 뉘우치지 아니하였으나.

만군의 여호와께서 이렇게 말씀하시기를 너희 선조들이 나를 노하게 하였을 때에, 나 여호와는 너희에게 재앙을 내리기로 작정하고 돌이키지 아니하고 재앙을 내리셨다는 것이다. 다시 말해 하나님은 범죄한 유다인들에게 재앙을 내리시기로 뜻하시고 그대로 시행하셨다는 것이다(1:6).

슥 8:15. 이제 내가 다시 예루살렘과 유다 족속에게 은혜를 베풀기로 뜻하였

나니 너희는 두려워하지 말지니라.

만군의 여호와께서 이렇게 말씀하시기를 이제 나 여호와가 돌이켜 예루살렘과 유다의 집에 선을 베풀기로 작정했으니 너희(예루살렘과 유다의 집)는 두려워하지 말라 고 하신다. 하나님의 택한 백성들이 죄를 자백하고 돌아서면 복은 한량없이 임하는 것이다.

슥 8:16. 너희가 행할 일은 이러하니라 너희는 이웃과 더불어 진리를 말하며 너희 성문에서 진실하고 화평한 재판을 베풀고.

너희가 행할 일은 각기 이웃에게 진실을 말하며 너희 성문들에서는 진실과 평화의 판결을 내리라는 것이다. 이웃에게 진실을 말하는 것은 아무리 말해도 지나치지 않는 말이다. 그리고 재판정에서 진실을 말하고 화평한 재판을 베풀라는 것이다. 다시 말해 재판에 관련된 당사자들 사이에 화평을 도모할 수 있도록 공정하게 판결하라는 것이다.

슥 8:17. 마음에 서로 해하기를 도모하지 말며 거짓 맹세를 좋아하지 말라 이 모든 일은 내가 미워하는 것이니라 여호와의 말이니라.

만군의 여호와께서 말씀하시기를 너희는 이웃에게 악한 생각을 품지 말고, 거짓으로 맹세하기를 좋아하지 마라(5:4). 이유는 나 여호와가 이 모든 것을 미워하기 때문이라고 하신다. 아무튼 남을 해할 생각을 아예 하지 말라 고 하신다.

4. 금식과 희락 8:18-23

18-23절은 금식에 대한 질문에 대해 하나님은 금식대신 희락하라고 하신다.

<금식에 관하여 말씀하시다>

슥 8:18. 만군의 여호와의 말씀이 내게 임하여 이르시되.

만군의 여호와의 말씀이 내게 임하셔서 금식에 대한 질문에 답하신다(19-23절).

슥 8:19. 만군의 여호와가 이같이 말하노라 넷째 달의 금식과 다섯째 달의 금식과 일곱째 달의 금식과 열째 달의 금식이 변하여 유다 족속에게 기쁨과 즐거움과 희락의 절기들이 되리니 오직 너희는 진리와 화평을 사랑할지니라.

만군의 여호와께서 이렇게 말씀하시기를 4월의 금식(예루살렘의 함락을 기념하는 금식)과 5월의 금식(성전과 성읍이 불탄 것을 기념하는 금식)과 7월의 금식(유다의 총독 그달리야가 피살된 것을 기념하는 금식)과 10월의 금식(예루살렘이 포위된 것을 기념하는 금식)이 유다 나라의 귀환으로 각 집에 기쁨과 즐거움과 복된 절기가 될 것이니 너희는 진실과 평화를 사랑하라고 하신다.

"오직 너희는 진리와 화평을 사랑할지니라"는 말씀은 '하나님께서 특별한 은혜와 복을 누릴 하나님 백성들의 마땅한 삶의 자세로서 진실과 화평을 추구하라고 하시는 것'이다(15, 16절).

슥 8:20. 만군의 여호와가 이와 같이 말하노라 다시 여러 백성과 많은 성읍의 주민이 올 것이라.

만군의 여호와께서 이렇게 말씀하시기를 다시 여러 백성과 많은 성읍 주민들이 몰려올 것이라고 하신다.

본 절은 만민이 여호와께 돌아온다는 예언이다. 다시 말해 만민이 그리스도 앞으로 나아올 것이라는 예언이다.

슥 8:21. 이 성읍 주민이 저 성읍에 가서 이르기를 우리가 속히 가서 만군의 여호와를 찾고 여호와께 은혜를 구하자 하면 나도 가겠노라 하겠으며.

한 성읍 주민이 다른 성읍 주민에게 가서 말하기를 우리가 어서 가서 여호와를 찾아 만군의 여호와께 은혜를 구하자고 말하면 우리도 가겠다(사 2:1-4; 미 4:1-4)고 할 것이라고 말한다는 것이다.

예수님께서 승천하시고 난 후 성령님께서 오셨을 때 세계 만민이 그리스도께 돌아올 것을 예언한 것이다.

슥 8:22. 많은 백성과 강대한 나라들이 예루살렘으로 와서 만군의 여호와를 찾고 여호와께 은혜를 구하리라.

본 절은 앞 절의 반복이다. 즉, 많은 백성과 강한 민족들이 예루살렘으로 와서 만군의 여호와를 찾고(사 60:3; 66:23) 여호와께 은혜를 구할 것이라고 한다. 이렇게 해서 우주적인 그리스도의 교회가 이루어질 것이라는 예언이다.

슥 8:23. 만군의 여호와가 이와 같이 말하노라 그 날에는 말이 다른 이방 백성 열 명이 유다 사람 하나의 옷자락을 잡을 것이라 곧 잡고 말하기를 하나님이 너희와 함께 하심을 들었나니 우리가 너희와 함께 가려 하노라 하리라 하시니라.

만군의 여호와께서 이렇게 말씀하시기를 그 날에는 말이 다른 이방 사람 열 명이 유다 사람 하나의 옷자락을 붙잡고, 우리와 함께 가자. 하나님께서 너희와 함께 계시다는 말을 우리가 들었다고 말할 것이라고 한다.

본 절의 "열 명"이란 말은 완전수를 말하는 만수이다. 따라서 방언이 다른 열국 백성 10명은 세상 만민 가운데서 하나님께로 나아올 모든 사람을 의미한다고 볼 수 있다(Lange).

"그 날에는 ... 이방 사람 열 명이 유다 사람 하나의 옷자락을 붙잡을 것이라"는 말은 '오순절 성령 강림절 후에는 유대의 사도들 중심으로 교회가 시작되는 것'을 말한다(Lange).

"우리가 너희와 함께 가려 하노라"는 말은 이방인들이 유대인과 동행한다는 것은 곧 그들도 하나님께서 베푸시는 은혜를 누리는 것을 의미한다.

본 절은 세상의 많은 이방인들이 유대인에게서 시작된 구원에 동참하여 하나님 나라의 일원이 될 것을 의미하는 예언이다.

제 9 장

III. 메시아 왕국을 예언하다 9:1-14:21

9-14장은 예언편으로 메시아 왕국의 실현을 예언한다. 이 부분의 내용은 열방의 메시아 왕국의 실현(9-11장), 메시아 왕국의 영광(12-14장)으로 구분된다.

1. 열방의 멸망 9:1-8

<이스라엘 이웃 나라들에 대한 하나님의 말씀>

슥 9:1. 여호와의 말씀이 하드락 땅에 내리며 다메섹에 머물리니 사람들과 이스라엘 모든 지파의 눈이 여호와를 우러러봄이니라.

여호와의 경고의 말씀이 하드락 땅과 다메섹(다마스쿠스)에 임할 것이니, 세상 사람들과 이스라엘 모든 지파의 눈이 여호와를 우러러볼 것이라고 한다.

여기 "말씀"(מַשָּׂא)이란 말은 '경고'라는 뜻으로, 짐'이라는 뜻으로 예언의 대상이 '멸망'한다는 무거운 부담을 안겨주는 예언이다.

"하드락 땅"이란 말은 수리아 지방의 북쪽, 아르바와 하맛 사이에 위치하고 있던 성읍이다. 이들은 아마도 다메섹과 더불어 여러 차례 이스라엘을 괴롭혔을 것이다(왕상 20:1). 이곳은 주전 8세기 중엽에 앗수르 제국에 의해 정복당했다.

"다메섹에 머물리니"라는 말은 '메소보다미아와 팔레스틴의 중간에 위치한 수리아의 교통과 행정의 중심지인 고대 도시이다. 본 절에서는 하드락과 더불어 유다민족의 원수를 대표하는 세력으로 언급되고 있다. 여호와의 말씀의 경고가 이 다메섹에 머문다는 말씀은 심판이 그곳에서 시행될 것이라는 의미이다.

“눈이 여호와를 우러러봄이니라”는 말은 하나님의 심판이 임하는 것을 보고 이스라엘 백성들은 물론이고 이방인들까지 하나님을 두려워하게 될 것이라는 의미이다.

슥 9:2. 그 접경한 하맛에도 임하겠고 두로와 시돈에도 임하리니 그들이 매우 지혜로움이니라.

다메섹에 가까이 있는 하맛(오론테스강 상류에 위치해 있다)에도, 그리고 매우 지혜롭다고 하는 두로와 시돈에도 임할 것이다.

“두로와 시돈”은 일찍이 항해술을 익혀 베니게를 고대 사회의 대표적 해운국가로 육성시켰다. 두로와 시돈은 풍부한 지혜가 있고, 또 천연적 지형을 이용하여 튼튼한 난공불락의 성읍들로 유명했다(사 23장; 겔 26-28장; 암 1:10). 그런고로 앗수르의 살만에셀(Shalmaneser II. 주전 726-721년 통치)은 5년간이나 두도시를 포위했으나 실패했고, 바벨론의 느부갓네살(Nebuchadnezzer II. 주전 605-562년 통치)은 13년간이나 두로를 포위했으나 모두 실패했다. 두로와 시돈이 아무리 풍부한 지혜를 가지고 있었더라도 하나님의 심판 때에 자신들을 구원하지는 못했다(4절) 이들이 자신들의 지혜를 믿고 교만했기 때문이었다(Lange).

슥 9:3. 두로는 자기를 위하여 요새를 건축하며 은을 티끌 같이, 금을 거리의 진흙 같이 쌓았도다.

두로가 자신을 위하여 요새(150척에 달하는 성곽을 건축하여 방비했다)를 건축하고, 은을 티끌같이, 금을 길거리의 진흙같이 쌓을 것이나 아래 절(4절)과 같이 망해버리고 말았다는 것이다.

두로는 해운을 통하여 은을 티끌같이 정금을 진흙같이 많이 쌓았으나 하나님을 알지 못했고, 따라서 가난한 자들을 돌보지는 않았던 것이다.

슥 9:4. 주께서 그를 정복하시며 그의 권세를 바다에 쳐 넣으시리니 그가

불에 삼켜질지라.

보라(behold)! 여호와께서 두로를 정복하실 것이고, 두로의 세력을 바다에서 치실 것이니, 그가 불에 삼켜질 것이라고 하신다.

아무리 막강한 도시라 할지라도 자만하면 여호와의 치심을 당한다는 것은 역사가 보여준다. 그리스의 알렉산더 대왕의 군대가 두로를 함락시켰을 때 6,000명 이상이 학살을 당했고, 2,000명이 십자가에 못박혔으며, 3만 명은 노예로 팔려갔다는 것이다(겔 26:4, 17; 28:8, 이상근).

슥 9:5. 아스글론이 보고 무서워하며 가사도 심히 아파할 것이며 에그론은 그 소망이 수치가 되므로 역시 그러하리라 가사에는 임금이 끊어질 것이며 아스글론에는 주민이 없을 것이며.

본 절부터 7절까지는 이스라엘의 숙적이었던 블레셋이 망하는 것을 진술한다. 즉, 아스글론이 두로가 망하는 것을 보고 무서워하고, 가사도 몹시 고통스러워할 것이며, 에그론도 소망이 수치가 되므로 그러할 것이다. 가사에는 왕이 끊어지고, 아스글론에는 사는 사람이 없게 될 것이다.

본 절의 3개의 도시(아스글론, 가사, 에그론)는 모두 블레셋의 도시들이다. 이들도 두로가 알렉산더의 군대에 의해 망하는 것을 보고 심히 요동할 것이라는 내용이다.

슥 9:6. 아스돗에는 잡족이 거주하리라 내가 블레셋 사람의 교만을 끊고.

본 절도 이스라엘의 숙적이었던 블레셋이 망하는 것을 진술한다. 즉, 아스돗에는 잡족이 살게 될 것이다. 나 여호와가 블레셋 사람의 교만을 끊을 것이라고 하신다.

아스돗에 잡족이 살게 되는 이유는 그리스의 알렉산더가 아스돗을 멸망시키고 다른 백성들을 이민시켜 잡족이 거하게 된 것이다. 블레셋은 이스라엘의 숙적으로 늘 교만했으나 하나님에 의해 망하고 말았다.

슥 9:7. 그의 입에서 그의 피를, 그의 잇사이에서 그 가증한 것을 제거하리니 그들도 남아서 우리 하나님께로 돌아와서 유다의 한 지도자 같이 되겠고 에그론은 여부스 사람 같이 되리라.

본 절은 블레셋의 멸망을 보여준다. 즉, 나 여호와가 그의 입에서 피(우상숭배하면서 먹었던 피)를 닦아 내고, 이빨 사이에서 혐오스러운 것(우상에게 바쳐진 제물)을 제거할 것이니, 그도 남아서 우리 하나님에게로 돌아와 유다의 한 종족같이 될 것이고, 에그론은 여부스 사람처럼 될 것이다.

"유다의 한 지도자 같이 되겠다"는 말은 '블레셋의 남은 자들이 메시아 왕국의 유다의 두목처럼 되겠다'는 뜻이다. 다시 말해 이방인들이 하나님께로 돌아와 유다의 남은 자들과 더불어 그리스도 교회의 성원이 될 것이라는 뜻이다.

"에그론은 여부스 사람 같이 되리라"는 말은 '블레셋 족속의 남은 자들이 돌아와 이스라엘에 동화될 것이라'는 말이다.

슥 9:8. 내가 내 집을 둘러 진을 쳐서 적군을 막아 거기 왕래하지 못하게 할 것이라 포학한 자가 다시는 그 지경으로 지나가지 못하리니 이는 내가 눈으로 친히 봄이니라.

본 절은 1-7절의 결론으로 이스라엘은 적들의 침범으로부터 보호를 받을 것이라는 진술이다. 즉, 나 여호와가 내 집(이스라엘 나라)을 둘러 진을 쳐서 적군이 왕래하지 못하게 할 것이니, 압제자가 다시는 그들(이스라엘 백성들)을 침범하지 못할 것이다. 이는 내가 지금 내 눈으로 친히 지켜보고 있기 때문이라고 하신다. 하나님께서 친히 지켜보시는 국가나 개인을 누가 침범할 것인가.

2. 메시아의 초림 9:9-10

<구원을 베풀 왕>

슥 9:9. 시온의 딸아 크게 기뻐할지어다 예루살렘의 딸아 즐거이 부를지어다

보라 네 왕이 네게 임하시나니 그는 공의로우시며 구원을 베푸시며 겸손하여서 나귀를 타시나니 나귀의 작은 것 곧 나귀 새끼니라.

시온의 딸아(예루살렘의 거민의 애칭)! 크게 기뻐하여라. 예루살렘의 딸아! 크게 외쳐라. 보라! 네 왕(메시아)이 네게로 오시니, 그분은 공의로우시고(공의로운 방법으로) 구원을 베푸시며, 그분은 겸손하셔서 나귀를 타실 것이니, 나귀 새끼인 어린 나귀니라 고 하신다. 예수님은 오늘도 우리들의 왕이시다. 예수님께서 나귀를 타시고 예루살렘에 입성하신 것은 온유와 겸손의 표시였다(마 21:5; 요 12:15).

슥 9:10. 내가 에브라임의 병거와 예루살렘의 말을 끊겠고 전쟁하는 활도 끊으리니 그가 이방 사람에게 화평을 전할 것이요 그의 통치는 바다에서 바다까지 이르고 유브라데 강에서 땅 끝까지 이르리라.

나 여호와가 에브라임(북 왕국 이스라엘 지칭)의 병거와 예루살렘(남 왕국 유다를 지칭하는 말)의 말(馬)을 끊을 것이며, 전쟁하는 활도 끊을 것이니, 그분이 이방 민족들에게 평화를 전하며 그분의 통치가 바다에서 바다에까지, 유프라테스 강에서 땅 끝까지 이를 것이다.

메시아 왕국 시대에는 평화의 시대인고로 먼저 모든 전쟁 장비가 이스라엘 땅에서 제거된다는 것이다. 메시아 시대에는 병거와 말까지 모든 전쟁장비가 제거되고 완전한 평화의 시대가 된다는 것이다.

3. 선민이 번영하다 9:11-17

11-17절은 이스라엘 백성들이 단결하여 원수를 물리치고 그 숫자가 증가하여 번영을 누리게 된다는 것을 진술한다.

슥 9:11. 또 너로 말할진대 네 언약의 피로 말미암아 내가 네 갇힌 자들을 물 없는 구덩이에서 놓았나니(As for you also, because of the blood of my covenant with you, I will set your prisoners free from the waterless pit-ESV).

너로 말할진대('너는 특별히'라는 뜻이다) 너와 나 사이에 피로 맺은 언약이 있으니, 사로잡힌 네 백성을 내가 물 없는 구덩이에서 건져 낼 것이라고 하신다.

"너로 말할진대"(as for you also)란 말은 '너는 특별히'라는 뜻으로 '특별히 예루살렘 주민'이라는 뜻이다.

"네 언약의 피로 말미암아"라는 말은 1) 피로 맺으신 언약을 충실히 이행하신다는 뜻과 2) 또한 그 피는 메시아께서 희생의 제물(마 26:28)로 흘리실 피를 예언적으로 가리킨다. 이 언약의 피는 그리스도의 대속의 피의 그림자(마 26:28; 히 9:15; 10:14-23; 13:20)로서 그 피를 믿는 만민을 죄에서 구원하신다는 것이다.

"내가 네 갇힌 자들을 물 없는 구덩이에서 놓았다"는 말씀은 '메시아로 말미암은 구원의 손길이 임하게 된 것'을 말한다. 다시 말해 사로잡힌 네 백성(예루살렘 백성들)을 내가 물 없는 구덩이에서 건져 낼 것이라는 말씀이다. 즉, 유다 백성이 포로 생활을 하고 있지만 그 포로 생활에서 석방할 것을 가리킨다(사 42:7; 51:14; 61:1).

슥 9:12. 갇혀 있으나 소망을 품은 자들아 너희는 요새로 돌아올지니라 내가 오늘도 이르노라 내가 네게 갑절이나 갚을 것이라.

바벨론에 사로잡혀 있어도 희망을 잃지 않고 사는 사람들아! 이제 요새(유대 땅)로 돌아오너라. 오늘도 또 나 여호와가 말한다. 나 여호와가 네게 두 배(풍부하게)로 갚아 주겠다고 하신다.

오늘 우리는 우리의 죄를 자복하면서 살아야할 것이고 그러면 여호와께서 풍부하게 복을 주실 것을 알아야 할 것이다.

슥 9:13. 내가 유다를 당긴 활로 삼고 에브라임을 끼운 화살로 삼았으니 시온아 내가 네 자식들을 일으켜 헬라 자식들을 치게 하며 너를 용사의 칼과 같게 하리라(For I have bent Judah as my bow; I have made Ephraim its arrow. I will stir up your sons, O Zion, against your sons, O Greece, and wield you like a warrior's sword-ESV).

본 절은 특별한 은유를 통해 하나님께서 자신을 용사로 비유하고 계신 바 하나님께서 유다와 이스라엘을 활과 칼로 삼아 택한 백성으로 하여금 승리를 가져다 주실 것이라는 내용이다. 즉, 유다는 나 여호와가 당긴 활이고, 에브라임은 나 여호와가 메긴 화살이다. 시온아! 내가 네 자식들을 격동시켜서 헬라의 자식들을 치게 할 것이니, 너를 용사의 칼과 같게 할 것이라고 하신다.

"내가 유다(남쪽 나라 유다)를 당긴 활로 삼았다"는 말과 "에브라임(북쪽 나라 이스라엘을 지칭한다)을 끼운 화살로 삼았다"[48]는 말은 동의절로 '하나님께서 다윗에게 힘을 주셔서 골리앗을 이기게 하신 것과 같이 하나님께서 미약한 자들에게 힘을 주시어 승리를 가져다주시는 일을 가리키는 것'이다. 주석가들은 이 예언이 부분적으로는 마카비(시온)의 셀류키드 왕조(헬라)의 싸움으로 성취되었으나 궁극적으로는 그리스도를 통해 전해질 복음이 이방의 세력을 정복하고 그리스도의 왕국을 이룸으로써(마 28:18-20) 성취될 것이라고 말씀한다. 유다와 이스라엘은 결국 복음으로 이방을 정복해야 할 신앙적 책무를 가진 것이다(행 13:47, 48).

"시온아 내가 네 자식들을 일으켜 헬라 자식들을 치게 할 것이라"는 말은 '그리스도의 복음이 헬라 세계(이방 세계 전체)를 정복할 것을 가리키는' 말이다. "너를 용사의 칼과 같게 하리라"는 말은 '용사의 날카로운 칼 같은 화살이 장전되어 팽팽하게 시위가 당기어져 있는 활과 마찬가지로 유다와 이스라엘의 후손들이 예수 그리스도의 복음을 힘차고 권세 있게 이방적 사고들을 쳐부수며 전파할 것을 상징하는 표현'이다.

48) 하나님께서 남쪽 나라 유다를 팽팽히 시위가 당겨져 있는 활로 삼고, 북쪽 나라 이스라엘을 바로 그 활에 장전되어 있는 화살로 삼으신다는 것은 그들로 하여금 이방을 그리스도의 복음으로 정복하게 할 것이라는 예언이다.

슥 9:14. 여호와께서 그들 위에 나타나서 그들의 화살을 번개 같이 쏘아내실 것이며 주 여호와께서 나팔을 불게 하시며 남방 회오리바람을 타고 가실 것이라.

본 절은 유대의 사도들을 통하여 복음이 온 세상에 전파될 것을 예언하는 말씀이다. 즉, 여호와께서 그들(유대인들) 위에 나타나셔서 자기의 화살을 번개같이 쏘실 것이고 주 여호와께서 나팔을 부시며, 남쪽 나라 회오리바람을 타고 진군하실 것이라는 것이다.

"여호와께서 그들 위에 나타나셔서"란 말은 '여호와께서 유대의 후손들에게 나타나셔서 복음 전파에 힘을 주시고 역사해주신다'는 뜻이다.

"그들의 화살을 번개 같이 쏘아내실 것이라"는 말은 '여호와께서 유대의 후손들(사도들)이 복음을 전할 때 화살을 번개같이 쏘시는 것처럼 날카롭게 전해주실 것이라'는 예언이다.

"주 여호와께서 나팔을 불게 하시며"라는 말은 '주 여호와께서 유대의 후손들로 하여금 복음의 나팔을 불게 하실 것'을 예언한 것이다.

"남방 회오리바람을 타고 가실 것이라"는 말은 '남방 회오리바람은 고대에 아주 무서운 재앙으로 간주되었는데(시 18:8; 77:18; 사 21:1; 호 13:15; 나 1:3) 여호와께서 복음을 전하는 사람들에게 비상한 힘을 주실 것'을 예언한 것이다.

슥 9:15. 만군의 여호와께서 그들을 호위하시리니 그들이 원수를 삼키며 물맷돌을 밟을 것이며 그들이 피를 마시고 즐거이 부르기를 술취한 것 같이 할 것인즉 피가 가득한 동이와도 같고 피 묻은 제단 모퉁이와도 같을 것이라.

만군의 여호와께서 여호와의 백성을 호위하실 것이니, 그 백성이 원수를 섬멸하여 물맷돌 던지는 자들을 짓밟을 것이다. 백성은 그들의 피를 포도주처럼 마실 것이며, 그들은 피가 가득한 동이와도 같고, 피로 흠뻑 젖은 제단 뿔과도 같을 것이다.

"만군의 여호와께서 그들을 호위하실 것이라"는 말씀은 '하나님께서 친히 자기 백성들을 위해 싸워주실 뿐 아니라 모든 위험에서부터 그들을 보호하시는 방패가 되어 주시겠다는 약속이다(창 15:1; 신 33:29; 시 28:7).

"그들이 원수를 삼킨다"는 말은 '원수에 대한 승리를 거둔다'는 뜻이다.

"물맷돌을 밟을 것이라"는 말은 '원수의 세력을 완전히 꺾게 될 것이란는 의미이다.

"그들이 피를 마시고 즐거이 부르기를 술취한 것 같이 할 것인즉 피가 가득한 동이와도 같고 피 묻은 제단 모퉁이와도 같을 것이라"는 말은 '원수에 대한 하나님의 심판적 살육이 처참하다는 것을 강조하여 표현한 것'이다.

슥 9:16. 이 날에 그들의 하나님 여호와께서 그들을 자기 백성의 양 떼 같이 구원하시리니 그들이 왕관의 보석 같이 여호와의 땅에 빛나리로다.

그 날에 여호와께서 자기 백성들을 양 떼같이 구원하실 것이니 그들은 참으로 왕관의 보석같이 여호와의 땅에서 빛날 것이라고 하신다.

"이 날"이란 '원수들이 철저히 진멸당하고 하나님의 백성들이 완전히 승리를 누리는 날'을 지칭한다.

"그들의 하나님 여호와께서 그들을 자기 백성의 양 떼 같이 구원하실 것이라"는 말은 '하나님을 믿는 백성들은 여호와께서 그들을 종말에 가서 다 구원하실 것이라'는 것이다.

"그들이 왕관의 보석 같이 여호와의 땅에서 빛나리로다"라는 말은 '하나님의 백성들이 승리하여 여호와의 땅에서 빛날 것이라'는 뜻이다.

슥 9:17. 그의 형통함과 그의 아름다움이 어찌 그리 큰지 곡식은 청년을, 새 포도주는 처녀를 강건하게 하리라.

여호와의 백성들이 은혜를 받으니 얼마나 좋고, 얼마나 아름다운가. 총각들은 곡식으로 튼튼해지고, 처녀는 새 포도주로 튼튼해질 것이라고 한다. 곡식과 포도주는 풍성함을 표현하는 관용구(신 33:28; 시 4:8)이다.

제 10 장

4. 선민이 회복하다 10:1-7

1-7절은 이스라엘이 회복할 때에 비가 넉넉히 내려 농작물이 풍부해질 것을 말하고(1-2절), 악한 지배자들은 백성들의 눈에 띠지 않을 것이며(3-4절), 유다와 이스라엘은 적에게 승리할 것이라는 것을 진술한다(5-7절).

<여호와께서 구원을 약속하시다>

슥 10:1. 봄비가 올 때에 여호와 곧 구름을 일게 하시는 여호와께 비를 구하라 무리에게 소낙비를 내려서 밭의 채소를 각 사람에게 주시리라.

봄비가 내리는 계절에 구름을 일으키시는 여호와께 비를 구하라. 무리에게 소나기를 풍성히 내려 그들 각 사람에게 밭의 농작물을 풍성히 주실 것이라고 한다.

"봄비가 올 때에 여호와 곧 구름을 일게 하시는 여호와께 비를 구하라"는 말은 '봄이 되면 봄비(늦은 비)를 주신다 해도 그래도 우리가 구하는 삶이 있어야 한다'는 것이다.

"무리에게 소낙비를 내려서 밭의 채소를 각 사람에게 주시리라"는 말은 '백성들이 여호와께 구한 결과 비를 풍성히 내리셔서 풍성한 채소를 주셔서 부족함이 없이 먹게 하신다'는 것이다.

슥 10:2. 드라빔들은 허탄한 것을 말하며 복술자는 진실하지 않은 것을 보고 거짓 꿈을 말한즉 그 위로가 헛되므로 백성들이 양 같이 유리하며 목자가 없으므로 곤고를 당하나니.

드라빔들(우상들, 창 31:19, 34; 삼상 13:16)은 헛된 것을 말하며, 점쟁이들은 거짓된 것을 보고 그들은 헛된 꿈을 말하며, 무익한 말로 위로하므로 백성들이 양 떼같이 방황하며 목자가 없으므로 고통을 당한다.

"복술자는 진실하지 않은 것을 본다"는 말은 '점쟁이들은 헛것을 보고 헛소리를 말한다'는 뜻이다.

본 절은 비가 필요할 때 비를 주시는 여호와께 구하고 결단코 우상에게 헛것을 구하지 말라는 것이다.

슥 10:3. 내가 목자들에게 노를 발하며 내가 숫염소들을 벌하리라 만군의 여호와가 그 무리 곧 유다 족속을 돌보아 그들을 전쟁의 준마와 같게 하리니.

본 절은 하나님께서 유다의 거짓된 지도자들을 벌하실 것을 진술하신다. 즉, 나 여호와의 분노가 목자들(이방의 악한 지배자들)에게 불같이 일어나겠고, 내가 숫염소(이스라엘의 악한 지배자들)에게 벌을 내릴 것이다. 만군의 여호와(1:3주해 참조)께서 자기 양떼 유다의 집을 돌보시고, 그들을 전쟁터에서 자기 준마 같게 하실 것이라고 하신다.

"그들을 전쟁의 준마와 같게 하실 것이라"는 말씀은 '유다인들을 잘 훈련시킨 힘세고 날쌘 전투마 같에 하실 것이라'는 뜻이다. 많은 주석가들은 본 절의 내용을 마카비 시대에 유대인들이 수리아의 안티오커스 에피파네스를 무찌르고 승리할 것을 예언한 것이라고 했었다. 그러나 사실은 그것을 넘어서 이스라엘의 후예들이 그리스도의 복음으로 온 세상을 정복하게 되리라는 예언으로 이해되어야 할 것이다.

슥 10:4. 모퉁잇돌이 그에게서, 말뚝이 그에게서, 싸우는 활이 그에게서, 권세 잡은 자가 다 일제히 그에게서 나와서.

본 절은 앞 절 말씀을 확장시킨 것이다. 다시 말해 유다에게서 모퉁잇돌(건물의 기초석-메시아)이 나오고, 유다에게서 말뚝(건물을 든든하게 연결하는 큰 못)이 나오며, 유다에게서 전쟁의 활(백성이 스스로 군비를 갖추어 자위하는 무기)이 나오고, 유다에게서 모든 권세자(능력 있는 지도자-메시아)가 일제히 나온다는 것이다.

본 절에 언급된 모퉁이 돌, 말뚝, 싸우는 활, 권세 잡은 자라는 말은 각기 메시아의 사역의 성격을 상징해주는 표현들이다.

슥 10:5. 싸울 때에 용사 같이 거리의 진흙 중에 원수를 밟을 것이라 여호와가 그들과 함께 한즉 그들이 싸워 말 탄 자들을 부끄럽게 하리라.

그들이 싸울 때에 용사같이 길거리의 진흙 가운데 대적을 짓밟을 것이며, 여호와가 그들과 함께하니, 그들이 싸워 말 탄 자들을 부끄럽게 할 것이다.

유대인들은 약해도 여호와께서 함께 하시니 병력이 강한 원수들을 패배시킬 것이라고 한다(미 7:10 참조).

슥 10:6. 내가 유다 족속을 견고하게 하며 요셉 족속을 구원할지라 내가 그들을 긍휼히 여김으로 그들이 돌아오게 하리니 그들은 내가 내버린 일이 없었음 같이 되리라 나는 그들의 하나님 여호와라 내가 그들에게 들으리라.

나 여호와가 유다의 집(남쪽 나라 유다를 지칭한다)을 강하게 하며, 요셉의 집(북쪽 나라 이스라엘을 지칭한다)을 구원하겠고, 나 여호와가 그들을 불쌍히 여겨 그들(유다 사람들과 이스라엘 사람들)을 돌아오게 할 것이니, 그들은 내가 버린 적이 없는 사람들처럼 될 것이다. 나는 여호와 그들의 하나님이므로 내가 그들에게 응답할 것(그들의 기도를 응답하시겠다는 뜻)이라고 말씀하신다.

슥 10:7. 에브라임이 용사 같아서 포도주를 마심 같이 마음이 즐거울 것이요 그들의 자손은 보고 기뻐하며 여호와로 말미암아 마음에 즐거워하리라.

에브라임(북쪽 나라 이스라엘의 별칭)은 용사 같을 것이며 그들의 마음은 포도주를 마신 것처럼 즐거울 것이다. 그들의 자녀들도 보고 기뻐할 것이며 그들의 마음이 여호와로 인하여 즐거울 것이다.

"에브라임이 용사 같아서 포도주를 마심 같이 마음이 즐거울 것이라"는 말은 '북쪽 나라 이스라엘이 앗수르 군대에 의하여 주전 722년 멸망을 당해 포로로 끌려갔는데 남쪽 나라 유다와는 달리 스가랴 선지자가 예언하는 당시까지도 돌아오지 못하고 있었다. 본 절은 바로 이들 북쪽 나라 이스라엘 백성들도 역시 앞으로 돌아와 장차 유다 족속이 거둘 승리에 참여하리라는 예언'이다.

"포도주를 마심 같이 마음이 즐거울 것이라"는 말은 '승전을 축하하는 잔치의 흥겨움을 묘사하는 것으로 마음이 즐거울 것이라'는 뜻이다.

"그들의 자손은 보고 기뻐한다"는 말은 '세계 모든 성도가 그리스도 안에서 최후의 승리를 거둔 후 하나님 나라의 잔치에 참여하게 될 것에 대한 예언'이다.

5. 선민이 집합하다 10:8-12

8-12절은 하나님께서 이스라엘 백성을 세계 여러 곳에서 불러 모으시고, 그들을 그들의 땅에서 하나님의 보호를 받으며 거하게 하신다는 것을 진술한다.

슥 10:8. 내가 그들을 향하여 휘파람을 불어 그들을 모을 것은 내가 그들을 구속하였음이라 그들이 전에 번성하던 것 같이 번성하리라.

나 여호와가 흩어진 이스라엘을 구원했으니, 내가 그들에게 휘파람을 불어 그들을 모을 것이며, 그들이 전에 번성하던 것같이 번성할 것이라고 하신다.

여호와께서 하시는 일은 택한 백성을 구원하시고 모으시는 것이다. 모으시는 방법은 무슨 신호를 사용하시든지 하나님께서 원하시는 대로 하신다.

슥 10:9. 내가 그들을 여러 백성들 가운데 흩으려니와 그들이 먼 곳에서 나를 기억하고 그들이 살아서 그들의 자녀들과 함께 돌아올지라.

나 여호와가 이스라엘 백성을 여러 백성들 가운데 흩어 버렸으나 그들은 멀리서도 나 여호와를 기억할 것이며 그들이 살아서 포로지에서 태어난 그들의 자녀들과 함께 돌아올 것이라고 하신다.

슥 10:10. 내가 그들을 애굽 땅에서 돌아오게 하며 그들을 앗수르에서부터 모으며 길르앗 땅과 레바논으로 그들을 이끌어 가리니 그들이 거할 곳이 부족하리라.

나 여호와가 이스라엘 백성들을 애굽 땅에서 데려올 것이고, 앗수르에서도 그들을 모을 것이며 나 여호와가 그들을 길르앗 땅(이스라엘의 옛 영토)과 레바논(이스라엘의 옛 영토)으로 데려올 것인데 그들이 거할 장소가 오히려 부족할 것이라고 하신다.

슥 10:11. 내가 그들이 고난의 바다를 지나갈 때에 바다 물결을 치리니 나일의 깊은 곳이 다 마르겠고 앗수르의 교만이 낮아지겠고 애굽의 규가 없어지리라.

이스라엘 백성들이 포로로 잡혀간 후 돌아오는 경우 고난의 바다를 지날 때에, 나 여호와가 바다의 파도를 꺾어서 잘 통과하게 할 것이고, 나일 강의 모든 바닥이 마르게 할 것이며, 앗수르의 거만은 낮아지고, 이집트의 지팡이도 사라지게 할것이라고 하신다.

슥 10:12. 내가 그들에게 나 여호와를 의지하여 견고하게 하리니 그들이 내 이름으로 행하리라 나 여호와의 말이니라.

여호와께서 말씀하시기를 나 여호와가 택한 백성들로 하여금 여호와를 의지하여 강하게 할 것이며, 그들이 나 여호와의 이름으로 나아가게 할 것이라고 하신다.

하나님의 백성이라면 누구든지 여호와를 의지하여 기도하면 강하게 되는 것이고 복되게 되는 것이다.

제 11 장

6. 성지에 암운이 깃들다 11:1-3

1-3절은 이스라엘 땅에 다시 암운이 깃들 것임을 예언한다.

<요단이 쓰러지다>

슥 11:1. 레바논아 네 문을 열고 불이 네 백향목을 사르게 하라.

본 절은 레바논의 백향목이 불타는 광경을 묘사한 것이다. 즉, 레바논아! 네 문들을 열어 불이 네 백향목을 삼키게 하라고 하신다.

본 절의 레바논이 어디를 지칭하는가를 두고 견해가 갈린다. 1) 이방의 집권자들을 지칭한다는 견해(Marti, Kimchi, Mitchel), 2) 유다 나라(이스라엘이라고 불러도 된다)를 지칭한다는 견해(Jerome, Calvin, Umbreit, K.&D., Lange, Deane, Moore, 박윤선, 이상근). 이 두 견해 중에 2)번의 견해가 더 타당한 것으로 본다. 그 근거로는 레바논의 백향목은 예루살렘 성전 건축에 사용되기 때문이다.

"불이 네 백향목을 사르게 하라"는 말은 '이스라엘의 침략자들이 자신들의 진격에 방해가 되는 레바논의 자랑거리인 백향목의 수풀조차도 아낌없이 모조리 불태워 버릴 것이라는 뜻이다. 한편 팔레스틴에서 가장 우수한 건축재인 백향목은 유다 나라와 이스라엘의 지도자들인데 본문은 이러한 지도자들이 장차 큰 어려움에 처해질 것이라는 예언이라고 볼 수 있다.

슥 11:2. 너 잣나무여 곡할지어다 백향목이 넘어졌고 아름다운 나무들이 쓰러졌음이로다 바산의 상수리나무들아 곡할지어다 무성한 숲이 엎드러졌도다.

너 잣나무(전나무-레바논의 아름다운 나무들)야! 통곡하여라. 백향목이 넘어졌고, 아름다운 나무들이 찍혀 쓰러졌구나. 바산의 상수리나무들아! 통곡하여라. 빽빽이 들어섰던 숲이 찍혀 넘어 지고 말았구나.

본 절의 "너 잣나무[49]여 곡할지어다[50]"라는 말과 "바산(갈릴리의 동북부에 위치한 비옥한 목장 지대이다)의 상수리나무들아 곡할지어다"라는 말은 동의절이다. 이 두 종류의 나무들이 곡해야 할 이유는 "백향목이 넘어졌고 아름다운 나무들이 쓰러졌으며 무성한 숲이 엎드러졌기 때문이라"는 것이다.

"바산의 상수리나무들아 곡할지어다"라는 말은 '바산의 상수리나무도 적군의 침략을 당해 적군들의 필요를 위해 작벌당할 것인즉 잣나무가 애곡하듯 애곡해야 했다'는 것이다(Deane).

슥 11:3. 목자들의 곡하는 소리가 남이여 그들의 영화로운 것이 쓰러졌음이로다 어린 사자의 부르짖는 소리가 남이여 이는 요단의 자랑이 쓰러졌음이로다.

목자들(여기 목자들은 이스라엘의 정치적 지도자와 종교적 지도자를 지칭한다)이 통곡소리를 내는 것은 바산의 유명한 목장이 훼멸되어서 그들의 영광스럽던 날을 생각하며 곡한다는 것이다. 그리고 어린 사자들(이들은 이스라엘의 폭군을 지칭할 것이다)이 울부짖는 소리를 내는 것은 요단의 자랑이 훼손되었기 때문이라는 것이다.

7. 선한 목자를 배척해서 벌을 받다 11:4-14

<두 목자>

슥 11:4. 여호와 나의 하나님이 이르시되 너는 잡혀 죽을 양 떼를 먹이라.

---

49) 잣나무: 잣나무는 백향목 보다는 건축자재의 가치로는 떨어지지만 솔로몬 성전의 마루바닥과 문짝이 바로 이 잣나무로 만들어졌다는 것이다(왕상 6:15, 34).

50) 잣나무가 애곡해야 하는 이유는 귀족을 상징하는 백향목이 훼멸당하기 때문이라는 것이다. 다시 말해 잣나무보다 더 가치 있는 백향목이 훼멸당한다면 그것보다 못한 잣나무의 결국이 어떨지는 뻔한 것이기 때문이라는 것이다(W. J. Deane).

본 절은 장차 이스라엘 백성들(이 말속에는 유다인들도 모두 포함된 말이다)이 크게 살육당할 것을 예언한 것이다. 즉, 여호와 나의 하나님께서 이렇게 말씀하시기를 너는 도살당할 양 떼를 먹이라고 하신다.

실제로 이스라엘 백성들은 주후 70년에 로마 제국의 디도(티투스) 장군이 이끄는 군대에 의해 예루살렘 성이 함락되고 무려 150만의 사상자를 내는 비극에 처해졌다(Moore). 이 재앙은 이스라엘 백성들이 자기 백성의 구원자로 초림하신 예수 그리스도를 배척하고 십자가에 못 박은 데 대한(12, 13절) 하나님의 심판의 결과였다. 그리스도를 배척한다는 것은 비참중의 비참이었다.

슥 11:5. 사들인 자들은 그들을 잡아도 죄가 없다 하고 판자들은 말하기를 내가 부요하게 되었은즉 여호와께 찬송하리라 하고 그들의 목자들은 그들을 불쌍히 여기지 아니하는도다.

본 절은 유대인들이 열국 사람들로부터 그리고 자기들의 지도자들부터 천대를 받을 것을 예언한 것이다. 즉, 유대인들은 비참하게 매매를 당하는데 사들인 자들은 그들을 잡아 죽여도 죄가 없다 하고, 그것들을 팔아 버린 자들은 말하기를 여호와를 송축하라. 이는 내가 부자가 되었다고 하며 목자들은 그 양들을 불쌍히 여기지 않는다는 것이다. 예수님께서는 이런 목자들을 공격하셨다(요 10:11-13).

슥 11:6. 여호와가 말하노라 내가 다시는 이 땅 주민을 불쌍히 여기지 아니하고 그 사람들을 각각 그 이웃의 손과 임금의 손에 넘기리니 그들이 이 땅을 칠지라도 내가 그들의 손에서 건져내지 아니하리라 하시기로.

나 여호와가 말씀하시기를 다시는 이 땅에 사는 유대인들을 불쌍히 여기지 않을 것이다. 보라! 그 사람들을 각각 그 이웃의 손과 왕의 손에 넘겨줄 것이다. 그들이 이 땅을 칠지라도 내가 그들의 손에서 구출하지 않겠다고 하신다.

유대인들(이스라엘 백성들)이 이웃나라의 왕들에게 맡겨져 그들에게 공격을 받고 천대를 받으나 여호와께서는 구원하시지 않는다는 것이다.

슥 11:7. 내가 잡혀 죽을 양 떼를 먹이니 참으로 가련한 양들이라 내가 막대기 둘을 취하여 하나는 은총이라 하며 하나는 연합이라 하고 양 떼를 먹일 새.

나 메시아가 도살할 양 떼를 먹이니 참으로 가련한 양들을 먹였다. 나 메시아는 막대기 두 개를 가져다가 하나는 '은총' 이라 부르고, 다른 하나는 '연합' 이라고 불렀으며, 양 떼를 먹였다.

"하나는 은총이라 하며 하나는 연합이라" 했다. "은총"이라고 이름을 지은 것은 하나님께서 당신의 백성에게 베푸시는 은혜를 지칭하고, "연합" 이라고 이름을 붙인 것은 하나님이 백성들과의 결속된 유대 관계를 뜻한다. 실로 그리스도께서는 하나님의 백성들이 하나님의 은총을 힘입어 모두 연합하게 하시기 위해 이 땅에 강림하셨다. 그러나 그들은 도리어 이러하신 그리스도를 배격했다.

슥 11:8. 한 달 동안에 내가 그 세 목자를 제거하였으니 이는 내 마음에 그들을 싫어하였고 그들의 마음에도 나를 미워하였음이라.

나 여호와는 한 달 동안 세 명의 목자를 제거하였으니, 내 마음이 그들을 싫어하였고, 그들도 마음으로 나를 미워하였다고 하신다.

"한 달 동안에"란 말은 '짧은 동안에', '짧은 기간에'라는 뜻이다.

그리고 "내가 그 세 목자를 제거했다"는 말은 '여호와께서 세 목자를 제거하셨다'는 뜻이다. 그런데 여기 "세 목자"가 누구인가를 두고 40여개에 달하는 견해가 있다. 이 40여개에 달하는 해석을 우리가 다 여기에 기록하는 것은 무의미하다. 이유는 "목자"라는 말이 1) 이방의 나라들이나, 2) 이방 나라의 왕들이나, 3) 중간 사 시대의 마카비 형제들이나, 4) 또 중간 사 시대의 대제사장들 등으로 보고 하나의 견해로 발표하는 것은 무의미한 것으로 보인다. 이유는 그런 자들을 "목자"라고 부를 수 없기 때문이다(이순한). 그러면 채택할만한 견해 두어 가지를 진술하면 1) "세 목자"는 많은 수효의 목자들을 의미할 것이라는 견해(Calvin), 2) 메시아께서 이 땅에 오셨을 때 당시의 종교 지도자들일 것이라는 견해(Jesephus), 3) 5절의 사는 자, 파는 자, 무자비한 목자라는 견해(Deane)가 있다. 이 견해 들 중에서 3)번의 견해가 문맥에 가장 적합한 견해로 보인다.

"이는 내 마음에 그들을 싫어하였고 그들의 마음에도 나를 미워하였음이라"라는 말은 '세 목자가 여호와의 마음에 그들을 싫어하였고, 그들의 마음에도 나 여호와를 미워하였다'는 것이다. 오늘도 누구든지 주님을 싫어하면 주님으로부터 끊긴다는 것을 알아야 한다.

슥 11:9. 내가 이르되 내가 너희를 먹이지 아니하리라 죽는 자는 죽는 대로, 망하는 자는 망하는 대로, 나머지는 서로 살을 먹는 대로 두리라 하고.

본 절은 선한 목자의 보살핌을 거절하는 자들이 결국 버림을 당한다는 것을 진술한다. 즉, 나 선한 목자가 이르되 나 선한 목자는 너희를 먹이지 않겠으니, 죽을 놈은 죽고(아사, 병사), 망할 놈은 망하며(전사), 남은 놈들은 서로 살을 먹어라(내란으로 죽음)고 하신다. 주후 70년 예루살렘 함락 때에 유대인들(이스라엘 사람들)은 여기 진술된 대로 다 죽었다는 것이다(Josephus).

오늘도 만군의 여호와를 거역하는 자들은 비참하게 망하고 만다.

슥 11:10. 이에 은총이라 하는 막대기를 취하여 꺾었으니 이는 모든 백성들과 세운 언약을 폐하려 하였음이라.

나 선한 목자(메시아)가 가지고 있던 두 막대기(7절) 중 '은총'이라 부르는 첫째 막대기를 가져다가 그것을 잘라 나 여호와가 모든 백성과 맺은 나의 언약을 파기하였다고 하신다.

"모든 백성들과 세운 언약을 폐하려 하였다"는 말은 '이스라엘 백성들을 해하지 못하도록 외국 백성들과 세운 하나님의 언약을 철폐하셨다'는 뜻이다. 오늘도 세상 모든 사람들과 하나님께서는 언약을 세우셔서 성도들을 해하지 못하게 하셨다는 것을 우리는 알아야 할 것이다. 우리가 여호와 하나님을 믿고 있는 동안 외인들은 우리를 절대로 해하지 못하는 것이다.

슥 11:11. 당일에 곧 폐하매 내 말을 지키던 가련한 양들은 이것이 여호와의 말씀이었던 줄 안지라.

여호와께서 그 언약을 그 날로 파기하셨으니 나 여호와를 지켜보고 있던 가련한 양들(하나님의 언약을 순종하던 가련한 양들)은 여호와께서 언약을 파기하심으로 외국군이 이스라엘인들(유대인들)의 영내로 침입한 사실을 그날로 여호와의 말씀임을 깨달았다는 것이다. 오늘도 누구든지 여호와를 거역하면 거역하는 즉시 여호와께서 은총을 폐하신다는 것을 알아야 할 것이다.

슥 11:12. 내가 그들에게 이르되 너희가 좋게 여기거든 내 품삯을 내게 주고 그렇지 아니하거든 그만두라 그들이 곧 은 삼십 개를 달아서 내 품삯을 삼은지라.

나 메시아가 유대인들(이스라엘인들)에게 말하기를 너희가 좋게 여기면 나의 품삯을 나 메시아에게 주고, 그렇지 않다면 그만 두어라고 하니 그들이 나의 품삯으로 은(銀) 30개(노예 한 사람의 생명 값이었다, 출 21:32)를 달아 주었다는 것이다. 이 예언은 바로 그리스도께서 은 30에 팔리신 사실의 예언이었다(마 26:15; 27:9-10). 예수님은 참으로 낮은 값에 팔려 가신 것이었다. 인류는 예수님을 마구 취급하신 점에서 엄청난 죄를 저지르고 말았다.

슥 11:13. 여호와께서 내게 이르시되 그들이 나를 헤아린 바 그 삯을 토기장이에게 던지라 하시기로 내가 곧 그 은 삼십 개를 여호와의 전에서 토기장이에게 던지고.

여호와께서 내게 말씀하시기를 그들이 나를 헤아린 바 그 삯을 토기장이에게 던져 버려라. 그것은 그들이 내게 알맞은 삯이라고 쳐준 것이었다고 하셨으며, 나는 여호와의 전에 있는 토기장이에게 그 은(銀) 30개를 던져 버렸다는 것이다.

"그들이 나를 헤아린 바 그 삯"이란 말은 '유대인들이 메시아를 헤아린 바 그 보배로운 가격'이란 뜻으로, 물론 이 값은 실제로 유대인들이 메시아의 몸값을 높게 평가했다는 의미가 아니라, 일개(一介) 종의 몸값과 같이 아주 낮게 평가한 것에 대한 반의적(反意的) 표현이다(W.J. Deane).

"그 삯을 토기장이에게 던지라 하셨다"는 말은 '유대 백성들이 정한 그 삯은 너무 불손하고도 부적당하므로 받지 말고 토기장이에게 던지라 하셨다'는 것이다.

이 명령은 그리스도에게 그대로 성취되어 예수님을 팔아넘긴 가룟 유다는 은 30을 성전에 던졌고, 대제사장은 그 은을 거두어 토기장이의 밭을 사서 나그네의 묘지로 삼았다(마 27:5-10).

슥 11:14. 내가 또 연합이라 하는 둘째 막대기를 꺾었으니 이는 유다와 이스라엘 형제의 의리를 끊으려 함이었느니라.

본 절은 메시아를 거부하고 배척한 유대인들(이스라엘 백성들)에 주어질 또 하나의 재앙으로서 유대인들 상호간의 결속력을 와해시키겠다는 말이다(Deane). 즉, '연합' 이라 부르는 두 번째 막대기를 잘라 유다와 이스라엘 사이에 형제의 의가 끊어지게 하였다는 것이다.

스가랴 선지자는 두 막대기 중 남은 연합의 막대기도 잘라버리고 말았다. 이 연합의 막대기가 잘린 것은 유다와 이스라엘 간의 의가 끊어지고 선민의 단결도 끊어지는 것을 가리킨다. 이 예언과 같이 유대인들이 그리스도를 십자가에 못 박은 뒤에 유대 나라의 국운은 날로 쇠하고 저들 사이에 불화와 충돌이 심화되었다. 결국 주후 70년에 예루살렘이 멸망했고 유대인의 전 세계로의 흩어짐이란 결과를 가져오고 말았다.

8. 우매한 목자가 멸망 받다 11:15-17

15-17절은 유대인들이 선한 목자를 거부했음으로 그 대신 우매한 목자가 나타나 백성을 멸망시켰고, 그 자신도 멸망하게 되었다는 것을 말한다.

슥 11:15. 여호와께서 내게 이르시되 너는 또 어리석은 목자의 기구들을 빼앗을지니라(Then the LORD said to me, Take once more the equipments of a foolish shepherd-ESV).

여호와께서 나 스가랴에게 말씀하시기를 너는 어리석은 목자처럼 분장하고 어리석은 목자가 사용하는 기구들을 취해보라고 하신다. 다시 말해 어리석은 목자 행세를 해보라는 것이다.

하나님께서 스가랴 선지자로 하여금 어리석은 목자 행세를 해보라고 명령하신 이유는 양떼들을 가지고 도리어 양떼들을 괴롭히는 자 행세를 해 보라는 것이다.

"본 절의 어리석은 목자의 기구들을 빼앗을지니라"는 말 중에서 "어리석은"(אֱוִלִי)이란 말이 원어상 도덕적 측면의 악과 어리석음을 의미한다는 점(잠 1:7; 14:9; 15:5; 16:22; 20:3; 렘 4:22)에서 "어리석은 목자의 기구"란 그 기구들이 오히려 양들에게 해를 입히게 된다는 것을 시사해 주는 것이다. 따라서 본 절의 행위는 상징적으로 선한 목자의 치리(4, 7절)와는 달리 똑같은 권력을 가지고 백성들을 보호하고 보존하기 보다는 사악하고 이기적인 정욕의 충족을 위해 백성들을 압제하고 오히려 그들을 파멸의 지경으로 밀어뜨린 악한 거짓 지도자에 대한 경고적 의미를 함축하고 있는 것이다.

슥 11:16. 보라 내가 한 목자를 이 땅에 일으키리니 그가 없어진 자를 마음에 두지 아니하며 흩어진 자를 찾지 아니하며 상한 자를 고치지 아니하며 강건한 자를 먹이지 아니하고 오히려 살진 자의 고기를 먹으며 또 그 굽을 찢으리라.

보라! 내가 이 땅에 한 목자를 세우겠으니, 그가 없어진 양들을 마음에 두지도 않고, 흩어진 양들을 찾지도 않으며, 상처 난 양들을 고쳐 주지 않고,

건강한 양을 먹이지 않으며, 오히려 살진 양의 고기를 먹고 그 발굽들을 찢을 것이라고 하신다.

본 절 초두의 "보라"는 말은 본 절의 내용을 '정신을 차려 살펴보라'는 뜻이다.

"내가 한 목자를 이 땅에 일으키리니"란 말을 두고 견해가 갈린다. 1) 로마 정권을 뜻한다는 견해(Hoffmann, K.&D.), 2) 교회의 악한 일꾼이라고 보는 견해(Calvin), 3) 종말에 일어날 적그리스도일 것이라는 견해(Pusey)등으로 갈린다. 2)번이나 3)번의 견해가 바를 것이다. 악한 "한 목자"가 종교적인 목자로 보이는 이유는 설명어를 보아 그렇게 생각된다. 즉, '그가 없어진 자를 마음에 두지 아니하며 흩어진 자를 찾지 아니하며 상한 자를 고치지 아니하며 강건한 자를 먹이지 아니하고 오히려 살진 자의 고기를 먹으며 또 그 굽을 찢으리라(양떼를 잔인하게 취급한다)'는 말 때문이다.

슥 11:17. 화 있을진저 양 떼를 버린 못된 목자여 칼이 그의 팔과 오른쪽 눈에 내리리니 그의 팔이 아주 마르고 그의 오른쪽 눈이 아주 멀어 버릴 것이라 하시니라.

화 있을 것이다. 양떼를 버린 못된 목자(15절의 어리석은 목자는 못된 목자이다)야! 칼이 그의 팔(팔로 양떼를 치지 않았다)과 오른쪽 눈(눈을 가지고 양떼를 돌보지 않았다)을 치므로 그의 팔은 바짝 마르고 그의 오른쪽 눈은 아주 멀게 될 것이라고 하신다.

제 12 장

9. 예루살렘이 구원 받다 12:1-14

1-14절의 내용은 예루살렘을 포위한 원수의 멸망(1-9절), 예루살렘의 회개(10-14절)로 구분된다.

ㄱ. 적군이 멸망하다 12:1-9

<예루살렘의 구원>

슥 12:1(상). 이스라엘에 관한 여호와의 경고의 말씀이라.

이스라엘(영적 이스라엘 백성을 지칭하는 말)을 두고 여호와께서 경고하신 말씀이다.

"경고"란 말의 주해를 위해서 9:1의 주해를 참조하라. 경고란 정신 차리지 않고 있는 자를 깨우치기 위한 교훈을 말한다.

슥 12:1(하). 여호와 곧 하늘을 펴시며 땅의 터를 세우시며 사람 안에 심령을 지으신 이가 이르시되.

하늘을 펴시고 땅의 기초를 세우시며 사람 안에 영을 만드신 여호와의 말씀이다.

"여호와 곧 하늘을 펴시며 땅의 터를 세우시며"라고 말씀한 이유는 여호와 하나님이야 말로 그 어떤 일이라도 성취하실 수 있으신 분이라는 것을 천명하기 위함이다.

"사람 안에 심령을 지으셨다"는 말씀은 여호와께서 '사람 안에 영을 지어주셨다'는 뜻인데 여호와께서는 사람들과 교제하시기 위해서 영을 지어 주신 것이다.

슥 12:2. 보라 내가 예루살렘으로 그 사면 모든 민족에게 취하게 하는

잔이 되게 할 것이라 예루살렘이 에워싸일 때에 유다에까지 이르리라 (Behold, I am about to make Jerusalem a cup of staggerling to all the surrounding peoples, the siege against Jerusalem will also be against Judah-ESV)**.**

열방은 예루살렘을 집어먹으려고 왔으나 도리어 힘을 잃고 패망하게 될 것이라는 것이다. 보라! 나 여호와가 예루살렘을 주변의 모든 백성을 취하여 비틀거리게 하는 잔(마취제, 마취약)이 되게 할 것이며(사 51:17), 예루살렘이 포위당하는 날에 유다도 역시 포위당하게 되게 할 것이라고 하신다.

"예루살렘이 에워싸일 때에 유다에까지 이르리라"는 말에 대해 해석의 차이가 있다. 1) 열국의 백성들이 예루살렘을 포위할 때 유다 나라도 포위되어 결국 열국의 백성들과 동일한 '진노의 잔'을 마시게 될 것이라는 견해(Targum, Vulgate, Luther, Jerome), 2) 예루살렘이 열국의 백성들에 의해 포위될 때 유다도 똑같은 처지에 놓이게 될 것이라는 견해(RSV, NIV, ESV, Lange)로 갈린다. 이 둘의 견해 중에 4-7절을 보면 예루살렘과 유다를 분리할 수 없다고 보아야 하므로 2)번의 견해가 더 타당한 것으로 보아야 한다.

슥 12:3. 그 날에는 내가 예루살렘에게 모든 민족에게 무거운 돌이 되게 하리니 그것을 드는 모든 자는 크게 상할 것이라 천하만국이 그것을 치려고 모이리라.

그 날이 이르면 내가 예루살렘을 모든 이방 백성(예루살렘을 에워싸고 적대시하는 열국의 백성들)에게 무거운 돌(들어올리기 너무 무거운 돌을 가리킨다)이 되게 할 것인즉 그것을 옮기려는 자들은 모두 크게 상처를 입을 것이다. 세상의 모든 민족들(땅의 모든 백성들)이 예루살렘(교회)을 치려고 모여들 것이라고 하신다. 예루살렘을 치러 모인 열국 백성은 성공하지 못하고 자신들이 크게 상처만 입고 마는 것이다.

슥 12:4. 여호와가 말하노라 그 날에 내가 모든 말을 쳐서 놀라게 하며 그 탄 자를 쳐서 미치게 하되 유다 족속은 내가 돌보고 모든 민족의 말을 쳐서 눈이 멀게 하리니.

본 절은 예루살렘을 포위한 군대가 멸망할 것을 보여주는 것을 진술한다. 즉, 여호와께서 말씀하시기를 그 날에 내가 모든 군대의 말(신 28:28)을 놀라게 하며 말을 탄자들을 미치게 할 것이니, 나의 눈으로 유다의 집은 지켜보겠지만, 내가 이방 백성의 모든 말은 쳐서 눈이 멀게(왕하 6:18; 삿 7:22) 할 것이라고 하신다.

슥 12:5. 유다의 우두머리들이 마음속에 이르기를 예루살렘 주민이 그들의 하나님 만군의 여호와로 말미암아 힘을 얻었다 할지라.

유대 백성의 지도자들이 마음속으로 말하기를 예루살렘에 사는 사람들은 그들의 하나님 만군의 여호와(1:3 주해 참조)로 말미암아 힘을 얻었다고 할 것이라고 한다는 것이다. 본서에는 "만군의 여호와"라는 말이 53회나 사용되어 있다.

슥 12:6. 그 날에 내가 유다 지도자들을 나무 가운데에 화로 같게 하며 곡식단 사이에 횃불 같게 하리니 그들이 그 좌우에 에워싼 모든 민족들을 불사를 것이요 예루살렘 사람들은 다시 그 본 곳 예루살렘에 살게 되리라.

그 날에 나 여호와가 유다지파의 지도자들을 나무 가운데 화로 불같이, 곡식 단 사이의 횃불같이 만들어 줄 것이니 예루살렘 사람들이 좌우에 에워싼 모든 백성을 불사를 것이나 예루살렘 사람은 그 본래 자리, 곧 예루살렘에 다시 살게 될 것이라고 하신다.

교회의 원수들은 언제든지 교회를 훼멸하려고 힘쓴다. 그러나 교회는 항상 제 자리에 그대로 존재한다는 것이다.

슥 12:7. 여호와가 먼저 유다 장막을 구원하리니 이는 다윗의 집의 영광과 예루살렘 주민의 영광이 유다보다 더하지 못하게 하려 함이니라.

여호와께서 유다의 장막을 먼저 구원해 주시므로, 다윗 집의 영광과 예루살렘에 살고 있는 주민들의 영광이 유다의 것보다 더 크지 않을 것이라고 하신다.

유다 지방을 예루살렘 보다 먼저 구원하신 것은 구원이 하나님으로부터 온 사실을 보여주시기 위함이다. 유다 지방은 예루살렘과 달라서 방위 시설이 없었다. 그럼에도 불구하고 구원이 먼저 유다에게 임했다면 그것은 온전히 하나님의 은혜로 된 것이었다(박윤선).

슥 12:8. 그날에 여호와께서 예루살렘 주민을 보호하리니 그 중에 약한 자가 그 날에는 다윗 같겠고 다윗의 족속은 하나님 같고 무리 앞에 있는 여호와의 사자 같을 것이라.

그 날에 여호와께서 예루살렘에 사는 주민들을 보호하실 것이므로, 그들 중에 연약한 자도 그 날에는 다윗같이 강하게 될 것이고, 다윗 집은 하나님같이, 그들 앞에 있는 여호와의 천사처럼 될 것이라고 하신다.

"그날에"란 말은 그리스도의 초림의 날을 가리키고, 궁극적으로는 그리스도께서 재림하셔서 심판 주로 원수들을 완전히 멸하시며 성도들에게 최종적 승리를 안겨주실 때를 지칭한다.

"그 중에 약한 자가 그 날에는 다윗 같겠다"는 말은 '예루살렘 주민 중에 아무리 약한 자도 과거 다윗이 하나님을 힘입어 강하게 행동한 것처럼 된다'는 것이다. 인간은 연약하기 그지없는 존재이나 하나님은 전능자이시니 우리 성도는 하나님의 도우심과 보호하심을 확신함으로써 환난이나 곤고나 핍박이나 기근이나 적신이나 위험이나 칼에도 굴하지 않을 수 있게 되는 것이다.

슥 12:9. 예루살렘을 치러 오는 이방 나라들을 그 날에 내가 멸하기를 힘쓰리라.

그 날이 이르면, 나 여호와가 예루살렘을 치러 오는 모든 이방 민족들을 멸망시킬 것이라고 하신다.

성도들을 대적하는 원수의 세력들이 일시적으로 하나님 나라를 대적하나 결코 승리할 수 없는 이유는 하나님께서 그들을 심판하시기 때문이다.

ㄴ. 예루살렘이 회개하다 12:10-14

10-14절은 이스라엘이 성령을 받고 회개하기에 이를 것이다.

슥 12:10. 내가 다윗의 집과 예루살렘 주민에게 은총과 간구하는 심령을 부어 주리니 그들이 그 찌른바 그를 바라보고 그를 위하여 애통하기를 독자를 위하여 애통하듯 하며 그를 위하여 통곡하기를 장자를 위하여 통곡하듯 하리로다.

나 여호와가 다윗의 집과 예루살렘에 사는 주민들에게 은총과 간구하는 영을 부어 줄 것이니 그들이 나, 곧 그들이 찌른 자를 바라보게 될 것이니, 그들이 그를 위하여 마치 외아들을 잃고 울 듯이 슬피 울 것이며, 맏아들을 잃고 통곡하듯이 그를 위해 통곡할 것이라고 하신다.

"내가 다윗의 집과 예루살렘 주민에게 은총과 간구하는 심령을 부어 주리니"란 말은 '나 여호와가 다윗의 집과 예루살렘 주민들에게 성령을 부어줄 것이라'는 뜻이다.

"그들이 그 찌른바 그를 바라본다"는 말은 '메시아의 십자가 수난에 대한 예언'이다.

"독자를 위하여 애통하듯 하며 그를 위하여 통곡하기를 장자를 위하여 통곡하듯 하리로다"라는 말은 '가장 큰 애통을 표현하는' 말이다.

슥 12:11. 그 날에 예루살렘에 큰 애통이 있으리니 므깃도 골짜기 하다드림몬에 있던 애통과 같을 것이라.

본 절은 10절에 이어 오순절 성령 강림 후 회개운동이 얼마나 심도 깊은 것일지를 보여준다. 즉, 그 날에 예루살렘에서 큰 통곡이 있을 것이니

므깃도 골짜기의 하다드림몬에 있었던 애통이 있을 것이라고 한다.

예루살렘 백성들이 그들의 목자를 거부한 것을 회개하고 애통한 것을 요시야 왕이 전사했을 때의 애통에 비한다. 선한 요시야 왕이 주전 609년에 애굽의 바로 느고와의 므깃도 전쟁에서 전사했을 때 온 이스라엘은 큰 슬픔에 빠졌던 것이다(왕하 23:29; 대하 35:22-25).

모든 참된 신자들은 다 눈물을 소유하고 있다. 눈물 없이는 십자가를 깨닫지 못한다. 눈물은 부드러운 마음의 표현이다. 부드럽지 않은 마음은 하나님의 말씀을 받지 않으니 어찌 십자가를 깨달으랴(박윤선)?

"하다드림몬"은 므깃도 평원에서 약간 남동쪽으로 떨어진 곳에 위치한 막시미아노폴리스(Maximianopolis)에 해당되는 곳으로 추정된다(Jerome).

슥 12:12. 온 땅 각 족속이 따로 애통하되 다윗의 족속이 따로 하고 그들의 아내들이 따로 하며 나단의 족속이 따로 하고 그들의 아내들이 따로 하며.

본 절은 유다의 애통을 말한다. 예루살렘만이 아니라 유다 온 땅에 애통이 넘치게 되었다는 것이다. 즉, 온 땅의 각 족속이 따로 슬피 울 것이니 다윗 집의 가족들이 따로 울고 그 집안 아내들도 따로 울 것이며 나단(다윗의 아들, 삼하 5:14; 대상 3:5)의 족속이 따로 울고 그 집안 여자들도 따로 울 것이라고 하신다.

여기 12-14절에 "따로"(לְבָד)라는 말이 11번 등장하고 있다. 집마다 따로 애통하고 아내들도 따로 애통한다는 것이다. 아내들이 따로 하는 이유는 유대의 주거 구조는 부인의 방이 따로 있었음으로 생긴 말이다. 비록 세계 곳곳에서 회개 운동이 전개될지라도 어디까지나 회개는 각자가 하나님 앞에서 개별적으로 하는 것임을 뜻한다.

슥 12:13. 레위의 족속이 따로 하고 그들의 아내들이 따로 하며 시므이의 족속이 따로 하고 그들의 아내들이 따로 하며.

다윗 왕가 다음으로 제사장 계통인 레위 족속을 진술한다. 즉, 레위 집의 가족들이 따로 울고 그 집안 여자들도 따로 울 것이며, 시므이(레위의 손자, 민 3:18, 21) 집의 가족들이 따로 울고 그 집안 여자들도 따로 울 것이라고 하신다.

여기 다윗 왕가나 레위 제사장파는 유대인(이스라엘인이라고 말해도 된다)의 믿는 자를 대표한 것이다(Luther, Hengsternberg, K.&D.). 오늘 우리는 모두 회개에 참여해야 한다.

슥 12:14. 모든 남은 족속도 각기 따로 하고 그들의 아내들이 따로 하리라.

본 절은 12, 13절에서 언급하지 않은 유대인들(이스라엘 백성들)도 각기 따로 회개했다는 것을 진술한다. 즉, 모든 남은 가족들이 각기 따로 울고, 그들의 아내들이 따로 울 것이라고 한다. 회개를 위한 애통은 모두 따로따로 진실하게 해야 한다.

제 13 장

10. 예루살렘이 정화되다 13:1-9

1-9절의 내용은 예루살렘이 정화된다는 것(1-6절), 예루살렘이 연단 받는다(7-9절)는 것으로 구성되어 있다.

ㄱ. 예루살렘이 정화되다 13:1-6

슥 13:1. 그 날에 죄와 더러움을 씻는 샘이 다윗의 족속과 예루살렘 주민을 위하여 열리리라.

본 절은 예루살렘이 과거에 우상 숭배와 거짓 예언자로 인한 더러움에서 정화를 받아야 한다는 진술을 한다. 즉, 그 날에 죄와 더러움을 씻어 줄 샘이 다윗 집과 예루살렘에 사는 사람들을 위하여 열릴 것이라고 하신다.

"그날 에"란 말은 '예루살렘 주민이 큰 애통을 하는 날'(12:10-14)을 지칭한다. 이처럼 앞선 부분에 연결시켜 회개에는 정결이 따른다는 것을 보여준다.

"죄와 더러움을 씻는 샘"이란 말은 '도덕적인 죄와 의식적인 죄, 하나님께 대한 죄와 인간에게 대한 죄 모두를 일컫는 포괄적인 죄를 씻는 그리스도의 피'를 지칭하는 말이다.

"다윗의 족속과 예루살렘 주민을 위하여 열리리라"는 말은 '하나님의 백성 전체를 위하여 십자가의 피가 흐르리라'는 뜻이다. 우리는 그리스도의 십자가의 피를 믿어 죄를 씻어야 할 것이다.

슥 13:2. 만군의 여호와가 말하노라 그 날에 내가 우상의 이름을 이 땅에서 끊어서 기억도 되지 못하게 할 것이며 거짓 선지자와 더러운 귀신을 이 땅에서 떠나게 할 것이라.

만군의 여호와께서 말씀하시기를 그날이 이를 것이니 이 땅에서 우상들의 이름을 끊어서 더 이상 기억하지 못하도록 하겠으며, 또 거짓 예언자들과 더러운 영을 이 땅에서 떠나게 할 것이라고 하신다.

"그 날에 내가 우상의 이름을 이 땅에서 끊어서 기억도 되지 못하게 할 것이라"는 말은 우상의 이름이란 우상 자체를 뜻하는 말로서 우상 숭배는 바벨론 포로 이후에도 있었다. 심지어 신약 시대에도 우상 숭배가 있었는데(골 3:5), 여호와께서 우상 자체를 이 땅에서 끊어서 기억도 되지 못하게 할 것이라 하셨으니 예수 그리스도께서 우상 숭배를 완전히 척결시킬 수 있으셨다.

"거짓 선지자와 더러운 귀신을 이 땅에서 떠나게 할 것이라"는 말은 '신약 시대의 사도들은 거짓 예언과 더러운 귀신의 활동을 규탄했다'(행 16:18; 고전 10:20-21; 살후 2:9-10).

본 절의 예언(우상 박멸, 거짓 예언, 더러운 귀신 쫓아내는 일)은 일차적으로 그리스도의 초림으로 성취되었고(눅 10:18-20), 본격적으로는 그리스도의 재림으로 완성될 것이다(살후 2:8; 계 12:9, 10; 20:2, 10). 그리스도의 재림 후에는 모든 더러운 것들이 사라질 것이다.

슥 13:3. 사람이 아직도 예언할 것 같으면 그 낳은 부모가 그에게 이르기를 네가 여호와의 이름을 빙자하여 거짓말을 하니 살지 못하리라 하고 낳은 부모가 그가 예언할 때에 칼로 그를 찌르리라.

어떤 사람이 또 거짓 예언을 하면, 그를 낳은 부모가 그에게 말하기를 네가 여호와의 이름으로 거짓말을 하였으니, 너는 더 살지 못할 것이라고 말하고, 그가 예언할 때 그를 낳은 부모가 칼로 그를 찌를 것이라는 것이다.

거짓 예언을 하는 자를 부모가 칼로 죽이는 것은 실제의 일이 되어서는 안 될 것이고 그런 정신으로 신약 시대를 살아야 한다는 것이다.

슥 13:4. 그 날에 선지자들이 예언할 때에 그 환상을 각기 부끄러워할 것이며

사람을 속이려고 털옷도 입지 아니할 것이며(On that day every prophet will be ashamed of his vision when he prophesies; he will not put on a hairy mantle in order to deceive-ESV)**.**

"그 날에"(신약 시대가 되면) 예언자들은 예언할 때에 각기 자신의 이상을 부끄러워하겠고, 사람을 속이려고 털옷도 입지 않을 것이라고 한다.

신약 시대가 되면 예언자가 필요 없다. 이유는 모든 계시는 요한 계시록으로 끝났기 때문이다. 따라서 예언자라고 하는 사람이 있어서 예언을 한다면 각기 자신이 보았다는 이상을 부끄러워해야 하고, 또 자기가 예언하는 사람이라고 다른 사람을 속이려고 털옷도 입지 못할 것이라고 한다.

슥 13:5. 말하기를 나는 선지자가 아니요 나는 농부라 내가 어려서부터 사람의 종이 되었노라 할 것이요.

본 절은 거짓 예언자가 거짓의 탈을 벗고 말하기를 나는 예언자가 아니고 나는 땅을 경작하는 자이다. 나는 어려서부터 사람의 종으로 팔렸다고 할 것이다. 다시 말해 나는 농사일에 종사하던 자였는데 그 동안 선지자 행세를 했다는 것이다.

신약 시대에는 사람마다 그리스도에게 직접 속하여 하나님 말씀을 충분히 알 수 있게 되었으니 그들 자신이 선지자가 될 필요를 느끼지 않는다는 것이다(박윤선).

슥 13:6. 어떤 사람이 그에게 묻기를 네 두 팔 사이에 있는 상처는 어찌 됨이냐 하면 대답하기를 이는 나의 친구의 집에서 받은 상처라 하리라(And if one asks him, What are these wounds on your back? he will say, The wounds I received in the house of my friends-ESV)**.**

어떤 사람이 옛날의 거짓 예언자에게 묻기를 네 두 팔 사이에 있는 이 상처들은 어떻게 해서 생긴 것이냐고 물으면, 그가 대답하기를 과거의 미신행위를 부끄러워하여 솔직히 대답하지 못하고 이 상처들은 내 친구들의 집에서 얻은 상처라고 둘러 댈 것이라고 한다는 것이다.

"두 팔 사이에 있는 상처"란 말은 '이교도들이 그 거짓된 신에게 예배할 때에 칼로 자신을 찌른 상처'이다. 그런데 이렇게 이교도와 관계를 가졌던 자들이 신약 시대에 회개하고 복음으로 돌아온 뒤에 그들이 과거의 믿던 미신행위를 부끄러워하는 의미에서 그것을 자랑하지 않고 솔직한 고백을 피하면서 그 상처는 자기들의 친구의 집에서 받은 상처라고 한다는 것이다(박윤선).

ㄴ. 예루살렘이 연단 받다 13:7-9

선한 목자(메시아)를 친 죄의 벌로 말미암아 유대인들은 고난을 받게 되나 그 가운데서도 연단을 받고 결국은 구원을 받게 된다.

<목자를 치라는 명령>

슥 13:7. 만군의 여호와가 말하노라 칼아 깨어서 내 목자, 내 짝 된 자를 치라 목자를 치면 양이 흩어지려니와 작은 자들 위에는 내가 내 손을 드리우리라.

만군의 여호와께서 말씀하시기를 칼아! 깨어라. 나 여호와가 보낸 목자, 나와 가까운 그 목자를 치면 양 떼들이 흩어질 것이다. 그러나 내가 내 손을 작은 자들 위에로 돌이킬 것이라고 하신다.

"칼아, 깨어서 내 목자, 내 짝 된 자를 치라"(마 26:31)는 말은 '칼을 향하여 여호와의 짝 된 자를 치라는 뜻으로 예수 그리스도를 십자가에 못 박으라'는 명령이다.

"목자를 치면 양이 흩어질 것이라"는 말은 '유대인들이 흩어질 것이라'는 뜻이다. 이 예언은 문자 그대로 이루어졌다.

"작은 자들 위에는 내가 내 손을 드리우리라"는 말은 '미천하고 겸손한 그리스도의 제자들을 하나님께서 복 주실 것이라'는 뜻이다.

슥 13:8. 여호와가 말하노라 이 온 땅에서 삼분의 이는 멸망하고 삼분의

일은 거기 남으리니.

여호와께서 말씀하시기를 온 팔레스틴 땅에서 3분의 2는 끊어져 멸망하게 되고, 3분의 1만 거기 살아남을 것이라고 하신다.

본 절의 "이 온 땅에서"란 말은 '메시아께서 사역하시던 이스라엘 땅'을 의미하고 또 유대인들이 있는 땅을 의미한다.

"삼분의 이는 멸망하고 삼분의 일은 거기 남을 것이라"는 말은 유대인들이 환난 중에서 많이 멸망당하고 그들 중 소수의 기독 신자들은 영생에 참여할 것을 의미한다.

슥 13:9. 내가 그 삼분의 일을 불 가운데에 던져 은 같이 연단하며 금 같이 시험할 것이라 그들이 내 이름을 부르리니 내가 들을 것이며 나는 말하기를 이는 내 백성이라 할 것이요 그들은 말하기를 여호와는 내 하나님이시라 하리라.

나 여호와가 그 삼분의 일을 불에 던져 은(銀)을 제련하듯이 연단하며 금(金)을 정제하듯이 시험할 것이다. 그들이 내 이름을 부를 것이고, 나 여호와는 그들의 부르짖음에 응답할 것이니, 나는 그들을 '내 백성' 이라 부르고, 그들은 여호와를 '나의 하나님'이라 부를 것이라고 하신다.

"내가 그 삼분의 일을 불 가운데에 던지겠다"는 말은 '여호와께서 최후의 구원에 참여할 자들을 불같은 시험 속에서 연단하시겠다'는 뜻이다. 불같은 시험에서 연단 받은 자들은 하나님을 향하여 기도하게 될 것이고, 또 그렇게 연단받은 자들을 하나님께서는 이는 내 백성이라고 하실 것이며 또 성도들은 여호와는 내 하나님(8:8; 시 144:15; 렘 30:22; 겔 11:20; 호 2:23)이라고 하게 될 것이라는 것이다.

제 14 장

11. 메시아 왕국의 영광 14:1-21

ㄱ. 여호와께서 임하셔서 예루살렘을 구원하신다 14:1-5

종말적인 여호와의 날이 이르러 예루살렘이 열국 군대의 공격으로 함락된다는 것이며, 여호와께서 임하셔서 그 열국을 멸하시며 예루살렘을 구원하신다는 것이다.

<예루살렘과 이방 나라들>

슥 14:1. 여호와의 날이 이르리라 그 날에 네 재물이 약탈되어 네 가운데에서 나누이리라.

1-2절은 여호와의 날에 될 일들을 진술한 것이다. 즉, 보라! 여호와의 날이 올 것이니 그 날에 네 재물이 약탈당하고, 네 가운데서 그것이 나뉠 것이라는 것이다.

본 절 초두에는 "보라!"(הִנֵּה)라는 말이 원문에 나타나고 있다. 이는 본 절이 아주 중요하다는 것을 드러내는 말이다.

"그 날에 네 재물이 약탈되어 네 가운데에서 나누이리라"는 말은 '종말의 환난의 날이 이르러(Hengsternberg, K.&D., Lange) 예루살렘은 함락되고 재물은 약탈 된다'는 것이다.

슥 14:2. 내가 이방 나라들을 모아 예루살렘과 싸우게 하리니 성읍이 함락되며 가옥이 약탈되며 부녀가 욕을 당하며 성읍 백성이 절반이나 사로잡혀 가려니와 남은 백성은 성읍에서 끊어지지 아니하리라.

나 여호와가 모든 이방 민족들을 모아 예루살렘과 싸우게 만들 것이니 예루살렘 성읍이 함락되고, 집들이 약탈당하며, 여자들은 겁탈 당하게 될 것이다. 그리고 성읍 주민의 절반이 사로잡혀 갈 것이나, 백성의 남은 자들은 그 성읍에서 끊어지지 않을 것이라고 하신다(13:9; 사 11:11; 16:14; 렘 44:28; 겔 6:8; 욜 2:32).

슥 14:3. 그 때에 여호와께서 나가사 그 이방 나라들을 치시되 이왕의 전쟁 날에 싸운 것 같이 하시리라.

그때에 여호와께서 출전하셔서 전쟁 때에 싸우시듯이 그 이방 민족들과 싸우실 것이라고 하신다.

예루살렘이 함락되고 일부 남은 자들도 겨우 유지될 무렵 여호와께서 출전하셔서 예루살렘의 적들과 싸워주신다는 것이다. 하나님은 미래에도 선민을 위해 싸우실 것이다(계 16:12-16; 17:14; 19:11, 21; 20:7-10). 여호와께서 출전하시면 전쟁은 쉽게 끝나는 것이다.

슥 14:4. 그 날에 그의 발이 예루살렘 앞 곧 동쪽 감람산에 서실 것이요 감람 산은 그 한 가운데가 동서로 갈라져 매우 큰 골짜기가 되어서 산 절반은 북으로, 절반은 남으로 옮기고(On that day his feet shall stand on the Mount of Olives that lies before Jerusalem on the east; and the Mount of Olives shall be split in two from east to west by a very wide valley, so that one half of the Mount shall move northward, and the other half southward-ESV).

그 날에 메시아의 발이 예루살렘 앞, 동쪽에 있는 감람산(올리브 산)위에 서실 것이고, 올리브 산은 한가운데가 동서로 갈라져 매우 큰 골짜기가 생길 것이니 산의 절반은 북쪽으로 옮겨지고, 다른 절반은 남쪽으로 옮겨질 것이라고 한다.

“감람산”은 예루살렘 성 동편 기드론 시내 건너편에 있는 산인데, 이곳은 예수님께서 자주 기도하시며 쉬시기 위하여 제자들과 함께 다니신 곳이었고, 또 예수님께서 마지막 예루살렘에 입성하신 곳도 역시 감람산이었으며, 예수님께서 승천하신 곳도 역시 감람산이었다. 그러므로 마지막 대 심판을 시작하실 땅으로 감람산을 택하신 것이다. 열국이 예루살렘을 점령하고 살인과 약탈을 마구 자행하는 시점에서 예수님께서 바로 동편 산에 재림하셔서 심판을 시작하신다는 것은 애굽의 바로의 군대를 홍해 한 가운데에 몰아넣고 물로 그들을 멸하시던 여호와의 손길을 연상하게 한다.

"감람산은 그 한 가운데가 동서로 갈라져 매우 큰 골짜기가 되어서 산 절반은 북으로, 절반은 남으로 옮겨질 것"이란 말은 '그리스도의 큰 권능과 영광을 보여주는 사건으로 문맥에 의하여(5절) 예루살렘 주민들이 원수들로부터 피신하게 만드신 피난길'을 의미한다.

슥 14:5. 그 산 골짜기는 아셀까지 이를지라 너희가 그 산 골짜기로 도망하되 유다 왕 웃시야 때에 지진을 피하여 도망하던 것 같이 하리라 나의 하나님 여호와께서 임하실 것이요 모든 거룩한 자들이 주와 함께 하리라.

그 산의 골짜기는 아셀(감람산 끝의 촌락)까지 미칠 것이므로, 너희가 그 산의 골짜기로 도망할 것이고, 너희는 유다 왕 웃시야 때에 지진을 만나 피한 것처럼 도망할 것이다. 여호와 나의 하나님께서 오실 것이니 모든 거룩한 자들이 그분과 함께 올 것이라는 것이다.

"웃시야 때에 지진을 피하여 도망하던 것 같이 하리라"는 말은 '웃시야 왕이 제사장의 임무를 강제로 수행하려 할 때에 일어났는데 사람들이 지진을 피하여 도망하던 것 같이 예루살렘 주민들이 도망할 때에 그 골짜기를 사용할 것이라'는 뜻이다.

n "나의 하나님 여호와께서 임하실 것이요 모든 거룩한 자들이 주와 함께 하리라"는 말은 '재림 때 거룩한 자들(천군 천사들)이 여호와와 동행할 것이라'는 뜻이다.

ㄴ. 하늘과 땅에 이적이 일어나다 14:6-8

하늘과 땅에 큰 이적이 일어난다는 것이다.

슥 14:6. 그 날에는 빛이 없겠고 광명한 것들이 떠날 것이라(On that day there shall be no light, cold or frost-ESV)**.**

예수님의 재림의 날에는 햇빛도 차가운 달빛도 없어진다는 것이다.

예수님의 재림의 날 이후 최후 심판의 날이 되면 하늘의 해와 달과 별들이 빛을 잃게 되리라는 것이다(욜 3:15; 마 24:19; 벧후 2:10).

슥14:7. 여호와께서 아시는 한 날이 있으리니 낮도 아니요 밤도 아니라 어두워 갈 때에 빛이 있으리로다(And there shall be a unique day which is known to the LORD, neither day and not night, but at evening time there shall be light-ESV)**.**

여호와께서 아시는 한 날이 있을 것이니, 그 때는 낮도 아니요 밤도 아니며 저녁이 되어도 빛이 있을 것이라는 것이다.

"여호와께서 아시는 한 날이 있으리니"란 말은 '그리스도의 재림의 날(마 24:36)처럼 여호와께서 아시는 날이 있을 것'을 뜻한다. 그 날은 인류가 모르고 오직 여호와께서만이 아신다. 이는 신약 성경 여러 곳에서 강조하는 것으로 성도들로 하여금 항상 지혜롭게 준비해야 한다는 교훈을 준다(마 24:36; 막 13:32; 행 1:6, 7).

"낮도 아니요 밤도 아니라"는 말은 '낮도 아니고 밤도 아니며(계 7:16; 22:5) 그 중간의 시간도 아닐 것이다. 이때는 불안정의 시기 곧 환난의 때일 것이다. 이와 같은 때가 있다가 그 끝에 구원이 임한다. 어두워 갈 때에 빛이 임한다는 것이다'(Calvin). 이미 앞에서 언급한 것처럼 그리스도 재림의 날에는 밤낮의 기준이 되는 해와 달과 별들이 빛을 잃게 됨으로 밤낮의 구별도 없어진다.

"어두워 갈 때에 빛이 있으리로다"라는 말은 '박해와 환난이 심해져가는 상황에서 하나님께서 구원하실 것이라는 것'을 가리킨다.

따라서 성도들은 세상 종말이 가까워 올수록 더욱 극심한 고난을 겪게 된다는 사실과 더불어 그런 때가 무한정 계속되는 것이 아니라 그리스도의 재림으로 끝맺음한다는 사실을 명심하여 언제나 하나님의 구원을 소망함으로써 고난을 이기는 담대한 신앙의 소유자들이 될 수 있도록 힘써야 한다(16:33; 롬 13:12, 그랜드종합주석).

슥 14:8. 그 날에 생수가 예루살렘에서 솟아나서 절반은 동해로, 절반은 서해로 흐를 것이라 여름에도 겨울에도 그러하리라.

그 날에 예루살렘에서 생수가 솟아나서, 절반은 동쪽 바다로, 절반은 서쪽 바다로 흐를 것이니 여름과 겨울에도 그렇게 흐를 것이다.

"생수가 예루살렘에서 솟아난다"는 말씀은 '성령님의 은혜가 메시아 자신에게서 솟아난다'는 뜻이다.

"절반은 동해로, 절반은 서해로 흐를 것이라"는 말씀은 '절반은 사해로 흐르고 절반은 지중해로 흐를 것이라는 뜻인데 이는 멀리 흐를 것을 뜻하는' 말이다. "여름에도 겨울에도 그러하리라"는 말씀은 '팔레스틴의 철따라 비가 오는 것과는 달리 성령 부어주심의 은혜는 언제나 멈춤이 없이 임할 것'을 가리키는 말이다. 다시 말해 1년 사시사철 어느 때나 성령의 은혜가 충만하리라는 것이다.

ㄷ. 지형에 변화가 일어나다 14:9-11

9-11절은 종말에 지형적인 변화가 일어날 것을 예언한다. 땅이 변화될 뿐 아니라 새롭게 되며, 여호와께서 땅의 유일하신 왕으로 군림하신다는 예언을 말해준다.

슥 14:9. 여호와께서 천하의 왕이 되시리니 그 날에는 여호와께서 홀로 한 분이실 것이요 그의 이름이 홀로 하나이실 것이라(And the LORD will become king over all the earth. On that day the LORD will be one and his name one-RSV, ESV).

여호와께서 온 세상의 왕이 되실 것이니 그 날에 오직 한 분, 여호와께서 계실 것이며, 그분의 이름도 오직 하나일 것이다.

"여호와께서 천하의 왕이 되실 것이라"는 말씀은 '예수님 재림 시에는 인간 왕들이나 폭군, 혹은 사단 같은 것은 모두 없어지고 여호와께서만 홀로 천하의 왕이 되신다'는 것이다.

"그 날에는 여호와께서 홀로 한 분이실 것이요"라는 말씀과 "그의 이름이 홀로 하나이실 것이라"는 말씀은 똑같은 말씀을 반복한 동의절이다. 예수님의 재림 후에는 여호와께서만 홀로 왕이시고 다른 인간적인 왕들이나 폭군들이나 천황이라는 작자들은 모두 없어지고 사탄도 지옥으로 넣어지니 없어지는 것이다. 오직 여호와 하나님만이 세상을 통치하실 것이다.

슥 14:10. 온 땅이 아라바 같이 되되 게바에서 예루살렘 남쪽 림몬까지 이를 것이며 예루살렘이 높이 들려 그 본처에 있으리니 베냐민 문에서부터 첫 문 자리와 성 모퉁이 문까지 또 하나넬 망대에서부터 왕의 포도주 짜는 곳까지라.

본 절은 예루살렘이 높아지기 위해 온 땅은 낮아진다는 것을 진술한다(사 40:4). 즉, 게바에서 예루살렘 남쪽 림몬까지 온 땅이 아라바처럼 평평해질 것이다. 그러나 예루살렘은 우뚝 솟아 있으므로, 베냐민 문에서부터 첫 대문이 서 있는 지점을 지나서 모퉁이 문까지, 또 하나넬 망대에서 왕실의 포도주 짜는 곳까지, 제자리에 그대로 남을 것이다.

"아라바"라는 단어는 '평지'라는 뜻이다.

"게바"는 유다 나라의 북쪽 경계에 있었다(삼상 13:8; 왕상 23:8).

"림몬"은 예루살렘의 남쪽에 위치해 있으며, 시므온의 영토에 있었고(수 15:32), 브엘세바 북쪽 17km 지점에 있었다. 아무튼 '게바에서 림몬까지' 온 유다의 땅이 평지가 된다는 것이다.

"예루살렘이 높이 들려 그 본처에 있으리라"는 말은 '주위 사방의 모든 땅은 낮아지고 예루살렘이 홀로 높아진다는 뜻이다. 이 말씀은 예루살렘의 영적 권위가 모든 지형위에 높아질 것을 말하는 것이다.

"베냐민 문에서부터 첫 문 자리와 성 모퉁이 문까지 또 하나넬 망대[51]에서부터 왕의 포도주 짜는 곳까지라"는 말은 '예루살렘은 우뚝 솟아 있으므로, 베냐민 문[52]에서부터 첫 대문[53]이 서있는 지점을 지나서 모퉁이 문[54]까지, 또 하나넬 망대에서 왕실의 포도주 짜는 곳[55]까지 제자리에 그대로 남아 있을 것이라'는 내용이다.

여기 예루살렘 성이 높이 눈에 띄게 있게 된다는 것은 이 세상의 모든 세력이 쇠하여지며 질서가 바뀔 것이나 예루살렘 성으로 상징되는 교회는 견고하게 서 있을 것임을 보여주기 위해서이다. 우리 교회가 영원히 존재한다는 것은 얼마나 다행스러운 일인지 모른다.

슥 14:11. 사람이 그 가운데에 살며 다시는 저주가 있지 아니하리니 예루살렘이 평안히 서리로다.

사람들이 예루살렘 성 안에 다시 살며 다시는 저주가 있지 아니하고, 예루살렘은 평안히 사는 곳이 될 것이다.

예수님이 재림 하신 후에는 교회에 다시 어려움이 없을 것이라는 뜻이다. 마귀의 공격이나 전쟁의 환난이나 질병의 위험 등이 없을 것이란 뜻이다.

ㄹ. 적들의 멸망을 예언하다 14:12-15

12-15절은 열방과 하나님 사이의 전투에서 패배하게 될 침략자인 열방, 즉 사단의 졸개들이 하나님의 진노를 받게 된다는 예언을 진술한다.

슥 14:12. 예루살렘을 친 모든 백성에게 여호와께서 내리실 재앙은 이러하니

---

51) 하나넬 망대: 이 망대는 북편 성벽의 동북쪽 구석에 있었다(느 3:1).

52) 베냐민 문: 베냐민 문은 북쪽 문으로 '에브라임 문'으로도 불리는 문으로 베냐민의 영토에 이르는 문이다.

53) 첫 문: 예루살렘의 서북편 구석에 있는 문이었다.

54) 성 모퉁이 문: 성의 서북 편에 있었고, 베냐민 문을 기준으로 서쪽에 있었다.

55) 왕실의 포도주 짜는 곳: 왕의 정원 곁에 있었으며 예루살렘 성의 동남 끝에 있었다(느 3:15).

곧 섰을 때에 그들의 살이 썩으며 그들의 눈동자가 눈구멍 속에서 썩으며 그들의 혀가 입 속에서 썩을 것이요.

예루살렘(교회)을 친 모든 이방 백성들에게 여호와께서 내릴 재앙은 이러하니 그들이 발로 서 있는 동안에 그 살이 썩을 것이고, 그들의 눈은 눈구멍 속에서 썩을 것이며, 그 혀는 입 안에서 썩을 것이라는 예언이다.

보다 구체적으로 말해서 교회의 원수들은 썩게 되고(본 절), 미움을 받게 되고 다툼을 받게 되며(13절), 재물을 잃게 되고(14절), 재앙이 널리 퍼질 것이라(15절)는 것이다.

슥 14:13. 그 날에 여호와께서 그들을 크게 요란하게 하시리니 피차 손으로 붙잡으며 피차 손을 들어 칠 것이며.

그 날이 되어 여호와께서 교회의 원수들을 크게 두렵게 하실 것이니, 결과적으로 그들이 서로 손을 붙잡고 서로 손을 들어 쳐서 자멸하게 될 것이라고 하신다(삿 7:22; 대하 20:23; 사 14:20; 겔 38:21).

슥 14:14. 유다도 예루살렘에서 싸우리니 이때에 사방에 있는 이방 나라들의 보화 곧 금 은과 의복이 심히 많이 모여질 것이요(even Judah will fight at Jerusalem. And the wealth of all the surrounding nations shall be collected, gold, silver, and garments in great abundance-KJV, NIV, ESV).

유다도 예루살렘에서 싸울 것이고 주변 모든 이방 나라들의 재물, 곧 금(金)과 은(銀)과 의복이 아주 많이 모일 것이라고 하신다.

여기 "예루살렘에서"(בִּירוּשָׁלָֽםִ)를 어떻게 해석하느냐에 따라 의미는 크게 달라진다. 1) '예루살렘에 대항하여'라고 해석하는 견해가 있다(Vulgate, Calvin, Luther, RSV), 2) '예루살렘 안에서'라고 해석하는 견해(Henderson, K.&D., Koehler, Lange, KJV, NIV, ESV, 박윤선, 이상근, 이순한, 그랜드 종합주석)가 있다. 전자의 견해를 따른다면 유다도 적에 가담하여 밖에서 예루살렘을 친다는 것이 되고, 후자의 견해는 유다가 예루살렘에 들어와 예루살렘 세력과 함께 침입군을 대항하여 싸운다는 뜻이다. 교회가 합력하여 사단의 세력을 쳐부순다는 2)번의 견해가 바른 것으로 여겨진다(12:2; 겔 39:10).

"사방에 있는 이방 나라들의 보화 곧 금(金) 은(銀)과 의복이 심히 많이 모여질 것이라"는 말은 예루살렘을 치러 왔던 열국 백성들이 자신들의 모든 소유물을 버리고 도망하기 때문에 예루살렘과 유다가 전리품을 거두게 된다는 뜻이다(대하 20:15). 이는 그리스도 교회의 완전한 승리를 보여주는 것이다.

슥 14:15. 또 말과 노새와 낙타와 나귀와 그 진에 있는 모든 가축에게 미칠 재앙도 그 재앙과 같으리라.

또 말과 노새와 낙타와 나귀와 그 진영에 있는 모든 가축들에게도 똑같은 재앙이 내려질 것이다.

사람들에게 내려졌던 재앙처럼(12절) 모든 가축들(말, 노새, 낙타, 나귀)에게도 똑같은 재앙이 내려지게 된다는 것이다(신 13:15; 수 7:24-25).

여기 "그 재앙"이란 예루살렘을 공격하는 모든 백성들에게 임하는 재앙(12절)을 가리킨다.

ㅁ. 모든 백성이 여호와 경배에 동참하다 14:16-21

16-21절은 종말적 메시아 왕국에서 모든 이방 백성들이 유대인과 함께 여호와 경배에 참여하게 되며 다 함께 성결하게 된다는 것을 진술한다.

슥 14:16. 예루살렘을 치러 왔던 이방 나라들 중에 남은 자가 해마다 올라와서 그 왕 만군의 여호와께 경배하며 초막절을 지킬 것이라.

예루살렘을 치러 왔던 모든 이방인들 중에서 살아남은 사람들이 있었는데 그들은 매년 올라와서 이스라엘의 남은 자들과 함께 왕이신 만군의 여호와께 경배하며(사 60:6-9; 66:23) 초막절을 지킬 것이라 하신다.

"초막절[56)]을 지킬 것이라"는 말씀은 '이스라엘 민족이 광야 생활에서 하나님의 보호를 받은 것을 감사하여 초막을 짓고 하나님의 은혜를 기억하여 그 절기를 지켜야 할 것이라'는 말씀이다.

슥 14:17. 땅에 있는 족속들 중에 그 왕 만군의 여호와께 경배하러 예루살렘에 올라오지 아니하는 자들에게는 비를 내리지 아니하실 것인즉.

땅에 있는 어떤 족속이든, 왕이신 만군의 여호와께 경배하러 예루살렘에 올라오지 않는 자들에게는 비가 내리지 않을 것이라고 하신다. 여호와께 예배하지 않는 자에게는 비를 내리지 않겠다고 하신다. 비는 복 중에 대표적인 복이다. 그러니까 예배하지 않는 자는 거의 모든 복을 받지 못하는 것이다.

슥 14:18. 만일 애굽 족속이 올라오지 아니할 때에는 비 내림이 있지 아니하리니 여호와께서 초막절을 지키러 올라오지 아니하는 이방 나라들의 사람을 치시는 재앙을 그에게 내리실 것이라.

만일 애굽(이집트) 족속이 올라오지 않으면 그들에게 비가 내리지 않을 것이고, 여호와께서 초막절을 지키기 위하여 올라오지 않는 이방 민족들을 치실 그 재앙이 그들을 칠 것이라고 하신다.

"재앙을 그에게 내리실 것이라"는 말은 '비를 내리시지 않고 재앙을 내리실것이라'는 뜻이다. 하나님과의 관계가 좋지 않은 자가 복을 받는 것을 본 적이 없다.

슥 14:19. 애굽 사람이나 이방 나라 사람이나 초막절을 지키러 올라오지

---

56) 초막절: 이 절기는 이스라엘의 3대 절기 가운데 맨 마지막 명절이며 1년에 한번 씩 꼭 지키게 되어 있는 명절로 7월 15일부터 7일간 지키고 맨 마지막 날인 여덟째 날은 큰 성회로 모여 감사와 기쁨의 제사를 드리는 명절이기도 했다. 그러면 초막절을 지키는 이유는 무엇인가? 초막절은 1년의 모든 추수가 다 끝나는 때의 명절이며, 옛날 이스라엘 60만 명이 아무것도 없는 광야에서 하나님께서 인도해주시고 보호해 주신 은혜를 감사하여, 종려가지로 초막을 짓고 1주일간 초막에서 거하면서 옛날의 광야 생활을 회고하면서 여호와께 감사하는 명절이었다.

아니하는 자가 받을 벌이 그러하니라.

초막절을 지키러 올라오지 않는 애굽(이집트) 사람이나 이방 민족들의 벌(죄에 대한 벌)이 그러할 것이라는 것이다.

아무튼 여호와께 초막 절기(감사절기)를 지키지 않는 사람은 복을 받지 못한다는 것이다.

슥 14:20. 그 날에는 말방울에까지 여호와께 성결이라 기록될 것이라 여호와의 전에 있는 모든 솥이 제단 앞 주발과 다름이 없을 것이니(And on that day there shall be inscribed on the bells of the horses, "Holy to the LORD." And the pots in the house of the LORD shall be as the bowls before the altar-RSV, ESV).

그 날이 오면(메시아께서 재림하신 후에는) 만물이 모두 다 거룩하게 되어 속된 것의 대표라고 할 수 있는 말방울에까지 '주님께 거룩하게 바친 것'이라고 새겨져 있을 것이며, 주님의 성전 안에 있는 모든 솥들이 제단 앞에 있는 주발(周鉢)들과 같이 거룩하게 될 것이라고 하신다.

"말방울에까지"(on the bells of the horses)란 말은 '말에 매다는 방울들 표면에'라는 뜻이다. 말에 매다는 방울들 표면에도 "여호와께 성결"이라는 표식을 붙인다는 것이다. 다시 말해 메시아 왕국에서는 모든 것이 거룩해진다는 것을 말한다. 구약 시대에는 대제사장의 두건 전면의 정금 패에만 "여호와께 성결"이라는 말을 새겼으나 메시아 왕국에서는 말방울 표면에까지 이 어구를 기록한다는 것이다. 이렇게 여호와께 성결이라는 말을 기록하는 것은 성(거룩함)과 속(속됨)의 구별이 없어지고 성(거룩함)이 보편화 된다는 뜻이다(Calvin, Hengsternberg, K.&D.).

"여호와의 전에 있는 모든 솥이 제단 앞 주발과 다름이 없을 것이라"(the pots in the house of the LORD shall be as the bowls before the altar)는 말은 '여호와의 성전 안에 있는 모든 솥들이 제단 앞 주발과 다름이 없을 것이라'는 뜻으로 제물을 삶기 위한 솥들(삼상 2:14; 대하 35:13)도 희생제물의 피를 받던 거룩한 주발과 같아진다는 것이다. 성과 속의 구별이 없어진다는 것이다. 예수님께서 재림하신 후에는 모든 것이 거룩할 뿐이다. 그 때에는 속된 것이 따로 없다는 것이다.

슥 14:21. 예루살렘과 유다의 모든 솥이 만군의 여호와의 성물이 될 것인즉 제사 드리는 자가 와서 이 솥을 가져다가 그것으로 고기를 삶으리라 그 날에는 만군의 여호와의 전에 가나안 사람이 다시 있지 아니하리라 하시니라.

예수님 재림 후에는 성전의 솥만 아니라 전국에 있는 모든 솥이 거룩하게 되어 제사의 고기를 삶는 그릇이 된다는 것이다. 즉, 예루살렘과 유다에 있는 모든 솥이 만군의 여호와의 거룩한 물건이 될 것인즉 제사를 드리는 모든 사람들이 와서 예루살렘과 유다의 솥을 가져다가 고기를 삶을 것이다. 그 날에 만군의 여호와의 전에는 더 이상 가나안 사람이 없을 것이라고 한다.

"만군의 여호와의 전에는 가나안 사람이 다시 있지 아니하리라"는 말씀은 '혈통으로 가나안 사람을 의미하는 것이 아니고 죄와 저주 아래에 있는 자가 다시는 존재하지 않는다'는 뜻이다. 다시 말해 '메시아 왕국에는 모든 불결과 불 경건이 없어진다는 것'을 뜻한다.

이 모든 말씀은 메시아 왕국이 영광으로 완성될 것을 예언한 것이다(이 주장은 모든 참된 주석가의 주석에서 나타나는 주장이다).

-스가랴서 주해 끝-

말라기서 주해

Exposition of Malachi

■ 총 론

본서는 12소선지서의 마지막 책이며 또 구약의 마지막 책이다. 우리는 말라기에 대해서 이런 확신을 가지고 있으나 말라기서의 저자 문제와 저작 연대에 대해서는 학계에서 엇갈린 주장을 펴고 있다는 것이다.

말라기서의 저자는 누구인가.

말라기서의 저자는 말라기이다. "말라기"(מַלְאָכִי)라는 말은 '나의 사자'(my messenger)란 뜻이다. 그런데 엉뚱하게도 3:1의 "보라! 내가 내 사자를 보내리니"(3:1)라는 여호와의 말씀을 근거로 "말라기"라는 이름이 보통명사이니까 저자 이름이 아니라 여호와께서 보내신 어떤 사람이 따로 있을 것이라고 말한다는 것이다. 3:1의 예수님께서 초림하시기 전에 오실 "사자"라는 이름(1:12-13; 단 10:5; 12:1)은 '세례 요한'을 지칭한다는 것이 정설임(마 11:10; 요 1:6; 눅 7:27)에도 불구하고 본서의 저자가 바로 3:1의 사자일 것이라고 주장한다는 것이다. 다시 말해 1:1의 "말라기"라는 단어가 3:1의 "사자"라는 인물과 동일시된다고 주장하는 것이다. 그러나 우리는 1:1의 "여호와께서 말라기를 통하여 이스라엘에게 말씀하셨다"는 말씀의 "말라기"가 본서의 저자인 것으로 확신한다. 우리는 "말라기"라는 이름을 본서의 저자로 알고 있지 결코 보통명사로 보아 말라기서를 여호와의 어떤 '사자'가 기록했다고 여기지 않는다는 것이다.

그러나 1) 많은 소선지서들 가운데 익명으로 된 선지자가 전혀 없다는 것, 2) 영(E.J. Young)이 말한 대로 "1:1이 3:1에 근거했다고 주장하는 주석가들이 많으나, 그 반대로 생각할 수는 없는가? 다시 말해 1:1의 내용에서 3:1같은 표현이 나왔다고 추측할 수도 있다"는 것, 3) 말라기에 대한 하등의

인적 사항이 없어서 그를 선지자로 인정할 수 없다고 하나 소선지자들 가운데 오바댜와 하박국도 말라기와 마찬가지로 그의 이름만 나왔을 뿐이니 다른 주석가들의 주장이 잘못되었다는 것이다(이순한). 우리는 의심 없이 "말라기"가 "말라기서"의 저자임을 확신하는 바이다.

말라기서의 기록 연대는 언제인가.

말라기서는 말라기서 기록에 근거하여 포로 후에 기록했다. 그리고 제2성전이 건축된 후에 기록된 것이 확실하며(1:10; 3:1, 10), 성전 예배가 정상적으로 집행되고 있던 때에 기록되었다는 것도 분명하다(1:12-14; 3:1-3). 대략 소선지자 학개와 스가랴가 활동한 후 대략 100년간의 세월이 흐른 뒤의 인물이라는 것도 거의 틀림이 없다. 따라서 본서 저작 연대는 주전 440-410년 어간에 기록했을 것으로 추정할 수 있다.

말라기서의 특징은 무엇인가.

1) 말라기서는 문답식으로 기록되었다.

2) 산문체로 기록된 것이 특이하다.

3) 경고체로 기록되었다는 것이 눈에 띈다.

4) 하나님을 아버지로 묘사했다는 것이 특이하다.

5) 말라기서는 가정이 정결할 것을 강조했다.

6) 말라기서는 엘리야(세례 요한)의 도래를 예언했다.

7) 십일조를 강조했다는 점이 특이하다. 십일조를 내지 않는 것은 일종의 도둑질이라고 지적했다(3:9).

말라기서는 무엇을 담고 있는가.

1) 본서는 제사장 계급의 형식적 종교 생활과 백성들의 혼란한 가정생활을 경책하고 있다.

2) 본서는 진실한 신앙생활과 정결한 삶을 가르치고 있다.

말라기서는 그리스도를 어떻게 예언하고 있는가.

1) 말라기서는 그리스도를 예언하되 온전한 제사를 드리실 대제사장으로 예언하고 있다.

2) 말라기서는 언약의 사자로 오실 그리스도를 예언하고 있다. 말라기 선지자는 '언약의 사자'가 오셔서 죄를 깨닫지 못하는 이스라엘 백성(2:17)들을 연단하여 깨끗게함으로 하나님과의 언약 관계를 다시 세우는 역할을 할 것이라고 예언한다(3:1-3).

3) 말라기 선지자는 생명의 빛으로 오실 그리스도를 말하고 있다. 말라기 선지자는 여호와의 크고 두려운 날(4:5)에 의인과 악인에 대한 하나님의 심판이 확연히 다르게 나타날 것을 예언하고 있다. 그리스도를 믿지 않는 자는 어두움이 빛을 견디지 못하듯 그리스도께서 그들의 모든 죄악을 밝히 드러내시며 그 행위대로 심판하실 것을 말씀하신다.

4) 본서에는 그리스도의 초림과 재림에 대한 예언이 구약 어느 책보다도 깊이 있게 나타난다. 먼저 메시아의 초림은 주의 길을 예비할 사자 엘리야의 출연과 연관되어 나타나고(3:1), 재림은 종말의 때에 강력한 심판주로 오실 것을 예언하고 있다.

현대성도는 말라기서에서 무엇을 배워야 하는가.

1) 말라기서는 오늘날 `사회가 직면해 있는 정신적 빈곤, 불평등한 부의 분배, 폭력 등이 우리 자신들의 죄로부터 연유되어 있음을 명백하게 보여주고 있다.

2) 현대 성도들은 범사에 하나님의 은혜를 헤아려 보아야 한다. 우리가 조금만 객관적인 눈을 가지고 다시 우리의 삶을 점검해 본다면 우리는 하나님께서 우리에게 주신 은혜가 한없이 많음을 깨닫게 될 것이며 이러한 깨달음은 환난과 고난에 처해 있는 성도들에게 항상 새로운 힘과 소망을 주게

될 것으로 본다.

3) 하나님을 아는 지식을 얻는데 게으름은 성도들을 죄악의 구렁텅이로 빠져들게 한다. 그러므로 성도들은 항상 하나님의 말씀을 연구하며 그 말씀을 따라 행하려는 마음을 열렬히 가져야 한다.

4) 신앙의 지도자들이 죄악에 빠져 있을 때는 그 사회는 타락하고 부패하게 마련이다. 오늘날 우리가 살고 있는 사회가 기준이 없는 사회가 되고 죄악이 관영해지고 있는 것은 바로 신앙의 지도자들이 타락하고, 빛과 소금의 역할을 감당해야 할 성도들 자신들이 그 소임을 다하지 않은 까닭이다. 우리 성도들은 세상의 빛과 소금 역할을 감당하여 이 땅의 의로운 파수꾼이 되어야 할 것이다.

5) 온전한 십일조를 드리는 성도들은 자신들이 하나님의 청지기임을 인정하는 증표이다. 따라서 성도들은 마땅히 십일조를 구분하여 하나님께 드려야 하고 자신을 산 제물로 주님의 제단에 드려야 한다.

6) 악인과 의인이 구분되는 최후 심판 날은 우리 앞에 찾아올 것이다. 그러나 그 날과 그 시에 대해서는 아버지 하나님만 아신다. 따라서 현대 성도들은 그날이 언제 임할는지에 대해 집착하기 보다는 그 자신의 삶을 정결하게 유지해야 할 것이다.

내용 분해

I. 여호와께서는 야곱을 사랑하셨다 1:1-5

  A. 서론 1:1

  B. 여호와께서는 야곱을 사랑하셨다 1:2-5

II. 유다의 제사장들이 타락했다 1:6-2:9

  A. 제사장들의 몰지각 1:6-9

  B. 여호와의 책망과 저주 1:10-14

C. 레위인들과 맺으신 언약 2:1-9

III. 가장들이 타락했다 2:10-17

A. 제사장들에게 경고하시다 2:10-11

B. 응답 없는 제사행위 2:12

C. 여호와께서는 이혼하는 것을 미워하신다 2:13-17

IV. 언약의 사자께서 강림하신다 3:1-6

A. 언약의 사자를 보내실 것을 약속하시다 3:1

B. 언약의 사자께서 하실 사역 3:2-4

C. 메시아께서 심판하신다 3:5-6

V. 십일조를 도둑질하지 말라 3:7-12

A. 회개를 권고하다 3:7

B. 저주를 받은 이유 3:8-9

C. 온전한 십일조와 복 3:10-12

VI. 여호와의 날이 임박했다 3:13-4:6

A. 무리가 여호와를 대적하다 3:13-15

B. 의인의 기념 책 3:16-18

C. 의인과 악인의 종말 4:1-3

D. 여호와의 날 4:4-6

■ 참고도서

아가페 굿모닝 성경(개역개정 제 4판), 서울특별시: 아가페출판사, 2006.

그랜드종합주석. *호세아-말라기*, 경기도 고양시: 성서아카데미, 2004.

김수홍. *그리스도의 말씀이 연합에 미친 영향.* 수원시: 도서출판 목양, 2011.

김희보. *학개, 말라기주해*, 서울특별시: 총신대학출판부, 1982.

옥스퍼드원어성경대전. *스바냐, 학개, 말라기*, 제자원 바이블네트, 2008.

Deane, W. J. *스가랴, 말라기 주석*, 풀핏주석번역위원회 역, 대구시: 보문출판사, 1987.

옥스퍼드원어성경대전. *스바냐, 학개, 스가랴, 말라기*, 제자원 바이블네트, 2008.

랄프 스미드. *미가-말라기*, 채천석, 채훈 옮김, W. B. C. 2001.

레슬리 알렌. 호세아-말라기 주석, 서울특별시: 한국성서유니온선교회, 1993.

매튜 헨리. *호세아-말라기주석*, 박문재옮김, 경기도고양시: 크리스찬다이제스트, 2009.

박윤선. *소선지서*, 성경주석, 서울: 영음사, 1962.

이상근. *소예언서*, 대구광역시: 성등사, 1997.

이순한. *소예언서강해(하)*, 서울: 생명의 말씀사, 1997.

Baxter, J. Sidlow. *Explore the Book*. Grand Rapids: Zondervan Publishing House, 1966.

Black, Matthew & Rowley, H.H. *Peake's Commentary on the Bible*, Nashville: Thomas Nelson, 1962.

Calvin, John. *Calvin's Commentaries,* Edinburgh: Clark, 1847.

Guthrie D. & Motyer, J.A. *The New Bible Commentary*, Grand Rapids: Eerdmans, 1970.

Henderson, E. *The Twelve Minor Prophets*, Grand Rapids: Baker, 1980.

Jamieson, R. Fausset, A. R. & Brown D. *Commentary on the Whole Bible,* Grand Rapids: Zondervan, 1976.

Keil, C.F. & Delitzsch, F. *Commentary on The Book of Nahum, Habakkuk, Zephaniah, Haggai, Zechariah, Malachi*, Grand Rapids:

Eerdmans, 1982.

Lange, John Peter. *Commentary on the Whole Scripture*, Grand Rapids: Zondervan, 1876.

Lrelli, Conrad Von. *The Twelve Minor Prophets*, Minneapolis: Klock, 1977.

Maclaren, Alexander. *Expositions of Holy Scripture*, Grand Rapids: Baker Book House, 1984.

Morgan, G. Campbell. *An Exposition of the Whole Bible*, Old Tapen: Fleming H. Revell, 1959.

Myer, F. B. *Bible Commentary*, Wheaton: Tyndale, 1984.

Nicoll W. Robertson ed. *The Expositor's Bible*, Chicago: W.P. Blessing Co. n.d.

Wevers, John W. *The New Century Bible Commentary*, Wm. B. Eerdmans Co, Grand Rapids, 1969.

Walvoord, John F. & Zuck Roy B. ed. *The Bible Knowledge Commentary*, Wheaton: Victor, 1985.

【 사전 】

바이블렉스 8.0

데릭 윌리엄스, *IVP 성경사전*. 이정석 외 한국기독학생회 출판부 역, 한국기독학생회 출판부(IVP), 1992,

Achtemeier, Paul J. *Harper's Bible Dictionary*, New York: A Division of Harper Collins Publishers, 1985.

Douglas, J. D. *New Bible Dictionary*, (2nd edition), Wheaton: Tyndale House Publishers, 1982.

Tenney, Merrill C. *The Zondervan Pictorial Bible Dictionary,* Grand Rapids: Regency, 1967.

Tregelles, Samuel Prideaux. *Gesenius' Hebrew and Chaldee Lexicon,* Grand Rapids: Eerdmans, 1969.

Unger, M. F. *Unger's Bible Dictionary.* Chicago: Moody, 1957.

말라기서 주해

말라기서는 구약의 마지막 책으로 신약으로 다리를 놓는 가교 역할을 한다. 본서의 주지는 당시 이스라엘의 종교적 죄이며 사회적 죄를 지적하여 본 말씀을 받는 사람들로 하여금 회개하고 여호와 신앙의 본연의 모습에 돌아가 여호와의 날을 맞을 것을 권고하는 것이다.

제 1 장

I. 여호와께서는 야곱을 사랑하셨다 1:1-5

1-5절은 여호와께서 이스라엘을 사랑했다는 것을 밝혀 이스라엘 백성들로 하여금 하나님의 사랑을 깨닫고 하나님께 돌아오도록 권고하고 있다.

A. 서론 1:1

말 1:1. 여호와께서 말라기를 통하여 이스라엘에게 말씀하신 경고라(The oracle of the word of the LORD to Israel by Malachi-ESV)**.**

이하에 말라기를 통하여 이스라엘에게 주신 여호와의 말씀은 경고라는 것이다.

"말라기"(מַלְאָכִי)라는 이름의 뜻은 '나의 사자'라는 뜻임으로 어떤 주석가들은 말라기를 이름으로 여기지 않고 보통 명사로 취급하는 이도 있다. 그러나 우리는 이 이름을 말라기라는 이름으로 취급하고 있다.

본서의 "이스라엘"이란 말은 북 이스라엘 왕국을 가리키는 표현이 아니라 바벨론 포로 생활에서 귀환하여 하나님과의 새로운 언약 관계를 회복한 백성들 전체를 지칭하는 표현이다.

"말씀하신 경고"(מַשָּׂא דְבַר)라는 말은 본서의 표제로서, 여호와께서 말라기를 통하여 말씀하신 것은 무거운 짐이라는 뜻이다.

B. 여호와께서는 야곱을 사랑하셨다 1:2-5

<여호와께서 이스라엘을 사랑하시다>

말 1:2-3. 여호와께서 이르시되 내가 너희를 사랑하였노라 하나 너희는 이르기를 주께서 어떻게 우리를 사랑하셨나이까 하는도다 나 여호와가 말하노라 에서는 야곱의 형이 아니냐 그러나 내가 야곱을 사랑하였고, 에서는 미워하였으며 그의 산들을 황폐하게 하였고 그의 산업을 광야의 이리들에게 넘겼느니라.

2-5절까지는 여호와께서 이스라엘을 사랑하셨다는 것을 드러내는 말씀이다. 즉, 여호와께서 말씀하시기를 나 여호와는 너희 이스라엘 백성을 사랑하였다고 하였으나, 너희 이스라엘 백성들은 말하기를 주께서 어떻게 우리를 사랑하셨는가 라고 말한다. 여호와께서는 대답하시기를 에서는 야곱의 형이 아니냐? 그러나 나 여호와가 야곱은 사랑했고, 에서는 미워하였다. 나 여호와가 에서의 산들을 황폐하게 하였고, 그의 유업을 광야의 이리들에게 넘겨주었다고 하신다.

"내가 야곱을 사랑하였다"는 말씀은 '나 여호와가 야곱을 택하셨다'는 뜻이다. 여호와께서 야곱을 택하신 것은 야곱이 무슨 선이나 악을 행한 것을 보시고 택하신 것이 아니라 무조건 택하신 것을 말한다.

그리고 "에서는 미워하였다"는 말은 '나 여호와가 에서는 택하지 아니하셨다'는 뜻이다. 여호와께서 택하지 않으셨다는 것은 에서의 무슨 행위를 보신 다음 결정하신 것이 아니라 무조건 택하신 것을 뜻하는 것이다. 택하시지 않았기 때문에 그의 죄대로 갚으신다는 것이다.

"나 여호와가 에서의 산들을 황폐하게 하였고, 그의 유업을 광야의 이리들에게 넘겨주었다"는 말씀은 '에서의 기업인 산들을 황폐하게 만드셨고 에서의 유업을 광야의 이리들에게 넘기시고 말았다는 것'을 뜻한다. 에서가 이런 일을 당한 것은 바벨론 왕 느부갓네살이 애굽을 정복하러 가는 도중에 성취된 것으로 본다(렘 25:9, 21).

오늘 우리 성도들이 택함 받은 증거로는 우리가 범죄 해도 아주 망하지 않고 여호와께서 그리스도의 십자가 공로를 입혀서 재난을 면케 하시는 것을 알게 되는 것이다. 오늘 우리는 두 가지 재난(세상에서 재난을 받는 것과 지옥을 피하지 못하는 것이다)을 피하여 십자가 대속의 공로를 입어 사는 것이다.

말 1:4. 에돔은 말하기를 우리가 무너뜨림을 당하였으나 황폐된 곳을 다시 쌓으리라 하거니와 나 만군의 여호와는 이르노라 그들은 쌓을지라도 나는 헐리라 사람들이 그들을 일컬어 악한 지역이라 할 것이요 여호와의 영원한 진노를 받은 백성이라 할 것이며.

본 절은 택함을 받지 않은 에돔인들이 아무리 힘써 보아도 죄값을 그대로 받을 수밖에 없다는 것을 보여주는 말씀이다. 즉, 에돔이 말하기를 우리가 무너졌으나 황폐된 곳을 다시 세우겠다고 하였으나 여호와께서 이렇게 말씀하시기를 에돔인들이 세워도 나 여호와가 헐어 버릴 것이며 사람들이 에돔인들을 향하여 악한 나라, 곧 여호와에게 영원히 저주받은 백성이라고 부를 것이라고 하신다.

택함 받지 않은 사람들이 망하는 이유는 외부적으로도 교만이 밖으로 나타나서 망한다. 택함 받지 않은 것과 교만은 참으로 다 설명할 수 없을 정도로 복잡하다.

말 1:5. 너희는 눈으로 보고 이르기를 여호와께서는 이스라엘 지역 밖에서도 크시다 하리라.

너희가 두 눈으로 에돔이 망하는 것을 보고 말하기를 여호와께서는 이스라엘 지역 밖에서도 위대하시다고 말할 것이라는 이야기이다.

여호와께서는 이스라엘 밖의 이방 세계에서도 위대한 힘을 보여주신다는 것이다. 다시 말해 여호와께서 에돔인들이 자기의 나라를 세워놓아도 나 여호와가 헐어 버리시는 것을 보면 여호와의 능력이 위대하심이 알려진다는 것이다.

II. 유다의 제사장들이 타락했다 1:6-2:9

여호와께서 말라기 선지자를 통하여 첫째로 지탄하시는 것은 제사장들이었다. 제사장은 백성들을 대표하여 하나님께 제사를 드리는 자들로 백성들을 바른 제사, 바른 신앙으로 인도할 의무가 있거늘 오히려 불경한 제사를 드려 백성을 범죄의 길로 유도한 것이다. 이 부분의 내용은 제사장들이 임무를 다하지 않은 불경의 죄였고(1:6-14), 그 벌이었다(2:1-9).

A. 제사장들의 몰지각 1:6-9

6-9절은 제사장들의 몰지각을 지탄한다. 제사장들이 사명 받은 임무를 다해야 했는데 참으로 무서울 정도로 불경했다.

<제사장과 백성들의 죄>

말 1:6. 내 이름을 멸시하는 제사장들아 나 만군의 여호와가 너희에게 이르기를 아들은 그 아버지를, 종은 그 주인을 공경하나니 내가 아버지일진대 나를 공경함이 어디 있느냐 내가 주인일진대 나를 두려워함이 어디 있느냐 하나 너희는 이르기를 우리가 어떻게 주의 이름을 멸시하였나이까 하는도다.

본 절은 제사장들이 여호와를 공경하지 않았고 두려워하지 않았다는 것을 말씀한다. 즉, 만군의 여호와께서 말씀하시기를 아들은 아버지를, 종은 자기 주인을 공경하는데, 너희가 아버지인 나 여호와를 공경하는 것이 어디 있느냐? 나 여호와가 주인인데, 나를 두려워하는 것이 어디 있느냐? 너희 제사장들아! 너희는 내 이름을 멸시하는 자들이다. 그러나 너희는 말하기를 우리가 어떻게 주님의 이름을 멸시 하였나이까 라고 말한다.

"아들은 그 아버지를, 종은 그 주인을 공경한다"는 말은 우리가 만군의 여호와를 공경해야 함을 가르치는 일에 있어 세상적인 예를 들어 공경을 가르치고 있다. 우리가 어떻게 만군의 여호와를 공경해야 하는가 하는 것을 간단하게 말하자면 만군의 여호와께 기도하는 일과 감사하는 일과 순종함으로 이루어지는 것이다.

"내가 주인일진대 나를 두려워함이 어디 있느냐"는 말은 '노예적인 공포가 아니고 도적적인 공포 곧 하나님을 거슬러 범죄한 것 때문에 두려워하는 것이다'(박윤선).

"우리가 어떻게 주의 이름을 멸시하였나이까"라는 말은 '하나님을 의식적으로 대면하여 멸시함이 아니고, 무의식적으로 무성의 하게 예배행위를 가짐을 말한다. 무성의 하게 예배행위를 가지는 것에 대해서는 아래 절들이 말씀하고 있다.

말 1:7. 너희가 더러운 떡을 나의 제단에 드리고도 말하기를 우리가 어떻게 주를 더럽게 하였나이까 하는도다 이는 너희가 여호와의 식탁은 경멸히 여길 것이라 말하기 때문이라.

너희 제사장들이 여호와의 제단 위에 더러운 떡(제물 전체를 대표하는 것이다)을 바치면서도 말하기를 우리가 어떻게 주님을 더럽게 대했나이까 라고 말한다. 이는 너희(제사장들이)가 실제로 그렇게 말했다는 뜻이 아니라 그들 마음속의 생각이 그랬다는 말이다. 인간의 마음까지도 감찰하시는 여호와 하나님 앞에서 제사장들의 악한 생각은 낱낱이 들어나고야 만 것이다(대상 28:9; 시 7:9; 렘 12:3).

말 1:8. 만군의 여호와가 이르노라 너희가 눈 먼 희생제물을 바치는 것이 어찌 악하지 아니하며 저는 것, 병든 것을 드리는 것이 어찌 악하지 아니하냐 이제 그것을 너희 총독에게 드려 보라 그가 너를 기뻐하겠으며 너를 받아 주겠느냐.

만군의 여호와께서 말씀하시기를 눈먼 짐승을 제물로 드리는 것이 어찌 악한 것이 아니냐? 절거나 병든 짐승을 바치는 것이 어찌 악한 것이 아니냐?

그런 흠이 있는 것들을 너희의 총독에게 바쳐 보아라. 그가 너희를 반기겠느냐, 너를 받아 주겠느냐?

"그것을 너희 총독에게 드려 보라 그가 너를 기뻐하겠느냐"는 말을 보면 더러운 떡을 세상의 높은 자에게 드리면 받겠느냐는 것이다. 하물며 만군의 주 여호와께 흠 있는 제물을 드려서는 안 된다는 것은 아주 자명한 것이다.

오늘 신약 시대는 예수님을 믿는 사람이라면 누구든지 제사장이라(벧전 2:5, 9; 계 1:6; 20:6)고 말씀했는데 우리가 만군의 여호와께 예배를 소홀이 하는 일은 큰 불경(不敬)임을 알아야 할 것이다.

말 1:9. 만군의 여호와가 이르노라 너희는 나 하나님께 은혜를 구하면서 우리를 불쌍히 여기소서 하여 보라 너희가 이같이 행하였으니 내가 너희 중 하나인들 받겠느냐.

만군의 여호와(이 칭호는 여호와 하나님께서 하늘의 해와 달과 별들을 만드신 하나님을 부르는 칭호이고 본서에도 23회나 등장한다)[57]께서 말씀하시기를 이제 너희가 하나님께 간구하여 우리에게 은혜를 베풀어 주시라고 하여보아라. 너희가 이렇게 행하고도 주님께서 너희 중 하나라도 받아 주시겠느냐?

하나님께 불경한 제물을 드리고도 하나님으로부터 은혜를 간구할 수는 없는 일이다. "하나님께서는 사람들의 기도가 진실하기 전에는 기도를 들어주시지 않는다"(박윤선).

B. 여호와의 책망과 저주 1:10-14

10-14절은 제사장들이 성전에서 흠 있는 제물을 드리지 못하도록

---

57) 만군의 여호와라는 칭호는 대단한 칭호이다. 이는 하나님께서 하늘의 만군(해와 달과 별들)을 만드신 것을 드러내시기 위한 칭호이다. 이 칭호는 구약의 여러 책에 등장하고 있다. 이사야서에 64회, 예레미야서에 40회가 나오고 있고, 스가랴서에도 36회, 학개서에도 10회, 아모스서에도 9회 나타나고 있다. 본서에도 23회나 나타난다. 우리는 천지의 대 주재 하나님을 생명을 다하여 믿어야하고 섬겨야 하겠다.

성전 문을 닫았으면 좋겠다고 하시고 여호와께서 책망하시고 저주하시는 진술이다.

말 1:10. 만군의 여호와가 이르노라 너희가 내 제단 위에 헛되이 불사르지 못하게 하기 위하여 너희 중에 성전 문을 닫을 자가 있었으면 좋겠도다 내가 너희를 기뻐하지 아니하며 너희가 손으로 드리는 것을 받지도 아니하리라.

본 절은 제사장들이 흠 있는 제물을 드리지 말라는 말씀을 두 가지로 하신다. 즉, 만군의 여호와께서 말씀하시기를 너희 중에 누군가가 성전 문을 닫아서 내 제단 위에 헛되이 불을 사르지 못하게 할 자가 있느냐? 나 여호와가 너희 제사장들을 기뻐하지 않으며 너희 손으로 드리는 제물도 내가 받아들이지 아니할 것이라고 하신다.

본 절은 제사장들이 흠 있는 제물을 드리지 말라는 말씀을 두 가지로 하신다. 그 중 하나는 성전 문을 닫기(대하 28:24)를 바란다는 말씀이고 또 하나는 제사장들이 드리는 제물을 받지 아니하시겠다고 하신다. 이렇게 되면 제사장들이 성전에서 공연히 헛일을 하는 것이다.

말 1:11. 만군의 여호와가 이르노라 해 뜨는 곳에서부터 해 지는 곳까지의 이방 민족 중에서 내 이름이 크게 될 것이라 각처에서 내 이름을 위하여 분향하며 깨끗한 제물을 드리리니 이는 내 이름이 이방 민족 중에서 크게 될 것임이니라.

만군의 여호와께서 말씀하시기를 해가 뜨는 곳에서부터 해가 지는 곳까지 내 이름이 이방 민족들 중에 크게 될 것이며, 모든 곳에서 내 이름을 위하여 분향하며 깨끗한 제물을 드리게 될 것이니 내 이름이 이방 민족들 중에서 크게 될 것이기 때문이라고 하신다.

"해 뜨는 곳에서부터 해 지는 곳까지의 이방 민족 중에서 내 이름이 크게 될 것이라"는 말씀은 '세상의 열방 민족 중에 그리스도의 복음이 전파되어 여호와의 이름이 영화롭게 될 것이라'는 뜻이다.

"각처에서 내 이름을 위하여 분향하며 깨끗한 제물을 드리리니 이는 내 이름이 이방 민족 중에서 크게 될 것이라"는 말씀은 '이방 민족들 중에서 신약 시대에 영과 진리로 예배하는 중(요 4:21-24)에 여호와 하나님의 이름을 크게 영화롭게 할 것이라'는 뜻이다. 여호와의 이름을 만홀히 여기는 곳에는 여호와의 이름이 드러나지 않으니 여호와는 그런 곳에서 철수하신다.

영국에서는 이미 오래전에 여호와께서 철수하셨고, 지금 미국에서도 여호와께서 철수하시기 시작하셨다.

말 1:12. 그러나 너희는 말하기를 여호와의 식탁은 더러워졌고 그 위에 있는 과일 곧 먹을 것은 경멸히 여길 것이라 하여 내 이름을 더럽히는도다.

그러나 너희 제사장들은 말하기를 주님의 상은 더럽혀도 좋고, 그 상 위의 음식은 멸시를 받았다고 하면서 나 여호와의 이름을 모독하고 있다고 하신다.

본 절은 7절의 반복이다. 본 절의 뜻은 여호와께 드리는 제물은 더럽혀져도 큰 염려가 아니라고 생각하고 태만하게 생각한다는 것이다. 이런 정도가 되었으니 그리스도의 복음이 유대인들에게 크게 역사하시지 않게 된 것이다.

말 1:13. 만군의 여호와가 이르노라 너희가 또 말하기를 (보라!) 이 일이 얼마나 번거로운고 하며 코웃음치고 훔친 물건과 저는 것, 병든 것을 가져왔느니라 너희가 이같이 봉헌물을 가져오니 내가 그것을 너희 손에서 받겠느냐 이는 여호와의 말이니라.

만군의 여호와께서 말씀하시기를 또 너희가 말하기를 이 얼마나 번거로운 일인가 하면서 그것을 비웃는다. 너희가 훔친 것이나 절거나 병든 것을 가져와서 그것들을 제물로 드렸으니 내가 그것을 너희의 손에서 받겠느냐고 여호와께서 말씀하신다.

히브리 원문 중에는 "보라!"(הִנֵּה)는 말이 있어 본문의 내용이 심히 중요함을 드러내고 있다.

"이 일이 얼마나 번거로운고 하며 코웃음쳤다"는 말은 '제사장들은 더러운 제물을 바치면서도 그 일조차도 무겁게 여겼고 또 번거롭게 여겨 코웃음쳤다'는 것이다. 그러니 하나님께서 어떻게 받겠느냐는 것이다.

"훔친 물건과 저는 것, 병든 것을 가져왔느니라"는 말은 '남의 것을 훔쳐서 제물로 바쳤고, 제물에 흠이 있는 것, 병든 것을 제단에 드렸다'는 뜻이다. 참으로 더러운 떡(7절)을 드린 것이다.

"너희가 이 같은 봉헌 물들을 가져오니 내가 그것을 너희 손에서 받겠느냐. 이는 여호와의 말이니라"는 말은 '제사장들이 훔친 물건, 저는 것, 병든 것들을 봉헌 물들로 제단에 바쳤으니 여호와께서 그런 봉헌 제물들을 제물로 받겠느냐고 말씀'하신다.

말 1:14. 짐승 떼 가운데에 수컷이 있거늘 그 서원하는 일에 흠 있는 것으로 속여 내게 드리는 자는 저주를 받으리니 나는 큰 임금이요 내 이름은 이방 민족 중에서 두려워하는 것이 됨이니라 만군의 여호와의 말이니라.

만군의 여호와께서 말씀하시기를 자기의 가축 떼 가운데 좋은 수컷이 있어서 그것을 바치기로 맹세해 놓고도 흠 있는 것으로 바치며 속이는 자들은 저주(재앙이나 불행이 닥침)를 받을 것이다. 나는 큰 임금이다. 이방 민족들까지도 내 이름을 두려워한다.

"짐승 떼 가운데에 수컷이 있다"는 말은 '제사장의 가축 떼 가운데 수컷이 좋은 것으로 취급되고 있다'는 뜻이다.

"그 서원하는 일에 흠 있는 것으로"라는 말은 '서원 제물로 드리는 일에 암컷이나 흠이 있는 것으로 드렸다'는 뜻이다. 수컷이 있는데도 불구하고 수컷을 빼놓고 암컷을 예물로 혹은 흠이 있는 제물을 드렸다는 것이다. 이런 제물은 하나님께 열납될 수 없는 것이었다(삼상 15:15-22). 우리는 하나님께 사기를 쳐서는 안될 것이다.

"속여 내게 드리는 자는 저주를 받으리니"라는 말은 '사기를 쳐서 여호와께 제물을 드리는 자는 저주(재앙이나 불행이 닥침을 말함)를 받는다'는 것이다.

"나는 큰 임금이요 내 이름은 이방 민족 중에서 두려워하는 것이 됨이니라"는 말은 '제사장들이 하나님을 속일 수 없는 이유는 바로 여호와는 큰 임금이시고 또 여호와의 이름은 이방 민족 중에서 두려워함이 되는 이름이기 때문이라'는 것이다. 우리는 여호와 하나님은 만군의 주 여호와 하나님인 줄 알고 행동해야 하는 것이다.

제 2 장

C. 레위인들과 맺으신 언약 2:1-9

1-9절은 제사장이 바로 행하지 않으면 벌을 받는다는 것을 말씀한다.

<제사장들에 대한 명령>

말 2:1. 너희 제사장들아 이제 너희에게 이같이 명령하노라.

제사장들아! 이제 너희에게 다음과 같은 계명을 명하노라고 하신다. 제사장들이 만일 불경의 죄를 범하면(1:6-14) 다음과 같은 심판을 내릴 것이라고 하신다.

말 2:2. 만군의 여호와가 이르노라 너희가 만일 듣지 아니하며 마음에 두지 아니하여 내 이름을 영화롭게 하지 아니하면 내가 너희에게 저주를 내려 너희의 복을 저주하리라 내가 이미 저주하였나니 이는 너희가 그것을 마음에 두지 아니하였음이라.

만군의 여호와께서 말씀하시기를 만일 너희가 여호와의 말씀을 듣지 않고 그것을 마음에 두지 않으며 나 여호와의 이름을 존귀하게 여기지 아니하면 나 여호와가 너희 제사장들 가운데 저주를 내려 너희가 받을 복을 저주로 대체할 것이다. 내가 이미 그것을 저주하였는데 그 명령을 너희가 마음에 두지 않았기 때문이다. "내가 이미 저주하였다"는 말은 '여호와께서 저주하신 것이 이미 시작되었다'는 뜻이다. 하나님의 명령을 좇지 않고 불순종하면 벌써 저주가 시작되었다는 것이다. 하나님께 불순종하여 복 받을 사람이 세상에 어디 있겠는가.

말 2:3. 보라 내가 너희의 자손을 꾸짖을 것이요 똥 곧 너희 절기의 희생의

똥을 너희 얼굴에 바를 것이라 너희가 그것과 함께 제하여 버림을 당하리라 (Behold, I will rebuke your offspring, and spread dung upon your faces, the dung of your offerings, and you shall be taken away with it-ESV).

보라! 나 여호와가 너희 제사장들의 자손을 꾸짖고, 또 나 여호와가 너희 얼굴에 배설물, 곧 너희 명절에 드린 희생 제물의 배설물을 뿌릴 것이니 사람이 너희를 그것과 함께 치워 버릴 것이라고 하신다.

본 절 초두의 "보라!"(הִנְנִי)는 말은 본 절의 내용이 심각한 내용이니 주의해서 보라는 뜻이다.

"내가 너희의 자손을 꾸짖을 것이요"라는 말은 '나 여호와가 너희의 자손을 꾸짖을 것이라'는 뜻이다. 여기 "자손"(זֶרַע)이란 말은 NIV, NASB, RSV, ESV, 개역개정, 표준 새 번역, 바른 성경에 번역된 것처럼 '자손'으로 보는 것이 바를 것이다.

"똥 곧 너희 절기의 희생의 똥을 너희 얼굴에 바를 것이라"는 말은 '희생의 똥은 성전 경내를 더럽게 했음으로 경외로 버려야 했는데(출 29:14; 레 4:12) 그것을 제사장의 얼굴에 바른다는 것은 심각한 치욕이다'는 것이다.

"너희가 그것과 함께 제하여 버림을 당하리라"는 말은 '제사장들이 희생의 똥과 함께 제함을 당한다'는 뜻이다. 다시 말해 제사장들의 모든 복과 특권을 빼앗기고 엄청난 수치와 조롱을 당하게 될 것이라는 뜻이다.

말 2:4. 만군의 여호와가 이르노라 내가 이 명령을 너희에게 내린 것은 레위와 세운 나의 언약이 항상 있게 하려 함인 줄을 너희가 알리라.

만군의 여호와께서 말씀하시기를 레위와 세운 나 여호와의 언약이 항상 있도록 나 여호와가 이 명령을 너희에게 전하였다는 것을 너희가 알게 될 것이다. "내가 이 명령을 너희에게 내린 것"이란 말은 '나 여호와가 이때까지 명령(1:6-2:3)을 내린 이유'를 밝히시는 것이다.

"레위와 세운 나의 언약이 항상 있게 하려 함이라"는 말은 '여호와께서 모세를 통하여 레위 지파와 세운 나 여호와의 언약을 항상 보존시키려는 것'이라는 뜻이다. 레위는 제사장족이었는데 특별히 그의 자손 중 아론을 상대로 하고 언약을 맺으셨다(신 33:8-11; 대상 6:49). 다시 말해 그 언약은 하나님 백성을 위하여 속죄의 제사를 드리도록 한 것이었다. 이 제사 행위가 참되게 존속하려면 제사장들이 자기들의 임무를 충실히 해야 했다.

말 2:5. 레위와 세운 나의 언약은 생명과 평강의 언약이라 내가 이것을 그에게 준 것은 그로 경외하게 하려 함이라 그가 나를 경외하고 내 이름을 두려워하였으며.

레위와 맺은 나의 언약은 생명과 평화의 언약이다. 나 여호와가 레위와 이러한 언약을 맺은 것은 나 여호와를 경외하게 하려는 것이다. 그는 실제로 나를 경외했으며 나 여호와의 이름을 두려워하였다고 하신다.

"레위와 세운 나의 언약은 생명과 평강의 언약이라"는 말씀은 '여호와께서 레위지파와 세우신 언약의 목적은 이스라엘 백성들로 하여금 속죄함을 입어 생명과 평강을 누리게 하려고 주신 언약이라'(민 25:12)는 뜻이다.

"내가 이것을 그에게 준 것은 그로 경외하게 하려 함이라"는 말씀은 '나 여호와가 이 언약을 레위 지파에게 준 이유는 레위 지파로 하여금 나 여호와를 경외하게 함이라'는 것이다. 제사장은 제사직분을 통하여 여호와 하나님을 경외하는 것이었다.

"그가 나를 경외하고 내 이름을 두려워하였다"는 말은 '레위 지파의 대표적인 제사장들은 나 여호와를 실제로 경외했고 여호와의 이름을 두려워 했다'는 것이다. 오늘 우리도 한 사람 한 사람이 여호와를 경외하고 두려워해야 할 것이다.

말 2:6. 그의 입에는 진리의 법이 있었고 그의 입술에는 불의함이 없었으며 그가 화평함과 정직함으로 나와 동행하며 많은 사람을 돌이켜 죄악에서 떠나게 하였느니라.

레위의 입에는 진리의 법이 있었고, 그의 입술에는 죄악이 없었다. 그는 화평과 정직함으로 나 여호와와 함께 행하였으며, 많은 사람들을 죄악에서 돌아서게 하였다고 하신다.

"그의 입에는 진리의 법이 있었고 그의 입술에는 불의함이 없었다"는 말은 '참된 제사장들의 입에는 진리의 법이 있었고 참된 제사장들의 입술에는 불의함이 없었다'는 뜻이다. 우리가 입술로 여호와의 말씀을 끊임없이 묵상하고 가르치면 거짓과 불의를 말하지 않게 되는 것이다(신 21:10-13; 33:10; 시 1:2).

"많은 사람을 돌이켜 죄악에서 떠나게 하였다"는 말씀은 '제사장의 입술에 말씀이 있으면 많은 사람을 죄악에서 떠나게 한다'는 뜻이다. 오늘 우리는 수많은 죄인들을 죄악에서 끄집어 내주어야 한다.

말 2:7. (왜냐하면) 제사장의 입술은 지식을 지켜야 하겠고 사람들은 그의 입에서 율법을 구하게 되어야 할 것이니 제사장은 만군의 여호와의 사자가 됨이거늘.

참으로 제사장의 입술은 지식을 간직하여야 하고, 사람들은 제사장의 입에서 율법을 찾을 수 있어야 할 것이니, 제사장은 만군의 여호와의 사자이기 때문이라는 것이다.

본 절 초두에는 이유접속사(כִּי-왜냐하면)가 있어서 앞 절의 이유를 제공하고 있다. 즉, 제사장의 입에 진리의 법이 있고 그 입술에 불의함이 없어야 하는 이유는 그가 백성들에게 율법을 가르치고 올바른 판결을 내려주어야 할 책임을 지고 있기 때문이라는 것이다.

"제사장의 입술은 지식을 지켜야 하겠다"는 말씀은 '제사장의 입술은 마땅히 말씀을 항상 지켜야 한다'는 뜻이다.

"제사장은 만군의 여호와의 사자가 되어야 한다"는 말씀은 '제사장은 마땅히 만군의 주 여호와께서 전파하신 사자가 되어야 한다'는 뜻이다. 말라기 시대의 제사장들은 여호와의 사자로서의 자격을 잃고 있었다. 불행한 일이었다.

말 2:8. 너희는 옳은 길에서 떠나 많은 사람을 율법에 거스르게 하는도다 나 만군의 여호와가 이르노니 너희가 레위의 언약을 깨뜨렸느니라.

만군의 여호와께서 말씀하시기를 그러나 너희 자신들은 바른 길에서 벗어났고, 또 율법으로 많은 사람들을 넘어지게 하고 말았다. 너희 제사장들은 불행하게도 레위와 맺은 하나님의 언약을 깨뜨려버렸다고 하신다.

말 2:9. 너희가 내 길을 지키지 아니하고 율법을 행할 때에 사람에게 치우치게 하였으므로 나도 너희로 하여금 모든 백성 앞에서 멸시와 천대를 당하게 하였느니라 하시니라(and so I make you despised and abased before all the people, inasmuch as you do not keep my ways but show partiality in your instruction-ESV).

너희 제사장들이 나 여호와의 길을 지키지 않고 율법을 호의적으로 받지 않은 것처럼, 나도 너희를 모든 백성들 앞에서 멸시와 천대를 받게 하였다고 하신다. 제사장들이 범죄한 정도에 비례해서 하나님께서는 제사장들을 벌하신다는 것이다(삼상 2:30 참조). 우리는 절대로 범죄하는 일이 없게 해야 할 것이다. 그러기 위해서 우리는 성령 충만을 구해야 한다. 성령 충만을 구하면 절대로 죄로 기울어지지 않는다. 성령 충만이란 성령이 우리를 지배하시는 삶을 구하는 것이다.

III. 가장들이 타락했다 2:10-16

10-16절은 이스라엘 사회에서 이스라엘인들의 결혼의 혼란상을 지적한다. 이 부분의 내용은 이방인과의 불법적인 결혼(10-12절)과 합법적인 아내와의 이혼(13-16절)을 책망한다.

A. 제사장들에게 경고하시다 2:10-12

10-12절은 이스라엘 백성은 한 하나님의 자녀이고 피조물인데도 그들이 이교도 여성과 혼인하는 것은 교묘한 거짓이고 성결을 욕되게 하는 행위였다는 것이다.

<거짓을 행하는 유다>

말 2:10. 우리는 한 아버지를 가지지 아니하였느냐 한 하나님께서 지으신 바가 아니냐 어찌하여 우리 각 사람이 자기 형제에게 거짓을 행하여 우리 조상들의 언약을 욕되게 하느냐.

우리 모두는 한 아버지를 모시고 있지 않느냐? 한 분 하나님께서 우리를 지으신 것이 아니냐? 어찌하여 우리 각 사람이 형제를 배신하며, 우리 조상의 언약을 모독하느냐고 말한다.

"한 아버지를 가지지 아니하였느냐"라는 말과 "한 하나님께서 지으신 바가 아니냐"는 말은 동의절이다. 이 구절들은 하나님께서 유대인들을 택하여 신정국가로 만들어주신 것을 가리킨다. 다시 말해 하나님으로 말미암아 신정 국가가 지음을 받았다는 뜻이다.

"어찌하여 우리 각 사람이 자기 형제에게 거짓을 행한다"는 말은 '어찌하여 우리 유대인 각 사람이 자기들의 아내에 대하여 반역을 행했다'는 뜻이다. 유대인들이 이방 여자를 아내로 맞이한 것은 그 본래의 아내와의 관계를 파약한 것이니 반역한 것이다.

"우리 조상들의 언약을 욕되게 하느냐"는 말은 '하나님께서 아브라함과 기타 족장들로 더불어 자손들이 하나님의 성민이 되게 할 것을 약속하셨다는 것이다(출 19:5, 6; 24:8).

말 2:11. 유다는 거짓을 행하였고 이스라엘과 예루살렘 중에서는 가증한 일을 행하였으며 유다는 여호와께서 사랑하시는 그 성결을 욕되게 하여 이방 신의 딸과 결혼하였으니.

유다가 배신했고, 이스라엘과 예루살렘에서 역겨운 일을 저질렀으니, 이는 유다가 자기를 사랑하시는 여호와의 거룩함을 모독하였고, 이방 신의 딸과 결혼까지 하였다는 것이다.

"유다는 거짓을 행하였다"는 말과 "이스라엘과 예루살렘 중에서는 가증한 일을 행하였다"는 말도 동의절이다. 여기 "거짓을 행하였다"는 말과

"가증한 일을 행하였다"는 말은 '이혼했다'는 것을 뜻한다.

"유다는 여호와께서 사랑하시는 그 성결을 욕되게 하여 이방 신의 딸과 결혼하였다"는 말은 '유다인들은 여호와께서 사랑하시는 그 성결의 법을 욕되게 하여 이방신의 딸과 결혼했다'는 뜻이다.

"이방 신의 딸"이란 말은 '우상을 섬기는 이방 사람의 여자'를 지칭한다. 오늘 성도들은 성도들끼리 서로 결혼을 해야 하는 것이다.

B. 응답 없는 제사행위 2:12

말 2:12. 이 일을 행하는 사람에게 속한 자는 깨는 자나 응답하는 자는 물론이요 만군의 여호와께 제사를 드리는 자도 여호와께서 야곱의 장막 가운데에서 끊어 버리시리라.

이렇게 이방인 여자와 결혼 하는 사람은 그가 어떤 사람이든지 만군의 여호와께 제사를 드리는 사람이라고 하여도 여호와께서 그를 야곱의 가문에서 쫓아내실 것이라고 하신다.

"이 일을 행하는 사람"이란 말은 '이방인 여자와 결혼하는 사람'을 의미한다.

"깨는 자나 응답하는 자"라는 말은 '그 죄악을 능동적으로 선도하는 자와 또는 피동적으로 그 지도를 따르는 자'를 이름이다. 다시 말해 그 죄악에 있어서 지도자나 피지도자를 가리킨다(박윤선).

"만군의 여호와께 제사를 드리는 자"는 '이방 여자를 취하는 죄를 범하고 하나님께 용서를 받기 위하여 제사를 드리는 자'를 가리킨다. 그러한 자는 제사를 드리는 일을 제사를 죄악의 온상으로 이용하는 자이다. 하나님은 그러한 자를 용서하시지 않는다(사 1:13; 61:8; 잠 15:8; 28:9 참조).

"여호와께서 야곱의 장막 가운데에서 끊어 버리시리라"는 말은 '그런 자를 야곱의 장막에서 끊어버리신다'는 것이다.

C. 여호와께서는 이혼하는 것을 미워하신다 2:13-17

말 2:13. 너희가 이런 일도 행하나니 곧 눈물과 울음과 탄식으로 여호와의

제단을 가리게 하는도다 그러므로 여호와께서 다시는 너희의 봉헌물을 돌아 보지도 아니하시며 그것을 너희 손에서 기꺼이 받지도 아니하시거늘(And this second thing you do. You cover the LORD's altar with tears, with weeping and groaning because he no longer regards the offering or accepts it with favor from your hand-ESV).

또 너희가 둘째로 이런 짓도 저질렀으니, 곧 여호와께서 다시는 너희의 제물을 돌아보지도 않으시며 너희의 손에서 그것을 기꺼이 받지도 않으신다며 너희가 눈물과 울음과 탄식으로 여호와의 제단을 가렸다는 것이다.

"곧 눈물과 울음과 탄식으로 여호와의 제단을 가리게 한다"는 말씀을 두고 해석이 갈린다. 1) 이혼한 남편들이 하나님의 징벌을 피하기 위해 울고 탄식하여 제단을 눈물로 덮게 한다는 견해(Smith), 2) 버림을 받은 아내들이 여호와의 제단에서 눈물로 호소하여 제단을 눈물로 덮게 하는 것으로 보는 견해(K.&D., Lange, 박윤선, 이상근, 이순한, 그랜드종합주석), 이 둘의 견해 중에 2)번의 견해가 바른 것으로 본다.

"그러므로 여호와께서 다시는 너희의 봉헌 물을 돌아보지도 아니하시며 그것을 너희 손에서 기꺼이 받지도 아니 하신다"는 말씀은 '합법적으로 평생을 약속한 조강지처와 이혼한 남편들의 봉헌 물을 여호와께서 받지 아니 하신다'는 뜻이다. 그러므로 우리는 예수님의 말씀을 깊이 유념해야 한다(마 5:23, 24 참조).

말 2:14. 너희는 이르기를 어찌 됨이니이까 하는도다 이는 너와 네가 어려서 맞이한 아내 사이에 여호와께서 증인이 되시기 때문이라 그는 네 짝이요 너와 서약한 아내로되 네가 그에게 거짓을 행하였도다.

오히려 너희는 무엇 때문에 우리의 봉헌 예물을 돌아보지 아니 하시는가 고 항변하니, 이는(because) 너 자신과 네가 젊어서 얻은 네 아내 사이에 여호와께서 증인이 되시기 때문이다. 그 여자는 네가 언약을 맺고 맞아들인 아내이며 짝인데 너는 그 여자를 배신하였다고 하신다.

"어찌 됨이니이까"라는 남편 측의 항변은 남편 측에서 질문을 한 것을 요약한 것이다(1:6-7참조). 남편들은 자신들이 조강지처를 버린 것이 죄인 줄 모르고 왜 우리의 봉헌 예물을 받지 않으시느냐고 항변한 것이다.

"너와 네가 어려서 맞이한 아내 사이에 여호와께서 증인이 되시기 때문이라"는 말씀은 '남편 되는 너 자신과 네가 어려서 취한 아내 사이에 여호와께서 증인이 되셨다'는 뜻이다.

"그는 네 짝이요 너와 서약한 아내로되 네가 그에게 거짓을 행하였다"는 말씀은 '그 조강지처는 네 자신의 짝이요 네가 평생을 해로하기로 약속한 아내인데 네 자신이 그 조강지처에게 속인 것이고, 나아가 증인이 되시는 여호와께 계약을 파기한 죄가 된다'는 것이다(창 31:49-50; 잠 2:17; 마 19:6).

말 2:15. 그에게는 영이 충만하였으나 오직 하나를 만들지 아니하셨느냐 어찌하여 하나만 만드셨느냐 이는 경건한 자손을 얻고자 하심이라 그러므로 네 심령을 삼가 지켜 어려서 맞이한 아내에게 거짓을 행하지 말지니라(Did he not make them one, with a portion of the Spirit in their union, what was the one God seeking Godly offspring. So guard yourselves in your spirit, and let none of you be faithless to the wife of your youth-ESV).

여호와께는 영의 여유가 있으셨으나, 하나를 지으신 것이 아니냐? 어찌 하나만 지으셨느냐? 하나님께서 경건한 자손을 원하시기 때문이다. 그러므로 너희는 진심으로 자기 심령을 지켜서 너희가 젊어서 얻은 아내를 배신하지 말라 고 하신다.

"그에게는 영이 충만하였으나 오직 하나를 만들지 아니하셨느냐"(וְלֹא־ אֶחָד עָשָׂה וּשְׁאָר רוּחַ לוֹ)라는 말씀은 '하나님께서 얼마든지 영(靈)을 더 창조하실 수 있으나 하나만을 창조하신 것은 경건한 자손을 얻게 하심이라'는 뜻이다(창 2:24). 하나님은 아담을 만드시고 하와 한 사람을 만드셨다. 그래서 이 두 영을 합쳐서 한 몸이 되게 하셨다.

"네 심령을 삼가 지켜 어려서 맞이한 아내에게 거짓을 행하지 말지니라"

는 말씀은 '네 심령을 삼가 잘 지켜서 어려서 맞이한 아내를 배신하지 말라'는 말씀이다. 오늘날 이 배신행위가 너무 심하다. 웬만하면 이혼한다.

말 2:16. 이스라엘의 하나님 여호와가 이르노니 나는 이혼하는 것과 옷으로 학대를 가리는 자를 미워하노라 만군의 여호와의 말이니라 그러므로 너희 심령을 삼가 지켜 거짓을 행하지 말지니라(For I hate divorce, says the LORD the God of Israel, and covering one's garment with violence, says the LORD of hosts. So take heed to yourselves and do not be faithless-ESV)**.**

본 절은 이혼해서 안 될 이유를 또 한 가지 말씀하신다. 즉, 여호와 이스라엘의 하나님께서 말씀하시기를 나는 이혼하는 것과 자기 옷으로 포악을 가리는 자를 미워한다. 너희가 자신의 심령을 지켜서 배신하지 말라고 하신다.

"이혼하는 것"과 "자기 옷으로 학대를 가리는 것"은 동의 절이다. 여호와께서 이혼하는 것을 왜 미워하시는 것인가. 그 이유는 간단하다. 혼인한 사람은 한 몸이기 때문이다(창 2:24참조). 그리고 마 19:6에 보면 "하나님께서 짝지어주신 것을 사람이 나누지 말라"고 예수님께서 말씀하셨기 때문이다. 하나님께서 짝지어주신 것을 어떻게 사람이 나눌 수 있는가? 도무지 생각도 못할 일이다. 그리고 "자기 옷으로 학대를 가리는 것"이란 뜻은 무엇인가? 이는 '아내를 심히 학대하고 남에게 보이지 않게 하려고 남자의 옷으로 가려주는 것'을 뜻한다. 그러니까 이혼하는 일이나 자기 옷으로 학대를 가려주는 행위는 동일한 행위인 것이다.

"그러므로 너희 심령을 삼가 지켜 거짓을 행하지 말지니라"는 말씀의 주해를 위해서는 15절 주해를 참조하라.

<주께서 임하시는 날>

말 2:17. 너희가 말로 여호와를 괴롭게 하고도 이르기를 우리가 어떻게

여호와를 괴롭혀 드렸나이까 하는도다 이는 너희가 말하기를 모든 악을 행하는 자는 여호와의 눈에 좋게 보이며 그에게 기쁨이 된다 하며 또 말하기를 정의의 하나님이 어디 계시냐 함이니라(You have wearied the LORD with your words. But you say, How have we wearied him? By saying, Everyone who does evil is good in the sight of the LORD, and he delights in them. Or by asking, Where is the God of justice?-ESV)**.**

본 절은 새로운 단락의 도입부에 해당된다. 10절에서 시작된 가정생활의 타락에 관한 말라기 선지자의 설교는 16절로 끝나고 본 절부터는 심판 주의 강림에 관한 새로운 설교가 시작되고 있는 것이다. 즉, 너희가 너희의 말로 여호와를 괴롭히고도 말하기를 우리가 어떻게 여호와를 괴롭혀 드렸습니까? 라고 했다. 너희는 여호와께서 모든 악한 일을 저지르는 사람도 좋게 보시며, 오히려 그런 사람들을 기뻐하신다고 말해 왔다. 그리고 또 말하기를 공평한 하나님이 어디에 계신가? 라고 말했다.

유대인들은 하나님을 믿고 섬기는 민족이었는데도 말로 괴롭혀드렸다는 것이다. 그들이 말로 여호와를 괴롭혀 드린 경우는 크게 두 가지 경우라는 것이었다. 첫째는 유대인들이 말하기를 하나님께서 모든 악인을 기뻐하신다고 말해왔고, 또 정의의 하나님께서 죄인들을 심판하시지 않는다고 말했다는 것이다.

유대인들이 하나님을 이렇게 오해한 것을 보면 그들은 참으로 하나님을 믿지 않았던 민족임을 알 수가 있다. 유대인들이 이 모양임으로 하나님께서는 언약의 사자를 보내신다고 하신 것이다.

제 3 장

IV. 언약의 사자께서 강림하신다 3:1-6

A. 언약의 사자를 보내실 것을 약속하시다 3:1

말 3:1. 만군의 여호와가 이르노라 보라 내가 내 사자를 보내리니 그가 내 앞에서 길을 준비할 것이요 또 너희가 구하는 바 주가 갑자기 그의 성전에 임하시리니 곧 너희가 사모하는바 (보라) 언약의 사자가 임하실 것이라.

만군의 여호와께서 말씀하시기를 보라! 나 여호와가 나의 사신을 보낼 것이니 그가 나 여호와 앞에서 길을 닦을 것이다. 너희가 찾는 주님께서 돌연히 자기의 성전으로 오실 것이다. 보라! 너희가 기뻐하는 그 언약의 사신이 이제 올 것이라고 하신다.

본 절에는 "보라!"라는 말이 두 번이나 나타나 본 절의 말씀이 아주 중요하다는 것을 드러낸다.

"내가 내 사자를 보내리니"라는 말씀은 '나 여호와가 내 사자를 보내겠다'는 뜻이다(단 10:5; 12:1; 슥 1:12-13).

그 사자(세례 요한)는 오셔서 "길을 예비하신다"는 것이다(사 40:3; 61:1; 62:10). 세례 요한이 와서 길을 예비한다는 말은 메시아께서 각 사람의 심령에 임하실 수 있도록 회개하도록 준비시킨다는 것이다.

"너희가 구하는 바 주가 갑자기 그의 성전에 임하시리니"라는 말씀은 '너희 유대인들이 구하는바 메시아가 갑자기(유대인들이 생각밖에 깜짝 놀랄 정도로) 그의 성전에 임하실 것이라'는 뜻이다.

"언약의 사자가 임하실 것이라"는 말씀은 '하나님께서 보내주시겠다고 약속하신 메시아가 임하신다'는 뜻이다.

B. 언약의 사자께서 하실 사역 3:2-4

말 3:2. 그가 임하시는 날을 누가 능히 당하며 그가 나타나는 때에 누가 능히 서리요 그는 금을 연단하는 자의 불과 표백하는 자의 잿물과 같을 것이라.

그러나 메시아가 오시는 날에 누가 그 날을 견디어 내며, 메시아가 나타나실 때에 누가 제대로 설 수 있겠느냐? 메시아는 제련하는 사람의 불과 같고, 빨래하는 사람의 잿물과 같을 것이라는 것이다.

"메시아가 임하시는 날을 누가 능히 당하며"라는 말과 '메시아가 나타나는 때에 누가 능히 서리요"라는 말은 동의절이다. 메시아가 성전에 임하시는 것은 심판하러 오시는 것이니 불경한 제사장이나 부적절한 결혼 생활을 하는 일반 백성들은 이 심판 주 앞에 나타나지 못한다는 것이다. 유대인들은 메시아께서 오셔서 이방인만을 심판하실 줄 기대했는데 자기들이 이 심판을 받게 되니 당황하게 된다는 것이다.

"메시아는 금을 연단하는 자의 불과 표백하는 자의 잿물과 같을 것이라"는 말은 심판 주가 오셔서 금을 제련할 때 불순물들을 제거하는 불처럼(욜 2:3; 슥 13:9), 세탁을 할 때를 제거하는 잿물처럼(렘 2:22) 악인들을 제하여 버리신다는 것이다.

우리는 그리스도의 심판을 맞이하여 당황하지 않기 위해 미리미리 죄를 자백해서 깨끗한 사람들이 되어야 할 것이다.

말 3:3. 그가 은을 연단하여 깨끗하게 하는 자 같이 앉아서 레위 자손을 깨끗하게 하되 금, 은 같이 그들을 연단하리니 그들이 공의로운 제물을 나 여호와께 바칠 것이라.

메시아께서 마치 제련하는 사람이 앉아서 은(銀)을 깨끗하게 하는 것처럼 레위 자손을 정결케 하실 것이다. 금과 은을 제련하듯이 메시아께서 레위 자손들을 깨끗하게 할 것이니 그들은 여호와께 공의로운 제물을 드리게 될 것이라고 하신다.

더러운 것을 제거하는 것은 하나님의 집에서 먼저 시작된다. 오늘도 하나님의 교회에서 먼저 심판이 시작된다.

말 3:4. 그 때에 유다와 예루살렘의 봉헌물이 옛날과 고대와 같이 나 여호와께 기쁨이 되려니와.

하나님의 택한 백성이 정결해지면 유다와 예루살렘의 제물이 옛날(모세 시대와 다윗 시대)과 지난 시절처럼 여호와를 기쁘게 할 것이라고 하신다.

예수 그리스도의 피로 정결하게 된 신약의 성도들이 드리는 예배는 하나님께서 기뻐하신다(롬 12:1).

C. 메시아께서 심판하신다 3:5-6

말 3:5. 내가 심판하러 너희에게 임할 것이라 점치는 자에게와 간음하는 자에게와 거짓 맹세하는 자에게와 품꾼의 삯에 대하여 억울하게 하며 과부와 고아를 압제하며 나그네를 억울하게 하며 나를 경외하지 아니하는 자들에게 속히 증언하리라 만군의 여호와가 말하였느니라.

만군의 여호와께서 말씀하시기를 나 메시아가 심판하러 너희 일반 백성들에게 다가갈 것이다. 복술하는 자(무당)와 간음하는 자(이방 여자와 결혼하기 위해 조강지처를 버린 자들)와 거짓으로 맹세하는 자(하나님의 이름을 들어 망령되게 맹세하는 자)와 일꾼의 품삯을 속여 빼앗는 자(품삯을 주지 않는 자들)와 과부와 고아(약자들의 대표들)를 억압하고 나그네(경제적 약자들)를 박대하는 자와 나를 경외하지 않는 자(지금까지 열거한 여섯 가지 죄악의 근원을 만든 자들)에게 여호와가 증인으로 즉시 나설 것이라는 뜻이다.

공의의 하나님이 어디 계시냐고 떠들던 유대인들(2:17)의 불평에 대하여 본 절은 분명하게 대답하고 있다. 오늘도 하나님은 헛소리를 하는 사람들에게 분명하게 심판 주로 나타나신다.

말 3:6. 나 여호와는 변하지 아니하나니 그러므로 야곱의 자손들아 너희가

소멸되지 아니하느니라.

본 절은 윗 말씀의 결론으로 나온 것이다. 즉, 나 여호와는 절대로 변하지 않는 하나님이시기 때문에 너희 이스라엘의 자손들(교회를 지칭하고 또 이방인 교회도 포함된다)은 절대로 멸망하지 아니할 것이라는 뜻이다.

V. 십일조를 도둑질하지 말라 3:7-12

A. 회개를 권고하시다 3:7

<십일조>

말 3:7. 만군의 여호와가 이르노라 너희 조상들의 날로부터 너희가 나의 규례를 떠나 지키지 아니하였도다 그런즉 내게로 돌아오라 그리하면 나도 너희에게로 돌아가리라 하였더니 너희가 이르기를 우리가 어떻게 하여야 돌아가리이까 하는도다.

만군의 여호와께서 말씀하시기를 너희 조상 때부터 너희가 내 규례를 떠나 그것을 지키지 아니하였다. 이제 너희는 내게로 돌아오라. 그러면 나도 너희에게 돌아갈 것이다. 그러나 너희는 말하기를 우리가 어떻게 돌아갑니까? 라고 한다.

여호와의 "규례를 떠나는 것"이 곧 '여호와를 떠나는 것이라'는 내용이다. "내게로 돌아오라 그리하면 나도 너희에게로 돌아가리라"는 말씀은 '하나님의 깊으신 사랑의 초대이다(슥 1:3 참조).

"우리가 어떻게 하여야 돌아가리이까"라는 질문은 '그들이 하나님에게서 떠나 있는 것도 깨닫지 못하고 있었고 회개할 마음도 없었음을 보여주는 말'이다.

B. 저주를 받은 이유 3:8-9

말 3:8. 사람이 어찌 하나님의 것을 도둑질하겠느냐 그러나 너희는 나의 것을 도둑질하고도 말하기를 우리가 어떻게 주의 것을 도둑질하였나이까 하는도다 이는 곧 십일조와 봉헌물이라.

사람이 감히 어떻게 하나님의 것을 도둑질할 수 있겠느냐? 그런데도 너희는 나 여호와의 것을 도적질하면서도 말하기를 우리가 주님의 무엇을 도적질 했습니까 고 말하니 바로 십일조와 헌물이 아니냐고 답하신다.

사람이 하나님께 바쳐야 할 십일조[58]와 봉헌 물을 바치지 않은 것이 바로 도둑질한 것이라고 말씀하신다. 예수님께서는 당시의 바리새인들의 십일조 헌금을 두시고 십일조 헌금이 외식적인 것을 지탄하셨으나 십일조 그 자체는 시인하셨다(마 23:23).

말 3:9. 너희 곧 온 나라가 나의 것을 도둑질하였으므로 너희가 저주를 받았느니라.

너희 온 나라가 나의 것을 도적질하였으므로 너희 모두가 저주를 받았다고 하신다.

하나님께 바쳐야 할 십일조를 바치지 않았으므로 이스라엘 백성은 저주를 받았다는 것이다(2:2; 학 1:6). 그 저주는 11절에 기록되어 있다.

C. 온전한 십일조와 복 3:10-12

말 3:10. 만군의 여호와가 이르노라 너희의 온전한 십일조를 창고에 들여 나의 집에 양식이 있게 하고 그것으로 나를 시험하여 내가 하늘 문을 열고 너희에게 복을 쌓을 곳이 없도록 붓지 아니하나 보라.

만군의 여호와께서 말씀하시기를 너희가 온전한 십일조를 창고로 가져와서 내 집에 양식이 있게 하여 그것으로 나를 시험하여 내가 너희를 위하여 하늘 문을 열고 쌓을 곳이 없도록 너희에게 쏟아 붓지 않나 보라고 하신다.

"너희의 온전한 십일조"란 말은 '너희가 온전한 헌신의 정신으로 드리는 십일조'란 뜻이다. 우리는 온전한 헌신의 정신으로 십일조를 드려야 한다는

58) "십일조": 십일조는 아브라함이 살렘 왕 멜기세덱에게 전리품의 십 분의 1일 바치는 일에서 기인했고(창 14:20), 야곱의 벧엘의 서약에서 확인되었으며(창 28:22), 모세 시대에 율법화한 것이다(레 27:30-33; 민 18:21-31; 신 14:22-29; 26:12-15).

것이다. "창고에 들여 나의 집에 양식이 있게 하라"는 말씀은 '성전의 창고(대하 31:11, 12; 느 10:38, 39; 13:5, 12, 13)에 십일조를 들여 놓아 제사장들과 레위인들이 필요할 때 공급해야 한다(민 18:21).

"그것으로 나를 시험하라"는 말씀은 '십일조를 바침으로 하나님께서 복을 주시는지 시험해보라'는 뜻이다. 다시 말해 하나님의 명령을 순종함으로써 과연 하나님께서 약속하신 복을 누릴 수 있게 하시는지 확인해 보라는 의미이다.

"하늘 문을 열고"라는 말은 '하나님께서 풍족한 양의 비를 내려주심으로써 결실을 얻게 해주실 것이라'는 의미이다(신 11:14, 17, Smith, Lange, Deane).

말 3:11. 만군의 여호와가 이르노라 내가 너희를 위하여 메뚜기를 금하여 너희 토지 소산을 먹어 없애지 못하게 하며 너희 밭의 포도나무 열매가 기한 전에 떨어지지 않게 하리니.

온전한 십일조를 드린 자에게 두 가지 재앙을 막아주신다는 것이다. 즉, 만군의 여호와께서 말씀하시기를 나 여호와가 너희를 위하여 해충을 막아 너희 땅의 소산물을 멸하지 못하게 하고, 너희 밭의 포도 열매가 채 익기 전에 떨어지지 않게 할 것이라고 하신다.

첫째 재앙은 해충을 막아주신다는 것이고, 둘째 재앙은 포도 열매가 채 익기 전에 떨어지지 않게 하실 것이라고 하신다.

말 3:12. 너희 땅이 아름다워지므로 모든 이방인들이 너희를 복되다 하리라 만군의 여호와의 말이니라.

만군의 여호와께서 말씀하시기를 너희의 땅이 아름다워지므로(사 61:9; 62:4; 렘 3:19) 모든 민족이 너희를 복되다고 할 것이라(신 33:29; 슥 8:13, 23)고 하신다.

온전한 십일조를 한 사람들은 물질적으로 엄청난 복을 받는다는 것이다.

VI. 여호와의 날이 임박했다 3:13-4:6

이 부분은 여호와의 날이 임박한 것을 말한다. 악인과 의인, 불신자와 성도들 간의 심판을 중심으로 다루고 있다.

A. 무리가 여호와를 대적하다 3:13-15

13-15절은 하나님을 대적한 자들은 하나님을 섬기는 것이 헛된 일이고 교만한 자가 오히려 복을 받는다고 말했다.

말 3:13. 여호와가 이르노라 너희가 완악한 말로 나를 대적하고도 이르기를 우리가 무슨 말로 주를 대적하였나이까 하는도다.

만군의 여호와께서 말씀하시기를 너희는 불손한 말(이는 사단의 말이다)로 나 여호와를 거역하고도 너희는 말하기를 우리가 무슨 말로 주님을 거역하였나이까 고 말한다(1:2, 6; 2:14; 3:7, 8).

저들이 대적한 말은 다음 두 절에 나타난다.

말 3:14. 이는 너희가 말하기를 하나님을 섬기는 것이 헛되니 만군의 여호와 앞에서 그 명령을 지키며 슬프게 행하는 것이 무엇이 유익하리요.

이는 너희가 말하기를 하나님을 예배하고 섬기는 일(슥 3:7)이 헛되니 만군의 여호와 앞에서 그의 명령을 지키며 슬프게 행하는 것(욜 2:12)이 무슨 유익이 있는가고 말해 왔다는 것이다.

말 3:15. 지금 우리는 교만한 자가 복되다 하며 악을 행하는 자가 번성하며 하나님을 시험하는 자가 화를 면한다 하노라 함이라.

이제 우리는 교만한 자들이 복되고, 악한 일을 행하는 자가 번성하며, 하나님을 시험해도 벌을 면한다고 말해왔다.

여기 교만한 자, 악을 행하는 자, 하나님을 시험하는 자들은 모두 아주 악질들인 것이다.

B. 의인의 기념 책 3:16-18

여호와를 두려워하는 의인이 기념 책에 기록되었고 하나님의 특별한 소유인 것이다.

말 3:16. 그 때에 여호와를 경외하는 자들이 피차에 말하매 여호와께서 그것을 분명히 들으시고 여호와를 경외하는 자와 그 이름을 존중히 여기는 자를 위하여 여호와 앞에 있는 기념책에 기록하셨느니라.

그때에 여호와께서 여호와를 경외하는 자들(하나님을 대적하는 자들과 대조되는 자들이다, 13-15절)이 서로 주고받는 말을 분명히 들으시고 여호와를 경외하며 그의 이름을 존중히 여기는 자들을 위하여 여호와 앞에 있는 기념 책에 기록하셨다는 것이다.

"그 때에"라는 말은 경건하지 못한 이스라엘 백성들이 신앙적 회의에 젖어서 하나님의 공의를 부정하고 또 그분의 약속을 불신하는 언사를 마구 내 뱉고 있을 바로 그 때를 지칭한다.

"여호와께서 그것을 분명히 들으시고"란 말은 '여호와께서 귀를 기울이고 들으셨다'는 뜻이다. 여호와께서는 경건한 자들의 기도를 얼마나 철저히 감찰하시는지가 강조되어 있다. 오늘도 여호와께서는 우리의 기도를 철저히 들으시고 있으시다.

"기념책"이란 말은 인간들의 말과 행위를 낱낱이 기록하여 장차 하나님께서 심판의 근거로 이용하시는 책을 지칭한다(출 32:32; 시 56:8; 69:28; 사 65:6).

말 3:17. 만군의 여호와가 이르노라 나는 내가 정한 날에 그들을 나의 특별한 소유로 삼을 것이요 또 사람이 자기를 섬기는 아들을 아낌 같이 내가 그들을 아끼리니.

만군의 여호와께서 말씀하시기를 나 여호와가 정한 날에 여호와를 경외하는 의인들은 나의 특별한 소유가 되겠고, 사람이 자기를 섬기는 아들을 아끼듯이 나 여호와도 그들을 아낄 것이라고 하신다.

"그들을 나의 특별한 소유로 삼을 것이요"라는 말은 '여호와를 경외하는 의인들은 하나님의 특별하신 소유물이 된다'는 뜻이다(출 19:5; 신 7:6; 14:2; 26:18; 시 135:4). 오늘 우리가 여호와를 경외하니 하나님의 특별한 소유물이 되어 있다. "사람이 자기를 섬기는 아들을 아낌 같이 내가 그들을 아끼리니"라는 말은 '하나님께서 그의 소유물이 된 의인들을 심히 아끼신다'는 것이다. 하나님께서 심히 아끼신다는 것은 얼마나 기쁜 일인가.

말 3:18. 그 때에 너희가 돌아와서 의인과 악인을 분별하고 하나님을 섬기는 자와 섬기지 아니하는 자를 분별하리라(Then once more you shall distinguish between the righteous and the wicked, between one who serves God and one who does not serve him-ESV).

그 때에야 너희가 다시 의인과 악인을 분별하고, 하나님을 섬기는 자와 섬기지 않는 자를 비로소 분별할 것이라고 하신다.

본 절의 초두의 "그 때에"란 말은 17절에 언급된 '하나님께서 정하신 심판날'을 지칭한다(슥 14:7; 마 24:36; 행 1:7).

"너희가 돌아와서"란 말은 '또 한 번'이라는 뜻이다. 인생을 얼마쯤 살다가 뒤돌아보면 개인적으로나 국가적으로나 상선벌악의 자취를 분명히 느낄 수 있는 것이다.

"의인과 악인을 분별하고 하나님을 섬기는 자와 섬기지 아니하는 자를 분별하리라"는 말씀은 '의인과 악인이 확실하게 나누어지고 또 분명한 보응을 각각 받게 된다'는 뜻이다. 그것은 분명한 심판의 선언인 것이다(단 12:2-4).

제 4 장

C. 의인과 악인의 종말 4:1-3

심판 날에 의인과 악인이 결국은 나누어져서 악인은 형벌을 받고(1절), 의인은 영광을 받고(2절), 악인을 짓밟게 된다는 것이다.

<여호와께서 정하신 날>

말 4:1. 만군의 여호와가 이르노라 보라 용광로 불같은 날이 이르리니 교만한 자와 악을 행하는 자는 다 지푸라기 같을 것이라 그 이르는 날에 그들을 살라 그 뿌리와 가지를 남기지 아니할 것이로되.

나 만군의 여호와가 이르기를 용광로의 불길같이 모든 것을 살라 버릴 날이 이를 것이다. 모든 교만한 자와 악한 일을 하는 자가 지푸라기같이 타 버릴 것이다. 그 날이 오면, 불이 그들을 살라서, 그 뿌리와 가지를 남김없이 태울 것이라고 하신다.

"용광로 불같은 날"이란 말은 '하나님께서 정하신 심판 날'을 지칭한다(3절).

"교만한 자와 악을 행하는 자는 다 지푸라기 같을 것이라"는 말씀은 '모든 악인들은 지푸라기같이 탈 것이라'는 뜻이다. 참으로 비참한 광경이다.

"그 뿌리와 가지를 남기지 아니할 것이로되"라는 말씀은 '악인들이 뿌리째 불태워지는 나무처럼 탄다'는 뜻이다. 이들은 심판의 날 아무런 소망이 없는 사람들이 되는 것이다.

말 4:2. 내 이름을 경외하는 너희에게는 공의로운 해가 떠올라서 치료하는 광선을 비추리니 너희가 나가서 외양간에서 나온 송아지같이 뛰리라.

본 절은 여호와를 경외하는 자들에게 두 가지의 기쁜 일이 닥칠 것이라고 진술한다. 하나는 공의로운 해(그리스도)가 떠올라서 치료하는 광선(그리스도의 구원의 힘)을 비추어준다는 것이고, 또 하나는 치료를 받고 너무 기뻐서 외양간에서 나온 송아지 같이 뛰어다닐 것이라는 내용이다.

우리는 평생 그리스도께 구하여 모든 것을 응답받고 한없는 기쁨의 삶을 살아야 할 것이다(사 8:19; 렘 27:18; 50:4; 겔 36:37; 마 5:42).

말 4:3. 또 너희가 악인을 밟을 것이니 그들이 내가 정한 날에 너희 발바닥 밑에 재와 같으리라 만군의 여호와의 말이니라.

만군의 여호와께서 말씀하시기를 너희 의인들이 악한 자들을 짓밟을 것이니 나 여호와가 정한 그 날에, 그들은 마치 너희 발바닥 밑에 있는 재와 같이 될 것이다. 악인은 의인의 발바닥 밑에서 재처럼 된다는 것이다.

D. 여호와의 날 4:4-6

메시아를 맞을 준비를 하는 성도들은 모세의 율법을 지켜야 한다는 것이다.

말 4:4. 너희는 내가 호렙에서 온 이스라엘을 위하여 내 종 모세에게 명령한 법 곧 율례와 법도를 기억하라.

너희는 나 여호와의 종 모세의 율법을 기억하여라. 나 여호와가 온 이스라엘을 위하여 호렙 산에서 모세에게 명령한 율례와 법도이다.

구약 시대의 유대인들이 너무 부패하여 모세의 율법을 지켜야 할 것을 말씀한다. 그러나 오늘날 신약 시대의 성도들도 여전히 모세의 율법을 지켜야 한다. 그리스도께서 말씀하신 법도 역시 모세 율법과 똑같은 것이다.

말 4:5. 보라 여호와의 크고 두려운 날이 이르기 전에 내가 선지자 엘리야를 너희에게 보내리니.

보라! 여호와의 크고 두려운 날이 이르기 전에, 내가 너희에게 선지자 엘리야를 보낼 것이라고 하신다.

본 절 초두의 "보라"는 말은 본 절의 말씀이 심히 중요한 말씀이니 유심히 관찰하라고 권고하는 말이다.

"여호와의 크고 두려운 날"이란 말을 두고 두 견해로 갈린다. 1) 최후의 심판 날이라는 견해(Jerome, Augustine, Hitzig, Ewald, Alford, Deane), 2) '신약 시대'를 이름이라는 견해(1절; 마 17:12; 눅 1:13, 17; 요 3:18; Lange, 박윤선, 이순한)로 갈린다. 두 견해 중에 2)번의 견해가 더 바람직한 견해이다. 이유는 여호와의 크고 두려운 날을 꼭 메시아의 재림에만 국한 시킬 필요는 없다. 예수님은 "내가 불을 땅에 던지러 왔다"(눅 12:49)고 하셨고, 요한 사도는 "그가 오시면 손에 키를 들고 자기의 타작마당을 정하게 하사 알곡은 모아 곡간에 들이고 쭉정이는 꺼지지 않는 불에 태우시리라"(마 3:12) 하셨으며, 요한 사도는 "주 예수의 강림으로 이미 심판이 시작되었다"(요 3:18)고도 증언하셨다.

"내가 선지자 엘리야를 너희에게 보내리니"라는 말씀은 '나 여호와가 선지자 요한을 너희에게 보낸다'는 뜻이다.

말 4:6. 그가 아버지의 마음을 자녀에게로 돌이키게 하고 자녀들의 마음을 그들의 아버지에게로 돌이키게 하리라 돌이키지 아니하면 두렵건대 내가 와서 저주로 그 땅을 칠까 하노라 하시니라.

세례 요한이 아버지의 마음을 자녀에게, 자녀의 마음을 아버지에게 돌이킬 것이다. 그렇지 않으면 내가 와서 이 땅을 진멸함으로 칠 것이라고 하신다.

세례 요한의 사명은 그리스도의 복음을 받아드리도록 하는 것이고, 조상의 유산을 바로 지키게 하는 것이었다. 세례 요한이 도덕적 개혁을 힘쓴 것은 사람들로 하여금 뒤에 오시는 메시아를 영접하게 하려는 것이었다(눅 3:4-6).

“돌이키지 아니하면 두렵건대 내가 와서 저주로 그 땅을 칠까 하노라”는 말씀은 ‘하나님의 심판이 예비되어 있으므로 누구든지 회개의 기회가 주어질 때 하나님께로 돌이키지 않는다면 저주 아래 놓이게 될 수밖에 없다’는 것이다. 본 절의 “돌이키지 아니하면”이란 말은 ‘회개하지 아니하면 저주 아래 놓인다’는 뜻이다. 이 저주라는 말은 마지막 말이다. 다시는 기회가 없고 영원한 멸망만이 있을 뿐이라는 것이다. 그런고로 그리스도교는 영광스러운 영생이냐 아니면 영원한 저주냐이다(신 11:26; 30:1).

-말라기서 주해 끝-

-소선지서 주해 끝-

소선지서 주해

2022년 6월 10일 초판 1쇄 인쇄
2022년 6월 20일 초판 1쇄 발행
지은이 | 김수홍
발행인 | 박순자
펴낸곳 | 도서출판 언약
주 소 | 수원시 영통구 중부대로 271번길 27-9, 102동 1303호
전 화 | 070-7518-9725
E-mail | kidoeuisaram@naver.com
등록번호 | 제374-2014-000006호

정가 30,000원

ISBN : 979-11-952332-0-5 (04230)(세트)
ISBN : 979-11-89277-18-5 (04230)